Bernard-Michel BLOCH

Avocat au Barreau des Hauts-de-Seine

Code des marchés publics annoté

10e édition

À jour au 9 février 2009

Berger-Levrault

Également parus chez Berger-Levrault

Code électoral, 19e édition, à paraître en 2009.

Code électoral commenté, Olivier Couvert-Castéra, 8e édition, à paraître en 2009.

Code général des collectivités territoriales, 10e édition, à paraître en 2009.

L'indispensable du bureau de vote, Fabrice de Fanti, à paraître en 2009.

Code de l'éducation commenté, Henri Peretti, 4e édition, 2008.

Code de l'urbanisme 2009, 2e édition, 2008.

Guide pratique des marchés des collectivités locales, Christophe Loriau, 2e édition, 2008.

La délégation des services publics locaux, Yves Delaire, 3e édition, 2008.

Pratique des avis de marchés publics, Bernard-Michel Bloch, Jérémie Bloch, 2008.

CCAG – Fournitures courantes et de services annoté, Bernard-Michel Bloch, 2004.

CCAG – Travaux, Texte annoté, Bernard-Michel Bloch, 2e édition, 2003.

*Code pratique de la fonction publique (*classeurs à mises à jour), Christine Soto, Robert Christien.

Tome I. Principes généraux. Droits et obligations des fonctionnaires.

Tome II. Fonction publique d'État.

Marchés des collectivités locales (classeurs à mises à jour), Pierre Brémont.

Tome I. Commentaires.

Tome II. Textes.

3, rue Ferrus, 75014 Paris

ISBN : 978-2-7013-1595-9

Avant-propos

Code des marchés publics proprement dit

Consécration des modifications apportées au précédent code de 2004

Le nouveau Code des marchés publics, issu du décret du 1er août 2006, entérine les modifications qui avaient été apportées au précédent code de 2004 par un décret du 26 novembre 2004, à savoir :

1° dispense de formalisme pour les marchés d'un montant inférieur à 4 000 € (art. 11, 28, 40 et 81) [montant passé à 20 000 € avec la réforme de décembre 2008] ;
2° extension du régime préférentiel aux Centres d'aide par le travail et aux ateliers protégés (art. 15 et 53-IV) ;
3° levée de l'anonymat dans les jurys de concours à compter de l'avis du jury (art. 70-V) ;
4° institution d'une commission des marchés publics de l'État, qui remplace les commissions spécialisées des marchés (art. 129) [mais, avec la réforme de décembre 2008, son intervention est désormais facultative].

Le nouveau code prend par ailleurs en considération de nouvelles exigences introduites par :

- l'article 58 de la loi du 18 janvier 2005 de programmation pour la cohésion sociale (insertion à l'article 53 d'un critère de l'insertion professionnelle dans le choix des offres) ;
- l'article 29 de la loi du 11 février 2005 modifiée, pour l'égalité des droits et des chances, la participation et la citoyenneté des personnes handicapées, tendant à faire respecter par les candidats l'obligation d'emploi des travailleurs handicapés (v. son texte sous l'article 43) ;
- l'ordonnance n° 2005-649 du 6 juin 2005 qui énonce, en harmonie avec des dispositions figurant déjà dans le Code pénal, des interdictions de soumissionner aux personnes ayant fait l'objet d'une condamnation définitive pour des infractions considérées comme incompatibles avec le fait de pouvoir obtenir des contrats financés par de l'argent public (v. note sous l'article 43).

En outre, différents textes d'application du code ont été, en 2004 et 2005, soit modifiés, soit réécrits, soit tout simplement édictés pour combler un vide juridique. Il s'agit :

1° du décret du 29 avril 2002 relatif à l'obligation de décoration des constructions publiques et précisant les conditions de passation des

marchés ayant pour objet de satisfaire à cette obligation (modifié par décret du 4 février 2005) [sous l'article 71] ;
2° de l'arrêté du 3 janvier 2005 [modifié, depuis, par arrêtés des 28 août 2006 et 29 février 2008] pris en application de l'article 100 (aujourd'hui article 102) du Code des marchés publics et fixant les modèles de garantie à première demande et de caution personnelle et solidaire [sous l'article 102] ;
3° de l'arrêté du 27 mai 2004 pris en application de l'article 138 (devenu l'article 133) du Code des marchés publics et relatif à la liste des marchés conclus l'année précédente par les personnes publiques [sous l'article 133].

Innovations du code de 2006

D'utiles indications sont fournies par le communiqué du Minefi du 4 août 2006 (reproduit *infra*, p. 7) : le Code des marchés publics est désormais en harmonie avec les deux directives européennes du 31 mars 2004, et comporte une partie spécifique (sorte de code allégé) concernant les secteurs spéciaux (lorsque les collectivités publiques agissent en qualité d' « opérateurs de réseaux »). Le communiqué insiste justement sur l'allotissement qui est désormais la règle (art. 10) et sur les dispositions étoffées relatives aux spécifications techniques (art. 6).

Sur le fond, le Code des marchés publics, dans sa version 2006, suit le même ordonnancement que son prédécesseur de 2004 : la présentation et la lisibilité ont été nettement améliorées, les nouveautés portant essentiellement sur :

1° l'intégration dans le code de décrets d'application (art. 18 : variation des prix ; art. 54 : enchères électroniques) ;
2° une rédaction moins exclusive pour les marchés passés selon une procédure adaptée (art. 28) ;
3° la définition des offres irrégulières ou inacceptables (art. 35-I-1°), ainsi que des offres inappropriées (art. 35-II-3°) ;
4° la suppression du cas des marchés négociés sans publicité mais avec mise en concurrence ; ne subsistent que deux catégories de marchés négociés : ceux passés avec ou sans publicité et mise et concurrence (art. 35-I et 35-II) ;
5° la nécessité, pour le titulaire d'un marché, de produire, tous les six mois jusqu'à la fin de l'exécution du marché, les pièces prévues aux articles R. 324-4 ou R. 324-7 du Code du travail [articles D. 8222-5 ou D. 8222-7 et D. 8222-8 du nouveau Code du travail] (art. 46-I-1°) ;
6° le régime des variantes : à défaut d'autorisation expresse dans l'avis de marché ou les documents de la consultation, elles ne sont plus admises (art. 50) ;
7° la possibilité, pour le titulaire du marché, de substituer, pendant toute la durée du marché, une garantie bancaire à la retenue de garantie (art. 102, dernier alinéa).

De nombreuses précisions et clarifications ont par ailleurs été apportées : v. notamment les articles 35 (marchés négociés), 36 (dialogue compétitif), 39 et 40 (avis de marché), 45 (niveaux de capacité des candidats), 51 (composition des groupements) 73 (marchés de définition).

Modalités d'application du Code et jurisprudence de 2007

Deux textes sont à retenir dans la production réglementaire fin 2006-début 2007 : tout d'abord un arrêté du 8 décembre 2006, pris en application de l'article 133 du Code des marchés publics, relatif à la liste des marchés conclus l'année précédente par les pouvoirs adjudicateurs (ce texte remplace l'arrêté du 27 mai 2004) [sous l'article 133] ; ensuite un arrêté du 12 mars 2007 pris en application du III de l'article 56 du Code des marchés publics et relatif aux expérimentations de dématérialisation des procédures de passation des marchés publics formalisés [sous l'article 56].

Il a été tenu compte de la jurisprudence la plus récente (cf. table chronologique), dont l'apport essentiel est celui de l'arrêt du Conseil d'État du 9 juillet 2007, *Syndicat EGF-BTP et autres*, qui a prononcé l'annulation partielle des articles 60, 65 et 67 du code et a précisé la portée de ses articles 10 et 28 (v. commentaires sous ces articles).

Textes extérieurs au Code des marchés publics

De nombreux textes extérieurs au Code des marchés publics proprement dit ont été remaniés, les réglementations particulières à certains marchés étant de leur côté atteintes par des changements.

Textes nouveaux publiés en 2004 et 2005

Les nouveautés portent essentiellement sur :

1° l'extension du champ d'application du référé précontractuel prévu par l'article L. 551-1 du Code de justice administrative aux contrats de partenariat et aux marchés passés par certaines personnes publiques ou privées non soumises au Code des marchés publics [v. annexe I-2] ;
2° la parution d'une nouvelle circulaire de la Chancellerie, en février 2005, sur le délit de favoritisme [v. annexe I-4] ;
3° la réduction de la loi du 3 janvier 1991 relative à la transparence et à la régularité des procédures de marchés à sa partie relative à la Mission interministérielle d'enquête sur les marchés (MIEM), tout son titre II, à l'exception notable de son article 9, se trouvant transféré dans une ordonnance du 6 juin 2005 [v. annexes I-7 et I-11] ;
4° la fin de l'exclusivité du mandat et de la conduite d'opération prévus par les articles 4 et 6 de la loi MOP, celle-ci se trouvant réformée par une ordonnance du 17 juin 2004 [v. annexe I-8] ;

5° le remplacement de la loi du 11 décembre 1992 (marchés des « secteurs spéciaux ») par une ordonnance du 6 juin 2005, laquelle se substitue également aux articles 9-1, 10 et 10-1 de la loi du 3 janvier 1991 [v. exposé des motifs de cette ordonnance dans le rapport au Président de la République, et son texte intégral, en annexe I-11] ;
6° la parution d'un décret, en date du 30 décembre 2005, fixant les règles applicables aux marchés passés par les pouvoirs adjudicateurs non soumis au Code des marchés publics (par ex., SEM non mandataires de collectivités publiques) [v. annexe II-7] ;
7° des ajustements apportés à la réglementation des marchés hospitaliers [v. annexe II-5] ;
8° un allègement des procédures de passation des marchés des collectivités territoriales, une ordonnance du 6 juin 2005 dispensant l'assemblée de la collectivité d'une seconde délibération avant signature du marché [v. exposé des motifs de cette ordonnance dans le rapport au Président de la République, et son texte en annexe II-10].

Textes nouveaux publiés en 2007

C'est essentiellement le décret n° 2007-450 du 25 mars 2007 qui a actualisé la liste des pièces justificatives des dépenses publiques locales en allégeant la charge de signature pour les ordonnateurs locaux et favorisant la dématérialisation des échanges entre ces derniers et les comptables publics : l'ensemble est reproduit en annexe I-17 (Obligations des comptables des collectivités territoriales en matière de marchés publics).

L'ordonnance n° 2005-649 du 6 juin 2005 relative aux marchés passés par certaines personnes publiques ou privées non soumises au Code des marchés publics a été complétée par la loi n° 2007-224 du 21 février 2007 pour son adaptation à Mayotte [v. annexe I-11].

On notera également la tutelle renforcée sur les marchés des CCI (Chambres de commerce et d'industrie) précisée dans le Code de commerce [v. annexe II-3].

Il a semblé utile par ailleurs de mettre à la disposition du lecteur les annexes II-A et II-B de la Directive européenne qui déterminent les services visés par ce texte [annexe III-4], ainsi que la liste des services visés par les annexes 4 et 5 de l'appendice 1 à l'Accord sur les marchés publics (AMP) [annexes IV-2 et IV-3].

Nouveautés de la présente édition

Textes modificatifs applicables depuis 2008

Les nouveautés portent essentiellement sur les points suivants :

1° Tous les deux ans, les seuils des directives européennes sur les marchés publics sont révisés par la Commission européenne de manière à respecter les engagements internationaux de l'Union européenne pris en vertu de l'Accord plurilatéral sur les marchés publics de l'Organisation mondiale du commerce, tel que conclu par le Conseil pour la Communauté par décision 94/800/CE du 22 décembre 1994 (*JOCE* – L 336/1 du 23 décembre 1994).

En raison de ces engagements internationaux, de nouveaux seuils de procédures européennes de passation de marchés publics sont applicables pour la période allant du 1er janvier 2008 au 31 décembre 2009. Ils ont été fixés par le règlement européen n° 1422/2007 de la Commission, daté du 4 décembre 2007, qui modifie en ce sens la directive européenne du 31 mars 2004 [v. annexe III-1].

Le Code des marchés publics (art. 26, 30, 39, 40, 85, 144, 148, 149, 150, 170 et 172), mais également les articles 15 et 47 du décret n° 2005-1742 du 30 décembre 2005 (pouvoirs adjudicateurs non soumis au CMP) [v. annexe II-7], ont été modifiés en ce sens par le décret n° 2007-1850 du 26 décembre 2007.

2° L'article 98 du code a été modifié par le décret n° 2008-407 du 28 avril 2008 : les délais de paiement de l'État et de ses établissements publics (autres que les EPIC) sont ramenés à 30 jours. En outre, le décret n° 2008-408 du 28 avril 2008 modifie le décret du 21 février 2002 relatif à la mise en œuvre du délai maximum de paiement en augmentant pour l'État le taux des intérêts moratoires qui devient le taux marginal de la BCE majoré de 7 points [v. annexe I-10].

3° Sous réserve de différentes adaptations (art. 178 et 179 ajoutés par le décret n° 2008-585 du 19 juin 2008), le CMP est désormais applicable à Mayotte. Cela a conduit, dans la présente édition, à enrichir l'annexe II-11 (droit des marchés publics applicable à l'outre-mer) de développements explicatifs supplémentaires.

4° Les pouvoirs du maire, du président du conseil général et du président du conseil régional en matière de passation de marchés ont été modifiés par la loi n° 2007-1787 du 20 décembre 2007 qui modifie le CGCT [v. annexe II-10].

5° Une nouvelle circulaire, en date du 24 décembre 2007, relative à la passation des marchés publics d'assurance, permet de disposer maintenant d'un document de travail en harmonie avec le code de 2006 [v. annexe II-1].

6° La réglementation sur les marchés des organismes de sécurité sociale a fait l'objet d'un nouvel arrêté, en date du 16 juin 2008, en harmonie avec la réglementation actuelle des marchés publics de l'État à laquelle ces organismes sont soumis sous réserve d'adaptations particulières [v. annexe II-6].

La « grande réforme » de décembre 2008

1) Une réforme était attendue et annoncée depuis août 2008 : elle était rendue nécessaire pour des raisons de coordination, de clarification et de mise à jour des textes relatifs à la commande publique (par exemple modification de la numérotation des articles renvoyant au Code du travail refondu issu de l'ordonnance du 12 mars 2007 et du décret n° 2008-244 du 7 mars 2008). Elle s'est traduite par un premier décret n° 2008-1334 du 17 décembre 2008 qui :

– d'une part réforme le Code des marchés publics essentiellement sur 4 points : l'article 45 sur les niveaux minimum de capacité des candidats a été calqué sur la directive communautaire : les entités publiques « peuvent » indiquer des niveaux minimum de capacité, mais cela n'est pas obligatoire.

L'article 53 relatif à la pondération des critères de concours a été clarifié pour préciser clairement que ces critères ne sont pas obligatoires.

L'article 77 sur les marchés à bons de commande indique clairement que les acheteurs publics sont désormais libres de fixer éventuellement un minimum et un maximum ou seulement l'un des deux. Enfin, un développement progressif de la dématérialisation des procédures est prévu (articles 56, 80 et 106, notamment).

– d'autre part, abroge les décrets d'application de la loi MOP sur les marchés de conception-réalisation, pour intégrer ces dispositions dans le décret n° 2005-1742 du 30 décembre 2005 concernant les marchés passés par les pouvoirs adjudicateurs non soumis au CMP (v. annexe II-7) : cette simplification a permis de supprimer l'annexe II-12.

2) Une réforme de plus grande ampleur a été initiée en décembre 2008 avec la parution de quatre décrets :

– Décret n° 2008-1356 du 19 décembre 2008 (relèvement du seuil en dessous duquel un marché public peut être conclu sans aucune procédure de 4 000 € à 20 000 € HT) ;

– Décret n° 2008-1355 du 19 décembre 2008 de mise en œuvre du plan de relance économique dans les marchés publics : entre autres modifications importantes, ce texte relève le seuil au-delà duquel s'applique obligatoirement la procédure d'appel d'offres pour les marchés de travaux de 206 000 € à la hauteur du seuil européen (5 150 000 €), supprime la commission d'appel d'offres de l'État et celles des établissements publics de santé et médico-sociaux, réduit les délais de paiement des titulaires de marchés par les collectivités territoriales (délai ramené de 45 jours à 40 jours à compter du 1er janvier 2009 ; de 40 jours à 35 jours à compter du 1er janvier 2010 et de 35 jours à 30 jours à compter du 1er juillet 2010), et modifie le régime des avenants (peu important son montant si des sujétions imprévues s'imposent aux parties) ;

– Décret n° 2008-1550 du 31 décembre 2008 relatif à la mise en œuvre du délai maximum de paiement (v. annexe I-10) ;

– Décret n° 2008-1464 du 22 décembre 2008 relatif au statut et au fonctionnement de l'UGAP (v. annexe I-18).

On trouvera ci-après la liste des articles du CMP modifiés par la réforme de décembre 2008.

Enrichissements apportés à la précédente édition

L'index de l'ouvrage a été complété et enrichi de différentes rubriques permettant de mieux orienter le lecteur.

La circulaire d'application du code a été mise à jour par l'auteur pour tenir compte des modifications opérées par les décrets de décembre 2008 (tenant essentiellement au relèvement de certains seuils).

Pour une meilleure compréhension de l'ordonnancement des textes, une note sur l'application des directives européennes figure en annexe III-1.

L'annexe I-16 (Communicabilité des documents relatifs aux marchés publics) a été complétée.

Articles du CMP modifiés par la réforme de décembre 2008

Décret n° 2008-1356 du 19 décembre 2008 (relèvement du seuil de 4 000 € à 20 000 € HT)

Art. 11 (1er alinéa)

28 (4e alinéa)

40 (I et II)

81 (1er alinéa)

146 (4e alinéa)

150 (I et II)

Décret n° 2008-1334 du 17 décembre 2008 (à partir de son art. 50)

Art. 6 (VIII)

11 (ajout d'un alinéa)

15

29 (2°)

30 (II-1°)

148 (II-1°)

35 (II-1°)

36 (suppression du 6e alinéa)

40 (III-1°, IV-1° et 2°)

150 (III-1°, IV-1° et 2°)

41 (ajout d'un alinéa)

45 (I, 3e alinéa ; IV et V)

46 et 47 (I-1° et IV)

48 (I)

51 (IV)

53 (II, 1er alinéa)

56

67 (IX, 1°)

76 (I)

77 (I, 2e alinéa)

80 (I, 2° ; insertion d'un 3°)

83

106 (après 1er alinéa)

110

125

144

Décret n° 2008-1355 du 19 décembre 2008 (plan de relance)

1) Seuil applicable aux procédures formalisées

Art. 26 (II-5° ; IV, suppression 1ère phrase)

27 (III)

35 (suppression du I-5°)

36 (suppression du 5e alinéa)

57 (II)

60 (II)

62 (II)

65 (II)

79 (6° et 7°)

85 (III, 2e alinéa supprimé)

144 (III, a)

160 (II)

172 (III, 2e alinéa supprimé)

2) Commission d'appel d'offres

Art. 8 (III, IV et V)

22 à 25

30

58 (II et III)

59

61

63 et 64

66 et 67

73 et 74

78

148

168

3) Autres modifications

Art. 98 (2°)

18 (V)

20

28 (insertion d'un 2e alinéa)

57 (V)

69

129

145

166

168-1

87 (dérogations) [art. 43 du décret]

Présentation du Code des marchés publics 2006

(Communiqué du Minefi du 4 août 2006)

Afin d'harmoniser les dispositions du Code des marchés publics avec celles des directives « *marchés publics* » n° 2004/17 et 2004/18 qui ont été adoptées le 31 mars 2004, le Code des marchés publics a été modifié par le décret n° 2006-975 du 1er août 2006. Les nouvelles règles qu'il fixe entreront en vigueur le 1er septembre 2006.

Le Code des marchés publics se divise désormais en trois parties :

Une première partie qui définit les dispositions applicables aux marchés passés par les pouvoirs adjudicateurs, c'est-à-dire l'État et ses établissements publics autres que ceux ayant un caractère industriel et commercial et les collectivités territoriales et leurs établissements publics, pour leurs besoins en matière de fournitures, de services et de travaux ;

Une deuxième partie qui définit les dispositions applicables aux marchés passés par les entités adjudicatrices, c'est-à-dire les pouvoirs adjudicateurs lorsqu'ils agissent en tant qu'opérateurs de réseaux (cf. eau, électricité, gaz, transports, services postaux). Cette partie détermine en particulier le champ très spécifique de la directive secteurs, qui combine le critère organique avec le critère de l'activité d'opérateurs de réseaux exercée.

Une troisième partie relative aux dispositions diverses qui intègre notamment des dispositions applicables à Saint-Pierre-et-Miquelon[1].

1. Le Code des marchés publics intègre désormais l'ensemble des dispositions des deux directives « marchés publics »

Les principales nouveautés portent sur :

a) La reconnaissance de spécifications techniques au service d'une meilleure définition des besoins

S'agissant des spécifications techniques, la seule référence à des normes n'est plus la seule règle puisque l'acheteur peut également exprimer les caractéristiques de son marché en termes de performances à atteindre ou d'exigences fonctionnelles. Il s'agit dans ce cas d'exprimer un résultat à atteindre sans pour autant préciser le moyen technique à utiliser pour y arriver. Cette modification offre aux acheteurs une plus grande liberté pour définir leurs besoins tout en conservant un degré de précision indispensable.

Parmi les spécifications techniques, et afin de promouvoir le développement durable, les caractéristiques environnementales, avec l'introduction notamment de la prise en compte des éco-labels peuvent désormais être prises en compte.

b) L'introduction de nouvelles procédures de marchés

L'ensemble des nouvelles procédures qui figurent dans les directives « *marchés publics* » ont été introduites dans le code.

Il s'agit :

– de la procédure des accords-cadres et des nouveaux marchés à bons de commande

---

1. Note de l'auteur : les dispositions relatives à Saint Pierre-et-Miquelon ont été regroupées avec celles relatives à Mayotte dans une 4e partie intitulée « Dispositions applicables aux collectivités d'outre-mer » par Décret n° 2008-585 du 19 juin 2008 (art. 177 et 178 du code).

D'origine communautaire, le mécanisme des accords-cadres existait pour les seuls marchés passés par les entités adjudicatrices. Il est étendu à l'ensemble des marchés passés par les pouvoirs adjudicateurs.

L'accord-cadre n'est pas en soi un marché, mais un contrat conclu par un ou plusieurs pouvoirs adjudicateurs avec un ou plusieurs opérateurs économiques, qui a pour objet d'établir les termes régissant des marchés à passer ultérieurement. Ces dispositions spécifiques permettent à un pouvoir adjudicateur d'être dispensé des procédures de passation pour les marchés consécutifs à un accord-cadre passé en conformité avec les procédures de la directive.

De surcroît, une nouvelle définition des marchés à bons de commandes, forme intégrée d'accords-cadres où les termes des marchés à passer ultérieurement sont déjà tous définis, largement inspiré de la formule du marché à bons de commande utilisé en droit français depuis longtemps, est également introduite dans le code. L'émission des bons de commande s'effectue sans négociation ni remise en concurrence préalable des titulaires, selon des modalités expressément prévues par le marché.

– du système de qualification des opérateurs économiques pour les seules entités adjudicatrices

Le code reprend les dispositions permettant la mise en place d'un système de qualification des entreprises. Le système de qualification des opérateurs économiques est un système de présélection d'opérateurs jugés aptes à réaliser tel ou tel type de prestations. Il constitue un vivier dans lequel l'entité adjudicatrice peut choisir les futurs titulaires de ses marchés. L'entité adjudicatrice peut même recourir à un système de qualification mis en place par un tiers.

– du système d'acquisition dynamique

Le système d'acquisition dynamique (SAD) est un processus d'acquisition entièrement électronique pour des achats d'usage courant, dont les caractéristiques généralement disponibles sur le marché satisfont aux besoins du pouvoir adjudicateur. Il est limité dans le temps et ouvert pendant toute sa durée à tout opérateur économique satisfaisant aux critères de sélection et ayant présenté une offre indicative conforme au cahier des charges. Le SAD combine en une seule procédure les avantages du système de qualification des opérateurs économiques, des accords-cadres avec l'utilisation des moyens électroniques.

***c)* L'introduction de nouvelles dispositions destinées à favoriser la dématérialisation des marchés publics**

– Les possibilités de recours à la dématérialisation sont étendues pour une plus grande efficacité des procédures, notamment du fait de la réduction des délais de réception des candidatures et des offres lorsque les avis sont envoyés à la publication par voie électronique ou lorsque l'accès aux documents de la consultation est possible par voie électronique.

– L'envoi d'une copie de sauvegarde est autorisé lors de la transmission des candidatures et des offres par voie électronique.

***d)* L'insertion d'une deuxième partie dédiée aux opérateurs de réseaux :**

Le Code des marchés publics transpose, dans sa deuxième partie, aux opérateurs de réseaux entrant dans son champ d'application, l'ensemble des souplesses contenues dans la directive sectorielle 2004/17/CE qui étaient incomplètement retranscrites jusque-là.

2. Le Code des marchés publics intègre également des mesures visant à favoriser l'accès des petites et moyennes entreprises européennes à la commande publique

Afin de promouvoir l'égal accès des petites et moyennes entreprises (PME) aux marchés publics, un certain nombre de mesures spécifiques ont été adoptées :

– tous les marchés seront passés en lots séparés sauf si cet allotissement présente un inconvénient technique, économique ou financier ;

– l'absence de référence à de précédents marchés de même nature ne peut constituer un critère éliminatoire de candidature ;

– la nécessaire proportionnalité des critères de candidatures à l'objet et aux caractéristiques du marché est affirmé ;

– la possibilité d'un quantum de petites et moyennes entreprises parmi les candidatures admises à présenter une offre lorsque ce nombre est limité par l'acheteur public[2] ;

– la possibilité de demander aux candidats d'indiquer dans leur offre la part du marché qu'ils ont l'intention de sous-traiter à des tiers, notamment à des petites et moyennes entreprises ;

– l'obligation pour les acheteurs de mesurer et rendre compte des commandes passées aux PME est imposée.

3. De nouvelles simplifications ou des ajustements ont été également apportés au Code des marchés publics adopté en 2004

Il s'agit de mesures de simplification et d'éclaircissement au bénéfice des acteurs de la commande publique.

Au nombre des ajustements apportés figurent notamment :

– la disparition de la notion de personne responsable du marché ;

La notion de personne responsable du marché est abandonnée. Elle est remplacée par le terme générique issu du droit communautaire de *pouvoir adjudicateur* et d'*entité adjudicatrice* désormais introduite dans le droit français.

Les pouvoirs adjudicateurs soumis au code sont l'État et ses établissements publics autres que ceux ayant un caractère industriel et commercial, les collectivités territoriales et l'ensemble de leurs établissements publics.

La spécificité de la notion d'entité adjudicatrice est de combiner deux critères : un critère personnel ou organique qui, à l'instar de la notion de pouvoir adjudicateur, tient compte de la qualité de la personne et un critère matériel qui tient compte de l'activité exercée par cette personne. Les entités adjudicatrices soumises au Code des marchés publics sont donc les pouvoirs adjudicateurs lorsqu'ils agissent en tant qu'opérateurs de réseaux.

– à l'article 8, des souplesses s'agissant des règles applicables aux groupements de commandes, et notamment la possibilité de modifier leur composition, sont introduites ;

– une meilleure prise en compte des situations d'urgence, par l'instauration de formalités allégées ;

– la réécriture de la procédure du dialogue compétitif, préservant désormais plus complètement la confidentialité des offres. Le cahier des charges que devait rédiger le pouvoir adjudicateur en milieu de procédure n'est plus imposé.

– la prise en compte du travail effectué par les fournisseurs, en cas de livraison de maquettes ou d'échantillons, grâce au versement d'une prime en cas d'investissement significatif.

– une réécriture de la procédure du marché de définition afin de rendre cette procédure compatible avec les principes du droit communautaire et d'éviter tout risque de contentieux.

2. Mais le Conseil d'État, saisi de différents recours en annulation dirigés contre plusieurs articles du Code des marchés publics 2006, a considéré « *qu'en autorisant les pouvoirs adjudicateurs, dans le cadre des procédures d'appel d'offres restreint, de marché négocié et de dialogue compétitif, à fixer un nombre minimal de petites et moyennes entreprises admises à présenter une offre, les dispositions des articles 60, 65 et 67 du Code des marchés publics [...] conduisent nécessairement à faire de la taille des entreprises un critère de sélection des candidatures ; qu'un tel critère qui n'est pas toujours lié à l'objet du marché revêt un caractère discriminatoire et méconnaît le principe d'égal accès à la commande publique* » (CE, Section, 9 juillet 2007, *Syndicat EGF-BTP et autres*, n° 297711) [note de l'auteur].

Sommaire

Index alphabétique

1

Les chiffres indiqués renvoient aux articles du Code des marchés publics

C

D

E

F

G

H

I

J

L

M

N

O

P

Code

2

Décret n° 2006-975 du 1er août 2006 portant Code des marchés publics

Modalités d'entrée en vigueur du nouveau code (article 8 du décret susvisé) :

I. – Les dispositions du présent décret entrent en vigueur le 1er septembre 2006.

II. – Les marchés publics notifiés antérieurement à la date d'entrée en vigueur du présent décret demeurent régis, pour leur exécution, par les dispositions du Code des marchés publics dans leur rédaction antérieure aux dispositions annexées au présent décret.

III. – Les marchés publics pour lesquels une consultation a été engagée ou un avis d'appel public à la concurrence envoyé à la publication antérieurement à la date d'entrée en vigueur du présent décret demeurent régis, pour leur passation, par les dispositions du Code des marchés publics dans leur rédaction antérieure aux dispositions annexées au présent décret. Leur exécution obéit aux dispositions annexées au présent décret.

Première partie

Dispositions applicables aux pouvoirs adjudicateurs

2

TITRE IER. – CHAMP D'APPLICATION ET PRINCIPES FONDAMENTAUX

Chapitre Ier. – Définitions et principes fondamentaux

Art. 1er. – I. – Les dispositions du présent code s'appliquent aux marchés publics et aux accords-cadres ainsi définis :

Les marchés publics sont les contrats conclus à titre onéreux entre les pouvoirs adjudicateurs définis à l'article 2 et des opérateurs économiques publics ou privés, pour répondre à leurs besoins en matière de travaux, de fournitures ou de services.

Les accords-cadres sont les contrats conclus entre un des pouvoirs adjudicateurs définis à l'article 2 et des opérateurs économiques publics ou privés, ayant pour objet d'établir les termes régissant les marchés à passer au cours d'une période donnée, notamment en ce qui concerne les prix et, le cas échéant, les quantités envisagées.

II. – Les marchés publics et les accords-cadres soumis au présent code respectent les principes de liberté d'accès à la commande publique, d'égalité de traitement des candidats et de transparence des procédures. Ces principes permettent d'assurer l'efficacité de la commande publique et la bonne utilisation des deniers publics. Ces obligations sont mises en œuvre conformément aux règles fixées par le présent code.

III. – Les marchés publics de travaux sont les marchés conclus avec des entrepreneurs, qui ont pour objet soit l'exécution, soit conjointement la conception et l'exécution d'un ouvrage ou de travaux de bâtiment ou de génie civil répondant à des besoins précisés par le pouvoir adjudicateur qui en exerce la maîtrise d'ouvrage. Un ouvrage est le résultat d'un ensemble de travaux de bâtiment ou de génie civil destiné à remplir par lui-même une fonction économique ou technique.

Les marchés publics de fournitures sont les marchés conclus avec des fournisseurs qui ont pour objet l'achat, la prise en crédit-bail, la location ou la location-vente de produits ou matériels.

Les marchés publics de services sont les marchés conclus avec des prestataires de services qui ont pour objet la réalisation de prestations de services.

Lorsqu'un marché public a pour objet à la fois des services et des fournitures, il est un marché de services si la valeur de ceux-ci dépasse celle des fournitures achetées.

Lorsqu'un marché public porte à la fois sur des services et des travaux, il est un marché de travaux si son objet principal est de réaliser des travaux.

Un marché public ayant pour objet l'acquisition de fournitures et, à titre accessoire, des travaux de pose et d'installation de celles-ci, est considéré comme un marché de fournitures.

Commentaire

Cet article pose les grands principes du droit des marchés publics et ce, dès le premier euro dépensé :

1° Liberté d'accès à la commande publique : pas de préférence locale (cf. jurisprudence citée sous l'article 53), pas de prédétermination des choix dans les clauses du marché ;

2° Égalité de traitement des candidats : cf. articles 45 et 46 et arrêté du 28 août 2006 ;

3° Transparence des procédures : ce principe s'applique à tous les marchés, quels que soient leur montant, leur degré de complexité et le mode de passation choisi ;

4° Définition préalable des besoins : principe défini à l'article 5, avec des aménagements prévus aux articles 20 (avenants), 35-II (marchés complémentaires), 77 (marchés à bons de commande), 73 (marchés de définition) ;

5° Respect des obligations de publicité et de mise en concurrence : cf. articles 39, 40 (Avis d'appel public à la concurrence) et 85 (Avis d'attribution) ;

6° Choix de l'offre économiquement la plus avantageuse : cf. article 50 (possibilité d'autoriser des offres comportant des variantes).

La circulaire du 3 août 2006 portant manuel d'application du Code des marchés publics (*infra*, p. 233) rappelle utilement que :

– un marché public peut être passé avec des personnes publiques ou privées (§ 2.3) ;

– les marchés publics se distinguent des subventions (§ 2.4.1) ;

– les marchés publics se distinguent également des délégations de service public (§ 2.4.2) ;

– les marchés publics se distinguent également des partenariats public-privé (§ 2.4.3) ;

– les marchés publics se distinguent aussi du bail emphytéotique administratif, réservé aux seules collectivités territoriales et aux établissements publics de santé, et des conventions de bail réservées aux seuls services de l'État ainsi que de la vente en l'état futur d'achèvement (VEFA) (§ 2.4.4).

Art. 2. – Les pouvoirs adjudicateurs soumis au présent code sont :

1° L'État et ses établissements publics autres que ceux ayant un caractère industriel et commercial ;

2° Les collectivités territoriales et les établissements publics locaux.

Sauf dispositions contraires, les règles applicables à l'État le sont également à ceux de ses établissements publics auxquels s'appliquent les dispositions du présent code.

De même, sauf dispositions contraires, les règles applicables aux collectivités territoriales le sont également aux établissements publics locaux.

Commentaire

L'article 2 de la loi n° 2001-1168 du 11 décembre 2001 portant mesures urgentes de réformes à caractère économique et financier (Loi « MURCEF ») prévoit : *« Les marchés passés en application du Code des marchés publics ont le caractère de contrats administratifs. »* Le juge administratif est donc désormais seul compétent pour connaître des litiges relatifs aux marchés passés par les pouvoirs adjudicateurs visés à l'article 2 du code.

La circulaire du 3 août 2006 portant manuel d'application du Code des marchés publics (*infra,* p. 233) consacre un développement aux organismes non soumis au Code des marchés publics (§ 1.2).

Chapitre II. – Exclusions

Art. 3. – Les dispositions du présent code ne sont pas applicables aux marchés et accords-cadres suivants passés par les pouvoirs adjudicateurs définis à l'article 2 :

1° Accords-cadres et marchés conclus entre un pouvoir adjudicateur et un cocontractant sur lequel il exerce un contrôle comparable à celui qu'il exerce sur ses propres services et qui réalise l'essentiel de ses activités pour lui à condition que, même si ce cocontractant n'est pas un pouvoir adjudicateur, il applique, pour répondre à ses besoins propres, les règles de passation des marchés prévues par le présent code ou par l'ordonnance n° 2005-649 du 6 juin 2005 relative aux marchés passés par certaines personnes publiques ou privées non soumises au Code des marchés publics ;

2° Accords-cadres et marchés de services conclus avec un pouvoir adjudicateur soumis au présent code ou à l'ordonnance du 6 juin 2005 susmentionnée, lorsque ce pouvoir adjudicateur bénéficie, sur le fondement d'une disposition légalement prise, d'un droit exclusif, à condition que cette disposition soit compatible avec le traité instituant la Communauté européenne ;

3° Accords-cadres et marchés de services qui ont pour objet l'acquisition ou la location, quelles qu'en soient les modalités financières, de terrains, de bâtiments existants ou d'autres biens immeubles, ou qui concernent d'autres droits sur ces biens ; toutefois, les contrats de services financiers conclus en relation avec le contrat d'acquisition ou de location, sous quelque forme que ce soit, entrent dans le champ d'application du présent code ;

4° Accords-cadres et marchés qui ont pour objet l'achat, le développement, la production ou la coproduction de programmes destinés à la diffusion par des organismes de radiodiffusion et aux marchés concernant les temps de diffusion ;

5° Accords-cadres et marchés de services financiers relatifs à l'émission, à l'achat, à la vente et au transfert de titres ou d'autres instruments financiers et à des opérations d'approvisionnement en argent ou en capital des pouvoirs adjudicateurs, sous réserve des dispositions du 3°.

Sont également exclus les services fournis aux pouvoirs adjudicateurs par des banques centrales ;

6° Accords-cadres et marchés de services de recherche et de développement autres que ceux pour lesquels le pouvoir adjudicateur acquiert la propriété exclusive des résultats et finance entièrement la prestation ;

7° Accords-cadres et marchés, autres que ceux qui sont passés en application du décret prévu au II de l'article 4 du présent code, qui exigent le secret ou dont l'exécution doit s'accompagner de mesures particulières de sécurité conformément aux dispositions législatives ou réglementaires en vigueur ou pour lesquels la protection des intérêts essentiels de l'État l'exige. Un arrêté du Premier ministre fixe les conditions dans lesquelles est assuré, à l'occasion de la passation et de l'exécution des accords-cadres et des marchés mentionnés au présent alinéa, le respect de la protection du secret ainsi que des informations ou des intérêts concernant la défense nationale, la sécurité publique ou la sûreté de l'État ;

8° Accords-cadres et marchés passés en vertu de la procédure propre à une organisation internationale ;

9° Accords-cadres et marchés passés selon des règles de passation particulières prévues par un accord international relatif au stationnement de troupes ;

10° Accords-cadres et marchés passés selon des règles de passation particulières prévues par un accord international en vue de la réalisation ou de l'exploitation en commun d'un projet ou d'un ouvrage ;

11° Accords-cadres et marchés qui ont pour objet l'achat d'œuvres et d'objets d'art existants, d'objets d'antiquité et de collection ;

12° Accords-cadres et marchés de services relatifs à l'arbitrage et à la conciliation ;

13° Accords-cadres et marchés de services concernant les contrats de travail ;

14° Accords-cadres et marchés qui ont principalement pour objet de permettre la mise à disposition ou l'exploitation de réseaux publics de communications électroniques ou la fourniture au public d'un ou de plusieurs services de communications électroniques ;

15° Accords-cadres et marchés qui cessent d'être soumis aux dispositions du présent code en application de l'article 140.

Commentaire

• La circulaire du 3 août 2006 portant manuel d'application du Code des marchés publics (*infra*, p. 233) fournit un commentaire intéressant sur :

– les prestations intégrées dites « in house » (art. 3 [1°]) (§ 3.1) ;

– l'octroi d'un droit exclusif (art. 3 [2°]) (§ 3.2) ;

– les contrats relatifs à des programmes de recherche-développement (art. 3 [6°]) (§ 3.3) ;

– les contrats qui exigent le secret ou dont l'exécution doit s'accompagner de mesures particulières de sécurité ou pour lesquels la protection des intérêts essentiels de l'État l'exige (art. 3 [7°]) (§ 3.4).

• Sur le 11° : l'achat d'œuvres d'art, d'objets d'antiquité et de collection est régi par le Code du patrimoine (art. L. 121-1 à L. 121-4) et, en ce qui concerne les musées nationaux, par le décret n° 2003-1302 du 26 décembre 2003 et l'arrêté du 23 janvier 2004.

Chapitre III. – Dispositions spécifiques à certains marchés de la défense

Art. 4. – I. – Dans les cas où s'appliquent les dispositions des articles L. 1111-1, L. 1111-2, L. 2141-1, L. 2141-2 et L. 2141-3 du Code de la défense, un décret particulier remplace, si besoin est, pour les accords-cadres et marchés passés par les services de la défense, les dispositions du présent code.

II. – Un décret en Conseil d'État détermine les conditions particulières dans lesquelles sont passés certains accords-cadres et marchés pour les besoins de la défense.

Commentaire

Voir en annexe II-9 le texte du décret n° 2004-16 du 7 janvier 2004 (modifié par les décrets des 9 mai 2005 et 1er août 2006) concernant certains marchés publics passés pour les besoins de la défense.

TITRE II. – DISPOSITIONS GÉNÉRALES

Chapitre Ier. – Détermination des besoins à satisfaire

Art. 5. – I. – La nature et l'étendue des besoins à satisfaire sont déterminées avec précision avant tout appel à la concurrence ou toute négociation non précédée d'un appel à la concurrence en prenant en compte des objectifs de développement durable. Le ou les marchés ou accords-cadres conclus par le pouvoir adjudicateur ont pour objet exclusif de répondre à ces besoins.

II. – Le pouvoir adjudicateur détermine le niveau auquel les besoins sont évalués. Ce choix ne doit pas avoir pour effet de soustraire des marchés aux règles qui leur sont normalement applicables en vertu du présent code.

Commentaire

I. – Sur la nature et l'étendue des besoins à satisfaire :

La circulaire du 3 août 2006 portant manuel d'application du Code des marchés publics (*infra,* p. 245) insiste, à juste titre, sur la nécessité de bien identifier les besoins des services (§ 4).

• La description de l'objet du marché doit être précise : alors qu'un avis d'appel de candidatures publié au BOAMP indiquait comme objet : « études et réalisations d'opérations de restructuration, d'extension ou de construction de divers équipements scolaires, sociaux, sportifs, culturels ou bâtiments administratifs susceptibles d'être engagées au cours du 4e trimestre 1991 », le marché avait été conclu pour la seule modernisation et restructuration du collège Lavoisier à Paris : *« Eu égard à l'imprécision de l'objet du marché dans l'avis d'appel de candidatures, le département de Paris ne peut être regardé comme ayant satisfait aux obligations de publicité prévues par l'article 108* ter *[aujourd'hui article 39 et s.] du CMP ; par suite, le marché a été conclu au terme d'une procédure irrégulière »* (CE, 29 décembre 1997, *Département de Paris,* Req. nº 159693, rec. Lebon, p. 503-504-505 ; Rev. Trésor nº 10 – oct. 1999, p. 655 ; Dr. adm. nº 3 – mars 1998, nº 84 ; RFDA 1998.180 ; Quot. Jur. nº 44, 2 juin 1998, p. 5 ; D. 1998, somm. 360-361, obs. Ph. Terneyre).

• S'appuyant sur les dispositions de cet article (qui figuraient déjà en substance à l'article 75 du code en vigueur avant 2001), le Conseil d'État a estimé, par avis (nº 354149) du 6 juillet 1993 (Rapport public, 1993, p. 375), qu'il serait illégal de lancer un appel d'offres portant sur deux projets alternatifs (cas d'espèce d'une variante aérienne et d'une variante souterraine pour un tronçon d'autoroute), puisque l'un nécessairement ne se réalisera pas.

II. – Sur le niveau auquel les besoins doivent être évalués :

L'article 5-II est à rapprocher de l'article 27-I : scinder ses achats pour se soustraire à l'application des règles du Code des marchés publics expose le pouvoir adjudicateur à des risques contentieux de différentes natures :

– référé précontractuel (un découpage excessif ayant pour effet de soustraire les marchés aux obligations de mise en concurrence – *infra,* annexe I-3) ;

– poursuites pénales pour délit de favoritisme (*infra,* annexe I-4) ;

– infractions aux règles d'exécution des dépenses, au sens de l'articles 5 de la loi du 25 septembre 1948 modifiée [devenu l'article L. 313-4 du Code des juridictions financières]. Dans un arrêt du 22 mai 1990 (publié au *JO*, Lois et décrets, du 27 janvier 1995, p. 1497 et s.), la Cour de discipline budgétaire et financière a condamné un directeur adjoint d'hôpital et son adjoint technique à des peines d'amende pour s'être irrégulièrement affranchis des seuils prévus au Code des marchés publics et s'être ainsi soustraits à l'obligation de mise en concurrence requise tant en matière de fournitures que de travaux (hypothèses de fractionnement volontaire de commandes entre différentes entreprises « dont certaines n'étaient en réalité que des prête-noms pour le véritable fournisseur ou entrepreneur ») ;

– responsabilité pécuniaire du comptable qui n'exigerait pas la production d'un marché pour effectuer le paiement : en application de l'article 60-VII de la loi de finances pour 1963 (n° 63-156 du 23 février 1963), la Cour des comptes a constitué en débet un comptable public, à hauteur du montant des mandats payés au-delà des seuils prévus par les articles 123 et 321 du code en vigueur avant 2001 [nouveaux articles 26 et 27] (1er juillet 1993, *Mme Soldevilla, Grands arrêts de la jurisprudence financière,* Dalloz, 4e éd. 1996, n° 17).

Chapitre II. – Spécifications techniques

Art. 6. – I. – Les prestations qui font l'objet d'un marché ou d'un accord-cadre sont définies, dans les documents de la consultation, par des spécifications techniques formulées :

1° Soit par référence à des normes ou à d'autres documents équivalents accessibles aux candidats, notamment des agréments techniques ou d'autres référentiels techniques élaborés par les organismes de normalisation ;

2° Soit en termes de performances ou d'exigences fonctionnelles. Celles-ci sont suffisamment précises pour permettre aux candidats de connaître exactement l'objet du marché et au pouvoir adjudicateur d'attribuer le marché. Elles peuvent inclure des caractéristiques environnementales.

Un arrêté du ministre chargé de l'Économie précise la nature et le contenu des spécifications techniques.

Pour les marchés passés selon une procédure adaptée, les spécifications techniques peuvent être décrites de manière succincte.

II. – Le pouvoir adjudicateur détermine les prestations qui font l'objet du marché ou de l'accord-cadre qu'il passe :

1° Soit en utilisant exclusivement l'une ou l'autre des catégories de spécifications techniques mentionnées aux 1° et 2° du I ;

2° Soit en les combinant.

Cette combinaison est opérée :

a) Soit en définissant des performances ou exigences fonctionnelles et en précisant la référence des normes ou autres documents équivalents mentionnés au 1° du I qui sont présumés permettre de réaliser ces performances ou de satisfaire à ces exigences ;

b) Soit en recourant à des normes ou autres documents équivalents pour certains aspects du marché et à des performances ou exigences fonctionnelles pour d'autres.

III. – Les spécifications techniques mentionnées au I permettent l'égal accès des candidats et ne peuvent pas avoir pour effet de créer des obstacles injustifiés à l'ouverture des marchés publics à la concurrence. Chaque fois que possible, elles sont établies de manière à prendre en compte des critères d'accessibilité pour les personnes handicapées ou, pour tous les utilisateurs, des critères de fonctionnalité.

IV. – Les spécifications techniques ne peuvent pas faire mention d'un mode ou procédé de fabrication particulier ou d'une provenance ou origine déterminée, ni faire référence à une marque, à un brevet ou à un type, dès lors qu'une telle mention ou référence aurait pour effet de favoriser ou d'éliminer certains opérateurs économiques ou certains produits. Toutefois, une telle mention ou référence est possible si elle est justifiée par l'objet du marché ou, à titre exceptionnel, dans le cas où une description suffisamment précise et intelligible de l'objet du marché n'est pas possible sans elle et à la condition qu'elle soit accompagnée des termes : « ou équivalent ».

V. – Lorsque le pouvoir adjudicateur utilise une spécification technique formulée selon les modalités prévues au 1° du I, il ne peut pas rejeter une offre au motif qu'elle n'est pas conforme à cette spécification si le candidat prouve dans son offre, par tout moyen approprié, que les solutions qu'il propose respectent de manière équivalente cette spécification.

VI. – Lorsque le pouvoir adjudicateur définit des performances ou des exigences fonctionnelles selon les modalités prévues au 2° du I, il ne peut pas rejeter une offre si elle est conforme à des normes ou des documents équivalents qui eux-mêmes correspondent aux performances ou exigences fonctionnelles requises.

Le candidat est tenu de prouver, par tout moyen approprié, que les normes ou documents équivalents que son offre comporte répondent aux performances ou exigences fonctionnelles exigées. Peut constituer un moyen approprié de preuve au sens du présent article un dossier technique du fabricant ou un rapport d'essai d'un organisme reconnu. Sont des organismes reconnus au sens du présent article : les laboratoires d'essai ou de calibrage ainsi que les organismes d'inspection et de certification conformes aux normes européennes applicables. Les pouvoirs adjudicateurs acceptent les certificats émanant d'organismes reconnus dans d'autres États membres.

VII. – Lorsque les performances ou les exigences fonctionnelles définies en application du 2° du I comportent des caractéristiques environnementales, celles-ci peuvent être définies par référence à tout ou partie d'un écolabel pour autant :

1° Que cet écolabel soit approprié pour définir les caractéristiques des fournitures ou des prestations faisant l'objet du marché ;

2° Que les mentions figurant dans l'écolabel aient été établies sur la base d'une information scientifique ;

3° Que l'écolabel ait fait l'objet d'une procédure d'adoption à laquelle ont participé des représentants des organismes gouvernementaux, des consommateurs, des fabricants, des distributeurs et des organisations de protection de l'environnement ;

4° Que l'écolabel soit accessible à toutes les parties intéressées.

Le pouvoir adjudicateur peut indiquer, dans les documents de la consultation, que les produits ou services ayant obtenu un écolabel sont présumés satisfaire aux caractéristiques environnementales mentionnées dans les spécifications techniques mais est tenu d'accepter tout moyen de preuve approprié.

VIII. – (*Décret nº 2008-1334 du 17 décembre 2008, art. 50*) « Le pouvoir adjudicateur peut exiger que les candidats joignent une traduction en français, certifiée conforme à l'original par un traducteur assermenté, aux documents rédigés dans une autre langue qu'ils remettent en application du présent article. »

Commentaire

Les options qui s'offrent aux pouvoirs adjudicateurs en matière de spécifications techniques sont résumées par la circulaire du 3 août 2006 portant manuel d'application du Code des marchés publics (*infra*, § 4.3).

La nature et le contenu des spécifications techniques ont été définis par un arrêté du 28 août 2006, ci-après reproduit :

« Art. 1er. – Sont des spécifications techniques, au sens de l'article 6 du Code des marchés publics et de l'article 2 des décrets du 20 octobre 2005 et du 30 décembre 2005 susvisés :

1° Lorsqu'il s'agit d'un marché ou d'un accord-cadre de travaux, l'ensemble des prescriptions techniques contenues notamment dans les cahiers des charges et définissant les caractéristiques requises d'un matériau, d'un produit ou d'une fourniture et permettant de les caractériser de manière telle qu'ils répondent à l'usage auquel ils sont destinés par le pouvoir adjudicateur ou l'entité adjudicatrice ;

2° Lorsqu'il s'agit d'un marché ou d'un accord-cadre de services ou de fournitures, les prescriptions définissant les caractéristiques requises d'un produit ou d'un service.

Art. 2. – Les caractéristiques définies par les spécifications techniques mentionnées à l'article 1er peuvent inclure :

– les niveaux de la performance environnementale ;

– les niveaux de qualité ;

– les caractéristiques d'accessibilité ;

– l'évaluation de la conformité et les procédures d'évaluation de la conformité ;

– l'évaluation de la propriété d'emploi ;

– la sécurité ou les dimensions, y compris les prescriptions applicables au produit en ce qui concerne la dénomination de vente ou les procédures relatives à l'assurance de la qualité pour les ouvrages ;

– la terminologie ;

– les symboles ;

– les essais et méthodes d'essai ;

– l'emballage ;

– le marquage et l'étiquetage ;

– les processus et méthodes de production ;

– l'évaluation de l'utilisation du produit et les instructions d'utilisation.

En outre, elles peuvent inclure pour les seuls marchés de travaux :

– les règles de conception et de calcul des ouvrages ;

– les conditions d'essai, de contrôle et de réception des ouvrages ;

– les techniques ou méthodes de construction ;

– toutes les autres conditions de caractère technique que le pouvoir adjudicateur ou l'entité adjudicatrice est à même de prescrire, par voie de réglementation générale ou particulière, en ce qui concerne les ouvrages terminés et en ce qui concerne les matériaux ou les éléments constituant ces ouvrages.

Art. 3. – Lorsque les spécifications techniques mentionnées à l'article 1er sont formulées par référence à des normes ou à d'autres documents équivalents, ces derniers sont choisis dans l'ordre de préférence suivant : les normes nationales transposant des normes européennes, les agréments techniques européens, les spécifications techniques communes, les normes internationales, les autres référentiels techniques élaborés par les organismes européens de normalisation ou, lorsque ceux-ci n'existent pas, les normes nationales, les agréments techniques nationaux, ou les spécifications techniques nationales en matière de conception, de calcul et de réalisation des ouvrages et de mise en œuvre des produits. Chaque référence est accompagnée de la mention « ou équivalent ».

Art. 4. – Au sens de l'article 6 du Code des marchés publics et de l'article 2 des décrets du 20 octobre 2005 et du 30 décembre 2005 susvisés :

1° Une norme est une spécification technique approuvée par un organisme reconnu à activité normative pour application répétée ou continue, dont l'observation n'est pas obligatoire et qui relève de l'une des catégories suivantes :

– norme internationale : une norme adoptée par un organisme international de normalisation et mise à la disposition du public ;

– norme européenne : une norme adoptée par un organisme européen de normalisation et mise à la disposition du public ;

– norme nationale : une norme adoptée par un organisme national de normalisation et mise à la disposition du public.

2° Un agrément technique européen est une appréciation technique favorable de l'aptitude à l'emploi d'un produit pour une fin déterminée, basée sur la satisfaction des exigences essentielles pour la construction, selon les caractéristiques intrinsèques de ce produit et les conditions établies de mise en œuvre et d'utilisation. L'agrément technique européen est délivré par un organisme agréé à cet effet par l'État membre.

3° Une spécification technique commune est une spécification technique élaborée selon une procédure reconnue par les États membres et publiée au Journal officiel de l'Union européenne.

4° Un référentiel technique vise tout produit élaboré par les organismes européens de normalisation, autre que les normes officielles, selon des procédures adaptées à l'évolution des besoins du marché.

Art. 5. – Le présent arrêté entrera en vigueur le 1er septembre 2006 et sera publié au Journal officiel de la République française. »

Chapitre III – Coordination, groupement de commandes et centrales d'achats

Art. 7. – Au sein d'un pouvoir adjudicateur, les services qui disposent d'un budget propre peuvent coordonner la passation de leurs marchés ou accords-cadres, quel que soit leur montant, selon des modalités qu'ils déterminent librement. Les marchés ou accords-cadres ainsi passés obéissent aux règles fixées par le présent code.

(Décret n° 2008-206 du 29 février 2008, art. 1er) « Les services qui coordonnent la passation de leurs marchés ou accords-cadres peuvent décider que l'un d'entre eux sera chargé :

– de signer et de notifier le marché ou l'accord-cadre, chaque service, pour ce qui le concerne, s'assurant de sa bonne exécution,

ou

– de signer le marché ou l'accord-cadre, de le notifier et de l'exécuter au nom de l'ensemble des services.

Les services qui coordonnent la passation de leurs marchés ou accords-cadres peuvent décider que la commission d'appel d'offres compétente pour les marchés ou les accords-cadres coordonnés est celle du service coordonnateur. »

2

Commentaire

Sur la coordination de commandes, voir l'appréciation qu'en fait la circulaire du 3 août 2006 portant manuel d'application du Code des marchés publics (*infra*, § 5.3).

Art. 8. – I. – Des groupements de commandes peuvent être constitués :

1° Entre des services de l'État et les établissements publics de l'État autres que ceux ayant un caractère industriel et commercial ou entre de tels établissements publics seuls ;

2° Entre des collectivités territoriales, entre des établissements publics locaux ou entre des collectivités territoriales et des établissements publics locaux ;

3° Entre des personnes publiques mentionnées aux 1° et 2° ci-dessus ;

4° Entre une ou plusieurs personnes publiques mentionnées aux 1° et 2° ci-dessus et une ou plusieurs personnes morales de droit privé, ou un ou plusieurs établissements publics nationaux à caractère industriel et commercial, groupements d'intérêt public, groupements de coopération sociale ou médico-sociale ou groupements de coopération sanitaire, à condition que chacun des membres du groupement applique, pour les achats réalisés dans le cadre du groupement, les règles prévues par le présent code.

II. – Une convention constitutive est signée par les membres du groupement.

Elle définit les modalités de fonctionnement du groupement.

Elle désigne un coordonnateur parmi les membres du groupement, ayant la qualité de pouvoir adjudicateur soumis au présent code ou à l'ordonnance du 6 juin 2005 susmentionnée.

Celui-ci est chargé de procéder, dans le respect des règles prévues par le présent code, à l'organisation de l'ensemble des opérations de sélection d'un ou de plusieurs cocontractants.

Chaque membre du groupement s'engage, dans la convention, à signer avec le cocontractant retenu un marché à hauteur de ses besoins propres, tels qu'il les a préalablement déterminés.

III. – *(Décret n° 2008-1355 du 19 décembre 2008, art. 14)* « Une commission d'appel d'offres du groupement est instaurée dès lors qu'une collectivité territoriale ou un établissement public local autres qu'un établissement public de santé ou un établissement public social ou médico-social participe au groupement.

« Sont membres de cette commission d'appel d'offres :

« 1° Un représentant élu parmi les membres ayant voix délibérative de la commission d'appel d'offres de chaque membre du groupement qui dispose d'une commission d'appel d'offres ;

« 2° Un représentant pour chacun des autres membres du groupement désigné selon les modalités qui leur sont propres.

« La commission d'appel d'offres est présidée par le représentant du coordonnateur. Pour chaque membre titulaire peut être prévu un suppléant. »

IV. – « Lorsqu'il est instauré une commission d'appel d'offres, son président » peut désigner des personnalités compétentes dans la matière qui fait l'objet de la consultation. Celles-ci sont convoquées et peuvent participer, avec voix consultative, aux réunions de la commission d'appel d'offres.

La commission d'appel d'offres peut également être assistée par des agents des membres du groupement, compétents dans la matière qui fait l'objet de la consultation ou en matière de marchés publics.

Pour les marchés et accords-cadres des groupements mentionnés aux « 2°, 3° et, le cas échéant, 4° du I », le comptable du coordonnateur du groupement, si celui-ci est un comptable public et un représentant du directeur général de la concurrence, de la consommation et de la répression des fraudes, peuvent participer, avec voix consultative, aux réunions de la commission d'appel d'offres, lorsqu'ils y sont invités. Leurs observations sont consignées au procès-verbal.

V. – *(Décret n° 2008-1355 du 19 décembre 2008, art. 14)* « Pour les groupements dans lesquels les collectivités territoriales ou les établissements publics locaux autres qu'un établissement public de santé ou un établissement public social ou médico-social sont majoritaires, le titulaire est choisi par la commission d'appel d'offres en application des règles prévues par le présent code pour les collectivités territoriales.

« Pour les groupements dans lesquels les collectivités territoriales ou les établissements publics locaux autres qu'un établissement public de santé ou un établissement public social ou médico-social ne sont pas majoritaires, le titulaire est choisi après avis de la commission d'appel d'offres, selon les modalités définies par la convention constitutive du groupement.

« Pour les groupements constitués entre des personnes ne disposant pas de commission d'appel d'offres, le titulaire est choisi selon les modalités définies par la convention constitutive du groupement.

« Les marchés passés par un groupement au sein duquel les collectivités territoriales ou les établissements publics locaux sont majoritaires obéissent aux règles prévues par le présent code pour les collectivités territoriales.

« Dans les autres cas, les marchés obéissent aux règles prévues par le présent code pour les marchés de l'État. »

VI. – Chaque membre du groupement, pour ce qui le concerne, signe le marché et s'assure de sa bonne exécution.

VII. – La convention constitutive du groupement peut aussi avoir prévu que le coordonnateur sera chargé :

1° Soit de signer et de notifier le marché ou l'accord-cadre, chaque membre du groupement, pour ce qui le concerne, s'assurant de sa bonne exécution ;

2° Soit de signer le marché ou l'accord-cadre, de le notifier et de l'exécuter au nom de l'ensemble des membres du groupement.

Dans ces deux cas, la convention constitutive du groupement peut prévoir que la commission d'appel d'offres est celle du coordonnateur.

Si le coordonnateur ne dispose pas d'une commission d'appel d'offres, il en constitue une pour les besoins de fonctionnement du groupement.

Commentaire

Sur les groupements de commandes, cf. le commentaire figurant dans la circulaire du 3 août 2006 portant manuel d'application du Code des marchés publics (*infra*, § 5.1).

Art. 9. – Une centrale d'achat est un pouvoir adjudicateur soumis au présent code ou à l'ordonnance du 6 juin 2005 susmentionnée qui :

1° Acquiert des fournitures ou des services destinés à des pouvoirs adjudicateurs ; ou

2° Passe des marchés publics ou conclut des accords-cadres de travaux, fournitures ou de services destinés à des pouvoirs adjudicateurs.

Commentaire

L'Union des groupements d'achats publics est une centrale d'achat au sens de l'article 9 du Code des marchés publics. Le texte intégral du décret du 30 juillet 1985 modifié relatif au statut et au fonctionnement de l'UGAP figure en annexe I-18.

Chapitre IV. – L'allotissement

Art. 10. – Afin de susciter la plus large concurrence, et sauf si l'objet du marché ne permet pas l'identification de prestations distinctes, le pouvoir adjudicateur passe le marché en lots séparés dans les conditions prévues par le III de l'article 27. À cette fin, il choisit librement le nombre de lots, en tenant notamment compte des caractéristiques techniques des prestations demandées, de la structure du secteur économique en cause et, le cas échéant, des règles applicables à certaines professions.

Les candidatures et les offres sont examinées lot par lot. Les candidats ne peuvent présenter des offres variables selon le nombre de lots susceptibles d'être obtenus. Si plusieurs lots sont attribués à un même titulaire, il est toutefois possible de ne signer avec ce titulaire qu'un seul marché regroupant tous ces lots.

Le pouvoir adjudicateur peut toutefois passer un marché global, avec ou sans identification de prestations distinctes, s'il estime que la dévolution en lots séparés est de nature, dans le cas particulier, à restreindre la concurrence, ou qu'elle risque de rendre techniquement difficile ou financièrement coûteuse l'exécution des prestations ou encore qu'il n'est pas en mesure d'assurer par lui-même les missions d'organisation, de pilotage et de coordination.

Si le pouvoir adjudicateur recourt à des lots séparés pour une opération ayant à la fois pour objet la construction et l'exploitation ou la maintenance d'un ouvrage, les prestations de construction et d'exploitation ou de maintenance ne peuvent être regroupées dans un même lot. S'il recourt à un marché global, celui-ci fait obligatoirement apparaître, de manière séparée, les prix respectifs de la construction et de l'exploitation ou de la maintenance. La rémunération des prestations d'exploitation ou de maintenance ne peut en aucun cas contribuer au paiement de la construction.

Commentaire

1. – L'allotissement, qui est désormais la règle, constitue une innovation par rapport à la réglementation antérieure. La circulaire du 3 août 2006 portant manuel d'application du Code des marchés publics (*infra*, § 6.1) insiste sur ce point, les pouvoirs adjudicateurs devant

permettre au plus grand nombre d'entreprises, quelle que soit leur taille, d'accéder à la commande publique.

Le choix de passer un marché global, du fait des conditions qui l'entourent (art. 10. 2e alinéa), expose le pouvoir adjudicateur à des recours contentieux, le contrôle du juge pouvant porter sur la réunion effective de ces conditions.

Le Conseil d'État, saisi de différents recours en annulation dirigés contre plusieurs articles du Code des marchés publics 2006, a en tout cas jugé que « *le principe de l'allotissement des marchés n'a ni pour objet, ni pour effet de porter atteinte à la liberté de choix du pouvoir adjudicateur* » et a considéré « *qu'en posant le principe de l'allotissement des marchés, les dispositions précitées de l'article 10 du Code des marchés publics ont pour objet de susciter la plus large concurrence entre les entreprises, qu'il s'agisse d'entreprises générales ou non ; qu'elles prévoient d'ailleurs des exceptions dans les cas où l'allotissement serait de nature à restreindre la concurrence ; qu'il n'est pas établi que ce principe aurait en soi pour effet de créer une discrimination au détriment des entreprises générales, lesquelles, au contraire, sont aptes à soumissionner pour l'ensemble des lots d'un marché* » (CE, Section, 9 juillet 2007, *Syndicat EGF-BTP et autres,* n° 297711).

2. – Par ailleurs, tout candidat déposant une offre pour un lot est en droit d'en sous-traiter une partie, cf. l'article 5 de la loi du 31 décembre 1975 relative à la sous-traitance (V. texte intégral en annexe I-12), modifié en dernier lieu par la loi « MURCEF » du 11 décembre 2001, qui prévoit :

« Sans préjudice de l'acceptation prévue à l'article 3, l'entrepreneur principal doit, lors de la soumission, indiquer au maître de l'ouvrage la nature et le montant de chacune des prestations qu'il envisage de sous-traiter (L. n° 2001-1168 du 11 décembre 2001, art. 7) "ainsi que les sous-traitants auxquels il envisage de faire appel" ».

(Loi n° 2001-1168 du 11 décembre 2001, art. 7) *« En cours d'exécution du marché, l'entrepreneur principal peut faire appel à de nouveaux sous-traitants, à la condition de les avoir déclarés préalablement au maître de l'ouvrage. »*

3. – La jurisprudence du Conseil d'État (CE, 23 novembre 2005, *Sté Axialogic,* n° 267494, Contrats Marchés publ. 2006, comm. 6, note F. Olivier) prohibe la comparaison globale de combinaisons possibles d'attribution des lots : *« Si aucune disposition du Code des marchés publics [...] n'interdit l'attribution de plusieurs lots à une même entreprise, la personne responsable du marché, dans la mesure où le règlement de la consultation ne le prévoyait pas, ne pouvait attribuer à une même entreprise tous les lots du marché sans procéder à une comparaison lot par lot des propositions présentées par les différentes entreprises. »*

Chapitre V. – Documents constitutifs du marché

Art. 11. – Les marchés et accords-cadres d'un montant égal ou supérieur à *(Décret n° 2008-1356 du 19 décembre 2008)* « 20 000 € » HT sont passés sous forme écrite.

Pour les marchés passés selon les procédures formalisées, l'acte d'engagement et, le cas échéant, les cahiers des charges en sont les pièces constitutives.

L'acte d'engagement est la pièce signée par un candidat à un accord-cadre ou à un marché public dans laquelle le candidat présente son offre ou sa proposition dans le respect des clauses du cahier des charges qui déterminent les conditions dans lesquelles le marché est exécuté. Cet acte d'engagement est ensuite signé par le pouvoir adjudicateur.

(Décret n° 2008-1334 du 17 décembre 2008, art. 51) « Lorsque les offres sont transmises par voie électronique, la signature de l'acte d'engagement est présentée selon les modalités prévues par un arrêté du ministre chargé de l'Économie. »

Commentaire

Le règlement des prestations faisant l'objet de marchés d'un montant inférieur à 20 000 € HT s'effectue dans le cadre des règles relatives au paiement des dépenses publiques, notamment celle du paiement après service fait. En conséquence, et pour être sûrs d'être payés, les entrepreneurs, fournisseurs et prestataires de services devraient toujours exiger, dans le cas prévu ci-dessus, une commande, s'enquérir de sa budgétisation et prendre soin de faire constater la réalité des travaux exécutés, des fournitures livrées ou des services rendus [voir à ce sujet l'article 111 qui permet la mobilisation de la créance auprès d'OSEO-BDPME moyennant « toute pièce justificative validant l'existence de la créance financée »].

Art. 12. – I. – Les pièces constitutives des marchés passés selon une procédure formalisée comportent obligatoirement les mentions suivantes :

1° L'identification des parties contractantes ;

2° La justification de la qualité de la personne signataire au nom de l'État et, le cas échéant, la délibération autorisant la signature du marché ;

3° La définition de l'objet du marché ;

4° La référence aux articles et alinéas du présent code en application desquels le marché est passé ;

5° L'énumération des pièces du marché ; ces pièces sont présentées dans un ordre de priorité défini par les parties contractantes. Sauf cas d'erreur manifeste, cet ordre de priorité prévaut en cas de contradiction dans le contenu des pièces ;

6° Le prix ou les modalités de sa détermination ;

7° La durée d'exécution du marché ou les dates prévisionnelles de début d'exécution et d'achèvement ;

8° Les conditions de réception, de livraison ou d'admission des prestations ;

9° Les conditions de règlement, notamment, s'ils sont prévus dans le marché, les délais de paiement ;

10° Les conditions de résiliation, notamment celles prévues à l'article 47 ;

11° La date de notification du marché ;

12° La désignation du comptable assignataire ;

13° Les éléments propres aux marchés à tranches conditionnelles.

II. – Pour les marchés de conception-réalisation définis à l'article 37, sont en outre des pièces constitutives du marché :

1° Le programme de l'opération, au sens de l'article 2 de la loi n° 85-704 du 12 juillet 1985 modifiée relative à la maîtrise d'ouvrage publique et à ses rapports avec la maîtrise d'œuvre privée ;

2° Les études de conception présentées par l'opérateur économique retenu.

III. – Les pièces constitutives des accords-cadres comportent obligatoirement les mentions énumérées aux 1°, 2°, 3°, 4°, 5°, 6°, 7°, 10° et 11° du I du présent article.

Les pièces constitutives des marchés passés sur le fondement d'un accord-cadre comportent obligatoirement les mentions énumérées aux 6°, 8°, 9°, 12° et 13° du I du présent article, si ces mentions n'ont pas déjà été indiquées dans celles de l'accord-cadre.

IV. – Si les pièces constitutives ne sont pas rédigées en langue française, le pouvoir adjudicateur peut exiger que ces documents soient accompagnés d'une traduction en français certifiée conforme à l'original par un traducteur assermenté.

Art. 13. – Les cahiers des charges des marchés passés selon une procédure formalisée déterminent les conditions dans lesquelles les marchés sont exécutés.

Ils comprennent des documents généraux et des documents particuliers.

Les documents généraux sont :

1° Les cahiers des clauses administratives générales, qui fixent les dispositions administratives applicables à une catégorie de marchés ;

2° Les cahiers des clauses techniques générales, qui fixent les dispositions techniques applicables à toutes les prestations d'une même nature.

Ces documents sont approuvés par un arrêté du ministre chargé de l'Économie et des ministres intéressés.

La référence à ces documents n'est pas obligatoire.

Les documents particuliers sont :

1° Les cahiers des clauses administratives particulières, qui fixent les dispositions administratives propres à chaque marché ;

2° Les cahiers des clauses techniques particulières, qui fixent les dispositions techniques nécessaires à l'exécution des prestations de chaque marché.

Si le pouvoir adjudicateur décide de faire référence aux documents généraux, les documents particuliers comportent, le cas échéant, l'indication des articles des documents généraux auxquels ils dérogent.

Commentaire

• Quatre CCAG ont été approuvés par décret depuis 1976 :

– le CCAG applicable aux marchés publics de travaux approuvé par décret du 21 janvier 1976 [Texte annoté, Berger-Levrault, 2e éd. 2003] ;

– le CCAG applicable aux marchés publics de fournitures courantes et de services approuvé par décret du 27 mai 1977 modifié [Texte annoté, Berger-Levrault, 2004] ;

– le CCAG applicable aux marchés publics de prestations intellectuelles approuvé par décret du 26 décembre 1978 modifié [brochure *JO* n° 2012] ;

– le CCAG applicable aux marchés publics industriels approuvé par décret du 14 octobre 1980 modifié [brochure *JO* n° 2016].

Tous ces CCAG ne s'appliquent qu'aux marchés qui s'y réfèrent ; ils ne sont pas rendus obligatoires par les décrets qui les approuvent, mais les circulaires qui les accompagnent recommandent de ne plus passer de marchés qui ne fassent référence à l'un ou l'autre de ces CCAG. Sans être formellement obligatoire, la référence aux cahiers des clauses administratives générales se retrouve dans un grand nombre de marchés de l'État, des collectivités territoriales et de leurs établissements publics.

Des projets de nouveaux CCAG, en harmonie avec le présent Code des marchés publics, ont été mis en ligne par le Minefi entre décembre 2006 et avril 2007 : on attend toujours leur version définitive qui était annoncée pour 2008.

Chapitre VI. – Clauses sociales et environnementales

Art. 14. – Les conditions d'exécution d'un marché ou d'un accord-cadre peuvent comporter des éléments à caractère social ou environnemental qui prennent en compte les objectifs de développement durable en conciliant développement économique, protection et mise en valeur de l'environnement et progrès social.

Ces conditions d'exécution ne peuvent pas avoir d'effet discriminatoire à l'égard des candidats potentiels. Elles sont indiquées dans l'avis d'appel public à la concurrence ou dans les documents de la consultation.

Commentaire

La prise en compte des objectifs de développement durable figure également aux articles 5 (définition des besoins), 6 (spécifications techniques), 45 (présentation des candidatures) et 53 (critères de choix des offres). [V. le commentaire qu'en fait la circulaire du 3 août 2006 portant manuel d'application du Code des marchés publics (*infra*, § 12.2)].

Chapitre VII. – Marchés réservés

Art. 15. – Certains marchés ou certains lots d'un marché peuvent être réservés à des entreprises adaptées ou à des établissements et services d'aide par le travail mentionnés (*Décret nº 2008-1334 du 17 décembre 2008, art. 52)* « aux articles L. 5213-13, L. 5213-18, L. 5213-19 et L. 5213-22 du Code du travail » et L. 344-2 du Code de l'action sociale et des familles, ou à des structures équivalentes, lorsque la majorité des travailleurs concernés sont des personnes handicapées qui, en raison de la nature ou de la gravité de leurs déficiences, ne peuvent exercer une activité professionnelle dans des conditions normales.

L'avis d'appel public à la concurrence fait mention de la présente disposition.

Commentaire

• Cet article est à rapprocher de l'article 53-IV qui institue un droit de préférence aux entreprises adaptées aux côtés des Scop (V. note sous cet article).

Les articles L. 5213-13, L. 5213-18 et L. 5213-19 [ancien article L. 323-31] du Code du travail visent les centres de distribution de travail à domicile employant majoritairement des personnes handicapées à efficience réduite. L'article L. 344-2 du Code de l'action sociale et des familles vise les établissements et services d'aide par le travail qui accueillent des personnes handicapées dont les capacités de travail ne leur permettent pas de travailler dans une entreprise ordinaire ou dans une entreprise adaptée ou pour le compte d'un centre de distribution de travail à domicile.

• **Loi nº 2008-776 du 4 août 2008 de modernisation de l'économie**

« Art. 26. – I. – À titre expérimental, pour une période de cinq années à compter de la publication de la présente loi, les pouvoirs

adjudicateurs et les entités adjudicatrices soumis au Code des marchés publics ou à l'ordonnance n° 2005-649 du 6 juin 2005 relative aux marchés passés par certaines personnes publiques ou privées non soumises au Code des marchés publics peuvent réserver une partie de leurs marchés de haute technologie, de recherche et développement et d'études technologiques d'un montant inférieur aux seuils des procédures formalisées aux sociétés répondant aux conditions définies au I de l'article L. 214-41 du Code monétaire et financier, ou accorder à ces sociétés un traitement préférentiel en cas d'offres équivalentes.

Le montant total des marchés attribués en application du premier alinéa au cours d'une année ne peut excéder 15 % du montant annuel moyen des marchés de haute technologie, de recherche et développement et d'études technologiques d'un montant inférieur aux seuils des procédures formalisées, conclus par le pouvoir adjudicateur ou l'entité adjudicatrice concerné au cours des trois années précédentes.

(...)

III. – Le I est applicable aux marchés pour lesquels un avis d'appel à la concurrence a été publié ou pour lesquels une négociation a été engagée après la publication de la présente loi.

IV. – Les modalités d'application du présent article et celles relatives à l'évaluation du dispositif prévu au I sont fixées par décret en Conseil d'État. »

[Ces dispositions visent à permettre l'accès de PME innovantes à des marchés de haute technologie. L'article L. 214-41 (I) du Code monétaire et financier vise en effet « *des entreprises dont le capital est compris entre 100 000 euros et deux millions d'euros* », « *qui comptent moins de deux mille salariés* » et qui ont « *réalisé, au cours de l'exercice précédent, des dépenses de recherche, (...) représentant au moins 15 % des charges fiscalement déductibles au titre de cet exercice ou, pour les entreprises industrielles, au moins 10 % de ces mêmes charges* » ou qui peuvent « *justifier de la création de produits, procédés ou techniques dont le caractère innovant et les perspectives de développement économique sont reconnus (...) par un organisme chargé de soutenir l'innovation et désigné par décret* ».]

Chapitre VIII. – Durée du marché

Art. 16. – Sous réserve des dispositions fixant la durée maximale pour les accords-cadres et les marchés à bons de commande, les marchés complémentaires passés en procédure négociée ainsi que les marchés relatifs à des opérations de communication, la durée d'un marché ainsi que, le cas échéant, le nombre de ses reconductions, sont fixés en tenant compte de la nature des prestations et de la nécessité d'une remise en concurrence périodique.

Un marché peut prévoir une ou plusieurs reconductions à condition que ses caractéristiques restent inchangées et que la mise en concurrence ait été réalisée en prenant en compte la durée totale du marché, périodes de reconduction comprises.

Le pouvoir adjudicateur prend par écrit la décision de reconduire ou non le marché. Le titulaire du marché ne peut refuser sa reconduction sauf stipulation contraire prévue dans le marché.

Commentaire

La jurisprudence prohibe les clauses de reconduction tacite ; v. CE, 29 novembre 2000, *Commune de Païta,* req. n° 205143, Dr. Adm. 2001, n° 7, p. 15 ; RFDA 2001.242 : « *Considérant qu'une clause de tacite reconduction d'un contrat qui, en raison de sa nature et de son montant, ne peut être passé qu'après que les obligations de publicité et de mise en concurrence prévues par la réglementation applicable ont été respectées, a pour objet de permettre la passation d'un nouveau contrat sans que soient respectées de telles obligations ; qu'une telle clause ne peut être que nulle, de sorte qu'un contrat passé en application de cette clause, qui a été conclu selon une procédure irrégulière, est également nul.* »

Chapitre IX. – Prix du marché

Art. 17. – Les prix des prestations faisant l'objet d'un marché sont soit des prix unitaires appliqués aux quantités réellement livrées ou exécutées, soit des prix forfaitaires appliqués à tout ou partie du marché, quelles que soient les quantités livrées ou exécutées.

Des clauses incitatives peuvent être insérées dans les marchés aux fins d'améliorer les délais d'exécution, de rechercher une meilleure qualité des prestations et de réduire les coûts de production.

Commentaire

En matière de *travaux*, la distinction des prix forfaitaires et des prix unitaires est donnée par l'article 10.2 du CCAG ci-après reproduit :

« *10.2. Distinction des prix forfaitaires et des prix unitaires :*

Les prix sont soit des prix forfaitaires, soit des prix unitaires. Est prix forfaitaire tout prix qui rémunère l'entrepreneur pour un ouvrage, une partie d'ouvrage ou un ensemble déterminé de prestations défini par le marché et qui, ou bien est mentionné explicitement dans le marché comme étant forfaitaire, ou bien ne s'applique dans le marché qu'à un ensemble de prestations qui n'est pas de nature à être répété.

Est prix unitaire tout prix qui n'est pas forfaitaire au sens défini ci-dessus, notamment tout prix qui s'applique à une nature d'ouvrage ou à un élément d'ouvrage dont les quantités ne sont indiquées dans le marché qu'à titre prévisionnel. »

Art. 18. – I. – Sous réserve des dispositions de l'article 19, un marché est conclu à prix définitif.

II. – Un prix définitif peut être ferme ou révisable.

III. – Un prix ferme est un prix invariable pendant la durée du marché. Toutefois, il est actualisable dans les conditions définies ci-dessous.

Un marché est conclu à prix ferme dans le cas où cette forme de prix n'est pas de nature à exposer à des aléas majeurs les parties au marché du fait de l'évolution raisonnablement prévisible des conditions économiques pendant la période d'exécution des prestations.

Lorsqu'un marché est conclu à prix ferme pour des fournitures ou services autres que courants ou pour des travaux, il prévoit les modalités d'actualisation de son prix. Il précise notamment :

1° Que ce prix sera actualisé si un délai supérieur à trois mois s'écoule entre la date à laquelle le candidat a fixé son prix dans l'offre et la date de début d'exécution des prestations ;

2° Que l'actualisation se fera aux conditions économiques correspondant à une date antérieure de trois mois à la date de début d'exécution des prestations.

Lorsqu'un marché est conclu à prix ferme pour des fournitures ou services courants, il peut prévoir que son prix pourra être actualisé selon des règles identiques à celles mentionnées ci-dessus.

Le prix ainsi actualisé reste ferme pendant toute la période d'exécution des prestations et constitue le prix de règlement.

Pour l'application de ces dispositions, sont réputés être des fournitures ou services courants ceux pour lesquels le pouvoir adjudicateur n'impose pas des spécifications techniques propres au marché.

IV. – Un prix révisable est un prix qui peut être modifié pour tenir compte des variations économiques dans les conditions fixées ci-dessous.

Lorsque le prix est révisable, le marché fixe la date d'établissement du prix initial, les modalités de calcul de la révision ainsi que la périodicité de sa mise en œuvre. Les modalités de calcul de la révision du prix sont fixées :

1° Soit en fonction d'une référence à partir de laquelle on procède à l'ajustement du prix de la prestation ;

2° Soit par application d'une formule représentative de l'évolution du coût de la prestation. Dans ce cas, la formule de révision ne prend en compte que les différents éléments du coût de la prestation et peut inclure un terme fixe ;

3° Soit en combinant les modalités mentionnées aux 1° et 2°.

V. – *(Décret n° 2008-1355 du 19 décembre 2008, art. 34)* Les marchés d'une durée d'exécution supérieure à trois mois qui nécessitent, pour leur réalisation, le recours à une part importante de fournitures, « notamment de matières premières » dont le prix est directement affecté par les fluctuations de cours mondiaux, comportent une clause de révision de prix incluant une référence aux indices officiels de fixation de ces cours, conformément au 1° du IV du présent article.

Commentaire

Les formules de révision de prix doivent respecter les prescriptions suivantes de l'article L. 112-2 du Code monétaire et financier :

« Dans les dispositions statutaires ou conventionnelles, est interdite toute clause prévoyant des indexations fondées sur le salaire minimum de croissance, sur le niveau général des prix ou des salaires ou sur les prix des biens, produits ou services n'ayant pas de relation directe avec l'objet du statut ou de la convention ou avec l'activité de l'une des parties. »

2

Art. 19. – I. – Il est possible de conclure des marchés à prix provisoires dans les cas exceptionnels suivants :

1° Lorsque, pour des prestations complexes ou faisant appel à une technique nouvelle et présentant soit un caractère d'urgence impérieuse, soit des aléas techniques importants, l'exécution du marché doit commencer alors que la détermination d'un prix initial définitif n'est pas encore possible ;

2° Lorsque les résultats d'une enquête de coût de revient portant sur des prestations comparables commandées au titulaire d'un marché antérieur ne sont pas encore connus ;

3° Lorsque les prix des dernières tranches d'un marché à tranches, tel que défini à l'article 72, sont fixés au vu des résultats, non encore connus, d'une enquête de coût de revient portant sur les premières tranches, conclues à prix définitifs ;

4° Lorsque les prix définitifs de prestations comparables ayant fait l'objet de marchés antérieurs sont remis en cause par le candidat pressenti ou par le pouvoir adjudicateur, sous réserve que ce dernier ne dispose pas des éléments techniques ou comptables lui permettant de négocier de nouveaux prix définitifs.

II. – Les marchés conclus à prix provisoires précisent :

1° Les conditions dans lesquelles sera déterminé le prix définitif, éventuellement dans la limite d'un prix plafond ;

2° L'échéance à laquelle devra intervenir un avenant pour fixer le prix définitif ;

3° Les règles comptables auxquelles le titulaire devra se conformer ;

4° Les vérifications sur pièces et sur place que le pouvoir adjudicateur se réserve d'effectuer sur les éléments techniques et comptables du coût de revient.

III. – Pour la réalisation des ouvrages mentionnés à l'article 1er de la loi du 12 juillet 1985 susmentionnée, les marchés de maîtrise d'œuvre sont passés à prix provisoires conformément au décret n° 93-1268 du 29 novembre 1993 relatif aux missions de maîtrise d'œuvre confiées par des maîtres d'ouvrage publics à des prestataires de droit privé.

Chapitre X. – Avenants

Art. 20. – (*Décret n° 2008-1355 du 19 décembre 2008, art. 35*) « En cas de sujétions techniques imprévues ne résultant pas du fait des parties, un avenant ou une décision de poursuivre peut intervenir quel que soit le montant de la modification en résultant.

« Dans tous les autres cas, un avenant ou une décision de poursuivre ne peut bouleverser l'économie du marché, ni en changer l'objet. »

Commentaire

• La loi n° 95-127 du 8 février 1995 relative aux marchés publics et délégations de service public a accentué le contrôle, voulu par les pouvoirs publics, de ce type de procédure, en son article 8 dont le texte (modifié par la loi n° 96-142 du 21 février 1996 et la loi n° 2007-1787 du 20 décembre 2007 relative à la simplification du droit, art. 19) est reproduit ci-après :

« Art. 8. – *Tout projet d'avenant à un marché de travaux, de fournitures ou de services entraînant une augmentation du montant global supérieure à 5 p. 100 est soumis pour avis à la commission d'appel d'offres. L'assemblée délibérante qui statue sur le projet d'avenant est préalablement informée de cet avis.*

Toutefois, ces dispositions ne sont pas applicables lorsque ces avenants concernent des marchés qui, conformément aux dispositions du Code des marchés publics, n'ont pas été soumis eux-mêmes à cet avis. »

• La jurisprudence administrative considère que *« ne peuvent être regardées comme des sujétions techniques imprévues au sens de ces dispositions, que des difficultés matérielles rencontrées lors de l'exécution d'un marché, présentant un caractère exceptionnel, imprévisibles lors de la conclusion du contrat et dont la cause est extérieure aux parties* ;

Considérant que si, en l'absence de dénaturation, l'appréciation à laquelle se livrent les juges du fond pour estimer que les difficultés invoquées satisfont ou non aux trois critères rappelés ci-dessus, n'est pas susceptible d'être discutée devant le juge de cassation, il appartient à ce dernier de contrôler, sous l'angle de l'erreur de droit, le respect de ces trois critères par les juges du fond » (CE, 30 juillet 2003, *Commune de Lens*, n° 223445, BJDCP 2003, n° 31, p. 462, concl. D. Piveteau, obs. Ch. M. ; Contrats Marchés publ. 2003, comm. 172, note Pietri).

• Sur les sujétions techniques imprévues en matière de travaux, cf. l'article 10.11 du CCAG – Travaux :

« *10.1. Contenu des prix :*

10.11. Les prix sont réputés comprendre toutes les dépenses résultant de l'exécution des travaux, y compris les frais généraux, impôts et taxes, et assurer à l'entrepreneur une marge pour risques et bénéfice. Sauf stipulation contraire, ils sont indiqués dans le marché hors taxe à la valeur ajoutée (TVA).

À l'exception des seules sujétions mentionnées dans le marché comme n'étant pas couvertes par les prix, ceux-ci sont réputés tenir compte de toutes les sujétions d'exécution des travaux qui sont normalement prévisibles dans les conditions de temps et de lieu où s'exécutent ces travaux, que ces sujétions résultent :

– de phénomènes naturels ;

– de l'utilisation du domaine public et du fonctionnement des services publics ;

– de la présence de canalisations, conduites et câbles de toute nature, ainsi que des chantiers nécessaires au déplacement ou à la transformation de ces installations ;

– de la réalisation simultanée d'autres ouvrages, ou de toute autre cause. »

Titre III. – Passation des marchés

Chapitre Ier – Composition de la commission d'appel d'offres des collectivités territoriales et du jury de concours

Section 1. La commission d'appel d'offres des collectivités territoriales

(Sous-section 1 comprenant l'article 21 relatif à la CAO de l'État, abrogée par Décret n° 2008-1355 du 19 décembre 2008, art. 15)

Art. 22. – I. – Pour les collectivités territoriales et les établissements publics locaux, *(Décret n° 2008-1355 du 19 décembre 2008, art. 16)* « à l'exception des établissements publics de santé et des établissements publics sociaux ou médico-sociaux », sont constituées une ou plusieurs commissions d'appel d'offres à caractère permanent. Une commission spécifique peut aussi être constituée pour la passation d'un marché déterminé. Ces commissions d'appel d'offres sont composées des membres suivants :

1° Lorsqu'il s'agit d'une région, le président du conseil régional ou son représentant, président, et cinq membres du conseil élus en son sein à la représentation proportionnelle au plus fort reste ;

Lorsqu'il s'agit de la collectivité territoriale de Corse, le président du conseil exécutif ou son représentant, président, et cinq membres de l'assemblée de Corse élus en son sein à la représentation proportionnelle au plus fort reste ;

2° Lorsqu'il s'agit d'un département, le président du conseil général ou son représentant, président, et cinq membres du conseil élus en son sein à la représentation proportionnelle au plus fort reste ;

3° Lorsqu'il s'agit d'une commune de 3 500 habitants et plus, le maire ou son représentant, président, et cinq membres du conseil municipal élus en son sein à la représentation proportionnelle au plus fort reste ;

4° Lorsqu'il s'agit d'une commune de moins de 3 500 habitants, le maire ou son représentant, président, et trois membres du conseil municipal élus en son sein à la représentation proportionnelle au plus fort reste ;

5° Lorsqu'il s'agit d'un établissement public de coopération intercommunale ou d'un syndicat mixte, le président de cet établissement ou de ce syndicat ou son représentant, président, et un nombre de membres égal à celui prévu pour la composition de la commission de la collectivité au nombre d'habitants le plus élevé, élus, en son sein, par l'assemblée délibérante de l'établissement ou du syndicat. Toutefois, si ce nombre ne peut être atteint, la commission est composée au minimum d'un président et de deux membres élus par l'assemblée délibérante de l'établissement ou du syndicat ;

6° Lorsqu'il s'agit d'un autre établissement public local, le représentant légal de l'établissement ou son représentant, président, et de deux à quatre membres de l'organe délibérant, désignés par celui-ci.

(9e alinéa supprimé par Décret n° 2008-1355 du 19 décembre 2008, art. 16).

Outre le directeur ou son représentant, président, chaque commission comporte obligatoirement au moins un membre désigné par le conseil d'administration en son sein ou parmi des personnalités qualifiées proposées par le directeur. Chaque commission comporte un nombre impair de membres.

II. – Dans tous les cas énumérés ci-dessus, il est procédé, selon les mêmes modalités, à la désignation ou à l'élection de suppléants en nombre égal à celui des membres titulaires. Cette règle ne s'applique pas aux établissements publics de coopération intercommunale et aux syndicats mixtes dont l'organe délibérant comporte moins de cinq membres. *(3e phrase supprimée par Décret n° 2008-1355 du 19 décembre 2008, art. 16).*

III. – Pour les collectivités mentionnées aux 1°, 2°, 3°, 4° et 5° du I, l'élection des membres titulaires et des suppléants a lieu sur la même liste, sans panachage ni vote préférentiel. Les listes peuvent comprendre moins de noms qu'il n'y a de sièges de titulaires et de suppléants à pourvoir.

En cas d'égalité des restes, le siège revient à la liste qui a obtenu le plus grand nombre de suffrages. Si les listes en cause ont également recueilli le même nombre de suffrages, le siège est attribué au plus âgé des candidats susceptibles d'être proclamés élus.

Il est pourvu au remplacement d'un membre titulaire de la commission d'appel d'offres par le suppléant inscrit sur la même liste et venant immédiatement après le dernier titulaire élu de ladite liste. Le remplacement du suppléant, ainsi devenu membre titulaire, est assuré par le candidat inscrit sur la même liste, immédiatement après ce dernier.

Il est procédé au renouvellement intégral de la commission d'appel d'offres lorsqu'une liste se trouve dans l'impossibilité de pourvoir, dans les conditions telles que prévues à l'alinéa précédent, au remplacement des membres titulaires auxquels elle a droit.

IV. – Ont voix délibérative les membres mentionnés au I. En cas de partage égal des voix, le président a voix prépondérante.

V. – La commission d'appel d'offres peut faire appel au concours d'agents du pouvoir adjudicateur compétents dans la matière qui fait l'objet de la consultation ou en matière de marchés publics.

Commentaire

• S'agissant des Offices publics d'aménagement et de construction (OPAC), le Conseil d'État a estimé, par avis (n° 356245) du 27 octobre 1994 (Rapport public 1994, p. 363), que c'était le directeur général, et non le président de l'OPAC, qui devait présider la commission d'appel d'offres.

• La méconnaissance des règles relatives à la composition de la commission d'appel d'offres entache la procédure de nullité (CE, 18 novembre 1991, *Le Chaton c/ Cne de Guidel*, DS 1992, somm. 187, obs. Ph. Terneyre).

Art. 23. – I. – Peuvent participer, avec voix consultative, aux réunions de la commission d'appel d'offres :

1° Un ou plusieurs membres du service technique compétent du pouvoir adjudicateur ou d'un autre pouvoir adjudicateur pour suivre l'exécution des travaux ou effectuer le contrôle de conformité lorsque la réglementation impose le concours de tels services ou lorsque le marché porte sur des travaux subventionnés par l'État ;

2° Des personnalités désignées par le président de la commission en raison de leur compétence dans la matière qui fait l'objet de la consultation ;

(3° abrogé par Décret n° 2008-1355 du 19 décembre 2008, art. 17).

II. – Lorsqu'ils y sont invités par le président de la commission d'appel d'offres, le comptable public et un représentant du directeur général de la concurrence, de la consommation et de la répression des fraudes peuvent participer, avec voix consultative, aux réunions de la commission d'appel d'offres. Leurs observations sont consignées au procès-verbal.

2

Commentaire

• En vue d'établir la preuve de pratiques anticoncurrentielles, l'administration est en droit de produire des pièces obtenues par les agents de la Direction départementale de la concurrence à l'occasion de leur participation aux commissions d'ouverture des plis prévues à l'article 279 du code [article 23 du présent code] (application de l'article 48 de l'ordonnance du 1er décembre 1986, devenu l'article L. 450-4 du Code de commerce) [Cass. com. 12 novembre 1996, *Bull.* n° 272, p. 230-234, et 10 décembre 1996, *Bull.* n° 311, p. 266 à 271]. Cette jurisprudence conforte la circulaire du ministre de l'Économie et des Finances du 5 juin 1992 (reproduite sous les articles 119 à 124).

Section 2. Le jury de concours

Art. 24. – I. – Le jury de concours est composé exclusivement de personnes indépendantes des participants au concours.

(Décret n° 2008-1355 du 19 décembre 2008, art. 18) « a) Pour l'État et ses établissements publics, les membres du jury de concours sont désignés suivant les modalités suivantes :

« i) En ce qui concerne les administrations centrales de l'État, les services à compétence nationale et les services déconcentrés qui ne sont pas placés sous l'autorité du préfet, par le ministre dont ils dépendent ;

« ii) En ce qui concerne les services déconcentrés de l'État placés sous l'autorité du préfet, par le préfet ;

« iii) En ce qui concerne les établissements publics de l'État, par les règles propres à chaque établissement.

« Un représentant de la direction générale de la concurrence, de la consommation et de la répression des fraudes est membre du jury avec voix consultative. »

b) Pour les collectivités territoriales, les membres du jury sont désignés dans les conditions prévues aux I, II et III de l'article 22.

c) Pour les groupements de commandes mentionnés à l'article 8, les membres du jury sont les membres de la commission d'appel d'offres prévue au III de l'article 8 *(Décret nº 2008-1355 du 19 décembre 2008, art. 18)* « et, en ce qui concerne l'État et ses établissements publics autres qu'industriels et commerciaux, un représentant de chacun des membres du groupement. »

d) Le président du jury peut en outre désigner comme membres du jury des personnalités dont il estime que la participation présente un intérêt particulier au regard de l'objet du concours, sans que le nombre de ces personnalités puisse excéder cinq.

e) En outre, lorsqu'une qualification professionnelle est exigée des candidats pour participer à un concours, au moins un tiers des membres du jury ont cette qualification ou une qualification équivalente. Ils sont désignés par le président du jury.

Tous les membres du jury ont voix délibérative.

II. – Le comptable public et un représentant du directeur général de la concurrence, de la consommation et de la répression des fraudes sont invités à participer aux jurys de l'État. Ils peuvent participer, lorsqu'ils y sont invités par le président du jury, aux jurys des collectivités territoriales. Ils ont voix consultative. Leurs observations sont consignées au procès-verbal à leur demande.

III. – Le président du jury peut, en outre, faire appel au concours d'agents du pouvoir adjudicateur compétents dans la matière qui fait l'objet de la consultation ou en matière de marchés publics. Ces agents ont voix consultative.

IV. – Le jury peut auditionner toute personne susceptible de lui apporter des informations utiles.

Section 3. Règles communes de fonctionnement

Art. 25. – Les convocations aux réunions de la commission mentionnée *(Décret nº 2008-1355 du 19 décembre 2008, art. 19)* « aux articles 8, 22 et 23 » ou du jury sont adressés à leurs membres au moins cinq jours francs avant la date prévue pour la réunion.

Le quorum est atteint lorsque plus de la moitié des membres ayant voix délibérative sont présents.

Si, après une première convocation, ce quorum n'est pas atteint, la commission d'appel d'offres ou le jury est à nouveau convoqué. Ils se réunissent alors valablement sans condition de quorum.

La commission d'appel d'offres ou le jury dresse procès-verbal de ses réunions. Tous les membres de la commission ou du jury peuvent demander que leurs observations soient portées au procès-verbal.

En cas d'urgence impérieuse prévue au 1° du II de l'article 35, le marché peut être attribué sans réunion préalable de la commission d'appel d'offres.

Chapitre II – Définition des seuils et présentation des procédures de passation

Section 1. Présentation et seuils des procédures

Art. 26. – I. – Les pouvoirs adjudicateurs passent leurs marchés et accords-cadres selon les procédures formalisées suivantes :

1° Appel d'offres ouvert ou restreint ;

2° Procédures négociées, dans les cas prévus par l'article 35 ;

3° Dialogue compétitif, dans les cas prévus par l'article 36 ;

4° Concours, défini par l'article 38 ;

5° Système d'acquisition dynamique, défini par l'article 78.

II. – Les marchés et accords-cadres peuvent aussi être passés selon une procédure adaptée, dans les conditions définies par l'article 28, lorsque le montant estimé du besoin est inférieur aux seuils suivants *(Décret n° 2007-1850 du 26 décembre 2007, art. 1)* :

1° 133 000 € HT pour les fournitures et les services de l'État ;

2° 206 000 € HT pour les fournitures et les services des collectivités territoriales ;

3° 206 000 € HT pour les fournitures acquises par des pouvoirs adjudicateurs opérant dans le domaine de la défense autres que celles figurant dans la liste établie par arrêté conjoint du ministre chargé de l'Économie et du ministre chargé de la Défense ;

4° 206 000 € HT pour les marchés de services de recherche et développement pour lesquels le pouvoir adjudicateur acquiert la propriété exclusive des résultats et qu'il finance entièrement ;

5° *(Décret n° 2008-1355 du 19 décembre 2008, art. 1er)* « 5 150 000 € HT » pour les travaux.

III. – Les pouvoirs adjudicateurs peuvent aussi mettre en œuvre une procédure adaptée :

1° En application de l'article 30 ;

2° Pour certains lots, dans les conditions prévues par le III de l'article 27.

IV. – *(Décret n° 2008-1355 du 19 décembre 2008, art. 1er)* Lorsque le montant estimé des marchés et accords-cadres de travaux est égal ou supérieur 5 150 000 € HT, le pouvoir adjudicateur ne peut recourir aux différentes procédures formalisées, autres que l'appel d'offres, que dans les conditions prévues par les articles 35 à 38.

V. – Les marchés peuvent également être passés sur la base d'un accord-cadre conformément aux dispositions de l'article 76.

VI. – Pour les groupements de commandes mentionnés à l'article 8, les seuils à prendre en compte sont ceux qui sont applicables aux marchés et accords-cadres de l'État chaque fois qu'un service de l'État ou un établissement public à caractère autre qu'industriel et commercial de l'État est membre du groupement. Dans les autres cas, les seuils à prendre en compte sont ceux qui sont applicables aux marchés et accords-cadres des collectivités territoriales.

VII. – Les marchés sans formalités préalables mentionnés dans le Code général des collectivités territoriales sont les marchés d'un montant inférieur aux seuils fixés au II.

Commentaire

Depuis la loi n° 2001-1168 du 11 décembre 2001, dite loi « MURCEF » [reproduite en annexe I-13], les « marchés passés sans formalité préalable en raison de leur montant » sont dispensés de l'obligation de transmission au contrôle de légalité (cf. art. 82 du code) et sont exécutoires dès leur conclusion (art. L. 2131-2, L. 3131-2 et L. 4141-2 du CGCT, et art. L. 6145-6 du Code de la santé publique – V. annexe I-1).

Section 2. Méthode de calcul de la valeur estimée des marchés publics, des accords-cadres et des systèmes d'acquisition dynamiques

Art. 27. – I. – Le pouvoir adjudicateur ne peut pas se soustraire à l'application du présent code en scindant ses achats ou en utilisant des modalités de calcul de la valeur estimée des marchés ou accords-cadres autres que celles prévues par le présent article.

II. – Le montant estimé du besoin est déterminé dans les conditions suivantes, quel que soit le nombre d'opérateurs économiques auxquels il est fait appel et quel que soit le nombre de marchés à passer.

1° En ce qui concerne les travaux, sont prises en compte la valeur globale des travaux se rapportant à une opération portant sur un ou plusieurs ouvrages ainsi que la valeur des fournitures nécessaires à leur réalisation que le pouvoir adjudicateur met à disposition des opérateurs.

Il y a opération de travaux lorsque le pouvoir adjudicateur prend la décision de mettre en œuvre, dans une période de temps et un périmètre limités, un ensemble de travaux caractérisé par son unité fonctionnelle, technique ou économique.

2° En ce qui concerne les fournitures et les services, il est procédé à une estimation de la valeur totale des fournitures ou des services qui peuvent être considérés comme homogènes soit en raison de leurs caractéristiques propres, soit parce qu'ils constituent une unité fonctionnelle.

La délimitation d'une catégorie homogène de fournitures ou de services ne doit pas avoir pour effet de soustraire des marchés aux règles qui leur sont normalement applicables en vertu du présent code.

Pour les marchés d'une durée inférieure ou égale à un an, conclus pour répondre à un besoin régulier, la valeur totale mentionnée ci-dessus est celle qui correspond aux besoins d'une année.

III. – Lorsqu'un achat peut être réalisé par lots séparés, est prise en compte la valeur globale estimée de la totalité de ces lots.

Les pouvoirs adjudicateurs peuvent décider de mettre en œuvre soit une procédure commune de mise en concurrence pour l'ensemble des lots, soit une procédure de mise en concurrence propre à chaque lot. Quelle que soit l'option retenue, lorsque la valeur cumulée des lots est égale ou supérieure aux seuils prévus au II de l'article 26, la ou les procédures à mettre en œuvre sont les procédures formalisées mentionnées au I du même article.

Toutefois, même si la valeur totale des lots est égale ou supérieure aux seuils des marchés formalisés, il est possible de recourir à une procédure adaptée :

1° *(Décret nº 2008-1355 du 19 décembre 2008, art. 2*) Pour les lots inférieurs 80 000 € HT dans le cas de marchés de fournitures et de services.

2° *(Décret nº 2008-1355 du 19 décembre 2008, art. 2)* Pour les lots inférieurs 1 000 000 € HT dans le cas des marchés de travaux,

à la condition que le montant cumul de ces lots n'excède pas 20 % de la valeur de la totalité des lots. Dans le cas où un minimum et un maximum sont fixés, les 20 % s'appliquent au montant minimum du marché.

Cette dérogation peut également s'appliquer à des lots déclarés infructueux ou sans suite au terme d'une première procédure ainsi qu'à des lots dont l'exécution est inachevée après résiliation du marché initial lorsque ces lots satisfont aux conditions fixées par les trois alinéas précédents.

Cette dérogation ne peut, en revanche, s'appliquer aux accords-cadres et aux marchés qui ne comportent pas de montant minimum.

IV. – Si le pouvoir adjudicateur prévoit des primes au profit des candidats, il prend en compte leur montant pour calculer la valeur estimée du besoin.

V. – Pour les accords-cadres et pour les systèmes d'acquisition dynamique, la valeur à prendre en compte est la valeur maximale estimée de l'ensemble des marchés envisagés pendant la durée totale de l'accord-cadre ou du système d'acquisition dynamique.

VI. – Pour les marchés à bons de commande comportant un maximum, la valeur à prendre en compte correspond à ce maximum. Si le marché ne fixe pas de maximum, sa valeur estimée est réputée excéder les seuils mentionnés au II de l'article 26 du présent code.

Commentaire

Sur le I : v. annotations sous l'article 5-II.

Sur le II : l'évaluation des besoins (notion d'opération de travaux, définition du terme « ouvrage », homogénéité des besoins pour les marchés de fournitures et de services), telle qu'elle est prévue par l'article 27, est illustrée par des exemples donnés par la circulaire du 3 août 2006 portant manuel d'application du Code des marchés publics (*infra*, § 7.1 et 7.2).

Section 3. Procédure adaptée

Art. 28. – Lorsque leur valeur estimée est inférieure aux seuils mentionnés au II de l'article 26, les marchés de fournitures, de services ou de travaux peuvent être passés selon une procédure adaptée, dont les modalités sont librement fixées par le pouvoir adjudicateur en fonction de la nature et des caractéristiques du besoin à satisfaire, du nombre ou de la localisation des opérateurs économiques susceptibles d'y répondre ainsi que des circonstances de l'achat.

(Décret n° 2008-1355 du 19 décembre 2008, art. 36) « Le pouvoir adjudicateur peut négocier avec les candidats ayant présenté une offre. Cette négociation peut porter sur tous les éléments de l'offre, notamment sur le prix. »

Pour la détermination de ces modalités, le pouvoir adjudicateur peut s'inspirer des procédures formalisées prévues par le présent code, sans pour autant que les marchés en cause ne soient alors soumis aux règles formelles applicables à ces procédures. En revanche, s'il se réfère expressément à l'une des procédures formalisées prévues par le présent code, le pouvoir adjudicateur est tenu d'appliquer les modalités prévues par le présent code.

Quel que soit son choix, le pouvoir adjudicateur ne peut exiger des opérateurs économiques plus de renseignements ou de documents que ceux prévus pour les procédures formalisées par les articles 45, 46 et 48.

Le pouvoir adjudicateur peut décider que le marché sera passé sans publicité ni mise en concurrence préalables si les circonstances le justifient, ou si son montant estimé est inférieur à *(Décret n° 2008-1356 du 19 décembre 2008)* « 20 000 € » HT, ou dans les situations décrites au II de l'article 35.

Commentaire

• Cet article, qui traite de la procédure adaptée, est rédigé très différemment de celui, portant le même numéro, qui figurait dans le code de 2004.

Alors que le texte antérieur excluait formellement pour ces marchés un certain nombre de règles du code, le nouvel article 28 ne limite en aucune manière l'application des grands principes qui gouvernent la passation des marchés publics : il se borne à laisser les acheteurs publics libres de déterminer les règles *formelles* de *procédure* applicables, lorsque la valeur estimée des marchés est inférieure aux seuils de l'article 26-II. Voir, sur ce point, les développements figurant dans la circulaire du 3 août 2006 portant manuel d'application du Code des marchés publics (*infra*, § 9.3.1).

• L'obligation, pour le pouvoir adjudicateur qui entend passer un marché selon une procédure adaptée, de tenir compte « du nombre ou de la localisation des opérateurs économiques susceptibles d'y répondre » (1er alinéa) est la suite logique de la jurisprudence *Louvre 2* (CE, 7 octobre 2005, *Région Nord-Pas-de-Calais*, nº 278732, Contrats Marchés publ. 2005, étude 17, par Fr. Lichère ; BJDCP 2006 (nº 44), p. 10, concl. D. Casas, obs. Ch. M. : ne fait pas l'objet d'une publicité suffisante un marché, d'un montant prévisionnel de 35 000 €, pour lequel sont exigées des références récentes en matière de conception et de programmation de grands musées, mais dont l'avis n'est publié que dans un journal régional et inséré sur le site Internet de la collectivité).

• Le Conseil d'État, saisi de différents recours en annulation dirigés contre plusieurs articles du Code des marchés publics 2006, a considéré *« qu'eu égard à l'objet de la procédure adaptée, l'article 28 du Code des marchés publics a pu renvoyer aux pouvoirs adjudicateurs, sous le contrôle du juge, le soin de fixer la procédure applicable à chaque marché dès lors que celle-ci correspond à la nature et aux caractéristiques du besoin à satisfaire, au nombre ou à la localisation des opérateurs économiques susceptibles d'y répondre ainsi qu'aux circonstances de l'achat ; que le moyen tiré de l'inintelligibilité de cet article faute de décrire suffisamment la procédure adaptée, et par la même de son illégalité, doit ainsi être écarté »* (CE, Section, 9 juillet 2007, *Syndicat EGF-BTP et autres,* nº 297711).

• Le fait, pour un pouvoir adjudicateur, de se soumettre volontairement à une procédure formalisée (p. ex. l'appel d'offres), alors qu'il pourrait faire le choix d'une procédure adaptée, ne lui permet plus de s'affranchir des contraintes de cette procédure qu'il a choisie : la disposition figurant au 2e alinéa, *in fine*, est la consécration d'une jurisprudence antérieure (V. en ce sens : CE, 25 juin 2004, *Stés Colas SA, Smec et Grands Travaux de l'Océan Indien*, BJDCP 2004, nº 37, p. 486 ; Contrat Marchés publ. 2004, comm. 191, note W. Zimmer).

Section 4. Procédure applicable aux marchés de services

Art. 29. – Sont soumis, en ce qui concerne leur passation, aux règles prévues par le présent titre les marchés publics et les accords-cadres ayant pour objet les services énumérés ci-dessous :

1. Services d'entretien et de réparation ;

2. Services de transports terrestres, y compris les services de véhicules blindés et les services de courrier *(Décret nº 2008-1334 du 17 décembre 2008, art. 53)* « à l'exclusion des services de transports ferroviaires » ;

3. Services de transports aériens de voyageurs et de marchandises ;

4. Services de transports de courrier par transport terrestre et par air ;

5. Services de communications électroniques ;

6. Services financiers : services d'assurances, services bancaires et d'investissement, sous réserve des dispositions des 3° et 5° de l'article 3 ;

7. Services informatiques et services connexes ;

8. Services de recherche-développement, sous réserve des dispositions du 6° de l'article 3 ;

9. Services comptables, d'audit et de tenue de livres ;

10. Services d'études de marché et de sondages ;

11. Services de conseil en gestion et services connexes ;

12. Services d'architecture ; services d'ingénierie et services intégrés d'ingénierie ; services d'aménagement urbain et d'architecture paysagère ; services connexes de consultations scientifiques et techniques ; services d'essais et d'analyses techniques ;

13. Services de publicité ;

14. Services de nettoyage de bâtiments et services de gestion de propriétés ;

15. Services de publication et d'impression ;

16. Services de voirie et d'enlèvement des ordures, services d'assainissement et services analogues.

Art. 30. – I. – Les marchés et les accords-cadres ayant pour objet des prestations de services qui ne sont pas mentionnées à l'article 29 peuvent être passés, quel que soit leur montant, selon une procédure adaptée, dans les conditions prévues par l'article 28.

II. – Toutefois :

1° Les dispositions *(Décret n° 2008-1334 du 17 décembre 2008, art. 54) «* du III de l'article 40 » ne sont pas applicables ;

2° Lorsque le montant estimé des prestations demandées est égal ou supérieur à 206 000 € HT, elles sont définies conformément aux dispositions de l'article 6 et le marché fait l'objet d'un avis d'attribution dans les conditions fixées à l'article 85 ;

3° Les marchés d'un montant égal ou supérieur à *(Décret n° 2007-1850 du 26 décembre 2007, art. 1)* 206 000 € HT sont attribués par la commission d'appel d'offres pour les collectivités territoriales ;

4° Le pouvoir adjudicateur veille au respect des principes déontologiques et des réglementations applicables, le cas échéant, aux professions concernées ;

5° Les marchés de services juridiques ne sont pas soumis aux dispositions du titre IV de la présente partie. En outre, ceux de ces marchés qui ont pour objet la représentation d'une collectivité territoriale en vue du règlement d'un litige ne sont pas transmis au représentant de l'État.

III. – Lorsqu'un marché ou un accord-cadre a pour objet à la fois des prestations de services mentionnées à l'article 29 et des prestations de services qui n'y sont pas mentionnées, il est passé conformément aux règles qui s'appliquent à celle de ces deux catégories de prestations de services dont le montant estimé est le plus élevé.

Commentaire

L'alinéa 1er de l'article 30, dans la version du code de 2004, disposait que « *quel que soit leur montant, les marchés publics de services qui ont pour objet des prestations de services ne figurant pas à l'article 29 sont soumis, en ce qui concerne leur passation, aux seules obligations relatives à la définition des prestations par référence à des normes, lorsqu'elles existent, ainsi qu'à l'envoi d'un avis d'attribution lorsque leur montant atteint 230 000 € HT* ». Cet alinéa avait été annulé par décision du Conseil d'État du 23 février 2005, *Association pour la transparence et la moralité des marchés publics*, n° 264712, au motif que le premier alinéa de l'article 30 ne pouvait, sans méconnaître les principes de liberté d'accès à la commande publique, d'égalité de traitement des candidats et de transparence des procédures, dispenser de façon générale la passation de tous ces contrats d'une procédure adéquate de publicité et de mise en concurrence.

Section 5. Centrales d'achat

Art. 31. – Le pouvoir adjudicateur qui recourt à une centrale d'achat pour la réalisation de travaux ou pour l'acquisition de fournitures ou de services est considéré comme ayant respecté ses obligations de publicité et de mise en concurrence pour autant que la centrale d'achat est soumise, pour la totalité de ses achats, aux dispositions du présent code ou de l'ordonnance du 6 juin 2005 susmentionnée.

Chapitre III – Règles générales de passation

Section 1. Modalités de transmission des documents et des informations

Art. 32. – Les moyens de transmission des documents et des informations qui sont choisis par le pouvoir adjudicateur doivent être accessibles à tous les opérateurs économiques et ne peuvent avoir pour effet de restreindre l'accès des candidats à la procédure d'attribution.

Les transmissions, les échanges et le stockage d'informations sont effectués de manière à assurer l'intégrité des données et la confidentialité des candidatures et des offres et à garantir que le pouvoir adjudicateur ne prend connaissance du contenu des candidatures et des offres qu'à l'expiration du délai prévu pour la présentation de celles-ci.

Section 2. Définition des procédures

Art. 33. – L'appel d'offres est la procédure par laquelle le pouvoir adjudicateur choisit l'attributaire, sans négociation, sur la base de critères objectifs préalablement portés à la connaissance des candidats.

L'appel d'offres peut être ouvert ou restreint.

L'appel d'offres est dit ouvert lorsque tout opérateur économique peut remettre une offre.

L'appel d'offres est dit restreint lorsque seuls peuvent remettre des offres les opérateurs économiques qui y ont été autorisés après sélection.

Le choix entre les deux formes d'appel d'offres est libre.

Art. 34. – Une procédure négociée est une procédure dans laquelle le pouvoir adjudicateur négocie les conditions du marché avec un ou plusieurs opérateurs économiques.

Art. 35. – Les pouvoirs adjudicateurs peuvent passer des marchés négociés dans les cas définis ci-dessous.

I. – Peuvent être négociés après publicité préalable et mise en concurrence :

1° Les marchés et les accords-cadres pour lesquels, après appel d'offres ou dialogue compétitif, il n'a été proposé que des offres irrégulières ou inacceptables que le pouvoir adjudicateur est tenu de rejeter. Une offre irrégulière est une offre qui, tout en apportant une réponse au besoin du pouvoir adjudicateur, est incomplète ou ne respecte pas les exigences formulées dans l'avis d'appel public à la concurrence ou dans les documents de la consultation. Une offre est inacceptable si les conditions qui sont prévues pour son exécution méconnaissent la législation en vigueur, ou si les crédits budgétaires alloués au marché après évaluation du besoin à satisfaire ne permettent pas au pouvoir adjudicateur de la financer.

Les conditions initiales du marché ne doivent toutefois pas être substantiellement modifiées.

Le pouvoir adjudicateur est dispensé de procéder à une nouvelle mesure de publicité s'il ne fait participer à la négociation que le ou les candidats qui, lors de la procédure antérieure, ont soumis des offres respectant les exigences relatives aux délais et modalités formelles de présentation des offres ;

2° Les marchés et les accords-cadres de services, notamment les marchés de services financiers mentionnés au 6° de l'article 29 et les marchés de prestations intellectuelles telles que la conception d'ouvrage, lorsque la prestation de services à réaliser est d'une nature telle que les spécifications du marché ne peuvent être établies préalablement avec une précision suffisante pour permettre le recours à l'appel d'offres ;

3° Les marchés et les accords-cadres de travaux qui sont conclus uniquement à des fins de recherche, d'essai, d'expérimentation ou de mise au point sans finalité commerciale immédiate ;

4° Dans des cas exceptionnels, lorsqu'il s'agit de travaux, de fournitures ou de services dont la nature ou les aléas qui peuvent affecter leur réalisation ne permettent pas une fixation préalable et globale des prix ;

5° *(Abrogé par Décret n° 2008-1355 du 19 décembre 2008, art. 3).*

II. – Peuvent être négociés sans publicité préalable et sans mise en concurrence :

1° Les marchés et les accords-cadres conclus pour faire face à une urgence impérieuse résultant de circonstances imprévisibles pour le pouvoir adjudicateur et n'étant pas de son fait, et dont les conditions de passation ne sont pas compatibles avec les délais exigés par les procédures d'appel d'offres ou de marchés négociés avec publicité et mise en concurrence préalable, et notamment les marchés conclus pour faire face à des situations d'urgence impérieuse liées à une catastrophe technologique ou naturelle. Peuvent également être conclus selon cette procédure les marchés rendus nécessaire pour l'exécution d'office, en urgence, des travaux réalisés par des pouvoirs adjudicateurs en application des articles L. 1311-4, L. 1331-24, L. 1331-26-1, L. 1331-28, L. 1331-29 et L. 1334-2 du Code de la santé publique et des articles L. 123-3, L. 129-2, L. 129-3, L. 511-2 et L. 511-3 du Code de la construction et de l'habitation. Ces marchés sont limités aux prestations strictement nécessaires pour faire face à la situation d'urgence.

(Décret n° 2008-1334 du 17 décembre 2008, art. 55) « Par dérogation aux dispositions du chapitre V du titre II de la première partie du présent code », lorsque l'urgence impérieuse est incompatible avec la préparation des documents constitutifs du marché, la passation du marché est confirmée par un échange de lettres ;

2° Les marchés et les accords-cadres de fournitures concernant des produits fabriqués uniquement à des fins de recherche, d'essai, d'expérimentation, d'étude ou de développement, sans objectif de rentabilité ou de récupération des coûts de recherche et de développement ;

3° Les marchés et les accords-cadres passés selon la procédure de l'appel d'offres, pour lesquels aucune candidature ou aucune offre n'a été déposée ou pour lesquels seules des offres inappropriées ont été déposées, pour autant que les conditions initiales du marché ne soient pas substantiellement modifiées et qu'un rapport soit communiqué, à sa demande, à la Commission européenne. Est inappropriée une offre qui apporte une réponse sans rapport avec le besoin du pouvoir adjudicateur et qui peut en conséquence être assimilée à une absence d'offre ;

4° Les marchés complémentaires de fournitures, qui sont exécutés par le fournisseur initial et qui sont destinés soit au renouvellement partiel de fournitures ou d'installations d'usage courant, soit à l'extension d'installations existantes, lorsque le changement de fournisseur obligerait le pouvoir adjudicateur à acquérir un matériel de technique différente entraînant une incompatibilité avec le matériel déjà acquis ou des difficultés techniques d'utilisation et d'entretien disproportionnées. La durée de ces marchés complémentaires, périodes de reconduction comprises, ne peut dépasser trois ans. Le montant total du marché, livraisons complémentaires comprises, ne peut être égal ou supérieur aux seuils fixés au II de l'article 26, sauf si le marché a été passé initialement par appel d'offres et a fait l'objet d'un avis d'appel public à la concurrence publié au *Journal officiel* de l'Union européenne ;

5° Les marchés complémentaires de services ou de travaux qui consistent en des prestations qui ne figurent pas dans le marché initialement conclu mais qui sont devenues nécessaires, à la suite d'une circonstance imprévue, à l'exécution du service ou à la réalisation de l'ouvrage tel qu'il est décrit dans le marché initial, à condition que l'attribution soit faite à l'opérateur économique qui a exécuté ce service ou réalisé cet ouvrage :

a) Lorsque ces services ou travaux complémentaires ne peuvent être techniquement ou économiquement séparés du marché principal sans inconvénient majeur pour le pouvoir adjudicateur ;

b) Lorsque ces services ou travaux, quoiqu'ils soient séparables de l'exécution du marché initial, sont strictement nécessaires à son parfait achèvement.

Le montant cumulé de ces marchés complémentaires ne doit pas dépasser 50 % du montant du marché principal ;

6° Les marchés de services ou de travaux ayant pour objet la réalisation de prestations similaires à celles qui ont été confiées au titulaire d'un marché précédent passé après mise en concurrence.

Le premier marché doit avoir indiqué la possibilité de recourir à cette procédure pour la réalisation de prestations similaires. Sa mise en concurrence doit également avoir pris en compte le montant total envisagé, y compris celui des nouveaux services ou travaux. La durée pendant laquelle les nouveaux marchés peuvent être conclus ne peut dépasser trois ans à compter de la notification du marché initial ;

7° Les marchés et les accords-cadres de services qui sont attribués à un ou plusieurs lauréats d'un concours. Lorsqu'il y a plusieurs lauréats, ils sont tous invités à négocier ;

8° Les marchés et les accords-cadres qui ne peuvent être confiés qu'à un opérateur économique déterminé pour des raisons techniques, artistiques ou tenant à la protection de droits d'exclusivité ;

9° Les marchés et les accords-cadres ayant pour objet l'achat de matières premières cotées et achetées en bourse ;

10° Les marchés et les accords-cadres ayant pour objet l'achat de fournitures à des conditions particulièrement avantageuses, soit auprès d'un fournisseur en cessation définitive d'activité, soit auprès des liquidateurs d'une faillite ou d'une procédure de même nature.

Commentaire

Désormais ne subsistent que deux catégories de marchés négociés : les marchés passés *avec* ou *sans* publicité et mise en concurrence (art. 35-I et 35-II).

I. – Marchés négociés avec publicité et mise en concurrence (art. 35-I) :

35-I-1° – marchés négociés après appel d'offres infructueux : l'offre *irrégulière* est celle qui est incomplète ou non conforme ; l'offre *inacceptable* est celle qui soit se heurte aux exigences légales, soit excède le budget de l'opération.

La circulaire du 3 août 2006 portant manuel d'application du Code des marchés publics (*infra*, § 11.1.2.1) donne, comme exemple d'offre irrégulière, une offre avec variante, alors que le règlement de la consultation ne l'autorise pas expressément. Comme exemple d'offre inacceptable, elle cite une offre qui ne tiendrait pas compte de la législation sur les handicapés pour la construction de bâtiments collectifs.

Il ne faut pas perdre de vue cependant que la jurisprudence du Conseil d'État considère comme irrégulier un appel d'offres déclaré infructueux sur la base d'une estimation irréaliste du coût : *« Il ressort des pièces du dossier que le coût estimé des travaux a été fixé de manière irréaliste, ainsi que l'établit le préfet de Seine-et-Marne en relevant, notamment, l'existence d'un écart de 70 % entre l'estimation faite par l'Office et le montant de l'offre de l'entreprise moins-disante ; ainsi, l'appel d'offres a été déclaré infructueux dans des conditions qui ne permettaient pas sa réussite ; par suite, le marché négocié après que l'appel d'offres eût été déclaré infructueux, a été passé selon une procédure irrégulière »* (CE, 7e et 10e sous-sect. réun. 29 décembre 1997, *Préfet de Seine-et-Marne c/ OPAC de Meaux*, req. nº 160686, Rec. Lebon, p. 510-511 ; Rev. Trésor nº 10 – oct. 1999, p. 654 ; Dr. adm. nº 3 – mars 1998, nº 87 ; RFDA 1998.180 ; Quot. Jur. nº 44, 2 juin 1998, p. 3 ; MTP 20 mars 1998, suppl. TO p. 396, concl. Mme Bergeal ; D. 1998, somm. 361-362, obs. Ph. Terneyre).

II. – Marchés négociés sans publicité et mise en concurrence (art. 35-II) :

35-II-1º – les situations d'urgence impérieuse : le texte ajoute, par rapport au code de 2004, les marchés passés pour remédier aux situations d'insalubrité ou de risques sanitaires afin de sauvegarder l'hygiène et protéger la santé des habitants (référence aux articles du Code de la santé publique), et les marchés passés pour assurer la sécurité des immeubles menaçant ruine (référence aux articles du Code de la construction et de l'habitation).

L'urgence est traditionnellement interprétée de manière restrictive par la jurisprudence : une dépression tropicale ne constitue pas nécessairement un *« cas d'urgence impérieuse motivée par des circonstances imprévisibles »* (CE, 26 juillet 1991, *Commune de Sainte-Marie*, req. nº 117717) permettant de se dispenser de passer un marché par adjudication ou sur appel d'offres ; de même, de fréquentes coupures d'électricité dans un quartier, justifiant des travaux de renforcement d'un transformateur, *« ne peuvent être regardées comme revêtant un caractère d'urgence impérieuse motivée par des circonstances imprévisibles »* (CE, 23 février 1990, *Commune de Morne-à-l'Eau*, req. nº 69588) ; autrement dit, les conditions de temps et de lieu ou s'exécutent les travaux – lesquelles sont normalement prévisibles – restent essentielles pour apprécier la notion « d'urgence impérieuse ».

35-II-3° – l'absence d'offre ou le dépôt d'offres inappropriées : il s'agit d'une nouveauté par rapport au code de 2004. La circulaire du 3 août 2006 portant manuel d'application du Code des marchés publics (*infra*, § 11.1.2.1) donne, comme exemple d'offre inappropriée, celle qui concernerait des ordinateurs portables, alors que l'achat vise des ordinateurs de bureau.

35-II-5° – marchés complémentaires de services ou de travaux : à côté du cas où ces prestations ne peuvent être dissociées du marché principal, le texte prévoit désormais l'hypothèse où ces services ou travaux, quoique séparables du marché initial, sont « strictement » nécessaires à son parfait achèvement.

35-II-8° – il est difficile de faire admettre devant les tribunaux que le marché ne peut être confié qu'à un opérateur économique déterminé. On peut citer, à titre d'exemples, différents arrêts du Conseil d'État appréciant différemment, selon les cas, si la condition de la réalisation par un entrepreneur ou un fournisseur déterminé se trouve remplie :

– CE, 21 mai 1986, *Société Schlumberger*, req. n° 56848 [investissements préalables et nécessités techniques] :

« *Considérant qu'il ressort des pièces du dossier que le recours à la procédure du marché négocié pour le marché à commandes passé par le syndicat intercommunal mixte d'équipement rural pour l'eau et l'assainissement du département de la Vienne avec la société Schlumberger en date du 5 avril 1983 pour la fourniture de compteurs d'eau individuels est justifié par l'existence de réseaux et de compteurs préalablement installés par la société Schlumberger ou par des sociétés qu'elle a absorbées ; qu'ainsi la condition d'investissements préalables et celle de nécessités techniques liées au maintien de l'homogénéité du réseau exigées par les dispositions précitées du Code des marchés publics pour le recours à la procédure du marché négocié sont, en l'espèce, remplies.* »

– CE, 2 novembre 1988, *Sté NCR*, req. n° 64954, DS 1989, somm. 219, obs. Ph. Terneyre [entreprise déterminée] :

« *Les seules circonstances invoquées par l'office, et tirées d'une part de ce que la société NCR France avait déjà fourni à d'autres offices d'HLM des logiciels conçus pour la gestion de ces établissements publics, et d'autre part de ce que ladite société "offrait en complément à la livraison de son matériel l'adhésion automatique à un club d'utilisateurs spécifiques au mouvement HLM" ne suffisent pas à établir que cette société était la seule entreprise à laquelle l'office public d'habitations à loyer modéré de la ville de Malakoff pouvait demander la fourniture des équipements informatiques dont il s'agit. Ainsi, les conditions requises par les dispositions de l'article 312* bis *[devenu 104-II-2°] du Code des marchés publics n'étant pas réunies, l'office public d'habitations à loyer modéré de Malakoff ne pouvait légalement recourir à la procédure du marché négocié.* »

– CE, 26 octobre 1992, *société Groupe Vidéotron c/ Cne de Vaulx-le-Pénil*, DS 1993, somm. 199, obs. Ph. Terneyre [savoir-faire] : annulation d'un marché négocié, sans mise en concurrence préalable, avec une entreprise dont le savoir-faire dans la réalisation d'un système de télédistribution et des télécommunications n'était pas unique.

– CE, 8 décembre 1995, *Préfet de Haute-Corse,* req. n° 168253, Dr. adm. 1996 n° 2, comm. 78 ; DS 1996, somm. 318, obs. Ph. Terneyre, [savoir-faire en matière artistique] : jugé que, pour la conception et la réalisation d'une fontaine sur la place du marché à Bastia, les conditions prévues par l'article 104-II [aujourd'hui article 35-II-8°] du code n'étaient pas réunies, les « compétences particulières et le talent artistique » ne suffisant pas à établir que les personnes retenues étaient les seules à pouvoir réaliser les travaux en cause et échapper ainsi à une mise en concurrence préalable.

– CE, 11 octobre 1999, *M. Avrillier*, req. n° 165510 [brevets] :

« Considérant que les circonstances que la société OTVD aurait protégé par brevet le procédé d'extraction automatique du plastique particulièrement utile pour le projet concerné et que la société TNEE serait le seul constructeur à avoir développé, mis en œuvre, adopté, et perfectionné sur le marché français la technologie de fours à rouleaux, n'établissent pas que d'autres entreprises n'auraient pas été à même de pouvoir réaliser les prestations souhaitées tant au moyen des brevets mentionnés qu'en mettant en œuvre des techniques différentes – que les conditions requises par les dispositions du 2° de l'article 312 bis [aujourd'hui article 35-II-8°] *n'étant pas remplies, le syndicat ne pouvait procéder à la passation de marchés négociés ; qu'ainsi les délibérations autorisant le président du syndicat intercommunal d'études, programmation et aménagement de la région grenobloise à signer des marchés négociés avec les entreprises OTVD et TNEE sont illégales et doivent être annulées. »*

Art. 36. – La procédure de dialogue compétitif est une procédure dans laquelle le pouvoir adjudicateur conduit un dialogue avec les candidats admis à y participer en vue de définir ou de développer une ou plusieurs solutions de nature à répondre à ses besoins et sur la base de laquelle ou desquelles les participants au dialogue seront invités à remettre une offre.

Le recours à la procédure de dialogue compétitif est possible lorsqu'un marché public est considéré comme complexe, c'est-à-dire lorsque l'une au moins des conditions suivantes est remplie :

1° Le pouvoir adjudicateur n'est objectivement pas en mesure de définir seul et à l'avance les moyens techniques pouvant répondre à ses besoins ;

2° Le pouvoir adjudicateur n'est objectivement pas en mesure d'établir le montage juridique ou financier d'un projet.

(5e alinéa supprimé par Décret n° 2008-1355 du 19 décembre 2008, art. 4).

(6e alinéa supprimé par Décret n° 2008-1334 du 17 décembre 2008, art. 56).

Commentaire

La rédaction de l'article 36 est plus précise que dans le code de 2004. Le nouveau texte insiste sur le caractère « complexe » du marché en cause, et encadre les conditions du recours à la procédure de dialogue compétitif, le pouvoir adjudicateur devant pouvoir justifier qu'elles sont remplies « objectivement ».

Art. 37. – Un marché de conception-réalisation est un marché de travaux qui permet au pouvoir adjudicateur de confier à un groupement d'opérateurs économiques ou, pour les seuls ouvrages d'infrastructure, à un seul opérateur économique, une mission portant à la fois sur l'établissement des études et l'exécution des travaux.

Les pouvoirs adjudicateurs soumis aux dispositions de la loi du 12 juillet 1985 susmentionnée ne peuvent, en application du I de l'article 18 de cette loi, recourir à un marché de conception-réalisation, quel qu'en soit le montant, que si des motifs d'ordre technique rendent nécessaire l'association de l'entrepreneur aux études de l'ouvrage. Ces motifs sont liés à la destination ou à la mise en œuvre technique de l'ouvrage. Sont concernées des opérations dont la finalité majeure est une production dont le processus conditionne la conception, la réalisation et la mise en œuvre ainsi que des opérations dont les caractéristiques, telles que des dimensions exceptionnelles ou des difficultés techniques particulières, exigent de faire appel aux moyens et à la technicité propres des opérateurs économiques.

Commentaire

La rédaction de cet article est plus claire que dans le code de 2004.

• Sur le déroulement et l'organisation de la procédure d'appel de conception-réalisation, *cf. infra*, article 69.

• Cet article prévoit, de façon limitative, dans le cadre défini par la loi n° 85-704 du 12 juillet 1985 relative à la maîtrise d'ouvrage publique, la passation de marchés dits « d'ensemblier » s'apparentant à la fois au concours d'architecture et à l'appel d'offres en vue de travaux (V. le texte de cette loi en annexe I-9 au présent code).

• En raison des règles régissant la profession d'architecte et notamment le caractère non commercial des activités de ce dernier, un architecte ne peut être mandataire d'un groupement de conception-réalisation (CE, 7 novembre 1986, *Ville de Toulouse*, DS 1987, somm. 284, obs. Ph. Terneyre).

• La jurisprudence du Conseil d'État estime que « *la passation d'un marché de conception-réalisation, qui modifie les conditions d'exercice de la fonction de maître d'œuvre, ne peut avoir lieu que dans des circonstances particulières* » : jugé ainsi que la construction d'un atelier-relais destiné à la production et à l'exploitation de dirigeables sur un aérodrome ne présentait pas *« eu égard à la destination de l'ouvrage, à ses dimensions, à sa structure et à la nature des matériaux mis en œuvre, des difficultés techniques particulières justifiant le recours à la procédure propre aux marchés de conception-réalisation »* (CE, 8 juillet 2005, *Communauté d'agglomération de Moulins*, n° 268610, BJDCP 2005, n° 43, p. 436, concl. D. Casas ; Contrats Marchés publ. 2005, comm. 241, note W. Zimmer : confirmation d'une ordonnance de référé précontractuel suspendant la procédure de passation d'un tel marché).

Art. 38. – Le concours est la procédure par laquelle le pouvoir adjudicateur choisit, après mise en concurrence et avis du jury mentionné à l'article 24, un plan ou un projet, notamment dans le domaine de l'aménagement du territoire, de l'urbanisme, de l'architecture et de l'ingénierie ou des traitements de données, avant d'attribuer à l'un des lauréats du concours un marché.

Le concours peut être ouvert ou restreint.

Les participants au concours sont indemnisés selon des modalités prévues par le règlement du concours.

2

Commentaire

Sur le déroulement et l'organisation de la procédure de concours, *cf. infra*, article 70.

Section 3. Organisation de la publicité

Art. 39. – I. – À partir du seuil de 750 000 € HT pour les fournitures et les services et de *(Décret n° 2007-1850 du 26 décembre 2007, art. 1)* 5 150 000 € HT pour les travaux, un avis de préinformation, conforme au modèle fixé par le règlement (CE) n° 1564/2005 de la Commission du 7 septembre 2005 établissant les formulaires standard pour la publication d'avis dans le cadre des procédures de passation de marchés publics conformément aux directives 2004/17/CE et 2004/18/CE du Parlement européen et du Conseil, peut être soit adressé pour publication à l'Office des publications officielles de l'Union européenne, soit publié sur le profil d'acheteur du pouvoir adjudicateur. Le profil d'acheteur du pouvoir adjudicateur est le site dématérialisé auquel il a recours pour ses achats.

Le pouvoir adjudicateur qui publie l'avis de préinformation sur son profil d'acheteur envoie au préalable, par voie électronique, à l'Office des publications officielles de l'Union européenne, un avis annonçant la publication de cet avis. La date de cet envoi est mentionnée sur l'avis de préinformation publié sur le profil d'acheteur.

II. – La publication d'un avis de préinformation n'est obligatoire que pour le pouvoir adjudicateur qui entend recourir à la faculté de réduire les délais de réception des offres en application du II de l'article 57 et du II de l'article 62.

III. – Pour les marchés de fournitures et de services, cet avis indique le montant total estimé des marchés ou des accords-cadres, pour chacune des catégories de produits ou de services homogènes, que le pouvoir adjudicateur envisage de passer au cours des douze mois suivants la publication de l'avis.

S'il concerne des fournitures ou des services à acquérir durant un exercice budgétaire, cet avis est adressé ou publié sur le profil d'acheteur le plus rapidement possible après le début de cet exercice budgétaire.

IV. – Pour les marchés de travaux, l'avis indique les caractéristiques essentielles des marchés ou des accords-cadres que le pouvoir adjudicateur entend passer.

L'avis est adressé ou publié sur le profil d'acheteur le plus rapidement possible après la décision de réaliser un programme de travaux, dans lequel s'inscrivent les marchés de travaux ou les accords-cadres que les pouvoirs adjudicateurs entendent passer.

Commentaire

Sur le II (obligation de publier un avis de préinformation) : les articles 57-II (relatif à l'appel d'offres ouvert) et 62-II (relatif à l'appel d'offres restreint) précisent que la réduction du délai de remise des offres de 52 à 22 jours n'est possible que si l'avis de préinformation a été envoyé à la publication suffisamment à l'avance (52 jours avant au moins) et de façon pas trop ancienne (un an avant au plus) et s'il contient les mêmes renseignements que l'avis de marché qui lui fera suite « *pour autant que ces renseignements soient disponibles au moment de l'envoi de l'avis de préinformation* ». Un avis de préinformation tardif ou insuffisamment renseigné ne permettra donc pas à l'acheteur public de bénéficier de cette réduction de délai de remise des offres.

Art. 40. – I. – En dehors des exceptions prévues au quatrième alinéa de l'article 28 ainsi qu'au II de l'article 35, tout marché ou accord-cadre d'un montant égal ou supérieur à *(Décret nº 2008-1356 du 19 décembre 2008)* « 20 000 € » HT est précédé d'une publicité, dans les conditions définies ci-après.

II. – Pour les achats de fournitures, de services et de travaux d'un montant compris entre *(Décret nº 2008-1356 du 19 décembre 2008)* « 20 000 € » HT et 90 000 € HT, ainsi que pour les achats de services relevant du I de l'article 30 d'un montant égal ou supérieur à *(Décret nº 2008-1356 du 19 décembre 2008)* « 20 000 € » HT, le pouvoir adjudicateur choisit librement les modalités de publicité adaptées en fonction des caractéristiques du marché, notamment le montant et la nature des travaux, des fournitures ou des services en cause.

III. – En ce qui concerne les fournitures et les services :

1º Pour les achats d'un montant compris entre 90 000 € HT et *(Décret nº 2007-1850 du 26 décembre 2007, art. 1)* 133 000 € HT pour l'État ou 206 000 € HT pour les collectivités territoriales, le pouvoir adjudicateur est tenu de publier un avis d'appel public à la concurrence soit dans le *Bulletin officiel* des annonces des marchés publics, soit dans un journal habilité à recevoir des annonces légales. *(Décret n° 2008-1334 du 17 décembre 2008, art. 57)* « À compter du 1er janvier 2010, il publie en outre cet avis sur son profil d'acheteur. » Le pouvoir adjudicateur apprécie de plus si, compte tenu de la nature ou du montant des fournitures ou des services en cause, une publication dans un journal spécialisé correspondant au secteur économique concerné est par ailleurs nécessaire pour assurer une publicité conforme aux principes mentionnés à l'article 1er.

2° Pour les achats d'un montant égal ou supérieur à 133 000 € HT pour l'État et 206 000 € HT pour les collectivités territoriales, le pouvoir adjudicateur est tenu de publier un avis d'appel public à la concurrence dans le *Bulletin officiel* des annonces des marchés publics et au *Journal officiel* de l'Union européenne *(Décret n° 2008-1334 du 17 décembre 2008, art. 57)* « , ainsi que, à compter du 1er janvier 2010, sur son profil d'acheteur. »

IV. – En ce qui concerne les travaux :

1° Pour les achats d'un montant compris entre 90 000 € HT et *(Décret n° 2007-1850 du 26 décembre 2007, art. 1)* 5 150 000 € HT, le pouvoir adjudicateur est tenu de publier un avis d'appel public à la concurrence soit dans le *Bulletin officiel* des annonces des marchés publics, soit dans un journal habilité à recevoir des annonces légales. *(Décret n° 2008-1334 du 17 décembre 2008, art. 57)* « À compter du 1er janvier 2010, il publie en outre cet avis sur son profil d'acheteur. » Le pouvoir adjudicateur apprécie de plus si, compte tenu de la nature ou du montant des travaux en cause, une publication dans un journal spécialisé correspondant au secteur économique concerné est par ailleurs nécessaire pour assurer une publicité conforme aux principes mentionnés à l'article 1er.

2° Pour les achats d'un montant égal ou supérieur à 5 150 000 € HT, le pouvoir adjudicateur est tenu de publier un avis d'appel public à la concurrence dans le *Bulletin officiel* des annonces des marchés publics et au *Journal officiel* de l'Union européenne *(Décret n° 2008-1334 du 17 décembre 2008, art. 57)* « ainsi que, à compter du 1er janvier 2010, sur son profil d'acheteur. »

V. – Les avis d'appel public à la concurrence mentionnés au 2° du III et au 2° du IV sont établis pour la publication au *Journal officiel* de l'Union européenne conformément au modèle fixé par le règlement (CE) n° 1564/2005 susmentionné. Ces avis sont conformes au modèle prévu par arrêté du ministre chargé de l'Économie lorsqu'ils sont établis pour la publication au *Bulletin officiel* des annonces des marchés publics. Le pouvoir adjudicateur n'est pas tenu d'y faire figurer une estimation du prix des prestations attendues. Le pouvoir adjudicateur peut choisir de faire paraître, en plus de ces avis, un avis d'appel public à la concurrence dans une autre publication, dans des conditions précisées par un arrêté du ministre chargé de l'Économie.

Les avis d'appel public à la concurrence mentionnés au 1° du III et au 1° du IV sont établis conformément au modèle fixé par arrêté du ministre chargé de l'Économie. Le pouvoir adjudicateur n'est pas tenu d'y faire figurer une estimation du prix des prestations attendues.

VI. – Pour les marchés passés dans le cadre d'un système d'acquisition dynamique, l'avis d'appel public à la concurrence est un avis de marché simplifié établi pour publication au *Journal officiel* de l'Union européenne conformément au modèle fixé par le règlement (CE) n° 1564/2005 susmentionné.

VII. – Les avis destinés au *Bulletin officiel* des annonces des marchés publics sont envoyés par téléprocédure.

Le *Bulletin officiel* des annonces des marchés publics est tenu de publier les avis d'appel public à la concurrence, conformément au texte transmis, dans les six jours qui suivent la date de leur réception.

Lorsque la Direction des *Journaux officiels* est dans l'impossibilité de publier l'édition du *Bulletin officiel* des annonces des marchés publics dans sa version imprimée, elle peut se borner à la publier, à titre temporaire, sous sa forme électronique. Dans ce cas, elle avertit immédiatement les abonnés à la version imprimée de ce bulletin de l'interruption temporaire de sa parution.

VIII. – La publication des avis dans le *Bulletin officiel* des annonces des marchés publics ou sur tout autre support publicitaire ne peut intervenir avant l'envoi à l'Office des publications officielles de l'Union européenne.

Ces avis ne peuvent fournir plus de renseignements que ceux qui sont contenus dans les avis adressés à l'Office précité ou publiés sur un profil d'acheteur. Ils mentionnent la date d'envoi de l'avis à cet office.

IX. – Le pouvoir adjudicateur doit être en mesure de faire la preuve de la date d'envoi des avis.

Commentaire

• Toutes les rubriques des avis de marchés doivent être renseignées, faute de quoi les procédures de passation sont annulables par le juge des référés précontractuels. À titre d'exemple, ont été annulées des procédures de passation de marchés dans lesquelles les avis d'appel public à la concurrence (AAPC) :

– ne mentionnaient pas les modalités essentielles de financement et de paiement ou la soumission du marché à l'Accord sur les marchés publics (AMP) de l'Organisation mondiale du commerce (CE, 14 mai 2003, *Communauté d'agglomération de Lens-Liévin*, n° 251336, BJDCP 2003, n° 31, p. 435, concl. G. Le Chatelier et obs. Ch. M. ; Contrats Marchés publ. 2003, comm. 144, note Ph. Delelis ; 10 mars 2004, *Communauté d'agglomération de Limoges Métropole*, n° 259680, Contrats Marchés publ. 2004, comm. 115, note W. Zimmer), les modalités essentielles de financement dans l'avis d'appel public à la concurrence devant être entendues « *comme imposant à la collectivité publique d'indiquer, même de manière succincte, la nature des ressources qu'elle entend mobiliser pour financer l'opération faisant l'objet du marché qui peuvent être ses ressources propres, des ressources extérieures publiques ou privées, ou des contributions des usagers* » (CE, 2 juin 2004, *Ville de Paris et Sté Polyurbaine*, n° 261060, Contrats Marchés publ. 2004, comm. 167, note G. Eckert ; BJDCP 2004, n° 36, p. 380, obs. Ch. M.) ;

– se bornaient à renvoyer, pour certaines rubriques, au règlement de la consultation : *« Un tel renvoi, alors notamment que le règlement de la consultation ne fait pas l'objet des mêmes mesures de publicité que l'avis d'appel public à la concurrence et n'a vocation à être remis qu'aux entreprises qui manifestent leur intérêt pour le marché en cause auprès du pouvoir adjudicateur, est incompatible avec les obligations de publicité »* incombant au pouvoir adjudicateur (CE, 8 avril 2005, *Sté Radiometer*, n° 270476, Contrats Marchés publ. 2005, comm. 147, note W. Zimmer).

En revanche, il n'y a pas d'obligation d'indiquer dans l'AAPC le montant prévisionnel du marché : le texte de l'article 40-V consacre en cela une jurisprudence antérieure (CE, 1er juin 2005, *Département de la Loire*, n° 274053, BJDCP 2005, n° 42, p. 366, concl. D. Casas et obs. Ch. M. ; Contrats Marchés publ. 2005, comm. 213, note Pietri).

En tout état de cause, le règlement de la consultation ne peut suppléer l'AAPC : il a été jugé par le Conseil d'État que *« la mention portée sur ce point dans le règlement de la consultation n'a pu avoir pour effet de couvrir le vice dont est entaché l'avis d'appel public à la concurrence »* (CE, 15 juin 2007, *Ministère de la Défense*, n° 300097). Autrement dit, l'avis de marché doit se suffire à lui-même, afin que tous les candidats éventuellement intéressés puissent présenter une offre.

• L'article 40 a fait l'objet d'un arrêté d'application, en date du 28 août 2006, ci-après reproduit :

Arrête :

Art. 1er – Les avis d'appel public à la concurrence et les avis d'attribution, prévus aux articles 40, 78, 85, 149, 150, 151, 152 et 172 du Code des marchés publics, sont établis conformément aux dispositions du présent arrêté.

Art. 2. – I. – Les demandes de publication d'avis d'appel public à la concurrence et d'avis d'attribution des marchés publics et des accords-cadres passés selon une procédure formalisée en application des dispositions des I, IV et V de l'article 26 et des I, II et IV de l'article 144 du Code des marchés publics et les demandes de publication d'avis d'attribution des marchés publics et des accords-cadres de services visées au 2° du II de l'article 30 et au 2° du II de l'article 148 du Code des marchés publics, envoyées pour publication au Bulletin officiel *des annonces des marchés publics du 1er septembre 2006 au 30 novembre 2006, sont rédigées selon les modèles d'avis annexés au présent arrêté.*

II. – Pour les marchés publics et les accords-cadres mentionnés au I, lorsque des renseignements qui sont indiqués dans les avis d'appel public à la concurrence et les avis d'attribution envoyés au Journal officiel *de l'Union européenne ne trouvent pas de rubrique correspondante pour permettre également leur indication dans les modèles d'avis annexés au présent arrêté, les pouvoirs adjudicateurs ou les entités adjudicatrices :*

– regroupent et mentionnent ces renseignements dans la rubrique « Autres informations » des modèles d'avis annexés au présent arrêté ;

– ou mentionnent dans la rubrique « Autres informations » des modèles d'avis annexés au présent arrêté, les références de la publication de l'avis d'appel public à la concurrence ou de l'avis d'attribution adressés au Journal officiel *de l'Union européenne et relatifs à la même procédure d'achat.*

III. – Les dispositions des I et II du présent article s'appliquent également aux marchés publics et accords-cadres qui pourraient être passés selon une procédure adaptée en application des dispositions des II et III de l'article 26 et du III de l'article 144 du Code des marchés publics, lorsque les pouvoirs adjudicateurs ou les entités adjudicatrices décident de mettre en œuvre les règles relatives à la passation des marchés publics et accords-cadres selon l'une des procédures formalisées prévues aux I, IV et V de l'article 26 et aux I, II et IV de l'article 144 du Code des marchés publics.

Art. 3. – I. – Les demandes de publication d'avis d'appel public à la concurrence et d'avis d'attribution de marchés publics et d'accords-cadres, passés selon une procédure formalisée en application des I, IV et V de l'article 26 et des I, II et IV de l'article 144 du Code des marchés publics et les demandes de publication d'avis d'attribution des marchés publics et des accords-cadres de services visées au 2° du II de l'article 30 et au 2° du II de l'article 148 du Code des marchés publics, envoyées pour publication au Bulletin officiel *des annonces des marchés publics à compter du 1er décembre 2006, sont rédigées selon les modèles d'avis fixés par le règlement (CE) n° 1564/2005 susvisé.*

II. – Les dispositions du I s'appliquent également aux marchés publics et accords-cadres qui pourraient être passés selon une procédure adaptée en application des dispositions des II et III de l'article 26 et du III de l'article 144 du Code des marchés publics, lorsque les pouvoirs adjudicateurs ou les entités adjudicatrices décident de mettre en œuvre les règles relatives à la passation des marchés publics et accords-cadres selon l'une des procédures formalisées prévues aux I, IV et V de l'article 26 et aux I, II et IV de l'article 144 du Code des marchés publics.

Art. 4. – Pour les marchés publics et les accords-cadres mentionnés aux articles 2 et 3, les demandes de publication autres que celles adressées au Bulletin officiel *des annonces des marchés publics ou au Journal officiel de l'Union européenne sont rédigées selon les modèles d'avis annexés au présent arrêté.*

Si les demandes de publication mentionnées à l'alinéa précédent constituent des demandes de publication d'avis complémentaires par rapport à celles adressés au Bulletin officiel *des annonces des marchés publics et au* Journal officiel *de l'Union européenne, les pouvoirs adjudicateurs ou les entités adjudicatrices peuvent n'y faire figurer que certains des renseignements portés dans les avis adressés au* Bulletin officiel *des annonces des marchés publics et au* Journal officiel de l'Union européenne, *sous réserve d'indiquer expressément dans ces avis complémentaires les références de l'un des avis qui comportent la totalité des renseignements publiés.*

Art. 5. – Pour les marchés publics passés selon la procédure adaptée en application des dispositions des II et III de l'article 26 et du III de l'article 144 du Code des marchés publics, les demandes de publication des avis d'appel public à la concurrence, envoyées au Bulletin officiel *des annonces des marchés publics, à un journal habilité à recevoir des annonces légales ou à d'autres publications sont rédigées selon le modèle d'avis d'appel public à la concurrence annexé au présent arrêté.*

Art. 6. – Sont abrogés :

– l'arrêté du 30 janvier 2004 pris en application des articles 40 et 80 du Code des marchés publics et fixant les modèles de formulaires pour la publication des avis relatifs à la passation et à l'attribution des marchés publics ;

– l'arrêté du 4 décembre 2002 fixant les modèles de formulaires pour la publication des avis relatifs à la passation de marchés publics au Journal officiel *des Communautés européennes.*

Art. 7. – Le présent arrêté sera publié au Journal officiel *de la République française et entrera en vigueur le 1er septembre 2006. »*

• Les avis destinés au *BOAMP* étant adressés par Internet (art. 40-VII), il est prudent de contrôler la conformité du formulaire électronique proposé par la plateforme des *Journaux officiels* avec les modèles fixés par l'arrêté susvisé (qui figurent dans le *JO* n° 199 du 29 août 2006, texte n° 15). Comme, de toute façon, ces avis ne peuvent contenir plus de renseignements que ceux qui figurent dans les avis publiés au *JOUE* (art. 40-VIII), l'essentiel est de garder présente à l'esprit l'annexe VII de la Directive européenne du 31 mars 2004 qui donne les « informations qui doivent figurer dans les avis pour les marchés publics » (v. annexe III-1). En tout cas, les avis de marchés publiés, tant au *BOAMP* qu'au *JOUE*, doivent être concordants entre eux.

• Le Conseil d'État s'est prononcé sur l'appréciation qu'il convient de faire des seuils de publicité : *« L'autorité compétente doit procéder à une estimation sincère et raisonnable compte tenu des éléments alors disponibles, sous peine de vicier la procédure d'attribution du marché si la sous-évaluation a eu pour effet de soustraire l'opération à la publication prescrite »* (CE, 14 mars 1997, *Préfet des Pyrénées-Orientales*, req. n° 170319).

Section 4. Information des candidats

Art. 41. – Les documents de la consultation sont constitués de l'ensemble des documents et informations préparées par le pouvoir adjudicateur pour définir l'objet, les caractéristiques et les conditions d'exécution du marché ou de l'accord-cadre.

Ces documents nécessaires à la consultation des candidats à un marché ou à un accord-cadre leur sont remis gratuitement. Toutefois, le pouvoir adjudicateur peut décider que ces documents leur sont remis contre paiement des frais de reprographie. Le montant et les modalités de paiement de ces frais figurent dans l'avis d'appel public à la concurrence ou dans les documents de la consultation.

(Décret n° 2008-1334 du 17 décembre 2008, art. 58) « À compter du 1er janvier 2010, pour les achats de fournitures, de services et de travaux d'un montant supérieur à 90 000 € HT, les documents de la consultation sont publiés sur un profil d'acheteur, selon les modalités fixées par arrêté du ministre chargé de l'Économie. »

Art. 42. – Les marchés et accords-cadres passés après mise en concurrence font l'objet d'un règlement de la consultation qui est un des documents de la consultation. Ce règlement est facultatif si les mentions qui doivent y être portées figurent dans l'avis d'appel public à la concurrence.

Pour les marchés passés selon une procédure adaptée, le règlement de la consultation peut se limiter aux caractéristiques principales de la procédure et du choix de l'offre.

Commentaire

L'arrêté du 10 juin 2004 pris en application de l'article 42 du code et fixant la liste des mentions devant figurer dans le règlement de la consultation a été abrogé par arrêté du 28 août 2006.

Section 5. Interdictions de soumissionner

Art. 43. – Les interdictions de soumissionner aux marchés et accords-cadres soumis au présent code s'appliquent conformément aux dispositions de l'article 38 de l'ordonnance du 6 juin 2005 susmentionnée et de l'article 29 de la loi n° 2005-102 du 11 février 2005 pour l'égalité des droits et des chances, la participation et la citoyenneté des personnes handicapées.

Commentaire

- Voici ce qu'indique l'ordonnance n° 2005-649 du 6 juin 2005 :

« Art. 38. – Les interdictions de soumissionner énumérées à l'article 8 et qui ne figurent pas dans le Code des marchés publics sont applicables aux personnes soumissionnant à des marchés relevant du Code des marchés publics. »

« Art. 8. – Ne peuvent soumissionner à un marché passé par un pouvoir adjudicateur défini à l'article 3 ou par une entité adjudicatrice définie à l'article 4 :

« 1° Les personnes qui ont fait l'objet, depuis moins de cinq ans, d'une condamnation définitive pour l'une des infractions prévues par les articles 222-38, 222-40, 313-1 à 313-3, 314-1 à 314-3, 324-1 à 324-6, 421-2-1, par le deuxième alinéa de l'article 421-5, par l'article 433-1, par le deuxième alinéa de l'article 434-9, par les articles 435-2, 441-1 à 441-7, par les premier et deuxième alinéas de l'article 441-8, par l'article 441-9 et par l'article 450-1 du Code pénal, ainsi que par le deuxième alinéa de l'article L. 152-6 du Code du travail [art. 445-1 du Code pénal] et par l'article 1741 du Code général des impôts ;

2° Les personnes qui ont fait l'objet, depuis moins de cinq ans, d'une condamnation inscrite au bulletin n° 2 du casier judiciaire pour les infractions mentionnées aux articles L. 324-9, L. 324-10, L. 341-6, L. 125-1 et L. 125-3 du Code du travail [nouveau Code du travail, art. L. 8221-1 et 2, L. 8221-3 et 5, L. 8251-1, L. 8231-1 et L. 8241-1 et 2] ;

3° Les personnes en état de liquidation judiciaire au sens de l'article L. 620-1 du Code de commerce et les personnes physiques dont la faillite personnelle, au sens de l'article L. 625-2 du même code, a été prononcée ainsi que les personnes faisant l'objet d'une procédure équivalente régie par un droit étranger. Les personnes admises au redressement judiciaire au sens de l'article L. 620-1 du Code de commerce ou à une procédure équivalente régie par un droit étranger doivent justifier qu'elles ont été habilitées à poursuivre leur activité pendant la durée prévisible d'exécution du marché ;

4° Les personnes qui, au 31 décembre de l'année précédant celle au cours de laquelle a lieu le lancement de la consultation, n'ont pas souscrit les déclarations leur incombant en matière fiscale et sociale ou n'ont pas acquitté les impôts et cotisations exigibles à cette date. Toutefois, sont considérées comme en situation régulière les personnes qui, au 31 décembre de l'année précédant celle au cours de laquelle a eu lieu le lancement de la consultation, n'avaient pas acquitté les divers produits devenus exigibles à cette date, ni constitué de garanties, mais qui, avant la date du lancement de la consultation, ont, en l'absence de toute mesure d'exécution du comptable ou de l'organisme chargé du recouvrement, soit acquitté lesdits produits, soit constitué des garanties jugées suffisantes par le comptable ou l'organisme chargé du recouvrement. Les personnes physiques qui sont dirigeants de droit ou de fait d'une personne morale qui ne satisfait pas aux conditions prévues aux alinéas précédents ne peuvent être personnellement candidates à un marché.

La liste des impôts et cotisations en cause est fixée dans des conditions prévues par voie réglementaire.

2

Les dispositions du présent article sont applicables aux personnes qui se portent candidates ainsi qu'à celles qui sont membres d'un groupement candidat. »

• L'article 8-1°, ci-dessus reproduit, vise les infractions suivantes : abus de confiance, association de malfaiteurs, blanchiment, corruption, escroquerie, faux et usage de faux, terrorisme, trafic d'influence, trafic de stupéfiants.

Voir également l'annexe I-6 (Exclusions des marchés publics – sanctions pénales).

• L'article 29 de la loi n° 2005-102 du 11 février 2005 prévoit de son côté :

« Conditions d'accès à la commande publique relatives à la situation fiscale et sociale des candidats, ou au respect de l'obligation d'emploi des travailleurs handicapés ou aux difficultés des entreprises. »

« Ne sont pas admises à concourir aux marchés publics les personnes assujetties à l'obligation définie à l'article L. 323-1 du Code du travail [nouveau Code du travail, art. L. 5212-1 à 4], qui, au cours de l'année précédant celle au cours de laquelle a eu lieu le lancement de la consultation, n'ont pas souscrit la déclaration visée à l'article L. 323-8-5 du même code [nouveau Code du travail, art. L. 5212-5] ou n'ont pas, si elles en sont redevables, versé la contribution visée à l'article L. 323-8-2 de ce code [nouveau Code du travail, art. L. 5212-9 à 11]. »

Section 6. Présentation des documents et renseignements fournis par les candidats

Art. 44. – Le candidat produit à l'appui de sa candidature :

1° La copie du ou des jugements prononcés, s'il est en redressement judiciaire ;

2° Une déclaration sur l'honneur pour justifier qu'il n'entre dans aucun des cas mentionnés à l'article 43 ;

3° Les documents et renseignements demandés par le pouvoir adjudicateur dans les conditions fixées à l'article 45.

Art. 45. – I. – Le pouvoir adjudicateur ne peut exiger des candidats que des renseignements ou documents permettant d'évaluer leur expérience, leurs capacités professionnelles, techniques et financières ainsi que des documents relatifs aux pouvoirs des personnes habilitées à les engager. En ce qui concerne les marchés passés pour les besoins de la défense, le pouvoir adjudicateur peut également exiger des renseignements relatifs à leur nationalité et, si l'objet ou les conditions du marché le justifient, à leur habilitation préalable, ou leur demande d'habilitation préalable, en application du décret n° 98-608 du 17 juillet 1998 relatif à la protection des secrets de la défense nationale.

La liste de ces renseignements et documents est fixée par arrêté du ministre chargé de l'Économie.

(Décret nº 2008-1334 du 17 décembre 2008, art. 59-I) « Lorsque le pouvoir adjudicateur décide de fixer des niveaux minimaux de capacité, il ne peut être exigé des candidats que des niveaux minimaux de capacité liés et proportionnés à l'objet du marché. Les documents, renseignements et les niveaux minimaux de capacité demandés sont précisés dans l'avis d'appel public à concurrence ou, en l'absence d'un tel avis, dans les documents de la consultation. »

Une même personne ne peut représenter plus d'un candidat pour un même marché.

II. – Le pouvoir adjudicateur peut demander aux opérateurs économiques qu'ils produisent des certificats de qualité. Ces certificats, délivrés par des organismes indépendants, sont fondés sur les normes européennes.

Pour les marchés qui le justifient, le pouvoir adjudicateur peut exiger la production de certificats, établis par des organismes indépendants, et attestant leur capacité à exécuter le marché.

Pour les marchés de travaux et de services dont l'exécution implique la mise en œuvre de mesures de gestion environnementale, ces certificats sont fondés sur le système communautaire de management environnemental et d'audit (EMAS) ou sur les normes européennes ou internationales de gestion environnementale.

Dans les cas prévus aux trois alinéas précédents, le pouvoir adjudicateur accepte tout moyen de preuve équivalent ainsi que les certificats équivalents d'organismes établis dans d'autres États membres.

III. – Pour justifier de ses capacités professionnelles, techniques et financières, le candidat, même s'il s'agit d'un groupement, peut demander que soient également prises en compte les capacités professionnelles, techniques et financières d'autres opérateurs économiques, quelle que soit la nature juridique des liens existant entre ces opérateurs et lui. Dans ce cas, il justifie des capacités de ce ou ces opérateurs économiques et apporte la preuve qu'il en disposera pour l'exécution du marché.

Si le candidat est objectivement dans l'impossibilité de produire, pour justifier de sa capacité financière, l'un des renseignements ou documents prévus par l'arrêté mentionné au I et demandés par le pouvoir adjudicateur, il peut prouver sa capacité par tout autre document considéré comme équivalent par le pouvoir adjudicateur.

IV. – Peuvent également être demandés, le cas échéant, des renseignements sur le respect de l'obligation d'emploi mentionnée *(Décret nº 2008-1334 du 17 décembre 2008, art. 59-II)* « aux articles L. 5212-1 à L. 5212-4 du Code du travail ».

(Décret nº 2008-1334 du 17 décembre 2008, art. 59-III) « V. – Le pouvoir adjudicateur peut exiger que les candidats joignent une traduction en français, certifiée conforme à l'original par un traducteur assermenté, aux documents rédigés dans une autre langue qu'ils remettent en application du présent article. »

Commentaire

• **L'arrêté d'application de l'article 45 du code, en date du 28 août 2006**, fixe la liste des renseignements et des documents pouvant être demandés aux candidats aux marchés. En voici le texte :

« Art. 1er – À l'appui des candidatures et dans la mesure où ils sont nécessaires à l'appréciation des capacités des candidats, le pouvoir adjudicateur ne peut demander, en application de l'article 45 du Code des marchés publics ou de l'article 17 du décret du 30 décembre 2005 susvisé, que le ou les renseignements et le ou les documents suivants :

– déclaration concernant le chiffre d'affaires global et le chiffre d'affaires concernant les fournitures, services ou travaux objet du marché, réalisés au cours des trois derniers exercices disponibles ;

– déclaration appropriée de banques ou preuve d'une assurance pour les risques professionnels ;

– bilans ou extraits de bilans, concernant les trois dernières années, des opérateurs économiques pour lesquels l'établissement des bilans est obligatoire en vertu de la loi ;

– déclaration indiquant les effectifs moyens annuels du candidat et l'importance du personnel d'encadrement pour chacune des trois dernières années ;

– présentation d'une liste des principales fournitures ou des principaux services effectués au cours des trois dernières années, indiquant le montant, la date et le destinataire public ou privé. Les livraisons et les prestations de services sont prouvées par des attestations du destinataire ou, à défaut, par une déclaration de l'opérateur économique ;

– présentation d'une liste des travaux exécutés au cours des cinq dernières années, appuyée d'attestations de bonne exécution pour les travaux les plus importants. Ces attestations indiquent le montant, l'époque et le lieu d'exécution des travaux et précisent s'ils ont été effectués selon les règles de l'art et menés régulièrement à bonne fin ;

– indication des titres d'études et professionnels de l'opérateur économique et/ou des cadres de l'entreprise, et notamment des responsables de prestation de services ou de conduite des travaux de même nature que celle du marché ;

– déclaration indiquant l'outillage, le matériel et l'équipement technique dont le candidat dispose pour la réalisation de marchés de même nature ;

– en matière de fournitures et services, une description de l'équipement technique, des mesures employées par l'opérateur économique pour s'assurer de la qualité et des moyens d'étude et de recherche de son entreprise ;

– certificats de qualifications professionnelles. Le pouvoir adjudicateur dans ce cas précise que la preuve de la capacité du candidat peut être apportée par tout moyen, notamment par des certificats d'identité professionnelle ou des références de travaux attestant de la compétence de l'opérateur économique à réaliser la prestation pour laquelle il se porte candidat ;

– certificats établis par des services chargés du contrôle de la qualité et habilités à attester la conformité des fournitures par des références à certaines spécifications techniques. Le pouvoir adjudicateur acceptera toutefois d'autres preuves de mesures équivalentes de garantie de la qualité produites par les candidats, si ceux-ci n'ont pas accès à ces certificats ou n'ont aucune possibilité de les obtenir dans les délais fixés ;

– échantillons, descriptions et/ou photographies des fournitures ;

– renseignements relatifs à la nationalité du candidat pour les marchés passés dans le domaine de la défense.

Art. 2. – Lorsque les candidats ont besoin d'une autorisation spécifique ou doivent être membres d'une organisation spécifique pour pouvoir fournir dans leur pays d'origine le service concerné, le pouvoir adjudicateur peut leur demander de prouver qu'ils possèdent cette autorisation ou qu'ils appartiennent à cette organisation.

Art. 3. – Pour justifier des capacités professionnelles, techniques et financières d'autres opérateurs économiques sur lesquels il s'appuie pour présenter sa candidature en application du III de l'article 45 du Code des marchés publics ou du I de l'article 17 du décret du 30 décembre 2005 susvisé, le candidat produit les mêmes documents concernant cet opérateur économique que ceux qui lui sont exigés par le pouvoir adjudicateur. En outre, pour justifier qu'il dispose des capacités de cet opérateur économique pour l'exécution du marché, le candidat produit un engagement écrit de l'opérateur économique.

Art. 4. – L'arrêté du 26 février 2004 pris en application de l'article 45, alinéa premier, du Code des marchés publics et fixant la liste des renseignements et/ou documents pouvant être demandés aux candidats aux marchés publics est abrogé.

Art. 5. – Le présent arrêté entrera en vigueur le 1er septembre 2006 et sera publié au Journal officiel *de la République française. »*

• **S'agissant des références de travaux** à fournir, la jurisprudence du Conseil d'État considère *« que ces dispositions se bornent à déterminer l'étendue des renseignements et documents que la personne publique est en droit d'exiger des candidats à l'appui de leur candidature ; que, si elles interdisent à l'acheteur public de demander la présentation de travaux exécutés depuis plus de cinq ans, elles ne font, en revanche, pas obstacle à ce qu'il limite les références demandées aux candidats à des travaux exécutés durant une période*

2

plus courte que les cinq dernières années, dès lors que la même période, déterminée en rapport avec l'objet du marché, est fixée pour tous les candidats » (CE, 4 novembre 2005, *Commune de Bourges*, n° 280406, Contrats Marchés publ. 2006, comm. 4, note F. Olivier).

• Le Conseil d'État a eu l'occasion de préciser que « *s'il est loisible à l'acheteur public d'exiger la détention, par les candidats à l'attribution d'un marché public, de documents comptables et de références de nature à attester de leurs capacités, cette exigence, lorsqu'elle a pour effet de restreindre l'accès au marché à des entreprises de création récente, doit être objectivement rendue nécessaire par l'objet du marché et la nature des prestations à réaliser* » ; lorsque l'acheteur public « *entend, au contraire, faciliter l'accès de ces entreprises au marché* », il peut « *autoriser les entreprises candidates, qui ne sont pas en mesure de produire les références demandées, à justifier de leurs capacités financières et professionnelles par d'autres moyens et notamment par la présentation de titres ou de l'expérience professionnelle du ou de leurs responsables* » (CE, 10 mai 2006, *Sté Bronzo*, n° 281976, Contrats Marchés publ. 2006, comm. 204, note Pietri).

Dans le même ordre d'idées, exiger des candidats qu'ils justifient d'un chiffre d'affaires au moins égal au montant maximum du marché, peut être considéré comme excessif : « *en imposant un tel niveau de capacité financière aux candidats au marché, alors qu'elle n'a fourni aucun élément établissant qu'un chiffre d'affaires égal au montant total des trois lots était rendu nécessaire par l'objet du marché et la nature des prestations à réaliser, l'ANPE a méconnu les obligations de mise en concurrence auxquelles était soumise la passation du marché en litige* » (CE, 17 novembre 2006, *ANPE*, n° 290712, BJDCP 2007 (n° 50), p. 69, obs. Ph.Terneyre).

• **Cas particulier des fournitures scolaires :** la loi n° 99-478 du 9 juin 1999 visant à inciter au respect des droits de l'enfant dans le monde, notamment lors de l'achat des fournitures scolaires, prévoit, en son article 2 : *« Pour les achats de fournitures destinés aux établissements scolaires, les collectivités publiques et établissements concernés veillent à ce que la fabrication des produits achetés n'ait pas requis l'emploi d'une main-d'œuvre enfantine dans des conditions contraires aux conventions internationalement reconnues. – Les renseignements correspondants peuvent être demandés à l'appui des candidatures ou des offres. »*

Art. 46. – I. – Le candidat auquel il est envisagé d'attribuer le marché produit en outre :

1° Les pièces prévues aux articles *(Décret n° 2008-1334 du 17 décembre 2008, art. 60)* « D. 8222-5 ou D. 8222-7 et D. 8222-8 du Code du travail » ; ces pièces sont à produire tous les six mois jusqu'à la fin de l'exécution du marché ;

2° Les attestations et certificats délivrés par les administrations et organismes compétents prouvant qu'il a satisfait à ses obligations fiscales et sociales. Un arrêté des ministres intéressés fixe la liste des administrations et organismes compétents ainsi que la liste des impôts et cotisations sociales devant donner lieu à délivrance du certificat.

II. – Afin de satisfaire aux obligations fixées au 2° du I, le candidat établi dans un État autre que la France produit un certificat établi par les administrations et organismes du pays d'origine. Lorsqu'un tel certificat n'est pas délivré par le pays concerné, il peut être remplacé par une déclaration sous serment, ou dans les États où un tel serment n'existe pas, par une déclaration solennelle faite par l'intéressé devant l'autorité judiciaire ou administrative compétente, un notaire ou un organisme professionnel qualifié du pays.

III. – Le marché ne peut être attribué au candidat dont l'offre a été retenue que si celui-ci produit dans le délai imparti les certificats et attestations prévus au I et au II. S'il ne peut produire ces documents dans le délai imparti, son offre est rejetée et le candidat éliminé.

Le candidat dont l'offre a été classée immédiatement après la sienne est sollicité pour produire les certificats et attestations nécessaires avant que le marché ne lui soit attribué. Si nécessaire, cette procédure peut être reproduite tant qu'il subsiste des offres qui n'ont pas été écartées au motif qu'elles sont inappropriées, irrégulières ou inacceptables.

(Décret n° 2008-1334 du 17 décembre 2008, art. 60) « IV. – Le pouvoir adjudicateur peut exiger que les candidats joignent une traduction en français, certifiée conforme à l'original par un traducteur assermenté, aux documents rédigés dans une autre langue qu'ils remettent en application du présent article. »

Commentaire

I. – 1° Les articles R. 324-4 et R. 324-7 du Code du travail (devenus, avec le décret n° 2008-244 du 7 mars 2008, les articles D. 8222-5, D. 8222-7 et 8 du nouveau Code du travail) fixent les modalités d'application d'une obligation pesant sur tout acheteur (qu'il soit public ou privé) et tendant à éviter le *travail dissimulé* (auparavant appelé *travail clandestin*, puis *travail illégal*). Cette obligation figurait à **l'article L. 324-14 du Code du travail, désormais transposé aux articles L. 8222-1, L. 8222-2, L. 8222-3 et R. 8222-1 du nouveau Code du travail**, ci-après reproduits :

« Art. L. 8222-1. – Toute personne vérifie lors de la conclusion d'un contrat dont l'objet porte sur une obligation d'un montant minimum en vue de l'exécution d'un travail, de la fourniture d'une prestation de services ou de l'accomplissement d'un acte de commerce, et périodiquement jusqu'à la fin de l'exécution du contrat, que son cocontractant s'acquitte :

1° Des formalités mentionnées aux articles L. 8221-3 et L. 8221-5 ;

2° De l'une seulement des formalités mentionnées au 1°, dans le cas d'un contrat conclu par un particulier pour son usage personnel, celui de son conjoint, partenaire lié par un pacte civil de solidarité, concubin, de ses ascendants ou descendants.

Les modalités selon lesquelles sont opérées les vérifications imposées par le présent article sont précisées par décret.

Art. L. 8222-2. – Toute personne qui méconnaît les dispositions de l'article L. 8222-1, ainsi que toute personne condamnée pour avoir recouru directement ou par personne interposée aux services de celui qui exerce un travail dissimulé, est tenue solidairement avec celui qui a fait l'objet d'un procès-verbal pour délit de travail dissimulé :

1° Au paiement des impôts, taxes et cotisations obligatoires ainsi que des pénalités et majorations dus par celui-ci au Trésor ou aux organismes de protection sociale ;

2° Le cas échéant, au remboursement des sommes correspondant au montant des aides publiques dont il a bénéficié ;

3° Au paiement des rémunérations, indemnités et charges dues par lui à raison de l'emploi de salariés n'ayant pas fait l'objet de l'une des formalités prévues aux articles L. 1221-10, relatif à la déclaration préalable à l'embauche et L. 3243-2, relatif à la délivrance du bulletin de paie.

Art. L. 8222-3. – Les sommes dont le paiement est exigible en application de l'article L. 8222-2 sont déterminées à due proportion de la valeur des travaux réalisés, des services fournis, du bien vendu et de la rémunération en vigueur dans la profession.

Art. R. 8222-1 (Décret n° 2008-244 du 7 mars 2008) – Les vérifications à la charge de la personne qui conclut un contrat, prévues à l'article L. 8222-1, sont obligatoires pour toute opération d'un montant au moins égal à 3 000 €. »

L'article D. 8222-5 (ancien article R. 324-4) du Code du travail donne la liste des pièces à demander aux candidats établis en France :

« Art. D. 8222-5. (Décret n° 2008-244 du 7 mars 2008) – La personne qui contracte, lorsqu'elle n'est pas un particulier répondant aux conditions fixées par l'article D. 8222-4, est considérée comme ayant procédé aux vérifications imposées par l'article L. 8222-1 si elle se fait remettre par son cocontractant, lors de la conclusion et tous les six mois jusqu'à la fin de son exécution :

1° Dans tous les cas, les documents suivants :

a) Une attestation de fourniture de déclarations sociales émanant de l'organisme de protection sociale chargé du recouvrement des cotisations et des contributions sociales incombant au cocontractant et datant de moins de six mois ;

b) Une attestation sur l'honneur du cocontractant du dépôt auprès de l'administration fiscale, à la date de l'attestation, de l'ensemble des déclarations fiscales obligatoires et le récépissé du dépôt de déclaration auprès d'un centre de formalités des entreprises lorsque le cocontractant n'est pas tenu de s'immatriculer au registre du commerce et des sociétés ou au répertoire des métiers, et n'est pas en mesure de produire les documents mentionnés au a) ou au b) du 2° ;

2° Lorsque l'immatriculation du cocontractant au registre du commerce et des sociétés ou au répertoire des métiers est obligatoire ou lorsqu'il s'agit d'une profession réglementée, l'un des documents suivants :

a) Un extrait de l'inscription au registre du commerce et des sociétés (K ou K bis*) ;*

b) Une carte d'identification justifiant de l'inscription au répertoire des métiers ;

c) Un devis, un document publicitaire ou une correspondance professionnelle, à condition qu'y soient mentionnés le nom ou la dénomination sociale, l'adresse complète et le numéro d'immatriculation au registre du commerce et des sociétés ou au répertoire des métiers ou à une liste ou un tableau d'un ordre professionnel, ou la référence de l'agrément délivré par l'autorité compétente ;

d) Un récépissé du dépôt de déclaration auprès d'un centre de formalités des entreprises pour les personnes en cours d'inscription ;

3° Lorsque le cocontractant emploie des salariés, une attestation sur l'honneur établie par ce cocontractant de la réalisation du travail par des salariés employés régulièrement au regard des articles L. 1221-10, L. 3243-2 et R. 3243-1. »

Les articles D. 8222-7 et D. 8222-8 (ancien article R. 324-7) du Code du travail visent les candidats établis à l'étranger :

« Art. D. 8222-7. (Décret n° 2008-244 du 7 mars 2008) – La personne qui contracte, lorsqu'elle n'est pas un particulier répondant aux conditions fixées par l'article D. 8222-6, est considérée comme ayant procédé aux vérifications imposées par l'article L. 8224-4 si elle se fait remettre par son cocontractant établi ou domicilié à l'étranger, lors de la conclusion du contrat et tous les six mois jusqu'à la fin de son exécution :

1° Dans tous les cas, les documents suivants :

a) Un document mentionnant son numéro individuel d'identification attribué en application de l'article 286 ter *du Code général des impôts. Si le cocontractant n'est pas tenu d'avoir un tel numéro, un document mentionnant son identité et son adresse ou, le cas échéant, les coordonnées de son représentant fiscal ponctuel en France ;*

b) Un document attestant la régularité de la situation sociale du cocontractant au regard du règlement (CEE) n° 1408/71 du 14 juin 1971 ou d'une convention internationale de sécurité sociale ou, à défaut, une attestation de fourniture de déclarations sociales émanant de l'organisme français de protection sociale chargé du recouvrement des cotisations sociales incombant au cocontractant et datant de moins de six mois ;

2° Lorsque l'immatriculation du cocontractant à un registre professionnel est obligatoire dans le pays d'établissement ou de domiciliation, l'un des documents suivants :

a) Un document émanant des autorités tenant le registre professionnel ou un document équivalent certifiant cette inscription ;

b) Un devis, un document publicitaire ou une correspondance professionnelle, à condition qu'y soient mentionnés le nom ou la dénomination sociale, l'adresse complète et la nature de l'inscription au registre professionnel ;

c) Pour les entreprises en cours de création, un document datant de moins de six mois émanant de l'autorité habilitée à recevoir l'inscription au registre professionnel et attestant de la demande d'immatriculation audit registre ;

3° Lorsque le cocontractant emploie des salariés pour accomplir une prestation de services d'une durée supérieure à un mois, une attestation sur l'honneur établie par ce cocontractant, certifiant de la fourniture à ces salariés de bulletins de paie comportant les mentions prévues à l'article R. 3243-1 ou de documents équivalents.

Art. D. 8222-8. (Décret n° 2008-244 du 7 mars 2008) – Les documents et attestations énumérés à l'article D. 8222-7 sont rédigés en langue française ou accompagnés d'une traduction en langue française. »

I. – 2° La liste des certificats sociaux et fiscaux à produire par les candidats aux marchés est donnée par **l'arrêté du 31 janvier 2003** pris pour l'application de l'article 46 du Code des marchés publics et de l'article 8 du décret n° 97-638 du 31 mai 1997 pris pour l'application de la loi n° 97-210 du 11 mars 1997 relative au renforcement de la lutte contre le travail illégal. En voici le texte :

« Art. 1er. – Les impôts et taxes donnant lieu à la délivrance du certificat prévu à l'article 46 du Code des marchés publics et à l'article 8 du décret n° 97-638 du 31 mai 1997 pris pour l'application de la loi n° 97-210 du 11 mars 1997 relative au renforcement de la lutte contre le travail illégal sont :

– l'impôt sur le revenu ;

– l'impôt sur les sociétés ;

– la taxe sur la valeur ajoutée.

Le certificat attestant la souscription des déclarations correspondant aux impôts susvisés est délivré par les services fiscaux chargés de les recevoir.

Les certificats attestant le paiement sont délivrés pour :

– l'impôt sur le revenu par les comptables du Trésor ;

– (Arrêté du 28 décembre 2004, art. 1er) « l'impôt sur les sociétés et la taxe sur la valeur ajoutée par les comptables des impôts. »

Art. 2. – Les cotisations et contributions sociales à retenir pour l'établissement du certificat prévu à l'article 46 du Code des marchés publics et à l'article 8 du décret no 97-638 du 31 mai 1997 pris pour l'application de la loi no 97-210 du 11 mars 1997 relative au renforcement de la lutte contre le travail illégal sont :

– les cotisations d'assurances sociales, d'accidents du travail et maladies professionnelles et d'allocations familiales du régime général ;

– la contribution sociale généralisée instituée par l'article L. 136-1 du Code de la sécurité sociale ;

– la contribution pour le remboursement de la dette sociale instituée par l'article 14 de l'ordonnance no 96-50 du 24 janvier 1996 ;

– les cotisations de sécurité sociale et d'allocations familiales du régime des personnes salariées des professions agricoles ;

– la cotisation personnelle de prestations familiales des personnes non salariées des professions agricoles ;

– la cotisation d'assurance maladie, invalidité et maternité des personnes non salariées des professions agricoles prévue aux articles L. 731-35 et L. 762-21 du Code rural ;

– les cotisations d'assurance vieillesse prévues par l'article L. 731-42 du Code rural ;

– les cotisations d'assurance contre les accidents du travail et les maladies professionnelles des personnes non salariées agricoles, prévues à l'article L. 752-16 du Code rural ;

– la cotisation personnelle d'allocations familiales des non-salariés non agricoles ;

– la cotisation obligatoire d'assurance maladie et maternité prévue à l'article L. 612-4 du Code de la sécurité sociale ;

– les cotisations aux régimes obligatoires d'assurance vieillesse et d'invalidité décès gérés par les organisations autonomes mentionnées à l'article L. 621-3 (1o, 2o et 3o) du Code de la sécurité sociale ;

– les cotisations légales versées aux caisses qui assurent le service des congés payés et du chômage intempéries.

Les certificats attestant le paiement sont délivrés :

– par les unions de recouvrement des cotisations de sécurité sociale et d'allocations familiales et les caisses générales de sécurité sociale

2

pour les cotisations d'assurances sociales, d'accident du travail et maladies professionnelles et d'allocations familiales du régime général ainsi que pour la contribution sociale généralisée instituée par l'article L. 136-1 du Code de la sécurité sociale et la contribution pour le remboursement de la dette sociale instituée par l'article 14 de l'ordonnance n° 96-50 du 24 janvier 1996 ;

– par les unions de recouvrement des cotisations de sécurité sociale et d'allocations familiales et les caisses générales de sécurité sociale pour la cotisation personnelle d'allocations familiales des non-salariés non agricoles ainsi que pour la contribution sociale généralisée instituée par l'article L. 136-1 du Code de la sécurité sociale et la contribution pour le remboursement de la dette sociale instituée par l'article 14 de l'ordonnance n° 96-50 du 24 janvier 1996 ;

– par les caisses de mutualité sociale agricole pour les cotisations de sécurité sociale du régime des personnes salariées des professions agricoles et celles dues par les personnes non salariées des professions agricoles ainsi que pour la contribution sociale généralisée instituée par l'article L. 136-1 du Code de la sécurité sociale et la contribution pour le remboursement de la dette sociale au titre des personnes salariées et non salariées des professions agricoles ;

– par les caisses de mutualité sociale agricole et les organismes assureurs visés à l'article L. 731-30 du Code rural pour les cotisations d'assurance maladie, invalidité et maternité ;

– par les caisses générales de sécurité sociale pour la contribution sociale généralisée instituée par l'article L. 136-1 du Code de la sécurité sociale et pour la contribution pour le remboursement de la dette sociale ainsi que pour les cotisations de prestations familiales, d'assurance vieillesse, d'assurance maladie, invalidité et maternité des personnes non salariées agricoles dont l'exploitation est située dans les départements d'outre-mer ;

– par les caisses de mutualité sociale agricole ou le groupement des organismes assureurs prévus à l'article L. 752-14 du Code rural ou, lorsque l'exploitation est située dans les départements d'outre-mer, par les caisses générales de sécurité sociale ou par ledit groupement pour les cotisations d'assurances contre les accidents du travail et les maladies professionnelles des personnes non salariées agricoles ;

– par la caisse mutuelle régionale pour la cotisation obligatoire d'assurance maladie et maternité prévue à l'article L. 612-4 du Code de la sécurité sociale ou, par délégation, l'organisme conventionné visé à l'article L. 611-3 du Code de la sécurité sociale ;

– par les organismes de base compétents pour les cotisations aux régimes obligatoires d'assurance vieillesse et d'invalidité décès relevant des organisations autonomes mentionnées à l'article L. 621-3 (1°, 2° et 3°) du Code de la sécurité sociale ;

– par les caisses de congés payés compétentes pour les cotisations de congés payés et de chômage intempéries.

Art. 3. – Les candidats aux marchés publics ou aux délégations de service public peuvent obtenir, auprès du trésorier payeur général du département où ils remplissent leurs obligations fiscales en matière d'impôt sur le revenu, d'impôts sur les sociétés ou de taxe sur la valeur ajoutée ou du receveur général des finances, lorsqu'ils remplissent à Paris l'une de ces mêmes obligations un état annuel des certificats reçus contre dépôt des originaux des certificats visés aux premier et deuxième articles du présent arrêté.

Lorsque le candidat relève de la direction des grandes entreprises au 31 décembre de l'année précédant la demande, l'état annuel est délivré par le délégué interrégional chargé de cette direction sous les conditions suivantes :

– le candidat doit être en règle au regard des obligations déclaratives et de paiement visées à l'article 1er du présent arrêté pour lesquelles la direction des grandes entreprises est compétente ;

– et contre dépôt des originaux des certificats visés à l'article 1er du présent arrêté pour lesquels la direction des grandes entreprises n'est pas compétente ;

– et contre dépôt des originaux des certificats visés à l'article 2 du présent arrêté.

Art. 4. – Les candidats aux marchés publics ou aux délégations de service public sont autorisés à présenter aux acheteurs et maîtres d'ouvrage publics et personnes publiques délégantes une copie des certificats visés aux articles 1er et 2 ou une copie de l'état annuel des certificats reçus. »

II. – Modalités pratiques de contrôle des obligations fiscales et sociales des candidats établis dans l'Union européenne : afin de permettre d'apprécier la régularité de la situation fiscale et sociale des candidats étrangers à des marchés publics, les services de la Commission européenne ont réuni le maximum d'informations nécessaires fournis, à sa demande, par les États membres de l'Union européenne. Les données sur les certificats demandés et les autorités de délivrance sont disponibles à l'adresse Internet suivante : *http://ec.europa.eu/internal_market/publicprocurement/2004_18/ index_fr.htm.*

Art. 47. – Après signature du marché, en cas d'inexactitude des documents et renseignements mentionnés à l'article 44 et à l'article 46 ou de refus de produire les pièces prévues aux articles *(Décret nº 2008-1334 du 17 décembre 2008, art. 60)* « D. 8222-5 ou D. 8222-7 et D. 8222-8 du Code du travail » conformément au 1º du I de l'article 46, il est fait application aux torts du titulaire des conditions de résiliation prévues par le marché.

Section 7. Présentation des offres

Art. 48. – *(Décret nº 2008-1334 du 17 décembre 2008, art. 61)* « I. – Les offres sont présentées sous la forme de l'acte d'engagement défini à l'article 11. Lorsqu'elles sont transmises par voie électronique, la signature de l'acte d'engagement est présentée selon les modalités prévues par un arrêté du ministre chargé de l'Économie.

« Sans préjudice des dispositions prévues à l'article 56 relatives à la copie de sauvegarde, les offres sont transmises en une seule fois. Si plusieurs offres sont successivement transmises par un même candidat, seule est ouverte la dernière offre reçue, par voie électronique ou sur support matériel, par le pouvoir adjudicateur dans le délai fixé pour la remise des offres. »

II. – Dans l'avis d'appel public à la concurrence ou dans les documents de la consultation, le pouvoir adjudicateur peut demander aux candidats d'indiquer dans leur offre la part du marché qu'ils ont l'intention de sous-traiter à des tiers, notamment à des petites et moyennes entreprises telles que définies par l'article 8 de l'ordonnance nº 2004-559 du 17 juin 2004 sur les contrats de partenariat, ou à des artisans.

Commentaire

I. – Signature électronique des offres (art. 48-I) :

Le chapitre II de l'arrêté du 28 août 2006 relatif à la dématérialisation des procédures de passation des marchés publics traite de la signature électronique des offres, dans les termes suivants :

« Chapitre II. – Dispositions relatives à la signature électronique des candidatures et des offres

Art. 5. – Les candidatures et les actes d'engagement, transmis par voie électronique ou envoyés sur support physique électronique, sont signés par l'opérateur économique au moyen d'un certificat de signature électronique, qui garantit notamment l'identification du candidat.

Art. 6. – Les catégories de certificats de signature utilisées pour signer électroniquement doivent être, d'une part, conformes au référentiel intersectoriel de sécurité et, d'autre part, référencées sur une liste établie par le ministre chargé de la réforme de l'État.

Le référentiel intersectoriel de sécurité et la liste des catégories de certificats de signature électronique mentionnés à l'alinéa précédent sont publiés sous forme électronique à l'adresse suivante : http://www.entreprises.minefi.gouv.fr/certificats/.

Art. 7. – Les prestataires de services de certification électronique peuvent demander l'inscription d'une catégorie de certificats de signature électronique sur la liste mentionnée à l'article 6. Dans ce cas, ils demandent au préalable la reconnaissance, par le ministre chargé de la Réforme de l'État, de la conformité de cette catégorie de certificats de signature électronique au référentiel intersectoriel de sécurité.

À cette fin, les prestataires de services de certification électronique produisent tous les documents utiles permettant d'attester de la conformité de la catégorie de certificats de signature électronique proposée au référentiel intersectoriel de sécurité.

Les pouvoirs adjudicateurs et les entités adjudicatrices doivent accepter comme certifiant valablement leurs échanges toutes les catégories de certificats de signature électronique figurant sur la liste mentionnée à l'article 6. »

II. – Notion de PME (art. 48-II) :

« *On entend par "petites et moyennes entreprises" les entreprises dont l'effectif ne dépasse pas 250 employés et dont le chiffre d'affaires ne dépasse pas en moyenne, sur les trois dernières années, 40 000 000 d'euros. Ne sont pas considérées comme des petites et moyennes entreprises les entreprises dont le capital social est détenu à hauteur de plus de 33 % par une entreprise n'ayant pas le caractère d'une petite et moyenne entreprise* » (définition donnée par la version d'origine de l'article 8 de l'ordonnance n° 2004-559 du 17 juin 2004 sur les contrats de partenariat). Le nouvel article 8 de cette ordonnance, issu de la loi n° 2008-735 du 28 juillet 2008 dispose : « *La définition des petites et moyennes entreprises est fixée par voie réglementaire.* »

2

Art. 49. – Quel que soit le montant du marché, le pouvoir adjudicateur peut exiger que les offres soient accompagnées d'échantillons, de maquettes ou de prototypes concernant l'objet du marché ainsi que d'un devis descriptif et estimatif détaillé comportant toutes indications permettant d'apprécier les propositions de prix. Ce devis n'a pas de valeur contractuelle, sauf disposition contraire insérée dans le marché. Lorsque ces demandes impliquent un investissement significatif pour les candidats, elles donnent lieu au versement d'une prime.

Art. 50. – Lorsque le pouvoir adjudicateur se fonde sur plusieurs critères pour attribuer le marché, il peut autoriser les candidats à présenter des variantes.

Le pouvoir adjudicateur indique dans l'avis d'appel public à la concurrence ou dans les documents de la consultation s'il autorise ou non les variantes ; à défaut d'indication, les variantes ne sont pas admises.

Les documents de la consultation mentionnent les exigences minimales que les variantes doivent respecter ainsi que les modalités de leur présentation. Seules les variantes répondant à ces exigences minimales peuvent être prises en considération.

Les variantes sont proposées avec l'offre de base.

Pour les marchés de fournitures ou de services, une variante ne peut être rejetée au seul motif qu'elle aboutirait, si elle était retenue, respectivement soit à un marché de services au lieu d'un marché de fournitures, soit à un marché de fournitures au lieu d'un marché de services.

Commentaire

Alors que la réglementation antérieure (depuis 2001) permettait aux candidats, sauf disposition expresse figurant dans le règlement de la consultation (code de 2001) ou dans l'avis de marché (code de 2004), de proposer des variantes avec leur offre de base, le code de 2006 opère une *inversion* en subordonnant la présentation de variantes à une autorisation devant figurer dans l'avis d'appel public à la concurrence : à défaut d'indication, elles ne sont pas admises.

Dans le cas où les variantes sont admises, pour respecter l'objectif de choix de l'offre économiquement la plus avantageuse (visé à l'article 53), il faut pouvoir faire le bilan coûts-avantages entre l'offre de base et l'offre variantée. Pour cela, il paraît opportun de demander, dans le règlement de la consultation, aux candidats de présenter de manière motivée les avantages et les inconvénients des variantes proposées.

Section 8. Les groupements d'opérateurs économiques

Art. 51. – I. – Les opérateurs économiques sont autorisés à se porter candidat sous forme de groupement solidaire ou de groupement conjoint, sous réserve du respect des règles relatives à la concurrence.

Le groupement est conjoint lorsque chacun des opérateurs économiques membres du groupement s'engage à exécuter la ou les prestations qui sont susceptibles de lui être attribuées dans le marché.

Le groupement est solidaire lorsque chacun des opérateurs économiques membres du groupement est engagé financièrement pour la totalité du marché.

II. – Dans les deux formes de groupements, l'un des opérateurs économiques membres du groupement, désigné dans l'acte d'engagement comme mandataire, représente l'ensemble des membres vis-à-vis du pouvoir adjudicateur, et coordonne les prestations des membres du groupement.

Si le marché le prévoit, le mandataire du groupement conjoint est solidaire, pour l'exécution du marché, de chacun des membres du groupement pour ses obligations contractuelles à l'égard du pouvoir adjudicateur.

III. – En cas de groupement conjoint, l'acte d'engagement est un document unique qui indique le montant et la répartition détaillée des prestations que chacun des membres du groupement s'engage à exécuter.

En cas de groupement solidaire, l'acte d'engagement est un document unique qui indique le montant total du marché et l'ensemble des prestations que les membres du groupement s'engagent solidairement à réaliser.

IV. – Les candidatures et les offres sont présentées soit par l'ensemble des opérateurs économiques groupés, soit par le mandataire s'il justifie des habilitations nécessaires pour représenter ces opérateurs économiques au stade de la passation du marché.

Un même opérateur économique ne peut pas être mandataire de plus d'un groupement pour un même marché.

(Décret nº 2008-1334 du 17 décembre 2008, art. 62) « L'acte d'engagement est signé soit par l'ensemble des entreprises groupées, soit par le mandataire s'il justifie des habilitations nécessaires pour représenter ces entreprises. »

V. – La composition du groupement ne peut être modifiée entre la date de remise des candidatures et la date de signature du marché. Toutefois, si le groupement apporte la preuve qu'un de ses membres est mis en liquidation judiciaire ou qu'il se trouve dans l'impossibilité d'accomplir sa tâche pour des raisons qui ne sont pas de son fait, il peut demander au pouvoir adjudicateur l'autorisation de continuer à participer à la procédure de passation sans cet opérateur défaillant, en proposant le cas échéant à l'acceptation du pouvoir adjudicateur un ou plusieurs sous-traitants. Le pouvoir adjudicateur se prononce sur cette demande après examen de la capacité professionnelle, technique et financière de l'ensemble des membres du groupement ainsi transformé et, le cas échéant, des sous-traitants présentés à son acceptation.

VI. – L'avis d'appel public à la concurrence ou le règlement de la consultation peut interdire aux candidats de présenter pour le marché ou certains de ses lots plusieurs offres en agissant à la fois :

1º En qualité de candidats individuels et de membres d'un ou plusieurs groupements ;

2º En qualité de membres de plusieurs groupements.

VII. – Le passage d'un groupement d'une forme à une autre ne peut être exigé pour la présentation de l'offre, mais le groupement peut être contraint d'assurer cette transformation lorsque le marché lui a été attribué, si cette transformation est nécessaire pour la bonne exécution du marché. Dans ce cas, la forme imposée après attribution est mentionnée dans l'avis d'appel public à la concurrence ou dans le règlement de la consultation.

Commentaire

• Le Conseil d'État a eu l'occasion de préciser les conditions d'attribution d'un marché à un groupement d'entreprises (CE, 9 décembre 1987, *Chambre d'Agriculture des Deux-Sèvres*, Rec. 403) dans les termes suivants :

« *Considérant que lorsqu'un marché est dévolu à un groupement d'entreprises, les lots sont attribués à des entreprises nommément désignées qui ont, chacune pour ce qui la concerne, la qualité de cocontractant du maître d'ouvrage ; qu'il s'ensuit, qu'en application des dispositions précitées, un groupement d'entreprises ne peut être déclaré attributaire d'un marché que si toutes les entreprises qui le composent ont préalablement été admises à présenter une offre.* »

• Il appartient à la collectivité publique de vérifier que le mandataire a été effectivement habilité à s'engager au nom des entreprises qu'il déclare représenter (CE, 14 décembre 1988, *EPA de St Quentin-en-Yvelines*, DS 1989, somm. 218, obs. Ph. Terneyre).

• Groupements d'entreprises conjointes : le Conseil d'État a eu l'occasion de se prononcer sur l'étendue de la solidarité en la matière (CE, 25 juillet 1980, *Ville de Saint-Ouen l'Aumône*, Rec. Lebon p. 342 ; *AJDA* 1981.370 ; MP 174, déc. 1980 p. 19 ; MTP 9 février 1991, p. 71) : le mandataire ne saurait être tenu pour solidairement responsable avec les autres entreprises au-delà de la réception définitive sur le terrain de la responsabilité décennale.

• Groupements d'entreprises solidaires : la situation des entrepreneurs groupés est ici au contraire beaucoup plus dangereuse pour les différents membres du groupement puisque la solidarité produit ses effets durant toute la période de la garantie décennale. Une telle solution avait déjà été affirmée dans un arrêt de section du 9 janvier 1976 *(Sté Caillol & Cie, Sté Chagnaud & Cie et Sté Les Travaux du Midi,* Rec. Lebon p. 19). On retrouve la même motivation dans CE, 2° et 6° sous-sections réunies, 27 septembre 1985, *Sté Dumez et Sté Sacer*, req. n° 45499 et 45723, MTP 27 décembre 1985, p. 42 ; JCP 1986, éd. G, II.20618, note Bernard-Michel Bloch : faisant le choix d'être « groupées solidaires », les entreprises non seulement s'engagent solidairement à exécuter les travaux, mais également à réparer les malfaçons susceptibles de rendre l'ouvrage impropre à sa destination : par conséquent, faute de répartition juridiquement opposable au maître de l'ouvrage des travaux entre les membres d'un groupement d'entreprises solidaires, toute condamnation au titre de la responsabilité décennale d'une entreprise du groupement entraîne la solidarité parfaite des autres entreprises [jurisprudence confirmée par CE, 24 février 1993, *Sté Smac Acieroïd*, req. n° 116352].

• Le Conseil de la concurrence estime de son côté que *« le fait pour des entreprises de se grouper pour répondre à un appel d'offres n'est pas en soi anticoncurrentiel ; qu'il convient cependant de rechercher si, sous couvert d'un tel groupement, ces entreprises n'ont pas mis en œuvre une entente ayant pour objet ou pouvant avoir pour effet de restreindre ou de fausser le jeu de la concurrence »* (Décision n° 96-D-35, annexe 42 à son 10e rapport d'activité, 1996). C'est ce qu'indiquait déjà l'instruction pour l'application du Code du 29 décembre 1972 (brochure *JO* n° 2000) selon laquelle *« l'appartenance d'un même candidat à plusieurs groupements, s'il n'est pas mandataire commun, n'est pas interdite mais cette situation présente quelques risques vis-à-vis de la concurrence car ce candidat a ainsi connaissance des offres de plusieurs groupements »*.

On signalera à cet égard une décision du Conseil de la concurrence du 8 décembre 1992 (n° 92-D-66, *BOCCRF* du 13 février 1993, p. 43) dont il résulte que :

– à la différence des mandataires, les autres cotraitants peuvent participer à d'autres groupements, nonobstant les clauses d'exclusivité figurant dans les accords interentreprises pouvant être passés ;

– l'appartenance de mêmes entreprises à des groupements différents n'est pas illicite, puisque celle-ci « n'implique pas nécessairement l'identité des offres relatives aux travaux » en cause ;

– mais les agents habilités à effectuer les enquêtes peuvent rechercher s'il n'y a pas eu concertation entre entreprises appartenant à des groupements différents se trouvant en situation de concurrence.

• La cour d'appel de Paris s'est par ailleurs prononcée dans deux arrêts au sujet de la pratique des groupements d'entreprises :

– CA Paris, 6 mai 1997 (affaire du Pont de Normandie) (*BOCCRF* du 8 mai 1997 + arrêt rectificatif du 27 mai 1997) : Elle précise que, en l'espèce, la prérépartition systématique des travaux au sein des groupements, qui rassemblaient la quasi-totalité des entreprises susceptibles de concourir, a détourné ces groupements de leur objet et n'a laissé aux entreprises indépendantes d'autres possibilités que d'y adhérer, sous peine d'être exclues des marchés, et alors même qu'elles auraient pu soumissionner de manière autonome.

Concernant en particulier la construction du Pont de Normandie, la cour écarte la demande d'exonération invoquée par des entreprises requérantes, qui soulignaient le caractère exceptionnel de cette infrastructure et les difficultés techniques rencontrées, en retenant que les pratiques incriminées n'ont pas réservé aux utilisateurs une part équitable du profit qui en résultait.

– CA Paris, 29 janvier 2002 (affaire du Tramway de Grenoble) (*BOCCRF* du 27 mars 2002) : La Cour estime « *qu'il ne saurait être soutenu que le groupement rassemblant un nombre important d'offreurs avait été constitué pour supprimer la concurrence, de manière à "verrouiller le marché" avant sa dévolution ; qu'en effet l'autorité concédante avait toute latitude pour solliciter des propositions alternatives à celles offertes par le groupement, en lançant des appels d'offres mettant en compétition les 217 entreprises qui s'étaient portées candidates lors de la construction de la ligne A* ».

• La Cour de cassation, s'est, quant à elle, prononcée sur le cas d'une société en participation (SEP) (Cass. com. 10 janvier 1995, *BOCCRF* du 3 février 1995, p. 8), en estimant *« que s'il est vrai que la constitution d'une société en participation entre deux entreprises en vue d'exécuter en commun des travaux prévus pour un marché auquel elles vont soumissionner n'est pas en soi constitutif d'une entente illicite »*, il reste que, lorsque deux sociétés font des offres distinctes sans aviser le maître de l'ouvrage de leur projet et que l'une des deux remet une offre à un prix plus bas que celui proposé par l'autre, il existe une *« connivence »* faussant le jeu de la libre concurrence.

• Au nom du principe de transparence posé par l'article 1er du Code des marchés publics, l'acheteur public doit préciser clairement dans le règlement de consultation la forme de groupement qu'il souhaite.

2

À défaut, les candidats ne sont pas en mesure de connaître à l'avance le choix de la collectivité et la procédure se trouve entachée d'irrégularité (CE, 29 octobre 2007, *Communauté d'agglomération du pays voironnais,* n° 301065, Moniteur T.O. 30 nov. 2007, p. 23 ; Contrats Marchés publ. 2007, comm. 324, note F. Olivier).

Section 9. Examen des candidatures et des offres

Sous-section 1. Sélection des candidatures

Art. 52. – I. – Avant de procéder à l'examen des candidatures, le pouvoir adjudicateur qui constate que des pièces dont la production était réclamée sont absentes ou incomplètes peut demander à tous les candidats concernés de compléter leur dossier de candidature dans un délai identique pour tous et qui ne saurait être supérieur à dix jours. Il en informe les autres candidats qui ont la possibilité de compléter leur candidature dans le même délai.

Les candidats qui ne peuvent soumissionner à un marché en application des dispositions de l'article 43 ou qui, le cas échéant après mise en œuvre des dispositions du premier alinéa, produisent des dossiers de candidature ne comportant pas les pièces mentionnées aux articles 44 et 45 ne sont pas admis à participer à la suite de la procédure de passation du marché.

Les candidatures qui n'ont pas été écartées en application des dispositions de l'alinéa précédent sont examinées au regard des niveaux de capacités professionnelles, techniques et financières mentionnées dans l'avis d'appel public à la concurrence, ou, s'il s'agit d'une procédure dispensée de l'envoi d'un tel avis, dans le règlement de la consultation. Les candidatures qui ne satisfont pas à ces niveaux de capacité sont éliminées.

L'absence de références relatives à l'exécution de marchés de même nature ne peut justifier l'élimination d'un candidat et ne dispense pas le pouvoir adjudicateur d'examiner les capacités professionnelles, techniques et financières des candidats.

L'appréciation des capacités professionnelles, techniques et financières d'un groupement est globale. Il n'est pas exigé que chaque membre du groupement ait la totalité des compétences techniques requises pour l'exécution du marché.

II. – Lorsque le pouvoir adjudicateur décide de limiter le nombre des candidats admis à présenter une offre, il procède à la sélection de ces candidats en appliquant aux candidatures retenues conformément au I des critères de sélection non discriminatoires et liés à l'objet du marché relatifs à leurs capacités professionnelles, techniques et financières. Ces critères sont mentionnés dans l'avis d'appel public à la concurrence, ou, s'il s'agit d'une procédure dispensée de l'envoi d'un tel avis, dans le règlement de la consultation.

Commentaire

I. – La circulaire du 3 août 2006 portant manuel d'application du Code des marchés publics (*infra*, § 10.2.2) insiste sur l'innovation figurant au 4e alinéa de l'article 52-I : l'absence de références pour des prestations analogues n'étant plus un motif suffisant pour écarter un candidat, l'accès à la commande publique des PME – ou, plus exactement, des entreprises nouvellement créées – pourrait s'en trouver favorisé.

II. – L'article 52-II (limitation du nombre de candidats admis à présenter une offre) est à rapprocher de l'article 60-I (appel d'offres restreint).

Sous-section 2. Attribution des marchés

Art. 53. – I. – Pour attribuer le marché au candidat qui a présenté l'offre économiquement la plus avantageuse, le pouvoir adjudicateur se fonde :

1° Soit sur une pluralité de critères non discriminatoires et liés à l'objet du marché, notamment la qualité, le prix, la valeur technique, le caractère esthétique et fonctionnel, les performances en matière de protection de l'environnement, les performances en matière d'insertion professionnelle des publics en difficulté, le coût global d'utilisation, la rentabilité, le caractère innovant, le service après-vente et l'assistance technique, la date de livraison, le délai de livraison ou d'exécution. D'autres critères peuvent être pris en compte s'ils sont justifiés par l'objet du marché ;

2° Soit, compte tenu de l'objet du marché, sur un seul critère, qui est celui du prix.

II. – Pour les marchés passés selon une procédure formalisée *(Décret n° 2008-1334 du 17 décembre 2008, art. 63)* « autre que le concours » et lorsque plusieurs critères sont prévus, le pouvoir adjudicateur précise leur pondération.

Le poids de chaque critère peut être exprimé par une fourchette dont l'écart maximal est approprié.

Le pouvoir adjudicateur qui estime pouvoir démontrer que la pondération n'est pas possible notamment du fait de la complexité du marché, indique les critères par ordre décroissant d'importance.

Les critères ainsi que leur pondération ou leur hiérarchisation sont indiqués dans l'avis d'appel public à la concurrence ou dans les documents de la consultation.

III. – Les offres inappropriées, irrégulières et inacceptables sont éliminées. Les autres offres sont classées par ordre décroissant. L'offre la mieux classée est retenue.

IV. – 1° Lors de la passation d'un marché, un droit de préférence est attribué, à égalité de prix ou à équivalence d'offres, à l'offre présentée par une société coopérative ouvrière de production, par un groupement de producteurs agricoles, par un artisan, une société coopérative d'artisans ou par une société coopérative d'artistes ou par des entreprises adaptées.

2° Lorsque les marchés portent, en tout ou partie, sur des prestations susceptibles d'être exécutées par des artisans ou des sociétés d'artisans ou des sociétés coopératives d'artisans ou des sociétés coopératives ouvrières de production ou des entreprises adaptées, les pouvoirs adjudicateurs contractants doivent, préalablement à la mise en concurrence, définir les travaux, fournitures ou services qui, à ce titre, et dans la limite du quart du montant de ces prestations, à équivalence d'offres, seront attribués de préférence à tous autres candidats, aux artisans ou aux sociétés coopératives d'artisans ou aux sociétés coopératives ouvrières de production ou à des entreprises adaptées.

3° Lorsque les marchés portent, en tout ou partie, sur des travaux à caractère artistique, la préférence, à égalité de prix ou à équivalence d'offres prévue au 2°, s'exerce jusqu'à concurrence de la moitié du montant de ces travaux, au profit des artisans d'art ou des sociétés coopératives d'artistes.

Commentaire

I. – Critères de choix des offres :

• La circulaire du 3 août 2006 portant manuel d'application du Code des marchés publics (*infra*, § 12) contient de pertinents développements sur la recherche de l'offre économiquement la plus avantageuse.

a) implantation ou préférence locale

• Le règlement de la consultation peut prévoir des critères additionnels, mais le critère de la « préférence locale » (comme celui de la localisation géographique du candidat ou celui de l'appel au marché de l'emploi local) est prohibé, car il constitue une violation du principe de libre concurrence sur lequel repose la réglementation des marchés publics. Voir en ce sens la réponse du ministre de l'Intérieur à la question Bourg-Broc n° 68664, *JO* déb. AN 26 août 1985, p. 3971 (Protectionnisme local). Extrait : *« Le fait, pour une collectivité locale organisant des consultations préalables à la passation des marchés publics, de limiter les appels de candidatures en fonction d'un critère géographique, constitue incontestablement une pratique irrégulière. Un tel protectionnisme est en effet en contradiction avec le principe d'égalité et les règles de la libre concurrence, lesquels sous-tendent la réglementation du Code des marchés publics actuellement en vigueur.*

L'utilisation de critères liés à l'implantation locale de l'entreprise, qu'elle soit communale, départementale ou régionale, n'est pas prévue par le Code des marchés publics. Les collectivités locales ne sauraient donc limiter la dévolution de leurs marchés uniquement sur la base d'un critère géographique.

Dans tous les cas où une délibération, un avis ou un dossier d'appel d'offres ferait mention expresse de ce critère d'exclusion géographique, le marché attribué sur la base d'un tel critère serait illégal. Il appartiendrait alors au représentant de l'État dans le département, dans le cadre du contrôle de légalité qu'il est amené à exercer sur les marchés des collectivités locales, lesquels lui sont obligatoirement transmis, de déférer ce marché au juge administratif en vue de son annulation. »

• Un arrêt du Conseil d'État du 29 juillet 1994 (*Cne de Ventenac-en-Minervois*, req. n° 131562, DS 1995, somm. 245, obs. Ph. Terneyre) confirme l'illégalité de l'attribution de marchés fondée sur la préférence locale lorsqu' « *il ne ressort pas des pièces du dossier que l'implantation locale de l'entreprise chargée d'exécuter les travaux ait été une des conditions de la bonne exécution du marché »* (les motifs tirés de la nécessité de favoriser l'emploi local et d'équilibrer les finances locales par l'acquittement de la taxe professionnelle étant sans rapport avec la réglementation des marchés).

• Selon un arrêt du Conseil d'État du 14 janvier 1998 (*Sté Martin-Fourquin*, req. n° 168688, Rec. Lebon, p. 13 ; Dr. adm. n° 3 – mars 1998, n° 85 ; RFDA 1998.453-454), l'implantation locale préalable ne peut pas être une condition d'attribution du marché : *« L'office public, qui n'aurait pu légalement faire de l'existence d'une implantation préalable dans le département une condition à l'obtention du marché, pouvait considérer, sans commettre d'erreur manifeste d'appréciation, que l'obligation, justifiée en l'espèce par l'objet du marché, de posséder une "antenne" locale pouvait être satisfaite, au regard des critères qu'il avait établis, par l'engagement pris par l'entreprise candidate de créer une telle "antenne" si le marché lui était attribué ; que si l'implantation locale de l'entreprise Brio n'a été achevée que dans le courant du mois d'août 1994, cette circonstance postérieure à la décision attaquée, est sans influence sur la légalité du choix opéré par la commission d'appel d'offres »*. Autrement dit, il n'est pas nécessaire que la condition d'exécution, qui est une obligation devant être acceptée par le titulaire du marché car elle se rapporte à l'exécution du contrat, soit remplie pour la présentation de l'offre. Il suffit donc, en principe, que les soumissionnaires s'engagent, au moment de la remise de leurs offres, à remplir cette exigence si le marché leur est attribué.

b) pondération du critère esthétique :

Le choix du critère esthétique doit être entouré de précautions : il appartient en effet à l'acheteur public de définir ce qu'il entend par là, faute de quoi le critère est entaché de subjectivité. Pour un marché de mobilier urbain, le Conseil d'État a jugé « *que la commune de Toulouse, qui était libre de choisir les critères d'attribution du marché dès lors qu'ils lui permettaient de déterminer l'offre économiquement la plus avantageuse, pouvait, eu égard à l'objet du marché, retenir le critère esthétique ; que toutefois, en donnant à ce critère une place prépondérante sans fournir, ni dans les documents contractuels, ni dans sa réponse du 9 décembre 2004 à la demande de renseignements de la société Jean-Claude Decaux, aucune indication sur ses attentes en la matière, la commune de Toulouse, à laquelle l'appréciation du critère esthétique a ainsi conféré en l'espèce une liberté de choix discrétionnaire, n'a pas, par suite, organisé un examen des offres garantissant l'égalité de traitement des candidats et la transparence de la procédure ; que la commune a donc manqué aux obligations de mise en concurrence qui lui incombaient* » (CE, 28 avril 2006, *Commune de Toulouse*, n° 280197, BJDCP 2006 (n° 47), p. 268, concl. D. Casas, obs. Ch.M.)

c) critère unique du prix **:**

Le recours au seul critère du prix est conforme aux dispositions de l'article 53 de la directive européenne du 31 mars 2004 relative à la coordination des procédures de passation des marchés publics de travaux, de fournitures et de services (*infra*, annexe III), mais ce choix est soumis au contrôle du juge administratif : ce dernier recherche en effet si, compte tenu de l'objet du marché, le seul critère du prix n'est pas de nature à porter atteinte aux obligations de mise en concurrence. Il a ainsi été jugé que, « *compte tenu de la complexité des travaux de réalisation d'un itinéraire alternatif à la route départementale RD 1075 sur la commune de Morestel (qui comprenaient la construction d'un barreau de liaison, d'un carrefour giratoire et d'un ouvrage d'assainissement) le département avait méconnu les dispositions de l'article 53 du Code des marchés publics, et ainsi ses obligations de mise en concurrence, en retenant le seul critère du prix pour apprécier l'offre économiquement la plus avantageuse* » (CE, 6 avril 2007, *Département de l'Isère*, n° 298584, *Contrats-Marchés publ.* 2007, comm. 171, note J.-P. Pietri ; BJCP 2007 (n° 53), p. 293, concl. N. Boulouis, obs. R. S.).

IV. – Droit de préférence :

• L'article 53-IV-1° reconnaît un droit de préférence aux SCOP, aux artisans et artistes exerçant en coopérative, ainsi qu'aux entreprises adaptées (cf., pour ces dernières, note sous l'article 15) et ce, afin de faciliter leur accès aux marchés publics.

• La liste des SCOP est publiée tous les ans au *Journal officiel* :

Pour 2004, elle est parue au *JO* Lois et Décrets du 25 mai 2004 (p. 9184 à 9200) ;

Pour 2005, elle est parue au *JO* Lois et Décrets du 26 juin 2005 (p. 10632 à 10647) ;

Pour 2006, elle est parue au *JO* Lois et Décrets du 25 juin 2006 (texte 7 sur 47) ;

Pour 2007, elle est parue au *JORF* n° 192 du 21 août 2007 (page 13896 – texte n° 10) ;

Pour 2008, elle est parue au *JORF* n° 219 du 19 septembre 2008 (page 14534 – texte n° 38).

• L'article 53-IV-2° traite du quart réservataire au profit des artisans, des SCOP et des entreprises adaptées.

Les régimes préférentiels doivent être définis strictement. Par décision n° 2001-452, DC du 6 décembre 2001, le Conseil constitutionnel a annulé l'article 12 du projet de loi « MURCEF » (cf. Annexe I-13) qui prévoyait que *« lorsque les marchés visés par le Code des marchés publics font l'objet d'un allotissement et portent, en tout ou partie, sur des prestations susceptibles d'être exécutées par des sociétés coopératives et des associations visant à promouvoir l'emploi de personnes rencontrant des difficultés particulières d'insertion ou l'esprit d'entreprise indépendante et collective, à lutter contre le chômage ou à protéger l'environnement, un quart des lots fait l'objet d'une mise en concurrence de ces structures coopératives et associatives »*, au motif que *« que ces dispositions, tant par leur ampleur que par leur imprécision, portent au principe d'égalité devant la loi une atteinte disproportionnée par rapport à l'objectif d'intérêt général qui s'attache au développement de l'économie sociale ».*

• S'agissant des artisans, les dispositions de l'article 53-IV du code trouvent leur fondement dans l'article 74 du Code de l'artisanat ci-après reproduit :

« Tous travaux susceptibles d'être exécutés par des (Décret n° 55-656 du 20 mai 1955) "artisans" définis à l'article 1er du présent code, faisant l'objet d'adjudications et de marchés de gré à gré passés au nom de l'État, des départements, des communes et des établissements publics de bienfaisance et d'assistance, doivent être réservés de préférence, à égalité de prix, jusqu'à concurrence du quart de leur montant, à des artisans à titre individuel ou à des sociétés coopératives artisanales constituées conformément à l'article 64 du présent code, pour être distribués par ces coopératives à leurs adhérents artisans.

En ce qui concerne les travaux d'art susceptibles d'être exécutés par des artisans et (Décret. n° 55-656 du 20 mai 1955) "artisans" d'art, ils sont réservés, jusqu'à concurrence de la moitié de leur montant, aux sociétés coopératives d'artistes et aux artisans d'art.

Les modalités d'application du présent article, notamment les conditions dans lesquelles s'exerce la préférence visée aux deux alinéas précédents, ainsi que les conditions qu'ont à remplir les artisans et les artistes et les sociétés coopératives artisanales, pour pouvoir bénéficier de ces dispositions, sont déterminées par décret ».

• La loi n° 85-703 du 12 juillet 1985 relative à certaines activités d'économie sociale comporte un titre II intitulé « Dispositions relatives aux marchés publics », ainsi rédigé :

« Titre II – Dispositions relatives aux marchés publics

Art. 3. – Les préférences accordées par le Code des marchés publics aux sociétés coopératives ouvrières de production justifiant leur inscription sur la liste prévue à l'article 54 de la loi n° 78-763 du 19 juillet 1978 portant statut des sociétés coopératives ouvrières de production sont également applicables aux sociétés coopératives ressortissant des États membres de la Communauté économique européenne présentant des caractéristiques comparables et inscrites sur une liste établie par le ministre chargé du Travail.

2

Art. 4. – Il est inséré, après le premier alinéa de l'article L. 551-2 du Code rural, l'alinéa suivant :

« Les dispositions relatives aux marchés publics sont également applicables aux groupements de producteurs agricoles ressortissant des États membres de la Communauté économique européenne présentant des caractéristiques comparables et inscrits sur une liste établie par le ministre de l'Agriculture ».

Art. 5. – Les préférences accordées par le Code des marchés publics aux artisans satisfaisant aux dispositions du Code de l'artisanat et, en ce qui concerne les départements du Bas-Rhin, du Haut-Rhin et de la Moselle, aux artisans acquittant la taxe pour frais de chambre de métiers, ainsi qu'aux sociétés coopératives d'artisans et aux sociétés coopératives d'artistes inscrites sur une liste établie par le ministre chargé de l'Artisanat, sont applicables aux ressortissants jouissant d'un statut professionnel comparable établis dans les États membres de la Communauté économique européenne et aux sociétés coopératives ressortissant de ces États membres présentant des caractéristiques comparables et inscrites sur une liste établie par le ministre chargé de l'Artisanat. »

Sous-section 3. Procédure de sélection des offres au moyen d'enchères électroniques

Art. 54. – I. – Une enchère électronique est une procédure de sélection des offres réalisée par voie électronique et permettant aux candidats de réviser leurs prix à la baisse et de modifier la valeur de certains autres éléments quantifiables de leur offre.

II. – Le pouvoir adjudicateur ne peut recourir à l'enchère électronique que pour les marchés de fournitures d'un montant supérieur aux seuils fixés au II de l'article 26.

Le pouvoir adjudicateur ne peut recourir à l'enchère électronique de façon abusive ou de manière à empêcher, restreindre ou fausser la concurrence ou de manière à modifier l'objet du marché.

III. – L'enchère électronique porte sur le prix, sur d'autres critères quantifiables ou à la fois sur le prix et d'autres critères quantifiables.

Elle intervient après une première évaluation complète des offres permettant que leur classement puisse être effectué sur la base d'un traitement automatisé.

IV. – Le pouvoir adjudicateur qui décide de recourir à une enchère électronique en fait mention dans l'avis d'appel public à la concurrence.

Les documents de la consultation comportent, au moins, les informations suivantes :

1° Les éléments quantifiés des offres sur lesquels porte l'enchère électronique ;

2° Le cas échéant, la variation minimale de ces éléments ;

3° La nature des informations qui seront communiquées aux candidats au cours de l'enchère électronique et le moment où elles le seront ;

4° Les informations pertinentes sur le déroulement de l'enchère électronique, notamment les conditions dans lesquelles les candidats pourront enchérir et les écarts minimaux qui, le cas échéant, seront exigés ;

5° Les informations pertinentes sur le dispositif électronique utilisé et sur les modalités et spécifications techniques de connexion ;

6° La durée de l'enchère.

V. – L'enchère électronique commence après que les offres ont été évaluées au regard des critères ne faisant pas l'objet de l'enchère.

Tous les candidats ayant présenté des offres qui n'ont pas été écartées au motif qu'elles sont inappropriées, irrégulières ou inacceptables sont invités simultanément par voie électronique à participer à l'enchère en présentant de nouveaux prix ou de nouvelles valeurs.

Lorsque le choix de l'attributaire du marché n'est pas fondé sur le seul critère du prix, l'invitation adressée à chaque candidat est accompagnée du résultat de l'évaluation de son offre réalisée en application du premier alinéa.

L'invitation mentionne également la formule mathématique qui déterminera lors de l'enchère électronique les reclassements automatiques en fonction des nouveaux prix ou des nouvelles valeurs présentés. Cette formule intègre la pondération de tous les critères fixés dans l'avis d'appel public à la concurrence ou dans les documents de la consultation pour déterminer l'offre économiquement la plus avantageuse.

Dans le cas où des variantes sont autorisées, des formules sont fournies séparément pour chaque variante.

VI. – L'enchère électronique peut se dérouler en plusieurs phases dans des conditions précisées dans les documents de la consultation. Elle ne peut débuter moins de deux jours ouvrables après la date d'envoi des invitations.

VII. – Les candidats sont informés instantanément de leur classement ou du résultat de la meilleure offre. Ils peuvent également être informés du nombre de candidats à l'enchère et, si les documents de la consultation le prévoient, des prix et valeurs proposés par les autres candidats. Cependant, en aucun cas, l'identité des candidats ne peut être divulguée pendant le déroulement des phases de l'enchère électronique.

VIII. – Le pouvoir adjudicateur clôt l'enchère électronique selon l'une des modalités suivantes :

1° Aux date et heure fixées dans l'invitation à participer à l'enchère ;

2° Lorsqu'il ne reçoit plus de nouvelles enchères dans les conditions prévues par l'invitation à participer à l'enchère ;

3° Lorsque toutes les phases de l'enchère, prévues dans l'invitation à participer à l'enchère, ont eu lieu.

IX. – Après la clôture de l'enchère électronique, le marché est attribué conformément au I de l'article 53, en fonction des résultats de l'enchère électronique et sous réserve que le candidat dont l'offre est retenue produise les certificats et attestations mentionnés aux I et II de l'article 46, dans les conditions fixées par le III du même article.

Sous-section 4. Offres anormalement basses

Art. 55. – Si une offre paraît anormalement basse, le pouvoir adjudicateur peut la rejeter par décision motivée après avoir demandé par écrit les précisions qu'il juge utiles et vérifié les justifications fournies. Pour les collectivités territoriales et les établissements publics locaux, à l'exception des établissements publics de santé et des établissements publics sociaux ou médico-sociaux, c'est la commission d'appel d'offres qui rejette par décision motivée les offres dont le caractère anormalement bas est établi.

Peuvent être prises en considération des justifications tenant notamment aux aspects suivants :

1° Les modes de fabrication des produits, les modalités de la prestation des services, les procédés de construction ;

2° Les conditions exceptionnellement favorables dont dispose le candidat pour exécuter les travaux, pour fournir les produits ou pour réaliser les prestations de services ;

3° L'originalité de l'offre ;

4° Les dispositions relatives aux conditions de travail en vigueur là où la prestation est réalisée ;

5° L'obtention éventuelle d'une aide d'État par le candidat.

Une offre anormalement basse du fait de l'obtention d'une aide d'État ne peut être rejetée que si le candidat n'est pas en mesure d'apporter la preuve que cette aide a été légalement accordée. Le pouvoir adjudicateur qui rejette une offre pour ce motif en informe la Commission européenne.

Commentaire

• Les dispositions du 1er alinéa de cet article sont impératives : la décision de déclarer l'appel d'offres infructueux, sans s'être auparavant enquis par écrit des raisons pour lesquelles une offre paraît anormalement basse, est illégale et vicie la procédure (CE, Ass. 5 mars 1999, *Président de l'Assemblée Nationale*, req. n° 163328, Dr. adm. mai 1999, n° 142 ; RFDA 1999.333, concl. C. Bergeal ; AJDA 1999.460 & chr. F. Raynaud et p. Fombeur, ibid. 409).

• La jurisprudence du Conseil d'État est restrictive sur les conditions de rejet d'une offre au motif qu'elle serait anormalement basse ; v. par ex. CE, 7e & 10e sous-sect. réun., 15 avril 1996, *Commune de Poindimié*, req. n° 133171 : « *Considérant que par une décision du 15 octobre 1986 relative à l'attribution du marché concernant les travaux d'aménagement de la route municipale n° 21, la commission d'appel d'offres de la commune de Poindimié a retenu la proposition de la société « SNRP », pour un montant de 64 642 200 F CFP, et écarté l'offre de la société « Entreprises Réunies » dont le prix ne s'élevait qu'à 41 734 000 F CFP ; qu'il ressort des pièces du dossier et notamment du procès-verbal de la commission d'appel d'offres, que celle-ci a, d'une part, estimé que le prix proposé par la société « Entreprises Réunies » étant « anormalement bas, ne présentait pas une bonne garantie de fin de chantier », et a, d'autre part, apprécié la compétence technique de l'entreprise en tenant compte non de l'ensemble des références produites, mais seulement des travaux réalisés dans la région ;*

Considérant qu'il est constant que l'offre de la société « Entreprises Réunies » répondait aux exigences de la réglementation et des pièces contractuelles ; que la seule modération de son prix ne pouvait révéler l'incapacité technique de l'entreprise à réaliser les travaux en cause, alors qu'elle présentait un ensemble de références concernant notamment des travaux routiers d'importance analogue réalisés pour le compte de collectivités publiques ; que, dans ces conditions, c'est par une erreur manifeste d'appréciation que la commission d'appel d'offres a rejeté l'offre de la société « Entreprises Réunies » ; que, par suite, la Commune de Poindimié n'est pas fondée à soutenir que c'est à tort que le tribunal administratif de Nouméa, par le jugement attaqué, a annulé la décision portant attribution du marché litigieux et a condamné la commune à indemniser la société « Entreprises Réunies » du préjudice résultant pour celle-ci de cette décision. »

• On notera que, parmi les justifications du caractère bas d'une offre, figure désormais *« les dispositions relatives aux conditions de travail en vigueur là où la prestation est réalisée »*, ce qui, dans cette hypothèse, rendra d'autant plus nécessaire une vigilance accrue de l'acheteur public sur la fourniture, par le candidat auquel il est envisagé d'attribuer le marché, des certificats sociaux et fiscaux requis par l'article 46 (notamment pour les entreprises étrangères ayant un coût de main-d'œuvre moins élevé).

2

Section 10. Communications et échanges d'informations par voie électronique

Art. 56. – *(Décret nº 2008-1334 du 17 décembre 2008, art. 64)* « I. – Dans toutes les procédures de passation mentionnées au chapitre II du présent titre, les documents écrits mentionnés par le présent code peuvent être remplacés par un échange électronique ou par la production de supports physiques électroniques, selon les dispositions prévues au présent article.

« Le pouvoir adjudicateur indique dans l'avis d'appel public à la concurrence ou, pour les marchés négociés sans publicité préalable, dans la lettre de consultation, le mode de transmission qu'il retient.

« Les candidats appliquent le même mode de transmission à l'ensemble des documents qu'ils adressent au pouvoir adjudicateur.

« Pour les marchés ou les accords-cadres passés selon une procédure formalisée, et sous réserve de l'application du 1° du II et du VI ci-dessous, le pouvoir adjudicateur ne peut refuser de recevoir les documents adressés par les opérateurs économiques qui n'auraient pas respecté son choix.

« II. – 1° À compter du 1er janvier 2010, le pouvoir adjudicateur peut imposer la transmission par voie électronique des documents mentionnés au premier alinéa du I.

« 2° À compter de la même date, pour les achats de fournitures de matériels informatiques et de services informatiques d'un montant supérieur à 90 000 € HT, les documents requis des candidats sont transmis par voie électronique.

« III. – À compter du 1er janvier 2012, pour les achats de fournitures, de services ou de travaux d'un montant supérieur à 90 000 € HT, le pouvoir adjudicateur ne peut refuser de recevoir les documents requis des candidats qui sont transmis par voie électronique.

« IV. – Dans les cas où la transmission électronique des offres est obligatoire et dans ceux où elle est une faculté donnée aux candidats, le pouvoir adjudicateur assure la confidentialité et la sécurité des transactions sur un réseau informatique accessible de façon non discriminatoire, selon des modalités fixées par arrêté du ministre chargé de l'Économie. Dans le cas des marchés passés selon une procédure adaptée, ces modalités tiennent compte des caractéristiques du marché, notamment de la nature et du montant des travaux, fournitures ou services en cause.

« Les frais d'accès au réseau sont à la charge de chaque candidat.

« V. – Les candidats qui présentent leurs documents par voie électronique peuvent adresser au pouvoir adjudicateur, sur support papier ou support physique électronique, une copie de sauvegarde de ces documents établie selon des modalités fixées par arrêté du ministre chargé de l'Économie. Cette copie ne peut être prise en considération que si elle est parvenue au pouvoir adjudicateur dans le délai prescrit pour le dépôt, selon le cas, des candidatures ou des offres.

« VI. – À titre d'expérimentation, pour les marchés qu'il détermine, le pouvoir adjudicateur peut exiger la transmission des candidatures et des offres par voie électronique. Les conditions et modalités de mise en œuvre de cette expérimentation, qui prend fin au 1er janvier 2010, sont fixées par arrêté du ministre chargé de l'Économie.

« VII. – Dans le cadre des marchés passés selon les procédures de groupement prévues aux articles 7 et 8, le coordonnateur désigné par le groupement assume les obligations mises par les dispositions du présent article à la charge du pouvoir adjudicateur.

« Dans le cas de candidatures groupées conformément à l'article 51, le mandataire assure la sécurité et l'authenticité des informations transmises au nom des membres du groupement. »

Commentaire

1) Arrêté du 28 août 2006

Les chapitres Ier et III de l'arrêté du 28 août 2006 relatif à la dématérialisation des procédures de passation des marchés publics fixent les modalités d'application de l'article 56-I & II, dans les termes suivants :

« *Chapitre Ier*

Dispositions relatives à la dématérialisation des documents de la consultation, des candidatures et des offres

Art. 1er. – Le pouvoir adjudicateur, qui met les documents de la consultation ainsi que les documents et renseignements complémentaires relatifs aux procédures formalisées à la disposition des opérateurs économiques sur un réseau informatique, précise les modalités d'accès à ce réseau dans l'avis d'appel public à la concurrence et permet le téléchargement du règlement de la consultation.

Pour télécharger les documents autres que le règlement de la consultation et les renseignements mentionnés à l'alinéa précédent, les opérateurs économiques s'identifient. Ils indiquent le nom de la personne physique chargée de leur téléchargement ainsi qu'une adresse électronique permettant au pouvoir adjudicateur, le cas échéant, d'établir de façon certaine une correspondance électronique avec l'opérateur économique concerné.

Art. 2. – Dans les procédures restreintes, le pouvoir adjudicateur, qui prévoit d'envoyer par voie électronique la lettre d'invitation à présenter une offre aux candidats sélectionnés, indique dans cette lettre la possibilité et les modalités de téléchargement des documents et renseignements mentionnés à l'article 1er.

Art. 3. – Le pouvoir adjudicateur peut décider que certains éléments qu'il estime sensibles ou confidentiels et qui figurent dans les documents de la consultation ne seront transmis aux opérateurs économiques que sur support papier.

De même, lorsque certains documents de la consultation sont trop volumineux pour être téléchargés par les opérateurs économiques, le pouvoir adjudicateur peut les transmettre sur support papier ou sur support physique électronique.

Dans les deux cas mentionnés ci-dessus, l'avis d'appel public à la concurrence ou le règlement de la consultation mentionne l'adresse du service auprès duquel ces éléments peuvent être demandés.

Art. 4. – La mise en ligne des documents et renseignements mentionnés à l'article 1er par le pouvoir adjudicateur ne fait pas

2

obstacle à la possibilité pour un opérateur économique de demander que ceux-ci lui soient adressés par voie postale, sur support papier ou, si le règlement de la consultation le permet, sur support physique électronique.

Le fait qu'un opérateur économique ait consulté ou obtenu par voie électronique les documents mis en ligne par le pouvoir adjudicateur ne fait pas obstacle à ce qu'il puisse adresser sa candidature et son offre sur support papier ou, si le règlement de la consultation le permet, sur support physique électronique.

Les supports physiques électroniques utilisés pour la transmission des documents et renseignements par le pouvoir adjudicateur ou pour la transmission des candidatures et des offres par les opérateurs économiques sont choisis, par le pouvoir adjudicateur, dans un format de fichiers largement disponible.

[…]

Chapitre III

Modalités selon lesquelles sont sécurisées les procédures électroniques de passation des marchés formalisés des pouvoirs adjudicateurs

Art. 8. – Les dossiers de candidature et d'offre sont présentés séparément.

Dans l'hypothèse d'un envoi par voie électronique, ils sont présentés dans des fichiers distincts, l'un comportant les éléments relatifs à la candidature, l'autre les éléments relatifs à l'offre.

Dans l'hypothèse d'un envoi sur support physique électronique, ils sont présentés sur des supports distincts, l'un comportant les éléments relatifs à la candidature, l'autre les éléments relatifs à l'offre.

Le dépôt des candidatures et des offres transmis par voie électronique ou sur support physique électronique donne lieu à un accusé de réception mentionnant la date et l'heure de réception.

Art. 9. – Le candidat qui effectue à la fois une transmission électronique et, à titre de copie de sauvegarde, une transmission sur support physique électronique ou sur support papier doit faire parvenir cette copie dans les délais impartis pour la remise des candidatures ou des offres.

Cette copie de sauvegarde doit être placée dans un pli scellé comportant la mention lisible : « copie de sauvegarde ».

La copie de sauvegarde ne peut être ouverte que dans les cas prévus à l'article 11.

Art. 10. – I. – Lorsqu'elles ne sont pas accompagnées d'une copie de sauvegarde, les candidatures et les offres transmises par voie électronique et dans lesquelles un programme informatique malveillant est détecté par le pouvoir adjudicateur peuvent faire l'objet d'une réparation.

Le pouvoir adjudicateur conserve la trace de la malveillance du programme et, s'il décide de tenter une réparation, il conserve également la trace des opérations de réparation réalisées.

II. – Un document électronique relatif à une candidature qui n'a pas fait l'objet de réparation ou dont la réparation a échoué est réputé n'avoir jamais été reçu et le candidat concerné en est informé dans les conditions fixées par l'article 80 du Code des marchés publics. Toutefois, le pouvoir adjudicateur peut décider de faire application du I de l'article 52 du Code des marchés publics et demander à l'opérateur économique de procéder à un nouvel envoi du document.

III. – Un document électronique relatif à une offre qui n'a pas fait l'objet de réparation ou dont la réparation a échoué est réputé n'avoir jamais été reçu et le candidat concerné en est informé dans les conditions de l'article 80 du Code des marchés publics.

Art. 11. – I. – Lorsqu'elles sont accompagnées d'une copie de sauvegarde, les candidatures et les offres transmises par voie électronique et dans lesquelles un programme informatique malveillant est détecté par le pouvoir adjudicateur donnent lieu à l'ouverture de la copie de sauvegarde.

La trace de la malveillance du programme est conservée par le pouvoir adjudicateur.

II. – Lorsqu'une candidature ou une offre a été transmise par voie électronique, mais n'est pas parvenue au pouvoir adjudicateur dans les délais de dépôt des candidatures et des offres ou bien n'a pas pu être ouverte par le pouvoir adjudicateur, celui-ci procède à l'ouverture de la copie de sauvegarde, sous réserve que celle-ci lui soit parvenue dans les délais de dépôt des candidatures et des offres.

III. – Si le pli contenant la copie de sauvegarde n'est pas ouvert, il est détruit par le pouvoir adjudicateur.

Art. 12. – La copie de sauvegarde ouverte en application des dispositions de l'article 11 et dans laquelle un programme informatique malveillant est détecté par le pouvoir adjudicateur peut faire l'objet d'une réparation.

Le pouvoir adjudicateur conserve la trace de la malveillance du programme et, s'il décide de tenter une réparation, il conserve également la trace des opérations de réparation réalisées.

Les dispositions du II et du III de l'article 10 sont alors applicables à la copie de sauvegarde.

2

Art. 13. – I. – En cas d'appel d'offres ouvert ou de concours ouvert, si une candidature transmise par voie électronique est rejetée en application de l'article 52 du Code des marchés publics, l'offre correspondante est effacée des fichiers du pouvoir adjudicateur sans avoir été lue. Le candidat en est informé.

Si la transmission électronique était accompagnée d'une copie de sauvegarde, cette dernière est renvoyée au candidat sans avoir été ouverte.

II. – En cas d'appel d'offres ouvert ou de concours ouvert, lorsque la candidature et l'offre sont envoyées sur support physique électronique, si la candidature n'est pas admise, le support portant l'offre correspondante est renvoyé au candidat sans avoir été ouvert. »

2) Arrêté du 12 mars 2007 pris en application du III de l'article 56 du Code des marchés publics et relatif aux expérimentations de dématérialisation des procédures de passation des marchés publics formalisés

Art. 1er. – Dans le cadre d'une expérimentation mise en œuvre en application du 1o du paragraphe III de l'article 56, le pouvoir adjudicateur ou l'entité adjudicatrice peut imposer la transmission électronique des candidatures et des offres des opérateurs économiques à un marché public.

Art. 2. – I. – Les pouvoirs adjudicateurs et les entités adjudicatrices définis respectivement à l'article 2 et à l'article 134 du Code des marchés publics sont éligibles à l'expérimentation.

II. – Le pouvoir adjudicateur ou l'entité adjudicatrice détermine la période durant laquelle il ou elle va pouvoir engager une consultation ou envoyer à la publication un avis d'appel public à la concurrence dans le cadre de l'expérimentation. Cette période ne peut être supérieure à 12 mois, sauf dans des cas exceptionnels dûment justifiés, notamment par l'objet du marché ou par le fait de circonstances imprévisibles.

III. – L'expérimentation concerne les secteurs économiques dans lesquels le nombre et la proportion d'opérateurs économiques susceptibles de présenter une candidature et une offre électronique sont compatibles avec une mise en concurrence effective.

IV. – Le nombre total des marchés passés selon les procédures formalisées visées à l'article 26 du Code des marchés publics concernés par l'expérimentation ne peut pas dépasser la moitié du nombre total des marchés passés selon les procédures formalisées par le même pouvoir adjudicateur ou par la même entité adjudicatrice sur la période concernée.

Art. 3. – Chaque expérimentation fait l'objet d'une déclaration préalable par le pouvoir adjudicateur ou l'entité adjudicatrice au moyen du modèle, en annexe n° 1 du présent arrêté, qui est mis en ligne sur le site du ministère des Finances à l'adresse suivante :

http://www.minefi.gouv.fr/themes/marches_publics/

La déclaration préalable comporte au moins les éléments suivants :

1. Période durant laquelle seront engagées des consultations ou seront envoyés à la publication les avis d'appel public à la concurrence des marchés publics passés dans le cadre de l'expérimentation : la date de début et la date de fin de la période ;

2. Marché(s) public(s) formalisé(s) concerné(s) : procédure, objet, part du ou des montants par rapport à l'ensemble des marchés formalisés de la période ;

3. Secteur(s) d'activité concerné(s) ;

4. Solution technique retenue et nom du profil d'acheteur ;

5. Si une stratégie de communication et d'information préalable à destination des opérateurs économiques est envisagée, les modalités de celle-ci.

Toute modification du périmètre de l'expérimentation donne lieu à une déclaration complémentaire, y compris en cas d'abandon du programme d'expérimentation.

La déclaration préalable et, le cas échéant, la ou les déclarations complémentaires, sont adressées au ministère de l'Économie, des Finances et de l'Industrie à l'adresse suivante : oeap-dematerialisation-experimentation@daj.finances.gouv.fr

Art. 4. – I. – Le pouvoir adjudicateur ou l'entité adjudicatrice publie sur son profil d'acheteur, tel que défini au I de l'article 39 du Code des marchés publics, un avis d'information relatif à l'expérimentation qu'il envisage de conduire, au moins un mois avant l'engagement de la consultation ou l'envoi à la publication de l'avis d'appel public à la concurrence du premier marché public s'inscrivant dans le cadre de l'expérimentation.

L'avis d'information comporte l'ensemble des mentions figurant dans la déclaration préalable à l'exception des solutions techniques retenues et de la stratégie de communication.

L'avis d'information demeure consultable sur le profil d'acheteur pendant toute la période de l'expérimentation.

II. – Lorsqu'un marché public formalisé est passé dans le cadre d'une expérimentation, les avis d'appel public à la concurrence publiés notamment au BOAMP *ou au* JOUE *l'indiquent en mentionnant l'adresse du profil d'acheteur où est publié l'avis d'information visé au I du présent article.*

Art. 5. – I. – À l'issue de chaque procédure de passation du marché, le pouvoir adjudicateur ou l'entité adjudicatrice établit un bilan spécifique au moyen du modèle, en annexe n° 2 du présent arrêté, qui est mis en ligne sur le site du ministère des Finances à l'adresse suivante :

http://www.minefi.gouv.fr/themes/marches_publics/

II. – À l'issue de la période de l'expérimentation, le pouvoir adjudicateur ou l'entité adjudicatrice établit une évaluation globale qui précise, d'une part, les gains obtenus pour le pouvoir adjudicateur ou l'entité adjudicatrice et pour les opérateurs économiques en les justifiant et les explicitant, d'autre part liste les difficultés rencontrées par ces acteurs et, enfin, fait part de suggestions. Cette évaluation est établie au moyen du modèle, en annexe n° 3 du présent arrêté, qui est mis en ligne sur le site du ministère des Finances à l'adresse suivante :

http://www.minefi.gouv.fr/themes/marches_publics/

III. – Le bilan spécifique et l'évaluation globale mentionnés au I et au II du présent article sont adressés par le pouvoir adjudicateur ou l'entité adjudicatrice à l'adresse indiquée à l'article 3 du présent arrêté.

Chapitre IV – Définition et déroulement des différentes procédures de marchés publics

Section 1. Appel d'offres

Sous-section 1. Appel d'offres ouvert

Art. 57. – I. – Un avis d'appel public à la concurrence est publié dans les conditions prévues à l'article 40.

II. – 1° Le délai de réception des offres ne peut être inférieur à cinquante-deux jours à compter de la date d'envoi de l'avis d'appel public à la concurrence. Ce délai minimal ne peut être réduit pour des motifs d'urgence.

2° Ce délai minimal peut être ramené à vingt-deux jours lorsque trois conditions sont réunies :

a) L'avis de préinformation prévu à l'article 39 a été publié ;

b) Cet avis a été envoyé à la publication cinquante-deux jours au moins et douze mois au plus avant la date d'envoi de l'avis d'appel public à la concurrence ;

c) Il contient les mêmes renseignements que ceux qui figurent dans l'avis d'appel public à la concurrence, pour autant que ces renseignements soient disponibles au moment de l'envoi de l'avis de préinformation.

3° *(Abrogé par Décret n° 2008-1355 du 19 décembre 2008, art. 5).*

4° Les délais mentionnés aux 1° et 2° peuvent être réduits de sept jours lorsque l'avis d'appel public à la concurrence est envoyé par voie électronique.

5° Le délai mentionné au 1° peut être réduit de cinq jours lorsque le pouvoir adjudicateur offre, par voie électronique et à compter de la publication de l'avis d'appel public à la concurrence, un accès libre, direct et complet aux documents de la consultation en indiquant dans le texte de l'avis l'adresse internet à laquelle ces documents peuvent être consultés.

6° Les réductions de délais mentionnées aux 4° et 5° peuvent être cumulées sauf si le pouvoir adjudicateur a réduit le délai minimal à vingt-deux jours du fait de la publication d'un avis de préinformation en application du 2°.

III. – Lorsque les documents de la consultation ne sont pas accessibles par voie électronique, ils sont envoyés aux opérateurs économiques qui les demandent en temps utile dans les six jours qui suivent leur demande.

Les renseignements complémentaires sont envoyés aux opérateurs économiques qui les demandent en temps utile, au plus tard six jours avant la date limite fixée pour la réception des offres.

IV. – Les délais minimaux mentionnés au II sont prolongés dans les hypothèses suivantes :

1° Lorsque les délais prévus au III ne peuvent être respectés ;

2° Lorsque les offres ne peuvent être déposées qu'à la suite d'une visite sur les lieux d'exécution du marché ou après consultation sur place de documents complémentaires.

Les candidats sont informés du nouveau délai ainsi fixé.

V. – Les dossiers des candidats sont transmis par tout moyen permettant de déterminer de façon certaine la date et l'heure de leur réception et d'en garantir la confidentialité. *(Décret n° 2008-1355 du 19 décembre 2008, art. 37)* « Ils comportent une enveloppe comprenant les documents relatifs à la candidature et à l'offre. »

Commentaire

* La jurisprudence du Conseil d'État estime que les dispositions fixant un délai de principe de 52 jours pour la remise des offres *« imposent à la personne publique, lorsqu'elle apporte des modifications substantielles à l'objet ou aux conditions initiales du marché, de les porter à la connaissance des entreprises par un avis d'appel public à la concurrence rectificatif et de respecter un nouveau délai de cinquante-deux jours à compter de l'envoi à publication de cet avis rectificatif pour permettre aux entreprises, éventuellement dissuadées de présenter leur candidature par les indications portées sur l'avis initial, de disposer du délai utile pour déposer une offre ; que cette obligation s'impose à elle, même lorsque, constatant que l'avis d'appel public à la concurrence publié comporte une erreur qui ne lui est pas imputable, elle décide de procéder à sa rectification par l'envoi d'un avis rectificatif »* (CE, 16 novembre 2005, *Ville de Paris*, n° 278646, BJDCP 2006,

n° 45, p. 144, chr. Ch. Maugüé ; Contrats Marchés publ. 2006, comm. 3, note W. Zimmer).

* La disparition, avec le décret du 19 décembre 2008, du système de la « double enveloppe » (l'une contenant les documents relatifs à la candidature et l'autre contenant l'offre) n'a pas été accompagnée d'une modification de l'article 58-II : « *Les enveloppes contenant les offres des candidats éliminés leur sont rendues sans avoir été ouvertes.* »

En outre, bizarrement, les entités adjudicatrices restent toujours confrontées à cette formalité de double enveloppe à l'article 160-VI (appel d'offres ouvert), le VI n'ayant pas été supprimé, alors qu'elles sont réputées pouvoir bénéficier d'un cadre plus souple.

Art. 58. – I. – L'ouverture des plis n'est pas publique ; les candidats n'y sont pas admis.

Seuls peuvent être ouverts les plis qui ont été reçus au plus tard à la date et à l'heure limites qui ont été annoncées dans l'avis d'appel public à la concurrence.

Avant de procéder à l'examen des candidatures, le pouvoir adjudicateur qui constate que des pièces dont la production était réclamée sont absentes ou incomplètes, peut demander aux candidats de compléter leur dossier conformément aux dispositions du I de l'article 52.

II. – *(Décret n° 2008-1355 du 19 décembre 2008, art. 21)* « Au vu des seuls renseignements relatifs aux candidatures, les candidatures qui ne peuvent être admises en application des dispositions de l'article 52 sont éliminées. Cette élimination est effectuée par la commission d'appel d'offres pour les collectivités territoriales. » Les candidats non retenus en sont informés conformément au I de l'article 80.

Les enveloppes contenant les offres des candidats éliminés leur sont rendues sans avoir été ouvertes.

III. – *(Décret n° 2008-1355 du 19 décembre 2008, art. 21)* « Les offres inappropriées au sens du 3° du II de l'article 35 ainsi que les offres irrégulières ou inacceptables au sens du 1° du I de l'article 35 sont éliminées. Cette élimination est effectuée par la commission d'appel d'offres pour les collectivités territoriales. »

Art. 59. – I. – Il ne peut y avoir de négociation avec les candidats. Il est seulement possible de demander aux candidats de préciser ou de compléter la teneur de leur offre.

II. – *(Décret n° 2008-1355 du 19 décembre 2008, art. 22)* « Après classement des offres finales conformément au III de l'article 53, l'offre économiquement la plus avantageuse est choisie en application du ou des critères annoncés dans l'avis d'appel public à la concurrence ou dans le règlement de la consultation. Ce choix est effectué par la commission d'appel d'offres pour les collectivités territoriales. »

Il est possible, en accord avec le candidat retenu, de procéder à une mise au point des composantes du marché sans que ces modifications puissent remettre en cause les caractéristiques substantielles de l'offre ni le classement des offres.

Si le candidat dont l'offre a été retenue ne peut produire les attestations et certificats mentionnés aux I et II de l'article 46, son offre est rejetée et il est procédé conformément au III du même article.

Lorsque le candidat dont l'offre a été retenue produit les attestations et certificats mentionnés à l'alinéa précédent, les candidats dont l'offre n'a pas été retenue sont informés du rejet de celle-ci conformément au I de l'article 80.

Le marché est notifié et un avis d'attribution est publié.

III. – *(Décret n° 2008-1355 du 19 décembre 2008, art. 22)* « Lorsque aucune candidature ou aucune offre n'a été remise ou lorsqu'il n'a été proposé que des offres inappropriées au sens du 3° du II de l'article 35 ou des offres irrégulières ou inacceptables au sens du 1° du I de l'article 35, l'appel d'offres est déclaré sans suite ou infructueux. Cette déclaration est effectuée par la commission d'appel d'offres pour les collectivités territoriales. » Les candidats qui ont remis un dossier au pouvoir adjudicateur en sont informés.

Lorsque l'appel d'offres est déclaré infructueux, il est possible de mettre en œuvre :

1° Soit un nouvel appel d'offres ou, si les conditions initiales du marché ne sont pas substantiellement modifiées, un marché négocié dans les conditions prévues au 3° du II de l'article 35 dans le cas d'offres inappropriées ou au 1° du I de l'article 35 dans le cas d'offres irrégulières ou inacceptables ;

2° Soit, s'il s'agit d'un lot qui remplit les conditions mentionnées au III de l'article 27, une procédure adaptée.

Pour les collectivités territoriales et les établissements publics locaux à l'exception des établissements publics de santé et des établissements publics sociaux et médico-sociaux, la commission d'appel d'offres choisit le type de procédure à mettre en œuvre.

IV. – À tout moment, la procédure peut être déclarée sans suite pour des motifs d'intérêt général. Les candidats en sont informés.

Commentaire

• Le pouvoir dont dispose l'administration pour choisir l'offre d'un candidat à un marché public est analysé par la jurisprudence comme un pouvoir discrétionnaire sur lequel le juge administratif n'exerce qu'un contrôle restreint. Ce contrôle sur le choix de l'attributaire du marché ne peut consister que dans la sanction d'une « erreur manifeste d'appréciation » (CE, 14 septembre 1979, *Commune d'Agde*, Rec. Lebon, p. 356 ; D. 1979. IR. 557, obs. Delvolvé).

• Demander à préciser ou compléter la teneur des offres ne doit pas conduire l'autorité compétente à demander aux candidats au marché des compléments modifiant de manière trop importante l'économie de leur offre, ni *a fortiori* réserver une telle demande à un seul candidat (CE, 26 octobre 1994, *Sivom de Carry-le-Rouet et Sausset-les-Pins*, req. n° 110959, RDI 1995.97). Pour départager des offres qu'elle considère comme équivalentes, l'autorité compétente doit par ailleurs respecter le principe du traitement égalitaire des offres en invitant toutes les entreprises (et pas seulement certaines d'entre elles) à proposer des rabais sur leurs offres (CE, 9 décembre 1994, *Préfet des Vosges c/ Cne de Chatel-sur-Moselle*, req. n° 144269, Dr. adm. 1995, n° 137 ; DS 1995, somm. 245, obs. Ph. Terneyre).

• Par un arrêt de principe du 10 janvier 1986 (*Sté des Travaux du Midi*, MP avril – mai 1986, obs. Flécheux et Bazex ; JCP, éd. G, 1986. II. 20698, note Ph. Terneyre), le Conseil d'État a déterminé les droits de l'entreprise « retenue » qui n'est encore ni « attributaire », ni *a fortiori* « titulaire » du marché : la commission d'appel d'offres (dans le cas d'un marché de collectivité territoriale – solution transposable à tout pouvoir adjudicateur) ne peut revenir sur son choix sans déclarer l'appel d'offres infructueux et attribuer le marché à une autre entreprise que celle qu'elle avait initialement retenue. La société évincée illégalement a ainsi droit à une indemnité calculée d'après le manque à gagner constaté en fait.

• Cela étant, le pouvoir discrétionnaire de la personne responsable du marché ou de la commission pour déclarer l'appel d'offres infructueux trouve ses limites dans les circonstances où il s'exerce : les déclarations d'infructuosité pour permettre ensuite à un candidat déterminé de l'emporter par la voie d'un marché négocié pourraient tomber sous le coup du « délit de favoritisme » prévu par l'article 432-14 du nouveau Code pénal (V. texte de cet article en annexe I-4 au présent code).

• La jurisprudence administrative sanctionne en tout cas les pratiques consistant à modifier substantiellement le projet après que l'appel d'offres ait été déclaré infructueux et à recourir ensuite à la procédure du marché négocié : un nouvel appel d'offres est alors nécessaire (CE, 14 mars 1997, *Préfet du Maine-et-Loire*, req. n° 146011).

Sous-section 2. Appel d'offres restreint

Art. 60. – I. – Un avis d'appel public à la concurrence est publié dans les conditions prévues à l'article 40.

Le pouvoir adjudicateur peut décider de limiter le nombre de candidats qui seront admis à présenter une offre. Il mentionne cette décision dans l'avis d'appel public à la concurrence. Il fixe dans cet avis un nombre minimum de candidats admis à présenter une offre et peut également fixer un nombre maximum. Ce nombre minimum ne peut être inférieur à cinq.

En outre, le pouvoir adjudicateur peut fixer un nombre minimum de petites et moyennes entreprises, au sens de l'article 48, qui seront admises à présenter une offre, sous réserve que le nombre des petites et moyennes entreprises retenues en application des critères de sélection des candidatures soit suffisant. Cette décision est mentionnée dans l'avis d'appel public à la concurrence. [alinéa annulé par décision du Conseil d'État statuant au contentieux du 9 juillet 2007, *Syndicat EGF-BTP et autres*, n° 297711, cf. Commentaire *infra*].

Lorsque le nombre de candidats satisfaisant aux critères de sélection des candidatures est inférieur au nombre minimum, le pouvoir adjudicateur peut continuer la procédure avec les seuls candidats sélectionnés.

II. – Le délai minimal de réception des candidatures, en réponse à un avis d'appel public à la concurrence, est de trente-sept jours, à compter de la date d'envoi de l'avis, ou de trente jours si l'avis a été envoyé par voie électronique.

En cas d'urgence ne résultant pas du fait du pouvoir adjudicateur, ce délai minimal peut être ramené à quinze jours ou à dix jours si l'avis a été envoyé par voie électronique.

(2° Abrogé par Décret n° 2008-1355 du 19 décembre 2008, art. 6)

III. – Les candidatures sont transmises par tout moyen permettant de déterminer de façon certaine la date et l'heure de leur réception et d'en garantir la confidentialité.

Commentaire

Le Conseil d'État, saisi de différents recours en annulation dirigés contre plusieurs articles du Code des marchés publics 2006, a considéré « *qu'en autorisant les pouvoirs adjudicateurs, dans le cadre des procédures d'appel d'offres restreint, de marché négocié et de dialogue compétitif, à fixer un nombre minimal de petites et moyennes entreprises admises à présenter une offre, les dispositions des articles 60, 65 et 67 du Code des marchés publics (...) conduisent nécessairement à faire de la taille des entreprises un critère de sélection des candidatures ; qu'un tel critère qui n'est pas toujours lié à l'objet du marché revêt un caractère discriminatoire et méconnaît le principe d'égal accès à la commande publique* » (CE, Section, 9 juillet 2007, *Syndicat EGF-BTP et autres,* n° 297711). D'où l'annulation du troisième alinéa du paragraphe I de l'article 60.

Art. 61. – I. – L'ouverture des plis n'est pas publique ; les candidats n'y sont pas admis.

Seuls peuvent être ouverts les plis qui ont été reçus au plus tard à la date et à l'heure limites qui ont été annoncées dans l'avis d'appel public à la concurrence.

Avant de procéder à l'examen des candidatures, le pouvoir adjudicateur qui constate que des pièces dont la production était réclamée sont absentes ou incomplètes, peut demander aux candidats de compléter leur dossier conformément aux dispositions du I de l'article 52.

II. – *(Décret n° 2008-1355 du 19 décembre 2008, art. 23)* « La liste des candidats autorisés à présenter une offre en application des dispositions de l'article 52 est établie au vu des seuls renseignements relatifs aux candidatures. Elle est établie par la commission d'appel d'offres pour les collectivités territoriales. »

Les candidats non retenus en sont informés conformément au I de l'article 80.

Art. 62. – I. – Une lettre de consultation est envoyée simultanément à tous les candidats sélectionnés.

Cette lettre de consultation comporte au moins :

1° Les documents de la consultation, ou, s'ils ne sont pas détenus par le pouvoir adjudicateur, l'adresse du service auprès duquel les documents de la consultation peuvent être immédiatement obtenus sur demande et la date limite pour présenter cette demande, ou encore les conditions d'accès à ces documents s'ils sont mis à disposition directe par voie électronique ;

2° La date et l'heure limites de réception des offres, l'adresse à laquelle elles sont transmises et la mention de l'obligation de les rédiger en langue française ;

3° Les références de l'avis d'appel public à la concurrence publié ;

4° Le cas échéant, la date limite pour demander des documents complémentaires ;

5° La liste des documents à fournir avec l'offre.

II. – 1° Le délai de réception des offres ne peut être inférieur à quarante jours à compter de l'envoi de la lettre de consultation.

2° Ce délai minimal peut être ramené à vingt-deux jours lorsque trois conditions sont réunies :

a) L'avis de préinformation prévu à l'article 39 a été publié ;

b) Cet avis a été envoyé à la publication cinquante deux jours au moins et douze mois au plus avant la date d'envoi de l'avis d'appel public à la concurrence ;

c) Il contient les mêmes renseignements que ceux qui figurent dans l'avis d'appel public à la concurrence, pour autant que ces renseignements soient disponibles au moment de l'envoi de l'avis de préinformation.

3° *(Abrogé par Décret n° 2008-1355 du 19 décembre 2008, art. 7).*

4° Les délais de réception des offres mentionnés aux 1° et 2° peuvent être réduits de cinq jours lorsque le pouvoir adjudicateur offre, par moyen électronique et à compter de la publication de l'avis d'appel public à la concurrence, l'accès libre, direct et complet aux documents de la consultation et à tout document complémentaire, en indiquant dans le texte de l'avis l'adresse internet à laquelle ces documents peuvent être consultés.

III. – En cas d'urgence ne résultant pas du fait du pouvoir adjudicateur, les délais de réception des offres mentionnés au II peuvent être ramenés à dix jours.

IV. – Les renseignements complémentaires sur les documents de la consultation sont envoyés aux opérateurs économiques qui les demandent en temps utile, quatre jours au plus tard avant la date limite fixée pour la réception des offres.

V. – Le délai minimal mentionné au II est prolongé dans les hypothèses suivantes :

1° Lorsque le délai prévu au IV ne peut être respecté ;

2° Lorsque les offres ne peuvent être déposées qu'à la suite d'une visite sur les lieux d'exécution du marché ou après consultation sur place de documents complémentaires.

Les candidats sont informés du nouveau délai ainsi fixé.

VI. – Les offres sont transmises par tout moyen permettant de déterminer de façon certaine la date et l'heure de leur réception et d'en garantir la confidentialité.

Commentaire

• Pour pouvoir participer à l'appel d'offres, il faut avoir été admis à concourir : ainsi, il a été jugé par le Conseil d'État que *« lorsqu'un marché est dévolu à un groupement d'entreprises, les lots sont attribués à des entreprises nommément désignées qui ont, chacune pour ce qui la concerne, la qualité de cocontractant du maître d'ouvrage ; qu'il s'ensuit, qu'en application des dispositions précitées, un groupement d'entreprises ne peut être déclaré attributaire d'un marché que si toutes les entreprises qui le composent ont préalablement été admises à présenter une offre »* (CE, 9 décembre 1987, *Chambre d'agriculture des Deux-Sèvres*, Rec. 403).

• Dans les critères additionnels, peut être spécifié le comportement des candidats à l'occasion de précédents marchés (CE, Section, 7 juillet 1976, *OPHLM de la Ville du Mans*, Rec. Lebon, p. 306). Mais le juge vérifie que la sélection des candidats ne repose pas sur des faits matériellement inexacts (CE, 28 mars 1980, *Centre hospitalier de Seclin*, Marchés publics 1981, n° 176, p. 24) et sanctionne l'erreur manifeste d'appréciation commise par l'administration (CE, 13 octobre 1993, *Cne de Mées c/ Someco*, DS 1994. somm. p. 226, obs. Ph. Terneyre).

• L'urgence permettant de réduire le délai de remise des offres (III de l'article 62) doit être extérieure à l'acheteur public et est donc interprétée de façon restrictive par la jurisprudence : il a été jugé par le Conseil d'État que *« pour fixer à une durée inférieure à vingt-et-un jours le délai accordé aux entreprises pour remettre leurs offres, les services de l'Assemblée Nationale se sont fondés sur des impératifs résultant de la date d'ouverture de la session parlementaire ; qu'il leur appartenait de prendre en temps utile les mesures nécessaires pour que les marchés en cause fussent passés avant cette date ; que la circonstance invoquée n'est ainsi pas de nature à constituer un cas d'urgence au sens des prescriptions de l'article 94* ter [aujourd'hui article 62] *du Code des marchés publics »* (CE, Ass. 5 mars 1999, *Président de l'Assemblée Nationale*, req. n° 163328, *Dr. adm.* mai 1999, n° 142 ; *RFDA* 1999.333, concl. C. Bergeal ; *AJDA* 1999.460 & chr. F. Raynaud et P. Fombeur, ibid. 409).

Art. 63. – La commission d'appel d'offres procède à l'ouverture et à l'enregistrement des offres. La séance d'ouverture des plis contenant les offres n'est pas publique. Les candidats n'y sont pas admis.

Seuls peuvent être ouverts les plis qui ont été reçus au plus tard à la date et l'heure limites qui ont été annoncées dans la lettre de consultation.

(Décret n° 2008-1355 du 19 décembre 2008, art. 24) « Les offres inappropriées au sens du 3° du II de l'article 35 ainsi que les offres irrégulières ou inacceptables au sens du 1° du I de l'article 35 sont éliminées. Cette élimination est effectuée par la commission d'appel d'offres pour les collectivités territoriales. »

Art. 64. – I. – Il ne peut y avoir de négociation avec les candidats. Il est seulement possible de demander aux candidats de préciser ou de compléter la teneur de leur offre.

II. – *(Décret n° 2008-1355 du 19 décembre 2008, art. 22)* « Après classement des offres finales conformément au III de l'article 53, l'offre économiquement la plus avantageuse est choisie en application du ou des critères annoncés dans l'avis d'appel public à la concurrence ou dans le règlement de la consultation. Ce choix est effectué par la commission d'appel d'offres pour les collectivités territoriales. »

Il est possible, en accord avec le candidat retenu, de procéder à une mise au point des composantes du marché sans que ces modifications puissent remettre en cause les caractéristiques substantielles de l'offre ni le classement des offres.

Si le candidat dont l'offre a été retenue ne peut produire les attestations et certificats mentionnés aux I et II de l'article 46, son offre est rejetée et il est procédé conformément au III du même article.

Lorsque le candidat dont l'offre a été retenue produit les attestations et certificats mentionnés à l'alinéa précédent, les candidats dont l'offre n'a pas été retenue sont informés du rejet de celle-ci conformément au I de l'article 80.

Le marché est notifié et un avis d'attribution est publié.

III. – *(Décret n° 2008-1355 du 19 décembre 2008, art. 22)* « Lorsque aucune candidature ou aucune offre n'a été remise ou lorsqu'il n'a été proposé que des offres inappropriées au sens du 3° du II de l'article 35 ou des offres irrégulières ou inacceptables au sens du 1° du I de l'article 35, l'appel d'offres est déclaré sans suite ou infructueux. Cette déclaration est effectuée par la commission d'appel d'offres pour les collectivités territoriales. » Les candidats qui ont remis un dossier au pouvoir adjudicateur en sont informés.

Lorsque l'appel d'offres est déclaré infructueux, il est possible de mettre en œuvre :

1° Soit un nouvel appel d'offre, ou si les conditions initiales du marché ne sont pas substantiellement modifiées, un marché négocié dans les conditions prévues au 3° du II de l'article 35 dans le cas d'offres inappropriées ou au 1° du I de l'article 35 dans le cas d'offres irrégulières ou inacceptables ;

2° Soit, s'il s'agit d'un lot qui remplit les conditions mentionnées au III de l'article 27, une procédure adaptée.

Pour les collectivités territoriales et les établissements publics locaux à l'exception des établissements publics de santé et des établissements publics sociaux et médico-sociaux, c'est la commission d'appel d'offres qui choisit le type de procédure à mettre en œuvre.

IV. – À tout moment, la procédure peut être déclarée sans suite pour des motifs d'intérêt général. Les candidats en sont informés.

Commentaire

Voir note sous l'article 59.

Section 2. Procédures négociées

Art. 65. – I. – La procédure négociée est organisée conformément aux dispositions suivantes.

Lorsqu'il doit être procédé à un avis d'appel public à la concurrence, cet avis est publié dans les conditions prévues à l'article 40.

Le pouvoir adjudicateur peut décider de limiter le nombre de candidats qui seront admis à présenter une offre. Il mentionne cette décision dans l'avis d'appel public à la concurrence. Il fixe dans cet avis un nombre minimum de candidats admis à présenter une offre et peut également fixer un nombre maximum. Ce nombre minimum ne peut être inférieur à trois.

En outre, le pouvoir adjudicateur peut fixer un nombre minimum de petites et moyennes entreprises, au sens de l'article 48, qui seront admises à présenter une offre, sous réserve que le nombre des petites et moyennes entreprises retenues en application des critères de sélection des candidatures soit suffisant. Cette décision est mentionnée dans l'avis d'appel public à la concurrence. [Alinéa annulé par décision du Conseil d'État statuant au contentieux du 9 juillet 2007, *Syndicat EGF-BTP et autres*, n° 297711, cf. Commentaire *infra*].

Lorsque le nombre de candidats satisfaisant aux critères de sélection des candidatures est inférieur au nombre minimum, le pouvoir adjudicateur peut continuer la procédure avec les seuls candidats sélectionnés.

II. – Le délai minimal de réception des candidatures, en réponse à un avis d'appel public à la concurrence, est de trente-sept jours, à compter de la date d'envoi de l'avis, ou de trente jours si l'avis a été envoyé par voie électronique.

En cas d'urgence ne résultant pas du fait du pouvoir adjudicateur, ce délai minimal peut être ramené à quinze jours ou à dix jours si l'avis a été envoyé par voie électronique.

(2° Abrogé par Décret n° 2008-1355 du 19 décembre 2008, art. 8).

III. – Les candidatures sont transmises par tout moyen permettant de déterminer de façon certaine la date et l'heure de leur réception et d'en garantir la confidentialité.

IV. – Seuls peuvent être ouverts les plis qui ont été reçus au plus tard à la date et à l'heure limites qui ont été annoncées dans l'avis d'appel public à la concurrence.

Avant de procéder à l'examen des candidatures, le pouvoir adjudicateur qui constate que des pièces dont la production était réclamée sont absentes ou incomplètes, peut demander aux candidats de compléter leur dossier conformément aux dispositions du I de l'article 52.

Au vu des seuls renseignements relatifs aux candidatures, la liste des candidats invités à négocier est établie en application des dispositions de l'article 52.

Les candidats non retenus en sont informés conformément au I de l'article 80.

Commentaire

Le Conseil d'État, saisi de différents recours en annulation dirigés contre plusieurs articles du code des marchés publics 2006, a considéré « *qu'en autorisant les pouvoirs adjudicateurs, dans le cadre des procédures d'appel d'offres restreint, de marché négocié et de dialogue compétitif, à fixer un nombre minimal de petites et moyennes entreprises admises à présenter une offre, les dispositions des articles 60, 65 et 67 du Code des marchés publics (...) conduisent nécessairement à faire de la taille des entreprises un critère de sélection des candidatures ; qu'un tel critère qui n'est pas toujours lié à l'objet du marché revêt un caractère discriminatoire et méconnaît le principe d'égal accès à la commande publique* » (CE, Section, 9 juillet 2007, *Syndicat EGF-BTP et autres*, n° 297711). D'où l'annulation du quatrième alinéa du paragraphe I de l'article 65.

Le déroulement de la procédure négociée est en tout cas beaucoup plus détaillé dans cet article, qui a triplé de volume par rapport à sa version de 2004. Désormais, dans les procédures négociées, l'acheteur public est autorisé, en cas d'envoi de l'avis d'appel public à la concurrence par voie électronique, à réduire le délai de réception des candidatures, et, s'il constate qu'il manque des pièces dans les dossiers de candidatures, il peut demander de les compléter dans un délai maximum de 10 jours (application de l'article 52).

Art. 66. – I. – Une lettre de consultation est envoyée simultanément à tous les candidats sélectionnés.

Cette lettre de consultation comporte au moins :

1° Les documents de la consultation ou, s'ils ne sont pas détenus par le pouvoir adjudicateur, l'adresse du service auprès duquel les documents de la consultation peuvent être immédiatement obtenus sur demande et la date limite pour présenter cette demande, ou encore les conditions d'accès à ces documents s'ils sont mis à disposition directe par voie électronique ;

2° La date et l'heure limites de réception des offres, l'adresse à laquelle elles sont transmises et la mention de l'obligation de les rédiger en langue française ;

3° Les références de l'avis d'appel public à la concurrence publié ;

4° Le cas échéant, la date limite pour demander des documents complémentaires ;

5° La liste des documents à fournir avec l'offre.

II. – Les renseignements complémentaires sur les documents de la consultation sont envoyés aux opérateurs économiques qui les demandent en temps utile, six jours au plus tard avant la date limite fixée pour la réception des offres.

En cas de délais réduits du fait de l'urgence, ces renseignements sont communiqués aux opérateurs économiques qui le demandent en temps utile quatre jours au plus tard avant la date limite fixée pour la réception des offres.

III. – Le délai de réception des offres est librement fixé par le pouvoir adjudicateur. Il est prolongé dans les hypothèses suivantes :

1° Lorsque les délais prévus au II ci-dessus ne peuvent être respectés ;

2° Lorsque les offres ne peuvent être déposées qu'à la suite d'une visite sur les lieux d'exécution du marché ou après consultation sur place de documents complémentaires.

Les candidats sont informés du nouveau délai ainsi fixé.

IV. – Les offres sont transmises par tout moyen permettant de déterminer de façon certaine la date et l'heure de leur réception et d'en garantir la confidentialité.

V. – Seuls peuvent être ouverts les plis qui ont été reçus au plus tard à la date et l'heure limites qui ont été annoncées dans la lettre de consultation.

Les offres inappropriées au sens du 3° du II de l'article 35 sont éliminées.

La négociation est engagée avec les candidats sélectionnés. Elle ne peut porter sur l'objet du marché ni modifier substantiellement les caractéristiques et les conditions d'exécution du marché tels qu'elles sont définies dans les documents de la consultation.

La négociation est conduite dans le respect du principe d'égalité de traitement de tous les candidats. Les informations données aux candidats ne peuvent être de nature à avantager certains d'entre eux. Le pouvoir adjudicateur ne peut révéler aux autres candidats des solutions proposées ou des informations confidentielles communiquées par un candidat dans le cadre de la négociation, sans l'accord de celui-ci.

La procédure négociée peut se dérouler en phases successives à l'issue desquelles certains candidats sont éliminés, par application des critères de sélection des offres établis conformément à l'article 53 indiqués dans l'avis d'appel public à la concurrence ou dans les documents de la consultation. Le recours à cette faculté est prévu dans l'avis d'appel public à la concurrence ou dans les documents de la consultation.

VI. – *(Décret n° 2008-1355 du 19 décembre 2008, art. 25)* Au terme des négociations, après classement des offres conformément au III de l'article 53, l'offre économiquement la plus avantageuse est choisie par la commission d'appel d'offres pour les collectivités territoriales, en application du ou des critères annoncés dans l'avis d'appel public à la concurrence ou dans le règlement de la consultation.

En cas d'urgence impérieuse prévue au 1° du II de l'article 35, il est procédé conformément aux dispositions du dernier alinéa de l'article 25.

Si le candidat dont l'offre a été retenue ne peut produire les attestations et certificats mentionnés aux I et II de l'article 46, son offre est rejetée et il est procédé conformément au III du même article.

Lorsque le candidat dont l'offre a été retenue produit les attestations et certificats mentionnés à l'alinéa précédent, les candidats dont l'offre n'a pas été retenue sont informés du rejet de celle-ci conformément au I de l'article 80.

Le marché est notifié et un avis d'attribution est publié.

À tout moment, la procédure peut être déclarée sans suite pour des motifs d'intérêt général. Les candidats en sont informés.

Commentaire

Cet article constitue une innovation notable par rapport aux versions antérieures du Code des marchés publics.

Pour la première fois, en effet, la procédure de marché négocié est définie avec précision. Le contenu de la lettre de consultation doit comporter un minimum de renseignements nécessaires (art. 66-I) ; si le délai de réception des offres est librement fixé par le pouvoir adjudicateur, il doit être raisonnable au vu des hypothèses de prolongation prévues (art. 66-III). Enfin, les principes devant présider à la négociation sont énoncés à l'article 66-V : la négociation ne doit pas remettre en cause les caractéristiques substantielles du projet et doit être menée de façon égalitaire avec tous les candidats.

La circulaire du 3 août 2006 portant manuel d'application du Code des marchés publics (*infra*, § 11.2) insiste sur les avantages de la négociation.

Section 3. Procédure de dialogue compétitif

Art. 67. – La procédure de dialogue compétitif est organisée conformément aux dispositions suivantes.

I. – Un avis d'appel public à la concurrence est publié dans les conditions prévues à l'article 40. Les besoins et exigences sont définis par le pouvoir adjudicateur dans cet avis et, le cas échéant, dans un projet partiellement défini ou dans un programme fonctionnel.

Les modalités du dialogue sont définies dans l'avis d'appel public à la concurrence ou dans les documents de la consultation.

Le pouvoir adjudicateur peut décider de limiter le nombre de candidats qui seront admis à participer au dialogue. Il mentionne cette décision dans l'avis d'appel public à la concurrence. Il fixe dans cet avis un nombre minimum de candidats admis à présenter une offre et peut également fixer un nombre maximum. Ce nombre minimum ne peut être inférieur à trois.

En outre, le pouvoir adjudicateur peut fixer un nombre minimum de petites et moyennes entreprises, au sens de l'article 48, qui seront admises à présenter une offre, sous réserve que le nombre des petites et moyennes entreprises retenues en application des critères de sélection des candidatures soit suffisant. Cette décision est mentionnée dans l'avis d'appel public à la concurrence. [Alinéa annulé par décision du Conseil d'État statuant au contentieux du 9 juillet 2007, *Syndicat EGF-BTP et autres*, n° 297711, cf. Commentaire *infra*].

Lorsque le nombre de candidats satisfaisant aux critères de sélection des candidatures est inférieur au nombre minimum, le pouvoir adjudicateur peut continuer la procédure avec les seuls candidats sélectionnés.

II. – Le délai minimal de réception des candidatures, en réponse à un avis d'appel public à la concurrence, est de trente-sept jours à compter de la date d'envoi de l'avis, ou de trente jours si l'avis a été envoyé par voie électronique.

III. – Les candidatures sont transmises par tout moyen permettant de déterminer de façon certaine la date et l'heure de leur réception et d'en garantir la confidentialité.

IV. – L'ouverture des plis n'est pas publique ; les candidats n'y sont pas admis.

Seuls peuvent être ouverts les plis qui ont été reçus au plus tard à la date et l'heure limites qui ont été annoncées dans l'avis d'appel public à la concurrence.

Avant de procéder à l'examen des candidatures, le pouvoir adjudicateur, qui constate que des pièces dont la production était réclamée sont absentes ou incomplètes, peut demander aux candidats de compléter leur dossier conformément aux dispositions du I de l'article 52.

Au vu des seuls renseignements relatifs aux candidatures, la liste des candidats invités à dialoguer est établie en application des dispositions de l'article 52.

Les candidats non retenus en sont informés conformément au I de l'article 80.

V. – Les candidats sélectionnés sont simultanément invités, par écrit, à participer au dialogue.

L'invitation à participer au dialogue comporte au moins :

1° Les documents de la consultation ou, s'ils ne sont pas détenus par le pouvoir adjudicateur, l'adresse du service auprès duquel les documents de la consultation peuvent être immédiatement obtenus sur demande et la date limite pour présenter cette demande, ou encore les conditions d'accès à ces documents s'ils sont mis à disposition directe par voie électronique ;

2° Les références de l'avis d'appel public à la concurrence ;

3° La date et le lieu de déroulement du dialogue, ainsi que l'obligation d'utiliser la langue française ;

4° Le cas échéant, la date limite pour demander des renseignements complémentaires ;

5° La liste des documents à fournir.

VI. – Le dialogue s'ouvre avec les candidats sélectionnés.

L'objet du dialogue est l'identification et la définition des moyens propres à satisfaire au mieux les besoins. Tous les aspects du marché peuvent être discutés avec les candidats sélectionnés.

La procédure peut se dérouler en phases successives de manière à réduire le nombre de solutions à discuter pendant la phase du dialogue en appliquant les critères de sélection des offres, indiqués dans l'avis d'appel public à la concurrence ou dans les documents de la consultation. Le recours à cette faculté est indiqué dans l'avis d'appel public à la concurrence ou dans les documents de la consultation.

Le dialogue se poursuit jusqu'à ce que soient identifiées, éventuellement après les avoir comparées, la ou les solutions qui sont susceptibles de répondre aux besoins, pour autant qu'il y ait un nombre suffisant de solutions appropriées.

Au cours du dialogue, chaque candidat est entendu dans des conditions d'égalité. Le pouvoir adjudicateur ne peut donner à certains candidats des informations susceptibles de les avantager par rapport à d'autres. Il ne peut révéler aux autres candidats des solutions proposées ou des informations confidentielles communiquées par un candidat dans le cadre de la discussion, sans l'accord de celui-ci.

VII. – Lorsqu'il estime que la discussion est arrivée à son terme, le pouvoir adjudicateur en informe les candidats qui ont participé à toutes les phases de la consultation. Il les invite à remettre leur offre finale sur la base de la ou des solutions qu'ils ont présentées et spécifiées au cours du dialogue, dans un délai qui ne peut être inférieur à quinze jours. L'invitation à remettre leur offre finale comporte au moins la date et l'heure limites de réception de ces offres, l'adresse à laquelle elles seront transmises et l'indication de l'obligation de les rédiger en langue française. Ces offres comprennent tous les éléments requis et nécessaires pour la réalisation du marché.

Les renseignements complémentaires sur le programme fonctionnel ou le projet partiellement défini sont envoyés aux opérateurs économiques qui les demandent en temps utile, six jours au plus tard avant la date limite fixée pour la réception des offres finales.

Des précisions, clarifications, perfectionnements ou compléments peuvent être demandés aux candidats sur leur offre finale. Cependant, ces demandes ne peuvent avoir pour effet de modifier des éléments fondamentaux de l'offre finale, dont la variation est susceptible de fausser la concurrence ou d'avoir un effet discriminatoire.

VIII. – *(Décret nº 2008-1355 du 19 décembre 2008, art. 26)* « Après classement des offres finales conformément au III de l'article 53, l'offre économiquement la plus avantageuse est choisie en application du ou des critères annoncés dans l'avis d'appel public à la concurrence ou dans le règlement de la consultation. Ce choix est effectué par la commission d'appel d'offres pour les collectivités territoriales. »

Il peut être demandé au candidat retenu de clarifier des aspects de son offre ou de confirmer les engagements figurant dans celle-ci, à condition que ceci n'ait pas pour effet de modifier des éléments substantiels de l'offre, de fausser la concurrence ou d'entraîner des discriminations.

Si le candidat dont l'offre a été retenue ne peut produire les attestations et certificats mentionnés aux I et II de l'article 46, son offre est rejetée et il est procédé conformément au III du même article.

Lorsque le candidat dont l'offre a été retenue produit les attestations et certificats mentionnés à l'alinéa précédent, les candidats dont l'offre n'a pas été retenue sont informés du rejet de celle-ci conformément au I de l'article 80.

Le marché est notifié et un avis d'attribution est publié.

IX. – *(Décret nº 2008-1355 du 19 décembre 2008, art. 26)* « Lorsque aucune offre finale n'a été remise ou lorsqu'il n'a été proposé que des offres irrégulières ou inacceptables au sens du 1° du I de l'article 35, le dialogue compétitif est déclaré sans suite ou infructueux. Cette déclaration est effectuée par la commission d'appel d'offres pour les collectivités territoriales. » Les candidats qui ont remis un dossier au pouvoir adjudicateur en sont informés.

Lorsque le dialogue compétitif est déclaré infructueux, il est possible de mettre en œuvre :

1° Soit un nouveau dialogue compétitif, un appel d'offres ou, si les conditions initiales du marché ne sont pas substantiellement modifiées, un marché négocié dans les conditions prévues *(Décret n° 2008-1334 du 17 décembre 2008, art. 65)* « au 1° du I de l'article 35 » ;

2° Soit, s'il s'agit d'un lot qui remplit les conditions mentionnées au III de l'article 27, une procédure adaptée.

Pour les collectivités territoriales et les établissements publics locaux à l'exception des établissements publics de santé et des établissements publics sociaux et médico-sociaux, c'est la commission d'appel d'offres qui choisit le type de procédure à mettre en œuvre.

X. – Il peut être prévu dans le règlement de la consultation ou dans l'avis d'appel public à la concurrence qu'une prime sera allouée à tous les participants au dialogue ou à ceux dont les propositions ont fait l'objet de la discussion ou encore à ceux dont les offres ont été les mieux classées.

La rémunération de l'attributaire du marché tient compte de la prime qui lui a été éventuellement versée en application de l'alinéa précédent.

XI. – À tout moment, la procédure peut être déclarée sans suite pour des motifs d'intérêt général. Les candidats en sont informés.

Commentaire

• Le Conseil d'État, saisi de différents recours en annulation dirigés contre plusieurs articles du Code des marchés publics 2006, a considéré « *qu'en autorisant les pouvoirs adjudicateurs, dans le cadre des procédures d'appel d'offres restreint, de marché négocié et de dialogue compétitif, à fixer un nombre minimal de petites et moyennes entreprises admises à présenter une offre, les dispositions des articles 60, 65 et 67 du Code des marchés publics (...) conduisent nécessairement à faire de la taille des entreprises un critère de sélection des candidatures ; qu'un tel critère qui n'est pas toujours lié à l'objet du marché revêt un caractère discriminatoire et méconnaît le principe d'égal accès à la commande publique* » (CE, Section, 9 juillet 2007, *Syndicat EGF-BTP et autres,* n° 297711). D'où l'annulation du quatrième alinéa du paragraphe I de l'article 67.

• Ce long article fait l'objet d'un commentaire dans la circulaire du 3 août 2006 portant manuel d'application du Code des marchés publics (*infra*, § 11.1.3).

• Le dialogue compétitif ne peut avoir pour effet de transformer les besoins exprimés par l'acheteur public et définis dans l'avis de marché ou le programme fonctionnel visés à l'article 67-I. Il a été jugé à cet égard, sous l'empire du code de 2001, à propos de la procédure d'appel d'offres sur performances (qui préfigurait le dialogue compétitif) que, *« si les prescriptions du programme fonctionnel détaillé peuvent être modifiées après la remise des offres, ces modifications ne peuvent porter sur la nature et l'étendue des besoins de la personne publique, lesquelles peuvent seulement faire l'objet des précisions nécessaires pour répondre aux éléments d'information complémentaires apparus au cours de la procédure et à la condition que ces précisions soient portées en temps utile à la connaissance de tous les candidats ayant fait une offre pour leur permettre de l'adapter »* (CE, 4 avril 2005, *commune de Castellar*, n° 265784, Contrats Marchés publ. 2005, comm. 149, note F. Olivier ; BJDCP 2005, n° 40, p. 208, concl. N. Boulouis, obs. Ch. M.).

Section 4. Autres procédures

Sous-section 1. Marché relatif à des opérations de communication

Art. 68. – Lorsque les marchés relatifs à des opérations de communication sont passés conformément à la procédure de dialogue compétitif ou à la procédure négociée, ils peuvent comporter une ou plusieurs phases de réalisation dont le montant global est défini préalablement à l'exécution du marché. Ils sont alors passés pour une durée de quatre ans au plus.

À l'issue de chaque phase de réalisation, le pouvoir adjudicateur peut, sur la base des résultats obtenus, définir éventuellement, après avis du titulaire du marché, parmi les prestations prévues au marché, les nouveaux moyens à mettre en œuvre pour la phase suivante, en vue d'atteindre les objectifs de l'opération de communication.

Cette consultation du titulaire du marché ne peut cependant donner lieu, sans fausser la concurrence ou avoir un effet discriminatoire, à une modification des caractéristiques essentielles du marché.

Ces marchés prévoient la faculté pour le pouvoir adjudicateur d'arrêter leur exécution au terme d'une ou de plusieurs de ces phases.

Sous-section 2. Marché de conception-réalisation

Art. 69. – *(Décret n° 2008-1355 du 19 décembre 2008, art. 38)* « I. – Les marchés de conception-réalisation définis à l'article 37 sont passés selon la procédure d'appel d'offres restreint en application des dispositions particulières qui suivent : »

« Un jury est composé dans les conditions fixées par le I de l'article 24. Il est complété par des maîtres d'œuvre désignés par le pouvoir adjudicateur. » Ces maîtres d'œuvre sont indépendants des candidats et du pouvoir adjudicateur et sont compétents au regard de l'ouvrage à concevoir et de la nature des prestations à fournir pour sa conception. Ils représentent au moins un tiers du jury.

Les candidats admis exécutent des prestations sur lesquelles se prononce le jury, après les avoir auditionnés. Ces prestations comportent au moins un avant-projet sommaire pour un ouvrage de bâtiment ou un avant-projet pour un ouvrage d'infrastructure, accompagné de la définition des performances techniques de l'ouvrage.

Le jury dresse un procès-verbal d'examen des prestations et d'audition des candidats et formule un avis motivé.

Le pouvoir adjudicateur peut demander des clarifications ou des précisions concernant les offres déposées par les candidats. Cependant, ces précisions, clarifications ou compléments ne peuvent avoir pour effet de modifier des éléments fondamentaux de l'offre ou des caractéristiques essentielles du marché.

Le marché est attribué au vu de l'avis du jury. Pour les collectivités territoriales et les établissements publics locaux à l'exception des établissements publics de santé et des établissements publics sociaux ou médico-sociaux, c'est la commission d'appel d'offres qui attribue le marché.

Le règlement de la consultation prévoit le montant des primes et les modalités de réduction ou de suppression des primes des candidats dont le jury a estimé que les offres remises avant l'audition étaient incomplètes ou ne répondaient pas au règlement de la consultation. Le montant de la prime attribuée à chaque candidat est égal au prix estimé des études de conception à effectuer telles que définies par le règlement de la consultation, affecté d'un abattement au plus égal à 20 %. La rémunération de l'attributaire du marché tient compte de la prime qu'il a reçue.

(Décret nº 2008-1355 du 19 décembre 2008, art. 38) « II. – Dans le cas des opérations limitées à la réhabilitation de bâtiments, et si les conditions définies aux articles 36 et 37 sont réunies, les marchés de conception-réalisation peuvent également être passés selon la procédure du dialogue compétitif. Ils suivent alors les dispositions prévues à l'article 67.

« III. – Lorsque le marché de conception-réalisation est d'un montant inférieur au seuil fixé au II de l'article 26, et si les conditions définies à l'article 37 sont réunies, il peut être passé selon une procédure adaptée régie par l'article 28.

« IV. – Dans les cas prévus aux II et III ci-dessus, si les documents de la consultation ont prévu la remise de prestations, ils mentionnent également le montant des primes et les modalités de réduction ou de suppression des primes des candidats dont l'offre ne répondait pas aux documents de la consultation. Le montant de la prime attribuée à chaque candidat est égal au prix estimé des études de conception à effectuer telles que définies par le règlement de la consultation, affecté d'un abattement au plus égal à 20 %. La rémunération de l'attributaire du marché tient compte de la prime qu'il a reçue. »

Commentaire

La jurisprudence du Conseil d'État considère que, « *s'il est de principe que, pour éviter notamment le risque d'une rupture de l'égalité entre les candidats, un jury appelé à donner un avis sur le choix du titulaire d'un marché public tel que le marché de conception-réalisation ne peut voir sa composition modifiée au cours de la procédure aboutissant à ce choix, la personne publique peut, dans les cas où cette procédure se décompose en des phases distinctes de choix des candidatures d'une part et de choix des offres d'autre part, procéder entre ces phases au remplacement du ou des membres du jury ayant démissionné ou fait savoir qu'ils ne pourraient siéger* » (CE, 25 janvier 2006, *Communauté urbaine de Nantes*, n° 257978, Contrat Marchés publ. 2006, comm. 72, note G. Eckert ; BJDCP 2006, n° 45, p. 81, concl. N. Boulouis).

Sous-section 3. Concours

Art. 70. – I. – Un avis d'appel public à la concurrence est publié dans les conditions prévues à l'article 40. Les délais de réception des candidatures et des offres sont ceux de l'appel d'offres.

En cas de concours ouvert, les plis adressés par les candidats comportent une première enveloppe contenant les renseignements relatifs à leur candidature, une seconde enveloppe contenant les prestations demandées et une troisième enveloppe contenant leur offre de prix pour la réalisation du marché.

En cas de concours restreint, les plis adressés par les candidats contiennent les seuls renseignements relatifs à leur candidature.

II. – L'ouverture des plis n'est pas publique ; les candidats n'y sont pas admis.

Seuls peuvent être ouverts les plis qui ont été reçus au plus tard à la date et à l'heure limites qui ont été annoncées dans l'avis d'appel public à la concurrence.

Avant de procéder à l'examen des candidatures, le pouvoir adjudicateur, qui constate que des pièces dont la production était réclamée sont absentes ou incomplètes, peut demander aux candidats de compléter leur dossier conformément aux dispositions du I de l'article 52.

III. – 1° Les candidatures sont transmises au jury qui les examine. Il dresse un procès-verbal et formule un avis motivé.

La liste des candidats admis à concourir est arrêtée et les candidats non retenus en sont informés conformément au I de l'article 80.

2° En concours ouvert, la deuxième enveloppe contenant les prestations demandées et la troisième enveloppe contenant l'offre de prix sont rendues aux candidats éliminés sans avoir été ouvertes.

3° En concours restreint, le nombre de candidats admis à concourir ne peut être inférieur à trois, sauf si le nombre de candidats retenus en application des critères de sélection des candidatures n'est pas suffisant. Le pouvoir adjudicateur peut décider de limiter le nombre de candidats qui seront admis à concourir. Il mentionne cette décision dans l'avis d'appel public à la concurrence. Il fixe dans cet avis un nombre minimum de candidats admis à concourir et peut également fixer un nombre maximum.

Lorsque le nombre de candidats satisfaisant aux critères de sélection est inférieur au nombre minimum, le pouvoir adjudicateur peut continuer la procédure avec les seuls candidats sélectionnés.

Les candidats admis à concourir sont invités à remettre leurs prestations et une enveloppe séparée contenant leur offre de prix pour la réalisation du marché.

IV. – Avant leur communication au jury, les enveloppes relatives aux prestations sont ouvertes. Les prestations demandées sont enregistrées. Le pouvoir adjudicateur est tenu de les rendre anonymes si le montant estimé du marché de services à passer avec le lauréat est égal ou supérieur aux seuils des marchés passés selon une procédure formalisée. Elles peuvent faire l'objet d'une analyse préalable destinée à préparer le travail du jury.

V. – Les prestations des candidats sont ensuite transmises au jury qui les évalue, en vérifie la conformité au règlement du concours et en propose un classement fondé sur les critères indiqués dans l'avis d'appel public à concurrence. Le jury dresse un procès-verbal de l'examen des prestations, dans lequel il consigne ses observations et tout point nécessitant des éclaircissements, et formule un avis motivé. Ce procès-verbal est signé par tous les membres du jury. L'anonymat est respecté jusqu'à l'avis du jury.

VI. – Le jury peut ensuite inviter les candidats à répondre aux questions qu'il a consignées dans ce procès-verbal afin de clarifier tel ou tel aspect d'un projet. Un procès-verbal complet du dialogue entre les membres du jury et les candidats est établi.

VII. – Après réception de l'avis et des procès-verbaux du jury, et après examen de l'enveloppe contenant le prix, le ou les lauréats du concours sont choisis par le pouvoir adjudicateur.

Des primes sont allouées aux candidats conformément aux propositions du jury.

VIII. – Le ou les lauréats sont invités à négocier et le marché qui fait suite au concours est attribué. Pour les collectivités territoriales et les établissements publics locaux à l'exception des établissements publics de santé et des établissements publics sociaux ou médico-sociaux, c'est l'assemblée délibérante qui attribue le marché.

IX. – Si le candidat dont l'offre a été retenue ne peut produire les attestations et certificats mentionnés aux I et II de l'article 46, son offre est rejetée et il est procédé conformément au III du même article.

Lorsque le candidat dont l'offre a été retenue produit les attestations et certificats mentionnés à l'alinéa précédent, les candidats dont l'offre n'a pas été retenue sont informés du rejet de celle-ci conformément au I de l'article 80.

Le marché est notifié et un avis d'attribution est publié.

Commentaire

L'administration n'est pas liée par le choix du jury et peut ne pas choisir le premier candidat classé (CE, 10 octobre 1994, *Commune de Béziers*, req. n° 121257 ; 1er octobre 1997, *Commune de Paluel*, req. n° 17033, Rec. Lebon, p. 325). En tout cas, le règlement d'un concours ne peut prévoir que la personne responsable du marché sera liée par l'avis du jury (CE, 27 novembre 2002, *Dangas*, req. n° 204.619, Contrats Marchés publ. 2003, comm. 27, note Pietri ; BJDCP n° 27, mars 2003, p. 159).

Chapitre V – Dispositions spécifiques à certains marchés

Section 1. Obligation de décoration des constructions publiques

Art. 71. – Les conditions dans lesquelles sont passés les marchés ayant pour objet des réalisations exécutées en application de dispositions législatives ou réglementaires relatives à l'obligation de décoration des constructions publiques sont précisées par décret.

Commentaire

Les textes d'application du principe posé à l'article 71 (reprise de l'article 31 du code de 2004) restent en vigueur.

1. – Décret n° 2002-677 du 29 avril 2002 relatif à l'obligation de décoration des constructions publiques et précisant les conditions de passation des marchés ayant pour objet de satisfaire à cette obligation (modifié par décret n° 2005-90 du 4 février 2005)

Chapitre Ier. – De l'obligation de décoration des constructions publiques

Art. 1er. – Les opérations immobilières ayant pour objet la construction et l'extension de bâtiments publics ou la réalisation de travaux de réhabilitation dans le cas d'un changement d'affectation, d'usage ou de destination de ces bâtiments donnent lieu à l'achat ou à la commande d'une ou de plusieurs réalisations artistiques destinées à être intégrées dans l'ouvrage ou ses abords.

L'obligation prévue au premier alinéa s'applique aux opérations dont la maîtrise d'ouvrage est assurée par l'État ou par ses établissements publics autres que ceux ayant un caractère industriel et commercial, ainsi que par leur mandataire et par toute personne agissant pour leur compte, notamment dans le cas prévu par l'article L. 211-7 du Code de l'éducation.

Cette obligation ne s'applique pas aux opérations immobilières de l'État et de ses établissements publics autres que ceux ayant un caractère industriel et commercial qui, en raison de leur nature, ne justifient pas la présence d'une réalisation artistique. Un arrêté conjoint du ministre chargé de la Culture et du ministre intéressé définit les opérations ou catégories d'opérations exemptes de cette obligation.

(Décret n° 2005-90 du 4 février 2005, art. 2) « La restauration des œuvres issues des obligations de décoration des constructions publiques incombe au maître de l'ouvrage ou, le cas échéant, à la personne publique responsable de l'entretien de l'ouvrage, qui peut solliciter l'apport financier de partenaires publics et privés. »

Art. 2. – Le montant, toutes taxes comprises, des sommes affectées au respect de l'obligation mentionnée à l'article 1er est égal à 1 % du montant hors taxes du coût prévisionnel des travaux, tel qu'il est établi par le maître d'œuvre à la remise de l'avant-projet définitif. Il ne peut excéder deux millions d'euros. Le coût prévisionnel qui sert de base à ce calcul ne comprend pas les dépenses de voirie et réseaux divers ni celles d'équipement mobilier.

Art. 3. – Les dispositions (Décret n° 2005-90 du 4 février 2005, art. 3) « du premier et du dernier alinéas » de l'article 1er et de l'article 2 s'appliquent également, dans les limites fixées par l'article L. 1616-1 du Code général des collectivités territoriales, aux constructions dont la maîtrise d'ouvrage est assurée par les collectivités territoriales ou leurs groupements.

Art. 4. – Les réalisations artistiques mentionnées à l'article 1er sont des œuvres plastiques et graphiques entrant dans les catégories définies aux 7° à 10° de l'article L. 112-2 du Code de la propriété intellectuelle.

Il peut s'agir en outre d'œuvres utilisant de nouvelles technologies ou faisant appel à d'autres interventions artistiques, notamment pour l'aménagement d'espaces paysagers, la conception d'un mobilier original ou la mise au point d'une signalétique particulière.

Le montant défini à l'article 2 inclut le coût des prestations nécessaires à la conception, la réalisation, l'acheminement et l'installation des œuvres et les taxes afférentes ainsi que les indemnités prévues à l'article 13, mais non le coût des études de maîtrise d'œuvre nécessaires à l'intégration de l'œuvre artistique dans l'ouvrage.

Art. 5 – Lorsque des opérations immobilières relevant de plusieurs des personnes publiques mentionnées à l'article 1er et à l'article 3 sont conduites simultanément sur un même site, le montant affecté à l'achat ou à la commande artistique peut être calculé de façon globale. Si les opérations immobilières relèvent de plusieurs maîtres d'ouvrage, ceux-ci mandatent l'un d'eux pour passer une commande unique.

Chapitre II. – Procédures applicables aux commandes de réalisations artistiques

Art. 6. – Lorsque le montant calculé en application de l'article 2 est inférieur à 30 000 € HT, la personne responsable du marché peut, après avis du maître d'œuvre, de l'utilisateur de l'ouvrage et du directeur régional des affaires culturelles, commander ou acheter une ou plusieurs œuvres d'art à un ou plusieurs artistes vivants. (Décret n° 2005-90 du 4 février 2005, art. 4) « En cas de commande, les dispositions du deuxième alinéa sont applicables. »

Lorsque le même montant est (Décret n° 2005-90 du 4 février 2005, art. 4) « égal ou supérieur à 30 000 € HT », la personne responsable du marché arrête son choix dans les conditions prévues à l'article 12 après avis du comité artistique mentionné à l'article 7 et selon la procédure mentionnée aux premier et deuxième alinéas de l'article 8.

Art. 7. (Décret n° 2005-90 du 4 février 2005, art. 5) – I. – Pour les opérations immobilières relevant de l'article 6 et situées sur le territoire national, le maître de l'ouvrage constitue un comité artistique qui comprend :

« 1° Le maître de l'ouvrage ou son représentant, qui en assure la présidence ;

« 2° Le maître d'œuvre ;

« 3° Le directeur régional des affaires culturelles ou son représentant ;

« 4° Un représentant des utilisateurs du bâtiment ;

« 5° Trois personnalités qualifiées dans le domaine des arts plastiques :

« a) Une désignée par le maître de l'ouvrage ;

« b) Deux désignées par le directeur régional des affaires culturelles, dont une choisie sur une liste établie par les organisations professionnelles d'artistes.

« Le directeur régional des affaires culturelles ou son représentant est rapporteur des projets devant le comité. Le préfet de région peut désigner un rapporteur adjoint au sein des services de l'État.

« Le président du comité peut inviter un représentant de la commune du lieu d'implantation de la construction à assister avec voix consultative aux travaux du comité.

« II. – Pour les opérations immobilières relevant de l'article 6 et situées hors du territoire national, le maître de l'ouvrage constitue un comité artistique qui comprend :

« 1° Le maître de l'ouvrage ou son représentant, qui en assure la présidence et a voix prépondérante en cas de partage égal des voix ;

« 2° L'ambassadeur ou son représentant ;

« 3° Le maître d'œuvre ;

« 4° Le délégué aux arts plastiques ou son représentant ;

« 5° Deux personnalités qualifiées dans le domaine des arts plastiques, dont l'une est désignée par le maître de l'ouvrage et l'autre par l'ambassadeur. »

Art. 8. – Le comité artistique est saisi par le maître de l'ouvrage dès l'approbation de l'avant-projet sommaire. Il élabore, compte tenu du montant calculé conformément à l'article 2, le programme de la commande artistique, qui précise notamment la nature et l'emplacement de la réalisation envisagée et le soumet à l'approbation du maître de l'ouvrage.

(Décret n° 2005-90 du 4 février 2005, art. 6) « Le programme de la commande artistique fait l'objet de la part du maître de l'ouvrage d'une publicité adaptée permettant une information suffisante des artistes, en fonction de la nature et du montant de la commande. Le maître de l'ouvrage indique le nombre d'artistes qu'il consultera. Peut être négociée sans publicité préalable toute commande qui ne peut être confiée qu'à un prestataire déterminé pour des raisons techniques, artistiques ou tenant à la protection des droits d'exclusivité. »

Le comité artistique consulte un ou plusieurs artistes qui lui remettent leurs projets. Il les entend, le cas échéant. Il propose un ou plusieurs des projets au maître de l'ouvrage.

Art. 9. « (Décret n° 2005-90 du 4 février 2005, art. 7) – Lorsque l'importance ou le caractère novateur d'un projet le justifie, le maître de l'ouvrage peut décider de faire examiner le projet par la Commission artistique nationale à laquelle il transmet les propositions du comité artistique. »

Art. 10. – La Commission artistique nationale est coprésidée par le ministre chargé de la Culture et le ministre dont relève l'opération immobilière ou leurs représentants.

Elle comprend, outre ses coprésidents :

1° Des membres de droit :

a) Le directeur de l'architecture et du patrimoine au ministère chargé de la Culture ou son représentant ;

b) Le délégué aux arts plastiques au ministère chargé de la Culture ou son représentant ;

c) Le cas échéant, le maître de l'ouvrage ou son représentant ;

d) Le cas échéant, le chef ou responsable des services du ministère intéressé ou le chef de juridiction territorialement compétents (Décret n° 2005-90 du 4 février 2005, art. 8) « ou un représentant des utilisateurs » ;

2

e) Pour les constructions réalisées sur le territoire national, le maire de la commune du lieu d'implantation, si la commune n'est pas le maître de l'ouvrage ;

2° Des personnalités nommées pour trois ans par le ministre chargé de la Culture :

a) Un artiste et un architecte ;

b) Deux personnalités qualifiées dans le domaine des arts plastiques, dont une sur proposition des organisations professionnelles d'artistes.

La commission artistique nationale émet un avis sur les projets proposés par les comités artistiques (Décret n° 2005-90 du 4 février 2005, art. 8) « dans les cas prévus à l'article 9 ».

La délégation aux arts plastiques assure le secrétariat de la commission.

Art. 11. – (Décret n° 2005-90 du 4 février 2005, art. 9) « La commission artistique nationale entend le maître d'œuvre de l'opération immobilière et le ou les artistes dont le projet a été proposé. Elle peut en outre entendre, à l'initiative de son président ou de l'un de ses membres, toute personne dont l'audition lui paraît utile. »

« Elle émet », dans un délai de trois mois à compter de leur saisine, un avis sur les projets qui leur sont soumis. À défaut, le maître de l'ouvrage peut choisir l'un des projets retenus par le comité artistique.

« Les avis de la commission artistique nationale sont adressés au maître de l'ouvrage. »

« Art. 12. – (Décret n° 2005-90 du 4 février 2005, art. 10) Le maître de l'ouvrage arrête son choix, après avis du comité artistique et, le cas échéant, de la commission artistique nationale, par une décision motivée. Il en informe l'ensemble des candidats. Le maître de l'ouvrage signe la ou les commandes artistiques, au plus tôt dix jours après avoir procédé à cette information.

« Lorsque la commande émane d'une des personnes mentionnées à l'article 1er et que son montant total est supérieur à 150 000 € HT, le maître de l'ouvrage envoie un avis d'attribution du marché ou des marchés à l'Office des publications de l'Union européenne.

« Lorsque la commande émane d'une des personnes mentionnées à l'article 3 et que son montant total est supérieur à 230 000 € HT, le maître de l'ouvrage envoie un avis d'attribution du marché ou des marchés à l'Office des publications de l'Union européenne. »

Art. 13. – Les artistes ayant présenté au comité artistique un projet non retenu reçoivent une indemnité. Le total des indemnités ne peut dépasser 20 % du montant défini à l'article 2. Le maître de l'ouvrage peut décider, sur proposition du comité artistique, de supprimer ou de réduire le montant de l'indemnité en cas d'insuffisance manifeste du projet présenté par un candidat.

Art. 14. – Les dispositions du présent décret s'appliquent aux opérations immobilières pour lesquelles l'avant-projet sommaire n'a pas été approuvé par le maître de l'ouvrage à la date de publication de ce décret.

2. – Arrêté du 22 mars 2005 pris en application de l'article 1er du décret no 2002-677 du 29 avril 2002 relatif à l'obligation de décoration des constructions publiques et précisant les conditions de passation des marchés ayant pour objet de satisfaire à cette obligation.

Art. 1er. – Les opérations ou catégories d'opérations visées au dernier alinéa de l'article 1er du décret du 29 avril 2002 susvisé et qui ne justifient pas la présence d'une réalisation artistique sont celles qui concernent les bâtiments du ministère de la Défense appartenant à l'une des catégories suivantes :

– bâtiments relatifs aux manœuvres, entraînements, instructions ou enseignements militaires ;

– bâtiments situés dans des champs, zones ou stands de tir ;

– bâtiments techniques ou industriels tels que hangars, ateliers, garages, entrepôts, ouvrages maritimes, portuaires, héliportuaires, aéroportuaires ou fluviaux ;

– bâtiments opérationnels tels que espaces de commandement, de transmission ou informatique ;

– centres de rétention administrative ;

– dépôts ou centres de munitions, dépôts de combustible ou de carburant ;

– installations nucléaires ;

– casernements ou logements militaires des arsenaux ou des bases opérationnelles de soutien ;

– lieux de mémoire tels que cimetières ou nécropoles ;

– constructions édifiées hors du territoire national ;

– bâtiments n'appartenant pas aux catégories ci-dessus qui, à raison de l'activité des services qu'ils hébergent, relèvent d'une classification au titre de l'instruction no 1300/SGDN/SSD relative à la protection du secret et des informations concernant la défense nationale et la sûreté de l'État ou qui sont localisés à l'intérieur d'une enceinte relevant de cette classification.

2

Section 2. Marchés à tranches conditionnelles

Art. 72. – Le pouvoir adjudicateur peut passer un marché sous la forme d'un marché à tranches conditionnelles.

Le marché à tranches conditionnelles comporte une tranche ferme et une ou plusieurs tranches conditionnelles. Le marché définit la consistance, le prix ou ses modalités de détermination et les modalités d'exécution des prestations de chaque tranche. Les prestations de la tranche ferme doivent constituer un ensemble cohérent ; il en est de même des prestations de chaque tranche conditionnelle, compte tenu des prestations de toutes les tranches antérieures. L'exécution de chaque tranche conditionnelle est subordonnée à une décision du pouvoir adjudicateur, notifiée au titulaire dans les conditions fixées au marché. Lorsqu'une tranche conditionnelle est affermie avec retard ou n'est pas affermie, le titulaire peut bénéficier, si le marché le prévoit et dans les conditions qu'il définit, d'une indemnité d'attente ou d'une indemnité de dédit.

Commentaire

En ce qui concerne les marchés de *travaux*, les articles 2.6 et 11.8 du CCAG précisent les règles applicables à l'affermissement des tranches conditionnelles et à la rémunération de l'entrepreneur en cas de tranches conditionnelles, dans les termes suivants :

« 2.6. Marchés à tranches conditionnelles :

Le marché peut comporter des tranches conditionnelles dont l'exécution est subordonnée, pour chacune d'entre elles, à la notification à l'entrepreneur, par ordre de service, de la décision de la personne responsable du marché la prescrivant.

Si cet ordre de service n'a pas été notifié à l'entrepreneur dans le délai imparti par le marché, le maître de l'ouvrage et l'entrepreneur sont, à l'expiration de ce délai, déliés de toute obligation pour cette tranche conditionnelle, sans préjudice de l'application des stipulations du 8 de l'article 11.

11.8. Rémunération en cas de tranches conditionnelles :

Si le marché fixe un rabais pour une tranche conditionnelle, le montant des sommes dues à l'entrepreneur pour les travaux de cette tranche est calculé en appliquant ce rabais aux prix du marché, même à ceux de ces prix qui concernent seulement les travaux de la tranche conditionnelle.

Si le marché fixe un dédit en cas de non-exécution d'une tranche conditionnelle, ce dédit est dû à l'entrepreneur, sous réserve des dispositions du 3 de l'article 19, dès que lui est notifiée la décision de renoncer à l'exécution de cette tranche ou, si le délai imparti par le CCAP pour la notification de l'ordre de service prescrivant cette exécution est expiré, quinze jours après que l'entrepreneur a mis la personne responsable du marché en demeure de prendre une décision.

Si le CCAP prévoit que, pour une tranche conditionnelle, l'entrepreneur a droit, à l'expiration d'un certain délai, à une indemnité d'attente, cette indemnité est due à l'entrepreneur, sous réserve des dispositions du 3 de l'article 19, depuis l'expiration de ce délai jusqu'à la notification de l'ordre de service prescrivant l'exécution de la tranche conditionnelle ou faisant connaître la décision de renoncer à cette exécution, ou bien, en l'absence d'une telle notification dans le délai imparti par le CCAP, jusqu'à expiration de ce délai.

Si l'indemnité d'attente prévue par le CCAP est mensuelle, il est néanmoins tenu compte des fractions de mois, chaque jour étant compté pour un trentième.

Les indemnités de dédit et d'attente éventuellement prévues au CCAP se cumulent. Elles sont toutes deux révisables ou actualisables selon les mêmes modalités que les prix du marché. »

L'article 19.3, auquel fait référence l'article 11.8, dispose :

« 19.3. Prolongation ou report des délais en matière de tranches conditionnelles :

Lorsque le délai imparti par le CCAP pour la notification de l'ordre de service d'exécuter une tranche conditionnelle est défini par rapport à l'origine du délai d'exécution d'une autre tranche, il est, en cas de prolongation dudit délai d'exécution ou de retard du fait de l'entrepreneur constaté dans cette exécution, prolongé d'une durée égale à celle de cette prolongation ou de ce retard.

Lorsque le CCAP prévoit, pour une tranche conditionnelle, une indemnité d'attente et définit, par rapport à l'origine du délai d'exécution d'une autre tranche, le point de départ du droit de l'entrepreneur à cette indemnité, la prolongation dudit délai d'exécution ou le retard du fait de l'entrepreneur constaté dans cette exécution entraîne un report de l'ouverture du droit à indemnité égal à la prolongation ou au retard. »

Section 3. Marché de définition

Art. 73. – Lorsque le pouvoir adjudicateur n'est pas en mesure de préciser les buts et performances à atteindre, les techniques à utiliser, les moyens en personnel et en matériel à mettre en œuvre, il peut recourir aux marchés de définition.

Ces marchés ont pour objet d'explorer les possibilités et les conditions d'établissement d'un marché ultérieur, le cas échéant au moyen de la réalisation d'une maquette ou d'un démonstrateur. Ils permettent également d'estimer le niveau du prix des prestations, les modalités de sa détermination et de prévoir les différentes phases de l'exécution des prestations.

Dans le cadre d'une procédure unique, les prestations d'exécution faisant suite à plusieurs marchés de définition ayant un même objet et exécutés simultanément, sont attribuées après remise en concurrence des seuls titulaires des marchés de définition, conformément aux dispositions suivantes :

1° L'avis d'appel public à la concurrence définit l'objet des marchés de définition passés simultanément et l'objet du marché d'exécution ultérieur ;

2° L'avis d'appel public à la concurrence définit les critères de sélection des candidatures. Ces critères tiennent compte des capacités et compétences exigées des candidats tant pour les marchés de définition que pour le marché ultérieur d'exécution ;

3° L'avis d'appel public à la concurrence définit les critères de sélection des offres des marchés de définition passés simultanément et les critères de sélection des offres du marché d'exécution ultérieur ;

4° Le montant des prestations à comparer aux seuils tient compte du montant des études de définition et du montant estimé du marché d'exécution ;

5° Le nombre de marchés de définition passés simultanément dans le cadre de cette procédure ne peut être inférieur à trois, sous réserve d'un nombre suffisant de candidats.

(Décret n° 2008-1355 du 19 décembre 2008, art. 27) Le marché ou l'accord-cadre est attribué par la commission d'appel d'offres pour les collectivités territoriales.

Commentaire

Alors que le code de 2004 permettait la passation sans nouvelle mise en compétition d'un marché de réalisation à la suite de la signature d'au moins deux marchés de définition (cette possibilité devant, selon la jurisprudence [CE, 3 mars 2004, *Société Mak System*, req. n° 258272, Contrats Marchés publ. 2004, n°s 84 & 93, comm. F. Llorens ; BJDCP 2004 (n° 34), p. 225, concl. D. Piveteau], être indiquée dès le stade de l'avis d'appel public à la concurrence et non pas ultérieurement dans le règlement de consultation), le nouveau texte de l'article 73 oblige l'acheteur public à remettre en concurrence les titulaires des marchés de définition, suivant un dispositif strict (cf. 1° à 5°).

Section 4. Marché de maîtrise d'œuvre

Art. 74. – I. – Les marchés de maîtrise d'œuvre ont pour objet, en vue de la réalisation d'un ouvrage ou d'un projet urbain ou paysager, l'exécution d'un ou plusieurs éléments de mission définis par l'article 7 de la loi du 12 juillet 1985 susmentionnée et par le décret du 29 novembre 1993 susmentionné.

II. – Les marchés de maîtrise d'œuvre d'un montant égal ou supérieur aux seuils des marchés formalisés fixés au II de l'article 26 sont passés selon la procédure du concours dans les conditions précisées ci-après. Ils peuvent toutefois être passés selon la procédure adaptée lorsque leur montant est inférieur à ces mêmes seuils.

Dans le cas de marchés de maîtrise d'œuvre passés en procédure adaptée, toute remise de prestations donne lieu au versement d'une prime.

III. – Le concours mentionné ci-dessus est un concours restreint organisé dans les conditions définies à l'article 70.

Les candidats ayant remis des prestations conformes au règlement du concours bénéficient d'une prime. L'avis d'appel public à la concurrence indique le montant de cette prime. Le montant de la prime attribuée à chaque candidat est égal au prix estimé des études à effectuer par les candidats telles que définies dans l'avis d'appel public à la concurrence et précisées dans le règlement du concours, affecté d'un abattement au plus égal à 20 %.

La rémunération du marché de maîtrise d'œuvre tient compte de la prime reçue pour sa participation au concours par le candidat attributaire.

Pour les marchés de maîtrise d'œuvre d'un montant égal ou supérieur aux seuils des marchés passés selon une procédure formalisée, le pouvoir adjudicateur n'est pas tenu de recourir au concours de maîtrise d'œuvre dans les cas suivants :

1° Pour l'attribution d'un marché de maîtrise d'œuvre relatif à la réutilisation ou à la réhabilitation d'ouvrages existants ;

2° Pour l'attribution d'un marché de maîtrise d'œuvre relatif à des ouvrages réalisés à titre de recherche, d'essai ou d'expérimentation ;

3° Pour l'attribution d'un marché de maîtrise d'œuvre qui ne confie aucune mission de conception au titulaire ;

4° Pour l'attribution d'un marché de maîtrise d'œuvre relatif à des ouvrages d'infrastructures.

Si le pouvoir adjudicateur ne retient pas la procédure du concours, la procédure applicable est :

(Décret nº 2008-1355 du 19 décembre 2008, art. 28) « *a*) Soit celle de l'appel d'offres pour lequel un jury est composé dans les conditions définies au I de l'article 24. Dans ce cas, les membres de ce jury désignés en application des d et e du I de l'article 24 ont voix consultative ; »

b) Soit la procédure négociée, si les conditions de l'article 35 sont remplies, après publicité préalable et mise en concurrence selon les modalités suivantes.

Dans ce cas, la mise en compétition peut être limitée à l'examen des compétences, références et moyens humains et matériels des candidats. Le pouvoir adjudicateur, après avis du jury tel que défini au I de l'article 24, dresse la liste des candidats admis à négocier, dont le nombre ne peut être inférieur à trois sauf si le nombre de candidats n'est pas suffisant. Le pouvoir adjudicateur engage les négociations. Au terme de ces négociations, le marché est attribué.

IV. – Dans le cadre d'une procédure unique, le marché ou l'accord-cadre de maîtrise d'œuvre faisant suite à plusieurs marchés de définition ayant un même objet et exécutés simultanément, peut être attribué après remise en concurrence des seuls titulaires des marchés de définition, dans les conditions prévues au troisième alinéa de l'article 73.

V. – Pour les collectivités territoriales et les établissements publics locaux à l'exception des établissements publics de santé et des établissements publics sociaux ou médico-sociaux, c'est l'assemblée délibérante qui attribue le ou les marchés de maîtrise d'œuvre.

Section 5. Marchés réalisés dans le cadre de programmes expérimentaux

Art. 75. – Les pouvoirs adjudicateurs qui réalisent des ouvrages qui ont pour objet de vérifier la pertinence, sur un nombre limité de réalisations, des projets retenus par l'État dans le cadre d'un programme public national de recherche, d'essai et d'expérimentation, peuvent passer, pour leur réalisation, des marchés de maîtrise d'œuvre ou de travaux, au terme d'une procédure de mise en concurrence conforme au présent code, limitée à des opérateurs économiques choisis parmi ceux dont les projets auront été sélectionnés par le jury du programme public national, après publication d'un avis d'appel public à la concurrence. Un protocole d'expérimentation est passé entre le pouvoir adjudicateur et l'organisme public responsable du programme national.

Chapitre VI – Accord-cadre et marchés à bons de commande

Art. 76. – I. – Les accords-cadres définis à l'article 1er sont passés selon les procédures et dans les conditions prévues par le présent code. *(Décret n° 2008-1334 du 17 décembre 2008, art. 66-I)* « Dans ces accords-cadres le pouvoir adjudicateur a la faculté de prévoir un minimum et un maximum en valeur ou en quantité, ou un minimum, ou un maximum, ou encore être conclus sans minimum ni maximum. »

II. – Les marchés passés sur le fondement d'un accord-cadre sont des documents écrits qui précisent les caractéristiques et les modalités d'exécution des prestations demandées qui n'ont pas été fixées dans l'accord-cadre. La conclusion des marchés passés sur le fondement d'un accord-cadre intervient soit lors de la survenance du besoin, soit selon une périodicité prévue par l'accord-cadre.

III. – Lorsqu'un accord-cadre est attribué à plusieurs opérateurs économiques, ceux-ci sont au moins au nombre de trois, sous réserve d'un nombre suffisant de candidats et d'offres. Les marchés qui sont passés sur le fondement de cet accord sont précédés d'une mise en concurrence organisée entre les titulaires de l'accord-cadre et respectent les dispositions suivantes :

1° Lorsque la remise en concurrence est organisée au moment de la survenance du besoin et que cet accord-cadre a été divisé en lots, seuls sont consultés les titulaires des lots correspondant à l'objet du marché fondé sur l'accord-cadre ;

2° Lorsque la remise en concurrence est organisée selon une périodicité prévue par l'accord-cadre, elle porte sur tous les lots ;

3° Quel que soit le choix opéré, les parties ne peuvent apporter des modifications substantielles aux termes fixés dans l'accord-cadre lors de la passation des marchés fondés sur cet accord ;

4° Le pouvoir adjudicateur fixe un délai suffisant pour la présentation des offres en tenant compte d'éléments tels que la complexité des prestations attendues ou le temps nécessaire à la transmission des offres.

Ces offres sont proposées conformément aux caractéristiques fixées par l'accord-cadre et les documents de la consultation propres au marché fondé sur l'accord-cadre. Elles sont transmises au pouvoir adjudicateur par tout moyen permettant de déterminer la date et l'heure de réception. Leur contenu doit rester confidentiel jusqu'à l'expiration du délai prévu pour le dépôt des offres.

5° Les marchés passés sur le fondement de l'accord-cadre sont attribués à celui ou, le cas échéant, à ceux des titulaires de l'accord-cadre qui ont présenté les offres économiquement les plus avantageuses, sur la base des critères non discriminatoires fixés par l'accord-cadre pour l'attribution de ces marchés.

IV. – Lorsqu'un accord-cadre est attribué à un seul opérateur économique, le pouvoir adjudicateur peut, préalablement à la conclusion des marchés fondés sur l'accord-cadre, demander au titulaire de l'accord-cadre de compléter, par écrit, son offre. Les compléments ainsi apportés aux caractéristiques de l'offre retenue pour l'attribution de l'accord-cadre ne peuvent avoir pour effet de les modifier substantiellement.

V. – La durée des accords-cadres ne peut dépasser quatre ans, sauf dans des cas exceptionnels dûment justifiés, notamment par leur objet, ou par le fait que leur exécution nécessite des investissements amortissables sur une durée supérieure à quatre ans.

La conclusion des marchés passés sur le fondement d'un accord-cadre ne peut se faire que pendant la durée de validité de l'accord-cadre. Leur durée d'exécution est fixée conformément aux conditions habituelles d'exécution des prestations faisant l'objet de l'accord cadre. Le pouvoir adjudicateur ne peut cependant retenir une date de passation et une durée d'exécution telles que l'exécution des marchés se prolonge au-delà de la date limite de validité de l'accord dans des conditions qui méconnaissent l'obligation d'une remise en concurrence périodique des opérateurs économiques.

VI. – Les marchés passés sur le fondement d'un accord-cadre peuvent être des marchés à bons de commande. Ils sont alors passés selon les règles prévues par le présent article et exécutés selon les règles prévues par l'article 77.

VII. – Pour des besoins occasionnels de faible montant, le pouvoir adjudicateur peut s'adresser à un prestataire autre que le ou les titulaires de l'accord-cadre, pour autant que le montant cumulé de tels achats ne dépasse pas la somme de 10 000 € HT. Le recours à cette possibilité ne dispense pas le pouvoir adjudicateur de respecter son engagement de passer des commandes à hauteur du montant minimum de l'accord-cadre lorsque celui-ci est prévu.

VIII. – Pour les achats d'énergies non stockables qui donnent lieu à un accord-cadre, les marchés passés sur le fondement de l'accord-cadre précisent la période durant laquelle a lieu la fourniture d'énergie. La quantité précise d'énergie qui sera fournie durant cette période peut ne pas être précisée dans les marchés fondés sur l'accord-cadre. Cette quantité est constatée à l'issue de la période mentionnée dans le marché.

Pour les achats d'énergies non stockables qui ne donnent pas lieu à un accord-cadre ou à un marché à bons de commande, le marché détermine la consistance, la nature et le prix unitaire de l'énergie fournie ou les modalités de sa détermination. Le marché peut ne pas indiquer la quantité précise d'énergie qui devra être fournie durant son exécution. Celle-ci sera alors constatée à l'issue de la durée de validité du marché.

Commentaire

On trouvera un commentaire fourni des dispositions relatives à l'accord-cadre dans la circulaire du 3 août 2006 portant manuel d'application du Code des marchés publics (*infra*, § 6.2.2).

Art. 77. – I. – Un marché à bons de commande est un marché conclu avec un ou plusieurs opérateurs économiques et exécuté au fur et à mesure de l'émission de bons de commande.

(Décret n° 2008-1334 du 17 décembre 2008, art. 66-II) « Dans ce marché, le pouvoir adjudicateur a la faculté de prévoir un minimum et un maximum en valeur ou en quantité, ou un minimum, ou un maximum, ou encore être conclu sans minimum ni maximum. »

L'émission des bons de commande s'effectue sans négociation ni remise en concurrence préalable des titulaires, selon des modalités expressément prévues par le marché.

Les bons de commande sont des documents écrits adressés aux titulaires du marché. Ils précisent celles des prestations, décrites dans le marché, dont l'exécution est demandée et en déterminent la quantité.

II. – La durée des marchés à bons de commande ne peut dépasser quatre ans, sauf dans des cas exceptionnels dûment justifiés, notamment par leur objet ou par le fait que leur exécution nécessite des investissements amortissables sur une durée supérieure à quatre ans.

L'émission des bons de commande ne peut intervenir que pendant la durée de validité du marché. Leur durée d'exécution est fixée conformément aux conditions habituelles d'exécution des prestations faisant l'objet du marché. Le pouvoir adjudicateur ne peut cependant retenir une date d'émission et une durée d'exécution de ces bons de commande telles que l'exécution des marchés se prolonge au-delà de la date limite de validité du marché dans des conditions qui méconnaissent l'obligation d'une remise en concurrence périodique des opérateurs économiques.

III. – Pour des besoins occasionnels de faible montant, le pouvoir adjudicateur peut s'adresser à un prestataire autre que le ou les titulaires du marché, pour autant que le montant cumulé de tels achats ne dépasse pas 1 % du montant total du marché, ni la somme de 10 000 € HT. Le recours à cette possibilité ne dispense pas le pouvoir adjudicateur de respecter son engagement de passer des commandes à hauteur du montant minimum du marché lorsque celui-ci est prévu.

Commentaire

Cet article est beaucoup moins strict que ne l'était l'article 71 du code de 2004 relatif aux marchés à bons de commande. Ceux-ci peuvent désormais être conclus sans minimum ni maximum, et avec plusieurs titulaires.

La circulaire du 3 août 2006 portant manuel d'application du Code des marchés publics (*infra*, § 6.2.1) insiste sur la plus grande liberté laissée ici à l'acheteur public, lequel ne se trouve plus enserré dans les contraintes réglementaires antérieures.

Chapitre VII – Système d'acquisition dynamique

Art. 78. – I. – 1° Un système d'acquisition dynamique est une procédure entièrement électronique de passation de marché public, pour des fournitures courantes, par lequel le pouvoir adjudicateur attribue, après mise en concurrence, un ou plusieurs marchés à l'un des opérateurs préalablement sélectionnés sur la base d'une offre indicative.

Le système d'acquisition dynamique est créé pour une durée maximale de quatre ans, sauf dans des cas exceptionnels dûment justifiés.

Pour mettre en place un système d'acquisition dynamique, le pouvoir adjudicateur suit toutes les phases de l'appel d'offres ouvert.

2° Aux fins de la mise en place d'un système d'acquisition dynamique, le pouvoir adjudicateur :

a) Publie un avis d'appel public à la concurrence précisant qu'il s'agit d'un système d'acquisition dynamique et indiquant les critères qui seront appliqués pour la sélection des titulaires des marchés conclus dans le cadre de ce système ;

b) Précise, dans les documents de la consultation, la nature des achats envisagés dans le cadre de ce système, ainsi que toutes les informations nécessaires concernant le système d'acquisition, l'équipement électronique utilisé et les modalités techniques de connexion ;

c) Offre par voie électronique, dès la publication de l'avis et jusqu'à expiration du système, un accès libre, direct et complet aux documents de la consultation et indique dans l'avis l'adresse internet à laquelle ces documents peuvent être consultés.

3° Le système est ouvert pendant toute sa durée à tous les opérateurs économiques satisfaisant aux critères de sélection et ayant présenté une offre indicative conforme aux documents de la consultation et aux documents complémentaires éventuels. Les offres indicatives peuvent être améliorées à tout moment à condition qu'elles demeurent conformes aux documents de la consultation.

Le pouvoir adjudicateur procède à l'évaluation des candidatures et des offres indicatives dans un délai maximum de quinze jours à compter de leur présentation. Il peut prolonger cette période d'évaluation pour autant qu'il n'engage, entre-temps, aucune procédure de passation de marché dans le cadre du système d'acquisition dynamique susceptible d'intéresser les candidats évalués. Le pouvoir adjudicateur informe sans délai les opérateurs de leur admission dans le système d'acquisition dynamique ou du rejet de leur candidature ou de leur offre indicative.

Le pouvoir adjudicateur ne peut recourir à ce système de manière à empêcher, restreindre ou fausser la concurrence.

II. – Les marchés passés dans le cadre d'un système d'acquisition dynamique, dits marchés spécifiques, font l'objet d'une mise en concurrence.

1° Avant de procéder à cette mise en concurrence le pouvoir adjudicateur publie un avis de marché simplifié conforme au règlement (CE) n° 1564/2005 susmentionné, invitant tous les opérateurs économiques, qui n'auraient pas déjà présenté une offre indicative dans le cadre de la mise en place du système d'acquisition dynamique, à présenter une offre indicative dans un délai qui ne peut être inférieur à quinze jours à compter de la date d'envoi de l'avis simplifié. Le pouvoir adjudicateur ne procède à la mise en concurrence qu'après avoir achevé l'évaluation de toutes les offres indicatives présentées dans ce délai.

2° Le pouvoir adjudicateur invite ensuite tous les candidats admis dans le système à présenter une offre définitive pour chaque marché spécifique à passer dans le cadre du système. À cette fin, il fixe un délai suffisant pour la présentation des offres.

3° *(Décret n° 2008-1355 du 19 décembre 2008, art. 29)* « L'offre économiquement la plus avantageuse est choisie, sur la base des critères d'attribution énoncés dans l'avis d'appel public à la concurrence publié lors de la mise en place du système d'acquisition dynamique. Ce choix est effectué par la commission d'appel d'offres pour les collectivités territoriales. Ces critères peuvent, le cas échéant, être précisés dans l'invitation mentionnée au 2°. »

Si le candidat dont l'offre a été retenue ne peut produire les attestations et certificats mentionnés aux I et II de l'article 46, son offre est rejetée et il est procédé conformément au III du même article.

Lorsque le candidat dont l'offre a été retenue produit les attestations et certificats mentionnés à l'alinéa précédent, les candidats dont l'offre n'a pas été retenue sont informés du rejet de celle-ci conformément au I de l'article 80.

Ces marchés sont notifiés et un avis d'attribution est publié.

Aucuns frais de dossier ne peuvent être facturés aux opérateurs économiques.

Commentaire

Sur cette procédure nouvelle, voir la circulaire du 3 août 2006 portant manuel d'application du Code des marchés publics (*infra*,§ 6.3).

Chapitre VIII – Achèvement de la procédure

Art. 79. – Pour les marchés et accords-cadres passés selon une des procédures formalisées, le pouvoir adjudicateur établit un rapport de présentation de la procédure de passation comportant au moins :

1° Le nom et l'adresse du pouvoir adjudicateur, l'objet et la valeur du marché, de l'accord-cadre ou du système d'acquisition dynamique ;

2° Le nom des candidats retenus et le motif de ce choix ;

3° Le nom des candidats exclus et les motifs du rejet de leur candidature ;

4° Les motifs du rejet des offres jugées anormalement basses ;

5° Le nom du titulaire et les motifs du choix de son offre, ainsi que, si elle est connue, la part du marché ou de l'accord-cadre que le titulaire a l'intention de sous-traiter à des tiers ;

6° *(Décret n° 2008-1355 du 19 décembre 2008, art. 9)* En ce qui concerne les procédures négociées, le motif du recours à ces procédures ;

7° *(Décret n° 2008-1355 du 19 décembre 2008, art. 9)* En ce qui concerne le dialogue compétitif, le motif du recours à cette procédure ;

8° Le cas échéant, les raisons pour lesquelles le pouvoir adjudicateur a renoncé à passer un marché, un accord-cadre ou à mettre en place un système d'acquisition dynamique ;

9° L'indication que des fournitures proviennent d'un pays membre de l'Union européenne ou d'un autre pays signataire de l'accord sur les marchés publics conclus dans le cadre de l'Organisation mondiale du commerce ;

En cas de procédure dématérialisée, le pouvoir adjudicateur fournit, en outre, toutes les informations sur le déroulement des procédures d'attribution conduites par voie électronique.

Lorsque le pouvoir adjudicateur est soumis à un contrôle public de ses marchés, ce rapport est communiqué en même temps que le marché aux instances chargées du contrôle des marchés.

Le rapport de présentation ou ses principaux éléments sont communiqués à la Commission européenne à sa demande.

Art. 80. – I. – 1° Pour les marchés et accords-cadres passés selon une des procédures formalisées, le pouvoir adjudicateur avise, dès qu'il a fait son choix sur les candidatures ou sur les offres, tous les autres candidats du rejet de leurs candidatures ou de leurs offres, en indiquant les motifs de ce rejet.

Un délai d'au moins dix jours est respecté entre la date à laquelle la décision de rejet est notifiée aux candidats dont l'offre n'a pas été retenue et la date de signature du marché ou de l'accord-cadre.

En cas d'urgence ne permettant pas de respecter ce délai de dix jours, il est réduit dans des proportions adaptées à la situation.

2° Ce délai n'est en revanche pas exigé :

a) Dans les situations d'urgence impérieuse justifiant la négociation sans publicité préalable avec un seul soumissionnaire ;

b) Dans le cas des appels d'offres, des marchés négociés ou des marchés passés sur le fondement d'un accord-cadre lorsque le marché est attribué au seul candidat ayant présenté une offre qui répond aux exigences indiquées dans l'avis d'appel public à la concurrence ou dans les documents de la consultation.

(Décret nº 2008-1334 du 17 décembre 2008, art. 67) « 3° Le marché ou l'accord-cadre peut être signé électroniquement, selon les modalités fixées par un arrêté du ministre chargé de l'Économie. »

II. – Lorsque le pouvoir adjudicateur décide de ne pas attribuer le marché ou de recommencer la procédure, il informe, dans les plus brefs délais, les candidats des motifs de sa décision. Sur demande écrite des candidats, la réponse est écrite.

III. – Le pouvoir adjudicateur ne peut communiquer les renseignements dont la divulgation :

a) Serait contraire à la loi, en particulier violerait le secret industriel et commercial ;

b) Serait contraire à l'intérêt public ;

c) Pourrait nuire à une concurrence loyale entre les opérateurs économiques.

Commentaire

Les dispositions de cet article font obligation au pouvoir adjudicateur de communiquer au candidat à un appel d'offres dont la candidature ou l'offre a été rejetée les motifs de ce rejet ; cette communication a notamment pour objet de permettre à l'intéressé de contester le rejet qui lui est opposé ; il en résulte qu'une méconnaissance de l'obligation de communication qui incombe au pouvoir adjudicateur constitue une atteinte aux obligations de publicité et de mise en concurrence, sanctionnable par le juge des référés précontractuels (CE, 21 janvier 2004, *Sté Aquitaine Démolition*, req. nº 253509, BJDCP 2004 (n° 34), p. 219, concl. D. Piveteau, obs. Ch. M. ; Contrats Marchés publ. 2004, comm. 50, note Pietri).

Art. 81. – Sauf dans le cas de l'échange de lettres prévu au 1° du II de l'article 35, les marchés et accords-cadres d'un montant supérieur à *(Décret nº 2008-1356 du 19 décembre 2008)* « 20 000 € » HT sont notifiés avant tout commencement d'exécution.

Pour les marchés et accords-cadres passés selon une procédure formalisée, la notification consiste en un envoi d'une copie du marché ou de l'accord-cadre signé au titulaire. La date de notification est la date de réception de cette copie par le titulaire.

À l'exception du cas de l'échange de lettres, le marché ou l'accord-cadre prend effet à cette date.

Art. 82. – Pour les collectivités territoriales, le marché ou l'accord-cadre est notifié au titulaire après transmission, lorsqu'elle est prévue, au représentant de l'État des pièces nécessaires à l'exercice de son contrôle.

Pour les établissements publics de santé et les établissements publics sociaux ou médico-sociaux, le marché ou l'accord-cadre est notifié au titulaire après réception, le cas échéant, de ces pièces par le représentant de l'État.

Commentaire

Voir en annexe I-1 au présent code, les extraits du Code général des collectivités territoriales et du Code de la santé publique relatifs au contrôle de légalité.

L'attention du lecteur est attirée sur la différence qui est faite entre les marchés des collectivités territoriales (qui peuvent être notifiés après *transmission* au contrôle de légalité) et ceux des établissements publics de santé (qui ne peuvent être notifiés qu'après *réception* par le représentant de l'État).

2

Art. 83. – Le pouvoir adjudicateur communique, dans un délai maximal de quinze jours à compter de la réception d'une demande écrite, à tout candidat écarté qui en fait la demande les motifs détaillés du rejet de sa candidature ou de son offre et, à tout candidat *(Décret n° 2008-1334 du 17 décembre 2008, art. 68)* « dont l'offre a été rejetée » pour un motif autre que ceux mentionnés au III de l'article 53, les caractéristiques et les avantages relatifs de l'offre retenue ainsi que le nom du ou des attributaires du marché ou de l'accord-cadre.

Commentaire

En complément de l'article 80, cet article impose à l'acheteur public de donner, à tout candidat écarté qui en fait la demande, les motifs *détaillés* du rejet de sa candidature ou de son offre.

Mais, compte tenu de la prohibition figurant à l'article 80-III, le Conseil d'État estime que « *l'acheteur public ne peut communiquer des informations dont la divulgation porterait préjudice aux intérêts commerciaux légitimes des entreprises ou pourrait nuire au libre jeu de la concurrence entre elles* » (CE, 20 octobre 2006, *Syndicat des eaux de Charente-Maritime*, n° 278601, BJDCP 2007 (n° 50), p. 28, concl. D. Casas, obs. Ch. M.). Il en résulte que la transmission d'une analyse de l'ensemble des offres avec les prix et les délais d'exécution proposés par tous les candidats est interdite.

Art. 84. – Le pouvoir adjudicateur établit des fiches statistiques sur les marchés qu'il passe et les transmet aux services compétents de l'État, dans des conditions définies par décret.

Art. 85. – I. – Pour les marchés et les accords-cadres donnant lieu à l'une des procédures formalisées et pour les marchés de services relevant de l'article 30 d'un montant égal ou supérieur à *(Décret nº 2007-1850 du 26 décembre 2007, art. 1)* 206 000 € HT, le pouvoir adjudicateur envoie pour publication, dans un délai maximal de quarante-huit jours à compter de la notification du marché ou de l'accord-cadre, un avis d'attribution. Le pouvoir adjudicateur est dispensé d'envoyer un avis d'attribution pour les marchés fondés sur un accord-cadre.

Le pouvoir adjudicateur envoie un avis sur le résultat de la passation des marchés fondés sur un système d'acquisition dynamique au plus tard quarante-huit jours après la notification de chaque marché. Toutefois, il peut n'envoyer qu'un avis global chaque trimestre, au plus tard quarante-huit jours après la fin de chaque trimestre.

II. – L'avis d'attribution est publié dans l'organe qui a assuré la publication de l'avis d'appel public à la concurrence et selon les mêmes modalités de transmission que celles définies à l'article 40 du présent code.

III. – Pour les marchés de fournitures et de services d'un montant égal ou supérieur à *(Décret nº 2007-1850 du 26 décembre 2007, art. 1)* 133 000 € HT pour l'État et 206 000 € HT pour les collectivités territoriales et pour les marchés de travaux d'un montant égal ou supérieur à 5 150 000 € HT, l'avis est établi pour la publication au *Journal officiel* de l'Union européenne conformément au modèle fixé par le règlement (CE) nº 1564/2005 susmentionné. Cet avis est conforme au modèle prévu par arrêté du ministre chargé de l'Économie lorsqu'il est établi pour la publication au *Bulletin officiel* des annonces des marchés publics.

(2ᵉ alinéa supprimé par Décret nº 2008-1355 du 19 décembre 2008, art. 10).

IV. – Pour les marchés relevant de l'article 30 d'un montant égal ou supérieur à 206 000 € HT, le pouvoir adjudicateur adresse l'avis d'attribution à l'Office des publications officielles de l'Union européenne et au *Bulletin officiel* des annonces des marchés publics en indiquant s'il en accepte la publication.

V. – Certaines informations relatives à la passation du marché ou à la conclusion de l'accord-cadre peuvent ne pas être publiées lorsque leur divulgation ferait obstacle à l'application des lois, serait contraire à l'intérêt public ou porterait préjudice aux intérêts commerciaux légitimes des candidats ou pourrait nuire à une concurrence loyale entre ceux-ci.

TITRE IV. – EXÉCUTION DES MARCHÉS

Chapitre Ier. – Régime financier

Section 1. Règlement, avances, acomptes

Art. 86. – Les marchés donnent lieu à des versements à titre d'avances, d'acomptes, de règlements partiels définitifs ou de solde, dans les conditions fixées par la présente section.

2

Commentaire

Dans le droit de la comptabilité publique, l'exécution des dépenses est partagée entre les ordonnateurs et les comptables. Les ordonnateurs engagent, liquident et, sauf exception, ordonnancent les dépenses, dont les comptables assurent le paiement.

Avant de régler les dépenses, les comptables sont tenus (art. 12 et 13 du règlement général sur la comptabilité publique, institué par le décret n° 62-1587 du 29 décembre 1962, modifié) de contrôler notamment la validité de la créance (justification du service fait, exactitude des calculs de liquidation, intervention préalable des contrôles réglementaires, production des justifications, application des règles de prescription et de déchéance).

En application de l'article 60-I de la loi de finances pour 1963 (n° 63-156 du 23 février 1963), les comptables publics sont personnellement et pécuniairement responsables des contrôles qu'ils sont tenus d'assurer en matière de dépenses : tout manquement à cet égard entraîne l'irrégularité du paiement et permet la mise en jeu de leur responsabilité pécuniaire.

Sous-section 1. Avances

Art. 87. – I. – Une avance est accordée au titulaire d'un marché lorsque le montant initial du marché ou de la tranche affermie est supérieur à 50 000 € HT et dans la mesure où le délai d'exécution est supérieur à deux mois. Cette avance n'est due au titulaire du marché que sur la part du marché qui ne fait pas l'objet de sous-traitance.

Dans le cas d'un marché à bons de commande, comportant un montant minimum supérieur à 50 000 € HT, l'avance est accordée en une seule fois sur la base de ce montant minimum.

Dans le cas d'un marché à bons de commande ne comportant ni minimum ni maximum, l'avance est accordée pour chaque bon de commande d'un montant supérieur à 50 000 € HT et d'une durée d'exécution supérieure à deux mois.

Dans le cas d'un marché à bons de commande, comportant un montant minimum supérieur à 50 000 € HT, passé en application des articles 7 et 8 et lorsque chaque service ou organisme procède lui-même au paiement des prestations qu'il a commandées, le marché peut prévoir que le régime de l'avance est celui qui relève des dispositions applicables aux marchés à bons de commande ne comportant ni minimum ni maximum.

Le titulaire peut refuser le versement de l'avance.

II. – Le montant de l'avance est fixé, sous réserve des dispositions du III du présent article et de celles de l'article 115 :

1° À 5 % du montant initial, toutes taxes comprises, du marché ou de la tranche affermie si leur durée est inférieure ou égale à douze mois ; si cette durée est supérieure à douze mois, l'avance est égale à 5 % d'une somme égale à douze fois le montant mentionné ci-dessus divisé par cette durée exprimée en mois ;

2° Dans le cas d'un marché à bons de commande comportant un montant minimum supérieur à 50 000 € HT, à 5 % du montant minimum si la durée du marché est inférieure ou égale à douze mois ; si cette durée est supérieure à douze mois, l'avance est égale à 5 % d'une somme égale à douze fois le montant minimum divisé par la durée du marché exprimée en mois ;

3° Dans le cas d'un marché à bons de commande ne comportant ni minimum ni maximum ou qui comporte un minimum et un maximum fixé en quantité, pour chaque bon de commande d'un montant supérieur à 50 000 € HT et d'une durée d'exécution supérieure à deux mois, à 5 % du montant du bon de commande si la durée prévue pour l'exécution de celui-ci est inférieure ou égale à douze mois ; si cette durée est supérieure à douze mois, l'avance est égale à 5 % d'une somme égale à douze fois le montant du bon de commande divisé par la durée prévue pour l'exécution de celui-ci exprimée en mois.

Le montant de l'avance ne peut être affecté par la mise en œuvre d'une clause de variation de prix.

III. – Le marché peut prévoir que l'avance versée au titulaire du marché dépasse les 5 % mentionnés au II.

En tout état de cause, l'avance ne peut excéder 30 % des montants mentionnés au II.

L'avance peut toutefois être portée à un maximum de 60 % des montants mentionnés ci-dessus, sous réserve que le titulaire constitue une garantie à première demande conformément aux dispositions de l'article 90.

Le taux et les conditions de versement de l'avance sont fixés par le marché. Ils ne peuvent être modifiés par avenant.

IV. – Les dispositions du présent article s'appliquent aux marchés reconductibles, sur le montant de la période initiale et aux marchés reconduits, sur le montant de chaque reconduction.

V. – Le marché peut prévoir le versement d'une avance dans les cas où elle n'est pas obligatoire.

Art. 88. – I. – Le remboursement de l'avance s'impute sur les sommes dues au titulaire, selon un rythme et des modalités fixés par le marché par précompte sur les sommes dues à titre d'acomptes ou de règlement partiel définitif ou de solde.

Il doit, en tout état de cause, être terminé lorsque le montant des prestations exécutées par le titulaire atteint 80 % du montant toutes taxes comprises des prestations qui lui sont confiées au titre du marché ou de la tranche affermie, du bon de commande dans le cas d'un marché à bons de commande ne comportant ni minimum ni maximum, du montant minimum dans le cas d'un marché à bons de commandes comportant un montant minimum.

II. – Dans le silence du marché, le remboursement s'impute sur les sommes dues au titulaire quand le montant des prestations exécutées par le titulaire atteint 65 % des montants mentionnés au I.

III. – Les dispositions du présent article s'appliquent aux marchés reconductibles, sur le montant de la période initiale et aux marchés reconduits, sur le montant de chaque reconduction.

Art. 89. – Lorsque le montant de l'avance est inférieur ou égal à 30 % du montant du marché, les collectivités territoriales peuvent conditionner son versement à la constitution d'une garantie à première demande portant sur tout ou partie du remboursement de l'avance. Les deux parties peuvent s'accorder pour substituer à cette garantie une caution personnelle et solidaire.

Cette disposition n'est pas applicable aux organismes publics titulaires d'un marché.

Art. 90. – Lorsque le montant de l'avance est supérieur à 30 % du montant du marché, le titulaire du marché ne peut recevoir cette avance qu'après avoir constitué une garantie à première demande. La constitution de cette garantie n'est toutefois pas exigée des organismes publics titulaires d'un marché.

Pour les marchés passés pour les besoins de la défense, l'obligation de constituer cette garantie peut être supprimée ou aménagée par un arrêté conjoint du ministre chargé de la Défense et du ministre chargé de l'Économie.

Sous-section 2. Acomptes

Art. 91. – Les prestations qui ont donné lieu à un commencement d'exécution du marché ouvrent droit à des acomptes.

Le montant d'un acompte ne peut excéder la valeur des prestations auxquelles il se rapporte.

La périodicité du versement des acomptes est fixée au maximum à trois mois. Lorsque le titulaire est une petite ou moyenne entreprise au sens de l'article 48, une société coopérative ouvrière de production, un groupement de producteurs agricoles, un artisan, une société coopérative d'artisans, une société coopérative d'artistes ou une entreprise adaptée, ce maximum est ramené à un mois pour les marchés de travaux.

Pour les marchés de fournitures et de services, il est ramené à un mois à la demande du titulaire.

Commentaire

Dans le cadre d'un marché de travaux où il était stipulé que les situations mensuelles ouvrant droit au paiement d'acomptes seraient établies à partir d'une décomposition du prix global forfaitaire en millièmes, dont il était prévu qu'elle serait produite par l'entreprise et acceptée par le maître de l'ouvrage dans les 30 jours suivant la notification du marché, la Cour des comptes a jugé qu'à défaut d'obtenir cette décomposition, le comptable aurait dû rapprocher les situations mensuelles du calendrier contractuel d'exécution des travaux : « ce rapprochement de documents lui aurait révélé une contradiction manifeste entre pièces justificatives de la dépense » et aurait évité des paiements indus (17 avril 1986, *receveur de l'OPHLM de Périgueux*, Rev. adm. n° 236, note F. Fabre).

Sous-section 3. Régime des paiements

Art. 92. – Constitue un règlement partiel définitif un règlement non susceptible d'être remis en cause par les parties après son paiement, notamment lors de l'établissement du solde.

Les marchés de travaux ne donnent pas lieu à des règlements partiels définitifs.

Les acomptes n'ont pas le caractère de paiements non susceptibles d'être remis en cause.

Art. 93. – Dans le cas des marchés passés en lots séparés, le titulaire de plusieurs lots présente des factures distinctes pour chacun des lots ou une facture globale identifiant distinctement les différents lots.

Art. 94. – Lorsque le marché comporte une clause de variation de prix, la valeur finale des références utilisées pour l'application de cette clause est appréciée au plus tard à la date de réalisation des prestations telle que prévue par le marché, ou à la date de leur réalisation réelle si celle-ci est antérieure.

Lorsque la valeur finale des références n'est pas connue à la date où doit intervenir un acompte ou un paiement partiel définitif, le pouvoir adjudicateur procède à un règlement provisoire sur la base des dernières références connues.

Le paiement calculé sur la base des valeurs finales de référence intervient au plus tard trois mois après la date à laquelle sont publiées ces valeurs.

Lorsque les avances sont remboursées par précompte sur les sommes dues à titre d'acompte ou de solde, le précompte est effectué après application de la clause de variation de prix sur le montant initial de l'acompte ou du solde.

Art. 95. – En cas de résiliation totale ou partielle du marché, les parties peuvent s'accorder, sans attendre la liquidation définitive du solde, sur un montant de dettes et de créances, hors indemnisation éventuelle, acceptées par elles, à titre provisionnel.

Si le solde est créditeur au profit du titulaire, le pouvoir adjudicateur lui verse 80 % de ce montant. S'il est créditeur au profit du pouvoir adjudicateur, le titulaire lui reverse 80 % de ce montant. Un délai peut être accordé au titulaire pour s'acquitter de sa dette ; dans cette hypothèse, le titulaire doit fournir la garantie prévue à l'article 104.

Art. 96. – Est interdite l'insertion dans un marché de toute clause de paiement différé.

Commentaire

Cet article est l'application stricte des grands principes de la comptabilité publique (annualité des autorisations budgétaires et impossibilité d'anticiper sur les futures autorisations). La jurisprudence du Conseil d'État (CE, 8 février 1999, *Préfet des Bouches-du-Rhône c/ Commune de La Ciotat*, req. n° 150931, RFDA 1999.427 ; AJDA 1999.364, concl. C. Bergeal et note D. Chabanol) interdit de déroger à cet article (qui existait déjà dans les versions antérieures du code) prohibant les clauses de paiement différé.

Art. 97. – Les opérations effectuées par le titulaire d'un marché qui donnent lieu à versement d'avances ou d'acomptes, à règlement partiel définitif, ou à paiement pour solde, sont constatées par un écrit établi par le pouvoir adjudicateur ou vérifié et accepté par lui.

Art. 98. – *(Décret n° 2008-407 du 28 avril 2008, art. 1er)* – « Le délai global de paiement d'un marché public ne peut excéder :

1° 30 jours pour l'État et ses établissements publics autres que ceux ayant un caractère industriel et commercial et autres que ceux mentionnés au 3° ;

2° 45 jours pour les collectivités territoriales et les établissements publics locaux autres que ceux mentionnés au 3° ;

(Décret n° 2008-1355 du 19 décembre 2008, art. 33) « Ce délai est ramené à :

« a) Quarante jours à compter du 1er janvier 2009 ;

« b) Trente-cinq jours à compter du 1er janvier 2010 ;

« c) Trente jours à compter du 1er juillet 2010. »

3° 50 jours pour les établissements publics de santé et les établissements du service de santé des armées. »

Le dépassement du délai de paiement ouvre de plein droit et sans autre formalité, pour le titulaire du marché ou le sous-traitant, le bénéfice d'intérêts moratoires, à compter du jour suivant l'expiration du délai.

Un décret précise les modalités d'application du présent article.

Commentaire

• **La loi n° 94-679 du 8 août 1994** portant diverses dispositions d'ordre économique et financier a interdit de prévoir une renonciation aux intérêts moratoires (art. 67). Voici le texte de cet article :

« Dans le cadre des marchés publics, y compris les travaux sur mémoires et achats sur factures, est réputée non écrite toute renonciation au paiement des intérêts moratoires exigibles en raison du défaut, dans les délais prévus, soit du mandatement des sommes dues, soit de l'autorisation d'émettre une lettre de change-relevé, soit du paiement de celle-ci à son échéance.

La présente disposition est applicable à toute clause de renonciation conclue à compter de l'entrée en vigueur de la présente loi. »

L'interdiction de la renonciation aux intérêts moratoires, prévue par cet article, est d'ordre public. La jurisprudence du Conseil d'État prohibe donc toute clause en ce sens qui serait insérée dans un contrat au moment de sa passation, mais également toute transaction par laquelle une personne publique obtiendrait la renonciation de son cocontractant au paiement d'une partie des intérêts moratoires qui lui étaient dus (CE, 17 octobre 2003, *Ministère de l'Intérieur*, n° 249822, Contrats Marchés publ. 2003, comm. 230, note G. Eckert ; BJDCP 2004, n° 32, p. 20, concl. G. Le Chatelier, obs. R.S. ; CE, 10 novembre 2004, *Entreprise Paul Milet,* n° 256031, Contrats Marchés publ. 2005, comm. 14, note W. Zimmer ; signalé au BJDCP 2005, n° 39 p. 148).

• **Les articles 54 et 55 de la loi n° 2001-420 du 15 mai 2001** relative aux nouvelles régulations économiques (**loi NRE**), ci-après reproduits, ont servi de support à la réglementation actuelle fixée par un décret du 21 février 2002 :

« Art. 54. – Les sommes dues en exécution d'un marché public sont payées dans un délai maximal fixé par décret en Conseil d'État à compter de la date à laquelle sont remplies les conditions administratives ou techniques déterminées par le marché auxquelles sont subordonnés les mandatements et le paiement.

Le défaut de paiement dans le délai prévu au premier alinéa fait courir de plein droit et sans autre formalité, au bénéfice du titulaire ou du sous-traitant, des intérêts moratoires à compter du jour suivant l'expiration dudit délai.

Les intérêts moratoires dus au titre des marchés des collectivités territoriales sont à la charge de l'État lorsque le retard est imputable au comptable public.

Art. 55. – Les intérêts moratoires dus à raison du dépassement du délai global de paiement fixé dans le marché public ou, à défaut d'une telle mention dans le marché, du délai maximal prévu par l'article 54 sont versés par l'acheteur public. Ce délai maximal peut être différent selon les catégories de marchés.

Les collectivités territoriales et les établissements publics locaux dotés d'un comptable de l'État sont remboursés par l'État, de façon récursoire, de la part des intérêts versés imputable à ce comptable.

Un décret précise les modalités d'application du présent article. »

Voir le décret n° 2002-232 du 21 février 2002 (modifié par le décret n° 2008-408 du 28 avril 2008) relatif à la mise en œuvre du délai maximum de paiement dans les marchés publics, et sa circulaire d'application du 13 mars 2002, en annexe I-10.

• L'article 5-II du décret n° 2002-232 du 21 février 2002, relatif à la mise en œuvre du délai maximum de paiement dans les marchés publics, modifié par le décret n° 2008-408 du 28 avril 2008, prévoit que pour l'État et ses établissements publics, *« le taux applicable est égal au taux d'intérêt de la principale facilité de refinancement appliquée par la Banque centrale européenne à son opération de refinancement principal la plus récente effectuée avant le premier jour de calendrier du semestre de l'année civile au cours duquel les intérêts moratoires ont commencé à courir, majoré de sept points »*. Il en est de même pour les marchés formalisés des collectivités territoriales et de leurs établissements publics, si le taux des intérêts moratoires n'est pas référencé dans le marché.
Ce taux marginal étant de 4,07 % au 1er juillet 2008, le taux des intérêts moratoires en résultant est donc de 11,07 % à compter de cette date.

2

TABLEAU RÉCAPITULATIF DES TAUX APPLICABLES POUR LE CALCUL DES INTÉRÊTS MORATOIRES DUS DANS LE CADRE DES MARCHÉS PUBLICS

Décret n° 2002-232 du 21 février 2002 relatif au délai maximum de paiement modifié par le decret n° 2008-408 du 28 avril 2008

Date à laquelle les intérêts moratoires ont commencé à courir	Taux de l'intérêt légal	Taux des intérêts moratoires si le marché public fait référence au taux légal	Taux marginal de la BCE	Taux des intérêts moratoires si le marché public ne fait pas référence au taux de l'intérêt légal
01/07/08	3,99 %	5,99 %	4,07 %	11,07 %
01/01/08	3,99 %	5,99 %	4,20 %	11,20 %

Date à laquelle les intérêts moratoires ont commencé à courir	Taux de l'intérêt légal	Taux des intérêts moratoires si le marché public fait référence au taux légal	Taux marginal de la BCE	Taux des intérêts moratoires si le marché public ne fait pas référence au taux de l'intérêt légal
01/07/07	2,95 %	4,95 %	4,07 %	11,07 %
01/01/07	2,95 %	4,95 %	3,58 %	10,58 %
01/07/06	2,11 %	4,11 %	2,83 %	9,83 %
01/01/06	2,11 %	4,11 %	2,25 %	9,25 %
01/07/05	2,05 %	4,05 %	2,05 %	9,05 %
01/01/05	2,05 %	4,05 %	2,09 %	9,09 %
01/07/04	2,27 %	4,27 %	2,01 %	9,01 %
01/01/04	2,27 %	4,27 %	2,02 %	9,02 %
01/07/03	3,29 %	5,29 %	2,10 %	9,10 %
01/01/03	3,29 %	5,29 %	2,85 %	9,85 %
01/07/02	4,26 %	6,26 %	3,35 %	10,35 %
01/01/02	4,26 %	6,26 %	3,45 %	10,45 %

Les acheteurs publics des collectivités territoriales et de leurs établissements publics ont donc tout intérêt à mentionner dans le marché que le taux des intérêts moratoires est « *celui de l'intérêt légal en vigueur à la date à laquelle les intérêts moratoires ont commencé à courir, augmenté de deux points* » (art. 5-II du décret du 21 février 2002). Il s'avère en effet moindre, au regard de l'évolution du taux d'intérêt légal retracé dans le tableau ci-après :

Taux d'intérêt légal depuis 1978

Années	Taux d'intérêt légal
01/01/1978 au 14/07/1989	9,50 %
15/07/1989 au 31/12/1989 (D. n° 89-622 du 6 septembre 1989)	7,82 %

Années	Taux d'intérêt légal
1990 (D. du 4 janvier 1990)	9,36 %
1991 (D. nº 91-131 du 1er février 1991)	10,26 %
1992 (D. du 5 mars 1992)	9,69 %
1993 (D. nº 92-1361 du 24 décembre 1992)	10,40 %
1994 (D. nº 94-179 du 23 février 1994)	8,40 %
1995 (D. nº 95-76 du 23 janvier 1995)	5,82 %
1996 (D. nº 96-105 du 8 février 1996)	6,65 %
1997 (D. nº 97-115 du 10 février 1997)	3,87 %
1998 (D. nº 98-62 du 2 février 1998)	3,36 %
1999 (D. nº 99-71 du 3 février 1999)	3,47 %
2000 (D. nº 2000-133 du 16 février 2000)	2,74 %
2001 (D. nº 2001-138 du 12 février 2001)	4,26 %
2002 (D. nº 2002-159 du 8 février 2002)	4,26 %
2003 (D. nº 2003-201 du 10 mars 2003)	3,29 %
2004 (D. du 13 février 2004)	2,27 %
2005 (D. nº 2005-130 du 10 février 2005)	2,05 %
2006 (D. nº 2006-117 du 31 janvier 2006)	2,11 %
2007 (D. nº 2007-217 du 19 février 2007)	2,95 %
2008 (D. nº 2008-166 du 21 février 2008)	3,99 %
2009 (D. nº 2009-138 du 9 février 2009)	3,79 %

Art. 99. – Dans le cas où le marché prévoit l'échelonnement de son exécution et des versements auxquels il donne lieu, aucune créance ne peut devenir exigible, aucun intérêt moratoire ne peut commencer à courir avant les dates ainsi prévues par le marché.

Art. 100. – En cas de résiliation du marché ouvrant droit à indemnisation, si les parties ne parviennent pas à un accord dans un délai de six mois à compter de la date de la résiliation sur le montant de l'indemnité, le pouvoir adjudicateur verse au titulaire, qui en fait la demande, le montant qu'il a proposé.

Section 2. Garanties

Sous-section 1. Retenue de garantie

Art. 101. – Le marché peut prévoir, à la charge du titulaire, une retenue de garantie qui est prélevée par fractions sur chacun des versements autres qu'une avance.

Le montant de la retenue de garantie ne peut être supérieur à 5 % du montant initial augmenté, le cas échéant, du montant des avenants. La retenue de garantie a pour seul objet de couvrir les réserves à la réception des travaux, fournitures ou services ainsi que celles formulées, le cas échéant, pendant le délai de garantie. Le délai de garantie est le délai, qui peut être prévu par le marché, pendant lequel le pouvoir adjudicateur peut formuler des réserves sur des malfaçons qui n'étaient pas apparentes ou dont les conséquences n'étaient pas identifiables au moment de la réception.

Dans l'hypothèse où le montant des sommes dues au titulaire ne permettrait pas de procéder au prélèvement de la retenue de garantie, celui-ci est tenu de constituer une garantie à première demande selon les modalités fixées à l'article 102.

Cette disposition n'est pas applicable aux organismes publics titulaires d'un marché.

Commentaire

Cet article innove par rapport à l'article 99 du code de 2004, en ce qu'il donne, pour la première fois, une définition du *délai de garantie* durant lequel l'acheteur public peut formuler des réserves sur des malfaçons cachées ou éventuellement visibles mais dont les conséquences ne pouvaient être mesurées lors de la réception.

Art. 102. – La retenue de garantie peut être remplacée au gré du titulaire par une garantie à première demande ou, si le pouvoir adjudicateur ne s'y oppose pas, par une caution personnelle et solidaire. Le montant de la garantie à première demande ou de la caution personnelle et solidaire ne peut être supérieur à celui de la retenue de garantie qu'elles remplacent. Leur objet est identique à celui de la retenue de garantie qu'elles remplacent.

La garantie à première demande ou la caution personnelle et solidaire est établie selon un modèle fixé par un arrêté du ministre chargé de l'Économie.

L'organisme apportant sa garantie est choisi parmi les tiers agréés par le comité des établissements de crédit et des entreprises d'investissement mentionné à l'article L. 612-1 du Code monétaire et financier *(Décret n° 2008-206 du 29 février 2008, art. 2)* ou par le comité des entreprises d'assurance mentionné à l'article L. 413-1 du Code des assurances. Lorsque cet organisme est étranger, il est choisi parmi les tiers agréés dans son pays d'origine. Le pouvoir adjudicateur peut récuser l'organisme qui doit apporter sa garantie.

Lorsque le titulaire du marché est un groupement solidaire, la garantie est fournie par le mandataire pour le montant total du marché, avenants compris.

Lorsque le titulaire est un groupement conjoint, chaque membre du groupement fournit une garantie correspondant aux prestations qui lui sont confiées. Si le mandataire du groupement conjoint est solidaire de chacun des membres du groupement, la garantie peut être fournie par le mandataire pour la totalité du marché.

Dans l'hypothèse où la garantie ou la caution ne serait pas constituée ou complétée au plus tard à la date à laquelle le titulaire remet la demande de paiement correspondant au premier acompte, la fraction de la retenue de garantie correspondant à l'acompte est prélevée.

Le titulaire a la possibilité, pendant toute la durée du marché, de substituer une garantie à première demande ou, si le pouvoir adjudicateur ne s'y oppose pas, une caution personnelle et solidaire à la retenue de garantie. Toutefois, cette garantie à première demande ou cette caution personnelle et solidaire est constituée pour le montant total du marché y compris les avenants. Les montants prélevés au titre de la retenue de garantie sont reversés au titulaire après constitution de la garantie de substitution.

Commentaire

• Cet article opère un renversement, favorable aux titulaires de marchés, par rapport à la réglementation antérieure : il est, en effet, désormais possible (art. 102, dernier alinéa) pour eux de substituer, *pendant toute la durée du marché*, une garantie bancaire à la retenue de garantie, alors qu'auparavant cette faculté n'existait qu'au début de l'exécution du marché.

• Les modèles de garantie à première demande et de caution personnelle et solidaire ont été fixés, en dernier lieu, par un arrêté du 3 janvier 2005 (modifié par arrêtés du 28 août 2006 et du 29 février 2008) pris en application de l'article 102 du Code des marchés publics et fixant les modèles de garantie à première demande et de caution personnelle et solidaire, ci-après reproduit :

« Art. 1er. – La garantie à première demande et la caution personnelle et solidaire visées à l'article 102 du Code des marchés publics doivent être conformes aux modèles annexés au présent arrêté.

Art. 2. – Le présent arrêté est applicable aux marchés dont la procédure de passation est lancée à compter de la date de publication du présent arrêté au Journal officiel *de la République française.*

L'arrêté du 5 septembre 2002 pris pour l'application de l'article 100, alinéa 2, du Code des marchés publics cesse d'être applicable selon les mêmes modalités.

Art. 3. – Le présent arrêté sera publié au Journal officiel *de la République française. »*

Annexe

Garantie à première demande

(Remplaçant la retenue de garantie en application
de l'article 102 du Code des marchés publics)

A. – Identification de la personne publique qui passe le marché, du titulaire du marché et de la personne qui apporte sa garantie

Personne publique qui passe le marché (nom, adresse, direction, sous-direction, bureau, télécopie, téléphone, courriel) :

Titulaire du marché (dénomination et adresse) :

Organisme apportant sa garantie (dénomination et adresse) :

Objet du marché :

Numéro et date du marché :

Date (indicative) prévue pour la réception :

Montant garanti (qui ne peut être supérieur à celui de la retenue de garantie[1] que la présente garantie remplace) :

Le présent engagement correspond [2] :

À la garantie du marché de base ;

À un complément de garantie au titre de l'avenant n°

B. – Engagement

Je m'engage à payer à première demande, dans la limite du montant garanti, les sommes que la personne publique pourrait demander pour couvrir les réserves à la réception des travaux, fournitures ou services ainsi que celles formulées pendant le délai de garantie du marché.

Le paiement interviendra dans un délai de quinze jours à compter de la réception par mes services d'un dossier comportant la photocopie des pièces suivantes :

1. Si l'entreprise est en redressement ou en liquidation judiciaire : jugement prononçant la liquidation judiciaire ou prononçant le redressement judiciaire et ne permettant pas à l'entreprise de couvrir les réserves à la réception des travaux, fournitures ou services ainsi que celles formulées pendant le délai de garantie du marché.

2. Autres cas :

– mise en demeure au titulaire d'exécuter les travaux ou services ou de livrer les fournitures, ou références de l'article du marché dispensant la personne publique de cette mise en demeure ;

– certificat administratif indiquant que les travaux ou services n'ont pas été exécutés ou les fournitures livrées malgré l'expiration du délai fixé dans la mise en demeure ;

– décision de mise en régie ou d'exécution aux frais et risques des travaux ou services ou des livraisons des fournitures concernés.

3. Pièce à fournir dans les cas 1 et 2 : certificat administratif indiquant le montant estimé, du fait des réserves formulées, du surcoût d'achèvement des travaux ou services ou des livraisons de fournitures.

Le montant qui me sera réclamé ne pourra être supérieur au montant indiqué dans le certificat administratif sans pouvoir dépasser le montant garanti. Je procéderai au paiement dès lors que j'aurai reçu l'ensemble des pièces énumérées ci-dessus sans soulever aucune contestation quant à leur contenu.

Les sommes payées resteront acquises à la personne publique quel que soit le motif d'inexécution des travaux ou services ou des livraisons des fournitures, même en cas de force majeure, de redressement judiciaire ou de liquidation judiciaire du titulaire, mon engagement étant autonome par rapport aux éventuelles dettes de ce dernier.

La présente garantie prendra fin dans les conditions prévues à l'article 103 du Code des marchés publics.

Par ailleurs, je certifie avoir été agréé par le comité des établissements de crédit et des entreprises d'investissement mentionné à l'article L. 612-1 du Code monétaire et financier ou par le comité des entreprises d'assurance mentionné à l'article L. 413-1 du Code des assurances.

Le droit français est seul applicable au présent engagement ; les tribunaux français sont seuls compétents.

À ......, le ......

Signature du représentant
de l'organisme apportant sa garantie

1. La retenue de garantie ne peut excéder 5 % du montant initial du marché augmenté, le cas échéant, du montant des avenants, toutes taxes comprises, avant application des clauses de prise en compte des variations des conditions économiques (art. 99 du Code des marchés publics).
2. Cocher la case concernée.

Caution personnelle et solidaire

(Remplaçant la retenue de garantie
en application de l'article 102 du Code des marchés publics)

A. – Identification de la personne publique qui passe le marché,
du titulaire du marché et de la personne qui apporte sa caution

Personne publique qui passe le marché (nom, adresse, direction, sous-direction, bureau, télécopie, téléphone, courriel) :

Titulaire du marché (dénomination et adresse) :

Organisme apportant sa caution (dénomination et adresse) :

Objet du marché :

Numéro et date du marché :

Date (indicative) prévue pour la réception :

Montant garanti (qui ne peut être supérieur à celui de la retenue de garantie[1] que la présente caution remplace) :

Le présent engagement correspond[2] :

À la garantie du marché de base ;

À un complément de garantie au titre de l'avenant n°

B. – Engagement

Je me porte caution personnelle et solidaire du titulaire du marché, dans la limite du montant garanti, pour le versement des sommes dont il serait débiteur auprès de la personne publique pour couvrir les réserves à la réception des travaux, fournitures ou services ainsi que celles formulées pendant le délai de garantie du marché.

Le paiement interviendra dans un délai de quinze jours à compter de la réception par mes services d'un justificatif de la créance.

Dès lors que j'aurai reçu le justificatif énoncé ci-dessus, je m'engage à effectuer, sur ordre de la personne publique, jusqu'à concurrence de la somme garantie ci-dessus, le versement des sommes dont le titulaire serait débiteur.

Je certifie être agréé par le comité des établissements de crédit et des entreprises d'investissement mentionné à l'article L. 612-1 du Code monétaire et financier ou par le comité des entreprises d'assurance mentionné à l'article L. 413-1 du Code des assurances.

Le présent engagement de caution prend fin dans les conditions prévues à l'article 103 du Code des marchés publics.

À ......, le ......

Signature du représentant
de l'organisme apportant sa caution

1. La retenue de garantie ne peut excéder 5 % du montant initial du marché augmenté, le cas échéant, du montant des avenants, toutes taxes comprises, avant application des clauses de prise en compte des variations des conditions économiques (art. 99 du Code des marchés publics).
2. Cocher la case concernée.

• Un arrêt (CE, 7e et 5e sous-sections réunies, 14 juin 2000, *Banque Rhône-Alpes*, req. no 199585, BJDCP 2000, no 13, p. 410, concl. C. Bergeal, obs. R.S. ; Contrats Marchés publ. 2000, comm. 14, note F.L.) a jugé que la caution d'une entreprise mise en liquidation peut être recherchée devant le tribunal administratif par la collectivité publique, alors même que celle-ci n'a pas déclaré sa créance ni obtenu de relevé de forclusion pour ce faire, le juge pouvant apprécier *« l'étendue des obligations qui s'imposent à celui qui a donné une caution et a ainsi apporté au maître de l'ouvrage une garantie indépendante de la situation de l'entreprise en redressement et constitutive d'une obligation autonome ».*

Depuis, un autre arrêt (CE, 3 novembre 2004, *Sté Technibat Aluminium Service*, no 263934, Contrats Marchés publ. 2005, comm. 12, note G. Eckert ; signalé au BJDCP 2005, no 39, p. 148) a jugé qu' « *il résulte de la nature même de la garantie à première demande que les obligations mises à la charge de la Société générale par les contrats de garantie la liant aux Hôpitaux universitaires de Strasbourg sont autonomes par rapport à celles incombant à la société Technibat*

Aluminium Service dans le cadre de l'exécution du marché de travaux dont elle était titulaire ; que, dès lors, ces contrats, qui n'ont pas pour objet l'exécution même du service public et ne comportent aucune clause exorbitante du droit commun, ont le caractère de contrats de droit privé ; que la juridiction administrative n'est, par suite, pas compétente pour connaître de la décision litigieuse des Hôpitaux universitaires de Strasbourg de procéder à l'appel des garanties en cause, laquelle, ainsi qu'il a été dit, constitue une mesure d'exécution de ces contrats ».

À supposer qu'une distinction soit faite à cet égard entre la caution (dont la mise en jeu relèverait de la compétence des juridictions administratives) et la garantie à première demande (dont le caractère autonome justifierait la compétence des tribunaux de l'ordre judiciaire), on observera que, dans les deux cas, le Conseil d'État utilise l'expression « obligations autonomes » pour qualifier les actes souscrits par les établissements bancaires : il serait souhaitable qu'une clarification intervienne, afin que le doute soit levé sur la compétence juridictionnelle en cas de mise en œuvre des cautions et/ou garanties à première demande apportées par ces derniers.

2

Art. 103. – La retenue de garantie est remboursée un mois au plus tard après l'expiration du délai de garantie.

En cas de retard de remboursement, des intérêts moratoires sont versés selon les modalités définies par le décret mentionné à l'article 98.

Les établissements ayant accordé leur caution ou leur garantie à première demande sont libérés un mois au plus tard après l'expiration du délai de garantie.

Toutefois, si des réserves ont été notifiées au titulaire du marché ou aux établissements ayant accordé leur caution ou leur garantie à première demande pendant le délai de garantie et si elles n'ont pas été levées avant l'expiration de ce délai, les établissements sont libérés de leurs engagements un mois au plus tard après la date de leur levée.

Commentaire

• Cet article, qui traite de la libération de la caution ou de la garantie à première demande, apporte, pour les titulaires de marchés, une amélioration par rapport à celui, portant le numéro 101, qui, traitant du même sujet, figurait dans le code de 2004.

Alors que le texte antérieur subordonnait la fin de l'engagement de l'établissement financier à la délivrance d'une mainlevée par la personne publique en cas de réserves notifiées au titulaire du marché, le nouvel article 103 supprime cette condition, la preuve de la levée des réserves pouvant être apportée par tout moyen (de préférence par la production d'un procès-verbal de levée des réserves signé par le titulaire du marché et le pouvoir adjudicateur).

Sous-section 2. Autres garanties

Art. 104. – En cas de résiliation d'un marché qui n'a pas prévu de retenue de garantie, lorsqu'un délai est accordé au titulaire, dans les conditions prévues à l'article 95, pour reverser au pouvoir adjudicateur 80 % du montant de l'éventuel solde créditeur apparu au profit de celui-ci, le titulaire fournit une garantie à première demande ou, si le pouvoir adjudicateur ne s'y oppose pas, une caution personnelle et solidaire.

Art. 105. – Le cahier des charges détermine, s'il y a lieu, les autres garanties qui peuvent être demandées au titulaire du marché pour l'exécution d'un engagement particulier.

Section 3. Financement

Commentaire

• Toute cette section adapte aux marchés publics la loi dite « Dailly » (du nom du sénateur qui en a pris l'initiative) du 2 janvier 1981 facilitant le crédit aux entreprises, modifiée par la loi du 24 janvier 1984, dite « loi bancaire », ces deux lois étant aujourd'hui codifiées dans le Code monétaire et financier (art. L. 313-23 à L. 313-34, et R. 313-15 à R. 313-18).

Il s'agit de permettre aux entreprises qui ont un besoin de trésorerie passager ou plus important, d'obtenir facilement un crédit, l'établissement financier ou la banque cessionnaire de la créance ou du marché disposant d'une garantie par l'encaissement de la créance qui lui a été cédée par le titulaire.

Sous-section 1. Cession ou nantissement des créances résultant des marchés

Art. 106. – Le pouvoir adjudicateur remet au titulaire soit une copie de l'original du marché revêtue d'une mention dûment signée, par lui, indiquant que cette pièce est délivrée en unique exemplaire en vue de permettre au titulaire de céder ou de nantir des créances résultant du marché, soit un certificat de cessibilité conforme à un modèle défini par arrêté du ministre chargé de l'Économie.

(Décret n° 2008-1334 du 17 décembre 2008, art. 69) « La dématérialisation du certificat de cessibilité, établi selon un modèle électronique, s'effectue suivant les modalités prévues par un arrêté du ministre chargé de l'Économie. »

L'exemplaire unique ou le certificat de cessibilité est remis par l'organisme bénéficiaire de la cession ou du nantissement au comptable assignataire en tant que pièce justificative pour le paiement.

Lorsque le secret exigé en matière de défense fait obstacle à la remise au bénéficiaire d'une cession ou d'un nantissement de la copie du marché, le pouvoir adjudicateur délivre au titulaire un exemplaire unique ou un certificat de cessibilité ne contenant que les indications compatibles avec le secret.

Le titulaire du marché peut, pour toute autre cause, demander que le contenu de l'exemplaire unique ou du certificat de cessibilité soit réduit aux indications nécessaires à la cession ou au nantissement.

S'il est procédé à une modification dans la désignation du comptable ou dans les conditions du règlement du marché, le pouvoir adjudicateur annote l'exemplaire unique ou le certificat de cessibilité d'une mention constatant la modification.

Pour tout marché prévoyant plusieurs comptables assignataires, le pouvoir adjudicateur fournit autant d'exemplaires uniques ou de certificats de cessibilité que de comptables, en précisant dans une mention apposée sur chacun de ces documents le comptable auquel il doit être remis. Chaque document ne mentionne que la part de la créance totale que le comptable auquel il est transmis est appelé à mettre en paiement.

Dans le cas d'un marché à bons de commande ou d'un marché à tranches, il est délivré, au gré du titulaire, soit un exemplaire unique ou un certificat de cessibilité du marché, soit un exemplaire unique ou un certificat de cessibilité de chaque bon de commande ou de chaque tranche.

Dans le cas d'un marché exécuté par un groupement conjoint, il est délivré à chaque entreprise un exemplaire unique ou un certificat de cessibilité limité au montant des prestations qui lui sont confiées.

Dans le cas d'un marché exécuté par un groupement solidaire, il est délivré un exemplaire unique ou un certificat de cessibilité au nom du groupement, dès lors que les prestations réalisées par les entreprises ne sont pas individualisées. Si les prestations sont individualisées, un exemplaire unique ou un certificat de cessibilité correspondant à la prestation qu'elle exécute est délivré à chaque entreprise.

Commentaire

• La notion d'« exemplaire unique » du marché s'explique parce qu'il convient d'empêcher toute fraude consistant à proposer la même créance ou le même marché cumulativement en garantie à plusieurs banques ou établissements financiers.

L'exemplaire unique permet également de cantonner la garantie, notamment pour ne pas léser les sous-traitants éventuels, bénéficiaires du paiement direct de leurs prestations par la personne publique.

• Le modèle de certificat de cessibilité des créances issues de marchés publics a été fixé par un **arrêté du 28 août 2006**, ci-après reproduit :

« Art. 1er. – En application de l'article 106 du Code des marchés publics, le certificat de cessibilité est établi conformément au modèle joint en annexe et signé par le pouvoir adjudicateur ou son représentant.

Art. 2. – Le certificat de cessibilité est établi à l'initiative du pouvoir adjudicateur ou sur demande du titulaire du marché ou de son sous-traitant payé directement.

Dans le cas d'une demande du titulaire du marché ou de son sous-traitant payé directement, le pouvoir adjudicateur peut toutefois se dispenser de lui délivrer un certificat de cessibilité en lui remettant un exemplaire unique du marché public conformément à l'article 106 du Code des marchés publics.

Art. 3. – En cas de modification de la créance, le pouvoir adjudicateur complète, rectifie et signe le certificat de cessibilité précédemment émis qui lui a été retourné par le titulaire du marché ou par son sous-traitant payé directement.

Le pouvoir adjudicateur restitue le certificat de cessibilité ainsi modifié au titulaire du marché ou à son sous-traitant payé directement.

Art. 4. – Le présent arrêté entrera en vigueur le 1er septembre 2006 et sera publié au Journal officiel *de la République française. »*

Annexe

Certificat de cessibilité de créance(s) sur marché public,
délivré par le pouvoir adjudicateur en unique exemplaire
au titulaire du marché ou à son sous-traitant payé
directement pour être remis au cessionnaire
ou au titulaire d'un nantissement de créances

Toutes les mentions énumérées dans la présente annexe sont obligatoires :

1. Identification du pouvoir adjudicateur

Désignation du pouvoir adjudicateur : nom et adresse de la collectivité ou de l'établissement public.

Désignation de la personne habilitée à donner les renseignements prévus à l'article 109 du Code des marchés publics.

Désignation du comptable public assignataire (cf. art. 12 du Code des marchés publics)[1].

2. Identification du créancier au titre du marché public

Désignation du créancier : nom, raison sociale, adresse, numéro SIRET.

Renseignements complémentaires sur le créancier [2] *:*

Titulaire du marché

Sous-traitant de premier rang

Membre d'un groupement solidaire

Membre d'un groupement conjoint

Mandataire solidaire

Mandataire conjoint

Agissant pour son propre compte

Habilité à céder ou nantir la créance du groupement

Dans ce dernier cas, indiquer la référence de l'habilitation.

3. Identification de la créance cessible[3]

Désignation du marché et de son montant : références, date, montant.

Le cas échéant, désignation de la tranche et mention de son montant.

Le cas échéant, désignation du lot et de son montant.

Le cas échéant, désignation du bon de commande et de son montant.

Le cas échéant, éléments relatifs aux clauses de variation de prix applicables à la créance.

Le cas échéant, éléments relatifs aux clauses de pénalités susceptibles d'être appliquées à la créance.

Le cas échéant, autres renseignements.

4. Renseignements complémentaires affectant le marché et/ou la créance[4]

Le marché prévoit le versement d'une avance au créancier au titre du marché :

En cas d'avance, son pourcentage : %

Le marché prévoit une retenue de garantie :

En cas de retenue de garantie, son pourcentage : %

Le marché prévoit un délai d'exécution des prestations :

Dans ce cas, la durée mentionnée est de :

Le cas échéant, les dates prévisionnelles de début d'exécution et d'achèvement sont :

Le marché prévoit un délai maximum de paiement :

Dans ce cas, le délai maximum de paiement est de :

Le cas échéant, référence du taux des intérêts moratoires mentionné :

Le marché ne prévoit pas un délai maximum de paiement :

Dans ce cas, le délai maximum de paiement est de :

Dans ce cas, référence du taux des intérêts moratoires applicable[5] *:*

Le marché prévoit un montant[6] *:*

Montant prévu pour l'ensemble du marché : EUR (TTC).

Montant prévu pour la tranche concernée : EUR (TTC).

Montant prévu pour le lot concerné : EUR (TTC).

Le titulaire souhaite ne pas confier l'exécution d'une partie des prestations à des sous-traitants ayant droit au paiement direct :

Cette partie non sous-traitée est au maximum de : EUR (TTC).

2

5. Modification(s) ultérieure(s) de la créance (à renseigner autant de fois que nécessaire)

Vous pouvez consulter le tableau dans le JO *n° 199 du 29/08/2006 texte n° 9*

En cas de cession ou de nantissement, le cessionnaire ou le titulaire du nantissement transmet l'original du présent certificat au comptable public assignataire, conformément à l'article 106 du Code des marchés publics[7]*.*

À ......, le ......

Signature du pouvoir adjudicateur
ou de son représentant

1. Conformément à l'article 106 du Code des marchés publics, il doit être établi un certificat de cessibilité distinct pour chaque comptable public concerné par un même marché public, en y retraçant la part de la créance totale que le comptable auquel il est transmis est appelé à mettre en paiement.
2. Cocher la ou les cases correspondantes.
3. Lorsque le montant est demandé, faire apparaître le montant TTC, le montant HT et celui de la TVA.
4. Cocher la ou les cases correspondantes.
5. En l'absence de clause contractuelle, il convient d'indiquer le délai maximum de paiement et la référence au taux des intérêts moratoires prévus par la réglementation en vigueur.
6. Pour les marchés à bons de commande comportant un minimum et un maximum, ceux-ci doivent être indiqués. Pour les marchés comportant un prix estimatif, celui-ci doit être indiqué.
7. Il est rappelé que les cessions ou nantissements réalisés en application du Code monétaire et financier ne peuvent être honorés par le comptable public assignataire que s'ils lui sont notifiés et les cessions ou nantissements de droit commun que s'ils lui sont signifiés.

Art. 107. – Le bénéficiaire d'une cession ou d'un nantissement de créance au titre d'un marché public notifie ou signifie cette cession ou ce nantissement au comptable public assignataire.

Ce bénéficiaire encaisse seul, à compter de cette notification ou signification au comptable, le montant de la créance ou de la part de créance qui lui a été cédée ou donnée en nantissement.

Quand la cession ou le nantissement de créance a été constitué au profit de plusieurs bénéficiaires, chacun d'eux encaisse seul la part de la créance qui lui a été affectée dans la cession ou le nantissement dont les mentions ont été notifiées au comptable.

En cas de sous-traitance prévue dès la passation du marché, le titulaire indique dans le marché la nature et le montant des prestations qu'il envisage de confier à des sous-traitants bénéficiant, dans les conditions prévues à l'article 115 du présent code, du paiement direct. Ce montant est déduit du montant du marché pour déterminer le montant maximum de la créance que le titulaire peut céder ou donner en nantissement.

Commentaire

• En l'absence de la notification de la cession de créance au comptable, le paiement doit être fait entre les mains du titulaire (Cour des comptes, 3e ch. 17 novembre 1994, *Conventi*, comptable de l'OPHLM de Haute-Corse, Rec. jurid. fin. p. 102). Mais en cas de notification préalable au comptable de la cession de créance, les paiements faits en méconnaissance de cette cession sont irréguliers et peuvent être de nature à constituer le comptable en débet (Cour des comptes, 4e ch. 2 octobre 1996, *Leteux*, comptable de la commune d'Hallennes-lez-Haubourdin, Rec. jurid. fin. p. 114).

• Le dernier alinéa de cet article s'explique par les exigences de l'article 9 de la loi du 31 décembre 1975 relative à la sous-traitance, qui s'applique aux « marchés passés par l'État, les collectivités locales, les établissements et entreprises publics » (art. 4 de la loi) et qui prévoit :

« La part du marché pouvant être nantie par l'entrepreneur principal est limitée à celle qu'il effectue personnellement.

Lorsque l'entrepreneur envisage de sous-traiter une part du marché ayant fait l'objet d'un nantissement, l'acceptation des sous-traitants prévue à l'article 3 de la présente loi est subordonnée à une réduction du nantissement à concurrence de la part que l'entrepreneur se propose de sous-traiter ».

2

Art. 108. – En cas de cession ou de nantissement effectué conformément aux articles L. 313-23 à L. 313-34 du Code monétaire et financier, la notification prévue à l'article L. 313-28 de ce code est adressée au comptable public assignataire désigné dans le marché dans les formes prévues à l'article R. 313-17 dudit code.

Commentaire

Voici le texte de l'**article R. 313-17 du Code monétaire et financier** :

« Lorsque la créance est cédée ou nantie au titre d'un marché public, la notification doit être faite entre les mains du comptable assignataire désigné dans les documents contractuels. Elle doit comporter les mentions obligatoires suivantes, conformément aux articles L. 313-23 à L. 313-35 :

1° Dans les conditions prévues par les articles L. 313-23 à L. 313-35 du Code monétaire et financier, le titulaire du marché/le sous-traitant/ le bénéficiaire de la facture ci-dessous désigné comme suit (raison sociale et adresse de l'entreprise cédante) :

« Nous a cédé/nanti en totalité/en partie par bordereau en date du ... la (les) créance(s) suivante(s) :

Marché n° ... »

2° L'indication de la commande, comme suit :

« Bon de commande n^o...

« Ordre de service n^o... (préciser en cas de marché à commandes ou marchés de clientèle).

« Acompte ou facture

« Sous-traité n^o...

« Lieu d'exécution...

« Administration contractante... »

3° Le montant ou l'évaluation de la créance cédée ou nantie, comme suit :

« En cas de cession ou de nantissement total : montant ou évaluation :

« En cas de cession ou de nantissement partiel, désignation de la part du marché ou du sous-traité : montant ou évaluation :

« Conformément aux dispositions de l'article L. 313-28, nous vous demandons de cesser, à compter de la réception de la présente notification, tout paiement au titre de cette (ces) créance(s) à (raison sociale et adresse de l'entreprise cédante). »

4° Le mode de règlement, comme suit :

« En conséquence, le règlement des sommes revenant à l'entreprise ci-dessus devra être effectué à (indication de la personne à l'ordre de laquelle il doit être effectué et du mode de règlement). »

Art. 109. – Les bénéficiaires de nantissements ou cessions de créances peuvent, au cours de l'exécution du marché, demander au pouvoir adjudicateur soit un état sommaire des prestations effectuées, accompagné d'une évaluation qui n'engage pas le pouvoir adjudicateur, soit le décompte des droits constatés au profit du titulaire du marché ; ils peuvent demander, en outre, un état des avances et des acomptes mis en paiement. La personne chargée de fournir ces divers renseignements est désignée dans le marché.

Les mêmes bénéficiaires peuvent demander au comptable un état détaillé des oppositions au paiement de la créance détenue par le titulaire du marché qu'il a reçues.

S'ils en font la demande par lettre recommandée avec avis de réception postal, en justifiant de leur qualité, le pouvoir adjudicateur est tenu de les aviser, en même temps que le titulaire du marché, de toutes les modifications apportées au contrat qui ont un effet sur le nantissement ou la cession.

Ils ne peuvent exiger d'autres renseignements que ceux prévus ci-dessus ni intervenir en aucune manière dans l'exécution du marché.

Commentaire

- Si « l'état sommaire des travaux et fournitures effectués » et son « évaluation » n'engagent pas l'administration, il n'en est pas de même en revanche du « décompte des droits constatés au profit de l'entrepreneur ou du fournisseur » ; voir à ce sujet l'extrait ci-après reproduit d'un arrêt du Conseil d'État (CE, 13 avril 1983, *District de Forbach*, Rec. 147) :

« Considérant qu'il résulte de l'instruction que la société GIMEG et le district de Forbach étaient liés par un marché tendant à la construction d'une piscine ; qu'en application des dispositions de l'article 192 du Code des marchés publics, des attestations, constituant un décompte précis des travaux effectués et non encore payés, ont été fournies par le district à la Caisse nationale des marchés de l'État, des collectivités et établissements publics aux droits de laquelle vient la société Crédit d'équipement des petites et moyennes entreprises, qui, cessionnaire de nantissements du marché susmentionné, a accordé une avance renouvelable à la société GIMEG ; que, toutefois, par lettre du 29 novembre 1976, le district a fait savoir à la Caisse nationale qu'après examen des travaux effectivement réalisés par la société sur le chantier, il y avait lieu d'annuler la dernière attestation fournie ; qu'après cette annulation, la Caisse nationale n'était plus en possession que d'un portefeuille d'attestations de travaux de 1 082 640 F, alors qu'elle avait accordé 1 300 000 F d'avances à la société ; que la différence, soit 217 360 F, n'a pu être récupérée, la société GIMEG ayant été mise en liquidation, dès le 16 décembre 1976 ; qu'ainsi, la Caisse nationale a subi un préjudice d'un même montant ; que, par suite, la faute commise par le district en délivrant une attestation erronée étant, quelles que soient les caractéristiques du crédit accordé à la société, la cause directe du préjudice subi par la Caisse nationale, la responsabilité du district de Forbach se trouve engagée ;

Considérant que la Caisse nationale, ayant pu légitimement compter sur le paiement correspondant à l'attestation litigieuse pour récupérer l'avance faite à la société, ne saurait, dans les circonstances de l'affaire, être regardée comme ayant commis, en ne refusant pas ladite avance au motif que la société se trouvait dans une situation financière difficile, une imprudence de nature à atténuer la responsabilité du district. »

• Le fonctionnaire ou l'agent public ayant la qualité d'ordonnateur commet une infraction aux règles d'exécution des dépenses publiques en délivrant des attestations de droits constatés sur la base de déclarations inexactes présentées par le fournisseur, sans qu'il ait été procédé à la vérification des livraisons réellement effectuées (CE, 7 juillet 1978, *Massip*, rejetant le recours en cassation contre un arrêt de la CDBF prononçant une amende, *Grands arrêts de la jurisprudence financière*, Dalloz, 4e éd. 1996, no 54).

Art. 110. – Les seuls fournisseurs susceptibles de bénéficier du privilège résultant de l'article *(Décret no 2008-1334 du 17 décembre 2008, art. 70)* « L. 3253-22 du Code du travail » sont ceux qui ont été agréés par le pouvoir adjudicateur, dans des conditions fixées par décret.

Le privilège ne porte que sur les fournitures livrées postérieurement à la date à laquelle la demande d'agrément est parvenue à l'autorité compétente.

Commentaire

L'article L. 3253-22 (ancien article L. 143-6) du Code du travail dispose : « *Les sommes dues aux entrepreneurs de travaux publics ne peuvent être frappées de saisie-arrêt ni d'opposition au préjudice soit des salariés, soit des fournisseurs créanciers à raison de fournitures de matériaux de toute nature servant à la construction des ouvrages.*

Les sommes dues aux salariés à titre de salaire sont payées de préférence à celles dues aux fournisseurs. »

Tombées en désuétude pour les ouvriers qui bénéficient d'autres garanties prévues par la législation sociale, ces dispositions ont fait l'objet, en ce qui concerne les droits du fournisseur, d'un avis (n° 359055) du Conseil d'État du 9 juillet 1996 (Rapport public 1996, p. 323) précisant les formalités à remplir pour rendre le privilège des fournisseurs effectif : en l'absence de mesure conservatoire ou d'exécution (saisie conservatoire ou saisie-attribution) mise en œuvre par le fournisseur, le comptable public, saisi d'une demande tendant à l'exercice du privilège, ne peut procéder au paiement, en lieu et place du titulaire du marché défaillant, de la créance que détient le fournisseur sur celui-ci.

Le Conseil d'État a, de toute façon précisé (CE, 3 juin 2005, n° 275061, *Sté Jacqmin,* Contrats Marchés publ. 2005, comm. 215, note G. Eckert ; BJDCP 2005, n° 42, p. 400) que « *les dispositions de l'article L. 143-6 du Code du travail, dont l'origine remonte au décret du 26 pluviôse an II modifié par la loi du 25 juillet 1891, ont pour effet de conférer, notamment aux fournisseurs des entreprises titulaires d'un marché de travaux publics, un droit de paiement préférentiel, à raison des créances qu'ils détiennent sur ces dernières au titre des fournitures et matériaux qu'ils apportent pour l'exécution du marché ; que la revendication du privilège par le fournisseur d'une entreprise titulaire d'un tel marché tend ainsi à obtenir de la personne publique maître de l'ouvrage, le paiement, en lieu et place du titulaire du marché défaillant, de la créance que détient le fournisseur sur celui-ci, par prélèvement sur les sommes dues au titulaire au titre de l'exécution du marché ; qu'ainsi, une telle demande, dont le contentieux relève d'ailleurs de la compétence des tribunaux de l'ordre judiciaire, a un autre objet et un autre fondement que la demande de paiement direct par un maître d'ouvrage des sommes dues à un sous-traitant qui a été accepté et dont les conditions de paiement ont été agréées.* »

Sous-section 2. Intervention d'OSEO Banque de développement des petites et moyennes entreprises (OSEO BDPME)

Art. 111. – Lorsqu'OSEO BDPME envisage d'accorder des avances de trésorerie au bénéfice des titulaires des marchés soumis aux dispositions du présent code ou au bénéfice de leurs sous-traitants ayant droit au paiement direct, il peut obtenir du pouvoir adjudicateur toute pièce justificative validant l'existence de la créance financée.

Chapitre II. – Dispositions relatives à la sous-traitance

Commentaire

Nota : la loi n° 75-1334 du 31 décembre 1975, relative à la sous-traitance, modifiée en dernier lieu par la loi « MURCEF » du 11 décembre 2001, est reproduite dans son intégralité en annexe I-12 au présent code.

• Le comptable public doit exercer sur toutes les dépenses publiques les contrôles de liquidation que lui confie le décret n° 62-1587 du 29 décembre 1962 modifié, portant règlement général sur la comptabilité publique. Il est tenu d'exercer ce contrôle aussi bien sur les sommes dues au titulaire que sur celles revendiquées par le sous-traitant. Ainsi il doit vérifier la liquidation des révisions, actualisations, ou intérêts moratoires éventuellement dus au sous-traitant, celle de la TVA, celle des pénalités éventuelles à déduire. Cette approche a été confirmée par la Cour des comptes, saisie par la direction de la comptabilité publique (Réponse du ministre de l'Économie à la question Hannoun n° 45824, *JO déb. AN, 24 mars 1997).*

Art. 112. – Le titulaire d'un marché public de travaux, d'un marché public de services ou d'un marché industriel peut sous-traiter l'exécution de certaines parties de son marché à condition d'avoir obtenu du pouvoir adjudicateur l'acceptation de chaque sous-traitant et l'agrément de ses conditions de paiement.

Un marché industriel est un marché ayant pour objet la fourniture d'équipements ou de prototypes conçus et réalisés spécialement pour répondre aux besoins du pouvoir adjudicateur.

Commentaire

Les conditions d'acceptation des sous-traitants et l'agrément de leurs conditions de paiement constituent des obligations prévues par l'article 3 de la loi n° 75-1334 du 31 décembre 1975 modifiée, relative à la sous-traitance.

La loi n° 2001-1168 du 11 décembre 2001 portant mesures urgentes de réformes à caractère économique et financier (Loi « MURCEF ») a modifié la loi du 31 décembre 1975 sur plusieurs points importants :

– la rédaction de son article 1er a été précisée afin d'interdire clairement la sous-traitance totale dans les marchés publics ;

– le mécanisme du paiement direct est limité aux sous-traitants de premier rang ; en revanche, le paiement des sous-traitants de deuxième rang ou plus doit désormais être garanti par le mécanisme de la caution prévue à l'article 14 de la loi du 31 décembre 1975 ;

– le soumissionnaire à un marché public a l'obligation de déclarer à l'acheteur public la totalité des sous-traitants auxquels il entend recourir ; il en est de même en cas de recrutement de sous-traitants en cours d'exécution de marché.

Art. 113. – En cas de sous-traitance, le titulaire demeure personnellement responsable de l'exécution de toutes les obligations résultant du marché.

Art. 114. – L'acceptation de chaque sous-traitant et l'agrément de ses conditions de paiement sont demandés dans les conditions suivantes :

1° Dans le cas où la demande de sous-traitance intervient au moment du dépôt de l'offre ou de la proposition, le candidat fournit au pouvoir adjudicateur une déclaration mentionnant :

a) La nature des prestations sous-traitées ;

b) Le nom, la raison ou la dénomination sociale et l'adresse du sous-traitant proposé ;

c) Le montant maximum des sommes à verser par paiement direct au sous-traitant ;

d) Les conditions de paiement prévues par le projet de contrat de sous-traitance et, le cas échéant, les modalités de variation des prix ;

e) Les capacités professionnelles et financières du sous-traitant.

Il lui remet également une déclaration du sous-traitant indiquant qu'il ne tombe pas sous le coup d'une interdiction d'accéder aux marchés publics.

La notification du marché emporte acceptation du sous-traitant et agrément des conditions de paiement ;

2° Dans le cas où la demande est présentée après le dépôt de l'offre, le titulaire remet contre récépissé au pouvoir adjudicateur ou lui adresse par lettre recommandée, avec demande d'avis de réception, une déclaration contenant les renseignements mentionnés au 1°.

Le titulaire établit en outre qu'aucune cession ni aucun nantissement de créances résultant du marché ne font obstacle au paiement direct du sous-traitant, dans les conditions prévues à l'article 116, en produisant soit l'exemplaire unique ou le certificat de cessibilité du marché qui lui a été délivré, soit une attestation ou une mainlevée du bénéficiaire de la cession ou du nantissement des créances.

L'acceptation du sous-traitant et l'agrément des conditions de paiement sont alors constatés par un acte spécial signé des deux parties.

Figurent dans l'acte spécial les renseignements ci-dessus mentionnés au 1° ;

3° Si, postérieurement à la notification du marché, le titulaire envisage de confier à des sous-traitants bénéficiant du paiement direct l'exécution de prestations pour un montant supérieur à celui qui a été indiqué dans le marché ou l'acte spécial, il demande la modification de l'exemplaire unique ou du certificat de cessibilité prévus à l'article 106 du présent code.

Si cet exemplaire ou ce certificat de cessibilité a été remis en vue d'une cession ou d'un nantissement de créances et ne peut être restitué, le titulaire justifie soit que la cession ou le nantissement de créances concernant le marché est d'un montant tel qu'il ne fait pas obstacle au paiement direct de la partie sous-traitée, soit que son montant a été réduit afin que ce paiement soit possible.

Cette justification est donnée par une attestation du bénéficiaire de la cession ou du nantissement de créances résultant du marché.

Le pouvoir adjudicateur ne peut pas accepter un sous-traitant ni agréer ses conditions de paiement si l'exemplaire unique ou le certificat de cessibilité n'a pas été modifié ou si la justification mentionnée ci-dessus ne lui a pas été remise.

Toute modification dans la répartition des prestations entre le titulaire et les sous-traitants payés directement ou entre les sous-traitants eux-mêmes exige également la modification de l'exemplaire unique ou du certificat de cessibilité ou, le cas échéant, la production d'une attestation ou d'une mainlevée du ou des cessionnaires ;

4° Le silence du pouvoir adjudicateur gardé pendant vingt et un jours à compter de la réception des documents mentionnés aux 2 et 3 vaut acceptation du sous-traitant et agrément des conditions de paiement.

Commentaire

Le 2° et le 3° de l'article 114 s'expliquent par les dispositions impératives de la loi du 31 décembre 1975 relative à la sous-traitance. Cette loi, qui est d'ordre public, prévoit en effet, en son article 9 :

« Art. 9. – La part du marché pouvant être nantie par l'entrepreneur principal est limitée à celle qu'il effectue personnellement.

Lorsque l'entrepreneur envisage de sous-traiter une part du marché ayant fait l'objet d'un nantissement, l'acceptation des sous-traitants prévue à l'article 3 de la présente loi est subordonnée à une réduction du nantissement à concurrence de la part que l'entrepreneur se propose de sous-traiter. »

• Le maître de l'ouvrage public reste toujours libre de refuser tel ou tel sous-traitant. En effet, si le principe de la liberté de sous-traiter est expressément rappelé par la circulaire du 7 octobre 1976 relative à la réforme du régime de la sous-traitance dans les marchés publics, cette même circulaire souligne que *« la sous-traitance ne peut porter sur la totalité du marché »* et qu'il *« convient, notamment, de veiller à ce que soient écartées les entreprises qui, faute de disposer des capacités techniques et financières pour l'exécution d'un marché, envisagent de n'en exécuter qu'une partie symbolique tout en s'assurant une marge bénéficiaire sur les prestations sous-traitées ».*

• Lorsque le titulaire du marché a cédé ses créances à un établissement financier, la personne publique n'est pas libérée de ses dettes à l'égard de la banque par le paiement qu'elle a préalablement effectué entre les mains des sous-traitants, si ce paiement a été effectué en l'absence de production préalable par la société de l'exemplaire unique du marché ou de l'attestation de l'établissement de crédit bénéficiaire de la cession (CE, 6 décembre 1999, *Ville de Marseille*, n° 189407, RFDA 2000.199).

Art. 115. – Les dispositions prévues aux articles 86 à 100 s'appliquent aux sous-traitants mentionnés à l'article 114 en tenant compte des dispositions particulières ci-après :

1° Lorsque le montant du contrat de sous-traitance est égal ou supérieur à 600 € TTC, le sous-traitant, qui a été accepté et dont les conditions de paiement ont été agréées par le pouvoir adjudicateur, est payé directement, pour la partie du marché dont il assure l'exécution.

Toutefois, en ce qui concerne les marchés industriels passés par le ministère de la défense, notamment les marchés de réalisation de prototypes, de fabrication, d'assemblage, d'essais, de réparations non courantes ou de maintien en condition et de prestations intellectuelles, les sous-traitants ne sont payés directement que si le montant de leur contrat de sous-traitance est égal ou supérieur à 10 % du montant total du marché ;

2° Lorsqu'une partie du marché est sous-traitée, l'assiette de l'avance prévue à l'article 87 est réduite, pour le titulaire, au montant correspondant aux prestations lui incombant.

Une avance est versée, sur leur demande, aux sous-traitants bénéficiaires du paiement direct.

Les limites fixées à l'article 87 sont appréciées par référence au montant des prestations confiées au sous-traitant tel qu'il figure dans le marché ou dans l'acte spécial mentionné au 2° de l'article 114.

Le droit du sous-traitant à une avance est ouvert dès la notification du marché ou de l'acte spécial par le pouvoir adjudicateur.

Le remboursement de cette avance s'effectue selon les modalités prévues à l'article 88.

Si le titulaire du marché qui a perçu l'avance sous-traite une part du marché postérieurement à sa notification, il rembourse l'avance correspondant au montant des prestations sous-traitées, même dans le cas où le sous-traitant ne peut pas ou ne souhaite pas bénéficier de l'avance.

Le remboursement par le titulaire s'impute sur les sommes qui lui sont dues par le pouvoir adjudicateur dès la notification de l'acte spécial.

Commentaire

Le 1° de l'article 115 constitue le décret d'application du 3e alinéa de l'article 6 de la loi du 31 décembre 1975 relative à la sous-traitance (seuil à partir duquel les sous-traitants de marchés industriels passés par le ministère de la Défense doivent être payés directement).

Art. 116. – Le sous-traitant adresse sa demande de paiement libellée au nom du pouvoir adjudicateur au titulaire du marché, sous pli recommandé avec accusé de réception, ou la dépose auprès du titulaire contre récépissé.

Le titulaire dispose d'un délai de quinze jours à compter de la signature de l'accusé de réception ou du récépissé pour donner son accord ou notifier un refus, d'une part, au sous-traitant et, d'autre part, au pouvoir adjudicateur ou à la personne désignée par lui dans le marché.

Le sous-traitant adresse également sa demande de paiement au pouvoir adjudicateur ou à la personne désignée dans le marché par le pouvoir adjudicateur, accompagnée des factures et de l'accusé de réception ou du récépissé attestant que le titulaire a bien reçu la demande ou de l'avis postal attestant que le pli a été refusé ou n'a pas été réclamé.

Le pouvoir adjudicateur ou la personne désignée par lui dans le marché adresse sans délai au titulaire une copie des factures produites par le sous-traitant.

Le pouvoir adjudicateur procède au paiement du sous-traitant dans le délai prévu par l'article 98. Ce délai court à compter de la réception par le pouvoir adjudicateur de l'accord, total ou partiel, du titulaire sur le paiement demandé, ou de l'expiration du délai mentionné au deuxième alinéa si, pendant ce délai, le titulaire n'a notifié aucun accord ni aucun refus, ou encore de la réception par le pouvoir adjudicateur de l'avis postal mentionné au troisième alinéa.

Le pouvoir adjudicateur informe le titulaire des paiements qu'il effectue au sous-traitant.

Commentaire

1. – Paiement du sous-traitant et compétence juridictionnelle

• S'agissant du paiement des travaux exécutés par un sous-traitant, le Tribunal des conflits, dans un arrêt de principe (Trib. confl. 14 mai 1984, *Smac Acieroïd c/ Commune de Mirande*, Rec. Lebon, p. 448 ; RFDA 1985.21, note Fr. Moderne) a décidé que *« les litiges relatifs au paiement direct du sous-traitant par le maître de l'ouvrage du prix des travaux concernent l'exécution d'un marché de travaux publics »* de sorte qu'ils relèvent de la compétence de la juridiction administrative. En l'occurrence il s'agissait d'une réclamation formulée par Smac Acieroïd sur le fondement du CCAG (demande d'indemnisation de dommages causés par un orage de grêle).

En revanche, le litige opposant un sous-traitant et son donneur d'ordres, tous deux participant à l'exécution d'un marché de travaux publics, mais unis par un contrat de droit privé, relève de la juridiction judiciaire (Trib. confl. 10 juin 2002, Sté Langlois Études Ingénierie, Bull. cass. n° 13, p. 20).

2. – Sous-traitance régulièrement acceptée par la personne publique

a) Le sous-traitant ne peut renoncer au paiement direct qui est « obligatoire », même si l'entrepreneur principal fait l'objet d'une procédure collective (L. 31 déc. 1975, art. 6 et 7). Mais le Conseil d'État estime que l'interdiction posée par la loi de toute renonciation au paiement direct ne fait « *pas obstacle à ce que le paiement effectué par le titulaire du marché, au sous-traitant agréé, éteigne à due concurrence la créance du sous-traitant sur le maître de l'ouvrage* » (CE, 3 nov. 1989, *SA Jean-Michel*, RDP 1991, 293).

b) La Cour de cassation a en outre posé le principe que « l'institution, dans les marchés passés par l'État, les collectivités locales, les établissements et entreprises publics, d'un paiement direct du sous-traitant par le maître de l'ouvrage, n'a pas pour effet de décharger l'entrepreneur principal de son obligation contractuelle au paiement des travaux réalisés » (solution donnée dans un cas de défaillance financière d'une SEM : Cass. civ. 3, 10 mai 1991, *Sté auxiliaire d'entreprises d'Auvergne,* Bull. III, n° 131, p. 77 ; Contrats conc. consom. août-sept. 1991.181, obs. L. Leveneur).

c) Litige sur le montant des sommes dues au sous-traitant : une demande de paiement direct formulée par le sous-traitant après transmission par ce dernier au titulaire du marché des pièces nécessaires au paiement direct, ne prive pas la personne publique contractante de la faculté de contrôler la réalisation effective des travaux sous-traités (CE, 28 avril 2000, *Société Peinture Normandie*, req. n° 181604, RFDA 2000.701 ; Dr. adm. n° 6, juin 2000, n° 129) : les procédures instituées par les dispositions de l'article 8 de la loi du 31 décembre 1975 et de l'article 359 *ter* [devenu l'article 116] du Code des marchés publics ne font en effet pas obstacle au contrôle par le maître de l'ouvrage du montant de la créance du sous-traitant, compte tenu des travaux qu'il a exécutés et des prix stipulés par le marché.

3. – Sous-traitance irrégulière car non déclarée à la personne publique

a) La jurisprudence, tant administrative (CE, 17 mars 1982, *Sté Périgourdine d'étanchéité et de construction*, Rec. Lebon, p. 123 ; AJDA 1982.727, concl. M. Boyon ; JCP 1983, II, 20100, note G. Flécheux ; CJEG 1982.284, note N.R. – 9 mars 1984, *J.-C. Havé* : AJDA 1984, 400, note B. Sablier et J. -E. Caro ; Cah. jur. électr. -gaz 1984, 305, concl. D. Labetoulle ; Marchés publics, 1984, n° 204, p. 11, note P. Subra de Bieusses) que judiciaire (Cass. civ. III, 19 janv. 1982, *Infraco c. SNCF*, D. 1982, 384, note A. Bénabent ; Banque 1982, 943, note L. M. Martin), en estimant que les champs d'application des titres II (« du paiement direct ») et III (« de l'action directe ») de la loi sont exclusifs l'un de l'autre, a enlevé au sous-traitant occulte la possibilité de se prévaloir de l'action directe en substitution du paiement direct.

b) La jurisprudence administrative admet en revanche la recevabilité de l'action en responsabilité civile quasi-délictuelle du sous-traitant contre l'acheteur public qui, connaissant l'existence d'un sous-traitant, laisse ce dernier participer à l'exécution des travaux sans mettre en demeure le titulaire de régulariser la situation en lui présentant à l'acceptation le sous-traitant et en lui faisant agréer ses conditions de paiement, et laisse ainsi s'opérer un versement indu entre les mains du titulaire du marché. La responsabilité de la personne publique est toutefois atténuée par les fautes qu'ont commises tant le titulaire du marché en ne soumettant pas à l'acceptation de la personne publique le sous-traitant, que le sous-traitant lui-même (qui a négligé de s'assurer qu'il avait été accepté). C'est donc à un partage de responsabilité que procède le Conseil d'État en mettant à la charge de la personne publique le tiers du préjudice subi par le sous-traitant (V. dans une espèce récente : CE, 28 mai 2001, *SA Bernard travaux Polynésie*, req. n° 205449, Juris-Data n° 2001–062490, Contrats Marchés publ. 2001, n° 139). En pratique, le sous-traitant supporte les deux tiers des sommes perdues car généralement l'action qu'il a engagée contre le maître de l'ouvrage s'explique par le fait que l'entrepreneur principal n'est plus *« in bonis ».*

2

Art. 117. – Le sous-traitant qui a été accepté et dont les conditions de paiement ont été agréées peut céder ou nantir, à concurrence du montant des prestations qui lui sont réglées directement, tout ou partie de sa créance.

La copie de l'original du marché ou du certificat de cessibilité prévu à l'article 106 ou, le cas échéant, de l'acte spécial prévu à l'article 114 désignant un sous-traitant admis au paiement direct, est remise à chaque sous-traitant bénéficiant du paiement direct.

Chapitre III. – Exécution complémentaire

Art. 118. – Dans le cas particulier où le montant des prestations exécutées atteint le montant prévu par le marché, la poursuite de l'exécution des prestations est subordonnée, que les prix indiqués au marché soient forfaitaires ou unitaires, à la conclusion d'un avenant ou, si le marché le prévoit, à une décision de poursuivre prise par le pouvoir adjudicateur.

Commentaire

Dans le cadre d'un marché passé par une collectivité territoriale, en application de l'article L. 2122-21 (6°) du Code général des collectivités territoriales (CGCT), la prise d'une décision de poursuivre par la personne responsable du marché est subordonnée à l'autorisation de l'assemblée délibérante. Elle est en revanche dispensée de soumission pour avis à la commission d'appel d'offres. L'article L. 2122-22 (4°) du CGCT autorise toutefois le maire, par délégation du conseil municipal, et pour la durée de son mandat, à « *prendre toute décision concernant la préparation, la passation, l'exécution et le règlement des marchés de travaux, de fournitures et de services qui peuvent être passés sans formalités préalables en raison de leur montant, lorsque les crédits sont inscrits au budget* ». Les « marchés sans formalités préalables » étant ceux pouvant être passés selon une procédure adaptée (art. 26-VII du Code des marchés publics), le maire peut donc, le cas échéant, recourir aux décisions de poursuivre sans qu'il soit nécessaire à l'assemblée délibérante de statuer sur chaque projet de décision.

Il ressort cependant du même article que les crédits doivent être inscrits au budget. Dans l'hypothèse où une décision de poursuivre induirait l'affectation de crédits supplémentaires, cette compétence relevant exclusivement de l'organe délibérant, la décision de poursuivre devrait être soumise à l'approbation de celui-ci, qu'il s'agisse ou non d'un marché pour lequel l'exécutif dispose d'une délégation conforme à l'article L. 2122-22 précité.

TITRE V. – DISPOSITIONS RELATIVES AU CONTRÔLE

Chapitre unique. – Contrôle des marchés

Section 1. Mission interministérielle d'enquête sur les marchés publics et les délégations de service public

Art. 119. – Les membres de la mission interministérielle d'enquête, instituée par l'article 1er de la loi nº 91-3 du 3 janvier 1991 modifiée relative à la transparence et à la régularité des procédures de marchés et soumettant la passation de certains contrats à des règles de publicité et de mise en concurrence, sont désignés pour une période de quatre ans renouvelable.

Le secrétariat de la mission interministérielle d'enquête est assuré par la direction chargée des affaires juridiques du ministère de l'économie, des finances et de l'industrie.

Le chef de la mission interministérielle organise et dirige les travaux de la mission. Il désigne, parmi les membres de la mission, les enquêteurs chargés des affaires.

Art. 120. – L'enquête relative à un marché présentant, en tout ou en partie, un caractère secret relatif à la défense nationale ne peut être confiée qu'à un enquêteur préalablement habilité à connaître des informations protégées par les textes relatifs aux secrets de défense.

Art. 121. – Les auditions et visites auxquelles procèdent le ou les membres de la mission chargés d'une enquête en application de l'article 2 de la loi du 3 janvier 1991 susmentionnée donnent lieu à un compte rendu énonçant la nature, la date et le lieu des constatations ou contrôles effectués. Le compte rendu est signé de l'enquêteur et de la personne concernée par les investigations. En cas de refus de celle-ci, mention en est faite au compte rendu.

Art. 122. – Le représentant légal de la collectivité territoriale, de l'établissement public local ou de la société d'économie mixte locale concerné par l'enquête dispose d'un délai de quinze jours à compter de la notification du rapport établi par la mission interministérielle pour faire connaître ses observations éventuelles. Passé ce délai, le rapport peut être transmis au préfet.

Le rapport d'enquête est adressé aux autorités administratives qui ont demandé l'enquête ainsi qu'au Premier ministre et, le cas échéant, au procureur de la République, conformément aux dispositions de l'article 40 du Code de procédure pénale.

La mission interministérielle d'enquête peut, même après l'envoi de son rapport, être consultée par les diverses autorités administratives compétentes sur les suites à lui donner et sur toutes les questions se rapportant à l'exploitation des informations figurant dans le rapport d'enquête et le dossier qui y est joint.

Art. 123. – L'enquête diligentée par la mission interministérielle d'enquête instituée par l'article 1er de la loi du 3 janvier 1991 susmentionnée s'effectue sans préjudice des contrôles existants et ne peut empiéter sur les fonctions de direction ou d'exécution des services.

Art. 124. – Le chef de mission établit annuellement un rapport d'activité dans lequel il expose les résultats obtenus, les difficultés rencontrées au cours des enquêtes et les points sur lesquels ont été constatées les irrégularités les plus fréquentes ou les plus graves. Il propose les mesures qui seraient de nature à y remédier ou à les atténuer. Il effectue un bilan de la situation par rapport à l'année antérieure. Ce rapport est adressé au Premier ministre, au garde des Sceaux, ministre de la Justice, et au ministre chargé de l'Économie.

Commentaire

Cette section a été commentée par la circulaire ministérielle du 29 juillet 1992 que l'on trouvera ci-après.

Circulaire du 29 juillet 1992

relative à l'application du titre 1er de la loi nº 91-3 du 3 janvier 1991 et du décret nº 91-1232 du 6 décembre 1991 relatifs à la transparence et à la régularité des procédures de marchés (art. 120 à 125 du Code des marchés publics) :

« Le Premier ministre à Mesdames et Messieurs les ministres et secrétaires d'État.

Par son titre 1er, la loi nº 91-3 du 3 janvier 1991 vise à renforcer les moyens de contrôle sur les conditions de préparation, de passation et d'exécution des marchés de l'État, des établissements publics administratifs, des collectivités territoriales et de leurs établissements publics ainsi que des sociétés d'économie mixte locales.

Par ailleurs, il a été institué un nouveau délit de « favoritisme » sanctionnant le fait, pour un acheteur public, de procurer à autrui un avantage injustifié par un acte contraire aux dispositions législatives et réglementaires qui visent à garantir la liberté d'accès et l'égalité des candidats aux marchés.

À cet effet, il a été créé une mission interministérielle d'enquête dont le chef et les membres sont désignés parmi les magistrats, les fonctionnaires de catégorie A et les officiers, chargée de procéder à des investigations sur les conditions de régularité et d'impartialité dans lesquelles sont préparés, passés et exécutés les marchés des collectivités publiques.

Le législateur a pris en considération, à cet égard, la part importante des commandes publiques dans l'économie nationale (12 p. 100 du PIB) et la place que représentent ces commandes dans certains secteurs de l'industrie et des services (BTP, informatique, électronique professionnelle...).

Une telle situation rend indispensable un meilleur contrôle des procédures des marchés afin de sauvegarder la bonne utilisation des deniers publics et de garantir l'égalité des droits des candidats aux marchés.

Le décret n° 91-1232 du 6 décembre 1991 introduit dans le Code des marchés publics les mesures réglementaires nécessaires à l'application de la loi. Est ainsi inséré, dans le livre 1er du Code des marchés publics, un chapitre VI [devenu la section 1 du chapitre unique du titre V].

I. – Champ d'application

La compétence de la mission interministérielle s'étend donc à tous les marchés de l'État et de ses établissements publics.

En ce qui concerne les collectivités territoriales, la compétence de la mission est générale. Elle s'applique à tous leurs marchés ainsi qu'à l'ensemble de leurs établissements publics et des sociétés d'économie mixte qui en dépendent.

Ces dernières, dont le nombre a très sensiblement augmenté depuis quelques années, peuvent avoir des missions variées en matière d'aménagement, de tourisme ou de loisir, engageant parfois des masses financières importantes.

En principe, étant des organismes de caractère privé, elles ne sont pas assujetties aux dispositions du Code des marchés publics. Cependant, ces disciplines s'imposent à elles lorsqu'elles agissent, en vertu d'un mandat donné par une commune, à la place de celle-ci, notamment dans le cadre des articles 3 et 4 de la loi du 12 juillet 1985 relative à la maîtrise d'ouvrage publique et à ses rapports avec la maîtrise d'œuvre privée.

Dans ce cas, la compétence de la mission s'étend éventuellement au contrôle des opérations des SEM effectuées en tant que mandataire.

En outre, celles-ci se trouvent soumises de plein droit aux directives européennes pour leurs marchés, lorsque ceux-ci dépassent les seuils communautaires. Enfin, elles doivent respecter les principes essentiels inspirant le Code des marchés pour garantir la transparence des conventions et l'égalité entre les entreprises.

Les marchés de l'État et des collectivités territoriales visés de la sorte par le texte le sont quel qu'en soit l'objet : marchés de travaux, de fournitures, de services, et quel qu'en soit le mode de passation : adjudication, appels d'offres, appels d'offres sur concours, marchés négociés.

Le contrôle de la régularité et de l'impartialité des procédures peut s'exercer, comme l'indique l'article 1er, au stade de la préparation du marché, au stade de sa passation, où au stade de son exécution, et jusqu'à l'achèvement des opérations concernées. Il peut intervenir, le cas échéant, postérieurement, si des vérifications se révèlent nécessaires sur la régularité des pratiques ayant été suivies.

L'enquête demandée est ainsi susceptible de concerner, selon les situations, un marché isolé, en cours ou passé, ou un ensemble de marchés intervenus durant une période plus ou moins prolongée et en des lieux éventuellement différents.

D'un point de vue général il est souhaitable que la mission soit mise à même d'intervenir le plus tôt possible par rapport aux faits paraissant donner lieu à des critiques.

Son action en ce domaine particulier, qui ne peut se confondre avec celle d'aucun autre organisme de contrôle ou d'inspection, est appelée à s'effectuer sans donner lieu à une immixtion quelconque dans la direction des services de l'administration, de l'établissement ou de la collectivité concernée (art. 123 du Code des marchés publics).

II. – Saisine

De par son caractère interministériel, les enquêtes peuvent être demandées à la mission :

– par le Premier ministre ;

– par le ministre chargé de l'Économie et des Finances ;

– ou par chaque ministre, pour les affaires relevant de son département ou les établissements placés sous sa tutelle (art. 2 de la loi) ;

– [Loi n° 95-127 du 8 février 1995 relative aux marchés publics, art. 7] par la Cour des comptes.

La mission doit ainsi constituer pour chaque ministre un moyen d'intervention souple et efficace mis à sa disposition pour s'assurer du meilleur emploi possible de ses crédits et d'une juste égalité entre les entreprises concurrentes.

L'utilisation de ce moyen d'intervention est particulièrement indiquée lorsque l'objet des marchés en cause concerne à la fois plusieurs départements ministériels.

S'agissant des marchés des collectivités territoriales, de leurs établissements publics ou des sociétés d'économie mixte locales, les enquêtes peuvent aussi être diligentées à la demande du préfet, qui peut jouer un rôle important en ce domaine.

De telles enquêtes pourront apparaître comme la suite normale et naturelle des observations faites par l'autorité préfectorale sur les procédures qui lui ont été communiquées ou des renseignements portés à sa connaissance sur certains comportements locaux en la matière. Elles seront susceptibles de constituer pour les préfets, en complément de leur contrôle de légalité, un moyen d'action à la fois souple et efficace sur pièces et sur place.

La demande d'enquête formulée par l'autorité compétente, conformément aux dispositions de l'article 2 de la loi, est adressée au chef de la mission qui en accuse réception.

Un bref relevé des faits et des indices justifiant l'enquête accompagnera cette demande.

La saisine de la mission n'est pas nécessairement subordonnée à la communication d'un dossier fondé sur des faits manifestant des griefs d'une certaine gravité. Elle peut se justifier dès que l'organisation de la passation ou de l'exécution d'un ou plusieurs marchés semble ne pas offrir toutes les garanties souhaitables et font présumer des irrégularités.

Dans un souci d'efficacité et de rapidité d'intervention, le chef de la mission a la possibilité d'étendre de lui-même ses investigations lorsque, au cours d'une enquête, il apparaît que des irrégularités sont susceptibles également d'avoir entaché les procédures d'autres marchés que ceux ayant motivé sa saisine initiale.

D'une façon générale, en vue de pouvoir apprécier l'opportunité de demander à la mission de diligenter une enquête sur une situation donnée, le secrétaire général de la commission centrale des marchés pourra être utilement consulté pour avis, à ce sujet.

De son côté, le chef de la mission informe ce dernier de la réception des demandes d'enquêtes dont il est saisi et du déroulement de celles-ci.

III. – Caractères des faits visés

L'intervention de la mission interministérielle a pour objet essentiel, comme l'exprime l'article 1er de la loi, de rechercher les causes d'errements critiquables en matière de passation de marchés et de proposer les moyens d'éviter leur renouvellement.

Elle a, à ce titre, un rôle essentiel de conseil qui peut l'amener à suggérer, par exemple, une meilleure organisation des procédures ou des services en matière d'achat public. Les conclusions de l'enquête de la mission sont présentées selon les modalités qui seront décrites au paragraphe VI ci-dessous.

Il se peut toutefois qu'à l'occasion de ses interventions, la mission soit amenée à déceler des situations laissant présumer que des infractions plus ou moins graves ont été commises.

2

Si les irrégularités apparues semblent constitutives de ce que le Code pénal définit comme corruption ou ingérence, leur répression relève des procédures judiciaires habituelles.

Dans certains cas, ces irrégularités peuvent tomber sous le coup de l'article 7 de la loi [devenu l'article 432-14 du Code pénal] qui définit en matière de marché un nouveau délit fondé sur l'octroi à autrui d'un avantage injustifié par un acte contraire aux dispositions législatives ou réglementaires ayant pour objet de garantir la liberté d'accès et l'égalité des candidats.

Dans ce cas, le rôle de la mission est de rassembler les éléments constitutifs de cette infraction.

Sont concernés les actes intervenant dans le cadre de procédures de marchés publics de l'État, de ses établissements publics, ainsi que des marchés publics des collectivités territoriales et de leurs établissements publics. Sont également concernés les marchés passés par les sociétés d'économie mixte locales, dans les conditions définies au I.

Les personnes visées font l'objet d'une énumération très large : toute personne investie d'un mandat électif, tout représentant, administrateur ou agent des collectivités ou organismes visés ci-dessus ou toute personne intervenant pour le compte de ceux-ci.

Ainsi, dans cette dernière hypothèse, un maître d'œuvre lié au maître d'ouvrage par un contrat pourra-t-il être justiciable des dispositions de l'article 7.

L'égalité entre les candidats est le fondement d'une concurrence loyale et la finalité essentielle de toutes les dispositions du Code des marchés publics. La rupture de cette égalité peut résulter d'une complaisance même non vénale, d'un simple favoritisme ou d'une négligence grave.

L'avantage injustifié conduisant à restreindre la liberté d'accès ou à une rupture manifeste de l'égalité des candidats aux marchés peut, notamment, résulter des comportements suivants :

– avantager une entreprise en la faisant bénéficier seule d'informations qui la favorisent par rapport à ses concurrents (étude préalable effectuée, assurance d'avoir à exécuter des travaux supplémentaires ou certitude donnée qu'une tranche conditionnelle sera affermie...) ;

– prévoir des clauses techniques « sur mesure » qui ne peuvent, à l'évidence, être satisfaites que par une seule entreprise déterminée ;

– recourir directement à la procédure négociée en dehors des cas limitativement prévus par les articles 103 et 104 [devenus les articles 34 et 35] du Code des marchés publics ;

– sous-estimer volontairement le coût des prestations pour pouvoir déclarer un appel d'offres infructueux et, choisir ensuite l'entreprise avec laquelle le marché sera négocié.

Cette situation peut ressortir de la conclusion, en cours de marché, d'avenants qui augmentent de façon importante le coût des prestations et dénaturent ainsi les caractéristiques initiales du marché.

Une circulaire du garde des Sceaux, ministre de la Justice, précise par ailleurs, les conditions dans lesquelles le chef de la mission interministérielle doit porter à la connaissance des parquets les faits délictueux qui auront été constatés au cours de ses interventions.

IV. – Pouvoirs dont dispose la mission

La mission dispose de pouvoirs étendus. En tout état de cause, toute entrave apportée à l'exercice de ceux-ci est constitutive du délit d'opposition à fonction, prévu à l'article 8 de la loi. Cet article sanctionne quiconque aura fait obstacle, de quelque façon que ce soit, à l'exercice des pouvoirs attribués aux membres de la mission.

Ces derniers sont, comme les officiers et agents de police judiciaire, habilités à constater ces infractions.

1° Dans les services de l'État, des établissements publics administratifs, des collectivités territoriales et de leurs établissements publics, ainsi que des sociétés d'économie mixte locale, les membres de la mission disposent, pour les nécessités de l'enquête, des droits d'investigation les plus larges tant sur pièces que sur place.

Il peuvent, dans le cadre de leur mission, accéder à tout document ou élément d'information détenu, sans se voir opposer le secret professionnel (art. 3 de la loi).

2° Ils peuvent, de même, accéder à tous locaux, terrains ou moyens de transport à usage professionnel, prendre copie de tout document professionnel et recueillir les renseignements ou justifications (art. 4 de la loi), ce qui implique l'audition des agents concernés. Les auditions et visites ainsi effectuées donnent lieu à un compte rendu (art. 121 du Code des marchés publics).

L'article 120 du Code des marchés publics prévoit l'habilitation des membres de la mission chargés d'effectuer une enquête relative à des marchés ayant en tout ou partie un caractère secret ressortissant à la défense nationale.

3° Enfin, l'article 5 de la loi prévoit les dispositions de procédure applicables aux fins de constater l'infraction nouvelle, définie à l'article 7 de la loi.

Les membres de la mission peuvent procéder dans ce cas à des visites en tous lieux ainsi qu'à la saisie de documents.

Ces mesures sont subordonnées à une autorisation et un contrôle judiciaires, autorisation délivrée dans les conditions précisées par ce texte. Cette décision judiciaire, qui est motivée, est susceptible de pourvoi en cassation, ce qui offre des garanties certaines aux parties concernées.

Une telle possibilité d'action de la mission complète très utilement la première en permettant éventuellement aux membres de celle-ci de vérifier et poursuivre dans les entreprises la recherche nécessaire des renseignements et éléments de preuve pouvant compléter ceux recueillis dans les organismes visés, les collectivités territoriales ou leurs établissements publics et les sociétés d'économie mixte locales.

Ces investigations, comme toute activité de la mission, n'ont pas d'autre but, en ce qui la concerne et comme l'indique l'article 7 de la loi, que de contribuer au maintien d'une stricte égalité de traitement entre les entreprises concurrentes soumissionnaires.

V. – Articulation de l'activité de la mission avec celles d'autres services publics

Si la mission interministérielle ne doit s'immiscer en aucun cas dans les fonctions de direction des secteurs concernés par ses enquêtes, l'efficacité de son action, comme celle de tout autre organisme administratif, suppose une coopération soutenue avec d'autres services poursuivant dans l'intérêt général un but similaire.

Ainsi, il est important que, dans toute la mesure du possible, la mission coordonne son action avec celle des différents corps d'inspection ministérielle.

Il faut même souligner ici l'importance, d'une part, du rôle des préfets, en dehors du domaine des saisines, déjà mentionné, d'autre part, de celui des chambres régionales des comptes qui, outre leurs fonctions juridictionnelles, ont une mission d'examen de la gestion des collectivités territoriales, des établissements publics locaux et des sociétés d'économie mixte locales.

La collaboration des directions départementales de la concurrence et de la répression des fraudes est aussi susceptible d'apporter en la matière, de par leur situation privilégiée, de précieux éléments d'appréciation.

À cet égard, l'article 6 de la loi prévoit que, lorsque des investigations de la mission font apparaître des faits susceptibles de relever des articles 7 et 8 de l'ordonnance du 1er décembre 1986 [devenus les articles L. 420-1 et L. 420-2 du Code de commerce et relatifs aux ententes entre entreprises faussant le jeu de la concurrence ou abus de position dominante], le président du Conseil de la concurrence doit être informé sans délai.

Il y a là, en effet, une complémentarité évidente des domaines d'activité des deux organismes. Inversement, le Conseil doit porter à la connaissance de la mission des atteintes à la régularité de marchés qui ressortiraient des procédures dont il est saisi.

Cette collaboration est un gage d'efficacité de leur action respective.

VI. – Le rapport au terme de l'enquête

Les enquêtes diligentées donnent lieu à l'établissement de rapports et, le cas échéant, de comptes rendus d'audition qui sont transmis au Premier ministre et aux autorités ayant demandé la saisine de la mission (art. 2 de la loi et 122 du code).

La loi et le règlement témoignent ici du souci d'assurer un caractère contradictoire indispensable aux conclusions du rapport. Ces dernières sont, en effet, portées, pour ce qui les concerne, à la connaissance des personnes mises éventuellement en cause, aux termes de ce même article. Il va de soi qu'il est loisible à ces dernières de faire parvenir leurs explications au chef de la mission. Si celles-ci lui parviennent dans un délai utile, il en sera fait état dans le rapport et le point de vue exprimé pourra être analysé dans l'appréciation définitive de la situation examinée.

En ce qui concerne les collectivités locales, leurs établissements publics ou sociétés d'économie mixte, les rapports les concernant sont d'abord communiqués à leurs représentants légaux avant d'être transmis au préfet et, le cas échéant, à l'autorité qui a demandé l'enquête.

Ces représentants disposent d'un délai de quinze jours pour faire connaître leurs observations éventuelles (art. 122 du code). Celles-ci sont ensuite transmises avec le rapport. L'autorité destinataire doit ainsi avoir en main tous les éléments d'appréciation nécessaires quant à la suite à donner.

En effet, la mission ne pouvant prononcer aucune sanction à l'encontre d'agents considérés responsables d'atteintes aux dispositions du Code des marchés publics, il appartient à l'autorité responsable d'y donner la suite qu'elle estime opportune, sous réserve de l'existence de faits délictueux qui devront être signalés au parquet.

Il revient naturellement à la mission de faire, le cas échéant, au terme de son analyse des faits, toute suggestion utile pour remédier aux errements critiquables constatés dans les services concernés et éviter à l'avenir leur renouvellement. »

• Le ministère de l'Économie et des Finances a précisé par une circulaire du 5 juin 1992 – non publiée au *JO* – les modalités d'assistance des directions départementales de la concurrence à la mission interministérielle d'enquête. On en trouvera le texte ci-après.

Circulaire du 5 juin 1992 (Économie et Finances)

Rôle des Directions départementales de la concurrence, de la consommation et de la répression des fraudes dans l'exécution de la loi du 3 janvier 1991 et dans leur assistance à la mission interministérielle d'enquête

« Le ministre de l'Économie et des Finances à Mesdames et Messieurs les préfets.

Le titre premier de la loi du 3 janvier 1991 relatif à la transparence et à la régularité des procédures de marchés améliore le contrôle des procédures d'achat public.

Ce texte crée un nouveau délit en sanctionnant le fait, pour un acheteur public, de procurer à autrui un avantage injustifié par un acte contraire aux dispositions législatives et réglementaires qui visent à garantir la liberté d'accès et l'égalité des candidats aux marchés. Il institue également une mission interministérielle d'enquête dont les pouvoirs ont été sensiblement renforcés par rapport à l'ancienne Brigade interministérielle d'enquête dont les investigations se limitaient aux seuls marchés de l'État.

Le décret du 6 décembre 1991 [art. 119 à 124 du Code] précise les conditions dans lesquelles cette mission fonctionne et intervient.

La présente circulaire rappelle l'économie de la loi et précise les modalités de coopération qui doivent s'instaurer entre la DGCCRF et la mission interministérielle.

I. – Un champ de contrôle élargi

Le champ de compétence de la mission interministérielle d'enquêtes est élargi par rapport à celui de l'ancienne brigade puisqu'il concerne :

– les marchés de l'État (ministères et services extérieurs) ;

– les établissements publics d'État, autres que ceux à caractère industriel et commercial ;

– les collectivités territoriales (régions, départements et communes) et leurs établissements publics quelle que soit leur activité. Peuvent ainsi être concernés par les investigations de la mission de contrôle les établissements à caractère social ou médical, les offices d'HLM ou les caisses des écoles ;

– les sociétés d'économie mixtes (SEM) locales.

L'élargissement du champ de contrôle aux collectivités locales s'accompagne de deux séries de dispositions :

– le pouvoir dévolu au préfet de saisir directement la mission. Celui-ci est tenu informé des suites de cette saisine. Les rapports et comptes rendus d'audition relatifs aux enquêtes portant sur ces marchés lui sont transmis avec les observations du représentant légal de la collectivité ou de l'organisme concerné ;

– le droit, pour le représentant légal de la collectivité territoriale, de l'établissement public local ou de la société d'économie mixte mis en cause de formuler des observations sur les rapports d'enquête de la mission.

D'après les débats parlementaires, le terme de marché doit être appréhendé dans son sens le plus large. Sont donc concernés tous les achats réalisés par les personnes morales de droit public désignées par l'article 1er de la loi, c'est-à-dire non seulement les marchés publics passés après appel d'offres ouvert ou restreint, mais les achats sur factures et les travaux sur mémoires. Il est toutefois vraisemblable que la mission d'enquête s'attardera davantage, en raison de l'importance des intérêts économiques et financiers en jeu, sur les irrégularités constatées lors de procédures d'appels d'offres ou de marchés négociés.

II. – La définition de la nouvelle incrimination

L'article 7 de la loi [devenu l'article 432-14 du Code pénal] fixe des peines spéciales sanctionnant les infractions aux règles applicables à la passation des marchés publics dans la mesure où ces infractions ont pour effet de procurer ou tenter de procurer à autrui un avantage injustifié.

Le même article définit la qualité des personnes qui peuvent être poursuivies, en cas d'irrégularités commises lors de la conclusion de marchés publics sans qu'il y ait lieu d'opérer une distinction, en raison des fonctions exercées, entre les responsables de ces manquements. Le texte vise donc les fonctionnaires, les agents et les mandataires des collectivités publiques ainsi que toute personne investie d'un mandat électif.

La loi et son décret d'application n'ont pas défini la notion d'avantage injustifié. Toutefois, le texte précise que cet avantage doit résulter d'un acte contraire aux dispositions législatives et réglementaires qui ont pour objet de garantir la liberté d'accès et l'égalité des candidats dans les marchés publics. Sous réserve de l'appréciation souveraine des tribunaux, il convient de se conformer à une interprétation stricte de ces dispositions.

III. – Les liaisons pouvant s'instaurer entre la direction générale de la concurrence, de la consommation et de la répression des fraudes et la mission d'enquête

1) Les DDCCRF, instances privilégiées du recueil d'indices

Par leur implantation sur l'ensemble du territoire et en raison des missions qui leur sont dévolues en matière d'achats publics comme l'assistance aux collectivités, la participation aux commissions de marchés, l'exercice du contrôle de légalité, les DDCCRF sont à même d'apporter une information précieuse à la mission interministérielle d'enquête.

Elles peuvent intervenir à plusieurs stades en détectant des indices laissant présumer qu'un acheteur public n'a pas respecté le principe d'impartialité et de régularité dans le choix d'un soumissionnaire à un marché, notamment :

a) Lors des commissions d'ouverture des plis.

La présence d'un représentant de la DGCCRF aux diverses commissions de marchés de l'État et des collectivités locales constitue un observatoire privilégié pour faire connaître et respecter les règles de mise en concurrence. Les agents qui assistent à ces commissions devront se montrer particulièrement attentifs à tout comportement d'un acheteur public, de ses services techniques ou des maîtres d'œuvre laissant présumer qu'une entreprise ou toute autre personne physique ou morale aurait bénéficié d'un avantage indu. L'absence naturelle de jurisprudence, compte tenu de la jeunesse du texte, rend difficile l'illustration d'exemples. Il est recommandé aux services de rechercher tout élément pouvant relever du délit de favoritisme créé par ce texte et commis par le seul acheteur public, même si ce dernier n'en recueille personnellement aucun avantage direct.

Sous réserve de l'appréciation des tribunaux, pourraient relever de cette incrimination plusieurs pratiques déjà bien connues des agents participant aux commissions de marchés comme certains échanges d'informations entre un maître d'ouvrage et une entreprise avant la mise en concurrence, la communication de dossiers techniques à une seule entreprise, le recours abusif au fractionnement par lot ou au marché négocié...

b) Lors de l'examen des dossiers examinés sur demande du préfet.

Dans le cadre du contrôle de légalité, les DDCCRF formulent des avis sur la régularité des dossiers transmis par les préfets. L'analyse de ces documents peut également révéler :

– soit des détournements de procédure permettant d'éviter le recours aux marchés publics ;

– soit que des marchés n'ont pas été passés avec la régularité et l'impartialité requises.

Les services devront saisir le préfet de tout élément ou indice laissant présumer, à l'occasion de l'examen des pièces d'un marché, un comportement irrégulier de l'acheteur public au sens de la loi du 3 janvier 1991. Ils devront distinguer dans leurs observations les points ressortissant du contrôle de légalité et ceux pouvant être appréhendés dans le cadre de la nouvelle loi.

Naturellement, les services devront également apporter leur concours à toute demande du préfet s'intégrant dans le cadre des prérogatives qui lui sont désormais dévolues par ce texte.

c) Lors de la recherche d'indices d'entente ou à l'occasion d'enquête de concurrence.

Les marchés publics font trop souvent apparaître de nombreuses irrégularités au regard du libre jeu de la concurrence : préférence locale, partage du marché, recours abusif à la procédure d'appel d'offres restreint pour limiter le nombre de candidats à une soumission...

Les indices d'entente donnant lieu à des rapports d'enquête sont nombreux en ce domaine. Il apparaît parfois que les concertations sont organisées par un acheteur public dans le souci de privilégier une entreprise, voire de programmer un tour de rôle entre entreprises soumissionnaires d'une même région ou d'une même commune. La prédésignation d'un attributaire, suivie généralement de l'établissement de fausses soumissions caractérise le plus souvent ces comportements.

Dorénavant de telles pratiques, comme d'ailleurs des recommandations d'un maître d'ouvrage sur une marque précise ou un procédé technique spécifique qui reviendraient à privilégier abusivement une entreprise candidate à un marché public pourraient, sous réserve de l'appréciation des tribunaux, entrer dans le champ d'application de la loi du 3 janvier 1991.

2) Les autres formes d'aides que peut apporter la DGCCRF, compte tenu de son expérience en matière d'enquête

a) La mise au point des requêtes et ordonnances destinées aux présidents de tribunaux de grande instance pour autorisation des visites et des saisies.

La loi du 3 janvier 1991 prévoit deux procédures d'investigation distinctes par les membres de la mission, l'une, purement administrative et très souple qui leur permet de se voir communiquer tout document professionnel, livres, factures, l'autre quasi juridictionnelle.

Ces procédures s'inspirent des articles 47, 48 et 51 de l'ordonnance du 1er décembre 1986 [devenus les articles L. 450-3, L. 450-4 et L. 450-7 du Code de commerce]. La mission pourra notamment, sur autorisation et sous contrôle du juge, effectuer des perquisitions et saisies dans des conditions voisines de celles définies par l'article 48 de l'ordonnance du 1er décembre 1986.

Des sanctions sont prévues en cas d'opposition à fonction.

Si la mission interministérielle d'enquête le souhaite, l'administration centrale et les brigades interrégionales d'enquêtes de la DGCCRF lui apporteront leur soutien technique pour préparer les projets de requête et d'ordonnance du juge qui doivent, comme en droit commun, mentionner tous les éléments d'informations de nature à justifier la visite.

b) L'assistance des DDCCRF suite à des demandes émanant de la mission interministérielle d'enquête ou d'un département ministériel.

Dans ce domaine, et si elles sont sollicitées en raison de leur expérience ou de la nature des renseignements qu'elles peuvent détenir, les directions départementales de la concurrence, de la consommation et de la répression des fraudes apporteront leur assistance à la mission interministérielle d'enquête ou lors de toute demande émanant du Premier ministre, du ministre chargé de l'Économie et des Finances ou de chaque ministre pour son département ou les établissements publics placés sous sa tutelle.

En revanche, les agents des services extérieurs n'ont pas à participer à une enquête, cette prérogative ressortissant des seuls membres de la mission interministérielle d'enquête. Sans toutefois que cela puisse, dans certains cas, faire obstacle à une synchronisation ou coordination avec la Direction nationale des enquêtes (concurrence) et les BIE de leurs recherches respectives lorsqu'elles portent, en tout ou en partie, sur les mêmes faits ou les mêmes entreprises.

Les indices et renseignements pouvant relever des dispositions de la loi du 3 janvier 1991 et recueillis par les directions départementales et les BIE devront être adressés à l'administration centrale de la DGCCRF (Bureau B4) qui les transmettra au secrétariat de la mission interministérielle assuré par le secrétariat général de la commission centrale des marchés. »

Section 2. Contrôle du coût de revient des marchés publics de l'État

(Décret nº 2008-1334 du 17 décembre 2008, art. 71) « **Art. 125.** – I. – Dans les cas prévus ci-dessous, les titulaires de marchés fournissent au service contractant, si celui-ci en fait la demande, tous renseignements sur les éléments techniques et comptables du coût de revient des prestations qui font l'objet du marché.

« Lesdits titulaires ont l'obligation de permettre et de faciliter la vérification éventuelle sur pièces ou sur place de l'exactitude de ces renseignements par les agents de l'administration mentionnés au IV.

« Les obligations prévues ci-dessus sont applicables aux marchés de travaux, fournitures ou études pour lesquels la spécialité des techniques, le petit nombre de candidats possédant la compétence requise, des motifs de secret ou des raisons d'urgence impérieuse ne permettent pas de faire appel à la concurrence ou de la faire jouer efficacement.

« Les personnes soumises aux dispositions des alinéas précédents peuvent être assujetties à présenter leurs bilans, comptes de résultat ainsi que leur comptabilité analytique ou, à défaut de celle-ci, tous documents de nature à permettre l'établissement des coûts de revient.

« II. – La référence aux obligations prévues au I figure dans les documents contractuels du marché soumis au contrôle.

« Le document contractuel faisant référence aux obligations prévues au I fixe les sanctions applicables si l'entreprise soumise à ces obligations refuse de communiquer des pièces ou des documents, fournit des renseignements erronés ou met obstacle à la vérification.

« III. – La décision d'exercer un contrôle de coût de revient en application du I est prise par l'autorité qui a signé le marché soumis au contrôle.

« IV. – Les agents ou les catégories d'agents des services de l'État habilités à exercer les vérifications sur pièces ou sur place en application du I sont désignés par arrêté du ministre dont ils dépendent.

« Les agents des établissements publics appelés à effectuer lesdites vérifications sont habilités nommément par arrêté du ministre de tutelle.

« Les agents habilités conformément aux dispositions des deux alinéas précédents peuvent être mis à la disposition de tout département ministériel pour effectuer des vérifications au profit de celui-ci.

« V. – Tous les fonctionnaires ou agents qui ont connaissance à un titre quelconque des renseignements recueillis au sujet des entreprises en application du I sont astreints au secret professionnel ainsi que, le cas échéant, aux règles relatives à la protection du secret en matière de défense.

« Ces renseignements ne peuvent être utilisés à des fins autres que le contrôle du coût de revient du marché soumis au contrôle ou de tout autre marché analogue. »

Section 3. Autres contrôles des marchés publics de l'État

Art. 126. – Les marchés de l'État, leurs avenants et les décisions de poursuivre auxquelles ils donnent éventuellement lieu sont soumis, en dehors des contrôles institués par les textes généraux en matière de dépenses de l'État et par le présent titre, à des contrôles fixés par chaque ministre.

TITRE VI. – DISPOSITIONS DIVERSES

Chapitre Ier – Règlement des litiges

Section 1. Comités consultatifs de règlement amiable des différends ou des litiges relatifs aux marchés publics

Art. 127. – Les pouvoirs adjudicateurs et les titulaires de marchés publics peuvent recourir aux comités consultatifs de règlement amiable des différends ou litiges relatifs aux marchés publics dans des conditions fixées par décret.

Ces comités ont pour mission de rechercher des éléments de droit ou de fait en vue d'une solution amiable et équitable.

La saisine d'un comité consultatif de règlement amiable interrompt le cours des différentes prescriptions.

La saisine du comité suspend les délais de recours contentieux jusqu'à la décision prise par le pouvoir adjudicateur après avis du comité.

La composition, l'organisation et les modalités de fonctionnement des comités consultatifs, notamment les pouvoirs propres de leurs présidents, sont fixés par décret.

2

Commentaire

Décret n° 2001-797 du 3 septembre 2001 relatif aux comités consultatifs de règlement amiable des différends ou litiges relatifs aux marchés publics (modifié par décret n° 2005-818 du 19 juillet 2005)

Art. 1er. – I. – Conformément à l'article 131 du Code des marchés publics, les comités mentionnés aux II et III ci-dessous ont pour mission de rechercher des éléments de droit ou de fait en vue d'une solution amiable et équitable aux différends ou litiges relatifs aux marchés publics.

II. – Le comité consultatif national de règlement amiable des différends ou litiges est compétent pour les marchés passés par :

– les services centraux de l'État ;

– les établissements publics de l'État autre que ceux qui ont un caractère industriel et commercial, lorsque le marché couvre des besoins excédant le ressort d'un seul comité régional, interrégional ou interdépartemental ;

– les services à compétence nationale, lorsque le marché couvre des besoins excédant le ressort d'un seul comité régional, interrégional ou interdépartemental.

III. – Les comités consultatifs régionaux, interrégionaux ou interdépartementaux de règlement amiable des différends ou litiges, constitués par un arrêté du ministre chargé de l'Économie auprès du préfet désigné par ledit arrêté, sont compétents pour les marchés passés par les services déconcentrés de l'État, par ou pour le compte des collectivités territoriales ou par leurs établissements publics.

Ces comités sont également compétents pour connaître des différends et litiges relatifs aux marchés passés par :

– les établissements publics de l'État autres que ceux qui ont un caractère industriel et commercial, lorsque le marché couvre des besoins limités au ressort de compétence d'un comité régional, interrégional ou interdépartemental ;

– les services à compétence nationale, lorsque le marché couvre des besoins limités au ressort de compétence d'un comité régional, interrégional ou interdépartemental.

L'arrêté mentionné ci-dessus fixe le ressort des comités.

Art. 2. – I. – Le comité consultatif national comprend six membres qui ont voix délibérative :

1° Un membre du Conseil d'État ou un magistrat de la Cour des comptes, en activité ou honoraire, ayant le grade de conseiller d'État ou de conseiller maître, président ;

2° Un membre du Conseil d'État ou un magistrat de la Cour des comptes, en activité ou honoraire, ayant au moins le grade de maître des requêtes ou de conseiller référendaire, vice-président ;

3° Deux fonctionnaires, en activité ou en retraite, qui appartiennent ou qui, lorsqu'ils étaient en activité, appartenaient au département ministériel concerné par l'affaire soumise au comité ;

4° Deux personnalités compétentes appartenant au même secteur d'activité que le titulaire du marché.

Le comité comprend, en outre, un représentant du ministre chargé de l'Économie qui a voix consultative.

II. – Chaque comité consultatif régional, interrégional ou interdépartemental comprend six membres qui ont voix délibérative :

1° Un président et un vice-président choisis, parmi les membres des juridictions administratives, en activité ou honoraires ;

2° Deux fonctionnaires de l'État, en activité ou en retraite, dont l'un au moins appartient ou, lorsqu'il était en activité, appartenait au département ministériel concerné par l'affaire soumise au comité.

Pour les différends ou litiges relatifs aux marchés des collectivités territoriales ou de leurs établissements publics, ces deux fonctionnaires sont remplacés par deux membres choisis pour chaque affaire par le président du comité sur une liste de représentants des collectivités territoriales et de leurs établissements publics ;

3° Deux personnalités compétentes appartenant au même secteur d'activité que le titulaire du marché.

Chaque comité comprend, en outre, le comptable public assignataire des paiements relatifs au marché litigieux, qui a voix consultative.

Art. 3. – I. – Le président et le vice-président du comité national, ainsi que les présidents et les vice-présidents des comités régionaux, interrégionaux ou interdépartementaux proposés, selon le cas, par le vice-président du Conseil d'État ou par le premier président de la Cour des comptes, sont nommés par arrêté du ministre chargé de l'Économie.

Leur mandat est limité à cinq ans ; il est renouvelable.

Si le nombre des affaires soumises à un comité le rend nécessaire, d'autres vice-présidents, choisis dans les mêmes conditions, peuvent être nommés. La séance est alors présidée soit par le président du comité, soit par l'un des vice-présidents. Pour une même séance, les membres du comité assurant les fonctions de président et de vice-président ne peuvent appartenir au même corps ;

II. – Les fonctionnaires mentionnés au 3° du I et au 2° du II de l'article 2 et les représentants des établissements publics des collectivités territoriales ont un mandat limité à cinq ans et renouvelable. Les représentants des collectivités territoriales ont un mandat limité à la durée de leurs fonctions électives.

Ces fonctionnaires et représentants sont choisis à l'occasion de chaque affaire par le président sur des listes établies dans les conditions ci-après :

1° Les listes des fonctionnaires sont arrêtées :

– pour le comité consultatif national, par le ministre chargé de l'Économie, sur proposition du ministre compétent ;

– pour les comités consultatifs régionaux, interrégionaux ou interdépartementaux, par le préfet désigné dans l'arrêté créant ces comités ;

2° Les listes des représentants des collectivités territoriales et de leurs établissements publics habilités à siéger dans les comités consultatifs régionaux, interrégionaux ou interdépartementaux sont également arrêtées par le préfet auprès duquel est constitué le comité consultatif régional, interrégional ou interdépartemental.

2

III. – Les listes des organisations professionnelles les plus représentatives qui devront désigner deux représentants au titre des personnalités compétentes, à la demande du président du comité et pour chaque affaire, sont arrêtées :

– pour le comité consultatif national, par le ministre chargé de l'Économie ;

– pour les comités consultatifs régionaux, interrégionaux ou interdépartementaux, par le préfet désigné dans l'arrêté créant le comité régional ou interrégional.

IV. – Les membres d'un comité ne doivent pas avoir eu à connaître antérieurement de l'affaire qui leur est soumise.

Art. 4. – Le secrétariat du comité consultatif national est assuré par la direction des affaires juridiques du ministère de l'Économie, des Finances et de l'Industrie.

Le secrétariat de chaque comité consultatif régional, interrégional ou interdépartemental est assuré par les services du préfet désigné par l'arrêté créant ce comité.

Les membres des comités ainsi que les rapporteurs peuvent être indemnisés de leurs frais de déplacement dans les conditions prévues par la réglementation applicable aux personnels de l'État effectuant une mission. N'ouvrent droit à indemnisation que les missions effectuées à la demande du président soit sous la forme d'une convocation, soit sous la forme d'une autorisation de déplacement.

Ces indemnités ainsi que les vacations versées aux présidents et aux rapporteurs sont prises en charge par le ministère de l'Économie, des Finances et de l'Industrie.

Art. 5. – I. – Le comité peut être saisi soit par la personne responsable du marché, soit par son titulaire :

1° La personne responsable du marché peut, à tout moment, de sa propre initiative ou à la demande du titulaire du marché, saisir le comité des différends ou litiges qu'elle juge utile de soumettre à son examen ;

2° Le titulaire du marché peut saisir directement le comité dès lors que, la personne responsable du marché ayant rejeté une de ses demandes, il est fondé à porter le différend ou le litige soit devant le ministre ou le représentant légal de l'établissement public, pour les marchés de l'État et de ses établissements publics autres qu'industriels et commerciaux, soit devant le représentant légal de la collectivité ou de l'établissement public, pour les marchés des collectivités territoriales et de leurs établissements publics.

La saisine du comité par le titulaire du marché est faite par un mémoire exposant les motifs de la réclamation et en indiquant le montant. Ce mémoire, qui doit être accompagné des pièces contractuelles du marché, de la lettre de la personne responsable du marché rejetant sa réclamation et de toutes correspondances relatives au litige, est adressé au comité par lettre recommandée avec demande d'avis de réception postal, ou déposé au secrétariat du comité contre récépissé.

II. – Le secrétariat du comité informe l'autre partie de la saisine du comité. Pour les marchés des collectivités territoriales ou de leurs établissements publics, le président du comité informe également de la saisine le préfet du département dans lequel le litige se déroule.

III. – Lorsqu'il apparaît manifeste, au vu d'une demande, que celle-ci ne relève de la compétence d'aucun comité consultatif de règlement amiable ou qu'elle est irrecevable sans qu'une régularisation soit possible, le président peut la rejeter par décision motivée. Il peut également donner acte des désistements ou constater qu'il n'y a pas lieu à statuer.

Art. 6. – Les rapporteurs sont choisis parmi les magistrats de l'ordre administratif ou parmi les fonctionnaires, en activité ou en retraite. La liste en est arrêtée par le président de chaque comité, avec l'accord des autorités dont dépendent les rapporteurs.

Le président attribue les affaires aux rapporteurs désignés. Le rapporteur désigné ne doit pas avoir eu à connaître antérieurement de l'affaire dont il est chargé.

Le rapporteur instruit l'affaire en vue d'établir un rapport et un projet d'avis. Il a accès à tous les documents administratifs et questionne oralement ou par écrit les représentants des parties. Il peut les convoquer. Dans le cas où la bonne instruction de l'affaire l'exigerait, le président peut autoriser le rapporteur à se déplacer.

Art. 7. – Le secrétaire du comité ou son suppléant assiste aux séances et en dresse le procès-verbal.

Le rapporteur présente oralement son rapport au comité.

Le comité entend le titulaire du marché qui peut être assisté par toute personne de son choix, la personne responsable du marché ou son représentant qui peuvent être assistés par toute personne de leur choix ainsi que toute personne dont le président juge utile l'audition.

Le comité délibère à huis clos.

Il ne délibère valablement que lorsque sont présents à sa séance au moins quatre de ses membres. La présence du président ou d'un vice-président, d'un fonctionnaire du département ministériel intéressé ou d'un représentant des collectivités territoriales et d'un représentant du secteur d'activité du titulaire est nécessaire à la validité de la délibération. Les questions sont résolues à la majorité des voix ; en cas de partage égal des voix, celle du président est prépondérante.

Le rapporteur participe avec voix consultative au délibéré, qui doit rester secret.

Art. 8. – I. – Le comité notifie son avis dans un délai de six mois à compter de la saisine. Ce délai peut être prolongé par périodes de trois mois, par décision motivée du président. L'avis est notifié à la personne responsable du marché ainsi qu'au titulaire du marché. La date de cette notification fait courir le délai prévu au II.

L'avis est transmis, pour information, au directeur des affaires juridiques du ministère de l'Économie, des Finances et de l'Industrie et, le cas échéant, au préfet du département ou de la région dans lesquels le litige est pendant.

II. – La décision de la personne responsable du marché est notifiée au titulaire et au secrétaire du comité dans les trois mois suivant la date de notification de l'avis du comité. Cette décision est transmise, pour information, au directeur des affaires juridiques du ministère de l'Économie, des Finances et de l'Industrie.

À défaut d'une telle décision, l'avis du comité est réputé rejeté.

Art. 9. – I. – Le présent décret entrera en vigueur le 9 septembre 2001.

II. – Les membres des comités consultatifs de règlement amiable des différends ou litiges relatifs aux marchés publics en fonction avant l'entrée en vigueur du présent décret sont maintenus en fonction jusqu'à la nomination des nouveaux membres des comités, conformément aux dispositions du présent décret. Cette nomination aura lieu, au plus tard, à la date du 31 mars 2002.

III. – Les comités restent saisis des dossiers dont ils ont été saisis avant la date d'entrée en vigueur du présent décret.

Art. 10. – Le ministre de l'Économie, des Finances et de l'Industrie est chargé de l'exécution du présent décret, qui sera publié au Journal officiel *de la République française.*

Arrêté du 13 février 1992 portant création de comités consultatifs interrégionaux de règlement amiable des litiges (modifié par l'arrêté du 1er avril 1998 et les arrêtés du 19 juillet et 3 novembre 2005)

Art. 1er. – En application des dispositions du II de l'article 239 du code susvisé, sont créés des comités consultatifs interrégionaux de règlement des litiges (CCRA).

Art. 2. – Ces comités sont constitués respectivement :

– auprès du préfet de la région d'Île-de-France, préfet de Paris ;

– auprès du préfet de la région Pays de la Loire, préfet de la Loire-Atlantique ;

– auprès du préfet de la région Aquitaine, préfet de la Gironde ;

– auprès du préfet de la région Rhône-Alpes, préfet du Rhône ;

– auprès du préfet de la région Lorraine, préfet de Meurthe-et-Moselle ;

– auprès du préfet de la région Provence-Alpes-Côte d'Azur, préfet des Bouches-du-Rhône et de la zone de défense Sud.

Art. 3. – Les comités consultatifs interrégionaux de règlement amiable sont désignés sous le nom de la ville où ils siègent.

Art. 4. – Les sièges et les ressorts des « comités consultatifs régionaux, interrégionaux et interdépartementaux » de règlement amiable des litiges relatifs aux marchés publics de Paris, de Versailles, de Nantes, de Bordeaux, de Lyon, de Nancy et de Marseille sont fixés comme suit :

***Paris :** ville de Paris, Val-de-Marne, Seine-et-Marne, Guadeloupe, Guyane, Martinique, Mayotte, Réunion, Saint-Pierre-et-Miquelon ;*

***Versailles :** Yvelines, Hauts-de-Seine, Val-d'Oise, Essonne et Seine-Saint-Denis ;*

***Nantes :** Loire-Atlantique, Maine-et-Loire, Mayenne, Sarthe, Vendée, Calvados, Manche, Orne, Loiret, Cher, Eure-et-Loir, Indre-et-Loire, Loir-et-Cher, Ille-et-Vilaine, Côtes-d'Armor, Finistère, Morbihan, Seine-Maritime, Eure ;*

***Bordeaux :** Gironde, Dordogne, Lot-et-Garonne, Haute-Vienne, Corrèze, Creuse, Indre, Pyrénées-Atlantiques, Gers, Hautes-Pyrénées, Landes, Vienne, Charente, Charente-Maritime, Deux-Sèvres, Haute-Garonne, Ariège, Aveyron, Lot, Tarn, Tarn-et-Garonne ;*

***Lyon :** Rhône, Ain, Ardèche, Loire, Puy-de-Dôme, Allier, Cantal, Haute-Loire, Côte-d'Or, Nièvre, Saône-et-Loire, Yonne, Isère, Drôme, Haute-Savoie, Savoie ;*

***Nancy :** Meurthe-et-Moselle, Meuse, Vosges, Somme, Aisne, Oise, Doubs, Haute-Saône, Jura, Territoire de Belfort, Marne, Ardennes, Aube, Haute-Marne, Nord, Pas-de-Calais, Bas-Rhin, Haut-Rhin, Moselle ;*

***Marseille :** Bouches-du-Rhône, Alpes-de-Haute-Provence, Hautes-Alpes, Vaucluse, Haute-Corse, Corse-du-Sud, Hérault, Aude, Gard, Lozère, Pyrénées-Orientales, Alpes-Maritimes, Var.*

La compétence territoriale des tribunaux administratifs est définie par l'article R. 312-11 du Code de justice administrative, ci-après reproduit :

Article R. 312-11 du Code de justice administrative

Les litiges relatifs aux marchés, contrats, quasi-contrats ou concessions relèvent de la compétence du tribunal administratif dans le ressort duquel ces marchés, contrats, quasi-contrats ou concessions sont exécutés. Si leur exécution s'étend au-delà du ressort d'un seul tribunal administratif ou si le lieu de cette exécution n'est pas désigné dans le contrat, le tribunal administratif compétent est celui dans le ressort duquel l'autorité publique contractante ou la première des autorités publiques dénommées dans le contrat a signé le contrat,

2

sans que, dans ce cas, il y ait à tenir compte d'une approbation par l'autorité supérieure, si cette approbation est nécessaire.

Toutefois, si l'intérêt public ne s'y oppose pas, les parties peuvent, soit dans le contrat primitif, soit dans un avenant antérieur à la naissance du litige, convenir que leurs différends seront soumis à un tribunal administratif autre que celui qui serait compétent en vertu des dispositions de l'alinéa précédent.

Section 2. Arbitrage

Art. 128. – Conformément à l'article 69 de la loi du 17 avril 1906 portant fixation du budget général des dépenses et des recettes de l'exercice 1906, l'État, les collectivités territoriales ou les établissements publics locaux peuvent, pour la liquidation de leurs dépenses de travaux et de fournitures, recourir à l'arbitrage tel qu'il est réglé par le livre IV du nouveau Code de procédure civile.

Pour l'État, ce recours est autorisé par un décret pris sur le rapport du ministre compétent et du ministre chargé de l'Économie.

Chapitre II – Commission des marchés publics de l'État

Art. 129. – *(Décret n° 2008-1355 du 19 décembre 2008, art. 39)* La Commission des marchés publics de l'État peut fournir aux services de l'État une assistance pour l'élaboration ou la passation des marchés.

« Cette commission peut fournir aux collectivités territoriales la même assistance selon des modalités fixées par arrêté du ministre chargé de l'Économie.

« Un décret précise la composition, l'organisation et les modalités de fonctionnement de cette commission. »

Chapitre III – Observatoire économique de l'achat public

Art. 130. – Un Observatoire économique de l'achat public placé auprès du ministre chargé de l'Économie rassemble et analyse les données relatives aux aspects économiques et techniques de la commande publique. Il constitue également une instance permanente de concertation et d'échanges d'informations avec les opérateurs économiques. Les missions, la composition, l'organisation et les modalités de fonctionnement de l'observatoire sont fixées par arrêté du ministre chargé de l'Économie.

Art. 131. – L'observatoire effectue chaque année un recensement économique des marchés et des accords-cadres réalisés par les personnes soumises au présent code et par les personnes définies au I de l'article 3 et aux articles 4 et 5 de l'ordonnance du 6 juin 2005 susmentionnée. Les services qui passent les marchés et accords-cadres ou qui règlent les sommes dues au titre de ces marchés et accords-cadres transmettent, selon des modalités fixées par décret, les données nécessaires à ce recensement.

L'observatoire produit des données sur la part des marchés publics obtenus par des petites et moyennes entreprises au sens de l'article 48.

Commentaire

Décret n° 2006-1071 du 28 août 2006 relatif au recensement des marchés publics et de certains contrats soumis à des obligations de mise en concurrence

Art. 1er. – Le recensement économique de l'achat public a pour objet d'assurer le recueil et l'exploitation de données statistiques relatives à la passation, à la notification et à l'exécution des contrats, des marchés et des accords-cadres, passés en application des dispositions de l'ordonnance du 17 juin 2004 susvisée, de l'ordonnance du 6 juin 2005 susvisée, de la loi du 3 janvier 1991 susvisée ainsi que du Code des marchés publics.

Art. 2. – La nature des données dont la communication est demandée pour les besoins du recensement ainsi que les modalités de leur communication sont fixées par arrêté du ministre chargé de l'Économie.

Le recensement des achats publics est effectué par l'observatoire économique de l'achat public avec le concours de l'ensemble des personnes publiques ou privées qui concluent ou exécutent les contrats, marchés ou accords-cadres mentionnés à l'article 1er.

Art. 3. – Les personnes publiques ou privées qui concluent ou exécutent les contrats, marchés et accords-cadres mentionnés à l'article 1er communiquent les données relatives à leur passation, à leur notification et à leur exécution conformément aux dispositions de l'article 2.

Art. 4. – Les données communiquées à l'observatoire de l'achat public en application de l'article 2 comportent obligatoirement les informations suivantes :

– le type de contrat ;

– le millésime de la date de lancement de la procédure de publicité et de mise en concurrence ;

– les numéros SIREN et NIC de l'organisme acheteur ;

– le numéro d'ordre de la procédure au sein de l'organisme acheteur ;

– lorsqu'une procédure de passation donne lieu à plusieurs marchés, l'identifiant du marché ;

– le cas échéant, le numéro d'ordre de l'avenant ou de l'acte spécial ;

– le numéro SIREN du titulaire ou du mandataire du groupement ;

– le cas échéant, le numéro SIREN du ou des cotitulaires ;

– le cas échéant, le numéro SIREN du sous-traitant ;

– l'objet du contrat défini en recourant aux numéros de la nomenclature communautaire « Vocabulaire commun pour les marchés publics » dite « CPV » ;

– le type de procédure de passation ;

– le montant hors taxe du contrat ou de l'avenant ;

– le cas échéant, le montant de la part sous-traitée ;

– la durée du contrat ;

– la nature ferme, actualisable ou révisable du prix.

Cette liste peut être complétée par arrêté du ministre chargé de l'Économie, sur proposition de l'Observatoire économique de l'achat public.

Art. 5. – Pour permettre à l'Observatoire économique de l'achat public de constituer et d'exploiter une base de données regroupant l'ensemble des opérations d'achat public, chacun des contrats, marchés et accords-cadres recensés est identifié au moyen d'un numéro d'identifiant unique dont la composition est définie par arrêté du ministre chargé de l'Économie.

Art. 6. – Le présent décret s'applique à tous les contrats, marchés et accords-cadres, mentionnés à l'article 1er, qui auront été notifiés à compter du 1er janvier 2007 ou dont la procédure de consultation aura été lancée à compter du 1er septembre 2006.

Art. 132. – L'Observatoire économique de l'achat public peut créer des groupes d'étude des marchés chargés d'élaborer, en particulier, des recommandations techniques, des cahiers des clauses techniques ou des guides techniques destinés à faciliter la passation et l'exécution des marchés publics. Les missions, la composition, l'organisation et les modalités de fonctionnement des groupes d'étude des marchés sont fixées par arrêté du ministre chargé de l'Économie.

Commentaire

Arrêté du 28 août 2006 pris pour l'application de l'article 132 du Code des marchés publics, relatif aux groupes d'étude des marchés de l'Observatoire économique de l'achat public

Art. 1er. – En réponse aux besoins sectoriels et aux préoccupations signalés par l'Observatoire économique de l'achat public, les groupes d'étude des marchés, mentionnés à l'article 132 du Code des marchés publics, préparent des projets de documents techniques d'aide à la passation et à l'exécution des marchés publics.

Ils peuvent également proposer tous projets de mesures techniques tendant à la rationalisation de l'achat public.

Compte tenu des dispositions législatives ou réglementaires relatives à la normalisation, ces projets sont soumis à l'avis du conseil scientifique et communiqués à l'assemblée générale de l'Observatoire de l'achat public.

Les documents techniques de l'Observatoire de l'achat public sont adoptés et rendus publics par son comité exécutif.

Art. 2. – Les documents techniques mentionnés à l'article 1er sont :

– les cahiers des clauses techniques générales ;

– les spécifications techniques ;

– les recommandations techniques ;

– les guides techniques et les cahiers types des clauses techniques particulières ;

– tous autres documents techniques tendant à faciliter la passation et l'exécution des marchés publics.

Art. 3. – Les groupes d'étude des marchés sont créés par une décision du comité exécutif de l'Observatoire économique de l'achat public. Cette décision fixe la mission du groupe d'étude des marchés et en désigne les membres.

Outre le président et le rapporteur, les groupes d'étude des marchés comportent au moins un représentant des acheteurs publics, un représentant des opérateurs économiques du ou des secteurs concernés ainsi qu'un représentant des administrations publiques réglementant le ou les domaines techniques en cause.

Le président peut, en tant que de besoin, mettre en place des comités auxquels il confie l'étude de thèmes particuliers, relevant de la compétence technique du groupe d'étude des marchés.

Le directeur des affaires juridiques du ministère de l'Économie, des Finances et de l'Industrie, ou son représentant, est membre de droit de chacun des groupes d'étude des marchés.

Pour l'examen de certaines questions, les présidents des groupes d'étude des marchés peuvent faire appel à tous experts ou techniciens dont ils jugent utile de recueillir l'avis.

Art. 4. – Lorsqu'il apparaît qu'un document n'est plus valide, le comité exécutif de l'Observatoire économique de l'achat public peut décider d'en confier la mise à jour, ou la réécriture, au groupe d'étude des marchés qui l'avait élaboré ou, si ce groupe n'existe plus, à un autre groupe d'étude des marchés, existant ou à créer. Il peut aussi décider de l'abroger après avoir recueilli l'avis du président du groupe d'étude des marchés qui l'avait élaboré, lorsque ce groupe existe toujours.

Art. 5. – Les documents techniques de l'Observatoire économique de l'achat public peuvent être cités ou exploités, sous réserve de faire explicitement référence à leur décision d'adoption.

Art. 6. – L'arrêté du 28 août 2001 relatif à la commission technique des marchés et aux groupes permanents d'étude des marchés est abrogé.

Chapitre IV – Liste des marchés conclus

Art. 133. – Le pouvoir adjudicateur publie au cours du premier trimestre de chaque année une liste des marchés conclus l'année précédente ainsi que le nom des attributaires. Cette liste est établie dans les conditions définies par un arrêté du ministre chargé de l'Économie.

Commentaire

Arrêté du 26 décembre 2007 pris en application de l'article 133 du Code des marchés publics et relatif à la liste des marchés conclus l'année précédente par les pouvoirs adjudicateurs et les entités adjudicatrices

Art. 1er. – Au cours du premier trimestre de chaque année, le pouvoir adjudicateur ou l'entité adjudicatrice publie, sur le support de son choix, une liste des marchés conclus l'année précédente.

Cette liste indique, de manière séparée, les marchés relatifs aux travaux, aux fournitures et aux services.

Pour chacun de ces trois types de prestations, les marchés sont regroupés en fonction de leur prix selon les tranches suivantes :

– 4 000 € HT à 19 999,99 € HT ;

– 20 000 € HT à 49 999,99 € HT ;

– 50 000 € HT à 89 999,99 € HT ;

– 90 000 € HT à 132 999,99 € HT ;

– 133 000 € HT à 205 999,99 € HT ;

– 206 000 € HT à 999 999,99 € HT ;

– 1 000 000 € HT à 2 999 999,99 € HT ;

– 3 000 000 € HT à 5 149 999,99 € HT ;

– 5 150 000 € HT et plus.

Art. 2. – La liste, présentée conformément à l'article 1er, comporte au moins les indications suivantes :

– objet et date du marché ;

– nom de l'attributaire et code postal.

Art. 3. – I. – Le présent arrêté est applicable aux marchés conclus à partir du 1er janvier 2008.

II. – Les dispositions de l'arrêté du 8 décembre 2006 pris en application de l'article 133 du Code des marchés publics et relatif à la liste des marchés conclus l'année précédente par les pouvoirs adjudicateurs ne sont pas applicables aux marchés conclus à partir du 1er janvier 2008.

III. – L'arrêté du 8 décembre 2006 pris en application de l'article 133 du Code des marchés publics et relatif à la liste des marchés conclus l'année précédente par les pouvoirs adjudicateurs est abrogé à compter du 31 mars 2008.

2

Deuxième partie

Dispositions applicables aux entités adjudicatrices

2

Commentaire

Toute cette partie, qui comporte 41 articles, concerne les marchés passés par les mêmes personnes publiques que celles soumises à la première partie du code, lorsqu'ils sont passés pour les besoins d'une des activités d'opérateurs de réseaux définies par l'article 135 dans les secteurs de l'eau, de l'énergie, des transports et des services postaux.

Les activités définies à l'article 135 sont :

- soit des activités d'exploitation effective d'un réseau ou d'une aire géographique ;
- soit des activités de mise à disposition (consistant à réaliser une infrastructure constituée par ces réseaux et la mettre à la disposition d'un exploitant afin que des prestataires de services puissent y accéder).

Cette seconde partie du code contient des dispositions dérogatoires assouplissant la réglementation de droit commun des marchés publics ; on citera : l'admission des variantes, sauf indication contraire dans le règlement de la consultation (art. 157), le caractère facultatif des concours de maîtrise d'œuvre (art. 168), le libre choix entre les procédures formalisées (art. 144) – ce qui revient à dire qu'il est toujours possible de négocier – et l'augmentation du seuil jusqu'auquel la procédure adaptée est applicable, lequel est fixé à 412 000 € HT [art. 144-III] (contre 133 000 € ou 206 000 €, selon les cas, pour les marchés relevant de la 1re partie du code).

À titre d'exemple, dans le secteur des transports, les collectivités territoriales peuvent bénéficier des souplesses offertes par ces dispositions pour la passation de leurs marchés de fournitures, services ou travaux, non seulement lorsqu'elles exercent elles-mêmes le service (notamment en régie), mais également lorsqu'elles en confient l'exploitation à un tiers (par un marché ou une délégation de service public).

TITRE IER. – CHAMP D'APPLICATION ET PRINCIPES FONDAMENTAUX

Section 1 – Définitions et principes fondamentaux

Art. 134. – I. – Les dispositions de la présente partie s'appliquent aux marchés et accords-cadres passés par les entités adjudicatrices. Les entités adjudicatrices sont les pouvoirs adjudicateurs définis à l'article 2 lorsqu'ils exercent une des activités d'opérateurs de réseaux énumérées à l'article 135.

II. – Les dispositions de l'article 1er du présent Code s'appliquent aux marchés publics et aux accords-cadres passés par des entités adjudicatrices.

Section 2 – Champ d'application

Art. 135. – Sont soumises aux dispositions de la présente partie les activités d'opérateurs de réseaux suivantes :

1° L'exploitation de réseaux fixes destinés à fournir un service au public dans le domaine de la production, du transport ou de la distribution d'électricité, de gaz ou de chaleur, la mise à la disposition d'un exploitant de ces réseaux, ou l'alimentation de ces réseaux en électricité, en gaz, ou en chaleur ;

2° L'exploitation de réseaux fixes destinés à fournir un service au public dans le domaine de la production, du transport ou de la distribution d'eau potable, la mise à la disposition d'un exploitant de ces réseaux, ou l'alimentation de ces réseaux en eau potable.

Sont également soumis aux dispositions de la présente partie les marchés passés par les entités adjudicatrices exerçant une des activités mentionnées à l'alinéa précédent qui sont liés :

a) Soit à l'évacuation ou au traitement des eaux usées ;

b) Soit à des projets de génie hydraulique, d'irrigation ou de drainage, pour autant que le volume d'eau utilisé pour l'alimentation en eau potable mentionnée au 2° représente plus de 20 % du volume total d'eau utilisé pour ces projets ;

3° Les activités relatives à l'exploitation d'une aire géographique dans le but de prospecter ou d'extraire du pétrole, du gaz, du charbon ou d'autres combustibles solides ;

4° Les activités relatives à l'exploitation d'une aire géographique permettant d'organiser et de mettre à disposition des transporteurs, des aéroports, des ports maritimes, des ports fluviaux, ou d'autres terminaux de transport ;

5° Les activités d'exploitation de réseaux destinés à fournir un service au public dans le domaine du transport par chemin de fer, tramways, trolleybus, autobus, autocar, câble ou tout système automatique, ou la mise à la disposition d'un exploitant de ces réseaux.

Le service de transport est regardé comme fourni par un réseau de transport lorsqu'une autorité nationale ou territoriale compétente définit les conditions générales d'organisation du service notamment en ce qui concerne les itinéraires à suivre, la capacité de transport disponible ou la fréquence du service ;

6° Les activités visant à fournir des services postaux ou les services autres que les services postaux mentionnés aux *a* à *f* ci-dessous.

Les services postaux sont les services définis aux articles L. 1 et L. 2 du Code des postes et des communications électroniques.

Les services autres que les services postaux sont les services suivants, lorsqu'ils sont fournis par une entité adjudicatrice exerçant par ailleurs l'une des activités mentionnées à l'alinéa précédent :

a) Les services de gestion de services courrier ;

b) Les services de courrier électronique assurés entièrement par voie électronique, notamment la transmission sécurisée de documents codés par voie électronique, les services de gestion des adresses et la transmission de courrier électronique recommandé ;

c) Les services d'envois non postaux tel que le publipostage sans adresse ;

d) Les services bancaires et d'investissement et les services d'assurance ;

e) Les services de philatélie ;

f) Les services logistiques, associant la remise physique des colis ou leur dépôt à des fonctions autres que postales, tels que les services d'envois express.

Art. 136. – Les dispositions du présent code ne sont pas applicables aux accords-cadres et marchés suivants passés par les entités adjudicatrices définies à l'article 134 :

1° Accords-cadres et marchés de services conclus avec une entité adjudicatrice soumise à la présente partie ou à l'ordonnance du 6 juin 2005 susmentionnée, lorsque cette entité adjudicatrice bénéficie, sur le fondement d'une disposition légalement prise, d'un droit exclusif, à condition que cette disposition soit compatible avec le traité instituant la Communauté européenne ;

2° Accords-cadres et marchés de services qui ont pour objet l'acquisition ou la location, quelles qu'en soient les modalités financières, de terrains, de bâtiments existants ou d'autres biens immeubles, ou qui concernent d'autres droits sur ces biens ; toutefois, les contrats de services financiers conclus en relation avec le contrat d'acquisition ou de location, sous quelque forme que ce soit, entrent dans le champ d'application de la présente partie ;

3° Accords-cadres et marchés de services financiers relatifs à l'émission, à l'achat, à la vente et au transfert de titres ou d'autres instruments financiers et à des opérations d'approvisionnement en argent ou en capital des entités adjudicatrices, sous réserve des dispositions du 2° ;

4° Accords-cadres et marchés de services de recherche et de développement autres que ceux pour lesquels l'entité adjudicatrice acquiert la propriété exclusive des résultats et finance entièrement la prestation ;

5° Accords-cadres et marchés, autres que ceux qui sont passés en application du décret prévu au II de l'article 4 du présent code, qui exigent le secret ou dont l'exécution doit s'accompagner de mesures particulières de sécurité conformément aux dispositions législatives ou réglementaires en vigueur ou pour lesquels la protection des intérêts essentiels de l'État l'exige ;

6° Accords-cadres et marchés passés en vertu de la procédure propre à une organisation internationale ;

7° Accords-cadres et marchés passés selon des règles de passation particulières prévues par un accord international relatif au stationnement de troupes ;

8° Accords-cadres et marchés passés selon des règles de passation particulières prévues par un accord international en vue de la réalisation ou de l'exploitation en commun d'un projet ou d'un ouvrage ;

9° Accords-cadres et marchés qui ont pour objet l'achat d'œuvres et d'objets d'art existants, d'objets d'antiquité et de collection ;

10° Accords-cadres et marchés de services relatifs à l'arbitrage et à la conciliation ;

11° Accords-cadres et marchés de services concernant les contrats de travail.

Art. 137. – Les dispositions du présent code ne sont pas applicables aux marchés et accords-cadres passés par les entités adjudicatrices dans les cas suivants :

1° Pour l'achat d'eau, quand cet achat est réalisé par une entité adjudicatrice exerçant l'activité d'exploitation mentionnée au premier alinéa du 2° de l'article 135 ;

2° Pour l'achat d'énergie ou de combustibles destinés à la production d'énergie, quand cet achat est réalisé par une entité adjudicatrice exerçant l'activité d'exploitation définie au 1° et au 3° de l'article 135 ;

3° Lorsque ces entités fournissaient, avant le 30 avril 2004, un service de transport par autobus et que d'autres entités fournissaient librement dans les mêmes conditions ce service.

Art. 138. – I. – Dans les hypothèses précisées au II ci-dessous, les dispositions du présent code ne sont pas applicables aux marchés et accords-cadres passés par une entité adjudicatrice avec une entreprise liée au sens du III.

II. – Le I du présent article est applicable :

1° Aux accords-cadres et marchés de services lorsque l'entreprise liée a réalisé au cours des trois années précédant l'année de passation du marché, au moins 80 % de son chiffre d'affaires moyen en matière de services avec les personnes publiques auxquelles elle est liée ;

2° Aux accords-cadres et marchés de fournitures lorsque l'entreprise liée a réalisé au cours des trois années précédant l'année de passation du marché, au moins 80 % de son chiffre d'affaires moyen en matière de fournitures avec les personnes publiques auxquelles elle est liée ;

3° Aux accords-cadres et marchés de travaux lorsque l'entreprise liée a réalisé au cours des trois années précédant l'année de passation du marché, au moins 80 % de son chiffre d'affaires moyen en matière de travaux avec les personnes publiques auxquelles elle est liée.

Lorsque l'entreprise liée a été créée ou a commencé à exercer son activité moins de trois ans avant l'année de passation du marché ou de l'accord-cadre, elle peut se borner à démontrer, notamment par des projections d'activités, que la réalisation de son chiffre d'affaires, dans les conditions prévues aux 1°, 2° et 3° ci-dessus, est vraisemblable.

Lorsque des services, des fournitures ou des travaux, identiques ou comparables, sont fournis par plus d'une entreprise liée à l'entité adjudicatrice, le pourcentage de 80 % mentionné ci-dessus est apprécié en tenant compte de la totalité des services, des fournitures ou des travaux fournis par ces entreprises.

III. – Sont des entreprises liées à une entité adjudicatrice les entreprises qui sont soumises directement ou indirectement à l'influence dominante d'une entité adjudicatrice au sens du IV.

IV. – L'influence des entités adjudicatrices est réputée dominante lorsque celles-ci, directement ou indirectement, détiennent la majorité du capital, disposent de la majorité des droits de vote ou peuvent désigner plus de la moitié des membres de l'organe d'administration, de direction ou de surveillance.

V. – Les entités adjudicatrices communiquent à la Commission européenne, lorsqu'elle le demande, les noms des entreprises liées au sens du III, la nature et la valeur des marchés mentionnés au I et tout élément que la Commission européenne juge nécessaire pour prouver que les relations entre l'entité adjudicatrice ou l'organisme et l'entreprise à laquelle les marchés sont attribués répondent aux exigences prévues par le présent article.

Art. 139. – I. – Les dispositions du présent code ne sont pas applicables :

1° Aux marchés et accords-cadres passés par un organisme constitué exclusivement par des entités adjudicatrices pour exercer l'une des activités mentionnées à l'article 135 avec l'une de ces entités adjudicatrices ;

2° Aux marchés et accords-cadres passés par une entité adjudicatrice avec un organisme tel que mentionné au 1°, dont elle fait partie, lorsque cet organisme a été constitué pour exercer son activité pendant une période d'au moins trois ans et que, aux termes des statuts de cet organisme, les entités adjudicatrices qui l'ont constitué en sont parties prenantes au moins pendant cette même période.

II. – Les entités adjudicatrices communiquent à la Commission européenne, lorsqu'elle le demande, les noms des entités et organismes ainsi que la nature et la valeur des marchés mentionnés au I et tout élément que la Commission européenne juge nécessaire pour prouver que les relations entre l'entité adjudicatrice et l'organisme mentionné au I répondent aux exigences prévues par le présent article.

Art. 140. – Les marchés et accords-cadres passés pour l'exercice d'une activité d'opérateur de réseaux dans un État membre de l'Union européenne cessent d'être soumis au présent code, dès lors que la Commission européenne a constaté que, dans cet État, cette activité est exercée sur des marchés concurrentiels dont l'accès n'est pas limité.

2

Titre II. – Dispositions générales

Art. 141. – Les dispositions du titre II de la première partie s'appliquent aux marchés publics et accords-cadres passés par les entités adjudicatrices définies à l'article 134, sous réserve de la substitution des mots : « entité adjudicatrice » aux mots : « pouvoir adjudicateur ».

Titre III. – Passation des marchés

Art. 142. – Les dispositions du titre III de la première partie s'appliquent aux marchés publics et accords-cadres passés par les entités adjudicatrices définies à l'article 134, sous réserve des dispositions du présent titre et sous réserve de la substitution des mots : « entité adjudicatrice » aux mots : « pouvoir adjudicateur ».

Toutefois, les articles 26, 28, 30, 35, 36, 39, 40, 57, 62, 66, 67, 74, 76, 77 et 85 ne sont pas applicables.

Chapitre I – Commission d'appel d'offres

Art. 143. – Les dispositions de l'article 25 sont applicables. Toutefois, le marché peut être attribué sans réunion préalable de la commission d'appel d'offres en cas d'urgence impérieuse prévue au 4° du II de l'article 144.

Chapitre II – Définition des seuils et présentation des procédures

Section 1 – Présentation et seuils des procédures

Art. 144. – Les entités adjudicatrices passent leurs marchés et accords-cadres dans les conditions suivantes.

I. – Elles choisissent librement entre les procédures formalisées suivantes :

1° Procédure négociée avec mise en concurrence préalable ;

2° Appel d'offres ouvert ou restreint ;

3° Concours, défini à l'article 38 ;

4° Système d'acquisition dynamique, défini à l'article 78.

II. – Elles peuvent également recourir à la procédure négociée sans mise en concurrence préalable dans les cas suivants :

1° Pour les marchés et les accords-cadres qui n'ont fait l'objet d'aucune offre ou d'aucune offre appropriée au sens du 3° du II de l'article 35 ou pour lesquels aucune candidature n'a été déposée dans le cadre d'une procédure formalisée, pour autant que les conditions initiales du marché ne soient pas substantiellement modifiées ;

2° Pour les marchés et les accords-cadres conclus uniquement à des fins de recherche, d'essai, d'expérimentation, d'étude ou de développement sans objectif de rentabilité ou de récupération des coûts de recherche et de développement et dans la mesure où la passation d'un tel marché ne porte pas préjudice à la mise en concurrence des marchés subséquents qui poursuivent notamment un tel objectif ;

3° Pour les marchés et les accords-cadres qui ne peuvent être confiés qu'à un opérateur économique déterminé pour des raisons techniques, artistiques ou tenant à la protection de droits d'exclusivité ;

4° Les marchés et les accords-cadres conclus pour faire face à une urgence impérieuse résultant de circonstances imprévisibles pour l'entité adjudicatrice et n'étant pas de son fait, et dont les conditions de passation ne sont pas compatibles avec les délais exigés par les procédures d'appel d'offres ou de marchés négociés avec mise en concurrence préalable et, notamment, les marchés conclus pour faire face à des situations d'urgence impérieuse liées à une catastrophe technologique ou naturelle. Ces marchés sont limités aux prestations strictement nécessaires pour faire face à la situation d'urgence. *(Décret n° 2008-1334 du 17 décembre 2008, art. 72)* « Par dérogation aux dispositions du chapitre V du titre II de la première partie du présent code », lorsque l'urgence impérieuse est incompatible avec la préparation des documents constitutifs du marché, la passation du marché est confirmée par un échange de lettres ;

5° Pour les marchés complémentaires de fournitures qui sont exécutés par le fournisseur initial et qui sont destinées soit au renouvellement partiel de fournitures ou d'installations d'usage courant, soit à l'extension d'installations existantes, lorsque le changement de fournisseur obligerait l'entité adjudicatrice à acquérir un matériel de technique différente entraînant une incompatibilité avec le matériel déjà acquis ou des difficultés techniques d'utilisation et d'entretien disproportionnées ;

6° Pour les marchés complémentaires de services ou de travaux qui consistent en des prestations qui ne figurent pas dans le marché initialement conclu mais qui sont devenues nécessaires, à la suite d'une circonstance imprévue, à l'exécution du service ou à la réalisation de l'ouvrage tel qu'il est décrit dans le marché initial, à condition que l'attribution soit faite à l'opérateur économique qui a exécuté ce service ou réalisé cet ouvrage :

a) Lorsque ces services ou travaux complémentaires ne peuvent être techniquement ou économiquement séparés du marché principal sans inconvénient majeur pour l'entité adjudicatrice ;

b) Lorsque ces services ou travaux, quoiqu'ils soient séparables de l'exécution du marché initial, sont strictement nécessaires à son parfait achèvement ;

7° Pour les marchés de travaux ayant pour objet la réalisation d'ouvrages similaires à ceux qui ont été confiés au titulaire d'un marché précédent passé après mise en concurrence.

Le premier marché doit avoir indiqué la possibilité de recourir à cette procédure pour la réalisation d'ouvrages similaires. Sa mise en concurrence doit également avoir pris en compte le montant total envisagé, y compris celui des nouveaux travaux ;

8° Pour les marchés et les accords-cadres ayant pour objet l'achat de matières premières cotées et achetées en bourse ;

9° Pour les marchés passés en application d'un accord-cadre mentionné à l'article 169 ;

10° Pour les marchés et les accords-cadres ayant pour objet l'achat de fournitures qu'il est possible d'acquérir en profitant d'une occasion particulièrement avantageuse qui se présente dans une période de temps très courte et qui permet de payer un prix considérablement plus bas que les prix normalement pratiqués sur le marché ;

11° Pour les marchés et les accords-cadres ayant pour objet l'achat de fournitures à des conditions particulièrement avantageuses, soit auprès d'un fournisseur en cessation définitive d'activité, soit auprès des liquidateurs d'une faillite ou d'une procédure de même nature ;

12° Pour les marchés et les accords-cadres de services qui sont attribués à un ou plusieurs lauréats d'un concours. Lorsqu'il y a plusieurs lauréats, ils sont tous invités à négocier.

III. – Elles peuvent aussi mettre en œuvre une procédure adaptée, dans les conditions prévues par l'article 146 :

a) Lorsque le montant estimé du besoin est inférieur à *(Décret n° 2007-1850 du 26 décembre 2007, art. 1)* 412 000 € HT *(Décret n° 2008-1355 du 19 décembre 2008, art. 11)* « pour les fournitures et les services, ou lorsque le montant estimé du besoin est inférieur à 5 150 000 € HT pour les travaux » ;

b) Pour certains lots, dans les conditions prévues au III de l'article 27 ;

c) En application de l'article 148.

IV. – Les marchés peuvent également être passés sur la base d'un accord-cadre dans les conditions prévues à l'article 169.

V. – Les marchés sans formalités préalables mentionnés dans le Code général des collectivités territoriales sont les marchés d'un montant inférieur au seuil fixé au III.

Section 2 – Méthode de calcul de la valeur estimée des marchés publics, des accords-cadres et des systèmes d'acquisition dynamiques

Art. 145. – Les dispositions de l'article 27 sont applicables, sous réserve de la substitution des mots : « au seuil prévu au III de l'article 144 » aux mots : « aux seuils prévus au II de l'article 26 ». *(Décret n° 2008-1355 du 19 décembre 2008, art. 40)* « En outre, au 1° du II de l'article 27, les mots : “la valeur des fournitures” sont remplacés par les mots : “la valeur des fournitures et services”. »

Section 3 – Procédure adaptée

Art. 146. – Lorsque leur valeur estimée est inférieure au seuil mentionné au III de l'article 144, les marchés peuvent être passés selon une procédure adaptée dont les modalités sont librement fixées par l'entité adjudicatrice en fonction de la nature et des caractéristiques du besoin à satisfaire, du nombre ou de la localisation des opérateurs économiques susceptibles d'y répondre ainsi que des circonstances de l'achat.

Pour la détermination de ces modalités, l'entité adjudicatrice peut aussi s'inspirer des procédures formalisées prévues par le présent code, sans pour autant que les marchés en cause ne soient alors soumis aux règles formelles applicables à ces procédures. En revanche, si elle se réfère expressément à l'une des procédures formalisées prévues par le présent code, l'entité adjudicatrice est tenue d'en appliquer les modalités.

Quel que soit son choix, l'entité adjudicatrice ne peut exiger des opérateurs économiques plus de renseignements ou de documents que ceux qui sont prévus pour les procédures formalisées par les articles 45, 46 et 48.

L'entité adjudicatrice peut également décider que le marché sera passé sans publicité, voire sans mise en concurrence préalable, si les circonstances le justifient, ou si son montant estimé est inférieur à *(Décret nº 2008-1356 du 19 décembre 2008)* « 20 000 € » HT, ou dans les situations décrites au II de l'article 144.

Section 4 – Procédure applicable aux marchés de services

Art. 147. – Les dispositions de l'article 29 sont applicables, sous réserve de la sub-stitution, au 6, des mots : « sous réserve des dispositions des 2º et 3º de l'article 136 » aux mots : « sous réserve des dispositions des 3º et 5º de l'article 3 » et, au 8, des mots :

« sous réserve des dispositions du 4º de l'article 136 » aux mots :

« sous réserve des dispositions du 6º de l'article 3 ».

Art. 148. – I. – Les marchés et les accords-cadres ayant pour objet des prestations de services qui ne sont pas mentionnées à l'article 29 peuvent être passés, quel que soit leur montant, selon une procédure adaptée, dans les conditions prévues par l'article 146.

II. – Toutefois :

1º Les dispositions *(Décret nº 2008-1334 du 17 décembre 2008, art. 54)* « du III de l'article 150 » ne sont pas applicables ;

2º Lorsque le montant estimé des prestations demandées est égal ou supérieur à *(Décret nº 2007-1850 du 26 décembre 2007, art. 1)* 412 000 € HT, elles sont définies conformément aux dispositions de l'article 6 et le marché fait l'objet d'un avis d'attribution dans les conditions fixées à l'article 172 ;

3º *(Décret nº 2008-1355 du 19 décembre 2008, art. 30)*. Les marchés d'un montant égal ou supérieur à 206 000 € HT sont attribués par la commission d'appel d'offres pour les collectivités territoriales ;

4º L'entité adjudicatrice veille au respect des principes déontologiques et des réglementations applicables, le cas échéant, aux professions concernées ;

5º Les marchés de services juridiques ne sont pas soumis aux dispositions du titre IV de la présente partie. En outre, ceux de ces marchés qui ont pour objet la représentation d'une collectivité territoriale en vue du règlement d'un litige ne sont pas transmis au représentant de l'État.

III. – Lorsqu'un marché a pour objet à la fois des prestations de services mentionnées à l'article 29 et des prestations de services qui n'y sont pas mentionnées, il est passé conformément aux règles qui s'appliquent à celle de ces deux catégories de prestations de services dont le montant estimé est le plus élevé.

Chapitre III – Organisation de la publicité

Section 1 – Avis périodique indicatif

Art. 149. – I. – À partir du seuil de 750 000 € HT pour les fournitures et les services et de *(Décret n° 2007-1850 du 26 décembre 2007, art. 1)* 5 150 000 € HT pour les travaux, un avis périodique indicatif, conforme au modèle fixé par le règlement (CE) n° 1564/2005 susmentionné, peut être, au moins une fois par an, soit adressé pour publication à l'Office des publications officielles de l'Union européenne, soit publié sur le profil d'acheteur de l'entité adjudicatrice. Le profil d'acheteur de l'entité adjudicatrice est le site dématérialisé auquel elle a recours pour ses achats.

L'entité adjudicatrice qui publie l'avis périodique indicatif sur son profil d'acheteur envoie au préalable, par voie électronique, à l'Office des publications officielles de l'Union européenne un avis annonçant la publication de cet avis. La date de cet envoi est mentionnée sur l'avis périodique indicatif publié sur le profil d'acheteur.

II. – La publication d'un avis périodique indicatif n'est obligatoire que pour l'entité adjudicatrice qui entend recourir à la faculté de réduire les délais de réception des offres en application du II de l'article 160.

III. – Pour les marchés de fournitures et de services, cet avis indique le montant total estimé des marchés ou des accords-cadres pour chacune des catégories de produits ou de services homogènes, que l'entité adjudicatrice envisage de passer au cours des douze mois suivant la publication de l'avis.

S'il concerne des fournitures ou des services à acquérir durant un exercice budgétaire, cet avis est adressé ou publié sur le profil d'acheteur le plus rapidement possible après le début de cet exercice budgétaire.

IV. – Pour les marchés de travaux, l'avis indique les caractéristiques essentielles des marchés ou des accords-cadres que l'entité adjudicatrice entend passer.

L'avis est adressé ou publié sur le profil d'acheteur le plus rapidement possible après la décision de réaliser un programme de travaux, dans lequel s'inscrivent les marchés de travaux ou les accords-cadres que les entités adjudicatrices entendent passer.

V. – Les entités adjudicatrices peuvent publier ou faire publier des avis périodiques indicatifs relatifs à des projets importants, sans répéter l'information qui figure déjà dans un avis périodique indicatif antérieur, à condition qu'il soit clairement mentionné que ces avis constituent des avis additionnels.

VI. – Lorsque les entités adjudicatrices publient un avis périodique indicatif, elles communiquent aux candidats qui le demandent les spécifications techniques qu'elles font habituellement figurer ou qu'elles entendent désormais faire figurer dans les marchés ayant le même objet que celui mentionné dans l'avis.

Section 2 – Avis d'appel public à la concurrence

Art. 150. – I. – En dehors des exceptions prévues au quatrième alinéa de l'article 146 ainsi qu'au II de l'article 144, tout marché ou accord-cadre d'un montant égal ou supérieur à *(Décret nº 2008-1356 du 19 décembre 2008)* « 20 000 € » HT est précédé d'une publicité dans les conditions définies ci-après.

II. – Pour les achats de fournitures, de services et de travaux d'un montant compris entre *(Décret nº 2008-1356 du 19 décembre 2008)* « 20 000 € » HT et 90 000 € HT, ainsi que pour les achats de services relevant du I de l'article 148 d'un montant égal ou supérieur à *(Décret nº 2008-1356 du 19 décembre 2008)* « 20 000 € » HT, l'entité adjudicatrice choisit librement les modalités de publicité adaptées en fonction des caractéristiques du marché, notamment le montant et la nature des travaux, des fournitures ou des services en cause.

III. – En ce qui concerne les fournitures et les services :

1º Pour les achats d'un montant compris entre 90 000 € HT et *(Décret nº 2007-1850 du 26 décembre 2007, art. 1)* 412 000 € HT, l'entité adjudicatrice est tenue de publier un avis d'appel public à la concurrence soit dans le *Bulletin officiel* des annonces des marchés publics, soit dans un journal habilité à recevoir des annonces légales. *(Décret nº 2008-1334 du 17 décembre 2008, art. 57)* « À compter du 1er janvier 2010, elle publie en outre cet avis sur son profil d'acheteur. » L'entité adjudicatrice apprécie de plus si, compte tenu de la nature du montant des fournitures, des services ou des travaux en cause, une publication dans un journal spécialisé correspondant au secteur économique concerné est par ailleurs nécessaire pour assurer une publicité conforme aux objectifs mentionnés à l'article 1er ;

2º Pour les achats d'un montant égal ou supérieur à 412 000 € HT, l'entité adjudicatrice est tenue de publier un avis d'appel public à la concurrence dans le *Bulletin officiel* des annonces des marchés publics et au *Journal officiel de l'Union européenne* *(Décret nº 2008-1334 du 17 décembre 2008, art. 57)* « , ainsi que, à compter du 1er janvier 2010, sur son profil d'acheteur. »

IV. – En ce qui concerne les travaux :

1º Pour les achats d'un montant compris entre 90 000 € HT et *(Décret nº 2007-1850 du 26 décembre 2007, art. 1)* 5 150 000 € HT, l'entité adjudicatrice est tenue de publier un avis d'appel public à la concurrence soit dans le *Bulletin officiel* des annonces des marchés publics, soit dans un journal habilité à recevoir des annonces légales. *(Décret nº 2008-1334 du 17 décembre 2008, art. 57)* « À compter du 1er janvier 2010, elle publie en outre cet avis sur son profil d'acheteur. » L'entité adjudicatrice apprécie de plus si, compte tenu de la nature ou du montant des travaux en cause, une publication dans un journal spécialisé correspondant au secteur économique concerné est par ailleurs nécessaire pour assurer une publicité conforme aux principes mentionnés à l'article 1er ;

2º Pour les achats d'un montant égal ou supérieur à 5 150 000 € HT, l'entité adjudicatrice est tenue de publier un avis d'appel public à la concurrence dans le *Bulletin officiel* des annonces des marchés publics et au *Journal officiel* de l'Union européenne *(Décret nº 2008-1334 du 17 décembre 2008, art. 57)* « , ainsi que, à compter du 1er janvier 2010, sur son profil d'acheteur. »

V. – Les avis mentionnés au 2° du III et au 2° du IV sont établis, pour la publication au *Journal officiel* de l'Union européenne, conformément au modèle d'avis de marché ou au modèle d'avis périodique indicatif ou au modèle d'avis sur l'existence d'un système de qualification fixé par le règlement (CE) n° 1564/2005 susmentionné. Ces avis sont conformes au modèle prévu par arrêté du ministre chargé de l'Économie lorsqu'ils sont établis pour la publication au *Bulletin officiel* des annonces des marchés publics. L'entité adjudicatrice n'est pas tenue d'y faire figurer une estimation du prix des prestations attendues. L'entité adjudicatrice peut choisir de faire paraître, en plus de ces avis, un avis d'appel public à la concurrence dans une autre publication, dans des conditions précisées par un arrêté du ministre chargé de l'Économie.

Les avis d'appel public à la concurrence mentionnés au 1° du III et au 1° du IV sont établis conformément au modèle fixé par arrêté du ministre chargé de l'Économie. L'entité adjudicatrice n'est pas tenue d'y faire figurer une estimation du prix des prestations attendues.

VI. – Pour les marchés passés dans le cadre d'un système d'acquisition dynamique, l'avis d'appel public à la concurrence est un avis de marché simplifié établi pour publication au *Journal officiel de l'Union européenne* conformément au modèle fixé par le règlement (CE) n° 1564/2005 susmentionné.

VII. – Les avis destinés au *Bulletin officiel* des annonces des marchés publics sont envoyés par téléprocédure.

Le *Bulletin officiel* des annonces des marchés publics est tenu de publier les avis d'appel public à la concurrence, conformément au texte transmis, dans les six jours qui suivent la date de leur réception.

Lorsque la Direction des *Journaux officiels* est dans l'impossibilité de publier l'édition du *Bulletin officiel* des annonces des marchés publics dans sa version imprimée, elle peut se borner à la publier, à titre temporaire, sous sa forme électronique. Dans ce cas, elle avertit immédiatement les abonnés à la version imprimée de ce bulletin de l'interruption temporaire de sa parution.

VIII. – La publication des avis dans le *Bulletin officiel* des annonces des marchés publics ne peut intervenir avant l'envoi à l'Office des publications officielles de l'Union européenne.

Ces avis ne peuvent fournir plus de renseignements que ceux qui sont contenus dans les avis adressés à l'Office précité ou publiés sur un profil d'acheteur. Ils mentionnent la date d'envoi de l'avis à cet office.

IX. – L'entité adjudicatrice doit être en mesure de faire la preuve de la date d'envoi des avis.

Art. 151. – I. – Lorsque l'entité adjudicatrice utilise comme avis d'appel public à la concurrence le modèle de l'avis périodique indicatif, ce document comporte les mentions prévues à l'article 149 et, en outre :

1° Fait référence spécifiquement aux fournitures, aux travaux ou aux services qui feront l'objet du marché à passer ;

2° Précise qu'aucun avis d'appel public à la concurrence ne sera publié ultérieurement et invite les opérateurs économiques à manifester leur intérêt par écrit.

II. – L'entité adjudicatrice adresse à tous les opérateurs économiques qui ont manifesté leur intérêt une lettre les invitant à confirmer cet intérêt. Cette lettre complète l'avis périodique indicatif et comprend au moins les renseignements suivants :

1° La nature et la quantité des prestations demandées, y compris celles qui relèvent d'éventuels marchés complémentaires ou de reconductions ainsi qu'une estimation du délai dans lequel l'entité adjudicatrice décidera de recourir à des marchés complémentaires ou des reconductions ;

2° Le type de procédure restreinte ou négociée choisie ;

3° Les dates auxquelles le titulaire du marché commencera ou s'achèvera la livraison des fournitures ou l'exécution des travaux ou des services ;

4° L'adresse et la date limite de dépôt des demandes visant à obtenir les documents de la consultation et l'indication de l'obligation de les rédiger en langue française ;

5° L'identification du service qui passe le marché et de celui, s'il est différent, qui fournit les renseignements nécessaires pour l'obtention des documents de la consultation ;

6° Le montant et les modalités de versement des éventuelles sommes à payer pour obtenir les documents de la consultation ;

7° Les informations relatives aux capacités professionnelles, techniques et financières exigées des candidats ;

8° Les critères d'attribution, ainsi que leur pondération ou leur hiérarchisation, si ces renseignements ne figurent pas dans l'avis périodique indicatif.

L'avis périodique indicatif devient caduc si la lettre mentionnée au premier alinéa n'est pas envoyée dans un délai de douze mois à compter de la publication de l'avis.

Chapitre IV – Système de qualification

Art. 152. – I. – Une entité adjudicatrice peut établir et gérer un système de qualification d'opérateurs économiques. Un système de qualification d'opérateurs économiques est un système de présélection d'opérateurs jugés aptes à réaliser tel ou tel type de prestations.

Pour le créer, l'entité adjudicatrice publie un avis sur l'existence d'un système de qualification dans les conditions prévues à l'article 150. Cet avis indique l'objet du système et les modalités d'accès aux critères et aux règles sur lesquels il repose. Il fixe sa durée ou indique qu'il est de durée indéterminée. Dans le cas où la durée de ce système est supérieure à trois ans, la publication de l'avis est renouvelée chaque année.

II. – Le système de qualification d'opérateurs économiques repose sur des critères et des règles de qualification objectifs. Parmi ces critères, peut être retenue la capacité des candidats à respecter des spécifications techniques au sens de l'article 6.

III. – Lorsque l'entité adjudicatrice fixe des critères et des règles de qualification comportant des exigences relatives à la capacité professionnelle, technique et financière de l'opérateur économique, les dispositions de l'article 45 s'appliquent pendant toute la période de validité du système de qualification.

IV. – L'entité adjudicatrice veille à ce que les opérateurs économiques puissent à tout moment demander à être qualifiés. Les critères et règles de qualification leur sont fournis à leur demande. La mise à jour des critères et des règles leur est communiquée.

V. – L'entité adjudicatrice peut recourir à un système de qualification établi par un tiers. Elle en informe les opérateurs économiques intéressés.

Art. 153. – Lorsqu'elle gère un système de qualification ou lorsqu'elle recourt à un tel système pour le choix des candidats admis à participer à une procédure restreinte ou négociée, l'entité adjudicatrice assure l'égalité de traitement des opérateurs économiques. Elle ne peut ni imposer des conditions administratives, techniques ou financières à certains opérateurs économiques qui n'auraient pas été imposées à d'autres, ni exiger des essais ou des justifications qui feraient double emploi avec des preuves objectives déjà disponibles.

Art. 154. – I. – L'opérateur économique qui demande à être qualifié, est informé de la décision prise à son sujet dans un délai de quatre mois à compter du dépôt de sa demande. Ce délai peut être prolongé de deux mois au plus, à condition que l'opérateur économique qui demande à être qualifié soit informé de cette prolongation dans les deux mois qui suivent sa demande. Les motifs de cette prolongation ainsi que la date à laquelle une décision sera prise lui sont également indiqués.

II. – Lorsque l'entité adjudicatrice décide de rejeter une demande de qualification, elle informe l'opérateur économique des motifs de sa décision, dans un délai maximal de quinze jours à compter de la date de cette décision. Ces motifs doivent être fondés sur les critères de qualification mentionnés au II de l'article 152.

III. – Une entité adjudicatrice ne peut mettre fin à la qualification d'un opérateur économique que pour des motifs fondés sur les critères de qualification mentionnés au II de l'article 152. L'intention de mettre fin à la qualification est préalablement notifiée à cet opérateur, par écrit motivé, au moins quinze jours avant la date prévue pour mettre fin à la qualification.

Art. 155. – Un relevé des opérateurs économiques qualifiés est conservé par l'entité adjudicatrice. Il est divisé en catégories par types de marchés pour la passation desquels la qualification est valable.

Chapitre V – Sélection des candidatures

Art. 156. – En cas de procédure restreinte ou négociée, les dispositions de l'article 52 sont applicables.

Toutefois :

1° L'entité adjudicatrice peut limiter le nombre des candidats admis à présenter une offre à un niveau justifié par le souci de proportionner les moyens mis en œuvre aux exigences de la procédure choisie. Le nombre des candidats retenus tient compte de la nécessité d'assurer une concurrence suffisante.

2° Lorsque l'entité adjudicatrice utilise l'avis sur l'existence du système de qualification défini à l'article 152 comme avis d'appel public à la concurrence, les candidats admis à présenter une offre sont sélectionnés parmi les opérateurs économiques qualifiés selon un tel système.

Chapitre VI – Dispositions particulières relatives aux offres

Art. 157. – Les dispositions de l'article 50 sont applicables.

Toutefois, lorsque l'avis d'appel public à la concurrence ou les documents de la consultation ne précisent pas si les variantes sont autorisées, elles sont admises.

Art. 158. – Les dispositions de l'article 54 sont applicables, sous réserve de la substitution des mots : « au seuil fixé au III de l'article 144 » aux mots : « aux seuils fixés au II de l'article 26 ».

Art. 159. – Lorsque les offres présentées dans le cadre de la passation d'un marché de fournitures contiennent des produits originaires de pays tiers avec lesquels la Communauté européenne n'a conclu aucun accord dans un cadre multilatéral ou bilatéral assurant un accès effectif des entreprises de la Communauté européenne aux marchés de ces pays, ces offres peuvent être rejetées lorsque la part des produits originaires des pays tiers excède 50 % de la valeur totale des produits composant ces offres. Pour l'application du présent article, les logiciels utilisés dans les équipements de réseaux de télécommunications sont considérés comme des produits.

Lorsque deux ou plusieurs offres sont équivalentes au regard des critères d'attribution, une préférence est accordée à celle des offres qui ne peut être rejetée en application des dispositions de l'alinéa précédent. Pour l'application de ces dispositions, deux offres sont considérées comme équivalentes si l'écart entre leur prix n'excède pas 3 %.

Une offre n'est toutefois pas préférée à une offre équivalente lorsque ce choix conduirait l'entité adjudicatrice à acquérir un matériel présentant des caractéristiques techniques différentes de celles du matériel qu'elle possède déjà et entraînerait des difficultés techniques d'utilisation ou d'entretien ou des coûts disproportionnés.

Chapitre VII – Dispositions particulières relatives aux procédures de passation

Section 1 – Dispositions particulières pour l'appel d'offres ouvert

Art. 160. – Lorsque les entités adjudicatrices choisissent la procédure d'appel d'offres ouvert, les dispositions suivantes s'appliquent.

I. – Un avis d'appel public à la concurrence est publié dans les conditions prévues à l'article 150.

II. – 1° Le délai de réception des offres ne peut être inférieur à cinquante-deux jours à compter de la date d'envoi de l'avis d'appel public à la concurrence.

2° Ce délai minimal peut être ramené à vingt-deux jours lorsque trois conditions sont réunies :

a) L'avis périodique indicatif prévu à l'article 149 a été publié ;

b) Cet avis a été envoyé à la publication cinquante-deux jours au moins et douze mois au plus avant la date d'envoi de l'avis d'appel public à la concurrence ;

c) Il contient les mêmes renseignements que ceux qui figurent dans l'avis d'appel public à la concurrence, pour autant que ces renseignements soient disponibles au moment de l'envoi de l'avis périodique indicatif.

3° et 4° (Abrogés par Décret n° 2008-1355 du 19 décembre 2008, art. 12).

5° Les délais mentionnés aux 1° et 2° peuvent être réduits de sept jours lorsque l'avis d'appel public à la concurrence est envoyé par voie électronique.

6° Le délai mentionné au 1° peut être réduit de cinq jours lorsque l'entité adjudicatrice offre, par voie électronique et à compter de la publication de l'avis d'appel public à la concurrence, un accès libre, direct et complet aux documents de la consultation en indiquant dans le texte de l'avis l'adresse internet à laquelle ces documents peuvent être consultés.

7° Les délais mentionnés aux 5° et 6° peuvent être cumulés sauf si l'entité adjudicatrice a réduit le délai minimal à vingt-deux jours suite à la publication d'un avis périodique indicatif en application du 2°.

III. – Lorsque les documents de la consultation ne sont pas accessibles par voie électronique, ils sont envoyés aux opérateurs économiques qui les demandent en temps utile dans les six jours qui suivent leur demande.

IV. – Les renseignements complémentaires demandés en temps utile sont envoyés aux opérateurs économiques six jours au plus tard avant la date limite de réception des offres.

V. – Les délais minimaux mentionnés au II sont prolongés dans les hypothèses suivantes :

1° Lorsque les délais prévus aux III et IV ne peuvent être respectés ;

2° Lorsque les offres ne peuvent être déposées qu'à la suite d'une visite sur les lieux d'exécution du marché ou après consultation sur place de documents complémentaires.

Les candidats sont informés du nouveau délai ainsi fixé.

VI. – Les dossiers des candidats sont transmis par tout moyen permettant de déterminer de façon certaine la date et l'heure de leur réception et d'en garantir la confidentialité. Ils doivent comporter une enveloppe contenant les renseignements relatifs à la candidature et une enveloppe contenant l'offre.

Art. 161. – I. – Les dispositions de l'article 58 sont applicables, sous réserve de la suppression, à son III, des mots : « ainsi que les offres irrégulières ou inacceptables au sens du 1° du I de l'article 35 ».

II. – Les dispositions de l'article 59 sont applicables, sous réserve de la suppression, au premier alinéa de son III, des mots :

« ou des offres irrégulières ou inacceptables au sens du 1° du I de l'article 35 » et de la substitution, au 1° du deuxième alinéa de son III, des mots : « dans les conditions prévues au 1° du II de l'article 144 dans le cas des offres inappropriées » aux mots :

« dans les conditions prévues au 3° du II de l'article 35 dans le cas d'offres inappropriées ou au 1° du I de l'article 35 dans le cas d'offres irrégulières ou inacceptables ».

Section 2 – Dispositions particulières pour l'appel d'offres restreint

Art. 162. – Lorsque les entités adjudicatrices choisissent la procédure d'appel d'offres restreint, les dispositions de l'article 60 sont applicables.

Toutefois :

1° L'avis d'appel public à la concurrence est publié dans les conditions définies à l'article 150 ;

2° Lorsque l'entité adjudicatrice décide de limiter le nombre de candidats qui seront admis à présenter une offre, elle n'est pas tenue de fixer ce nombre minimum à cinq ;

3° Le délai minimal de réception des candidatures, en réponse à un avis d'appel public à la concurrence ou en réponse à une invitation mentionnée à l'article 151 est de vingt-deux jours à compter de la date d'envoi de l'avis ou de l'invitation, ou de quinze jours si l'avis a été envoyé par voie électronique.

Art. 163. – I. – Une lettre de consultation est envoyée simultanément à tous les candidats sélectionnés.

Cette lettre de consultation comporte au moins :

1° Les documents de la consultation ou, s'ils ne sont pas détenus par l'entité adjudicatrice, l'adresse du service auprès duquel les documents de la consultation peuvent être immédiatement obtenus sur demande et la date limite pour présenter cette demande, ou encore, les conditions de l'accès à ces documents s'ils sont mis à disposition directe par voie électronique ;

2° La date et l'heure limites de réception des offres, l'adresse à laquelle elles sont transmises et la mention de l'obligation de les rédiger en langue française ;

3° Les références de l'avis d'appel public à la concurrence publié ;

4° Le cas échéant, la date limite pour demander des renseignements complémentaires ;

5° La liste des documents à fournir avec l'offre.

II. – La date limite de réception des offres peut être fixée d'un commun accord entre l'entité adjudicatrice et les candidats sélectionnés.

À défaut d'accord sur la date limite de réception des offres, l'entité adjudicatrice fixe un délai qui est alors au moins de dix jours à compter de l'envoi de la lettre de consultation.

III. – Lorsque les renseignements complémentaires ne sont pas mis à disposition par voie électronique, ils sont envoyés aux opérateurs économiques qui les demandent en temps utile au plus tard six jours avant la date limite de réception des offres.

IV. – Le délai minimal mentionné au II est prolongé dans les hypothèses suivantes :

1° Lorsque les délais prévus au III ne peuvent être respectés ;

2° Lorsque les offres ne peuvent être déposées qu'à la suite d'une visite sur les lieux d'exécution du marché ou après consultation sur place de documents complémentaires.

Les candidats sont informés du nouveau délai ainsi fixé.

V. – Les offres sont transmises par tout moyen permettant de déterminer de façon certaine la date et l'heure de leur réception et d'en garantir la confidentialité.

Art. 164. – I. – Les dispositions de l'article 63 sont applicables, sous réserve de la suppression des mots : « ainsi que les offres irrégulières ou inacceptables au sens du 1° du I de l'article 35 ».

II. – Les dispositions de l'article 64 sont applicables, sous réserve de la suppression, au premier alinéa de son III, des mots :

« ou des offres irrégulières ou inacceptables au sens du 1° du I de l'article 35 » et de la substitution, au 1° du deuxième alinéa de son III, des mots : « dans les conditions prévues au 1° du II de l'article 144 dans le cas des offres inappropriées » aux mots :

« dans les conditions prévues au 3° du II de l'article 35 dans le cas des offres inappropriées ou au 1° du I de l'article 35 dans le cas des offres irrégulières ou inacceptables ».

Section 3 – Dispositions particulières pour la procédure négociée avec mise en concurrence

Art. 165. – Lorsque les entités adjudicatrices choisissent la procédure négociée avec mise en concurrence, les dispositions de l'article 65 sont applicables.

Toutefois :

1° Lorsqu'il doit être procédé à un avis d'appel public à la concurrence, cet avis est publié dans les conditions prévues à l'article 150.

2° Lorsque l'entité adjudicatrice décide de limiter le nombre de candidats qui seront admis à présenter une offre, elle n'est pas tenue de fixer ce nombre minimum à trois.

3° Le délai minimal de réception des candidatures, en réponse à un avis de marché ou en réponse à une invitation faite par l'entité adjudicatrice en vertu de l'article 151, est de vingt-deux jours à compter de la date d'envoi de l'avis ou de l'invitation ou de quinze jours si l'avis a été envoyé par voie électronique.

Art. 166. – I. – Une lettre de consultation est envoyée simultanément à tous les candidats sélectionnés.

Cette lettre de consultation comporte au moins :

1° Les documents de la consultation ou, s'ils ne sont pas détenus par l'entité adjudicatrice, l'adresse du service auprès duquel les documents de la consultation peuvent être immédiatement obtenus sur demande et la date limite pour présenter cette demande, ou encore, les conditions d'accès à ces documents s'ils sont mis à disposition directe par voie électronique ;

2° La date et l'heure limites de réception des offres, l'adresse à laquelle elles sont transmises et la mention de l'obligation de les rédiger en langue française ;

3° Les références de l'avis d'appel public à la concurrence publié ;

4° Le cas échéant, la date limite pour demander des renseignements complémentaires ;

5° La liste des documents à fournir avec l'offre.

II. – La date limite de réception des offres peut être fixée d'un commun accord entre l'entité adjudicatrice et les candidats sélectionnés.

À défaut d'accord sur la date limite de réception des offres, l'entité adjudicatrice fixe un délai qui est alors au moins de dix jours à compter de l'envoi de la lettre de consultation.

III. – Lorsque les renseignements complémentaires ne sont pas mis à disposition par voie électronique, ils sont envoyés aux opérateurs économiques qui les demandent en temps utile au plus tard six jours avant la date limite de réception des offres.

IV. – Le délai minimal prévu au II est prolongé dans les hypothèses suivantes :

1° Lorsque le délai prévu au III ne peut être respecté ;

2° Lorsque les offres ne peuvent être déposées qu'à la suite d'une visite sur les lieux d'exécution du marché ou après consultation sur place de documents complémentaires.

Les candidats sont informés du nouveau délai ainsi fixé.

V. – Les offres sont transmises par tout moyen permettant de déterminer de façon certaine la date et l'heure de leur réception et d'en garantir la confidentialité.

(Décret n° 2008-1355 du 19 décembre 2008, art. 41) « VI. – Seuls peuvent être ouverts les plis qui ont été reçus au plus tard à la date et l'heure limites qui ont été annoncées dans la lettre de consultation.

« Les offres inappropriées au sens du 3° du II de l'article 35 sont éliminées.

« La négociation est engagée avec les candidats sélectionnés. Elle ne peut ni porter sur l'objet du marché ni modifier substantiellement les caractéristiques et les conditions d'exécution du marché tels qu'elles sont définies dans les documents de la consultation.

« La négociation est conduite dans le respect du principe d'égalité de traitement de tous les candidats. Les informations données aux candidats ne peuvent être de nature à avantager certains d'entre eux. Les solutions proposées ou les informations confidentielles communiquées par un candidat lors de la négociation ne peuvent, sauf son accord, être révélées aux autres candidats par l'entité adjudicatrice.

« La procédure négociée peut se dérouler en phases successives à l'issue desquelles certains candidats sont éliminés, par application des critères de sélection des offres établis conformément à l'article 53 et indiqués dans l'avis d'appel public à la concurrence ou dans les documents de la consultation. Le recours à cette faculté d'élimination est prévu dans l'avis d'appel public à la concurrence ou dans les documents de la consultation.

« VII. – Au terme des négociations, après classement des offres conformément au III de l'article 53, l'offre économiquement la plus avantageuse est choisie en application du ou des critères annoncés dans l'avis d'appel public à la concurrence ou dans le règlement de la consultation. Ce choix est effectué par la commission d'appel d'offres pour les collectivités territoriales.

« En cas d'urgence impérieuse prévue au 4° du II de l'article 144, il est procédé conformément aux dispositions du dernier alinéa de l'article 25.

« Si le candidat dont l'offre a été retenue ne peut produire les attestations et certificats mentionnés aux I et II de l'article 46, son offre est rejetée et il est procédé conformément au III du même article.

« Lorsque le candidat dont l'offre a été retenue produit les attestations et certificats mentionnés à l'alinéa précédent, les candidats dont l'offre n'a pas été retenue sont informés du rejet de celle-ci conformément au I de l'article 80.

« Le marché est alors notifié et un avis d'attribution est publié.

« À tout moment, la procédure peut être déclarée sans suite pour des motifs d'intérêt général. Les candidats en sont informés. »

Section 4 – Dispositions particulières pour le concours

Art. 167. – Lorsque les entités adjudicatrices choisissent la procédure de concours, les dispositions de l'article 70 sont applicables.

Toutefois, l'avis d'appel public à la concurrence est publié conformément aux dispositions de l'article 150.

Section 5 – Dispositions particulières pour la maîtrise d'œuvre

Art. 168. – I. – Les marchés de maîtrise d'œuvre ont pour objet, en vue de la réalisation d'un ouvrage ou d'un projet urbain ou paysager, l'exécution d'un ou plusieurs éléments de mission définis par l'article 7 de la loi du 12 juillet 1985 susmentionnée et par le décret du 29 novembre 1993 susmentionné.

II. – Les marchés de maîtrise d'œuvre d'un montant inférieur au seuil prévu au III de l'article 144 peuvent être passés selon la procédure adaptée prévue par l'article 146. Dans le cas de marchés de maîtrise d'œuvre passés en procédure adaptée, toute remise de prestations donne lieu au versement d'une prime.

III. – Pour les marchés de maîtrise d'œuvre d'un montant supérieur au seuil prévu au III de l'article 144, l'entité adjudicatrice peut recourir soit à la procédure négociée avec mise en concurrence ou, si les conditions mentionnées au II de l'article 144 sont remplies, sans mise en concurrence, soit à l'appel d'offres, soit à la procédure du concours.

1° Lorsque l'entité adjudicatrice choisit la procédure négociée avec mise en concurrence, la mise en compétition peut être limitée à l'examen des compétences, références et moyens humains et matériels des candidats. L'entité adjudicatrice, après avis du jury tel que défini au I de l'article 24, dresse la liste des candidats admis à négocier, dont le nombre ne peut être inférieur à trois sauf si le nombre de candidats n'est pas suffisant. L'entité adjudicatrice engage les négociations. Au terme de ces négociations, le marché est attribué.

(Décret n° 2008-1355 du 19 décembre 2008, art. 31) « 2° Lorsque l'entité adjudicatrice choisit la procédure d'appel d'offres, il est composé d'un jury dans les conditions définies au I de l'article 24. Dans ce cas, les membres de ce jury désignés en application des d et e du I de l'article 24 ont voix consultative. »

3° Lorsque l'entité adjudicatrice choisit la procédure du concours, elle respecte la procédure du concours restreint, telle qu'elle est prévue aux articles 70 et 167.

En outre, pour les ouvrages auxquels sont applicables les dispositions de la loi susmentionnée du 12 juillet 1985 en vertu de son article 1er, les dispositions suivantes sont mises en œuvre.

Les candidats ayant remis des prestations conformes au règlement du concours bénéficient d'une prime. L'avis d'appel public à la concurrence indique le montant de cette prime. Le montant de la prime attribuée à chaque candidat est égal au prix estimé des études à effectuer par les candidats telles que définies dans l'avis d'appel public à la concurrence et précisées dans le règlement du concours, affecté d'un abattement au plus égal à 20 %.

La rémunération du marché de maîtrise d'œuvre tient compte de la prime reçue pour sa participation au concours par le candidat attributaire.

IV. – Dans le cadre d'une procédure unique, le marché ou l'accord-cadre de maîtrise d'œuvre faisant suite à plusieurs marchés de définition ayant un même objet et exécutés simultanément peut être attribué après remise en concurrence des seuls titulaires des marchés de définition, dans les conditions prévues au troisième alinéa de l'article 73.

V. – Pour les collectivités territoriales et les établissements publics locaux à l'exception des établissements publics de santé et des établissements publics sociaux ou médico-sociaux, c'est l'assemblée délibérante qui attribue le ou les marchés de maîtrise d'œuvre.

(Décret nº 2008-1355 du 19 décembre 2008, art. 42)

« Section 6 – « Dispositions particulières pour le marché de conception-réalisation

« **Art. 168-1.** – I. – Les dispositions du I de l'article 69 sont applicables aux marchés de conception-réalisation passés par les entités adjudicatrices soumises à la loi du 12 juillet 1985 susmentionnée.

« II. – Toutefois, les marchés de conception-réalisation peuvent être passés par les entités adjudicatrices selon la procédure négociée après mise en concurrence.

« III. – Les dispositions de l'article 146 sont applicables aux marchés de conception-réalisation.

« IV. – Dans tous les cas mentionnés aux I, II et III, lorsque les documents de la consultation ont prévu la remise de prestations, ils mentionnent également le montant des primes et les modalités de réduction ou de suppression des primes des candidats dont l'offre ne répondait pas aux documents de la consultation. Le montant de la prime attribuée à chaque candidat est égal au prix estimé des études de conception à effectuer telles que définies par le règlement de la consultation, affecté d'un abattement au plus égal à 20 %. La rémunération de l'attributaire du marché tient compte de la prime qu'il a reçue. »

Chapitre VIII – Dispositions particulières pour les accords-cadres et marchés à bons de commande

Art. 169. – Les entités adjudicatrices peuvent conclure des accords-cadres et des marchés à bons de commandes dans les conditions suivantes :

1° Pour conclure un accord-cadre, l'entité adjudicatrice respecte les règles applicables à l'une des procédures formalisées définies au I de l'article 144. Le choix des titulaires de l'accord-cadre ainsi que des titulaires des marchés passés sur la base de ces accords-cadres est opéré par application des critères définis conformément à l'article 53.

2° Les marchés passés sur la base d'un accord-cadre peuvent être conclus par les entités adjudicatrices selon la procédure négociée sans mise en concurrence préalable dans les conditions prévues au 9° du II de l'article 144.

3° Lors de la passation des marchés conclus sur la base d'un accord-cadre, les parties ne peuvent en aucun cas apporter de modifications substantielles aux termes fixés dans cet accord-cadre.

4° La durée des accords-cadres et des marchés à bons de commande passés par les entités adjudicatrices n'est pas limitée à quatre ans.

Chapitre IX – Achèvement de la procédure

Art. 170. – Les dispositions de l'article 79 sont applicables, sous réserve de la substitution, à son 6°, des mots *(Décret n° 2007-1850 du 26 décembre 2007, art. 1)* : « *412 000 € HT* » aux mots : « *206 000 € HT* » et de la suppression de son 7°.

Art. 171. – Les dispositions de l'article 81 sont applicables, sous réserve de la substitution des mots : « prévu au 4° du II de l'article 144 » aux mots : « prévu au 1° du II de l'article 35 ».

Art. 172. – I. – Pour les marchés et les accords-cadres donnant lieu à l'une des procédures formalisées et pour les marchés de services relevant de l'article 148 d'un montant égal ou supérieur à *(Décret n° 2007-1850 du 26 décembre 2007, art. 1)* 412 000 € HT, l'entité adjudicatrice envoie pour publication, dans un délai de deux mois à compter de la notification du marché ou de l'accord-cadre, un avis d'attribution. L'entité adjudicatrice est dispensée d'envoyer un avis d'attribution pour les marchés fondés sur un accord-cadre.

L'entité adjudicatrice envoie un avis sur le résultat de la passation des marchés fondés sur un système d'acquisition dynamique, au plus tard deux mois après la notification de chaque marché. Toutefois, elle peut n'envoyer qu'un avis global chaque trimestre, au plus tard deux mois après la fin de chaque trimestre.

II. – L'avis d'attribution est publié dans l'organe qui a assuré la publication de l'avis d'appel public à la concurrence et selon les mêmes modalités de transmission que celles définies à l'article 150 du présent code.

III. – Pour les marchés de fournitures et de services d'un montant égal ou supérieur à 412 000 € HT et pour les marchés de travaux d'un montant égal ou supérieur à 5 150 000 € HT, l'avis est établi pour la publication au *Journal officiel* de l'Union européenne conformément aux modèles fixés par le règlement (CE) n° 1564/2005 susmentionné. Cet avis est conforme au modèle prévu par arrêté du ministre chargé de l'Économie lorsqu'il est établi pour la publication au *Bulletin officiel* des annonces des marchés publics.

(2e alinéa supprimé par Décret n° 2008-1355 du 19 décembre 2008, art. 13).

IV. – Pour les marchés relevant de l'article 148 d'un montant égal ou supérieur à 412 000 € HT, l'entité adjudicatrice adresse un avis d'attribution à l'Office des publications officielles de l'Union européenne et au *Bulletin officiel* des annonces des marchés publics en indiquant si elle en accepte la publication.

V. – L'entité adjudicatrice peut, si elle fait valoir le caractère commercial sensible du marché, ne pas mentionner certaines informations concernant le nombre d'offres reçues, l'identité des candidats et les prix.

VI. – Lorsque l'entité adjudicatrice passe un marché de services de recherche et de développement par une procédure sans mise en concurrence conformément au 2° du II de l'article 144, elle peut limiter les renseignements sur la nature et la quantité des services fournis à la mention « services de recherche et de développement ».

Lorsque l'entité adjudicatrice passe un marché de recherche et de développement qui ne peut pas être passé par une procédure sans mise en concurrence conformément au 2° du II de l'article 144, elle peut limiter les renseignements sur la nature et la quantité des services fournis lorsque des préoccupations de secret commercial rendent cette précaution nécessaire.

Dans ces cas, elle veille à ce que les informations publiées soient au moins aussi détaillées que celles qui figurent dans l'avis d'appel public à la concurrence publié conformément à l'article 150.

VII. – Si elle utilise un système de qualification, l'entité adjudicatrice veille à ce que les informations publiées dans l'avis d'attribution soient aussi détaillées que celles qui figurent dans le relevé défini à l'article 155.

Titre IV. – Exécution des marchés

Art. 173. – Les dispositions du titre IV de la première partie s'appliquent aux marchés publics et accords-cadres passés par les entités adjudicatrices définies à l'article 134, sous réserve de la substitution des mots : « entité adjudicatrice » aux mots : « pouvoir adjudicateur ».

Titre V. – Dispositions relatives au contrôle

Art. 174. – Les dispositions du titre V de la première partie s'appliquent aux marchés publics et accords-cadres passés par les entités adjudicatrices définies à l'article 134, sous réserve de la substitution des mots : « entité adjudicatrice » aux mots : « pouvoir adjudicateur ».

Titre VI. – Dispositions diverses

Art. 175. – Les dispositions du titre VI de la première partie s'appliquent aux marchés publics et accords-cadres passés par les entités adjudicatrices définies à l'article 134, sous réserve de la substitution des mots : « entité adjudicatrice » aux mots : « pouvoir adjudicateur ».

Troisième partie

Dispositions diverses

2

Art. 176. – Lorsqu'une personne publique agit à la fois en tant que pouvoir adjudicateur et en tant qu'entité adjudicatrice, elle peut, pour satisfaire un besoin concernant à la fois une activité relevant de la première partie du présent code et une activité relevant de sa deuxième partie, passer un seul marché ou passer deux marchés distincts, mais ce choix ne peut être effectué dans le but de soustraire ces marchés au champ d'application du présent code.

Lorsqu'elle choisit de ne passer qu'un seul marché :

1° Si le besoin à satisfaire est principalement lié à son activité de pouvoir adjudicateur, les règles applicables sont celles de la première partie ;

2° Si le besoin à satisfaire est principalement lié à son activité d'entité adjudicatrice, les règles applicables sont celles de la deuxième partie.

S'il est impossible d'établir à qui le marché est principalement destiné, du pouvoir adjudicateur ou de l'entité adjudicatrice, les règles applicables sont celles de la première partie du présent code.

Si un marché est relatif à une activité entrant dans le champ de la deuxième partie et à une activité qui n'entre ni dans le champ de la première partie, ni dans le champ de la deuxième partie, si le marché est principalement relatif à la première des activités ou s'il est impossible d'établir à laquelle de ces deux activités le marché est principalement destiné, les règles applicables sont celles de la deuxième partie du présent code.

Quatrième partie

Dispositions applicables aux collectivités d'outre-mer

2

Chapitre Ier – Dispositions applicables à Saint-Pierre-et-Miquelon

(Décret no 2008-585 du 19 juin 2008, art. 1er)

Art. 177. – Les dispositions du présent code sont applicables à Saint-Pierre-et-Miquelon sous réserve des adaptations suivantes :

1° Le *e* du I de l'article 24 n'est pas applicable.

2° Le III de l'article 40 est rédigé comme suit :

« III. – S'agissant des fournitures et services :

1° Pour les marchés d'un montant compris entre 90 000 € HT et 210 000 € HT, le pouvoir adjudicateur est tenu d'émettre un avis par voie radiophonique dans des conditions telles qu'il puisse susciter une mise en concurrence suffisante et de publier un avis d'appel public à la concurrence soit dans une publication locale soit, si les caractéristiques et le montant du marché le justifient, dans le *Bulletin officiel* des annonces des marchés publics ou dans un journal habilité à recevoir des annonces légales ou dans un journal spécialisé correspondant au secteur économique concerné ou dans une publication équivalente diffusée dans la région géographique de Saint-Pierre-et-Miquelon ;

2° Pour les marchés, les accords-cadres, les systèmes d'acquisition dynamique, et les marchés passés sur la base d'un système d'acquisition dynamique, d'un montant égal ou supérieur à 210 000 € HT, le pouvoir adjudicateur est tenu, d'une part, d'émettre un avis par voie radiophonique dans des conditions telles qu'il puisse susciter une mise en concurrence suffisante ou de publier un avis d'appel public à la concurrence dans une publication locale et, d'autre part, de publier un avis d'appel public à la concurrence dans le *Bulletin officiel* des annonces des marchés publics ou dans un journal habilité à recevoir des annonces légales ou dans un journal spécialisé correspondant au secteur économique concerné ou dans une publication équivalente diffusée dans la région géographique de Saint-Pierre-et-Miquelon. »

3° Le IV de l'article 40 est rédigé comme suit :

« IV. – S'agissant des travaux :

1° Pour les marchés d'un montant compris entre 90 000 € HT et 5 270 000 € HT, le pouvoir adjudicateur est tenu d'émettre un avis par voie radiophonique dans des conditions telles qu'il puisse susciter une mise en concurrence suffisante et de publier un avis d'appel public à la concurrence soit dans une publication locale soit, si les caractéristiques et le montant du marché le justifient, dans le *Bulletin officiel* des annonces des marchés publics ou dans un journal habilité à recevoir des annonces légales ou dans un journal spécialisé correspondant au secteur économique concerné ou dans une publication équivalente diffusée dans la région géographique de Saint-Pierre-et-Miquelon ;

2° Pour les marchés et les accords-cadres d'un montant égal ou supérieur à 5 270 000 € HT, le pouvoir adjudicateur est tenu, d'une part, d'émettre un avis par voie radiophonique dans des conditions telles qu'il puisse susciter une mise en concurrence suffisante ou de publier un avis d'appel public à la concurrence dans une publication locale et, d'autre part, de publier un avis d'appel public à la concurrence dans le *Bulletin officiel* des annonces des marchés publics ou dans un journal habilité à recevoir des annonces légales ou dans un journal spécialisé correspondant au secteur économique concerné ou dans une publication équivalente diffusée dans la région géographique de Saint-Pierre-et-Miquelon. »

Chapitre II – Dispositions applicables à Mayotte

(Décret n° 2008-585 du 19 juin 2008, art. 1er)

2

Art. 178. – Les dispositions de la première partie du présent code sont applicables à Mayotte sous réserve des adaptations suivantes :

1° La référence au préfet est remplacée par la référence au représentant de l'État ;

2° La référence au département est remplacée par la référence à la collectivité départementale ;

3° La référence à la direction générale de la concurrence, de la consommation et de la répression des fraudes est remplacée par la référence au service en charge de la concurrence et la référence au directeur général de la concurrence, de la consommation et de la répression des fraudes est remplacée par la référence au directeur du service en charge de la concurrence ;

4° Le III de l'article 18 est complété par un alinéa rédigé comme suit :

« Le marché peut toutefois prévoir que les modalités d'actualisation du prix sont fixées par référence à un arrêté du représentant de l'État à Mayotte. » ;

5° Le IV de l'article 18 est complété par un alinéa rédigé comme suit :

« Le marché peut toutefois prévoir que les modalités de calcul de la révision du prix sont fixées par référence à un arrêté du représentant de l'État à Mayotte. » ;

6° Pour l'application du I de l'article 22 :

a) Le 3° est rédigé comme suit :

« 3° Lorsqu'il s'agit d'une commune de 7 500 habitants et plus, le maire ou son représentant, président, et quatre membres du conseil municipal élus en son sein à la représentation proportionnelle au plus fort reste » ;

b) Le 4° est rédigé comme suit :

« 4° Lorsqu'il s'agit d'une commune de moins de 7 500 habitants, le maire ou son représentant, président, et deux membres du conseil municipal élus en son sein à la représentation proportionnelle au plus fort reste » ;

7° Pour l'application du I de l'article 24, le *e)* est rédigé comme suit :

« *e)* En outre, lorsqu'une qualification professionnelle est exigée des candidats pour participer à un concours, au moins un quart des membres du jury ont cette qualification ou une qualification équivalente. Ils sont désignés par le président du jury. »

8° Pour l'application du I de l'article 46, les 1° et 2° sont rédigé comme suit :

« 1° Les pièces prévues aux articles R. 312-4 ou R. 312-7 du Code du travail applicable à Mayotte ; ces pièces sont à produire tous les six mois jusqu'à la fin de l'exécution du marché ;

« 2° Les attestations et certificats délivrés par les administrations et organismes compétents prouvant qu'il a satisfait à ses obligations fiscales et sociales.

Un arrêté du représentant de l'État à Mayotte fixe la liste des administrations et organismes compétents ainsi que la liste des impôts et cotisations sociales pouvant donner lieu à délivrance du certificat. »

9° Pour l'application de l'article 55, les dispositions de la seconde phrase du dernier alinéa ne sont pas applicables.

10° Pour l'application de l'article 56, le III est rédigé comme suit :

« III. – 1° Le pouvoir adjudicateur indique dans l'avis d'appel public à la concurrence ou, pour les marchés négociés sans publicité préalable, dans la lettre de consultation le ou les modes de transmission des candidatures et des offres qu'il choisit. En l'absence de mention expresse relative au mode de transmission choisi, le pouvoir adjudicateur est réputé avoir retenu le seul mode de transmission sur support papier. Dans cette hypothèse, les candidatures et les offres transmises par voie électronique sont irrégulières et doivent être rejetées à ce titre.

« 2° À compter du 1er janvier 2014, le pouvoir adjudicateur sera tenu de recevoir les candidatures et les offres transmises par voie électronique et pourra imposer ce seul mode de transmission dans l'avis d'appel public à la concurrence ou, pour les marchés négociés sans publicité préalable, dans la lettre de consultation. »

11° L'article 98 est rédigé comme suit :

« Art. 98. – Le délai global de paiement d'un marché public ne peut excéder 45 jours.

« Toutefois, cette limite est portée à :

« *a)* 60 jours pour les communes et les établissements publics de coopération intercommunale ;

« *b)* 50 jours pour les établissements publics de santé et les établissements du service de santé des armées.

« Le dépassement du délai de paiement ouvre de plein droit et sans autre formalité, pour le titulaire du marché ou le sous-traitant, le bénéfice d'intérêts moratoires, à compter du jour suivant l'expiration du délai.

« Un décret précise les modalités d'application du présent article à Mayotte. »

Art. 179. – Les dispositions de l'article 178 s'appliquent aux marchés et accords-cadres passés par les entités adjudicatrices relevant de la deuxième partie du présent code.

Circulaire du 3 août 2006 portant manuel d'application des marchés publics

Avertissement

Le décret n° 2006-975 du 1er août 2006 portant Code des marchés publics est publié au *Journal officiel* de ce jour. Il entre en vigueur le 1er septembre 2006.

Des mesures transitoires ont été prévues pour permettre d'éviter les conséquences d'un changement brutal des règles sur les marchés en cours de passation. Il ressort des dispositions de l'article 8 du décret précité que :

1. Les marchés notifiés avant le 1er septembre 2006 restent soumis pour leur passation comme pour leur exécution aux seules dispositions du Code des marchés publics en vigueur jusqu'au 31 août 2006 (c'est-à-dire le code du 7 janvier 2004 modifié), tant pour leur passation que pour leur exécution. Les difficultés et les litiges qui sont susceptibles de survenir concernant ces marchés ne seront donc pas concernés par les dispositions du nouveau Code des marchés publics 2006.

2. Les marchés pour lesquels une consultation aura été engagée ou un avis d'appel public à la concurrence aura été envoyé à compter du 1er septembre 2006 seront soumis aux seules dispositions du nouveau Code des marchés publics tant pour leur passation que pour leur exécution. Les difficultés et litiges qui sont susceptibles de survenir concernant ces marchés ne seront donc plus concernés par les dispositions du Code des marchés publics 2004.

3. Les marchés pour lesquels une consultation aura été engagée ou un avis d'appel public à la concurrence aura été envoyé avant le 1er septembre 2006, le marché étant notifié après cette date, seront, pour leur seule passation, aux dispositions du Code des marchés publics en vigueur jusqu'au 31 août 2006 et, pour leur seule exécution, aux dispositions du nouveau Code des marchés publics. Les difficultés et litiges concernant leur passation, et notamment les règles de publicité, la production des attestations fiscales et sociales, le choix des candidats et des offres, ne seront concernés que par les dispositions du code en vigueur jusqu'au 31 août 2006, alors que les difficultés et litiges concernant l'exécution, et notamment les avenants, les conditions de résiliation, de paiement, ne seront concernés que par les dispositions du nouveau code 2006.

2

Première partie – Le champ d'application

Le contrat envisagé est-il un marché public soumis au Code des marchés publics ?

L'acheteur public saura s'il doit appliquer le Code des marchés publics lorsqu'il aura répondu aux trois questions suivantes :

Qui doit appliquer le Code des marchés publics ?

Le contrat envisagé est-il un marché public ?

Quelles sont les exceptions prévues par le code ?

1. Qui doit appliquer le Code des marchés publics ?

1.1. Les personnes publiques soumises au Code des marchés publics

Le Code des marchés publics se décompose en deux parties : une première partie regroupant les dispositions applicables aux pouvoirs adjudicateurs, et une deuxième partie regroupant les dispositions applicables aux entités adjudicatrices.

Les notions communautaires de « pouvoir adjudicateur » et d'« entité adjudicatrice » sont désormais introduites dans le droit français.

Les pouvoirs adjudicateurs soumis au code sont : l'État et ses établissements publics autres que ceux ayant un caractère industriel et commercial, les collectivités territoriales et l'ensemble de leurs établissements publics locaux.

Les entités adjudicatrices sont des pouvoirs adjudicateurs qui exercent une activité d'opérateur de réseaux. Ces entités sont soumises à des règles spécifiques fixées par la deuxième partie du Code des marchés publics (les règles particulières qui leur sont applicables font l'objet d'un développement particulier dans la cinquième partie du présent manuel).

Il convient de noter que les établissements publics de santé et les établissements publics sociaux ou médico-sociaux, bien que soumis aux règles applicables aux collectivités territoriales en leur qualité d'établissements publics locaux, bénéficient d'un régime dérogatoire. En effet, le code prévoit de manière exprès un certain nombre de dispositions spécifiques ayant pour objet de les assujettir aux règles applicables à l'État. De même, les syndicats interhospitaliers sont soumis au même régime que les établissements de santé par le Code de la santé publique.

1.2. Les organismes non soumis au Code des marchés publics

Les personnes privées ne relèvent pas, en principe, du champ d'application du Code des marchés publics. Toutefois, si une personne privée est mandataire d'une personne publique soumise au code, elle doit, pour les marchés passés en exécution de ce mandat, respecter les dispositions du Code des marchés.

De même, les personnes morales de droit privé qui participent à un groupement de commandes doivent, pour leurs achats réalisés dans le cadre du groupement, appliquer les règles prévues par le code.

Par ailleurs, il existe des personnes publiques ou privées qui, bien que non assujetties au Code des marchés publics, sont soumises à des obligations de mise en concurrence imposées par le droit communautaire. Ces organismes relèvent du régime de l'ordonnance n° 2005-649 du 6 juin 2005 relative aux marchés passés par certaines personnes publiques ou privées non soumises au Code des marchés publics et de ses décrets d'application[(1)].

Il convient de souligner que les marchés passés par tous les établissements publics à caractère administratif ayant dans leur statut une mission de recherche, parmi lesquels les établissements publics à caractère scientifique, culturel et professionnel, les établissements publics de coopération scientifique et les établissements publics à caractère scientifique et technologique, pour les achats de fournitures, de services et de travaux destinés à la conduite de leurs activités de recherche relèvent de l'ordonnance n° 2005-649 du 6 juin 2005 relative aux marchés passés par certaines personnes publiques ou privées non soumises au Code des marchés publics et non pas du code (cf. art. 30 de la loi de programme n° 2006-450 du 18 avril 2006 pour la recherche).

(1) Ordonnance n° 2005-649 du 6 juin 2005 relative aux marchés passés par certaines personnes publiques ou privées non soumises au Code des marchés publics (JO n° 131 du 7 juin 2005, p. 10014), entrée en vigueur le 1er septembre 2005 ; décret n° 2005-1742 du 30 décembre 2005 relatif aux pouvoirs adjudicateurs et décret n° 2005-1308 du 20 octobre 2005 relatif aux entités adjudicatrices.

2. Le contrat envisagé est-il un marché public ?

Lorsque l'acheteur constate qu'il est soumis au code, il doit vérifier que le contrat qu'il souhaite conclure est bien un marché public.

L'article 1er du code donne une définition précise du marché public.

2.1. Un marché public est un contrat

Les marchés publics sont des contrats consacrant l'accord de volonté entre deux personnes dotées de la personnalité juridique, ce qui exclut notamment toute décision unilatérale.

2.2. Un marché public est conclu à titre onéreux

Le caractère onéreux exprime l'idée d'une charge pesant sur l'acheteur. Dans la majorité des cas, le marché donnera lieu au versement d'une somme d'argent. Néanmoins, en l'absence d'un tel versement, le caractère onéreux peut aussi bien résulter d'un abandon par l'acheteur public d'une possibilité de recette liée à l'exécution du marché.

Il s'agira, par exemple, de l'autorisation donnée au cocontractant d'exploiter les panneaux publicitaires installés sur le domaine public, en se rémunérant par les recettes publicitaires y afférentes, ou de l'autorisation donnée au cocontractant de vendre le sable ou les graviers tirés d'un cours d'eau dont il a réalisé le curage.

En revanche, les prestations que la personne publique obtient à titre gratuit ne peuvent jamais être qualifiées de marchés publics.

2.3. Un marché public peut être passé avec des personnes publiques ou privées

Un marché est un contrat signé entre deux personnes distinctes dotées chacune de la personnalité juridique. Aucun texte ni aucun principe n'interdit, en raison de sa nature, à une entité publique de se porter candidate à l'attribution d'un marché public. Toutefois, les modalités d'intervention de la personne publique candidate ne doivent pas fausser les conditions dans lesquelles s'exerce la concurrence entre cette entité publique et d'autres entreprises afin de respecter le principe d'égalité d'accès à la commande publique. La personne publique qui soumissionne devra être en mesure de justifier, le cas échéant, que le prix proposé a été déterminé en prenant en compte l'ensemble des coûts directs et indirects concourant à la formation du prix de la prestation objet du contrat, et qu'elle n'a pas bénéficié, pour déterminer le prix proposé, d'un avantage découlant des ressources ou des moyens qui lui sont attribués au titre de sa mission de service public[(2)].

(2) Cf. avis du Conseil d'État du 8 novembre 2000, société Jean-Louis Bernard consultants.

2.4. Un marché public est un contrat qui doit répondre aux besoins de l'administration en matière de fournitures, services et travaux

L'objet du marché est un élément fondamental qui doit être précisément défini en vue de répondre à un besoin de la personne publique.

2.4.1. Les marchés publics se distinguent des subventions.

Les contrats que l'administration signe fréquemment avec différents partenaires, notamment des associations, ne sont pas obligatoirement des marchés publics. C'est le fait de répondre à un besoin exprimé par l'administration qui permet de différencier les marchés publics des conventions qui accompagnent, par exemple, certaines décisions d'octroi de subventions.

Le marché public se différencie de la subvention, qui constitue une contribution financière de la personne publique à une opération justifiée par l'intérêt général mais qui est initiée et menée par un tiers. Il s'agira d'une subvention si l'initiative du projet vient de l'organisme bénéficiaire et si aucune contrepartie directe n'est attendue par la personne publique du versement de la contribution financière. Dans le cas contraire, il s'agira d'un marché public. La notion d'initiative implique non seulement l'impulsion du projet mais aussi sa conception et sa définition.

2.4.2. Les marchés publics se distinguent également des délégations de service public.

La loi n° 2001-1168 du 11 décembre 2001 dite « loi MURCEF » introduit dans la loi n° 93-122 du 29 janvier 1993 dite « loi Sapin » une définition de la délégation de service public : « un contrat par lequel une personne morale de droit public confie la gestion d'un service public dont elle a la responsabilité à un délégataire public ou privé, dont la rémunération est substantiellement liée au résultat de l'exploitation du service. Le délégataire peut être chargé de construire des ouvrages ou d'acquérir des biens nécessaires au service. ».

La différence fondamentale entre un marché public et une délégation de service public résulte du mode de rémunération retenu. Pour un marché public, le paiement est intégral et immédiat et effectué par l'acheteur public. Pour une délégation de service public, la rémunération est tirée principalement de l'exploitation du service.

2.4.3. Les marchés publics se distinguent également des partenariats public-privé.

Les contrats de partenariats sont régis par l'ordonnance n° 2004-559 du 17 juin 2004 et ses textes d'application[3]. De par sa durée, ses modalités de rémunération et les conditions de son exploitation, le contrat de partenariat n'est pas un marché public au sens du Code des marchés publics.

Ce contrat se définit comme un contrat administratif par lequel un pouvoir adjudicateur « confie à un tiers, pour une période déterminée en fonction de la durée d'amortissement des investissements ou des modalités de financement retenues, une mission globale relative au financement d'investissements immatériels, d'ouvrages ou d'équipements nécessaires au service public, à la construction ou transformation des ouvrages ou équipements, ainsi qu'à leur entretien, leur maintenance, leur exploitation ou leur gestion et, le cas échéant, à d'autres prestations de services concourant à l'exercice, par la personne publique, de la mission de service public dont elle est chargée ».

Le contrat de partenariat autorise une rémunération du cocontractant pendant toute la durée du contrat, qui n'est pas liée à l'exploitation de l'ouvrage. La rémunération peut être liée à des objectifs de performance assignés au cocontractant. Les coûts d'investissement sont ainsi lissés au bénéfice du pouvoir adjudicateur.

Aux termes du contrat, le pouvoir adjudicateur acquiert la propriété du bien.

Le cocontractant de la personne publique assure la maîtrise d'ouvrage des travaux à réaliser.

(3) Décret n° 2004-1145 du 27 octobre 2004 pris en application des articles 3, 4, 7 et 13 de l'ordonnance n° 2004-559 du 17 juin 2004 sur les contrats de partenariat et L. 1414-3, L. 1414-4 et L. 1414-10 du Code général des collectivités territoriales.

2.4.4. Les marchés publics se distinguent d'un ensemble d'autres instruments juridiques relevant de la commande publique et permettant aux pouvoirs adjudicateurs d'associer des partenaires privés à la réalisation d'ouvrages.

– Le bail emphytéotique administratif réservé aux seules collectivités territoriales et aux établissements publics de santé :

L'article L. 1311-2 du Code général des collectivités territoriales définit le bail emphytéotique administratif comme permettant à une collectivité territoriale propriétaire d'un bien immobilier de le louer à un tiers qui pourra construire un ouvrage sur le domaine public et ensuite le louer à la collectivité propriétaire du terrain. Cet instrument juridique peut être utilisé par une collectivité :

– soit en vue de la réalisation d'une opération d'intérêt général relevant de sa compétence ;

– soit en vue de l'accomplissement, pour son propre compte, d'une mission de service public ;

– soit, jusqu'au 31 décembre 2007, en vue de la réalisation d'une opération d'intérêt général liée aux besoins de la justice, de la police ou de la gendarmerie nationale, ou d'un établissement public de santé, ou encore d'une structure de coopération sanitaire dotée de la personnalité morale publique (cf. art. L. 6148-3 du Code de la santé publique) ;

– soit, jusqu'au 31 décembre 2010, en vue de la réalisation d'une opération d'intérêt général liée aux besoins d'un service départemental d'incendie et de secours.

L'article L. 6148-2 du Code de la santé publique précise, quant à lui, que le bail emphytéotique administratif permet à un établissement public de santé ou à une structure de coopération sanitaire dotée de la personnalité morale publique, propriétaire d'un bien immobilier, de le louer :

– soit en vue de l'accomplissement, pour le compte de l'établissement ou de la structure, d'une mission concourant à l'exercice du service public dont ils sont chargés ;

– soit en vue de la réalisation d'une opération d'intérêt général relevant de leur compétence ;

– soit en vue de la réalisation d'une opération répondant aux besoins d'un autre établissement public de santé avec lequel ils conduisent une action de coopération.

Le cocontractant de la personne publique assure la maîtrise d'ouvrage des travaux à réaliser.

– Les conventions de bail réservées aux seuls services de l'État :

Les articles L. 2122-6 et L. 2122-9 du Code de la propriété des personnes publiques définissent l'autorisation d'occupation temporaire du domaine public comme un instrument juridique qui permet à l'État d'accorder à un tiers un droit réel sur son domaine afin que ce dernier construise un ouvrage qu'il exploite ou qu'il loue à l'État.

À l'issue du titre d'occupation, les ouvrages, constructions et installations de caractère immobilier existant sur la dépendance domaniale occupée doivent être démolis, soit par le titulaire de l'autorisation, soit à ses frais, à moins que leur maintien en l'état n'ait été prévu expressément par le titre d'occupation ou que l'autorité compétente ne renonce en tout ou partie à leur démolition.

Les ouvrages, constructions et installations de caractère immobilier dont le maintien à l'issue du titre d'occupation a été accepté deviennent de plein droit et gratuitement la propriété de l'État.

Le cocontractant de la personne publique assure la maîtrise d'ouvrage des travaux à réaliser.

Loi d'orientation pour la sécurité intérieure (LOPSI) du 29 août 2002, codifiée à l'article L. 2122-15 du Code de la propriété des personnes publiques (LOA/AOT) :

Cet instrument juridique permet à l'État de conclure avec le titulaire d'une autorisation temporaire d'occupation du domaine public un bail portant sur des bâtiments à construire par le cocontractant et comportant une option permettant à l'État d'acquérir, à terme, les ouvrages édifiés.

Ce dispositif est prévu pour les besoins de la justice, de la police nationale, de la gendarmerie, des armées ou des services du ministère de la défense. Le cocontractant de la personne publique assure la maîtrise d'ouvrage des travaux à réaliser.

– La vente en l'état futur d'achèvement (VEFA) :

La vente en l'état futur d'achèvement est un contrat par lequel un tiers construit un ouvrage dont il revend une partie à l'administration au fur et à mesure de la construction de cet ouvrage (cf. art. 1601-3 du Code civil). Le vendeur conserve les pouvoirs de maître de l'ouvrage jusqu'à la réception des travaux.

Le juge administratif a encadré le recours à la VEFA. Lorsque les quatre conditions suivantes sont remplies de manière cumulative, le pouvoir adjudicateur n'est pas autorisé à recourir à la VEFA :

a) L'objet de l'opération est la construction même d'un immeuble ;

b) La construction est pour le compte du pouvoir adjudicateur ;

c) L'immeuble est entièrement destiné à devenir la propriété du pouvoir adjudicateur ;

d) L'immeuble a été conçu en fonction des besoins propres du pouvoir adjudicateur.

Le juge considère, dans ces cas, que la personne publique reste maître de l'ouvrage au sens de la loi n° 85-704 du 12 juillet 1985, dite « loi MOP », et est tenue de passer un marché public.

– Les contrats globaux spéciaux pour les services de l'État et les établissements publics de santé ou les structures de coopération sanitaire dotées de la personnalité morale publique :

Les contrats globaux spéciaux permettent à l'État ou aux établissements publics de santé et aux structures de coopération sanitaire dotées de la personnalité morale publique de confier à un même prestataire une mission globale qui va de la construction à l'entretien et la maintenance des ouvrages construits.

Ces contrats ne peuvent être qualifiés de « marché public » au sens du droit français car ils permettent un paiement différé et globalisé de l'ensemble des prestations par le pouvoir adjudicateur. Sont ainsi réhabilités, dans des domaines d'activité limités, les marchés d'entreprises de travaux publics interdits en 2001 par le Code des marchés publics. Toutefois, dans la mesure où ces contrats ont pour objet un marché qui entre dans la définition des marchés publics au sens du droit communautaire, ils ont été volontairement assujettis aux règles prévues par le Code des marchés publics.

Les contrats globaux spéciaux concernent les domaines suivants :

a) Les immeubles affectés à la police nationale, à la gendarmerie nationale, aux armées ou aux services du ministère de la Défense ;

b) Les infrastructures nécessaires à la mise en place de systèmes de communication et d'information répondant aux besoins des services du ministère de l'Intérieur ;

c) Les immeubles affectés à la brigade des sapeurs-pompiers de Paris ;

d) Les immeubles affectés par l'État à la formation des personnels qui concourent aux missions de défense et de sécurité civiles (cf. art. 3 modifié de la loi n° 2002-1094 du 29 août 2002 d'orientation et de programmation pour la sécurité intérieure : LOPSI) ;

e) Les établissements pénitentiaires (cf. art. 3 de la loi n° 2002-1138 du 9 septembre 2002 d'orientation et de programmation pour la justice : LOPJI) ;

f) Les centres de rétention et les zones d'attente (cf. art. 52 de la loi n° 2003-1119 du 26 novembre 2003 modifiant l'ordonnance n° 45-2658 du 2 novembre 1945 relative aux conditions d'entrée et de séjour des étrangers en France) ;

g) Les bâtiments ou équipements affectés à l'exercice des missions de l'établissement public de santé ou la structure de coopération sanitaire dotée de la personnalité morale publique (art. L. 6148-7 du Code de la santé publique).

2.5. Le cas particulier des contrats de mandat

Les contrats de mandat conclus à titre gratuit ne sont pas, par définition, des marchés publics.

En revanche, un contrat de mandat rémunéré est bien un marché public ne bénéficiant pas d'un quelconque régime dérogatoire(4). Lorsqu'elles souhaitent conclure un contrat de mandat avec une tierce personne, les personnes publiques sont tenues de se conformer aux obligations de publicité et de mise en concurrence posées par le Code des marchés publics. Elles doivent, au cas par cas, vérifier si le contrat de mandat porte sur une prestation soumise au Code des marchés publics et analyser s'il s'agit d'une prestation de services, voire d'un marché de travaux, afin de connaître les obligations à respecter lors de sa passation.

(4) Le Conseil d'État, dans son arrêt n° 233372 « Union nationale des services publics industriels et commerciaux et autres » du 5 mars 2003, a annulé le 7° de l'article 3 du code du 7 mars 2001 relatif aux contrats de mandat, au motif que cette disposition de nature trop générale était incompatible avec les obligations de publicité et de mise en concurrence préalables imposées par le droit communautaire, et avait donc pour effet d'exclure l'ensemble des contrats de mandat du champ d'application du Code des marchés publics. Pour les contrats de mandat passés avant le 6 mars 2003, une disposition permettant de considérer que leur passation n'a pas méconnu les obligations de publicité et de concurrence prévues par ce code a été insérée dans la loi n° 2003-590 du 2 juillet 2003 « urbanisme et habitat ».

3. Quelles sont les exceptions à l'application du Code des marchés publics ?

Un contrat qui remplit les conditions de définition d'un marché public peut toutefois entrer dans l'une des catégories d'exclusions prévues par l'article 3.

L'article 3 énumère un certain nombre d'hypothèses où le code ne s'applique pas.

Ces exclusions sont prévues par les directives et la jurisprudence européenne et la plupart se trouvent justifiées en raison de la spécificité des situations concernées.

Certaines d'entre elles méritent un commentaire.

3.1. Les prestations intégrées dites « *in house* » (art. 3 [1°])

Cette exclusion, qui concerne les contrats de fournitures, de travaux ou de services conclus entre deux personnes morales distinctes mais dont l'une peut être regardée comme le prolongement administratif de l'autre, est issue de la jurisprudence communautaire qui pose deux conditions pour reconnaître l'existence d'une prestation intégrée :

– le contrôle effectué par la personne publique sur le cocontractant est de même nature que celui qu'elle exerce sur ses services propres ; une simple relation de tutelle ne suffit pas ;

– le cocontractant travaille essentiellement pour la personne publique demanderesse ; la part des activités réalisées au profit d'autres personnes doit demeurer marginale.

Le cocontractant qui se trouve dans cette situation doit alors appliquer l'ensemble des règles du Code des marchés publics pour répondre à ses propres besoins.

Il convient de noter que la participation, fût-elle minoritaire, d'une entreprise privée dans le capital d'une société à laquelle participe également le pouvoir adjudicateur exclut en tout état de cause que ce pouvoir adjudicateur puisse exercer sur cette société un contrôle analogue à celui qu'il exerce sur ses propres services. En conséquence, lorsqu'un acheteur public souhaite conclure un contrat à titre onéreux entrant dans le champ d'application du code il doit mettre en concurrence le cocontractant, notamment les SEM, dans le capital duquel il détient une participation avec une ou plusieurs entreprises privées(5).

(5) CJUE, 11 janvier 2005, affaire C-26/03 Stadt Halle.

3.2. L'octroi d'un droit exclusif (art. 3 [2°])

Cette exclusion ne concerne que les marchés de services.

Le droit exclusif peut être défini comme le droit pour un cocontractant de se voir confier par un pouvoir adjudicateur directement, c'est-à-dire sans formalités de publicité et/ou de mise en concurrence, une prestation de services.

Ce droit résulte d'un texte législatif ou réglementaire qui, attribuant un tel droit exclusif, définit la mission d'intérêt général confiée au cocontractant et précise les obligations qui lui sont imposées.

Ce texte doit être antérieur au contrat.

Les conditions pour admettre la validité d'un droit exclusif (ou droits spéciaux lorsqu'en bénéficient plusieurs pouvoirs adjudicateurs soumis au code ou à l'ordonnance du 6 juin 2005) sont les suivantes.

Le droit exclusif doit être nécessaire et proportionné à l'exercice d'une mission d'intérêt économique général confiée au contractant :

– lorsque sont en cause des services d'intérêt économique général (SIEG), c'est-à-dire des « activités de service marchand remplissant des missions d'intérêt général et soumises de ce fait par les États membres à des obligations spécifiques de service public »(6) (ex. : services de réseaux de transports, d'énergie ou de communication) ;

– lorsque le droit exclusif peut être regardé comme justifié si, en son absence, son bénéficiaire n'est pas en mesure d'accomplir la mission particulière qui lui a été impartie.

(6) Livre vert de la Commission européenne sur les services d'intérêt général.

Dans les autres cas, la dérogation à l'application des règles du traité CE de libre concurrence, de libre prestation de services, de liberté d'établissement et de libre circulation des marchandises doit être justifiée par une nécessité impérieuse d'intérêt général et à condition que les restrictions auxdites règles soient propres à garantir l'objectif qu'elles visent et qu'elles n'aillent pas au-delà de ce qui est nécessaire pour l'atteindre.

Conformément à l'article 86 du traité instituant la Communauté européenne, le droit exclusif ne peut être accordé qu'à un organisme déterminé pour l'accomplissement d'une mission de service d'intérêt économique général justifiant l'exclusion ou la restriction de concurrence sur les marchés de services en question. Par ailleurs, s'il crée une position dominante sur le marché de services en cause au sens de l'article 82 du traité CE et de l'article L. 420-2 du Code de commerce, il ne doit pas amener le bénéficiaire à en abuser. Enfin, le contenu, la durée et les limites de la prestation doivent être précisément définis.

3.3. Les contrats relatifs à des programmes de recherche-développement (art. 3 [6°])

Cette exclusion ne concerne que les marchés de services, et non les marchés de fournitures et de travaux.

Elle ne s'applique qu'à des programmes qui portent véritablement sur des projets de recherche et développement, sans prolongements industriels directs. Les simples marchés d'études n'entrent pas dans cette catégorie.

Les contrats relatifs à des programmes de recherche-développement sont exclus du champ d'application du code dès lors que le pouvoir adjudicateur ne finance que partiellement le programme ou dès lors qu'il n'acquiert pas la propriété exclusive des résultats du programme. Ces deux notions ne sont pas cumulatives pour entraîner l'exclusion du champ d'application du code.

Ainsi, seul le cas du contrat dans lequel le pouvoir adjudicateur est amené à acquérir l'intégralité de la propriété des résultats du programme de recherche et à assurer l'intégralité de son financement est considéré comme un marché public soumis au code.

3.4. Les contrats qui exigent le secret ou dont l'exécution doit s'accompagner de mesures particulières de sécurité ou pour lesquels la protection des intérêts essentiels de l'État l'exige (art. 3 [7°])

L'article 3 contient une dérogation concernant les contrats qui exigent le secret ou dont l'exécution doit s'accompagner de mesures particulières de sécurité ou pour lesquels la protection des intérêts essentiels de l'État l'exige. Cette disposition permet de passer sans publicité ni mise en concurrence des marchés qui sont déclarés secrets ou dont l'exécution doit s'accompagner de mesures particulières de sécurité. Tel est notamment le cas de certaines prestations acquises en vue de prévenir des actions terroristes ou bio-terroristes, et plus généralement de fournisseurs qui du fait de leurs prestations accèdent à des informations ou domaines sensibles dont la divulgation pourrait porter atteinte à la sécurité et la sûreté de l'État et de son potentiel scientifique et économique.

Dans le domaine de la défense nationale, ces contrats peuvent notamment concerner, sur justifications précises :

– les contrats passés pour la préparation et l'exécution des missions des forces armées engagées dans des opérations extérieures et répondant à des besoins déterminants pour la sûreté, l'efficacité des forces et le respect des engagements internationaux ;

– les contrats passés au profit des forces armées, lorsque celles-ci ont reçu une mission ponctuelle d'intérêt national de la part du Gouvernement, pour répondre à des besoins urgents concernant la préparation ou l'exécution de cette mission ;

– les contrats d'acquisition d'images et de services liés aux communications opérationnelles, à l'observation et au renseignement ;

– les contrats passés pour mettre en œuvre une aide humanitaire urgente.

3.5. Les exclusions spécifiques (art. 3-15)

L'exclusion prévue au point 15 de l'article 3 est relative au mécanisme de sortie de la directive secteurs et concerne des activités d'opérateur de réseaux qui cessent d'être soumises aux règles du Code des marchés publics parce qu'elles entrent dans un champ concurrentiel (ex. : télécommunications).

Cet article est directement issu du droit communautaire et est explicité par le considérant 40 de la directive 2004/17 : « La présente directive ne devrait pas s'appliquer aux marchés destinés à permettre l'exercice d'une activité [...] si, dans l'État membre dans lequel cette activité est exercée, elle est directement exposée à la concurrence sur des marchés dont l'accès n'est pas limité. Il convient donc d'introduire une procédure applicable à tous les secteurs visés par la présente directive permettant de prendre en considération les effets d'une ouverture à la concurrence, actuelle ou future. »

Le code se limite à reprendre le principe de cette procédure. En effet, son déroulement est du ressort de la Commission européenne, qui a adopté une décision relative à ses modalités d'application (décision de la Commission du 7 janvier 2005 relative aux modalités d'application de la procédure prévue à l'article 30 de la directive 2004/17/CE, publiée au *Journal officiel* de l'Union européenne du 11 janvier 2005). Seul l'État français peut présenter une telle demande.

Deuxième partie – La préparation de la procédure

4. Comment l'acheteur doit-il déterminer ses besoins ?

4.1. Pourquoi faut-il bien identifier les besoins ?

Le choix de la procédure à mettre en œuvre se détermine en fonction du montant et des caractéristiques des prestations à réaliser. C'est pourquoi il est indispensable de procéder en amont à une définition précise des besoins. De cette phase préalable essentielle dépend, d'une part, le choix de la procédure et, d'autre part, la réussite ultérieure du marché.

Une bonne évaluation des besoins n'est pas simplement une exigence juridique mais est d'abord une condition impérative pour que l'achat soit réalisé dans les meilleures conditions économiques.

Par besoins du pouvoir adjudicateur, on entend non seulement les besoins liés à son fonctionnement propre (ex. : des achats de fournitures de bureaux, d'ordinateurs pour ses agents, de prestations d'assurance pour ses locaux, etc.), mais également tout le champ des besoins liés à son activité d'intérêt général et qui le conduisent à fournir des prestations à des tiers (ex. : marchés de transports scolaires).

Pour être efficace, l'expression des besoins fait appel à quatre considérations principales :

– l'analyse des besoins fonctionnels des services sur la base, par exemple, d'états de consommation ;

– la connaissance aussi approfondie que possible des marchés fournisseurs, participation à des salons professionnels, documentation technique ;

– la distinction, y compris au sein d'une même catégorie de biens ou d'équipements, entre achats standards et achats spécifiques ;

– et enfin, lorsqu'elle est possible, l'adoption d'une démarche en coût global prenant en compte non seulement le prix à l'achat, mais aussi les coûts de fonctionnement et de maintenance qui seront associés à l'usage du bien ou de l'équipement acheté. À ce titre, le pouvoir adjudicateur peut prendre en compte des préoccupations de développement durable.

Il peut arriver que l'acheteur ait des difficultés à déterminer son besoin. Lorsque l'incertitude porte à la fois sur les objectifs à atteindre et sur les moyens d'y parvenir, l'acheteur peut recourir soit à la procédure des marchés de définition, soit à la procédure de dialogue compétitif.

Lorsque l'incertitude porte sur la quantité ou l'étendue des besoins à satisfaire, mais aussi afin de planifier dans le temps les besoins à satisfaire ou d'étaler l'achat dans le temps, l'acheteur peut faire usage du marché à bons de commande, du marché à tranches ou des accords-cadres.

4.2. Les exceptions limitées à la définition précise des besoins

La définition des besoins peut être plus ou moins précise en fonction de la lisibilité de l'acheteur. Il peut en effet arriver qu'un pouvoir adjudicateur se trouve dans l'impossibilité objective de définir les moyens aptes à satisfaire ses besoins. Lorsque, pour ces raisons, il recourt à la procédure de dialogue compétitif, il n'est pas tenu de rédiger un cahier des charges. C'est pour répondre à la spécificité de cette procédure que l'article 11 du Code des marchés publics indique que : « Pour les marchés passés selon les procédures formalisées, l'acte d'engagement et, le cas échéant, les cahiers des charges en sont les pièces constitutives. » En revanche, dans les autres procédures, la rédaction en amont d'un cahier des charges constitue une obligation.

4.3. De l'obligation de déterminer ses besoins par référence à des spécifications techniques

Le pouvoir adjudicateur doit définir ses besoins en recourant à des spécifications techniques. Ces spécifications sont des prescriptions techniques qui décrivent, de manière lisible, les caractéristiques techniques d'un produit, d'un ouvrage ou d'un service.

Elles permettent au pouvoir adjudicateur de définir les exigences qu'il estime indispensables, notamment en termes de performances à atteindre.

Le pouvoir adjudicateur a le choix entre deux possibilités :

– dans le premier cas, le pouvoir adjudicateur se réfère à des normes ou à d'autres documents préétablis approuvés par des organismes reconnus notamment par des instances professionnelles en concertation avec les autorités publiques nationales ou communautaires. Il s'agit de l'agrément technique européen, d'une spécification technique commune ou d'un référentiel technique (la définition de ces termes est apportée par l'arrêté d'application de l'article 6 du Code des marchés publics) ;

– dans le second cas, le pouvoir adjudicateur exprime les spécifications techniques en termes de performances à atteindre ou d'exigences fonctionnelles. Par exemple, pour un marché de vêtements de pompiers, le pouvoir adjudicateur peut exiger, au titre des spécifications techniques, un tissu résistant à un degré très élevé de chaleur ou résistant à une pression d'eau particulière, avec des renforts, un poids minimal.

Le pouvoir adjudicateur a la possibilité de mixer les deux catégories de spécifications techniques. Ainsi, pour un même produit, service ou type de travaux, il peut faire référence à des normes pour certaines caractéristiques et à des performances ou exigences pour d'autres caractéristiques.

Le pouvoir adjudicateur peut également déterminer des spécifications techniques prenant en compte des caractéristiques environnementales, notamment en se référant à des écolabels.

Les spécifications techniques ne doivent en aucun cas porter atteinte au principe d'égalité des candidats. C'est pourquoi elles ne peuvent mentionner une marque, un brevet, un type, une origine ou une production déterminés qui auraient pour finalité de favoriser ou d'écarter certains produits ou productions.

4.4. De l'intérêt des variantes

Une bonne définition des besoins n'exclut pas de laisser une part d'initiative aux candidats. À cette fin, le pouvoir adjudicateur doit indiquer dans l'avis d'appel public à la concurrence ou dans les documents de la consultation s'il autorise ou non les variantes. Les documents de la consultation doivent mentionner les exigences minimales que les variantes respectent ainsi que les modalités de leur présentation.

Dans le cas où le pouvoir adjudicateur n'indiquerait rien, les candidats ne sont pas autorisés à présenter de variantes.

Même si elles ne sont pas explicitement prévues par le Code des marchés publics, il est également possible pour un pouvoir adjudicateur de demander des options. Les options sont des prestations complémentaires qui doivent être limitées de façon à ne pas fausser le jeu de la concurrence.

La distinction existant entre la variante et l'option ne porte pas sur le fond, elle repose sur la personne qui est à l'origine de cette forme d'offre. Il s'agit d'une option si c'est une demande du pouvoir adjudicateur et d'une variante lorsqu'il s'agit d'une proposition du candidat.

4.5. Qui définit les besoins ?

Contrairement au code du 7 janvier 2004, qui avait maintenu la notion de personne responsable du marché, le nouveau Code des marchés publics ne souhaite pas interférer avec les règles d'organisation et de fonctionnement propres à chaque pouvoir adjudicateur. En effet, aucune des règles fixées par les directives ne traite des questions tenant aux modalités d'attribution de compétences entre les différents organes chargés de la passation des marchés publics.

Il s'ensuit que les modalités de la désignation des personnes chargées de mettre en œuvre les procédures de marché, les compétences qui leur sont dévolues ou le régime des délégations de pouvoir ou de signature relèvent exclusivement de leurs textes organiques ou statutaires, ou sont laissés, en l'absence de tels textes, au libre choix du pouvoir adjudicateur.

En tout état de cause, il appartient à chaque pouvoir adjudicateur d'indiquer, au regard de sa politique d'achat, à quel niveau les différents besoins qui sont les siens doivent être appréciés. Cette appréciation doit impérativement se faire dans le strict respect des objectifs et des règles de mise en concurrence édictés par le code.

En particulier, est expressément proscrit tout découpage excessif qui aurait pour effet de soustraire les marchés aux obligations de mise en concurrence.

Une fois ce travail préliminaire accompli, le pouvoir adjudicateur désigne, le cas échéant, des personnes chargées de mettre en œuvre les procédures de marché.

Ces personnes ont alors un rôle exclusivement administratif et fonctionnel, l'appréciation du niveau des besoins ayant été effectuée préalablement et en dehors d'elles par le pouvoir adjudicateur. Leur rôle est de choisir la procédure d'achat appropriée au regard des seuils de passation des marchés et de mener à bien la procédure choisie sous leur responsabilité.

À titre d'exemple, pour les services déconcentrés de l'État, il appartiendra au préfet, qui a compétence pour passer les marchés, de définir le niveau auquel les fournitures, les services et les travaux des services déconcentrés relevant de son autorité devront être pris en compte. Des personnes responsables des marchés pourront ensuite être désignées pour la mise en œuvre des procédures destinées à satisfaire ces besoins.

De même pour les services centraux de l'État, le décret du 27 juillet 2005 constitue le titre de compétence du ministre, chargé de définir précisément le niveau auquel les besoins de son ministère doivent être pris en compte et de déléguer sa signature aux agents de son administration. Le régime de la délégation institué par ce décret s'appliquera automatiquement, se substituant aux dispositions de l'article 20 du code de 2004 sans qu'il soit nécessaire pour ce faire de produire un acte formel (un arrêté) portant délégation.

Cette redéfinition des conditions d'évaluation des besoins et des règles de désignation des personnes chargées de mettre en œuvre les procédures de marché présente l'avantage de permettre aux pouvoirs adjudicateurs, encadrés par la réglementation en vigueur en matière de délégation de signature ou de compétence, d'agir dans un cadre juridique simplifié et sécurisé.

5. Acheter seul ou groupé ?

Les acheteurs publics peuvent, en fonction de leurs attentes notamment économiques, faire le choix soit d'acheter seuls, soit de se grouper ou encore de recourir à une centrale d'achat. Ce choix doit être guidé par le souci permanent d'abaisser les prix et les coûts de gestion.

5.1. Dans le cadre d'un groupement de commandes ?

Les groupements, dépourvus de personnalité morale, permettent aux acheteurs publics de coordonner et de regrouper leurs achats pour, par exemple, réaliser des économies d'échelle. Ils permettent également à plusieurs maîtres d'ouvrage de se regrouper pour choisir le ou les mêmes prestataires. Ils peuvent concerner tous les types de marchés mais sont particulièrement adaptés au domaine des fournitures courantes.

Il convient de souligner que l'État étant un seul pouvoir adjudicateur, ses services peuvent, sans avoir besoin de recourir au mécanisme des groupements de commandes, coordonner leurs achats, tel qu'il est décrit au point 5.3. Toutefois, ils peuvent toujours s'inspirer des mécanismes de groupement afin d'organiser leur coordination.

Le code prévoit plusieurs degrés, plus ou moins larges, de participation des membres à un groupement de commandes.

Outre le cas où chaque membre du groupement signe son marché, le coordonnateur du groupement peut, au terme des opérations de sélection du cocontractant, signer, notifier le marché et l'exécuter au nom de l'ensemble des membres du groupement.

Mais il peut également uniquement signer et notifier le marché, et laisser les membres du groupement exécuter le marché, chacun pour ce qui le concerne. Cette dernière disposition est particulièrement adaptée aux groupements comprenant un très grand nombre d'adhérents.

Pour qu'un groupement soit efficace, il faut qu'avant de passer le marché ses membres s'engagent à respecter un certain nombre d'engagements, et notamment un volume minimal d'achat.

Afin d'évaluer le montant des besoins d'un groupement constitué entre l'État et une ou plusieurs collectivités territoriales, et donc de définir la procédure de passation à mettre en œuvre, il convient de se référer aux seuils applicables aux marchés de l'État, c'est-à-dire les seuils les plus contraignants.

5.2. En ayant recours à une centrale d'achat ?

L'acheteur peut aussi décider de ne pas procéder lui-même aux procédures de passation des marchés mais de recourir à une centrale d'achat. Le recours direct à une centrale d'achat est, en effet, autorisé par le code à la condition toutefois que la centrale d'achat respecte elle-même les règles de publicité et de mise en concurrence imposées par le code ou par l'ordonnance du 6 juin 2005.

Celle-ci pourra se voir confier plusieurs types de missions, qui vont de la mise à disposition de fournitures et de services jusqu'à la passation d'accords-cadres ou de marchés destinés à des pouvoirs adjudicateurs.

Un pouvoir adjudicateur soumis pour la totalité de ses achats aux règles du Code des marchés publics, à condition qu'il le précise dans son marché ou dans les termes de l'accord-cadre, peut décider de se constituer en centrale d'achat et passer des marchés pour le compte d'autres organismes publics.

5.3. La coordination de commandes ?

Le mécanisme de coordination de commandes permet à un pouvoir adjudicateur de coordonner les achats de ses services. La coordination est possible aussi bien pour la conclusion d'un marché public que la conclusion d'un accord-cadre.

Les modalités de mise en œuvre de ce mécanisme de coordination sont laissées à la libre appréciation des pouvoirs adjudicateurs. Un service centralisateur peut, par exemple, être désigné pour conclure le marché dans le cadre duquel chaque service pourra soit conclure son propre marché, soit émettre des bons de commande dans les termes fixés par le marché passé par le service centralisateur.

Comme dans la formule des groupements de commande, il convient de bien anticiper l'évaluation des besoins et notamment le périmètre des services concernés avant le lancement de la procédure de marché. En effet, une fois celle-ci lancée, il est impossible d'intégrer des modifications qui remettraient en cause l'équilibre initial du marché.

6. Quelle forme de marché adopter ?

6.1. Le choix du mode de dévolution du marché

L'article 10 du code fixe comme principe que tous les marchés seront passés en lots séparés, s'ils peuvent être divisés en ensembles cohérents, sauf si l'allotissement présente un inconvénient technique, économique ou financier.

Les pouvoirs adjudicateurs sont donc fortement incités à recourir à l'allotissement pour l'ensemble de leurs marchés. La dévolution sous forme de marché global devient désormais l'exception.

La philosophie qui sous-tend cette mesure vise à permettre au plus grand nombre d'entreprises, quelle que soit leur taille, d'accéder à la commande publique.

6.1.1. L'allotissement et le marché unique.

L'allotissement est désormais érigé en principe pour susciter une réelle concurrence entre les entreprises, quelle que soit leur taille.

Ainsi, le champ de la concurrence est étendu à des entreprises compétitives mais qui ne sont pas nécessairement aptes à réaliser l'intégralité d'un marché, tout particulièrement des petites et moyennes entreprises (PME).

L'allotissement est particulièrement approprié lorsque l'importance des travaux, fournitures ou services à réaliser risque de dépasser les capacités techniques ou financières d'une seule entreprise, chaque lot, d'importance moindre, pouvant être exécuté par des entreprises petites ou moyennes. Il en est de même dans le cas où une seule entreprise ne peut tenir des délais d'exécution extrêmement courts qu'en adoptant un rythme de travail nécessitant des dépenses supplémentaires qui grèvent d'autant le coût de la prestation, ou encore pour assurer la sécurité des approvisionnements.

Le choix entre un marché unique et un marché passé en lots séparés doit se faire, au cas par cas, en fonction des intérêts économiques, financiers ou de la capacité technique de chaque pouvoir adjudicateur.

Quoi qu'il arrive, le pouvoir adjudicateur reste libre de fixer le nombre de lots de son marché public.

Toutefois, le pouvoir adjudicateur peut s'affranchir du principe d'allotissement quand sa mise en œuvre présente un certain nombre d'inconvénients.

Le pouvoir adjudicateur peut recourir au marché global lorsque :

– l'allotissement présente un inconvénient technique lié à la cohérence de la prestation en cause. À titre d'exemple, lorsque le pouvoir adjudicateur n'est pas en mesure d'assurer lui-même les missions d'organisation, de pilotage et de coordination. Une commune qui n'a pas les moyens humains ou techniques pour assurer la coordination des travaux pourra avoir recours à un marché global ;

– l'allotissement présente un inconvénient économique ou financier. À titre d'exemple, le coût global d'une prestation peut se révéler plus élevé en ayant recours à un marché alloti, si les frais de livraison sont compris dans le prix de la prestation passée en marché unique, ou si le fait d'allotir conduit l'acheteur à faire appel à un coordonnateur de travaux.

La dévolution sous forme de marché global n'interdit pas le pouvoir adjudicateur d'identifier les prestations de manière distincte (sous forme de lots techniques).

Les modalités de recours à l'allotissement sont facilitées grâce à l'introduction d'une disposition permettant aux acheteurs de ne signer qu'un seul acte d'engagement lorsque plusieurs lots sont attribués à un même soumissionnaire.

Dans le cas où l'acheteur a recours à un marché global ayant pour objet à la fois la construction et l'exploitation ou la maintenance d'un ouvrage, il devra faire apparaître de manière séparée leurs coûts afin de distinguer les dépenses liées à l'investissement de celles liées à la maintenance et l'exploitation, sans qu'il soit possible de compenser l'une par l'autre. Le fait de surévaluer les dépenses d'exploitation constitue un paiement différé interdit par le Code des marchés publics.

6.1.2. Les « petits lots ».

Une souplesse supplémentaire est offerte par le III de l'article 27 qui permet de passer des marchés selon une procédure adaptée pour les lots inférieurs à 80 000 € HT, pour autant que le montant cumulé de ces lots n'excède pas 20 % de la valeur de l'ensemble du marché. Pour les marchés de travaux supérieurs au seuil de 5 270 000 HT [*ce seuil a été supprimé par décret n° 2008-1355 du 19 décembre 2008, art. 2*], la valeur de ces « petits lots » est portée à 1 000 000 € HT avec le maintien de la condition de ne pas excéder 20 % du total du marché.

Cette mesure permet d'associer les petites et moyennes entreprises à des opérations complexes, qui peuvent dépasser les capacités techniques et financières d'une seule entreprise.

6.2. Les procédures de marchés « fractionnés » et de planification des marchés dans le temps

Si l'acheteur public n'est pas en mesure, au stade de la passation, de définir avec exactitude toutes les modalités de ses besoins (quantité, fréquence, nature), il peut avoir recours à des procédures spécifiques en deux temps, distinguant une phase de présélection des fournisseurs de la phase d'attribution des marchés ou commandes.

Ces contrats sont passés, en fonction de leurs caractéristiques, selon les différentes procédures prévues par le code.

Dans cette catégorie, il faut distinguer les marchés à bons de commande, les accords-cadres, ou encore les marchés à tranches.

6.2.1. Les marchés à bons de commande.

Si l'acheteur public n'est pas en mesure de connaître précisément à l'avance les quantités à commander ou s'il a des raisons de douter de la possibilité de réaliser en une seule fois l'ensemble d'un programme, il peut avoir recours à un marché à bons de commande.

Un marché à bons de commande est un marché à exécution successive conclu avec un ou plusieurs opérateurs économiques. Il peut désormais être conclu sans maximum ni minimum, ce qui donne plus de liberté à l'acheteur public qui n'est plus tenu de garantir dès le départ un minimum de dépenses. Un acheteur peut ainsi effectuer des achats à caractère répétitif en organisant une seule procédure complète de mise en concurrence des fournisseurs potentiels.

Les bons de commande, même si le marché a été conclu avec plusieurs opérateurs économiques, sont ensuite émis sans négociation ni remise en concurrence des titulaires. Ils sont répartis entre ces titulaires selon des modalités fixées par le marché. Les bons de commande déterminent la quantité des prestations ou des produits demandés. Ils peuvent préciser les caractéristiques de ces prestations à condition de ne pas modifier de manière substantielle les dispositions initiales du marché.

Toutefois, lorsque le pouvoir adjudicateur a une visibilité sur les quantités souhaitées, il a intérêt à conclure des marchés à bons de commande avec un minimum et un maximum, permettant d'obtenir des offres économiquement plus avantageuses.

Pour des besoins occasionnels de faible montant (moins de 1 % du montant total du marché et moins de 10 000 € HT), le pouvoir adjudicateur peut s'adresser à un prestataire autre que le titulaire du marché.

Afin de favoriser la coordination des achats entre une administration centrale et ses services déconcentrés, il est possible de conclure un marché à bons de commande qui sera passé au niveau central et exécuté au niveau déconcentré (émission des bons de commande).

6.2.2. L'accord-cadre.

L'accord-cadre a pour caractéristique essentielle de séparer la procédure proprement dite de choix du ou des fournisseurs de l'attribution des commandes ou des marchés effectifs. Il s'agit plus d'un instrument de planification et d'optimisation de l'achat que d'une façon de différer les commandes.

L'accord-cadre est un dispositif qui permet de sélectionner un certain nombre de prestataires qui seront ultérieurement remis en concurrence lors de la survenance du besoin.

Un accord-cadre est un contrat conclu avec un ou plusieurs opérateurs économiques. Ce contrat pose les bases essentielles de la passation de marchés ultérieurs pris sur son fondement et accorde en conséquence une exclusivité unique ou partagée aux prestataires ainsi retenus pour une durée déterminée. Les marchés subséquents passés sur le fondement de cet accord peuvent compléter ses dispositions sans le modifier substantiellement.

L'accord-cadre dont le montant est inférieur aux seuils des procédures formalisées peut être passé selon une procédure adaptée. Pour les accords-cadres passés selon cette procédure, le pouvoir adjudicateur est libre de fixer le délai de réception des offres en fonction des caractéristiques de son contrat.

Au-dessus des seuils des procédures formalisées, l'accord-cadre peut être passé après appel d'offres ou, si les conditions prévues par le code sont satisfaites, au terme d'une procédure négociée ou d'un dialogue compétitif.

En règle générale, un accord-cadre est conclu par un ou plusieurs pouvoirs adjudicateurs avec plusieurs opérateurs économiques.

Les opérateurs économiques sont sélectionnés selon les critères déterminés pour choisir les offres indicatives économiquement les plus avantageuses.

Les termes de l'accord pourront être précisés ou affinés lors de la remise en concurrence des titulaires de l'accord-cadre.

Un accord-cadre peut aussi être conclu par un ou plusieurs pouvoirs adjudicateurs avec un seul opérateur économique.

Les marchés successifs attribués à l'opérateur économique titulaire de l'accord-cadre peuvent alors être conclus soit lors de la survenance du besoin, soit selon une périodicité particulière prévue par l'accord-cadre (ex. : lorsque le stock disponible de produits faisant l'objet de l'accord-cadre devient égal ou inférieur à un niveau préétabli). Le montant à payer effectivement est alors défini, après remise en concurrence, dans chaque marché attribué sur la base de l'accord-cadre.

En cas de division en lots portant sur des produits ou des services différents, et si elle est effectuée lors de la survenance du besoin, cette remise en concurrence ne concerne que les titulaires des lots pour lesquels un besoin est constaté. Si elle est effectuée selon une périodicité définie, la remise en concurrence des titulaires des lots porte sur tous les lots.

Outre la planification, les accords-cadres présentent de multiples avantages :

– un acheteur peut effectuer des achats à caractère répétitif en organisant une seule procédure complète de mise en concurrence des fournisseurs potentiels ;

– des acheteurs multiples ayant des besoins similaires peuvent se grouper pour désigner au terme d'une procédure unique un ou plusieurs fournisseurs tout en conservant leur autonomie lors de l'attribution et du suivi de l'exécution des marchés proprement dits. Les acheteurs peuvent ainsi réduire fortement le coût de leurs procédures d'achat, obtenir des prix plus intéressants grâce à l'effet-volume tout en laissant aux services utilisateurs une marge de liberté significative dans la gestion des approvisionnements ;

– la conclusion d'un accord-cadre sans minimum permet aussi par sa souplesse une forte réactivité. Un pouvoir adjudicateur peut notamment conclure un marché ou un bon de commande dans un délai très court lorsque des besoins ont un caractère aléatoire mais que leur nature est connue (réparations, matériels pour faire face à des catastrophes naturelles…) ;

– il n'exige pas nécessairement la fixation d'un maximum et minimum, ce qui peut permettre de présélectionner un nombre de fournisseurs suffisant pour répondre de façon optimale aux différentes demandes ;

– il permet de mieux prendre en compte les évolutions technologiques affectant les produits ou les services concernés ;

– il induit un comportement économique sain dans la mesure où il repose sur une remise en concurrence à chaque apparition du besoin.

Pour les collectivités territoriales, l'attribution des marchés subséquents à l'accord-cadre, dont le montant est égal ou supérieur à celui des procédures formalisées, relève de la compétence de l'assemblée territoriale.

6.2.3. Le cas des achats d'énergie.

Le code prévoit un dispositif particulier pour la réalisation des achats d'énergies non stockables.

Ces achats peuvent donner lieu à la passation d'un marché ou d'un accord-cadre. Quelles que soient les modalités de passation choisies, les acheteurs sont autorisés à ne pas indiquer, *a priori*, la quantité précise d'énergie qui leur sera fournie. Cette quantité sera alors constatée à l'issue du marché ou de l'accord-cadre.

6.2.4. Les marchés à tranches conditionnelles.

Dans un marché à tranches conditionnelles, l'acheteur public n'est engagé que sur la tranche ferme, et non pas sur les tranches conditionnelles. Mais l'évaluation doit être faite, pour l'appréciation des seuils de procédure et de publicité, en additionnant les montants estimés de l'ensemble des tranches.

6.3. Le système d'acquisition dynamique (SAD)

Le système d'acquisition dynamique est un processus d'acquisition entièrement électronique destiné à l'achat de fournitures courantes. Il est limité dans le temps et ouvert pendant toute sa durée aux opérateurs économiques satisfaisant aux critères de sélection et ayant présenté des offres indicatives conformes aux documents de la consultation.

La spécificité du système d'acquisition dynamique réside dans la faculté offerte à tout opérateur économique qui, d'une part, satisfait aux critères de sélection et, d'autre part, présente une offre indicative conforme aux documents de la consultation, d'être admis dans le système durant toute la durée de son existence.

La définition des besoins doit être précise et préalable.

Il est important de noter que le pouvoir adjudicateur doit publier un avis de marché simplifié au *Journal officiel* de l'Union européenne et attendre impérativement un délai de quinze jours à compter de la date d'envoi de cet avis avant de procéder à la mise en concurrence.

Le pouvoir adjudicateur, selon l'expression de ses besoins, invite ensuite les opérateurs admis dans le système à présenter leurs offres définitives.

7. Comment savoir si on dépasse un seuil ?

Il existe deux types de seuils :

– des seuils, exclusivement nationaux, au-delà desquels s'imposent des modalités, notamment de publicité, applicables aux marchés passés selon une procédure adaptée ;

– des seuils, calés sur les seuils communautaires, qui déclenchent l'application des procédures formalisées.

Les seuils sont fixés à l'article 26 du code.

Le montant des seuils des procédures formalisées est modifié tous les deux ans par décret. En effet, tous les deux ans, les seuils des directives européennes sur les marchés publics sont révisés par la Commission européenne de manière à respecter les engagements internationaux de l'Union pris en vertu de l'Accord plurilatéral sur les marchés publics de l'Organisation mondiale du commerce (décision 94/800/CE du 22 décembre 1994, *JOCE* n° L 336/1 du 23 décembre 1994).

Cet accord prévoit des seuils exprimés en droits de tirage spéciaux (DTS). Le DTS étant un panier de monnaies (euro, dollar américain, yen), les seuils des directives exprimés en € doivent donc être révisés régulièrement pour tenir compte de la variation du cours des monnaies.

Le pouvoir adjudicateur doit vérifier si les seuils fixés à l'article 26 qui déclenchent l'application des procédures formalisées définies dans le titre III du code sont atteints. Il est rappelé qu'aucun besoin ne doit être scindé ou abusivement fractionné dans le but d'échapper aux règles du Code des marchés publics.

Dans la mesure où le pouvoir adjudicateur doit adopter, pour la satisfaction de ses besoins ainsi évalués, une procédure formalisée, il a la faculté soit de passer un seul marché, soit, s'il le juge utile, de passer autant de marchés qu'il estime nécessaire. À titre d'exemple, la réalisation de travaux dont le montant estimé est supérieur aux seuils de procédure doit donner lieu à une procédure formalisée mais pourra indifféremment faire l'objet d'un marché ou de plusieurs marchés. Dans cette dernière hypothèse, chacun de ces marchés devra respecter la procédure formalisée même s'ils sont individuellement inférieurs aux seuils correspondants.

L'évaluation des besoins s'effectue à partir des notions suivantes :

7.1. Pour les marchés de travaux : les notions d'ouvrage et d'opération

Le marché de travaux, qui est défini à l'article 1er du code, se caractérise par le fait que le pouvoir adjudicateur en est le maître d'ouvrage, c'est-à-dire la personne morale pour laquelle l'ouvrage est construit.

Pour évaluer le montant d'un marché de travaux, il convient de prendre en compte la valeur globale des travaux se rapportant à une même opération, opération qui peut porter sur un ou plusieurs ouvrages.

7.1.1. La notion d'opération de travaux.

L'opération de travaux, au sens du code, est un ensemble de travaux qui, en considération de leur objet, des procédés techniques utilisés ou de leur financement ne peuvent être dissociés et que le maître d'ouvrage a décidé d'exécuter dans une même période de temps et sur une zone géographique donnée.

Une opération peut concerner plusieurs ouvrages, par exemple la réfection des toitures des écoles d'une même commune ou la réalisation de trottoirs dans différents quartiers de la ville.

Une opération peut aussi concerner certains travaux réalisés sur un même ouvrage de nature différente programmés au même moment, par exemple, en matière de réhabilitation.

7.1.2. La notion d'ouvrage.

Le terme « ouvrage » est défini par les directives « marchés publics » comme le « résultat d'un ensemble de travaux de bâtiment ou de génie civil destiné à remplir par lui-même une fonction économique ou technique ».

Ainsi, l'ouvrage est le résultat obtenu à l'achèvement des travaux de construction, de restructuration ou de réhabilitation d'un immeuble ou encore de travaux de génie civil. C'est concrètement la construction obtenue au terme des travaux réalisés d'un immeuble ou d'une réalisation de génie civil telle qu'un collecteur des eaux pluviales ou un réseau d'électricité.

7.2. Pour les marchés de fournitures et de services : le caractère homogène

Afin d'estimer de manière sincère et raisonnable la valeur totale des fournitures ou des services considérés comme homogènes, soit en raison de leurs caractéristiques propres, soit parce qu'ils constituent une unité fonctionnelle, l'article 27 du code permet de comparer le montant des besoins aux seuils de procédure des marchés.

Le choix entre ces deux formules ne doit en aucun cas être effectué pour permettre de soustraire les marchés aux règles de procédure fixées par le code. Il est recommandé aux acheteurs d'effectuer ce choix lorsqu'ils déterminent la nature et l'étendue de leurs besoins de services et de fournitures.

L'homogénéité des besoins est une notion qui peut varier d'un acheteur à l'autre, et qu'il lui appartient d'apprécier en fonction des caractéristiques des activités qui lui sont propres et de la cohérence de son action. À titre d'exemple, une paire de ciseaux peut tout aussi bien s'apparenter pour une administration centrale à des fournitures de bureau, qu'à du matériel chirurgical pour des établissements hospitaliers. Pour apprécier l'homogénéité de leurs besoins en fonction des caractéristiques propres de la prestation, les acheteurs peuvent élaborer une classification propre de leurs achats selon une typologie cohérente avec leur activité.

Lorsqu'il s'agit de satisfaire un besoin concourant à la réalisation d'un même projet, l'acheteur peut prendre comme référence l'unité fonctionnelle. Cette notion, qui doit s'apprécier au cas par cas en fonction des prestations attendues, suppose une pluralité de services ou de fournitures concourant à un même objet. Dans cette hypothèse, l'ensemble des prestations nécessaires à l'élaboration d'un projet, et faisant partie d'un ensemble cohérent, sont prises en compte de manière globale. Si le montant total de cette évaluation est supérieur aux seuils de procédures formalisées, l'acheteur devra s'y conformer. Dans le cas contraire, il pourra recourir aux procédures adaptées.

La survenance de besoins nouveaux, alors même que les besoins ont été évalués de manière sincère et raisonnable, peut donner lieu, sauf dans le cas où un avenant est suffisant, à la conclusion d'un nouveau marché. La procédure de passation de ce nouveau marché sera déterminée en fonction du montant des nouveaux besoins.

Lorsque ces besoins font l'objet d'un marché dont le montant est apprécié séparément, l'imprévisibilité, c'est-à-dire le caractère nouveau du besoin, doit être réelle : elle ne saurait autoriser un fractionnement factice du marché.

Troisième partie – La mise en œuvre de la procédure

8. Comment faire connaître ses besoins aux candidats potentiels ?

8.1. Pourquoi faut-il faire de la publicité ?

La publicité est un principe fondamental de la commande publique. La publicité a une double utilité. Elle doit permettre le libre accès à la commande publique de l'ensemble des prestataires intéressés ; elle est aussi la garantie d'une véritable mise en concurrence.

On doit considérer qu'un marché a été passé dans des conditions satisfaisantes au regard de l'exigence de transparence si les moyens de publicité utilisés ont réellement permis aux prestataires potentiels d'être informés et ont abouti à une diversité d'offres suffisante pour garantir une vraie mise en concurrence.

Il appartient donc à l'acheteur de déterminer les modalités de publicité les plus pertinentes au regard de l'objet et du montant du marché en cause. Toutefois, il est précisé que la publicité ne signifie pas systématiquement publication, notamment pour les plus petits marchés.

En la matière, le code laisse une grande marge de manœuvre aux acheteurs ; c'est à ce stade que leur professionnalisme et leur responsabilisation prennent tout leur sens.

Toutefois, à partir d'un seuil fixé à 90 000 € HT, la publication d'un avis d'appel public à la concurrence est obligatoire sous réserve des exceptions mentionnées au point 8.4. En outre, et s'agissant des supports de publicité, l'ensemble des moyens complémentaires listés au point 8.3 ci-après peut être utilisé.

8.2. Comment faire de la publicité ?

L'efficacité de la publicité constitue une composante essentielle de la régularité du marché, les modalités de publicité devront être choisies en conséquence. C'est pourquoi une attention toute particulière doit être portée au choix des supports utilisés.

Les modalités de publicité sont précisées à l'article 40 ; il convient donc de s'y conformer strictement.

Les avis émis par voie de presse ne peuvent, d'une part, contenir plus de renseignements que ceux contenus dans les avis adressés à l'office des publications officielles de l'Union européenne, ni, d'autre part, intervenir avant l'envoi à cet office.

8.2.1. En dessous du seuil de 20 000 € HT. [*Modification résultant du décret n° 2008-1356 du 19 décembre 2008, art. 1*]

En dessous du seuil de 20 000 € HT [*Modification résultant du décret n° 2008-1356 du 19 décembre 2008, art. 1*], les marchés peuvent être passés sans publicité. En effet, s'agissant d'achats d'un très faible montant, une publicité peut devenir un élément d'alourdissement et de dépense inutile.

8.2.2. Entre les seuils de 20 000 € HT [*Modification résultant du décret n° 2008-1356 du 19 décembre 2008, art. 1*] et de 90 000 € HT.

La question du bon niveau de publicité se pose essentiellement pour les achats compris entre 20 000 € HT [*Modification résultant du décret n° 2008-1356 du 19 décembre 2008, art. 1*] et 90 000 € HT puisque, en dessous de 20 000 € HT [*Modification résultant du décret n° 2008-1356 du 19 décembre 2008, art. 1*], aucune mesure de publicité n'est imposée par le code, et qu'au-dessus de 90 000 € HT, le code impose des modalités de publicité précisément définies.

Entre 20 000 € HT [*Modification résultant du décret n° 2008-1356 du 19 décembre 2008, art. 1*] et 90 000 € HT, il convient surtout de garder à l'esprit l'idée de proportionnalité des mesures de publicité à mettre en œuvre. Il est évident que plus les montants augmentent, plus il faudra que les mesures de publicité soient conséquentes. Tout dépend des situations.

Le mode de publicité retenu ne sera pas seulement fonction du montant du marché mais il devra aussi être adapté à l'objet, à la nature, à la complexité, au degré de concurrence entre les entreprises concernées et à l'urgence du besoin. L'important est que la publicité choisie garantisse l'efficacité de l'achat, c'est-à-dire qu'elle soit à même de susciter la concurrence nécessaire.

En outre, pour les achats de faible montant, la publicité ne se traduit pas nécessairement par une publication. L'essentiel est d'assurer une mise en concurrence suffisante entre les prestataires potentiels.

L'achat sera regardé comme effectué dans des conditions satisfaisantes au regard des principes de la commande publique si les moyens de publicité utilisés permettent aux prestataires potentiels, sans considération de nationalité ou de frontière, d'être informés de l'intention d'acheter, manifestée par les collectivités publiques, et du contenu de l'achat, en vue d'aboutir à une diversité d'offres suffisante pour garantir une réelle mise en concurrence.

Le choix de la bonne publicité doit également être guidé par l'équilibre économique général de l'opération et être en rapport avec l'objet et le montant estimé du marché. Il ne faut pas que l'investissement consacré à la publicité constitue un élément significatif de surcoût. Ainsi, lorsque la publication d'une annonce détaillée dans la presse écrite apparaîtra trop coûteuse au regard du montant de l'achat, il conviendra de trouver d'autres solutions, telles une publicité par voie d'affichage, sur un support internet, ou encore la consultation de plusieurs fournisseurs.

Concernant l'affichage, s'il n'est pas toujours adapté à l'organisation d'une mise en concurrence efficace, il est possible pour les collectivités d'habituer les fournisseurs au recours à ce support, en les informant dans un premier temps de son utilisation par le biais d'une publication préalable d'annonces, notamment dans l'organe d'information de la collectivité et/ou dans la presse écrite locale.

S'agissant du recours à internet, les acheteurs peuvent utiliser des profils d'acheteurs : le profil d'acheteur du pouvoir adjudicateur est le site dématérialisé auquel il a recours pour ses achats. Dans la mesure où un profil d'acheteur a une forte audience, on peut considérer ce moyen de publicité comme un moyen unique suffisant dans la mesure où la collectivité publique a procédé préalablement à une information générale des candidats potentiels sur son intention de publier ses avis par ce moyen.

En revanche, pour des sites à audience plus réduite, il convient de ne considérer ce mode d'information que comme un moyen de publicité complémentaire venant appuyer une publication par voie de presse, même succincte, mais qui renverrait pour les détails à l'annonce mise en ligne.

Pour prouver, si nécessaire, qu'il a pris toute mesure pour susciter une réelle mise en concurrence, l'acheteur pourra produire divers justificatifs : envoi des publicités, documents d'affichage, justificatifs de mise en ligne ou demandes de présentation de devis.

Ne sont retenues comme pertinentes que les mesures procédant de l'initiative propre du pouvoir adjudicateur. Les mesures de publicité intervenues « indépendamment de sa volonté » sont « sans influence sur la régularité des mesures de publicité auxquelles il a procédé »(7). L'accent est donc mis sur la responsabilité individuelle qui incombe à chaque pouvoir adjudicateur.

(7) Conseil d'État, 7e et 2e sous-sections réunies, 7 octobre 2005, « Région Nord-Pas-de-Calais » no 278732.

8.2.3. Entre le seuil de 90 000 € HT et les seuils communautaires.

Les modalités de publicité sont précisées à l'article 40 ; il convient donc de s'y conformer strictement.

Pour les besoins de fournitures ou de services d'un montant compris entre 90 000 € HT et 133 000 € HT [*Modification résultant du décret no 2007-1850 du 26 décembre 2007, art. 1*] pour l'État ou 206 000 € HT [*Modification résultant du décret no 2007-1850 du 26 décembre 2007, art. 1*] pour les collectivités territoriales, et pour les marchés de travaux compris entre 90 000 € HT et 5 150 000 € HT [*Modification résultant du décret no 2007-1850 du 26 décembre 2007, art. 1*], le code impose l'obligation de procéder à une publicité dans les conditions suivantes.

Les avis d'appel public à la concurrence sont obligatoirement publiés soit dans le *Bulletin officiel* des annonces des marchés publics *(BOAMP)*, soit dans un journal habilité à recevoir des annonces légales *(JAL)*. Le code invite, en outre, l'acheteur à compléter, si nécessaire, sa publicité obligatoire par une publicité supplémentaire dans un organe de presse spécialisée. C'est à l'acheteur d'apprécier, compte tenu de la nature et du montant des travaux, des fournitures ou des services en cause, la nécessité d'une telle publication complémentaire.

Le montant estimé du marché, sa complexité, ses caractéristiques techniques sont autant de critères qui devront guider l'acheteur dans le choix du ou des journaux, en fonction notamment de leur diffusion et de leur lectorat.

Les avis adressés au *BOAMP* sont obligatoirement transmis par téléprocédure. Pour toutes les catégories de marchés, les acheteurs devront pour la publication de leurs avis, tant au *BOAMP*, dans un journal d'annonces légales que dans la presse spécialisée, utiliser les formulaires obligatoires fixés par arrêté du ministre chargé de l'Économie.

8.2.4. Au-dessus des seuils communautaires.

Au-dessus des seuils de 133 000 € HT [*Modification résultant du décret n° 2007-1850 du 26 décembre 2007, art. 1*] pour l'État ou 206 000 € HT [*Modification résultant du décret n° 2007-1850 du 26 décembre 2007, art. 1*] pour les collectivités territoriales pour les marchés de fournitures ou services, et de 5 150 000 € HT [*Modification résultant du décret n° 2007-1850 du 26 décembre 2007, art. 1*] pour les marchés de travaux, les avis d'appel public à la concurrence sont publiés au *Bulletin officiel* des annonces des marchés publics *(BOAMP)* et au *Journal officiel* de l'Union européenne *(JOUE)*.

Les avis adressés au *JOUE* sont établis conformément aux formulaires obligatoires établis par le règlement communautaire (CE) n° 1564/2005 de la Commission du 7 septembre 2005 établissant les formulaires standard pour la publication d'avis dans le cadre des procédures de passation des marchés publics.

Les avis adressés au BOAMP le sont conformément aux modèles fixés par arrêté du ministre chargé de l'Économie et par téléprocédure.

Les avis de publicité nationale ne peuvent contenir plus de renseignements que ceux adressés au *Journal officiel* de l'Union européenne *(JOUE)*. L'attention des acheteurs est appelée sur le fait qu'en cas de transmission papier des avis de publicité au *JOUE* leur contenu ne doit pas dépasser 650 mots environ (équivalent d'une page du *JOUE*), à défaut de quoi l'Office de publication de l'Union européenne pourra en refuser la publication.

Il est rappelé que, lorsque le pouvoir adjudicateur établit un avis d'appel public à la concurrence communautaire, il est tenu de faire référence au numéro de nomenclature du règlement n° 2195/02/CE relatif au vocabulaire commun pour les marchés publics, dit CPV pour Common Procurement Vocabulary[8]. L'utilisation de cette nomenclature garantit la transparence de l'information et l'ouverture des marchés publics européens en traduisant l'objet du marché par des codes communs qui permettent de lever les barrières linguistiques.

(8) Depuis le 7 janvier 2004, date d'entrée en vigueur du règlement n° 2151/03/CE modifiant le règlement n° 2195/02/CE, la référence au CPV est obligatoire pour les marchés d'ampleur européenne. Les nomenclatures antérieures (« CPA » pour les fournitures, « NACE Rév. 1 » pour les travaux et « CPC provisoire » pour les services) ne sont plus applicables qu'en cas de divergence d'interprétation avec le CPV. Les nomenclatures sont disponibles sur le site internet : http ://www.simap.eu.int

8.3. La publicité complémentaire

Dans tous les cas, pour satisfaire à l'obligation d'une publicité efficace, le pouvoir adjudicateur peut utiliser, si cela lui apparaît nécessaire, pour l'ensemble de ses marchés, des supports de publicité supplémentaires tels qu'une publication dans la presse spécialisée, l'affichage ou l'internet.

Dans la pratique, la publicité complémentaire permet à l'acheteur public de recevoir des candidatures ou des offres qu'il n'aurait pas, sans elle, forcément obtenues. Ainsi, pour des marchés d'un montant élevé, où le surcoût d'une publication complémentaire dans un organe de presse n'est pas significatif par rapport au montant du marché, il peut être opportun de chercher à stimuler au maximum la concurrence par des publications complémentaires. Il en va, sans que ce soit une obligation juridique, de l'intérêt économique de l'acheteur.

La presse spécialisée :

De nombreux domaines économiques sont couverts par des revues spécialisées qui sont lues par les entreprises du secteur (cf. bâtiments et travaux publics ; informatique ; équipements, etc.). La publication d'un avis dans cette presse constitue, en complément des publicités obligatoires, un support très utile pour toucher un lectorat plus ciblé.

L'affichage :

L'acheteur peut utilement procéder à l'affichage de ses projets de marchés sur les supports réservés à cet effet. Ce mode d'information supplémentaire est bien adapté aux petites et moyennes collectivités territoriales.

L'internet :

Dans le même esprit, les informations publiées peuvent être reprises sur le profil d'acheteur du pouvoir adjudicateur (le site internet de l'acheteur public ou tout autre portail adapté). Ce type de support est appelé, compte tenu du développement des nouvelles technologies de l'information, à être de plus en plus consulté par les candidats à l'achat public.

8.4. Quelques exceptions très limitées : articles 28 (quatrième alinéa) et 35-II

Le titre Ier du Code des marchés publics pose les principes fondamentaux de liberté d'accès à la commande publique, d'égalité de traitement des candidats et de transparence des procédures qui s'appliquent à tous les marchés. Ces principes trouvent leur application dans les obligations de publicité et de mise en concurrence fixées par le code.

Dans certains cas expressément définis, le code ne prévoit pas d'obligation de publier un avis d'appel public à la concurrence ni de procéder à une mise en concurrence. C'est alors la nature du marché qui est prise en compte et non pas son seuil. C'est le cas des marchés pouvant être négociés sans publicité préalable ni mise en concurrence énumérés à l'article 35-II et des marchés dont le montant est inférieur à 20 000 € HT [*Modification résultant du décret n° 2008-1356 du 19 décembre 2008, art. 1*].

Dans un souci de préservation des deniers publics, il est toutefois recommandé aux acheteurs publics, lorsque l'environnement économique et concurrentiel le permet, de procéder à une publicité pour permettre une mise en concurrence efficace.

9. Comment procéder à la mise en concurrence ?

9.1. Pourquoi faut-il faire une mise en concurrence ?

Le fait de procéder à une mise en concurrence est nécessaire en ce qu'il permet de respecter les principes fondamentaux définis à l'article 1er que sont la liberté d'accès à la commande publique, l'égalité de traitement des candidats et la transparence des procédures. De surcroît, faire jouer la concurrence dans l'acte d'achat public répond d'abord à un objectif d'efficacité économique. En effet, la mise en concurrence est nécessaire avant tout pour susciter une diversité des offres. Elle permet d'accroître les chances d'obtenir l'offre économiquement la plus avantageuse et de garantir un bon usage des deniers publics.

9.2. Un principe fondamental

Au-dessus des seuils de procédure formalisée, l'acheteur public est tenu de mettre en œuvre, outre les règles de publicité, le principe de mise en concurrence prévu par le code.

Ces seuils sont fixés à l'article 26 [*Modification résultant du décret n° 2007-1850 du 26 décembre 2007, art. 1*] :

– pour les marchés de fournitures et de services, à 133 000 € HT [*Modification résultant du décret n° 2007-1850 du 26 décembre 2007, art. 1*] pour l'État et 206 000 € HT [*Modification résultant du décret n° 2007-1850 du 26 décembre 2007, art. 1*] pour les collectivités territoriales ;

– pour les marchés de travaux, à 5 150 000 € HT [*Modification résultant du décret n° 2008-1355 du 19 décembre 2008, art. 1*], que ce soit pour l'État ou pour les collectivités territoriales.

Le code désigne les marchés conclus en dessous de ces seuils comme des marchés passés selon une procédure adaptée. Ces marchés sont les marchés sans formalités préalables mentionnés dans le Code général des collectivités territoriales. Ils ne sont donc pas soumis à l'obligation de transmission au préfet pour contrôle de légalité, compte tenu de leur qualification de marchés passés sans formalités préalables.

Pour les marchés passés selon une procédure adaptée, les pouvoirs adjudicateurs doivent définir eux-mêmes des règles de mise en concurrence proportionnées à l'objet et au montant du marché.

9.3. Comment réaliser une mise en concurrence effective ?

Le code impose de procéder à une mise en concurrence pour tous les marchés, sous réserve des exceptions exposées ci-après.

Entre le seuil de 20 000 € HT [*Modification résultant du décret n° 2008-1356 du 19 décembre 2008, art. 1*] et les seuils de procédure formalisée, elle relève de la responsabilité de l'acheteur et doit être adaptée en fonction du marché envisagé. Sous le seuil de 20 000 € HT [*Modification résultant du décret n° 2008-1356 du 19 décembre 2008, art. 1*], le code dispense les acheteurs de mise en concurrence, ce qui signifie qu'aucune procédure formalisée de comparaison des offres n'est nécessaire. Ces petits achats doivent néanmoins respecter les principes fondamentaux d'égalité et de transparence qui régissent la commande publique. Le respect de ces principes s'apprécie à travers le comportement de l'acheteur public.

Au-dessus des seuils de procédure définis à l'article 26, cette mise en concurrence est formalisée et précisée par le code.

Il convient d'insister sur la nécessité de respecter l'ensemble des délais de procédure prescrits par le code. Pour tous les marchés, ces délais sont toujours des délais minima que l'acheteur a la faculté d'augmenter, d'une part, pour une plus grande sécurité juridique et, d'autre part, pour permettre aux candidats potentiels de présenter une offre. L'emploi par l'acheteur de moyens électroniques lui offre toutefois la faculté dans certains cas de réduire les délais de présentation des candidatures et des offres. Pour mémoire, les délais de réception des offres doivent être allongés en cas de visite sur les lieux d'exécution du marché ou de consultation sur place de documents complémentaires.

Pour les marchés passés selon une procédure adaptée pour lesquels le code n'impose rien, l'acheteur veillera à laisser un délai suffisant pour permettre à la concurrence de jouer. Une publicité adaptée qui fixerait un délai de réception des offres trop court pourrait être considérée comme insuffisante au regard des principes de transparence et d'égalité de traitement.

Les acheteurs peuvent bénéficier d'une réduction des délais soit en cas d'urgence ne résultant pas du fait de la personne publique, soit en cas de publication d'un avis de préinformation.

La méconnaissance de ces règles est susceptible d'entraîner la nullité du marché public.

9.3.1. En dessous des seuils de procédure formalisée.

Lorsque les seuils fixés à l'article 26 du code ne sont pas atteints, les marchés peuvent être passés selon une procédure adaptée.

À l'exception des marchés inférieurs à 20 000 € HT [*Modification résultant du décret n° 2008-1356 du 19 décembre 2008, art. 1*] pour lesquels aucune mise en concurrence n'est obligatoire, le fait que certains marchés puissent être passés selon une procédure adaptée veut dire qu'ils ne sont soumis à aucune des procédures formalisées définies par le code mais ne signifie pas pour autant qu'ils sont passés de gré à gré.

L'acheteur est tenu au respect des principes fixés à l'article 1er que sont la liberté d'accès à la commande, l'égalité de traitement, la transparence pour déterminer la procédure à mettre en œuvre. Il lui appartient de fixer lui-même un contenu de procédure permettant de constater que l'achat a été réalisé dans des conditions satisfaisantes de transparence, compte tenu de son montant et de la nature des prestations en cause.

Le premier principe à garder à l'esprit est que la liberté de définir la procédure de son choix ne signifie pas que l'on ne risque pas à un moment ou à un autre, notamment devant le juge, de devoir justifier les raisons des choix qui ont été faits. La spécificité de la procédure adaptée tient justement au fait que l'on ne peut se retrancher derrière le simple respect d'une procédure, mais qu'il convient au contraire d'être en mesure de justifier ses choix. À chaque étape de la procédure, à chaque choix effectué, il convient de se poser la question : comment pourrai-je justifier le choix en cas de contestation ?

Le deuxième principe découle du premier : pour pouvoir justifier des choix, il convient de conserver tout document permettant de démontrer que les choix faits correspondent à ce qui paraît le plus rationnel. C'est le principe de traçabilité et de transparence. Il est recommandé aux acheteurs publics de conserver l'historique des différentes étapes suivies pour procéder au choix du titulaire et d'être en mesure de le communiquer.

Bien évidemment la justification des choix opérés sera d'autant plus aisée qu'aura été respecté tout au long de la procédure un strict principe d'égalité de traitement entre les candidats, aussi bien dans les délais, dans l'information communiquée, dans l'expression des besoins, dans la communication des modifications éventuelles des besoins, dans les relations entretenues entre chacun des candidats, dans les critères de choix…

Enfin, il convient de ne pas oublier que c'est la qualité de l'information préalable, de la diffusion ou communication de cette information, bref, de la publicité des besoins qui fera la majeure partie des conditions de concurrence.

Armée de ces principes, la procédure adaptée offre de nombreuses possibilités. Elle n'interdit nullement la négociation. La négociation constitue en effet un élément décisif de la qualité de l'achat public, d'autant plus qu'elle sera accomplie en toute transparence. Le critère du prix constitue souvent une justification aisée des choix. Cependant, il n'est jamais interdit d'utiliser d'autres critères. De nombreux autres critères peuvent effectivement paraître justifiés : le délai de livraison, la garantie, la qualité technique… Dans ces cas, il n'est jamais interdit d'utiliser d'autres critères à condition d'être en mesure de les justifier.

Les acheteurs peuvent d'ores et déjà, dans un souci de rapidité et d'efficacité économique, favoriser les échanges d'informations par voie électronique.

Ils peuvent ainsi par voie électronique, dans des conditions qu'ils déterminent, mettre à disposition des prestataires les documents de la consultation et organiser la réception des candidatures et des offres par la même voie.

S'agissant des modalités de notification des marchés passés selon une procédure adaptée, là aussi s'applique le principe de proportionnalité.

Ce sont des règles de bon sens qui doivent s'imposer. La mise en application de ces principes appartient à l'acheteur. Il est évident que plus les montants sont élevés, plus l'exigence de respect de ces principes est importante et plus les procédures doivent être formalisées.

9.3.2. Au-dessus des seuils de procédure formalisée.

Les marchés dont le montant atteint les seuils fixés à l'article 26 du code sont des marchés formalisés. L'acheteur public doit s'en tenir à l'application scrupuleuse des règles fixées par le code.

9.3.2.1. Les marchés de fournitures et de services.

Lorsque les seuils des marchés de fournitures et de services atteignent 133 000 € HT [*Modification résultant du décret n° 2007-1850 du 26 décembre 2007, art. 1*] pour l'État et 206 000 € HT [*Modification résultant du décret n° 2007-1850 du 26 décembre 2007, art. 1*] pour les collectivités territoriales, ces marchés sont en principe passés sur appel d'offres.

Cependant, si les conditions sont réunies, il est possible de recourir au marché négocié (art. 35), à la procédure définie par l'article 30 ou à la procédure de dialogue compétitif (art. 36). Le code prévoit en outre la possibilité de recourir à des procédures spécifiques telles que la procédure de conception-réalisation (art. 37), la procédure du concours (art. 38), la procédure des marchés de définition (art. 73) ou encore les procédures particulières prévues aux articles 68 (Opérations de communication), 71 (Décoration des constructions publiques) et 74 (Maîtrise d'œuvre).

9.3.2.2. Les marchés de travaux.

Les marchés de travaux sont passés selon une procédure formalisée lorsqu'ils atteignent le seuil de 5 150 000 € HT [*Modification résultant du décret nº 2008-1355 du 19 décembre 2008, art. 1*], que ce soit pour l'État ou les collectivités territoriales.

Pour les marchés de travaux dont le montant est inférieur à 5 150 000 € HT [*Modification résultant du décret nº 2008-1355 du 19 décembre 2008, art. 1*], le libre choix est laissé à l'acheteur public entre les trois grandes catégories de procédures formalisées. Il pourra ainsi librement opter :

– soit pour un appel d'offres, avec des délais réduits de réception des candidatures et des offres (art. 57, 60 et 62) ;

– soit pour une procédure négociée, étant précisé que la commission d'appel d'offres intervient dans la procédure pour attribuer le marché lorsqu'il s'agit des collectivités territoriales ;

– soit pour la procédure de dialogue compétitif (point 11.1.3).

En revanche, une fois la procédure choisie, l'acheteur devra mettre en œuvre les règles fixées par le code pour les modalités de son déroulement.

Pour les marchés de travaux dont le montant est supérieur à 5 150 000 € HT [*Modification résultant du décret nº 2007-1850 du 26 décembre 2007, art. 1*], les marchés sont passés obligatoirement selon la procédure de l'appel d'offres, sauf à remplir les conditions de recours à la procédure négociée, du dialogue compétitif ou de la conception-réalisation.

9.4. Le cas particulier des accords-cadres et des marchés de services de l'article 30

Afin de prendre en compte la spécificité des marchés relevant de l'article 30, les pouvoirs adjudicateurs sont autorisés à recourir à la procédure adaptée, quel que soit le montant du besoin à satisfaire, à l'exception toutefois des marchés inférieurs à 20 000 € HT [*Modification résultant du décret nº 2008-1356 du 19 décembre 2008, art. 1*] pour lesquels aucune mise en concurrence et publicité ne sont obligatoires.

Aucune obligation de conclure un appel d'offres ou une autre des procédures formalisées prévues par le Code des marchés publics n'est donc imposée pour ce type de marchés.

En revanche, ces marchés de services sont obligatoirement soumis pour leur passation au respect des spécifications techniques et à l'envoi d'un avis d'attribution au-dessus du seuil de 206 000 € HT [*Modification résultant du décret nº 2007-1850 du 26 décembre 2007, art. 1*].

En conséquence, les modalités de publicité et de mise en concurrence seront déterminées par le pouvoir adjudicateur en fonction de l'objet et des caractéristiques du marché.

Cette procédure permet d'offrir une grande liberté d'organisation aux acheteurs publics tout en constituant une réponse à l'obligation de prévoir des modalités de publicité et de mise en concurrence adéquates et conformes aux principes posés par l'article 1er du Code des marchés publics.

Par ailleurs, la jurisprudence a admis que certaines prestations relevant de l'article 30 puissent être acquises sans publicité préalable et même, éventuellement, sans mise en concurrence, en raison de leur objet ou de situations répondant à des motifs d'intérêt général(9).

(9) Conseil d'État, section du contentieux, 7e et 2e sous-sections réunies, nos 264712, 265248, 265281, 265343, 23 février 2005, Association pour la transparence et la moralité des marchés publics (ATMMP) et autres : « si certains marchés publics de service ayant pour objet des prestations ne figurant pas à l'article 29 du même code peuvent être passés sans publicité préalable et même, éventuellement, sans mise en concurrence, en raison de leur objet ou de situations répondant à des motifs d'intérêt général, il ne saurait en résulter que tous ces marchés puissent être conclus sans respecter les principes rappelés par l'article 1er du code. »

Enfin, les marchés ayant pour objet la représentation d'une personne publique en vue du règlement d'un litige, soumis aux mêmes dispositions que les marchés relatifs aux autres prestations de services relevant de l'article 30, sont en revanche dispensés de l'application du titre IV du code relatif à l'exécution des marchés.

L'appartenance du marché à l'une ou l'autre des catégories mentionnées aux articles 29 et 30 se vérifie par référence aux catégories de services énumérées en annexe de la directive 2004/18/CE. Cette annexe renvoie à la nomenclature CPV (Common Procurement Vocabulary) qui prévoit un système de classification unique pour tous les marchés publics.

Ces marchés de services, qui entrent dans le champ d'application de l'article 30, ressortent de domaines aussi variés que les services d'éducation, de qualification et d'insertion professionnelles, les services récréatifs, culturels et sportifs, les services sociaux et sanitaires et ou encore les services juridiques.

9.5. Quelques exceptions très limitées : les cas où le code n'impose pas de mise en concurrence (articles 28, quatrième alinéa, et 35-II)

Certains marchés peuvent, en raison de la passation après mise en concurrence du marché initial, être négociés sans publicité préalable et sans mise en concurrence, conformément aux dispositions de l'article 35-II (cf. point 11.1.2). En outre, pour les marchés dont le montant est inférieur à 20 000 € HT [*Modification résultant du décret no 2008-1356 du 19 décembre 2008, art. 1*], le code ne prévoit pas d'obligation de procéder à une mise en concurrence.

10. Comment sélectionner les candidats ?

10.1. Que doit contenir un dossier de candidature ?

Afin d'alléger la composition des dossiers de candidature, certaines attestations n'ont plus à être produites par tous les candidats lors du démarrage de la procédure, mais uniquement par le seul candidat dont l'offre est retenue, préalablement à la signature du marché. Il s'agit en particulier des attestations ou certificats prouvant que le candidat est en règle au regard de ses obligations fiscales et sociales.

Par contre, le marché ne pourra être attribué que si le candidat retenu fournit les attestations et certificats exigés.

Pour les entreprises nouvellement créées, celles-ci peuvent produire une copie certifiée du récépissé de dépôt du centre de formalités des entreprises.

Pour avoir accès à la commande publique, le candidat ne doit pas être dans une des situations l'interdisant de soumissionner à un marché public (art. 43 du code).

Aux interdictions de concourir prévues par le Code des marchés publics du 7 janvier 2004[(10)], s'ajoutent de nouvelles interdictions prévues par, d'une part, l'article 29 (2°) de la loi n° 2005-102 du 11 février 2005 pour l'égalité des droits et des chances, la participation et la citoyenneté des personnes handicapées et, d'autre part, les articles 8[(11)] et 38[(12)] de l'ordonnance n° 2005-649 du 6 juin 2005 relative aux marchés passés par certaines personnes publiques ou privées non soumises au Code des marchés publics (cf. fiches annexées au présent manuel).

L'article 29 (2°) de la loi n° 2005-102 du 11 février 2005 pour l'égalité des droits et des chances, la participation et la citoyenneté des personnes handicapées introduit une nouvelle interdiction à candidater qui s'impose aux prestataires ne respectant pas l'obligation d'emploi de travailleurs handicapés prévue à l'article L. 323-1 du Code du travail. Les candidats à un marché public doivent produire une attestation sur l'honneur, dûment datée et signée afin d'établir leur situation au regard de cette interdiction de soumissionner.

(10) Obligations fiscales et sociales ; liquidation judiciaire ; faillite personnelle ; interdictions de concourir ; infraction au droit du travail.

(11) Article 8 de l'ordonnance n° 2005-649 : « Ne peuvent soumissionner à un marché passé par un pouvoir adjudicateur défini à l'article 3 ou par une entité adjudicatrice définie à l'article 4 : 1° Les personnes qui ont fait l'objet, depuis moins de cinq ans, d'une condamnation définitive pour l'une des infractions prévues par les articles 222-38, 222-40, 313-1 à 313-3, 314-1 à 314-3, 324-1 à 324-6, 421-2-1, par le deuxième alinéa de l'article 421-5, par l'article 433-1, par le deuxième alinéa de l'article 434-9, par les articles 435-2, 441-1 à 441-7, par les premier et deuxième alinéas de l'article 441-8, par l'article 441-9 et par l'article 450-1 du Code pénal, ainsi que par le deuxième alinéa de l'article L. 152-6 du Code du travail et par l'article 1741 du Code général des impôts ; 2° Les personnes qui ont fait l'objet, depuis moins de cinq ans, d'une condamnation inscrite au bulletin n° 2 du casier judiciaire pour les infractions mentionnées aux articles L. 324-9, L. 324-10, L. 341-6, L. 125-1 et L. 125-3 du Code du travail ; 3° Les personnes en état de liquidation judiciaire

au sens de l'article L. 620-1 du Code de commerce et les personnes physiques dont la faillite personnelle, au sens de l'article L. 625-2 du même code, a été prononcée ainsi que les personnes faisant l'objet d'une procédure équivalente régie par un droit étranger. Les personnes admises au redressement judiciaire au sens de l'article L. 620-1 du Code de commerce ou à une procédure équivalente régie par un droit étranger doivent justifier qu'elles ont été habilitées à poursuivre leur activité pendant la durée prévisible d'exécution du marché ; 4° Les personnes qui, au 31 décembre de l'année précédant celle au cours de laquelle a lieu le lancement de la consultation, n'ont pas souscrit les déclarations leur incombant en matière fiscale et sociale ou n'ont pas acquitté les impôts et cotisations exigibles à cette date. Toutefois, sont considérées comme en situation régulière les personnes qui, au 31 décembre de l'année précédant celle au cours de laquelle a eu lieu le lancement de la consultation, n'avaient pas acquitté les divers produits devenus exigibles à cette date, ni constitué de garanties, mais qui, avant la date du lancement de la consultation, ont, en l'absence de toute mesure d'exécution du comptable ou de l'organisme chargé du recouvrement, soit acquitté lesdits produits, soit constitué des garanties jugées suffisantes par le comptable ou l'organisme chargé du recouvrement. Les personnes physiques qui sont dirigeants de droit ou de fait d'une personne morale qui ne satisfait pas aux conditions prévues aux alinéas précédents ne peuvent être personnellement candidates à un marché. La liste des impôts et cotisations en cause est fixée dans des conditions prévues par voie réglementaire. Les dispositions du présent article sont applicables aux personnes qui se portent candidates ainsi qu'à celles qui sont membres d'un groupement candidat. »

(12) Article 38 de l'ordonnance n° 2005-649 : « Les interdictions de soumissionner énumérées à l'article 8 et qui ne figurent pas dans le Code des marchés publics sont applicables aux personnes soumissionnant à des marchés relevant du Code des marchés publics. »

10.2. Quelles sont les modalités de sélection des candidats et les documents et renseignements à fournir ?

10.2.1. L'entreprise a-t-elle les capacités nécessaires à l'exécution du marché ?

Le pouvoir adjudicateur doit être à même de vérifier la capacité de l'entreprise face aux obligations nées du marché si elle devait l'obtenir, soit être à même d'apprécier les capacités et garanties du candidat à exécuter le marché au regard des documents et renseignements fournis par lui. La liste de ces documents et renseignements est renvoyée à un arrêté du ministre chargé de l'Économie.

Le pouvoir adjudicateur ne peut exiger que des renseignements qui ont un lien avec l'objet du marché, permettant d'évaluer leurs expériences, leurs capacités professionnelles, techniques et financières ainsi que des documents relatifs aux pouvoirs des personnes habilitées à les engager.

10.2.2. Quels sont les critères de sélection des candidatures ?

La typologie des critères de sélection permet toujours de distinguer les garanties techniques, financières et professionnelles.

Il ne peut être exigé que des niveaux minimaux de garanties et de capacités, qui sont liés et proportionnés à l'objet du marché. Des garanties et capacités insuffisantes entraînent l'élimination du candidat.

Les capacités techniques renvoient aux moyens matériels et humains et sont appréciées quantitativement et qualitativement. De nouveaux documents peuvent être demandés, tels les certificats ou certifications ayant pour objet de prouver des livraisons ou prestations de services à, respectivement, un pouvoir adjudicateur ou un acheteur privé, les certificats de bonne exécution pour les travaux, une description de l'équipement technique, des mesures employées en matière de fournitures et de services.

Les capacités financières, qui ne peuvent revêtir qu'un caractère général, tendent à déterminer si les moyens financiers du candidat suffisent pour mener à bien le marché. Désormais, pour faciliter la preuve de la crédibilité financière du candidat, outre le chiffre d'affaires, le candidat peut se voir réclamer une déclaration appropriée de banques ou preuve d'une assurance pour les risques professionnels et des bilans ou extraits de bilans des opérateurs économiques pour lesquels la publication des bilans est obligatoire en vertu de la loi.

Les capacités professionnelles permettent de vérifier si le candidat possède les qualifications requises, soit « la preuve d'un certain niveau de compétences professionnelles ». La preuve de la capacité du candidat peut être apportée par tout moyen, notamment par des justifications particulières, sous réserve qu'elles ne présentent pas de risque pour la libre concurrence. Parmi ces justifications particulières figurent toujours les certificats de qualifications professionnelles (identifications ou certificats délivrés par des organismes professionnels) et les certificats de qualité (certificat attribué par un organisme certificateur ou attestant de l'existence d'un manuel de qualité et de procédures[(13)].

Le pouvoir adjudicateur doit accepter tout moyen de preuve équivalent ainsi que les certificats équivalents d'organismes établis dans d'autres États membres (art. 45-II du CMP) ou « tout autre document considéré comme équivalent » (art. 45-III du CMP). Le pouvoir adjudicateur précise comment il les apprécie.

S'agissant des références demandées, elles doivent être en rapport et proportionnées avec l'objet du marché : le candidat choisit celles qui lui semblent les plus appropriées. L'acheteur en vérifie la réalité en respectant le secret des affaires. Mais, désormais, « l'absence de références relatives à l'exécution de précédents marchés de même nature ne peut justifier l'élimination d'un candidat », ce qui tend notamment à favoriser l'accès des PME à la commande publique.

Lorsque le pouvoir adjudicateur décide de limiter le nombre de candidats admis à présenter une offre, il doit procéder à une sélection. Les critères de sélection des candidatures peuvent être identiques aux niveaux de capacités exigés des candidats, sans qu'il soit toutefois nécessaire de reprendre tous les éléments de capacités des candidats.

(13) Norme de la série NF-EN-ISO 9001, 9002, 9003.

10.2.3. Comment favoriser l'accès des PME à la commande publique au niveau de la sélection des candidatures ?

En premier lieu, l'insuffisance ou l'absence de références n'est plus un motif suffisant pour écarter un candidat. Ce dispositif vise à favoriser l'accès de nouvelles petites et moyennes entreprises dans la sphère de la commande publique. L'acheteur doit déterminer, au regard de l'ensemble des autres éléments, si l'entreprise a ou non la capacité d'exécuter le marché. Parmi les autres éléments peuvent notamment figurer les références d'une autre entreprise (toute entreprise pouvant se prévaloir des références et des moyens d'une autre entreprise).

Les acheteurs publics pourront utilement s'appuyer sur les qualifications professionnelles des candidats qui ne disposent que de peu de référence en matière de commande publique.

En effet, en deuxième lieu, une PME peut s'allier avec d'autres candidats qui complètent ses capacités techniques, financières et professionnelles et ses références. Elle peut en effet s'appuyer sur les moyens d'une entreprise tierce si, par exemple, elle fait partie du même groupe de société, si elle a un accord de sous-traitance ou si elle appartient au même groupement. Les liens juridiques entre les sociétés sont désormais pris en compte pour permettre à une société d'invoquer les capacités d'autres entreprises soit en cas de sous-traitance, soit en cas de cotraitance lorsqu'elle associe sa candidature à celles d'autres entreprises en créant un « groupement momentané d'entreprises » (art. 45-III et 51 du CMP). Elle fait alors état des moyens extérieurs.

En troisième lieu, dans le cadre des procédures restreintes, le pouvoir adjudicateur peut fixer un nombre minimum de PME qui seront admises à présenter une offre. [alinéa annulé par décision du Conseil d'État statuant au contentieux du 9 juillet 2007, *Syndicat EGF-BTP et autres*, n° 297711, cf. Commentaire sous art. 60].

10.3. Que se passe-t-il si le dossier du candidat est incomplet ?

Au stade de la sélection des candidatures, les acheteurs peuvent demander aux candidats de régulariser le contenu de la première enveloppe en cas d'oubli ou de production incomplète d'une pièce réclamée dans le dossier de candidature et ainsi rester dans la compétition. Le code n'impose pas au pouvoir adjudicateur de demander aux soumissionnaires les pièces manquantes, mais s'il procède à cette demande, c'est au bénéfice de tous les candidats.

10.4. Quels sont les documents à produire par le candidat auquel il est envisagé d'attribuer le marché ?

Pour prouver qu'il a bien satisfait à ses obligations fiscales et sociales, le candidat retenu au terme de la procédure de sélection est tenu de produire des copies des attestations et certificats délivrés par les administrations compétentes exigés par l'arrêté du ministre chargé de l'Économie (ou une copie de l'état annuel des certificats reçus : DC 7), dans le délai fixé par le pouvoir adjudicateur, faute de quoi le marché ne lui est pas notifié.

Dès lors que le montant du contrat est égal ou supérieur à 3 000 €, le candidat retenu doit en outre fournir les pièces mentionnées à l'article R. 324-4 du Code du travail *[nouveau Code du travail, art. D. 8222-5*] (cf. travail dissimulé) s'il est établi en France ou bien celles de l'article R. 324-7 [*nouveau Code du travail, art. D. 8222-7 et D. 8222-8*] s'il est établi à l'étranger.

Ce nouveau dispositif a été introduit dans le Code du travail par l'article 71 de la loi n° 2004-810 du 13 août 2004 relative à l'assurance maladie (modifiant l'article L. 324-14 du Code du travail *[nouveau Code du travail, art. L. 8222-1 à L. 8222-6*]) et par le décret n° 2005-1334 du 27 octobre 2005 relatif au travail dissimulé (modifiant les articles R. 324-4 et R. 324-7 du Code du travail *[devenus, avec le décret n° 2008-244 du 7 mars 2008, les articles D. 8222-5, D. 8222-7 et D. 8222-8 du nouveau Code du travail]*). Désormais, le donneur d'ordre est tenu d'exercer, outre un contrôle préalable avant la passation de toute commande, un contrôle, tous les six mois jusqu'à l'exécution du contrat, du respect par le cocontractant de l'administration de ses obligations de déclaration auprès des organismes de protection sociale et de l'administration fiscale.

2

10.5. Comment dématérialiser les marchés publics formalisés ?

La « dématérialisation des marchés publics formalisés » se traduit par l'utilisation de la voie électronique pour les échanges qui interviennent dans le processus d'achat public et qui entrent dans le champ d'application de l'article 56 du Code des marchés publics.

10.5.1. Lors d'une transmission par voie électronique, faut-il signer électroniquement, comment ?

En vertu de l'article 48 du Code des marchés publics, un candidat peut transmettre son offre par voie électronique, c'est-à-dire via le réseau internet, sous réserve que l'acte d'engagement soit signé électroniquement par une personne habilitée. Il convient de ne pas confondre la transmission par voie électronique avec la transmission d'un support électronique (CD-Rom...) par voie postale, cette dernière étant assimilée à une transmission sur support papier.

Pour signer électroniquement, sont nécessaires un certificat de signature électronique et un logiciel de signature. Toutefois, l'intéressé n'a pas besoin de disposer d'un logiciel de signature s'il utilise un portail offrant cette fonctionnalité.

10.5.2. Qu'est-ce qu'un certificat de signature électronique et comment en obtenir un ?

Un certificat de signature électronique est un document sous forme électronique qui a pour but d'authentifier l'identité de la personne signataire (carte d'identité), l'intégrité des documents échangés (protection contre toute altération) et l'assurance de non-répudiation (impossibilité de renier sa signature).

Parmi l'ensemble des catégories de certificats de signature électronique commercialisées par des sociétés spécialisées appelées « prestataires de services de certification électronique », le ministre chargé de la Réforme de l'État référence celles qui respectent un référentiel intersectoriel de sécurité en répondant à des exigences techniques minimales. La liste des catégories de certificats de signature électronique ainsi référencées est publiée sur le site internet du ministre chargé de la Réforme de l'État à l'adresse suivante : « http://www.entreprises.minefi.gouv.fr/certificats/ ». Cette liste est évolutive, elle est en effet actualisée au fur et à mesure des référencements.

Tout prestataire de services de certification électronique peut faire reconnaître, par le ministre chargé de la Réforme de l'État, la conformité de sa catégorie de certificats de signature électronique au référentiel intersectoriel de sécurité. À cette fin, il lui en demande l'inscription sur la liste des catégories de certificats précitée.

Conformément aux dispositions de l'arrêté d'application de l'article 48 du Code des marchés publics, pour signer électroniquement sa candidature et son acte d'engagement, l'entreprise choisit librement une catégorie de certificats de signature électronique ainsi référencée. Le certificat est nominatif, il est délivré aux personnes habilitées pour engager la personne morale.

Cet arrêté simplifie le dispositif de signature dans la mesure où il garantit aux entreprises que toutes les catégories de certificats de signature électronique référencées sont acceptées par tous les pouvoirs adjudicateurs (État, collectivités territoriales, établissements publics). Par ailleurs, de tels certificats peuvent également être utilisés pour d'autres téléservices (TéléTV @, téléc@rte grise, déclarations sociales...).

10.5.3. Qu'est-ce qu'une copie de sauvegarde et quel rôle a-t-elle ?

Un nouveau dispositif tendant à faciliter la dématérialisation des procédures de la passation des marchés publics est la copie de sauvegarde.

La copie de sauvegarde est une copie des dossiers des candidatures et des offres destinée à se substituer, en cas d'anomalie, aux dossiers des candidatures et des offres transmises par voie électronique au pouvoir adjudicateur. Cette notion de copie de sauvegarde est donc différente de celle d'archivage des données.

Parallèlement à l'envoi électronique, les opérateurs économiques peuvent ainsi faire parvenir au pouvoir adjudicateur une copie de sauvegarde sur support physique électronique (CD-Rom, DVD-Rom, clé USB...) ou bien sur support papier. Cette copie est transmise sous pli scellé et comporte obligatoirement la mention : « copie de sauvegarde ». Les documents figurant sur ce support doivent être revêtus de la signature électronique (pour les documents dont la signature est obligatoire). Cette copie de sauvegarde pourra, par exemple, être ouverte en cas de défaillance du système informatique (qui supporte la dématérialisation) ou lorsqu'un programme informatique malveillant (virus) est détecté dans le document électronique transmis par l'opérateur économique.

10.5.4. Qu'en est-il des marchés passés selon la procédure adaptée (MAPA) ?

Les marchés passés selon la procédure adaptée (MAPA) ne sont pas soumis au régime de l'article 56 du Code des marchés publics. Toutefois, le pouvoir adjudicateur peut opter pour leur dématérialisation et doit donc assurer la confidentialité et la sécurité des transactions sur un réseau informatique accessible de façon non discriminatoire. Il appartient ainsi au pouvoir adjudicateur de déterminer les conditions et les modalités les plus appropriées pour dématérialiser tout ou partie des étapes de la vie d'un marché, en s'inspirant, le cas échéant, des règles fixées par l'article 56 du Code des marchés publics et son arrêté d'application.

10.5.5. La dématérialisation des marchés publics est-elle mesurée ?

Dans le cadre des renseignements transmis par le pouvoir adjudicateur au titre du recensement des marchés publics, des informations seront collectées concernant la dématérialisation des marchés publics. Ces statistiques permettront aux acheteurs publics d'apprécier le développement de la dématérialisation et de se situer en la matière par rapport aux autres acheteurs.

10.5.6. Où trouver plus de renseignements sur la dématérialisation des marchés publics ?

Les acteurs de la commande publique peuvent trouver toutes les informations utiles dans le vade-mecum juridique de la dématérialisation des marchés publics téléchargeable sur le site http://www.minefi.gouv.fr/ dans la rubrique « marchés publics ».

11. Quand peut-on négocier ?

Chaque fois qu'il est autorisé par le code, le recours au dialogue et à la négociation, après publicité et mise en concurrence, peut être utilement envisagé. Il permet en effet d'obtenir un meilleur achat dans le respect des règles de transparence.

11.1. Dans quelles hypothèses peut-on négocier ?

11.1.1. En dessous des seuils des marchés formalisés.

Lorsque leur montant est inférieur aux seuils fixés à l'article 26, les marchés peuvent être passés selon une procédure de mise en concurrence adaptée par le pouvoir adjudicateur en fonction de la nature et de l'étendue des besoins. Le recours à la négociation avec plusieurs fournisseurs potentiels est possible pour tous ces marchés, sans aucune condition ni de circonstance ni de montant du marché.

11.1.2. Au-dessus des seuils des marchés formalisés.

11.1.2.1. Les catégories de marchés négociés.

Au-dessus des seuils communautaires, l'appel d'offres est la procédure de droit commun en matière de commande publique. Il ne peut donc être recouru au marché négocié que dans un certain nombre de cas limitativement énumérés par le Code des marchés publics.

Il existe deux catégories de marchés négociés et des cas limités prévus à l'article 74 :

a) Les marchés négociés passés après publicité préalable et mise en concurrence (art. 35-I) :

Il est notamment possible de passer selon cette procédure des marchés pour lesquels il n'a été proposé que des offres irrégulières ou inacceptables. Les conditions initiales du marché ne doivent toutefois pas être substantiellement modifiées.

Une offre irrégulière est une offre qui répond aux besoins du pouvoir adjudicateur mais qui est incomplète ou qui ne respecte pas les exigences formulées dans les documents de la consultation (ex. : lorsqu'un pouvoir adjudicateur n'a pas indiqué dans les documents de la consultation qu'il souhaitait des variantes, si un candidat en présente une, son offre est irrégulière).

Une offre inacceptable est une offre qui répond aux besoins du pouvoir adjudicateur mais qui n'est pas conforme à une exigence fixée par la législation ou la réglementation nationale. Il peut donc s'agir de règles relatives à la sous-traitance, à la fiscalité, à la protection de l'environnement, aux dispositions de protection et aux conditions de travail, ou au déroulement de la procédure de passation (ex. : la loi n° 2005-102 du 11 février 2005 pour l'égalité des droits et des chances, la participation et la citoyenneté des personnes handicapées et son décret d'application n° 2006-555 du 17 mai 2006 relatif à l'accessibilité des établissements recevant du public, des installations ouvertes au public et des bâtiments d'habitation et modifiant le Code de la construction et de l'habitation imposent notamment que les bâtiments d'habitation collectifs et leurs abords soient construits et aménagés de façon à être accessibles aux personnes handicapées. Dés lors, une offre qui ne répondrait pas à ces exigences doit être considérée comme inacceptable).

b) Les marchés négociés passés sans publicité préalable et sans mise en concurrence (art. 35-II) :

On peut notamment passer selon cette procédure des marchés pour lesquels seules des offres inappropriées ont été déposées.

La notion d'offre inappropriée regroupe les cas où l'offre ne correspond pas aux besoins du pouvoir adjudicateur indiqués dans les documents de la consultation. Dans ce cas, la présentation d'une telle offre est assimilable à l'absence d'offres, c'est pourquoi le recours à la procédure négociée sans mise en concurrence est possible dès lors que l'acheteur ne change pas l'objet de son marché.

À titre d'exemple, on peut citer un marché pour lequel le pouvoir adjudicateur achète des ordinateurs de bureau et reçoit des offres concernant des ordinateurs portables ou un marché pour lequel le pouvoir adjudicateur a besoin d'avions de transport légers de petite capacité et reçoit des offres concernant des avions de transport de grande capacité.

Les marchés conclus pour faire face à des situations d'urgence impérieuse peuvent aussi bénéficier de la procédure de marchés négociés sans publicité préalable ni mise en concurrence.

Lorsqu'un marché de maîtrise d'œuvre remplit les conditions de recours à la procédure négociée, l'article 74 aménage une procédure négociée spécifique adaptée à la maîtrise d'œuvre.

11.1.2.2. Quel est le rôle de la commission d'appel d'offres dans la procédure négociée ?

La commission d'appel d'offres n'intervient pas au stade du lancement de la procédure négociée.

En revanche, elle intervient obligatoirement en fin de procédure, sauf dispositions spécifiques de l'article 74 :

– pour les collectivités territoriales, c'est la commission d'appel d'offres qui attribue le marché au vu d'une proposition de classement des offres réalisé par le pouvoir adjudicateur ;

– pour l'État et pour les établissements publics de santé et les établissements publics sociaux ou médico-sociaux, le marché est attribué après avis de la commission d'appel d'offres.

En cas d'urgence impérieuse, le marché peut être attribué sans réunion préalable de la commission d'appel d'offres.

11.1.3. La procédure de dialogue compétitif.

Le dialogue compétitif est une solution adaptée à la conclusion des marchés complexes pour lesquels le pouvoir adjudicateur ne peut définir seul et à l'avance les moyens techniques répondant à ses besoins ou encore pour lesquels il n'est pas en mesure d'établir le montage juridique ou financier. Il n'est pas un élément d'accélération des procédures mais d'amélioration de la définition des besoins.

Il peut arriver que des pouvoirs adjudicateurs se trouvent dans l'impossibilité objective de définir les moyens aptes à satisfaire leurs besoins ou d'évaluer ce que le marché peut offrir en termes de solutions techniques, financières ou juridiques. Cette situation peut se présenter notamment pour la réalisation de certains projets ou réseaux informatiques ou certains projets de communication, ou plus généralement pour des projets pour lesquels l'acheteur ne dispose pas d'une visibilité suffisante.

Outre une aide à la définition des besoins, le dialogue compétitif présente, par rapport à l'appel d'offres, l'avantage de conférer une vision plus complète et comparative des solutions techniques, financières ou juridiques que le marché peut offrir, puisque les offres ne seront pas, dès le début, enfermées dans des spécifications techniques trop précises.

[Ce paragraphe doit être considéré comme abrogé du fait de la suppression du 5e alinéa de l'article 36 du CMP par décret n° 2008-1355 du 19 décembre 2008, art. 4] Le dialogue compétitif pourra également être utilisé pour les marchés de travaux dont le montant estimé est compris entre 210 000 € HT et 5 270 000 € HT, dans le cas où les conditions du recours à l'article 10 de la loi MOP sont remplies. Dans cette hypothèse, l'acheteur public pourra utiliser librement cette procédure sans avoir à justifier qu'il n'est pas à même de maîtriser l'environnement financier ou juridique de son marché.

Dans la mesure où le recours à des procédures ouvertes ou restreintes ne permettrait pas l'attribution de tels marchés, le dialogue compétitif constitue une procédure flexible qui sauvegarde à la fois la concurrence entre opérateurs économiques et le besoin des personnes publiques de discuter avec chaque candidat tous les aspects du marché. Elle offre aux acheteurs publics des possibilités bien plus larges de dialoguer avec les candidats au marché, afin d'améliorer la qualité et le caractère innovant des propositions qui leur sont faites.

Dans une procédure de dialogue compétitif, les candidats vont élaborer leurs offres sur la base d'un programme fonctionnel, c'est-à-dire un document dans lequel l'acheteur décrit en termes pratiques ses attentes et les résultats qu'il veut atteindre.

Une fois les besoins définis, l'acheteur envoie pour publication un avis d'appel public à la concurrence.

Le nombre minimal de candidats prévu dans l'avis ne peut être inférieur à trois, sauf si le nombre de candidats n'est pas suffisant.

En fonction de son expérience et des technologies qu'il maîtrise, chaque candidat va pouvoir proposer la solution qui lui paraît le mieux répondre aux besoins décrits dans ce document, mais les offres reçues ne sont pas, à ce stade, des offres à prendre ou à laisser telles quelles. Elles vont pouvoir être améliorées et complétées grâce au dialogue que chaque candidat aura avec le pouvoir adjudicateur. D'une part, un candidat peut avoir besoin d'informations complémentaires sur le site (par exemple les caractéristiques de l'installation électrique), d'autre part, le pouvoir adjudicateur peut demander à chaque candidat des explications sur le contenu de sa proposition et des modifications permettant de mieux tirer un profit des potentialités de cette proposition.

Le dialogue peut se dérouler en autant de phases successives nécessaires à l'acheteur pour définir son besoin. Il peut être demandé aux candidats de modifier les propositions successives issues du dialogue.

À l'issue de chaque phase, l'acheteur public peut écarter les propositions des candidats qui se révèlent inadaptées à son besoin en fonction des critères fixés dans l'avis d'appel public à la concurrence ou dans le règlement de la consultation. Il en informe alors le ou les candidats concernés et poursuit le dialogue avec les candidats restants.

Tout au long de la phase de dialogue, le pouvoir adjudicateur ne peut révéler aux autres candidats des solutions proposées ou des informations confidentielles communiquées par un candidat dans le cadre de la discussion sans l'accord de celui-ci.

Lorsque l'acheteur public estime que la discussion est arrivée à son terme, il informe les candidats de la fin du dialogue et leur demande leur offre finale. À ce stade, il n'a pas à rédiger de cahier des charges. Dès lors que les offres ont été déposées, l'offre économiquement la plus avantageuse est choisie selon les critères de sélection annoncés en début de procédure. Lorsqu'il reste encore plusieurs candidats, ceux des candidats dont l'offre n'a pas été retenue doivent en être informés. À l'expiration d'un délai de dix jours courant à compter de cette information, le marché peut être signé.

Dans la mesure où l'élaboration de propositions par les candidats pour le dialogue peut entraîner des coûts non négligeables, il est de l'intérêt des acheteurs de prévoir le versement de primes, à hauteur de l'effort demandé, afin de susciter une réelle concurrence et d'inciter le plus grand nombre d'opérateurs économiques à participer à ce type de procédure.

Le pouvoir adjudicateur peut fixer, à condition de l'indiquer dans l'avis de marché, un nombre maximal de candidats admis à dialoguer. Si le nombre de candidatures recevables est supérieur à ce nombre, les candidatures sont sélectionnées au terme d'un classement prenant en compte les garanties et capacités techniques et financières, ainsi que les références professionnelles des candidats. Le nombre minimal de candidats prévu dans l'avis ne peut être inférieur à trois, sauf si le nombre de candidats n'est pas suffisant.

11.2. Quels sont les avantages de la négociation ?

L'acte d'achat efficace se caractérise par la recherche d'une adéquation de l'offre du vendeur aux besoins de l'acheteur. La négociation permet d'adapter les offres à la demande. Au terme de la négociation, l'acheteur public aura à déterminer l'offre présentant le meilleur rapport qualité-prix, c'est-à-dire la meilleure offre susceptible d'être faite à ce moment en fonction des capacités économiques et techniques des entreprises.

Si cette procédure ne lui permet pas de modifier les caractéristiques principales du marché tels, notamment, l'objet du marché ou les critères de sélection des candidatures et des offres, elle laisse à l'acheteur public la possibilité de déterminer librement par la négociation le contenu des prestations et l'adaptation du prix aux prestations finalement retenues alors que dans une procédure d'appel d'offres ouvert ou restreint, le cahier des charges est fixé de manière unilatérale et intangible avant le lancement de la consultation.

Par conséquent, même si le pouvoir adjudicateur ne peut modifier les conditions du marché telles qu'elles ont été définies pour le lancement de la procédure, il dispose, avec le marché négocié, d'une marge de manœuvre importante.

Il est ainsi possible de négocier sur :

– le prix : comment payer moins cher une prestation en agissant par exemple sur le coût d'acquisition mais aussi sur le coût de stockage ou de transformation, comment agir sur le prix des accessoires, des options, des pièces de rechange, des garanties, de l'entretien, de l'assurance, du transport, etc. ;

– la quantité : vérification de la quantité nécessaire, fréquence des commandes, structure des remises accordées, etc. ;

– la qualité : vérification de la bonne estimation de la qualité, suffisante ou au contraire surestimée, au regard des besoins, incidence sur le prix si le niveau de qualité demandé est modifié en plus ou en moins ;

– le délai : incidence sur le prix des exigences en terme de délai, part du transport et des formalités diverses, etc. ;

– les garanties de bonne exécution du marché (pénalités, résiliation…).

11.3. Quelles sont les contraintes de la négociation ?

En matière de marchés négociés, l'acheteur public doit faire face à deux contraintes. La première est d'assurer aux candidats l'égalité de traitement tout au long de la procédure. La seconde contrainte, corollaire de la première, est la transparence de la procédure qui doit être réalisée dans le respect du secret industriel et commercial entourant le savoir-faire des candidats.

Pour répondre correctement à cette double contrainte, l'acheteur devra particulièrement veiller à la traçabilité des échanges effectués avec chacun des candidats ainsi qu'à les maintenir à un même niveau d'information.

12. Comment choisir l'offre économiquement la plus avantageuse ?

Avant tout appel à la concurrence, l'acheteur devra se situer dans les conditions économiques et qualitatives les plus favorables, à savoir :

– définir au mieux son besoin, affiner sa connaissance du secteur d'activité, éviter d'alourdir inutilement le coût des procédures et les frais de dossier par des exigences non justifiées afin de susciter une mise en concurrence optimale ;

– connaître et adapter sa procédure aux mécanismes de formation des prix en choisissant le bon moment et en sélectionnant la forme de prix (ferme, actualisable, révisable) lui garantissant la meilleure économie de ses achats pendant toute la durée du marché.

La règle du choix du « mieux-disant » plutôt que du « moins-disant » est affirmée. Cette règle se traduit par le fait que le « critère prix » n'est qu'un critère parmi les autres critères de choix possibles indiqués à l'article 53.

L'offre économiquement la plus avantageuse n'est pas nécessairement assimilable au prix le plus bas, ce qui bien entendu ne doit pas conduire l'acheteur à minorer exagérément l'importance du critère prix dans l'analyse des offres. Il doit également être en mesure d'apprécier la performance globale du marché et porter une attention particulière à la qualité des prestations fournies, ainsi qu'au respect, tant par les fournisseurs que par les utilisateurs, des modalités d'exécution du marché.

Les acheteurs devront veiller à détecter les offres anormalement basses. Une offre peut être qualifiée d'anormalement basse si son prix ne correspond pas à une réalité économique. Toutefois, l'acheteur ne peut rejeter des offres dont le prix semble anormalement bas sans avoir demandé, par écrit, des précisions sur la composition de l'offre et sans avoir vérifié cette composition en tenant compte des justifications fournies. Le rejet de l'offre au motif qu'elle est anormalement basse doit, dans tous les cas, être motivé. Seule une vraie connaissance du marché permet de se prémunir contre ce risque.

Pour les seuls marchés de fournitures passés selon une procédure formalisée, l'acheteur peut recourir au mécanisme d'enchères électroniques inversées. Il opère alors la sélection de l'offre économiquement la plus avantageuse par l'intermédiaire d'un système automatique de classement des offres construit sur le critère du prix le plus bas et des critères illustrant des éléments obligatoirement quantifiables de ses besoins.

12.1. Quels sont les critères sur lesquels va se baser l'acheteur public pour choisir l'offre économiquement la plus avantageuse ?

Les offres doivent répondre aux besoins définis par le pouvoir adjudicateur, dont le cahier des charges est la traduction formalisée. En effet, l'offre doit être l'exacte réponse aux besoins tels qu'ils sont exprimés dans le cahier des charges ou dans les documents de la consultation.

L'acheteur, pour choisir la meilleure offre, ne peut se fonder seulement sur la renommée de telle ou telle entreprise ou sur le souvenir d'une expérience passée pour tel marché exécuté antérieurement. Il doit clairement distinguer, d'une part, les critères de sélection des candidatures qui permettent d'évaluer les capacités professionnelles, techniques et financières des candidats et, d'autre part, les critères d'attribution qui permettent dans un deuxième temps de choisir les offres.

La recherche de l'offre économiquement la plus avantageuse est une obligation pour l'acheteur public fondée :

– soit sur une comparaison des offres au vu de critères de choix définis en fonction de l'objet du marché librement pondérés, par l'acheteur. Ces critères doivent permettre de comparer les offres qui répondent au mieux aux exigences de l'acheteur ;

– soit sur une comparaison des prix demandés aux différents candidats pour retenir l'offre dont le montant est le moins élevé. Le code n'impose nullement que le prix tienne une place prépondérante par rapport aux autres critères ; toutefois, l'acheteur peut se fonder sur ce seul critère si l'objet de son marché le justifie, pour des achats de fournitures courantes par exemple.

L'attention de l'acheteur public est appelée sur l'obligation et l'intérêt de la pondération des critères, telle que publiée en amont dans l'avis de publicité ou dans les documents de la consultation. C'est seulement lorsque le pouvoir adjudicateur estime pouvoir démontrer que la pondération n'est pas possible, notamment du fait de la complexité du marché, qu'il indique les critères par ordre décroissant d'importance.

Contrairement à la hiérarchisation où les différents critères sont analysés indépendamment les uns des autres, la pondération permet une meilleure prise en compte de l'ensemble des critères choisis, mis en balance, les uns avec les autres. Chacun des critères étant affecté d'un coefficient de pondération chiffré, l'offre économiquement la plus avantageuse est évaluée globalement, au regard de l'ensemble des critères qui la constituent. L'analyse des offres s'en trouve de fait affinée, favorisant le choix de l'offre la « mieux disante ».

Les critères choisis doivent être la traduction du besoin de l'acheteur.

Par ailleurs, la pondération des critères garantit une meilleure transparence dans l'analyse des offres afin que chaque entreprise puisse connaître avec précision l'appréciation qui sera faite sur chaque élément de son offre.

Il est rappelé que des critères autres que ceux énumérés à l'article 53 peuvent être pris en compte, s'ils sont justifiés par l'objet du marché ou ses conditions d'exécution.

Les critères doivent être objectifs, opérationnels et non discriminatoires, c'est-à-dire qu'ils doivent être liés à l'objet du contrat pour éviter des contraintes inutiles.

S'ils doivent prendre en compte le prix de la prestation ou de la fourniture, il est tout aussi nécessaire pour les acheteurs de ne pas négliger les coûts induits par l'opération d'achat, soit du fait de l'accroissement des charges d'entretien ou d'exploitation pour le pouvoir adjudicateur, soit en terme d'économies résultant d'avancées technologiques ou d'innovation. Ainsi, un investissement dans des équipements conçus avec le souci de la maîtrise d'énergie ou utilisant une énergie renouvelable, s'il coûte plus cher à l'achat, est susceptible de se révéler à l'usage plus rentable qu'un équipement standard.

Les acheteurs devront veiller à ce qu'un achat réalisé par souci d'économie ne se révèle pas à l'usage plus coûteux. C'est pourquoi, parmi les critères de choix de l'offre économiquement la plus avantageuse sur lesquels peut se fonder le pouvoir adjudicateur, figure le coût global d'utilisation ou la rentabilité.

Une fois les critères portés à la connaissance des candidats potentiels à l'attribution du marché, il n'est plus possible d'en modifier la liste, soit par addition, soit par soustraction, ou en changeant la pondération ou le classement. De la même façon, les précisions ou les explications qui, dans le cadre d'un appel d'offres, peuvent être demandées sur le contenu de l'offre ne peuvent modifier les critères ou en modifier l'ordre ou la pondération.

L'acheteur pourra également exiger dans les documents de la consultation la fourniture d'échantillons, leur nombre devra être proportionné à l'objectif de procéder au meilleur choix et être compatible avec le niveau de spécification technique exigé du produit.

Dans la mesure où ces demandes impliquent un investissement significatif des candidats, les acheteurs doivent prévoir le versement de primes, à hauteur de l'effort demandé. Le versement de ces primes permet de susciter une réelle concurrence et d'inciter le plus grand nombre d'opérateurs économiques à participer au marché.

12.2. Comment peut-on intégrer des préoccupations environnementales dans l'achat public ?

À travers ses articles 5, 6, 14, 45, 50 et 53, le code permet au pouvoir adjudicateur de prendre en compte des exigences environnementales lors de l'achat public dans le respect des principes généraux de la commande publique.

L'article 5 relatif à la définition des besoins impose au pouvoir adjudicateur de tenir compte de préoccupations de développement durable. Celui-ci peut être défini comme un développement qui répond aux besoins du présent sans compromettre la capacité des générations futures à répondre aux leurs. Ainsi, c'est pour cette première étape de l'achat public l'occasion pour le pouvoir adjudicateur de s'interroger sur les possibilités d'intégrer des exigences en termes d'environnement, de conditions de travail et de coût global de l'achat.

Les préoccupations environnementales pourront également être intégrées dans le processus d'achat à différentes étapes : au cours de la passation du marché et au moment de son exécution.

En effet, l'article 45 relatif à la présentation des candidatures autorise les acheteurs publics à examiner le savoir-faire des candidats en matière de protection de l'environnement au travers de l'appréciation de leurs capacités techniques.

L'article 53 permet aux acheteurs publics de faire peser le critère environnemental par rapport à l'ensemble des autres critères de choix de l'offre. Ce critère devra néanmoins être lié à l'objet du marché ou aux conditions d'exécution, expressément mentionné dans l'avis de marché ou le règlement de la consultation, et respecter les principes posés par l'article 1er du code. Comme pour les autres critères, ce critère ne devra pas être formulé de manière à donner un pouvoir discrétionnaire à l'acheteur public lors du choix de la meilleure offre.

La possibilité de présenter des variantes (art. 50) est un autre moyen d'intégrer la protection de l'environnement au stade des spécifications techniques sans que le pouvoir adjudicateur ait nécessairement à spécifier de manière précise ses exigences en la matière. Ainsi, le pouvoir adjudicateur peut préciser qu'il est disposé à accueillir des offres répondant à certaines variantes plus écologiques, par exemple quant à la teneur en substances dangereuses.

Par ailleurs, pour l'exécution d'un marché public, les acheteurs peuvent, conformément aux dispositions de l'article 14, prévoir dans l'avis d'appel public à la concurrence ou dans le règlement de la consultation des conditions d'exécution environnementales. Ces conditions ne doivent pas, elles non plus, avoir d'effet discriminatoire. Il s'agit ici d'imposer des obligations en matière environnementale devant être respectées par le titulaire du marché quel qu'il soit. À titre d'exemple, on peut trouver les conditions suivantes : livraison/emballage en vrac plutôt qu'en petit conditionnement, récupération ou réutilisation des emballages, livraisons des marchandises dans des conteneurs réutilisables, collecte et recyclage des déchets produits.

Enfin, l'article 6 relatif aux spécifications techniques permet de définir dans les documents de la consultation des exigences en matière environnementale. Dans ce cadre, le pouvoir adjudicateur pourra se référer aux écolabels attribués par des organismes indépendants. Les écolabels sont des déclarations de conformité des prestations labellisées à des critères préétablis d'usage et de qualité écologique qui tiennent compte du cycle de vie et des impacts environnementaux des produits et qui sont établis par les pouvoirs publics en concertation avec les parties intéressées telles que les distributeurs et industriels, les associations de consommateurs et de protection de l'environnement.

Ces outils permettent aux acheteurs publics de fixer eux-mêmes le niveau d'exigence environnementale qu'ils souhaitent voir réaliser au travers de leurs marchés. Ils couvrent l'ensemble du champ de l'achat public sans restriction de montant ou d'objet.

12.3. Peut-on s'adresser à des entreprises adaptées ou à des établissements et services d'aide par le travail ?

L'article 15 du code permet aux acheteurs publics de réserver certains marchés ou certains lots d'un même marché à des entreprises adaptées ou à des établissements et services d'aide par le travail. Dans ce cas, l'exécution de ces marchés ou de ces lots doit être réalisée majoritairement par des personnes handicapées. L'avis de publicité doit mentionner le recours à cette possibilité.

Cette disposition ne dispense pas les acheteurs d'organiser, entre ces seuls organismes, une procédure de passation des marchés, qui sera fonction des seuils fixés à l'article 26 et respectera les modalités de publicité prévues à l'article 40.

13. Comment informer les candidats du rejet de leur candidature ou de leur offre ?

Lorsque le choix portant sur les candidatures ou sur les offres a été effectué, l'acheteur doit informer les candidats, pour les marchés et accords-cadres passés selon une des procédures formalisées, conformément aux dispositions de l'article 80 :

– du rejet de leur candidature ou de leur offre. Pour cela, il devra toutefois attendre que le candidat retenu ait fourni les attestations fiscales et sociales mentionnées à l'article 46 pour s'assurer de l'attribution définitive du marché. En effet, dans le cas où les décisions de rejet seraient notifiées avant cette vérification, les soumissionnaires seraient délivrés de leurs engagements et l'acheteur ne pourrait faire appel, en cas de carence du candidat classé en tête, au suivant de la liste ;

– ou de sa décision de renoncer au marché.

L'obligation d'information des candidats résulte de principes législatifs et jurisprudentiels qui ouvrent le droit à un candidat évincé de pouvoir déposer, le cas échéant, un recours contre la décision d'attribution du marché. Le code prévoit une obligation automatique d'information des candidats du rejet de leur candidature ou de leur offre, étant précisé, et cette mention est importante, qu'un délai de dix jours doit s'être écoulé entre le moment où les candidats ont été dûment informés et la date de signature du marché (art. 80).

Le code prévoit aussi le cas où un candidat écarté demande par écrit au pouvoir adjudicateur les motifs du rejet de sa candidature et la justification du choix opéré (art. 83). Il est tenu de répondre dans un délai de 15 jours à compter de la réception de la demande écrite.

Toutefois, il est recommandé, comme un élément de transparence qui peut éviter de nombreux contentieux, aux acheteurs d'organiser des rencontres afin d'expliquer oralement aux candidats les raisons qui ont conduit à leur éviction.

Pour les marchés passés en procédure adaptée, les formalités relatives à la procédure se déclinent de manière générale en fonction du marché et, notamment, de son montant et de son objet. Cette règle s'applique pour l'ensemble de la procédure de passation du marché. En conséquence, il est recommandé de prévoir, également pour ces marchés, ainsi que le mentionne la jurisprudence communautaire, un délai raisonnable entre l'information des candidats évincés du rejet de leur offre et la signature du marché afin de permettre à un candidat qui s'estimerait irrégulièrement écarté de formuler un recours avant la conclusion du marché. Néanmoins, ce délai est déterminé par l'acheteur en fonction des caractéristiques du marché, au premier rang desquelles le montant.

Quatrième partie – L'exécution des marchés

14. Comment contribuer à la bonne exécution des marchés publics ?

Seul le comptable public du pouvoir adjudicateur est compétent pour payer les prestations d'un marché public (cf. art. 12 du code). La quatrième partie du code énumère différentes mesures facilitant le financement des opérateurs économiques tout en assurant la protection des intérêts financiers des pouvoirs adjudicateurs (art. 92 à 100, par exemple).

14.1. Le paiement direct du sous-traitant

Le recours par l'entrepreneur à d'autres entreprises pour exécuter certaines prestations, qu'il ne peut ou qu'il ne veut pas assurer lui-même, favorise l'accès à la commande publique des entreprises spécialisées et des PME.

Les conditions dans lesquelles l'entrepreneur peut faire appel à un ou plusieurs sous-traitants, leur acceptation et l'agrément de leurs conditions de paiement ainsi que les modalités de règlement de leurs prestations sont détaillés aux articles 112 à 117 du code.

Il importe de rappeler que :

– la sous-traitance ne peut être utilisée que pour les marchés de travaux, les marchés de services et les marchés industriels (art. 112) ;

– le choix de sous-traiter peut être opéré par le titulaire au moment de l'offre, de la proposition ou après la conclusion du marché (art. 112) ;

– la sous-traitance ne peut être totale (art. 112 et 113) ;

– l'acceptation du sous-traitant et l'agrément de ses conditions de paiement doivent être prononcés avant l'exécution des travaux rémunérés par le paiement (art. 114) ;

– il n'y a pas de relation contractuelle entre le maître d'ouvrage et le sous-traitant. Seul le titulaire du marché est tenu par l'obligation contractuelle : il est responsable de l'ensemble des prestations exécutées au titre du marché, par lui-même et par les sous-traitants (art. 113) ;

– le sous-traitant de premier rang a droit au paiement direct dès lors que les conditions d'acceptation et d'agrément sont satisfaites et que le montant de sa créance est d'au moins 600 € TTC (art. 115 à 117).

Les sous-traitants peuvent désormais être réglés plus rapidement grâce à la simplification de la procédure de paiement. Le sous-traitant doit adresser sa demande de paiement au titulaire du marché ainsi qu'au pouvoir adjudicateur ou à la personne désignée par lui dans le marché.

Le titulaire dispose d'un délai de 15 jours pour donner son accord ou notifier son refus au sous-traitant ainsi qu'au pouvoir adjudicateur ou à la personne désignée par lui dans le marché. Le pouvoir adjudicateur procède au paiement du sous-traitant dans le délai prévu à l'article 98.

Ce délai court à compter de la réception de l'accord du titulaire ou de l'expiration du délai de 15 jours précédemment mentionné si le titulaire n'a notifié aucun accord ou refus au pouvoir adjudicateur.

14.2. Le versement d'avances aux titulaires de marchés publics

L'octroi des avances vise à faciliter l'exécution des marchés et assurer l'égalité d'accès aux marchés entre les entreprises disposant d'une trésorerie suffisante pour démarrer l'exécution des prestations et celles qui n'en disposent pas.

Tel est le cas notamment des petites et moyennes entreprises et de la majorité des associations qui œuvrent dans des secteurs économiques susceptibles de se voir appliquer les règles du Code des marchés publics.

S'agissant des dispositions régissant l'avance prévue à l'article 87, le montant à partir duquel cette avance est obligatoirement accordée au titulaire ou au sous-traitant d'un marché est de 50 000 € HT. Le montant de l'avance est fixé à 5 % du montant initial, toutes taxes comprises, du marché, du bon de commande ou de la tranche affermie. Le marché peut prévoir que l'avance versée dépasse ces 5 %, sans pour autant excéder 30 % de ces montants. Cependant, l'avance peut être portée à un maximum de 60 % si l'entreprise qui en bénéficie (titulaire ou sous-traitant) constitue une garantie à première demande.

Les modalités et le rythme de remboursement de l'avance sont prévus au marché. Le remboursement de l'avance doit être terminé lorsque le montant des prestations exécutées par l'entreprise qui en a bénéficié atteint 80 % du montant TTC des prestations qui lui sont confiées (art. 88 à 90).

14.3. Le versement d'acomptes aux titulaires de marchés publics

À la différence des avances, les acomptes sont versés pour des prestations réalisées en cours d'exécution du marché : l'acompte rémunère un service fait. La périodicité de versement des acomptes est de 3 mois maximum ; dans certains cas prévus à l'article 91, elle peut être ramenée à 1 mois.

14.4. L'encadrement des garanties financières exigées des titulaires de marchés publics

Les marchés publics peuvent prévoir, à la charge du titulaire, une retenue de garantie dont le montant ne peut être supérieur à 5 % du montant initial augmenté le cas échéant du montant des avenants (art. 101). La retenue de garantie peut être remplacée, au gré du titulaire, par une garantie à première demande ou, si le pouvoir adjudicateur ne s'y oppose pas, par une caution personnelle et solidaire (art. 102).

Désormais, le titulaire peut, pendant toute la durée du marché, substituer une garantie à première demande ou, si le pouvoir adjudicateur ne s'y oppose pas, une caution personnelle et solidaire à la retenue de garantie. Il s'agit là d'une souplesse destinée à permettre aux entreprises une plus grande marge de manœuvre pour gérer leur marché. Ainsi, un titulaire de marché peut, par exemple, à la réception des travaux, fournir une caution « papier » valable jusqu'à la fin du délai de garantie et récupérer la retenue de garantie.

La garantie à première demande ou cette caution personnelle et solidaire est constituée pour le montant total du marché, y compris les avenants. Les montants prélevés au titre de la retenue de garantie sont reversés au titulaire après constitution de la garantie de substitution.

14.5. L'obligation pour le pouvoir adjudicateur de respecter un délai global de paiement

L'article 98 rappelle que les paiements des prestations d'un marché public doivent s'effectuer dans un délai maximal de 40 jours, sauf exceptions énumérées par ce même article. Les modalités de mise en œuvre du délai global de paiement des marchés publics et de calcul des intérêts moratoires, sanctionnant son non-respect, sont détaillées par le décret n° 2002-232 du 21 février 2002 [*Modification résultant des décrets n°s 2008-408 du 28 avril 2008 et 2008-1550 du 31 décembre 2008*] et par la circulaire générale d'application du 13 mars 2002 (*cf. Annexe I-10*).

La formule de calcul des intérêts moratoires est la suivante :

Montant payé tard TTC x	Nb jours dépassement	X taux
	365	

Des intérêts moratoires complémentaires sont dus lorsque le mandatement des intérêts moratoires n'est pas intervenu au plus tard le 30e jour suivant la date de paiement du principal. Leur formule de calcul est :

Montant des IM initiaux	Nb jours de retard sur IM	X taux
	365	

Des délais spécifiques prévus par le Code de commerce s'appliquent dans le cadre d'un dispositif législatif totalement indépendant de celui prévu par ce décret n° 2002-232.

14.6. Les possibilités de refinancement au moyen de cessions ou de nantissements des créances issues de marchés publics

Le titulaire et tout sous-traitant payé directement peuvent céder ou nantir à des établissements de crédit, par exemple, leur créance dans les conditions prévues aux articles 106 à 110 du Code des marchés publics.

À cette fin, le pouvoir adjudicateur remet au titulaire et à tout sous-traitant payé directement soit une copie de l'original du marché, de l'avenant ou de l'acte spécial de sous-traitance indiquant que cette pièce est délivrée en unique exemplaire, soit un certificat de cessibilité conforme à un modèle défini par arrêté du ministre chargé de l'Économie.

Ce dispositif vise à éviter que la même créance soit cédée plusieurs fois ou qu'une entreprise cède la créance d'une autre. Il importe donc tout particulièrement, pour que ce dispositif fonctionne bien, que le pouvoir adjudicateur opère un suivi de chaque exemplaire unique ou certificat de cessibilité délivré au titre du marché lorsque la part respective des entreprises (titulaire, sous-traitants) est modifiée en cours de contrat.

14.7. Les possibilités de modifier le contrat initial par avenants et marchés complémentaires

L'avenant est l'acte par lequel les parties à un contrat conviennent de modifier ou de compléter une ou plusieurs de ses clauses (art. 118). Cette modification ne peut avoir ni pour objet ni pour effet de substituer au contrat initial un autre contrat, soit parce que son économie en serait bouleversée, soit parce que son objet ne serait plus le même. La seule exception à cette règle concerne les sujétions techniques imprévues rencontrées au cours de l'exécution du contrat, c'est-à-dire des obstacles non imputables aux parties et constitutifs de difficultés imprévues et exceptionnelles. En pratique, il y a lieu de considérer qu'une augmentation par avenant de 15 % à 20 % ou plus du prix d'un marché est susceptible d'être regardée par le juge administratif comme bouleversant l'économie du contrat.

Lorsque l'économie et l'objet d'un marché ne sont pas remis en cause, il est possible, si besoin, de poursuivre l'exécution des prestations au-delà du montant prévu par le marché. Toutefois, cette situation requiert la conclusion d'un avenant ou la prise d'une décision de poursuivre, que les prix du marché soient forfaitaires ou unitaires. En effet, le montant estimatif d'un marché à prix unitaires engage les parties au même titre que le montant d'un marché à prix forfaitaires : l'avenant ou la décision de poursuivre est alors indispensable même si, seules, les quantités sont affectées et non les prix unitaires eux-mêmes.

La modification résultant d'un avenant peut également porter sur les engagements des parties au contrat : prestations à exécuter, calendrier d'exécution ou règlement financier du marché.

L'avenant a également vocation à régir les changements qui peuvent affecter la personne publique contractante (exemples : cession volontaire du marché, fusion de communes ou d'établissements publics).

De même, les modifications affectant la personne du titulaire du marché doivent donner lieu dans certains cas à la passation d'un avenant. À titre d'exemples, on peut citer : le décès du cocontractant, l'apport du marché par son titulaire à une société ou à un GIE, la disparition de l'entreprise titulaire par fusion ou scission-absorption aboutissant à la création d'une société nouvelle, la cession d'actifs ou transmission de patrimoine à un tiers.

Dans ces hypothèses, l'avis du Conseil d'État du 8 juin 2000 a précisé que la cession du marché ne doit avoir lieu qu'avec l'assentiment préalable de la collectivité publique. Aussi, après appréciation des garanties professionnelles et financières que peut apporter le cessionnaire reprenant le contrat, pour assurer la bonne fin du contrat, la personne publique cocontractante peut autoriser la cession. Si la cession lui paraît de nature soit à remettre en cause les éléments essentiels relatifs au choix du titulaire initial du contrat, soit à modifier substantiellement l'économie dudit contrat, la collectivité publique est tenue de refuser son autorisation de cession.

En revanche, un avenant n'est pas nécessaire dans les cas suivants : reprise du contrat par l'administrateur judiciaire lorsque l'entreprise fait l'objet d'une procédure collective, changement n'affectant pas la forme juridique de l'entreprise mais sa raison sociale ou sa domiciliation, changement de la structure de l'entreprise n'entraînant pas la création d'une nouvelle personne morale (par exemple : transformation d'une SARL en SA).

Il convient de rappeler que tout projet d'avenant à un marché de fournitures, de travaux ou de services entraînant une augmentation du montant global du marché supérieure à 5 % doit être soumis pour avis à la commission d'appel d'offres et que l'assemblée délibérante qui statue sur le projet d'avenant est préalablement informée de cet avis (art. 8 de la loi n° 95-127 du 8 février 1995). Ces dispositions s'appliquent à tous les marchés quel que soit leur montant.

L'avenant doit être distingué des marchés complémentaires négociés sans publicité préalable et mise en concurrence (art. 35-II [4° et 5°] du code) qui sont des nouveaux marchés dont le montant cumulé ne doit pas dépasser 50 % du montant du marché initial.

14.8. La possibilité d'exécuter au-delà du contrat initial par une décision de poursuivre

La décision de poursuivre est un acte unilatéral qui a pour seul objet de permettre l'exécution des prestations au-delà du montant initialement prévu par le marché et jusqu'au montant qu'elle fixe (art. 118). Elle ne doit, en aucun cas, bouleverser l'économie du marché, ni en changer l'objet.

À la différence de l'avenant, acte contractuel, la décision de poursuivre est signée par la seule personne publique. Le recours à la décision de poursuivre n'est possible que si elle est prévue dans le marché. Le CCAG travaux en prévoit la possibilité pour les marchés qui le visent.

15. Pourquoi des obligations de publicité a posteriori ?

15.1. L'avis d'attribution

Pour les marchés de fournitures et de services d'un montant supérieur à 133 000 € HT [*Modification résultant du décret n° 2007-1850 du 26 décembre 2007, art. 1*] pour l'État et 206 000 € HT [*Modification résultant du décret n° 2007-1850 du 26 décembre 2007, art. 1*] pour les collectivités territoriales et pour les marchés de travaux d'un montant supérieur à 5 150 000 € HT [*Modification résultant du décret n° 2007-1850 du 26 décembre 2007, art. 1*], les avis d'attribution sont établis conformément aux formulaires établis par le règlement communautaire (CE) n° 1564-2005 de la Commission du 7 septembre 2005.

[*Ce paragraphe doit être considéré comme abrogé du fait de la suppression du 2e alinéa du III de l'article 85 du CMP par décret n° 2008-1355 du 19 décembre 2008, art. 10*] Pour les marchés de travaux d'un montant compris entre 210 000 € HT et 5 270 000 € HT, ils sont établis conformément au modèle fixé par un arrêté du ministre chargé de l'Économie.

Le pouvoir adjudicateur doit faire publier l'avis d'attribution dans un délai de 48 jours à compter de la notification du marché, dans les mêmes conditions et en utilisant les mêmes moyens publicitaires que ceux utilisés lors de l'avis d'appel public à la concurrence.

La publication de l'avis d'attribution permet, dans ces conditions, à toute personne qui y a intérêt, d'exercer un recours individuel à l'encontre de la décision d'attribution du marché.

15.2. Les dispositions de l'article 133

Le Code des marchés publics prévoit que les acheteurs sont tenus de publier chaque année une liste des marchés conclus l'année précédente ainsi que le nom des attributaires. Cette disposition est un gage de transparence quant à l'emploi des deniers publics.

Les modalités d'application de cet article sont définies par l'arrêté du 27 mai 2004 publié au *Journal officiel* du 9 juin 2004 [*Note de l'auteur : Les modalités d'application sont désormais fixées par l'arrêté du 26 décembre 2007*].

L'arrêté apporte les précisions suivantes :

– le support de publication de la liste : l'arrêté laisse une totale liberté aux administrations quant au choix du support pour communiquer la liste des marchés conclus l'année précédente. Néanmoins, dans un souci d'économie, la publication sur les sites internet des collectivités doit être privilégiée.

– les seuils : une montée en charge progressive : afin de laisser aux acheteurs le temps de mettre en place un système opérationnel, l'arrêté prévoit une mise en œuvre progressive du dispositif. Cette période transitoire a pour but de répondre aux difficultés pratiques que pourraient rencontrer les acheteurs publics dans l'élaboration de leur liste.

– les mentions à faire figurer sur la liste : les marchés doivent être présentés en distinguant selon le type d'achat : travaux, fournitures et services. Puis, au sein de chaque catégorie, les marchés doivent être regroupés, en fonction de leur montant, dans différentes tranches, dont les montants sont précisés par l'arrêté. Doivent également figurer sur la liste l'objet et la date du marché, ainsi que le nom de l'attributaire, en mentionnant, pour plus de précision, le code postal du titulaire du marché.

Cinquième partie – Les entités adjudicatrices

Les entités adjudicatrices appliquent les mêmes règles que les pouvoirs adjudicateurs, à l'exception des dérogations expressément mentionnées dans la deuxième partie du code.

16. Quels sont les cas dans lesquels les pouvoirs adjudicateurs peuvent être qualifiés d'entités adjudicatrices soumises à des règles particulières de passation des marchés ?

16.1. Quelles sont les activités d'opérateurs de réseaux ?

16.1.1. Les activités soumises au code en matière d'électricité, de gaz ou de chaleur sont :

a) L'exploitation de réseaux fixes destinés à fournir un service au public dans le domaine de la production, du transport ou de la distribution d'électricité, de gaz ou de chaleur ;

b) Les achats destinés à l'organisation ou à la mise à la disposition d'un exploitant de ces réseaux ;

c) L'alimentation de ces réseaux en électricité, en gaz ou en chaleur.

Concernant ces activités, le pouvoir adjudicateur soumis au code doit respecter les règles définies dans la deuxième partie relative aux entités adjudicatrices lorsque :

– soit il exploite lui-même le réseau ;

– soit il réalise des achats permettant de construire, d'organiser et de mettre le réseau à la disposition d'un tiers. Les notions d'organisation et de mise à disposition visent la construction du réseau pour en confier ensuite la gestion à un tiers conformément aux différents modes de dévolution autorisés. Mais il peut également s'agir du cas où la réfection du réseau ou son extension reste, malgré le contrat d'exploitation, à la charge de l'entité adjudicatrice propriétaire du réseau ;

– soit il alimente le réseau.

Le contrat par lequel l'entité adjudicatrice confie à un tiers la gestion et l'exploitation du réseau n'est donc pas automatiquement soumis au Code des marchés publics. L'important n'est pas de savoir si l'entité exerce ou non effectivement une activité d'exploitation à la date du marché mais de savoir si oui ou non pèse sur elle à la date du marché la charge de l'exploitation. Si tel est le cas, le marché est alors passé conformément aux règles applicables aux entités adjudicatrices. [alinéa annulé par décision du Conseil d'État statuant au contentieux du 9 juillet 2007, *Syndicat EGF-BTP et autres,* n° 297711].

16.1.2. Les activités soumises au code en matière d'eau sont :

a) L'exploitation de réseaux fixes destinés à fournir un service au public dans le domaine de la production, du transport ou de la distribution d'eau potable ;

b) Les achats destinés à l'organisation ou à la mise à la disposition d'un exploitant de ces réseaux ;

c) L'alimentation de ces réseaux en eau potable ;

d) Les marchés passés par les entités adjudicatrices exerçant une des activités mentionnées aux trois alinéas précédents lorsque ces marchés sont liés soit à l'évacuation ou au traitement des eaux usées, soit à des projets de génie hydraulique, d'irrigation ou de drainage, pour autant que le volume d'eau utilisé pour l'alimentation en eau potable représente plus de 20 % du volume total d'eau utilisé pour ces projets.

16.1.3. Les activités relatives à l'exploitation d'une aire géographique dans le but de prospecter ou d'extraire du pétrole, du gaz, du charbon ou d'autres combustibles solides.

16.1.4. Les activités relatives à l'exploitation d'une aire géographique permettant d'organiser et de mettre à disposition des transporteurs, des aéroports, des ports maritimes, des ports fluviaux ou d'autres terminaux de transport (ex. : les activités relatives à l'exploitation de l'espace aérien ou maritime).

16.1.5. Les activités soumises au code en matière de transport sont :

a) L'exploitation de réseaux destinés à fournir un service au public dans le domaine du transport par chemin de fer, tramway, trolleybus, autobus, autocar, câble ou tout système automatique ;

b) Les achats destinés à l'organisation ou à la mise à la disposition d'un exploitant de ces réseaux.

16.1.6. Les activités postales.

Il est à noter que La Poste n'entre pas dans le champ d'application du code. Il s'agit ici des activités postales exercées par certains ministères, comme celui de la défense (service de la poste inter-armées).

16.2. Quelles sont les exceptions à l'application du Code des marchés publics ?

Les articles 136 à 140 énumèrent un certain nombre de cas dans lesquels les marchés passés par les entités adjudicatrices ne sont pas soumis aux règles de procédure et de publicité du Code des marchés publics.

Ces dispositions visent :

a) Les cas pour lesquels l'application des règles du code est exclue en raison des circonstances de l'achat. Sont ici visées les exclusions de l'article 3 du code applicables aux pouvoirs adjudicateurs (art. 136).

b) Les cas de certains marchés passés par l'entité adjudicatrice ou le groupement d'entités adjudicatrices avec des organismes particuliers. La justification de l'exclusion tient à la nature de l'organisme cocontractant. Il s'agit ici d'exclure du champ du code les contrats passés par une entité adjudicatrice avec une entreprise qui lui est liée dès lors que le contrat se passe dans des circonstances telles que l'on peut considérer qu'il s'agit de prestations réalisées en interne. Il s'agit d'un cas particulier de prestations intégrées plus large que son équivalent appelé communément « prestations *in-house* » pour les pouvoirs adjudicateurs (art. 138 et 139).

c) Les cas pour lesquels l'application des règles du code ne se justifie plus dans la mesure où la commission a établi que l'activité d'opérateurs était exercée dans un cadre pleinement concurrentiel (art. 140).

16.3. Quelles sont les principales différences de règles de procédure entre les entités adjudicatrices et les pouvoirs adjudicateurs ?

Le régime applicable aux pouvoirs adjudicateurs lorsqu'ils agissent en tant qu'entités adjudicatrices se caractérise par une plus grande souplesse, à divers égards :

16.3.1. Les seuils applicables.

Les seuils applicables aux marchés passés par les entités adjudicatrices sont des seuils particuliers en ce qui concerne les fournitures et les services. En effet, il n'existe que deux seuils : celui de 412 000 € HT [*Modification résultant du décret n° 2007-1850 du 26 décembre 2007, art. 1*] pour les fournitures et les services et celui de 5 150 000 € HT [*Modification résultant du décret n° 2008-1355 du 19 décembre 2008, art. 1*] pour les travaux (ce dernier seuil est le seul identique à celui applicable aux pouvoirs adjudicateurs).

16.3.2. Le choix des procédures.

Concernant le choix des procédures applicables, et à la différence des pouvoirs adjudicateurs, les entités adjudicatrices peuvent recourir librement à la procédure négociée avec mise en concurrence. Seule la procédure négociée sans mise en concurrence est restrictivement encadrée ; on retrouve à peu de choses près les mêmes cas que ceux de la procédure négociée sans publicité et sans mise en concurrence prévus pour les pouvoirs adjudicateurs. En outre, la procédure de dialogue compétitif n'est pas prévue pour les entités adjudicatrices. Cette situation est justifiée par le fait que dans tous les cas les entités adjudicatrices peuvent recourir à la procédure négociée avec mise en concurrence. Cependant, rien ne les empêche de s'inspirer de la procédure du dialogue pour mener leurs négociations.

16.3.3. Le système de qualification des opérateurs économiques.

Le système de qualification des opérateurs économiques est un système de présélection d'opérateurs jugés aptes à réaliser tel ou tel type de prestations. Il permet de constituer un vivier dans lequel l'entité adjudicatrice peut choisir les futurs titulaires de ses marchés. L'entité adjudicatrice peut même recourir à un système de qualification mis en place par un tiers. Il s'agit ici d'un système de présélection de candidats potentiels et non de la phase de sélection des candidatures pour un marché donné (art. 152 à 155).

16.3.4. Les variantes.

À l'inverse de la règle en vigueur pour les pouvoirs adjudicateurs, les variantes sont admises sauf indications contraires dans les documents de la consultation. Les entités n'ont donc pas besoin de les autoriser expressément (art. 157).

16.3.5. Les offres contenant des produits originaires de pays tiers.

Une disposition applicable uniquement aux marchés de fournitures autorise les entités adjudicatrices soit à rejeter des offres au motif qu'elles contiennent un certain pourcentage de produits originaires des pays tiers avec lequel la Communauté européenne n'a conclu aucun accord commercial, soit à accorder un droit de préférence à équivalence d'offres (art. 159).

16.3.6. Les délais.

Du fait de l'importance et de la complexité des marchés passés par les entités adjudicatrices, les délais de réception des offres en procédure d'appel d'offres ouvert sont plus importants, les délais de réductions qui y sont associées sont aussi sensiblement différents (art. 160).

Dans les cas particuliers de l'appel d'offres restreint et de la procédure négociée, la date limite de réception des offres est déterminée d'un commun accord entre l'entité et les candidats sélectionnés (art. 163 et 166).

16.3.7. Nombre minimal de candidats admis.

Les entités adjudicatrices ne sont pas tenues, s'agissant de l'appel d'offres restreint ou de la procédure négociée avec mise en concurrence, de fixer un nombre minimal de candidats admis à déposer une offre à 5 ou 3 (art. 162 et 165).

16.3.8. Marchés de maîtrise d'œuvre.

Les entités adjudicatrices ne sont pas tenues de recourir obligatoirement au concours pour les marchés de maîtrise d'œuvre (art. 168), contrairement aux pouvoirs adjudicateurs pour lesquels le concours est une procédure imposée, sauf lorsqu'ils se trouvent dans l'un des quatre cas dérogatoires fixés à l'article 74 du code.

16.3.9. Accord-cadre et marché à bon de commande.

Les modalités de passation des accords-cadres et des marchés à bons de commandes sont plus souples et moins encadrées que celles applicables aux pouvoirs adjudicateurs, notamment s'agissant de la durée de ces contrats, de l'absence d'un nombre minimum de candidats, ou encore de la possibilité de conclure les marchés passés sur la base d'un accord-cadre selon la procédure négociée sans mise en concurrence préalable (art. 169).

16.3.10. Modalités de publicité.

En termes de publicité, l'avis de préinformation prend le nom d'avis périodique indicatif (art. 149) mais en dehors du nom il reste en tous points identique au premier.

En outre, les entités adjudicatrices ont trois types de formulaires concernant l'avis d'appel public à la concurrence. En effet, à l'inverse des pouvoirs adjudicateurs, elles peuvent utiliser le modèle d'avis périodique indicatif ou celui de l'avis sur l'existence d'un système de qualification en plus du modèle classique d'avis de marché. Cette possibilité doit leur permettre de raccourcir les délais de procédures (art. 150).

Enfin, le délai de transmission pour publication des avis d'attribution est fixé à 2 mois, alors qu'il est fixé à 48 jours pour les pouvoirs adjudicateurs (art. 172).

16.4. Quelles sont les modalités de sortie du champ d'application du code ?

Le code met en place une procédure nouvelle permettant à la Commission européenne, sur demande d'un État membre et après justification, de sortir du champ d'application du Code des marchés publics certaines activités d'opérateurs de réseaux qui sont considérées comme étant exercées sur des marchés concurrentiels dont l'accès n'est pas limité, comme cela a été fait pour le secteur des télécommunications. Il s'agit ici d'un mécanisme permanent qui permet de modifier le champ d'application de la directive communautaire n° 2004/17/CE et donc du code sans avoir besoin de modifier le texte existant (art. 140).

Annexe I

Les textes à connaître

Les textes législatifs

– Loi nº 75-1334 du 31 décembre 1975 modifiée relative à la sous-traitance.

– Loi nº 85-704 du 12 juillet 1985 modifiée relative à la maîtrise d'ouvrage publique et à ses rapports avec la maîtrise d'œuvre privée.

– Loi nº 91-3 du 3 janvier 1991 relative à la transparence et à la régularité des procédures de marchés et soumettant la passation de certains contrats à des règles de publicité et de mise en concurrence (titre Ier).

– Loi nº 2001-1168 du 11 décembre 2001 portant mesures urgentes de réformes à caractère économique et financier (MURCEF).

– Loi nº 2005-102 du 11 février 2005, modifiée par la loi nº 2005-1719 du 30 décembre 2005 et par la loi organique nº 2005-881 du 2 août 2005, pour l'égalité des droits et des chances, la participation et la citoyenneté des personnes handicapées, notamment son article 29.

Ordonnance nº 2005-649 du 6 juin 2005, modifiée par la loi nº 2006-450 du 18 avril 2006, relative aux marchés passés par certaines personnes publiques ou privées non soumises au Code des marchés publics.

Les décrets

– Décret nº 84-74 du 26 janvier 1984 modifié fixant le statut de la normalisation.

– Décret nº 2001-797 du 3 septembre 2001 relatif aux comités consultatifs de règlement amiable des différends ou litiges relatifs aux marchés publics.

– Décret nº 2002-232 du 21 février 2002 relatif à la mise en œuvre du délai maximum de paiement dans les marchés publics.

– Décret nº 2002-677 du 29 avril 2002, modifié par le décret nº 2005-90 du 4 février 2005, relatif à l'obligation de décoration des constructions publiques et précisant les conditions de passation des marchés ayant pour objet de satisfaire à cette obligation.

– Décret nº 2003-301 du 2 avril 2003 modifiant le Code général des collectivités territoriales (fixant la liste des pièces justificatives exigées par les comptables avant de procéder au paiement d'une dépense).

– Décret n° 2004-16 du 7 janvier 2004 modifié pris en application de l'article 4 du Code des marchés publics et concernant certains marchés publics passés pour les besoins de la défense.

– Décret n° 2004-1299 du 26 novembre 2004 relatif à la commission des marchés publics de l'État.

– Décret n° 2005-1308 du 20 octobre 2005, modifié par le décret n° 2005-1741 du 30 décembre 2005, relatif aux marchés passés par les entités adjudicatrices mentionnées à l'article 4 de l'ordonnance n° 2005-649 du 6 juin 2005 relative aux marchés passés par certaines personnes publiques ou privées non soumises au Code des marchés publics.

– Décret n° 2005-1742 du 30 décembre 2005 fixant les règles applicables aux marchés passés par les pouvoirs adjudicateurs mentionnés à l'article 3 de l'ordonnance n° 2005-649 du 6 juin 2005 relative aux marchés passés par certaines personnes publiques ou privées non soumises au Code des marchés publics.

Les arrêtés

– Arrêté du 5 septembre 2002 pris pour l'application de l'article 100, alinéa 2, du Code des marchés publics.

– Arrêté du 31 janvier 2003 pris pour l'application de l'article 46 du Code des marchés publics et de l'article 8 du décret n° 97-638 du 31 mai 1997 pris pour l'application de la loi n° 97-210 du 11 mars 1997 relative au renforcement de la lutte contre le travail illégal.

– Arrêté du 16 février 2004 pris en application de l'article 2 du décret n° 2004-16 du 7 janvier 2004 concernant certains marchés publics passés pour les besoins de la défense et fixant le modèle du formulaire pour la publication des avis d'appel public à la concurrence.

– Arrêté du 27 mai 2004 pris en application de l'article 138 du Code des marchés publics et relatif à la liste des marchés conclus l'année précédente par les personnes publiques.

– Arrêté du 22 mars 2005 pris en application de l'article 1er du décret n° 2002-677 du 29 avril 2002 relatif à l'obligation de décoration des constructions publiques et précisant les conditions de passation des marchés ayant pour objet de satisfaire à cette obligation.

– Arrêté du 18 avril 2005 relatif aux conditions de protection du secret et des informations concernant la défense nationale et la sûreté de l'État dans les contrats.

– Arrêté du 10 novembre 2005 pris en application de l'article 136 du Code des marchés publics et relatif à l'observatoire économique de l'achat public.

Circulaire

– La circulaire interministérielle DILTI du 31 décembre 2005 relative à la solidarité financière des donneurs d'ordre en matière de travail dissimulé au *Bulletin officiel* du Travail, de l'emploi et de la formation professionnelle n° 2006/03 du 30 mars 2006.
– Diffusion : Direction des Journaux officiels Travail 2006/3, texte 1/56, pages 1 et suivantes (NOR : SOCL0510447C) (texte non paru au *Journal officiel* de la République française).

L'ensemble des textes utiles est mis à jour de manière permanente et est consultable sur le site : http://www.minefi.gouv.fr

Annexe II

Coordonnées des services de conseil et sites d'information sur les marchés publics

Plusieurs services de renseignements sont mis à disposition des acheteurs pour toute question relative aux marchés publics :

La cellule d'information juridique aux acheteurs publics installée à Lyon, qui dépend de la direction générale de la comptabilité publique, est à la disposition de l'ensemble des acheteurs locaux, qui peuvent la contacter soit :

– par téléphone : 04 72 56 10 10 du lundi au vendredi de 8 h 30 à 12 h 30 ;

– par télécopie : 04 72 40 83 04 (ne pas oublier d'indiquer les coordonnées de la personne à rappeler) ;

– par messagerie en remplissant le formulaire mis à votre disposition sur le site internet : www.colloc.minefi.gouv.fr/rubrique Marchés publics/cellule d'information juridique aux acheteurs publics.

Le bureau du conseil aux acheteurs publics de la direction des affaires juridiques du ministère de l'Industrie, de l'Économie et des Finances, pour les administrations centrales de l'État et ses établissements publics :

– par téléphone : 01 44 97 03 20 ;

– par télécopie : 01 44 97 06 50 ;

– par messagerie à l'adresse daj-marches-publics@daj.finances.gouv.fr

La Commission des marchés publics de l'État chargée de fournir aux services de l'État une assistance pour la passation et l'élaboration de leurs marchés :

– par téléphone : 01-44-97-06-62/01-44-97-33-28 ;

– par télécopie : 01-44-97-06-64 ;

– par messagerie à l'adresse cmpe@daj.finances.gouv.fr

Les sites d'information sur les marchés publics :

Les textes, ainsi que les principaux formulaires d'aide à la passation des marchés, sont disponibles sur les sites du ministère de l'Économie, des Finances et de l'Industrie : http://www.minefi.gouv.fr et http://www.colloc.minefi.gouv.fr/

L'ensemble des modèles de formulaires est également disponible sur le site : http:// djo.journal-officiel.gouv.fr/MarchesPublics/

Les informations concernant les données communautaires peuvent être consultées sur le site « Système d'information pour les marchés publics » : http://simap.eu.int

À toutes fins utiles, les acheteurs pourront également consulter le site : http:// www.legifrance.gouv.fr

Tableau de correspondance des articles du CMP 2006 et CMP 2004

Objet	CMP 2006	CMP 2004
PREMIÈRE PARTIE DISPOSITIONS APPLICABLES AUX POUVOIRS ADJUDICATEURS		
CHAMP D'APPLICATION ET PRINCIPES FONDAMENTAUX		
Définition marché public et accord-cadre	**1 I**	**1 I**
Principes	**1 II**	**1 I**
Définition marché de travaux, fournitures et services	**1 III**	**1 II**
Définition pouvoir adjudicateur	**2**	**2**
Exclusions :	**3**	**3**
– *in house*	**3-1°**	**3-1°**
– droit exclusif	**3-2°**	**3-2°**
– acquisition terrains	**3-3°**	**3-3°**
– programmes destinés à la diffusion et temps de diffusion	**3-4°**	**3-4°**
– services financiers	**3-5°**	**3-5°**
– programme R & D	**3-6°**	**3-6°**
– marchés secrets ou mesures particulières de sécurité	**3-7°**	**3-7°**
– contrats passés en vertu de la procédure propre à une organisation internationale	**3-8°**	**3-8°**
– stationnement de troupes	**3-9°**	**3-9°**
– réalisation ou exploitation projet en commun	**3-10°**	**3-10°**
– œuvres d'art	**3-11°**	**3-11°**
– services arbitrage et conciliation	**3-12°**	**30**
– contrats d'emploi	**3-13°**	
– mise à disposition ou exploitation de réseaux publics de communications	**3-14°**	
– contrats qui cessent d'être soumis au code en application de l'article 140	**3-15°**	
Décret Défense	**4**	**4**
DISPOSITIONS GÉNÉRALES		
Définition des besoins	**5**	**5**
Normes spécifications techniques	**6**	**6**
Coordination	**7**	**7**
Groupement de commandes	**8**	**8**

Définition centrale d'achat	**9**	**9**
Allotissement	**10**	**10**
Forme écrite + acte d'engagement	**11**	**11**
Pièces constitutives	**12**	**12**
Cahier des charges	**13**	**13**
Clauses sociales et environnementales	**14**	**14**
Marchés réservés	**15**	**54** IV
Durée du marché	**16**	**15**
Prix du marché	**17** **18** **19**	**16** **17** **18**
Avenants	**20**	**19**
PASSATION		
Organes de l'achat : PRM		**20**
CAO État	**21**	**21**
CAO CT	**22** et **23**	**22**
Commission du dialogue compétitif		**24**
Jury de concours	**24**	**25**
Règles communes de fonctionnement	**25**	**23**
Présentation des seuils et des procédures :		
– présentation des procédures	**26** I	**26**
– présentation des seuils	**26** II	**28** II
– possibilité de recours à la procédure adaptée	**26** III	
– marchés de travaux compris entre 210 000 et 5 270 000 €	**26** IV	**28** III
– marché passé sur la base d'un accord-cadre	**26** V	
– seuils applicables aux groupements de commandes	**26** VI	
– référence marchés sans formalités préalables CGCT	**26** VII	**28** V
Méthode de calcul valeur estimés des marchés, accords-cadres et SAD	**27**	**27**
Procédure adaptée	**28**	**28** I
Marchés de services liste IIA	**29**	**29**
Marchés de services liste IIB	**30**	**30**
Décoration des constructions publiques	**71**	**31**
Centrale d'achat	**31**	**32**
Modalités de transmission des documents et des informations	**32**	

2

Appel d'offres définition	**33**	**33**
Procédure négociée : définition	**34**	**34**
Cas de recours aux marchés négociés :	**35**	**35**
– marchés négociés après publicité préalable et mise en concurrence :	**35** I	**35** I
– que des offres irrégulières ou inacceptables (inacceptables ou irrecevables)	**35** I 1°	**35** I 1°
– services lorsque la prestation est d'une nature telle que les spécifications de marché ne peuvent être établies avec une précision suffisante	**35** I 2°	**35** I 2°
– marchés de travaux conclus à des fins de recherche, d'essai et d'expérimentations	**35** I 3°	**35** I 3°
– nature ou aléas ne permettent pas la fixation préalable et globale des prix	**35** I 4°	**35** I 4°
– travaux compris entre 210 000 et 5 270 000 €	**35** I 5°	**35** I 5°
– marchés négociés sans publicité préalable mais avec mise en concurrence :		**35** II
– urgence impérieuse		**35** II 1°
– fournitures à des fins de recherche, d'essai et d'expérimentation		**35** II 2°
– Marchés négociés sans publicité préalable et sans mise en concurrence :	**35** II	**35** III
– urgence impérieuse	**35** II 1°	
– fournitures à des fins de recherche, d'essai et d'expérimentation	**35** II 2°	
– aucune candidature aucune offre	**35** II 3°	**35** I 1°
– marchés complémentaires de fournitures	**35** II 4°	**35** III 1° a)
– marchés complémentaires de services ou travaux	**35** II 5°	**35** III 1° b)
– marchés de services ou travaux – prestations similaires	**35** II 6°	**35** III 2°
– marchés de services attribués à un ou plusieurs lauréats	**35** II 7°	**35** III 3°
– marché confié à un seul opérateur pour des raisons techniques, artistiques ou tenant à la protection des droits d'exclusivité	**35** II 8°	**35** III 4°
– achat de matières premières cotées et achetées en bourse	**35** II 9°	
– achat de fournitures à des conditions particulièrement avantageuses	**35** II 10°	
Dialogue compétitif définition	**36**	**36**
Conception réalisation définition	**37**	**37** (et **11**)

Concours définition	**38**	**38**
Publicité avis de préinformation	**39**	**39**
Publicité avis d'appel public à la concurrence	**40**	**40**
Information des candidats	**41**	**41**
Règlement de la consultation	**42**	**42**
Interdictions de soumissionner	**43**	**43** **44**
Interdictions de soumissionner handicapés		**44-1**
Pièces à l'appui des candidatures	**44**	**45** 2° et 3°
	45	**45** 1°
Pièces demandées au candidat retenu	**46**	**46**
Conditions de résiliation en cas d'inexactitude	**47**	**47**
Présentation des offres et signature électronique	**48 I**	**48**
Part intention de sous-traitance à des PME et définition PME	**48 II**	**89**
Échantillons	**49**	**49**
Variantes	**50**	**50**
Groupements d'opérateurs	**51**	**51**
Sélection des candidatures	**52**	**52**
Attribution des marchés critères de choix des offres	**53 I à III**	**53**
Droit de préférence	**53 IV**	**54**
Enchères électroniques	**54**	**56**
Offres anormalement basses	**55**	**55**
Dématérialisation	**56**	**56**
– Appel d'offres ouvert :		
– publicité, délais réception des offres, transmission des dossiers par les candidats	**57**	**57**
– ouverture des plis, examen candidatures, ouverture enveloppes des offres, élimination des offres inappropriées, irrégulières et inacceptables	**58**	**58**
– appel d'offres ouvert : précision sur teneur de l'offre, choix de l'offre économiquement la plus avantageuse, mise au point, infructuosité, sans suite	**59**	**59**
– Appel d'offres restreint :		
– publicité, délais de réception des candidatures, transmission des dossiers par les candidats	**60**	**60**
– ouverture des candidatures, examen candidatures	**61**	**61**

2

– lettre de consultation, délais de réception des offres, transmission des offres	**62**	**62**
– ouverture des offres, élimination des offres inappropriées, irrégulières et inacceptables	**63**	**63**
– précision sur teneur de l'offre, choix de l'offre économiquement la plus avantageuse, mise au point, infructuosité, sans suite	**64**	**64**
Procédure négociée :		
– publicité, délai réception des candidatures, transmission des dossiers par les candidats, liste des candidats admis à négocier	**65**	**65**
– lettre de consultation, transmission des offres, ouverture des offres, négociation, choix de l'offre économiquement la plus avantageuse, sans suite	**66**	**66**
Dialogue compétitif : déroulement de la procédure	**67**	**67**
Marché relatif à des opérations de communication	**68**	**68**
Conception réalisation déroulement de la procédure	**69**	**69**
Concours : déroulement de la procédure	**70**	**70**
Décoration des constructions publiques	**71**	**31**
Marché à tranches conditionnelles	**72**	**72**
Marché de définition	**73**	**73**
Marchés de maîtrise d'œuvre	**74**	**74**
Marchés réalisés dans le cadre de programmes expérimentaux	**75**	
Accord-cadre	**76** I à VII	
Achat d'énergie non stockable	**76** VIII	**81**
Marché à bons de commande	**77**	**71**
Système d'acquisition dynamique	**78**	
Rapport de présentation	**79**	**75**
Information des candidats évincés	**80**	**76**
Notification	**81**	**79**
Transmission contrôle de légalité	**82**	**78**
Motifs du rejet	**83**	**77**
Obligations statistiques	**84**	
Avis d'attribution	**85**	**80**

EXÉCUTION		
Avances, acomptes, règlement partiel définitif, solde	**86**	**86**
Avance :	**87**	
– avance forfaitaire		**87** I et II
– avance facultative		**88** alinéas 1 à 6
Remboursement de l'avance	**88**	**87** III et IV et **88** 7e et 8e alinéas
Constitution d'une garantie ou d'une caution pour remboursement avance (collectivités territoriales)	**89**	**105**
Constitution d'une garantie à première demande lorsque le montant de l'avance est > à 30 %	**90**	**104**
Acomptes	**91**	**89**
Règlement partiel définitif	**92**	**90** **91**
Présentation des factures pour le titulaire de plusieurs lots	**93**	
Régime des paiements quand marché avec clause de variation de prix	**94**	**92**
Régime des paiements en cas de résiliation	**95**	**93**
Interdiction de toute clause de paiement différé	**96**	**94**
Constatations des opérations effectuées	**97**	**95**
Délai global de paiement	**98**	**96**
Échelonnement dans le temps de l'exécution	**99**	**97**
Indemnité de résiliation	**100**	**98**
Retenue de garantie : montant	**101**	**99**
Remplacement de la retenue de garantie	**102**	**100**
Remboursement de la retenue de garantie	**103**	**101**
Autres garanties (en cas de résiliation du marché)	**104**	**102**
Autres garanties (déterminées par le cahier des charges)	**105**	**103**
Exemplaire unique ou certificat de cessibilité	**106**	**106** (alinéas 1 à 5)
Notification au comptable	**107**	**106** (alinéas 6 à 8) et **107**
Notification article L. 313-28 Code monétaire et financier	**108**	**106** II
État sommaire des prestations	**109**	**108**
Rappel des privilèges		**109**
Privilège L. 143-6 Pluviose	**110**	**110**
Intervention d'OSEO-Bdmpe (ex CEPME)	**111**	**111**

2

Sous-traitance : principe de l'acceptation et de l'agrément	**112**	**112**
Sous-traitance : responsabilité du titulaire	**113**	**113**
Conditions de l'agrément	**114**	**114**
Dispositions qui s'appliquent aux sous-traitants	**115**	**115**
Paiement du sous traitant	**116**	**116**
Cession ou nantissement par le sous-traitant	**117**	**117**
Exécution complémentaire (avenant et décision de poursuivre)	**118**	**118**
CONTRÔLE		
MIEM	**119** **120** **121** **122** **123** **124**	**119** **120** **121** **122** **123** **124**
Contrôle du coût de revient	**125**	**125** **126** **127** **128** **129**
Autres contrôles (ministériels)	**126**	**130**
DISPOSITIONS DIVERSES		
Comités consultatifs de règlement amiable des différents ou des litiges	**127**	**131**
Arbitrage	**128**	**132**
CMPE	**129**	**133**
Commission technique des marchés		**134**
Observatoire économique de l'achat public	**130**	**136**
Recensement économique des marchés	**131**	**137**
Groupes d'études des marchés	**132**	**135**
Liste des marchés conclus	**133**	**138**
DEUXIÈME PARTIE – DISPOSITIONS APPLICABLES AUX ENTITÉS ADJUDICATRICES		
CHAMP D'APPLICATION ET PRINCIPES FONDAMENTAUX		
Champ d'application	**134**	
Liste des activités d'opérateurs de réseaux	**135**	**82**

Exclusions (communes aux pouvoirs adjudicateurs)	**136**	
Exclusions (marchés)	**137**	**83**
Exclusion entreprise liée	**138**	
Exclusions coentreprise	**139**	
Sortie de la directive secteurs	**140**	
DISPOSITIONS GÉNÉRALES		
Dispositions générales de la 1re partie applicables aux entités adjudicatrices	**141**	
PASSATION		
Dispositions relatives à la passation de la 1re partie applicables aux entités adjudicatrices	**142**	
Commission d'appel d'offres (dérogation à l'article 25)	**143**	
Présentation des seuils et des procédures :		
– présentation des procédures	**144** I	**84**
– cas de recours à la procédure négociée sans mise en concurrence	**144** II	
– possibilité de recours à la procédure adaptée et seuils	**144** III	**28** IV
– marché passé sur la base d'un accord-cadre	**144** IV	
– référence marchés sans formalités préalables CGCT	**144** V	
Méthode de calcul de la valeur des seuils (dérogation à l'article 27)	**145**	
Procédure adaptée	**146**	
Procédure applicable aux marchés de services :		
– services IIA	**147**	
– services IIB	**148**	
Publicité : avis périodique indicatif	**149**	
Publicité : avis d'appel public à la concurrence	**150**	
Mentions de l'avis périodique indicatif utilisé comme avis d'appel public à la concurrence	**151**	
Système de qualification :		
– critères de qualification	**152**	
– égalité de traitement	**153**	
– information des opérateurs économiques	**154**	
– relevé des opérateurs qualifiés	**155**	
Sélection des candidatures (dérogation à l'article 52)	**156**	
Variantes (dérogation à l'article 50)	**157**	
Enchères électroniques (dérogation à l'article 54)	**158**	

Annexes

3

Annexe I

Environnement législatif et réglementaire français des marchés publics

3

1. Extraits du Code général des collectivités territoriales et du Code de la santé publique

relatifs au contrôle de légalité

I. – Code général des collectivités territoriales

Partie législative

Art. L. 2131-1 *(version de 2002, modifiée en 2004).* – Les actes pris par les autorités communales sont exécutoires de plein droit dès qu'il a été procédé à leur publication ou affichage ou à leur notification aux intéressés ainsi qu'à leur transmission au représentant de l'État dans le département ou à son délégué dans l'arrondissement. Pour les décisions individuelles, cette transmission intervient dans un délai de quinze jours à compter de leur signature.

Cette transmission peut s'effectuer par voie électronique, selon des modalités fixées par décret en Conseil d'État.

Le maire certifie, sous sa responsabilité, le caractère exécutoire de ces actes.

La preuve de la réception des actes par le représentant de l'État dans le département ou son délégué dans l'arrondissement peut être apportée par tout moyen. L'accusé de réception, qui est immédiatement délivré, peut être utilisé à cet effet mais n'est pas une condition du caractère exécutoire des actes.

[Dispositions reprises aux articles L. 3131-1 (pour les départements) et L. 4141-1 (pour les régions) du Code général des collectivités territoriales].

Art. L. 2131-2 *(version résultant de la loi n° 2007-1787 du 20 décembre 2007 relative à la simplification du droit, art. 13-VII et VIII).* – Sont soumis aux dispositions de l'article L. 2131-1 les actes suivants :

1° Les délibérations du conseil municipal ou les décisions prises par délégation du conseil municipal en application de l'article L. 2122-22 ;

2° Les décisions règlementaires et individuelles prises par le maire dans l'exercice de son pouvoir de police. En sont toutefois exclues :

« – celles relatives à la circulation et au stationnement ;

– celles relatives à l'exploitation, par les associations, de débits de boissons pour la durée des manifestations publiques qu'elles organisent ; »

3° Les actes à caractère réglementaire pris par les autorités communales dans tous les autres domaines qui relèvent de leur compétence en application de la loi ;

4° Les conventions relatives aux emprunts, aux marchés et aux accords-cadres, à l'exception des conventions relatives à des marchés et à des accords-cadres

3

d'un montant inférieur à un seuil défini par décret[1], ainsi que les conventions de concession ou d'affermage de services publics locaux et les contrats de partenariat ;

5° Les décisions individuelles relatives à la nomination, à l'avancement de grade, à la mise à la retraite d'office, à la révocation des fonctionnaires, ainsi que les décisions individuelles relatives au recrutement, y compris le contrat d'engagement, et au licenciement des agents non titulaires, à l'exception de celles prises dans le cadre d'un besoin saisonnier ou occasionnel, en application du deuxième alinéa de l'article 3 de la loi n° 84-53 du 26 janvier 1984 portant dispositions statutaires relatives à la fonction publique territoriale ;

6° Le permis de construire et les autres autorisations d'utilisation du sol et le certificat d'urbanisme délivrés par le maire ou le président de l'établissement public de coopération intercommunale, lorsqu'il a reçu compétence dans les conditions prévues aux articles L. 422-1 et L. 422-3 du Code de l'urbanisme ;

7° Les ordres de réquisition du comptable pris par le maire ;

8° Les décisions relevant de l'exercice de prérogatives de puissance publique, prises par les sociétés d'économie mixte locales pour le compte d'une commune ou d'un établissement public de coopération intercommunale.

[Dispositions reprises aux articles L. 3131-2 (pour les départements) et L. 4141-2 (pour les régions) du Code général des collectivités territoriales].

1. Ce seuil est fixé à 206 000 € HT *(Décret n° 2008-171 du 22 février 2008, art. 1er).*

Art. L. 2131-3 *(version de 2002, modifiée en 2004).* – Les actes pris au nom de la commune autres que ceux mentionnés à l'article L. 2131-2 sont exécutoires de plein droit dès qu'il a été procédé à leur publication ou affichage ou à leur notification aux intéressés.

Le représentant de l'État peut en demander communication à tout moment. Il ne peut les déférer au tribunal administratif, dans un délai de deux mois à compter de leur communication, que si sa demande a été présentée dans le délai de deux mois à compter de la date à laquelle les actes sont devenus exécutoires.

Art. L. 2131-4. – Les actes pris par les autorités communales au nom de l'État ainsi que les actes relevant du droit privé ne sont pas soumis aux dispositions du présent chapitre et demeurent régis par les dispositions qui leur sont propres.

Art. L. 2131-5. – Les dispositions des articles L. 2131-1 à L. 21314 ne font pas obstacle à l'exercice, par le représentant de l'État dans le département, du pouvoir de substitution qu'il tient, notamment en matière de police, des articles L. 2215-1 et L. 2215-5, ni à celui de son pouvoir hiérarchique sur les actes du maire lorsque celui-ci, en application des articles L. 2122-27 et L. 2122-34 agit comme agent de l'État dans la commune.

Art. L. 2131-6. – Le représentant de l'État dans le département défère au tribunal administratif les actes mentionnés à l'article L. 2131-2 qu'il estime contraires à la légalité dans les deux mois suivant leur transmission.

Sur demande du maire, le représentant de l'État dans le département l'informe de son intention de ne pas déférer au tribunal administratif un acte des autorités communales qui lui a été transmis en application des articles L. 2131-1 à L. 2131-5. Lorsque le représentant de l'État dans le département défère un acte au tribunal administratif, il en informe sans délai l'autorité communale et lui communique toutes précisions sur les illégalités invoquées à l'encontre de l'acte concerné.

Le représentant de l'État dans le département peut assortir son recours d'une demande de suspension. Il est fait droit à cette demande si l'un des moyens invoqués dans la requête paraît, en l'état de l'instruction, propre à créer un doute sérieux quant à la légalité de l'acte attaqué. Il est statué dans un délai d'un mois.

Jusqu'à ce que le président du tribunal administratif ou le magistrat délégué par lui ait statué, la demande de suspension en matière d'urbanisme, de marchés et de délégation de service public, formulée par le représentant de l'État dans les dix jours à compter de la réception de l'acte, entraîne la suspension de celui-ci. Au terme d'un délai d'un mois à compter de la réception, si le juge des référés n'a pas statué, l'acte redevient exécutoire.

Lorsque l'acte attaqué est de nature à compromettre l'exercice d'une liberté publique ou individuelle, le président du tribunal administratif ou le magistrat délégué à cet effet prononce la suspension dans les quarante-huit heures. La décision relative à la suspension est susceptible d'appel devant le Conseil d'État dans la quinzaine de sa notification. En ce cas, le président de la section du contentieux du Conseil d'État ou un conseiller d'État délégué à cet effet statue dans un délai de quarante-huit heures.

L'appel des jugements du tribunal administratif ainsi que des décisions relatives aux demandes de suspension prévues aux alinéas précédents, rendus sur recours du représentant de l'État, est présenté par celui-ci.

[Dispositions reprises aux articles L. 3132-1 (pour les départements) et L. 4142-1 (pour les régions) du Code général des collectivités territoriales].

Art. L. 2131-7 *(version de 2004).* – Le Gouvernement soumet tous les trois ans, avant le 1er juin, au Parlement, un rapport sur le contrôle a posteriori exercé à l'égard des actes des communes par les représentants de l'État dans les départements.

Art. L. 2131-8. – Sans préjudice du recours direct dont elle dispose, si une personne physique ou morale est lésée par un acte mentionné aux articles L. 2131-2 et L. 2131-3, elle peut, dans le délai de deux mois à compter de la date à laquelle l'acte est devenu exécutoire, demander au représentant de l'État dans le département de mettre en œuvre la procédure prévue à l'article L. 2131-6.

Pour les actes mentionnés à l'article L. 2131-2, cette demande ne peut avoir pour effet de prolonger le délai de recours contentieux dont dispose le représentant de l'État dans le département en application de l'article L. 2131-6.

Lorsque la demande concerne un acte mentionné à l'article L. 2131-3, le représentant de l'État dans le département peut déférer l'acte en cause au tribunal administratif dans les deux mois suivant sa saisine par la personne physique ou morale lésée.

Art. L. 2131-9. – Si un citoyen croit être personnellement lésé par un acte d'une autorité communale, il peut en demander l'annulation au tribunal administratif.

Art. L. 2131-10. – Sont illégales les décisions et délibérations par lesquelles les communes renoncent soit directement, soit par une clause contractuelle, à exercer toute action en responsabilité à l'égard de toute personne physique ou morale qu'elles rémunèrent sous quelque forme que ce soit.

Art. L. 2131-11. – Sont illégales les délibérations auxquelles ont. pris part un ou plusieurs membres du conseil intéressés à l'affaire qui en fait l'objet, soit en leur nom personnel, soit comme mandataires.

Art. L. 2131-12. – Les dispositions des articles L. 2131-1 à L. 2131-11 sont applicables aux établissements publics communaux.

Art. L. 2131-13. – Les dispositions de l'article L. 1411-9 sont applicables aux marchés passés par les communes et les établissements publics communaux.

Partie réglementaire

Art. R. 2131-5 *(inséré par décret n° 2005-324 du 7 avril 2005 art. 1- I).* – La transmission au préfet ou au sous-préfet des marchés des communes et de leurs établissements publics autres que les établissements publics de santé comporte, les pièces suivantes :

1° La copie des pièces constitutives du marché, à l'exception des plans ;

2° La délibération autorisant le représentant légal de la commune ou de l'établissement à passer le marché ;

3° La copie de l'avis d'appel public à la concurrence ainsi que, s'il y a lieu, de la lettre de consultation ;

4° Le règlement de la consultation, lorsque l'établissement d'un tel document est obligatoire ;

5° Les procès-verbaux et rapports de la commission d'appel d'offres, de la commission de la procédure de dialogue compétitif et les avis du jury de concours, avec les noms et qualités des personnes qui y ont siégé, ainsi que le rapport de présentation de la personne responsable du marché prévu par l'article 75 du Code des marchés publics ;

6° Les renseignements, attestations et déclarations fournis en vertu des articles 45 et 46 du Code des marchés publics.

Art. R. 2131-6 *(inséré par décret n° 2005-324 du 7 avril 2005 art. 1- II).* – Les avenants aux marchés et les décisions de poursuivre prévus par l'article 118 du Code des marchés publics sont transmis au préfet ou au sous-préfet accompagnés des délibérations qui les autorisent et du rapport prévu par l'article 75 du même code.

Art. R. 2131-7 *(inséré par décret n° 2005-324 du 7 avril 2005 art. 1 I).* – Le préfet ou le sous-préfet peut demander, pour exercer le contrôle de légalité, que des pièces complémentaires lui soient fournies.

Commentaire

[Les modalités de ce contrôle de légalité des marchés sont applicables aux départements et à leurs établissements publics (art. R. 3132-2), aux régions et à leurs établissements publics (art. R. 4142-2) et à la collectivité territoriale de Corse et à ses établissements publics (art. R. 4423-3)].

• L'autorité territoriale a en outre une double obligation, imposée par l'article L. 1411-9 du Code général des collectivités territoriales (applicable aux marchés des communes et de leurs établissements publics : article L. 2131-13 ; des départements et de leurs établissements publics : article L. 3131-6 ; des régions et de leurs établissements publics : article L. 4141-6) :

1° Vis-à-vis du titulaire : elle doit certifier, par une mention apposée sur le marché qui lui est notifié, que celui-ci a bien été transmis au représentant de l'État, ou à son délégué dans l'arrondissement ;

2° Vis-à-vis du représentant de l'État ou de son délégué dans l'arrondissement : elle doit l'informer, dans un délai de 15 jours, de la date de notification du marché.

• S'appuyant sur l'article L. 2131-1 du Code général des collectivités territoriales qui rend exécutoires de plein droit les actes pris par les autorités communales dès leur transmission au représentant de l'État dans le département ou à son délégué dans l'arrondissement, le Conseil d'État a estimé, par avis (n°s 176873, 176874 et 176875) du 10 juin 1996 (*JO*, Lois et décrets, 4 juillet 1996, p. 10114), que « l'absence de transmission de la délibération autorisant le maire à signer un contrat avant la date à laquelle le maire procède à sa conclusion entraîne l'illégalité dudit contrat », la décision de le signer ne pouvant être régularisée ultérieurement par la seule transmission au préfet de la délibération du conseil municipal.

3

II. – Article L. 6145-6 du Code de la santé publique

(modifié en 2001, 2004 et 2005)

Art. L. 6145-6. – Les baux conclus en application de l'article L. 6148-2, les marchés et les contrats de partenariat des établissements publics de santé sont exécutoires dès leur réception par le représentant de l'État. Celui-ci défère au tribunal administratif, dans les deux mois suivant cette réception, les décisions qu'il estime illégales. Il informe sans délai le président du conseil d'administration et lui communique toute précision sur les illégalités invoquées. Il peut assortir son recours d'une demande de suspension. Il est fait droit à cette demande si l'un des moyens invoqués paraît en l'état de l'instruction, propre à créer un doute sérieux quant à la légalité de l'acte attaqué.

Toutefois, les marchés passés selon la procédure adaptée sont dispensés de l'obligation de transmission au représentant de l'État prévue au premier alinéa. Ces marchés sont exécutoires dès leur conclusion.

2. Extraits du Code de justice administrative

relatifs aux recours en matière de passation de certains contrats et marchés

Code de justice administrative (partie législative)

(Ordonnance n° 2000-387 du 4 mai 2000 & loi n° 2000-597 du 30 juin 2000 relative au référé devant les juridictions administratives)

Livre V : Le référé – Titre V : Dispositions diverses et particulières à certains contentieux – Chapitre 1er : Le référé en matière de passation de contrats et marchés

Art. L. 551-1 *(Loi nº 93-122 du 29 janvier 1993, art. 50 et loi nº 2000-597 du 30 juin 2000, art. 13-III).* – Le président du tribunal administratif, ou le magistrat qu'il délègue, peut être saisi en cas de manquement aux obligations de publicité et de mise en concurrence auxquelles est soumise la passation des marchés publics, *(Ordonnance nº 2005-649 du 6 juin 2005, art. 39)* « des marchés mentionnés au 2° de l'article 24 de l'ordonnance nº 2005-649 du 6 juin 2005 relative aux marchés passés par certaines personnes publiques ou privées non soumises au Code des marchés publics, » *(Ordonnance n° 2004-559 du 17 juin 2004, art. 27)* « , des contrats de partenariat » *(Loi n° 2004-806 du 9 août 2004, art. 153-II)* « , des contrats visés au premier alinéa de l'article L. 6148-5 du Code de la santé publique » et des conventions de délégation de service public.

Les personnes habilitées à agir sont celles qui ont un intérêt à conclure le contrat et qui sont susceptibles d'être lésées par ce manquement, ainsi que le représentant de l'État dans le département dans le cas où le contrat est conclu ou doit être conclu par une collectivité territoriale ou un établissement public local.

Le président du tribunal administratif peut être saisi avant la conclusion du contrat. Il peut ordonner à l'auteur du manquement de se conformer à ses obligations et suspendre la passation du contrat ou l'exécution de toute décision qui s'y rapporte. Il peut également annuler ces décisions et supprimer les clauses ou prescriptions destinées à figurer dans le contrat et qui méconnaissent lesdites obligations. *(Loi n° 2000-597 du 30 juin 2000, art. 14).* « Dès qu'il est saisi, il peut enjoindre de différer la signature du contrat jusqu'au terme de la procédure et pour une durée maximum de vingt jours ».

Sauf si la demande porte sur des marchés ou contrats passés par l'État, elle peut également être présentée par celui-ci lorsque la Commission des communautés européennes lui a notifié les raisons pour lesquelles elle estime qu'une violation claire et manifeste des obligations *(Loi n° 93-122 du 29 janvier 1993, art. 50)* « de publicité et de mise en concurrence d'origine communautaire *(Loi n° 93-1420 du 31 décembre 1993, art. 8)* « ou résultant de l'accord sur l'Espace économique européen », a été commise.

Le président du tribunal administratif ou son délégué statue en premier et dernier ressort en la forme des référés.

Commentaire

La jurisprudence du Conseil d'État, qui s'est développée sur le fondement de cet article, a été, dans un premier temps, soit restrictive, soit limitée à des questions de procédure :

– restrictive, en ce sens que les pouvoirs attribués au juge des référés par l'article L. 551-1 ne peuvent être mis en œuvre qu'avant la conclusion du contrat (CE, Sect. 3 novembre 1995, *Chambre de commerce et d'industrie de Tarbes* ; *société Stentofon Communications ; District de l'agglomération Nancéienne* (3 arrêts), Rapport public 1995, p. 354 ; Rec. Lebon, p. 396, concl. Chantepy ; Dr. adm. 1995, n° 720 ; AJDA 1995.946 ; DS 1996, somm. 321, obs. Ph. Terneyre) ; la conclusion du contrat fait donc échec au référé de l'article L. 551-1 ; cette jurisprudence lui enlève beaucoup de son efficacité (jurispr. confirmée par CE, 31 janv. 1996, *Stés Piani et Chambard* ; 21 juin 1996, *Collinet* ; 12 septembre 1996, *Sté Aer Rianta Bewley Ltd* ; Jurispr. 1996, éd. Weka, p. 267, 286 et 289 ; 13 janv. 1997, *SNC Cochery Bourdin Chaussé,* ibid., p. 300 et 22 janv. 1997, *Sté Biwater,* Req. n° 168790, Rec. Lebon, p. 24-25, Jurispr. 1996, éd. Weka, p. 303) ;

– axée sur le respect de règles de procédure, en ce sens que les ordonnances de référé précontractuel de l'article L. 551-1, dans la mesure où elles sont rendues en dernier ressort, doivent être précédées d'une audience publique permettant aux parties de présenter des observations orales à l'appui de leurs observations écrites (CE, Ass. 10 juin 1994, *Commune de Cabourg,* Rapport public 1994, p. 312 ; LPA 20 janvier 1995, p. 14, note J.-N. Clément ; DS 1995, somm. 121, obs. Ph. Terneyre).

La jurisprudence a ensuite défini les contours des pouvoirs du juge des référés précontractuel :

– le juge des référés n'est compétent que pour faire respecter les règles de publicité et de mise en concurrence. Il ne lui appartient pas de contrôler la compétence de la collectivité publique au regard de l'objet du contrat (CE, 30 juin 1999, *SA Demathieu et Bard,* req. n° 198993) ;

– « *Le juge du référé précontractuel du tribunal administratif de Bastia s'est fondé sur ce que certaines des clauses [de la délégation de service public] introduiraient, sur le marché de la desserte maritime entre la Corse et le continent, des distorsions de concurrence non justifiées par les nécessités du service public telles que les définit l'article 4 du règlement n° 3577-92 du 7 décembre 1992 du conseil des ministres de l'Union européenne concernant l'application du principe de la libre circulation des services aux transports maritimes à l'intérieur des États membres ; qu'en retenant un tel motif, qui n'est pas relatif aux obligations de publicité et de mise en concurrence, le juge du référé précontractuel a excédé le champ des pouvoirs qui lui sont confiés par l'article L. 551-1 du Code de justice administrative »* (CE, 24 octobre 2001, *Collectivité territoriale de la Corse,* Req. n° 236293, Contrats-Marchés publ. 2001, comm. 241, note E. Delacour) *;*

– *« Il appartient au juge administratif, saisi en application de l'article L. 551-1 du Code de justice administrative, de se prononcer sur le respect des obligations de publicité et de mise en concurrence incombant à l'administration ; dans le cadre de ce contrôle de pleine juridiction, le juge vérifie en particulier les motifs de l'exclusion ou de l'admission d'un candidat dans le cadre de la procédure d'attribution d'un marché » ou d'une délégation de service public* (CE, 6 octobre 2004, *Sté La communication hospitalière,* Req. n° 263083, BJCP 2005, n° 38, p. 60, concl. D. Casas, obs. Ch. M. ; Contrats-Marchés publ. 2004, comm. 236, note J.-P. Pietri ; 28 avril 2006, *SABTP,* n° 286443, BJCP 2006, n° 47, p. 311 ; Contrats-marchés publ. 2006, comm. 188, note W. Zimmer ; 21 mars 2007, *Société Nantaise des eaux,* n° 293933, BJCP 2007, n° 53, p. 332 ; Contrats-Marchés publ. 2007, comm. 154, note E. Delacour) ;

– *« Considérant qu'il n'appartient pas au juge statuant selon la procédure prévue à l'article L. 551-1 du Code de justice administrative d'examiner l'appréciation portée par l'autorité délégante sur les mérites respectifs de chacun des candidats »* (CE, 19 novembre 2004, *Commune d'Auxerre c. Sté Saur France,* n° 266975, BJCP 2005, n° 39, p. 114, obs. R. S. ; Contrats-Marchés publ. 2005, comm. 18, note W. Zimmer) ;

3

– *« Considérant qu'il n'appartient pas au juge des référés, saisi en application des dispositions précitées de l'article L. 551-1 du Code de justice administrative, de contrôler la validité [de la] signature [du contrat] ; que, si la société requérante soutient que celle-ci est intervenue en méconnaissance des dispositions de l'article 76 du Code des marchés publics en vertu desquelles un délai d'au moins dix jours doit être respecté entre la date à laquelle la décision de rejet de leur offre est notifiée aux candidats dont l'offre n'a pas été retenue et la date de signature du marché, cette circonstance, si elle est de nature à entacher d'illégalité la décision de signer le marché litigieux, ne suffit pas à faire regarder la signature de ce dernier comme inexistante ; qu'il en va de même de la circonstance, à la supposer établie, que, eu égard aux conditions dans lesquelles elle est intervenue, la décision de signer le marché aurait eu pour seul but de faire obstacle à la saisine, par les candidats évincés, du juge des référés précontractuels et serait ainsi entachée de détournement de pouvoir ; que, dès lors, la société*

Grandjouan-Saco, à qui il appartient seulement, si elle s'y croit fondée, de saisir la Communauté d'agglomération de la région nazairienne et de l'estuaire d'une demande d'indemnisation du préjudice que lui auraient causé les illégalités qu'elle invoque, n'est pas fondée à soutenir que le juge des référés précontractuels du tribunal administratif de Nantes a commis une erreur de droit en estimant que sa demande était sans objet et, par suite, irrecevable » (CE, 7 mars 2005, *Sté Grandjouan-Saco*, Req. n° 270778 ; Contrats-Marchés publ. 2005, comm. 167, note J.-P. Pietri).

– dès lors qu'il est régulièrement saisi, le juge des référés précontractuels dispose de l'intégralité des pouvoirs qui lui sont conférés pour mettre fin, s'il en constate l'existence, aux manquements de l'administration à ses obligations de publicité et de mise en concurrence, sous réserve toutefois de la faculté, pour l'auteur du manquement, de renoncer à passer le contrat. En d'autres termes, il peut prononcer *l'annulation* d'une procédure alors même que seule la *suspension* de celle-ci lui est demandée (CE, 20 octobre 2006, *Commune d'Andeville*, n° 289234 ; Contrats-Marchés publ. 2006, comm. 331, note Pietri ; AJDA 2006.2340, concl. Casas ; BJDCP 2007, n° 50, p. 36, obs. Ch. M.)

– il n'appartient pas au juge des référés, saisi en application des dispositions de l'article L. 551-1 du Code de justice administrative, de contrôler la validité de la signature du contrat (CE, 17 octobre 2007, *Société Physical Networks Software*, n° 300419 ; Contrats-Marchés publ. 2007, comm. 332, note J.-P. Pietri). Mais, lorsque la nouvelle Directive « Recours » (Directive 2007/66/CE du 11 décembre 2007 modifiant les directives 89/665/CEE et 92/13/CEE concernant l'amélioration de l'efficacité des procédures de recours en matière de passation des marchés publics) sera transposée en droit français (au plus tard le 20 décembre 2009), les candidats ayant à se plaindre d'une signature précipitée du marché (ne tenant pas compte du délai de suspension de 10 jours) pourront former, devant le juge du fond, un « recours en constat d'absence d'effets », à condition toutefois de prouver non seulement la violation des règles de publicité et de mise en concurrence, mais aussi que cette violation les ait privés d'une chance d'obtenir le marché.

– *« Considérant qu'en vertu des dispositions précitées de l'article L. 551-1 du Code de justice administrative, les personnes habilitées à agir pour mettre fin aux manquements du pouvoir adjudicateur à ses obligations de publicité et de mise en concurrence sont celles susceptibles d'être lésées par de tels manquements ; qu'il appartient dès lors au juge des référés précontractuels de rechercher si l'entreprise qui le saisit se prévaut de manquements qui, eu égard à leur portée et au stade de la procédure auquel ils se rapportent, sont susceptibles de l'avoir lésée ou risquent de la léser, fût-ce de façon*

> *indirecte en avantageant une entreprise concurrente* » (CE, 3 octobre 2008, *Smirgeomes*, n° 305420, BJCP 2008 (n° 61), p. 451, concl. B. Dacosta, obs. R.S. ; Contrats-Marchés publ. 2008, comm. 264, note J.-P. Pietri).

Art. L. 551-2 *(Loi n° 93-1416 du 29 décembre 1993, art. 4)*. – Le président du tribunal administratif, ou le magistrat qu'il délègue, peut être saisi en cas de manquement aux obligations de publicité ou de mise en concurrence auxquelles sont soumis *(Ordonnance n° 2005-649 du 6 juin 2005, art. 39)* « les marchés mentionnés au 2° de l'article 33 de l'ordonnance n° 2005-649 du 6 juin 2005 relative aux marchés passés par certaines personnes publiques ou privées non soumises au Code des marchés publics ». Le juge ne peut statuer, avant la conclusion du contrat, que dans les conditions définies ci-après.

Les personnes habilitées à agir sont celles qui ont un intérêt à conclure le contrat et qui sont susceptibles d'être lésées par ce manquement.

Le président du tribunal administratif, ou le magistrat qu'il délègue, peut ordonner à l'auteur du manquement de se conformer à ses obligations. Il détermine les délais dans lesquels l'auteur du manquement doit s'exécuter. Il peut aussi prononcer une astreinte provisoire courant à l'expiration des délais impartis. Il peut toutefois prendre en considération les conséquences probables de cette dernière mesure pour tous les intérêts susceptibles d'être atteints, notamment l'intérêt public, et décider de ne pas l'accorder lorsque les conséquences négatives pourraient dépasser ses avantages. *(Loi n° 2000-597 du 30 juin 2000, art. 14)*. « Dès qu'il est saisi, il peut enjoindre de différer la signature du contrat jusqu'au terme de la procédure et pour une durée maximum de vingt jours ».

Le montant de l'astreinte provisoire est liquidé en tenant compte du comportement de celui à qui l'injonction a été adressée et des difficultés qu'il a rencontrées pour l'exécuter.

Sauf si la demande porte sur des marchés ou contrats passés par l'État, elle peut également être présentée par celui-ci lorsque la Commission des communautés européennes lui a notifié les raisons pour lesquelles elle estime qu'une violation claire et manifeste des obligations mentionnées ci-dessus a été commise.

Le président du tribunal administratif, ou le magistrat qu'il délègue, statue en premier et dernier ressort en la forme des référés.

Si, à la liquidation de l'astreinte provisoire, le manquement constaté n'a pas été corrigé, le juge peut prononcer une astreinte définitive. Dans ce cas, il statue en la forme des référés, appel pouvant être fait comme en matière de référé.

L'astreinte, qu'elle soit provisoire ou définitive, est indépendante des dommages-intérêts. L'astreinte provisoire ou définitive est supprimée en tout ou partie s'il est établi que l'inexécution ou le retard dans l'exécution de l'injonction du juge provient, en tout ou partie, d'une cause étrangère.

Code de justice administrative (partie réglementaire)

(Décret n° 2000-389 du 4 mai 2000 et Décret n° 2000-1115 du 22 novembre 2000)

Livre V : Le référé – Titre V : Dispositions particulières à certains contentieux – Chapitre 1er : Le référé en matière de passation de contrats et marchés

Art. R. 551-1. – Le président du tribunal administratif ou le magistrat qu'il délègue statue dans un délai de vingt jours sur les demandes qui lui sont présentées en vertu des articles L. 551-1 et L. 551-2.

L'injonction de différer la signature du contrat, si elle a été prononcée à titre conservatoire en application des dispositions du troisième alinéa de l'article L. 551-1 et du troisième alinéa de l'article L. 551-2, prend fin à la date à laquelle le président du tribunal administratif ou le magistrat qu'il délègue se prononce sur la demande ou, au plus tard, à l'expiration de ce délai de vingt jours.

Art. R. 551-2. – Les mesures provisoires ordonnées en application du présent chapitre ne peuvent être contestées qu'à l'occasion du pourvoi en cassation dirigé contre la décision par laquelle il est finalement statué sur la demande.

Art. R. 551-3. – Dans le cas prévu au quatrième alinéa de l'article L. 551-1 et au cinquième alinéa de l'article L. 551-2, l'État est représenté par le ministre de tutelle lorsqu'il s'agit d'un contrat passé par un établissement public de l'État ayant un caractère autre qu'industriel et commercial ou par le préfet lorsqu'il s'agit d'un contrat passé par une collectivité territoriale ou un établissement publie local ayant un caractère autre qu'industriel et commercial.

Lorsqu'il s'agit d'un contrat passé par une personne morale de droit privé pour le compte de l'État, d'une collectivité territoriale ou d'un établissement public ayant un caractère autre qu'industriel et commercial et relevant de l'État ou d'une collectivité territoriale, l'État est représenté, selon le cas, par le ministre ou le préfet intéressé.

Art. R. 551-4. – La décision du président du tribunal administratif ou du magistrat qu'il délègue est susceptible de recours en cassation devant le Conseil d'État, dans la quinzaine de sa notification.

3. Extraits du Code des juridictions financières

relatifs aux contrôles des marchés et des délégations de service public

Partie législative

Art. L. 234-2 *(Loi n° 96-142, 21 février 1996, art. 4-XVII).* – Les conventions relatives aux marchés peuvent être transmises par le représentant de l'État dans le département à la chambre régionale des comptes. Il en informe l'autorité territoriale concernée. La chambre régionale des comptes examine cette convention. Elle formule ses observations dans un délai d'un mois à compter de sa saisine. L'avis de la chambre régionale des comptes est transmis à la collectivité territoriale ou à l'établissement public intéressé et au représentant de l'État. Les dispositions de l'article L. 242-2 sont applicables. L'assemblée délibérante est informée de l'avis de la chambre régionale des comptes dès sa plus proche réunion.

Commentaire

L'avis émis par une chambre régionale des comptes, dans le cadre de cet article, « ne présente pas le caractère d'une décision susceptible d'être soumise au juge par la voie du recours pour excès de pouvoir » (CE, 8 décembre 1995, Département de la Réunion, Rec. jurid. fin., p. 179-181).

[...]

Art. L. 242-2. – Lorsque la chambre régionale des comptes est saisie en application des dispositions du chapitre II du titre III relatif au contrôle des actes budgétaires et de l'exécution du budget, l'ordonnateur ou son représentant peut, à sa demande, présenter oralement ses observations. Il peut être assisté par une personne de son choix.

Partie réglementaire

Art. R. 234-2. – Le représentant de l'État qui saisit la chambre régionale des comptes d'une convention relative à un marché, en application de l'article L. 234-2, joint à cette saisine, outre le texte intégral de l'acte, tous documents et renseignements utiles à son examen et relatifs à sa passation.

Les dispositions de l'article R. 242-1 ainsi que celles des articles R. 1612-8, R. 1612-12 et R. 1612-13 du Code général des collectivités territoriales relatives au contrôle des actes budgétaires sont applicables.

La chambre rend un avis motivé dans lequel elle examine notamment les modalités de passation, l'économie générale du marché ainsi que son incidence financière sur la situation de la collectivité ou de l'établissement public concerné.

Cet avis est notifié au représentant de l'État ainsi qu'à la collectivité ou à l'établissement public intéressé. Il est communicable dès qu'a eu lieu la première réunion de l'assemblée délibérante suivant sa réception par la collectivité ou l'établissement public concerné.

4. Extrait du Code pénal

relatif au délit de « favoritisme » (Nouveau Code pénal)

Livre IV : Des crimes et délits contre la nation, l'État et la paix publique – Titre III : Des atteintes l'autorité de l'État – Chapitre II : Des atteintes à l'administration publique commises par des personnes exerçant une fonction publique

Section III. Des manquements au devoir de probité

§ 4 – Des atteintes à la liberté d'accès et à l'égalité des candidats dans les marchés publics et les délégations de service public.

Art. 432-14. – Est puni de deux ans d'emprisonnement et de 200 000 F [30 000 €] d'amende le fait par une personne dépositaire de l'autorité publique ou chargée d'une mission de service public ou investie d'un mandat électif public ou exerçant les fonctions de représentant, administrateur ou agent de l'État, des collectivités territoriales, des établissements publics, des sociétés d'économie mixte d'intérêt national chargées d'une mission de service public et des sociétés d'économie mixte locales ou par toute personne agissant pour le compte de l'une de celles susmentionnées de procurer ou de tenter de procurer à autrui un avantage injustifié par un acte contraire aux dispositions législatives ou réglementaires ayant pour objet de garantir la liberté d'accès et l'égalité des candidats dans les marchés publics et les délégations de service public.

Jurisprudence pénale

• Cass. crim. 27 octobre 1999 : *« Vu les articles 7 et 8 du Code de procédure pénale, ensemble l'article 7 de la loi du 3 janvier 1991 devenu l'article 432-14 du Code pénal ;*

Attendu que le délit d'atteinte à la liberté d'accès et à l'égalité des candidats dans les marchés publics et les délégations de service public est une infraction instantanée qui se prescrit à compter du jour où les faits la consommant ont été commis ; que, toutefois, le délai de prescription de l'action publique ne commence à courir, lorsque les actes irréguliers ont été dissimulés ou accomplis de manière occulte, qu'à partir du jour où ils sont apparus et ont pu être constatés dans des conditions permettant l'exercice des poursuites. »

• Cass. crim. 14 février 2007, BJCP 2007 (n° 53), p. 317, obs. Ch. M. : *le délit de favoritisme peut être poursuivi quel que soit le montant du marché concerné.*

Doctrine de la Chancellerie

I. – Circulaire « Marchés publics et politique criminelle » de février 1996

Le délit d'octroi d'avantage injustifié

Ce délit a été créé par l'article 7 de la loi n° 91-3 du 3 janvier 1991 relative à la transparence et à la régularité des procédures de marchés et soumettant la passation de certains contrats à des règles de publicité et de mise en concurrence. Ce texte a été intégré dans le code pénal à l'article 432-14, dont la dernière rédaction résulte de l'article 10 de la loi n° 95-127 du 8 février 1995 relative aux marchés publics et délégations de service public.

[...]

La jurisprudence est encore quasi inexistante, s'agissant de l'application d'un texte nouveau. De nombreuses questions peuvent toutefois déjà être formulées quant à la portée de ce délit et aux moyens de le réprimer.

1. L'intention du législateur

a) Responsabiliser l'acheteur public

La loi du 3 janvier 1991 et ses modifications législatives ultérieures ont eu pour but de mettre fin à des pratiques fréquemment relevées par les juridictions administratives et financières, mais qui n'étaient pas sanctionnées pénalement.

La notion d'avantage injustifié n'est pas nouvelle pour autant. L'article 6 de la loi n° 48-1484 du 25 septembre 1948 instituant la Cour de discipline budgétaire et financière, tel qu'il résulte de la loi n° 71-564 du 13 juillet 1971 [devenu l'article L. 313-6 du Code des juridictions financières], sanctionne l'avantage injustifié accordé par un ordonnateur à une entreprise à l'occasion, notamment, de la passation d'un marché. Toutefois, les élus ne sont pas justiciables de la CDBF, sous réserve des dispositions de l'article 78 de la loi n° 93- 122 du 29 janvier 1993.

Cette notion figure également aux articles 9-1 et 9-2 de l'ordonnance n° 67-833 du 28 septembre 1967 instituant une commission des opérations de bourse, tels qu'ils résultent de la loi n° 89-531 du 2 août 1989 relative à la sécurité et à la transparence du marché financier [devenus les articles L. 621-14 et L. 621-15 du Code monétaire et financier]. Ces articles autorisent la COB à infliger des sanctions pécuniaires très élevées aux auteurs de pratiques contraires à ses règlements lorsqu'elles ont pour effet de fausser le jeu du marché ou de procurer « un avantage injustifié » qui n'aurait pas été obtenu dans le cadre normal du marché.

Enfin, l'article 17 de l'ordonnance du 1er décembre 1986 modifiée relative à la liberté des prix et de la concurrence [devenu l'article L. 420-6 du Code de commerce] sanctionne la personne physique qui aura frauduleusement pris une part personnelle et déterminante dans l'organisation d'une entente prohibée, suscitée au bénéfice d'une ou de plusieurs entreprises. Mais l'application, encore rare, de cette disposition, n'a abouti qu'à la condamnation d'entrepreneurs privés.

La loi du 3 janvier 1991 rééquilibre donc le dispositif législatif visant à sanctionner les atteintes à la libre concurrence, et met l'acheteur public dans une situation comparable à celle de l'entrepreneur ou de l'acheteur privé.

Les personnes pouvant être mises en cause pour l'application de cette disposition sont notamment les personnes responsables de marchés (PRM) en ce qui concerne les marchés de l'État et les autorités compétentes, c'est-à-dire les représentants des exécutifs locaux, pour les marchés des collectivités locales. Ces noms figurent expressément sur les actes d'engagement, support matériel de tout marché.

b) Créer une incrimination large

L'analyse des travaux préparatoires à la loi du 3 janvier 1991 révèle que le législateur a délibérément souhaité créer un délit très large.

L'intention frauduleuse n'est pas expressément exigée par le texte de la loi. Ainsi, M. Bernard Laurent, sénateur, rapporteur de la commission des lois du Sénat, analysant les éléments constitutifs de l'infraction, constatait que le délit était constitué « même en l'absence d'intention frauduleuse ». Le rapporteur justifiait cette sévérité en rappelant que de « telles pratiques sont inadmissibles au regard de la morale publique, dont l'une des règles inviolables est la mise en concurrence loyale et égalitaire des marchés publics ».

Dès sa rédaction initiale, la portée du délit s'étendait d'ailleurs au-delà du seul champ d'application du Code des marchés publics puisqu'étaient visés par la loi des organismes de droit privé qui n'y sont pas soumis, tels que les sociétés d'économie mixte locales.

La loi du 29 janvier 1993 relative à la prévention de la corruption et à la transparence de la vie économique et des procédures publiques a étendu le champ de constatation du délit aux conventions de délégations de service public (concession et affermage notamment). Il est en effet apparu que les conditions de passation et de renouvellement de ces conventions pouvaient donner lieu aux mêmes errements que celles relatives aux marchés publics.

La loi du 29 Janvier 1993 a également inclus les commandes publiques passées par les établissements publics nationaux industriels et commerciaux dans le champ du délit. Cette disposition résulte de la décision du Conseil constitutionnel qui a estimé contraire à la Constitution le fait que ces établissements soient exclus du champ de répression du nouveau délit.

Enfin, l'article 10 de la loi du 8 février 1995 relative aux marchés publics et délégations de service public a amélioré la rédaction de l'article 432-14 du Code pénal et a étendu l'application du texte aux marchés passés par les sociétés d'économie mixte d'intérêt national chargées d'une mission de service public.

À l'occasion de l'adoption de cette loi, certaines réticences, qui s'étaient déjà manifestées à l'occasion du vote de la loi du 3 janvier 1991, se sont de nouveau exprimées à l'égard du délit de favoritisme.

Il parait ici utile de citer certains extraits des travaux parlementaires.

« On peut douter de la détermination des pouvoirs publics lorsque l'on constate le nombre extrêmement faible de poursuites – ou de sanctions administratives – au regard des infractions et violations des textes, qui sont fort nombreuses en cette matière. Aucune condamnation pour délit de favoritisme depuis la création de cette incrimination par la loi du 3 janvier 1991 ; fort peu de saisines de la Mission interministérielle d'enquêtes sur les marchés publics, créée par la même loi (quarante saisines en trois ans, pour des affaires de marchés ; aucune saisine au titre des délégations de service public). Ajoutons à cela le vide déontologique du statut de la fonction publique et l'absence de toutes règles de cette nature encadrant les comportements des acheteurs publics.

« Cette incrimination pourrait encore être affinée. Le délit de favoritisme est constitué par l'octroi d'un avantage injustifié que le bénéficiaire n'aurait pas obtenu si les procédures avaient été normalement appliquées. Il convient de réprimer l'acte consistant à favoriser un soumissionnaire plutôt que la violation d'une règle administrative, et ce pour plusieurs raisons.

« Tout d'abord, la preuve d'une violation de la réglementation peut être difficile à établir lorsque l'acheteur public et le cocontractant ont établi de concert des prescriptions que ce dernier est le seul à pouvoir satisfaire et qui ont été définies par connivence en dehors de toute transparence : cette connivence n'est pas contraire aux règles formelles des marchés publics et n'empêche pas la procédure de se dérouler conformément aux textes en vigueur, alors qu'elle est constitutive du délit de favoritisme.

« En second lieu, les textes régissant les marchés publics contiennent, pour la plupart, des règles de nature réglementaire, dont la violation ne peut être sanctionnée par des peines correctionnelles ; les seuils d'application des procédures sont même fixés par arrêté ministériel car il doivent être réévalués périodiquement.

« Ces particularités avaient été signalées par la commission des lois lors de la discussion du texte qui a donné naissance à la nouvelle incrimination (loi du 3 janvier 1991 relative à la transparence et à la régularité des procédures des marchés). Il serait donc opportun de supprimer ce qui apparaît, à l'expérience, comme une restriction à l'efficacité de cette incrimination » (Rapport Assemblée nationale n° 1782).

3

Toutefois, le législateur de 1995 n'a pas souhaité préciser davantage l'incrimination créée en 1991.

En maintenant une définition large de l'infraction, il a en réalité souhaité laisser le soin au juge judiciaire d'apprécier la portée du délit.

Pour autant, l'absence de caractère intentionnel, qui caractérisait initialement le délit de favoritisme, doit être confrontée aux exigences de l'article 121-3 du Code pénal qui consacre, depuis le 1er mars 1994, le principe selon lequel il ne peut exister de crime ou de délit sans intention de le commettre. En outre, le législateur a souhaité punir dans les mêmes conditions la tentative et la commission du délit. Or, la répression d'une tentative qui a manqué son but suppose qu'elle ait été intentionnelle, ce qui contraste avec la volonté initiale de réprimer jusqu'à la simple négligence des acheteurs publics.

Dans un arrêt du 12 juillet 1994, la Cour de cassation a toutefois jugé que « la seule constatation de la violation, en connaissance de cause, d'une prescription légale ou réglementaire, implique de la part de son auteur, l'intention coupable exigée par l'article L. 121- 3, alinéa 1er du Code pénal ».

Cette décision pourrait conférer une portée large au délit de favoritisme, de nature à inquiéter les acheteurs publics. Les règles de la commande publique sont en effet nombreuses et complexes. Il appartient donc au ministère public et au juge pénal de faire la part entre la violation, en pleine connaissance de cause, de ces règles, et leur simple ignorance. Cette appréciation au cas par cas relève de l'essence même du rôle de l'autorité judiciaire.

Enfin, l'intérêt personnel de l'acheteur ne figure pas au nombre des conditions que doit réunir le délit de favoritisme pour être constitué. Cet élément est en revanche déterminant en matière de corruption et de prise illégale d'intérêt. Ainsi, le délit de favoritisme à l'égard d'une entreprise est consommé alors même que l'acheteur public n'a tiré aucune contrepartie personnelle de l'avantage accordé.

c) Mettre en place un dispositif efficace de constatation de l'infraction

Outre le délit de favoritisme, la loi du 3 janvier 1991 a créé, ainsi qu'il a été vu plus haut, la Mission interministérielle d'enquêtes sur les marchés.

Pour garantir l'exercice des pouvoirs attribués aux membres de la Mission, l'article 8 de la loi du 3 janvier 1991 a notamment prévu le délit « accessoire » d'opposition à fonction.

Par ailleurs, un lien privilégié a été institué par l'article 6 de la loi entre le président du Conseil de la concurrence et la Mission Interministérielle d'enquête sur les marchés, lorsque les investigations qu'elle mène font apparaître des faits susceptibles de relever des articles 7 et 8 de l'ordonnance n° 86-1243 du 1er décembre 1986 [devenus les articles L. 420-1 et L. 420-2 du Code de commerce].

2. Le champ d'application de l'infraction

a) Les commandes publiques concernées

L'article 432-14 vise « les marchés publics et les délégations de service public de l'État, des collectivités territoriales, des établissements publics, des sociétés d'économie mixte d'intérêt national chargées d'une mission de service public et des sociétés d'économie mixte locales ».

• Les marchés publics

Les commandes publiques concernées sont donc, à n'en point douter et au minimum, les marchés publics tels que définis par l'article 1er du Code des marchés publics, c'est à dire les marchés de travaux, de fournitures et de services passés, selon les dispositions du code, par l'État, ses établissements publics administratifs, les collectivités locales et leurs établissements publics.

• L'interprétation du terme « marché » au sens de « commande »

Une incertitude résulte en revanche de l'élargissement du champ d'application du délit aux marchés passés par les sociétés d'économie mixte et les établissements publics au sens large, qui comprennent la catégorie des établissements publics industriels et commerciaux de l'État, alors que ces organismes ne sont pas, à proprement parler, soumis au Code des marchés publics.

La loi inclut toutefois sans aucun doute les commandes de ces organismes dans le champ d'application du délit.

Au demeurant, le Code pénal vise les actes contraires « aux dispositions législatives et réglementaires ayant pour objet de garantir la liberté d'accès et l'égalité des candidats », c'est-à-dire un ensemble de dispositions plus large que le Code des marchés publics, dans sa rédaction actuelle.

Par ailleurs, se pose la question de l'application du délit de favoritisme aux commandes hors marché, c'est-à-dire les achats sur factures et travaux sur mémoire non soumis au CMP dès lors que leur prix est inférieur à un montant annuel de 300 000 francs TTC. Toutefois, ces commandes n'étant soumises à aucune obligation de mise en concurrence et de publicité, les éléments constitutifs du délit de favoritisme, qui comprennent une violation des dispositions ayant pour objet de garantir la liberté d'accès et l'égalité des candidats, pourront sans doute difficilement être réunis.

Au total, il semble que, dans la rédaction de l'article 432-14 du Code pénal, le terme « marché » doive s'entendre plus globalement comme visant celui de « commande ».

• *Les conventions de délégation de service public*

Le délit de favoritisme concerne également les conventions de délégation de service public passées par l'ensemble des personnes susmentionnées.

Les conventions de délégation de service public que sont l'affermage et la concession sont des contrats par lesquels une collectivité confie l'exploitation d'un service public à un opérateur privé qui se rémunère directement auprès de l'usager. Cette définition est importante car elle souligne le critère décisif qui permet de distinguer une convention de délégation d'un marché public et de déterminer, par suite, les règles applicables à la passation de la commande en cause.

Ainsi, dans une décision du 6 mai 1991 (Syndicat intercommunal du Bocage), le Conseil d'État a regardé la commande publique de travaux passée par une collectivité comme une convention de délégation et non comme un marché public, dès lors que la commande se présentait comme un avenant à un contrat d'affermage et que l'exploitation des biens construits devait être rémunérée par les usagers. Le CMP ne s'appliquait donc pas à cette commande.

En revanche, les « marchés d'entreprise de travaux publics », qui sont rémunérés par l'administration, sont soumis par le juge administratif aux procédures de passation des marchés publics, quand bien même ils présentent de fortes ressemblances avec les contrats de concession (construction et exploitation d'un service, longue durée). Le mode de rémunération est une fois encore le critère essentiel de qualification de la commande (CE, 26 juillet 1986, Lyonnaise des eaux).

Le plus souvent, les conventions de délégation ont pour forme l'affermage ou la concession. La principale différence qui sépare ces deux modes de délégation du service public est relative à la construction ou à la rénovation des ouvrages nécessaires à l'exploitation du service, lesquelles sont assurées par l'exploitant dans le cadre de la concession.

Les conventions de délégation engagent les acteurs publics sur des durées assez longues (notamment sur la durée de l'amortissement des investissements en cas de concession) et les conduisent à confier des prestations essentielles pour la collectivité (services publics tels que la distribution de l'eau ou l'assainissement) à des personnes privées extérieures.

Aussi, le choix du délégataire reste-t-il fondé sur la notion d'intuitus personae qui permet à la collectivité de choisir assez librement son cocontractant. Pour autant, ces conventions sont soumises, depuis la loi du 29 janvier 1993, à des obligations de publicité dont le non-respect peut caractériser la commission du délit de favoritisme.

La poursuite, au delà de leur terme initial, de ces conventions, est également soumise à certaines dispositions légales qui pourraient être regardées comme ayant pour objet de garantir l'égal accès des entreprises à la commande publique.

• Autres cas

Deux précisions doivent être apportées à cette énumération.

Il convient en premier lieu d'aborder la question des commandes publiques passées selon des procédures non soumises aux dispositions ayant pour objet de garantir la liberté d'accès et l'égalité des candidats. Dès lors que le recours à ce type de procédures aurait pour objet de permettre à l'acheteur d'échapper aux règles de transparence qui régissent l'achat public, ces commandes pourraient entrer dans le champ d'application du délit de favoritisme. En effet, l'irrégularité à réprimer consisterait alors dans le choix d'une procédure permettant de passer outre les règles garantissant la liberté d'accès et l'égalité des candidats alors que ces règles auraient du s'appliquer.

Une importante décision du Conseil d'État (8 février 1991, Région Midi-Pyrénées c/ Syndicat de l'architecture de la Haute-Garonne et autres) a ainsi estimé que le recours à la procédure civile de vente en l'état futur d'achèvement ne pouvait avoir pour objet de permettre à l'acheteur d'échapper aux règles de passation des marchés publics et de ne pas exercer ses responsabilités de maître d'ouvrage, dès lors que l'immeuble en cause était conçu en fonction des besoins propres de la collectivité et destiné à en devenir la propriété.

En second lieu, une précision doit être apportée quant à la répression du délit de favoritisme lorsqu'une disposition garantissant la liberté d'accès et l'égalité des candidats n'a pas été respectée, alors même que la collectivité n'était pas obligée de choisir la procédure en cause, eu égard à la commande concernée.

Le juge administratif est relativement strict en l'espèce, puisqu'il considère que la procédure choisie (appel d'offres par exemple) doit être intégralement respectée par la collectivité, quand bien même celle-ci aurait pu recourir à un marché négocié (CE, 15 octobre 1982, SA Affichage Giraudy).

Il semble que la même solution doive s'imposer au plan pénal, dès lors que la violation de la procédure choisie librement à l'origine a permis de favoriser un candidat.

b) Les personnes physiques pouvant être poursuivies

L'article 432-14 du Code pénal vise les personnes physiques suivantes :

– les personnes dépositaires de l'autorité publique : il s'agit des personnes qui exercent une fonction d'autorité, que cette autorité soit de nature administrative, juridictionnelle ou militaire. Sont notamment concernés les représentants de l'État et des collectivités locales, les fonctionnaires de l'État et agents des collectivités locales ;

– les personnes chargées d'une mission de service public : ce sont des personnes qui, sans être dépositaires d'une parcelle de l'autorité publique, accomplissent à titre temporaire ou permanent, volontairement ou sur réquisition des autorités, un service public quelconque.

Ce sont notamment les officiers publics ou ministériels, dans la mesure où ces derniers, selon les actes qu'ils accomplissent, exercent soit des fonctions d'autorité, soit sont chargés d'un service public ;

– les personnes chargées d'un mandat électif public : il s'agit avant tout des représentants de l'exécutif local qui ont compétence pour organiser les procédures d'attribution des commandes publiques et pour signer les contrats.

Toutefois, rien n'exclut que des élus soient passibles de la répression du délit de favoritisme alors même qu'ils n'auraient pas pris de part directe à la procédure. La simple divulgation d'informations à un entrepreneur pourrait constituer le délit ;

– les personnes exerçant les fonctions de représentant, d'administrateur ou d'agent ou toute personne agissant pour le compte de l'une des personnes morales dont les commandes entrent dans le champ d'application du délit d'octroi d'avantage injustifié : il s'agit notamment des maîtres d'ouvrage délégués et des maîtres d'œuvre, soit principalement les membres des bureaux d'études et les architectes.

Cette disposition pourrait également englober les mandataires chargés par un maître d'ouvrage public de préparer et de signer les contrats de maîtrise d'œuvre et de travaux.

La notion de « personne agissant pour le compte » des collectivités et organismes visés par l'article 423-14 du Code pénal n'est pas sans soulever quelques difficultés. En effet, le juge administratif et le juge des conflits admettent que des contrats, en apparence conclus par deux personnes privées, sont de nature administrative dès lors que l'une de ces personnes agit en fait pour le compte d'une personne publique (cf. Trib. conflits, 8 juillet 1963, Entreprise Peyrot).

Cette conception a eu notamment pour effet de limiter la possibilité, pour les collectivités, de recourir à des associations transparentes pour échapper au Code des marchés publics et au règles qui le complètent.

Dans l'hypothèse où le juge pénal adopterait la même analyse, plusieurs contrats, en apparence de nature privée, pourraient être regardés comme ayant été passés en méconnaissance des dispositions garantissant la liberté d'accès et l'égalité des candidats dans les commandes publiques. Ceci conduirait à étendre le nombre des personnes susceptibles de commettre ou d'avoir commis un délit d'octroi d'avantage injustifié.

c) Faute de service et faute de l'agent

C'est principalement dans l'exercice de leurs fonctions d'administrateur que des agents publics ou des élus peuvent être conduits à commettre un délit de favoritisme. Par suite, la question de la responsabilité de l'administration lors de la constatation d'une irrégularité de nature à constituer un délit de favoritisme pourra se poser. Elle sera relative aux suites qu'il conviendra de donner à une éventuelle action civile.

Trois cas doivent être distingués.

– la faute est « de service ».

Lorsqu'un agent public a commis une faute dans l'exercice de ses fonctions et que cette faute n'est pas détachable du service, il est de tradition que l'administration prenne à sa charge la responsabilité civile de l'acte en cause. L'attribution de dommages et intérêts, qui est de la compétence du juge administratif, a pour fondement la faute de service et non la faute personnelle.

Dans cette hypothèse, la question de l'incompétence du juge judiciaire en matière d'action civile pourra être soulevée par le préfet du département dans lequel se situe le tribunal saisi en premier ressort. Elle est alors présentée sous la forme d'un déclinatoire de compétence sur lequel le tribunal doit statuer. En cas de rejet, un délai de quinze jours est accordé au préfet qui peut choisir « d'élever le conflit », c'est à dire de soumettre la question de la responsabilité de l'administration à la décision du Tribunal des conflits. Dans ce cas, le tribunal sursoit à statuer.

Lorsque le Tribunal des conflits considère que la faute reprochée à l'agent est une faute de service, le juge judiciaire est dessaisi de l'action en dommages et intérêt. Il appartient au juge administratif d'accorder le dédommagement.

On notera que la loi peut déroger à ce principe et conférer au juge judiciaire, dans certaines matières, le pouvoir d'accorder des dommages et intérêts sur le terrain de la responsabilité de l'administration. C'est le cas en matière de dommages causés par des véhicules administratifs.

– la faute est « personnelle ».

En règle générale, lorsque la faute commise par l'agent, y compris dans l'exercice de ses fonctions, est personnelle, la responsabilité de l'administration n'est pas engagée. La gravité de la faute lui confère en effet le caractère d'une faute personnelle qu'il appartient au juge judiciaire de dédommager. Tel est souvent le cas lorsqu'il y a faute pénale.

Toutefois, cette règle n'est pas absolue. Dans sa décision Thépaz (Trib. conflits, 14 janvier 1935), dont les principes sont toujours en vigueur, le juge a considéré que la faute, même pénale, d'un agent, pouvait avoir le caractère d'une faute de service et non d'une faute personnelle.

Dès lors, la distinction entre la faute personnelle et la faute de service, qui intéresse le juge judiciaire toujours susceptible d'être confronté à une question de compétence, n'est pas aisée.

Il résulte de la jurisprudence du juge administratif et du juge des conflits que la faute est considérée comme personnelle lorsqu'un agent a été animé, dans l'exercice de ses fonctions, par des considérations d'ordre privé. Il en est de même lorsque l'agent a eu un comportement excessif.

Quant aux cas de négligence ou de déficience de l'agent, qui sont les plus problématiques, la distinction se fait le plus souvent au regard de la gravité de l'insuffisance en cause. Lorsque la faute est d'une particulière gravité, elle est en général considérée comme personnelle.

– Il y a cumul de fautes.

Reste le cas où la faute de l'agent procède à la fois d'une faute de service et d'une faute personnelle. La passivité de l'administration devant le comportement d'un de ses agents ou un défaut d'organisation du service peuvent par exemple être reprochés aux pouvoirs publics, en sus de la faute personnelle de l'agent.

Dans cette hypothèse, la personne désireuse d'obtenir des dommages et intérêts dispose d'un choix entre une saisine du juge administratif dirigée contre l'administration ou une action devant le juge judiciaire dirigé contre l'agent.

En règle générale, le choix se porte plutôt vers le juge administratif. L'administration est en effet plus à même de dédommager les victimes.

Au terme de la procédure, tant l'administration que l'agent en cause peuvent exercer une action récursoire pour obtenir de l'un ou de l'autre la réparation ultime du dommage.

Au total, une incertitude prévaut sur le caractère détachable de la faute constitutive du délit de favoritisme par rapport aux fonctions qu'exercent les agents susceptibles de le commettre. Il appartiendra en droit, aux préfets de soulever, par un déclinatoire de compétence, la question de la responsabilité civile de l'administration quant aux irrégularités qui pourront être constatées. Cette question est bien évidemment sans incidence sur l'action publique.

3. Les éléments matériels constitutifs de l'infraction

Ils sont au nombre de trois : avoir procuré un avantage injustifié, par un acte contraire aux dispositions législatives et réglementaires, ayant pour objet de garantir la liberté d'accès et l'égalité des candidats.

Ces trois éléments doivent être impérativement réunis.

a) « Avoir procuré un avantage injustifié »

L'octroi d'un avantage est un élément constitutif de l'infraction. Or, toutes les irrégularités aux dispositions légales assurant la transparence de la commande publique ne conduisent pas nécessairement à l'octroi d'un avantage injustifié. Certaines peuvent résulter de l'ignorance ou de l'insuffisante adaptation des règles en vigueur à une commande précise et n'avoir aucune conséquence sur le choix du titulaire.

Il appartient donc au juge pénal d'apprécier si, en l'espèce, l'acte contraire au libre et égal accès a effectivement procuré un avantage à un candidat. Ceci laisse la possibilité d'exclure les irrégularités se révélant secondaires, dont la sanction relève du juge administratif.

L'existence d'un avantage octroyé est par ailleurs de nature à tempérer le caractère incertain de l'exigence d'une intention frauduleuse pour que soient réunis les éléments constitutifs de l'infraction en cause.

Toutefois, elle ne le supprime pas totalement. Par exemple, la signature d'un marché de « régularisation » avec une entreprise ayant bénéficié de commandes hors marché, dans un cas où cette possibilité n'était pas ouverte par le Code des marchés publics, réunit les éléments matériels du délit de favoritisme : violation du code et octroi d'un avantage à une entreprise. Pour autant, la commission du délit peut résulter de la maladresse ou de la négligence de l'acheteur public.

En revanche, le contenu de l'avantage injustifié octroyé soulève quelques difficultés.

Il peut s'agir de l'attribution du marché ou de la délégation de service public, ou encore de la signature ultérieure d'avenants augmentant le prix des prestations alors que le prix initial avait été volontairement minoré pour exclure de la compétition certains candidats. Dans ce cas, l'avantage est clairement identifiable.

En revanche, l'octroi d'un avantage peut-il résulter de la seule communication à une entreprise d'informations dont les autres candidats ne disposent pas ? Dans cette hypothèse, le délit de favoritisme pourrait être considéré comme consommé à tous les stades de la procédure et non pas seulement au moment de l'attribution d'un marché.

b) « Par un acte contraire aux dispositions législatives et réglementaires »

• Délit et dispositions réglementaires

Lors du vote de la loi du 3 janvier 1991, cet élément a soulevé une question relative à la possibilité de conférer un caractère délictueux à la violation de dispositions réglementaires. En effet, une part importante des règles relatives à la transparence de la commande publique est de nature réglementaire, et notamment le Code des marchés publics.

Une inquiétude semblable a été exprimée lors du vote de la loi du 8 février 1995 dont l'article 10 a donné une nouvelle rédaction à l'article 432-14 du Code pénal.

3

Toutefois, le Conseil constitutionnel, dans sa décision du 2 février 1995 (JO du 7 février), n'a pas relevé ce point. En effet, la possibilité de sanctionner correctionnellement la violation de dispositions réglementaires n'est pas constitutionnellement interdite, dès lors que la détermination de l'infraction et celle de la peine font l'objet de dispositions prises par le pouvoir législatif, ce qui est le cas en l'espèce.

• Les dispositions visées

Plus sérieuse est la difficulté relative à l'étendue des dispositions visées par l'article 432-14 du Code pénal.

Il s'agit à n'en point douter du Code des marchés publics, dont une nouvelle rédaction actuellement en cours devrait permettre de distinguer les dispositions de nature législative et les dispositions réglementaires.

Il s'agit également des dispositions légales complémentaires qui ont eu pour objet, au cours des années récentes, de soumettre des établissements ou des commandes publiques non directement soumis au CMP, aux principes de concurrence et de publicité qu'il établit.

Ces textes sont notamment :

– la loi n° 85-704 du 12 juillet 1985 relative à la maîtrise d'ouvrage publique et à ses rapports avec la maîtrise d'œuvre privée ;

– la loi n° 91-3 du 3 janvier 1991 relative à la transparence et à la régularité des procédures de marchés et soumettant la passation de certains contrats à des règles de publicité et de mise en concurrence ;

– la loi n° 92-1282 du 11 décembre 1992 relative aux procédures de passation de certains contrats dans les secteurs de l'eau, de l'énergie, des transports et des télécommunications ;

– la loi n° 93-122 du 29 janvier 1993 relative à la prévention de la corruption et à la transparence de la vie économique et des procédures publiques ;

– la loi n° 95-127 du 8 février 1995 relative aux marchés publics et aux conventions de délégation de service public.

• Acte contraire et question préjudicielle

L'application des dispositions relatives à l'attribution des commandes publiques n'était contrôlée, jusqu'à une date récente, que par le juge administratif. Cette jurisprudence n'est pas sans intérêt pour le juge pénal.

En premier lieu, l'identification d'un acte contraire aux dispositions garantissant la transparence de la commande publique suppose, dans la majeure partie des cas, que soient au préalable comprises et interprétées ces dispositions. Le juge pénal pourra donc se référer à la jurisprudence du juge administratif, juge de droit commun de la légalité des marchés et des commandes publics, pour mesurer la portée des dispositions en cause.

L'étendue du contrôle qu'exerce le juge administratif sur les choix et les actes des collectivités est à cet égard particulièrement intéressant.

Certaines dispositions du CMP et des textes qui le complètent font en effet l'objet d'un contrôle normal par le juge (respect des délais de publicité, choix de la procédure de passation du marché, composition des jurys et des commissions d'appel d'offres, par exemple).

D'autres, pour l'application desquelles l'acheteur public dispose d'un pouvoir discrétionnaire, ne font l'objet que d'un contrôle restreint (contrôle de l'erreur manifeste d'appréciation). Il en est ainsi, par exemple, lorsque la collectivité excipe de motifs d'intérêt général pour interrompre la passation d'un marché.

C'est également le cas des exclusions de candidatures, préalables au choix de l'attributaire du marché, et du choix même de l'attributaire lors d'une procédure d'appel d'offres, qui ne font l'objet que d'un contrôle réduit de la part du juge administratif.

Pour autant, la portée de ce contrôle ne doit pas être négligée. Ainsi, dans la première hypothèse (étude de la capacité des entreprises à réaliser le marché et prise en compte de critères propres au marché à exécuter), le juge administratif sanctionne la violation des règles de compétence et de procédure. Sur le fond, c'est-à-dire sur l'appréciation qu'a portée l'acheteur public sur la capacité des entreprises et sur les critères retenus, il sanctionne toute exclusion fondée sur des faits matériellement inexacts, manifestement mal appréciés, sur une erreur de droit ou révélant un détournement de pouvoir.

En outre, la similitude entre le détournement de pouvoir (qui sanctionne le détournement, par une autorité publique, d'un pouvoir qu'elle détient dans un but d'intérêt général au profit d'un intérêt particulier) et le délit de favoritisme doit être soulignée.

Toutefois, le juge pénal n'est pas tenu par ces notions propres au droit administratif. Il peut ainsi être amené à rechercher un éventuel délit de favoritisme dans l'attribution d'un marché qui n'a pas été sanctionnée par le juge administratif, dès lors que la portée réduite de son contrôle ne permettait pas à ce juge de mettre en évidence une illégalité ou une faute de l'administration.

Pour autant, le juge pénal ne saurait se prévaloir de tout manquement à une application stricte des textes en vigueur pour identifier un délit d'octroi d'avantage injustifié.

Enfin, la procédure des questions préjudicielles entre le juge pénal et le juge administratif doit être abordée, bien qu'elle ait fait l'objet de modifications lors de l'entrée en vigueur du Nouveau Code pénal.

Cette procédure, qui concerne tant le juge judiciaire que le juge administratif, a pour objet la protection du partage des compétences juridictionnelles et la sauvegarde de l'unité de l'ordre juridique. Elle permet que les questions juridiques soulevées par une affaire soient tranchées par le juge le plus qualifié pour y répondre.

Dès lors que les dispositions relatives aux marchés et aux commandes publics sont avant toute chose du domaine administratif, de telles questions pourraient être soulevées (notamment par les prévenus) dans le cadre de la répression pénale du délit de favoritisme.

Avant même l'entrée en vigueur du Nouveau Code pénal, l'obligation faite au juge pénal, devant une question préjudicielle, de surseoir à statuer, était peu contraignante. Ce dernier s'était en effet vu reconnaître une compétence large compte tenu de la nécessité d'éviter les procédures dilatoires.

Selon la Cour de cassation et le Tribunal des conflits, le juge pénal pouvait et devait de lui-même interpréter tous les actes réglementaires qui servent de fondement à la poursuite pénale et en apprécier la légalité.

En revanche, selon la Cour de cassation, le juge pénal n'avait aucune compétence en matière d'appréciation de légalité et d'interprétation des actes réglementaires invoqués comme moyen de défense. Le Tribunal des conflits avait reconnu cette compétence au juge répressif.

En ce qui concerne les actes non réglementaires, le Tribunal des conflits et la Cour de cassation avaient également retenu des solutions divergentes. Les contrats sont des actes non réglementaires.

Ainsi, le Tribunal des conflits ne reconnaissait aucune compétence au juge répressif, ni en interprétation, ni en appréciation de légalité, en matière d'actes non réglementaires.

En revanche, la Chambre criminelle de la Cour de cassation reconnaissait au juge répressif le pouvoir d'apprécier la validité des actes non réglementaires qui servent de fondement aux poursuites pénales, mais non de les interpréter (sauf dispositions législatives contraires).

Pour autant, le juge ne devait surseoir à statuer que si deux conditions étaient réunies :

– la réponse était nécessaire à la solution du litige,

– la question posée soulevait une difficulté réelle.

Le Nouveau Code pénal a largement modifié cette procédure. Il a également supprimé les complications nées des divergences de jurisprudence qui prévalaient entre la Cour de cassation et le Tribunal des conflits.

Aux termes de l'article 111-5 de ce code : « Les juridictions pénales sont compétentes pour interpréter les actes administratifs, réglementaires ou individuels et pour en apprécier la légalité lorsque, de cet examen, dépend la solution du procès pénal qui leur est soumis. »

c) « Ayant pour objet de garantir la liberté d'accès et l'égalité des candidats »

Cette précision est importante. En effet, toutes les dispositions relatives aux marchés et aux commandes publiques n'ont pas un tel but. Certaines ont pour objet de protéger la collectivité publique (modalités de règlement des prestations, réception des ouvrages par exemple).

Le juge pénal ne peut donc réprimer que des actes contraires à des dispositions ayant pour but de garantir la liberté d'accès et l'égalité des candidats.

Une liste indicative de ces actes peut être dressée à partir des textes suivants et auxquels le juge pénal pourra se reporter :

– d'une part, la circulaire du Premier ministre, en date du 29 juillet 1992 relative à l'application du titre 1er de la loi du 3 janvier 1991 (JO du 30 juillet 1992) ;

– d'autre part, le rapport d'activité pour 1994 de la Mission interministérielle d'enquête sur les marchés ;

– enfin, les jugements du juge administratif dans son contrôle de légalité des contrats administratifs ainsi que dans le cadre du recours de plein contentieux qu'exercent les entreprises qui s'estiment injustement exclues de certains marchés.

Cette liste ne saurait évidemment être exhaustive.

Ainsi, peuvent être regardés comme des actes contraires aux dispositions législatives et réglementaires ayant pour objet de garantir la liberté d'accès et l'égalité des candidats :

– la déclaration abusive de l'urgence (qui permet soit le recours au marché négocié, soit la contraction des délais entre la publicité et la remise des offres) ;

– le fractionnement du marché dans le but de passer des commandes hors marché ;

– le recours à la sous-traitance pour dissimuler le véritable titulaire du marché ;

– la divulgation privilégiée d'informations à une entreprise (étude préalable effectuée, assurance d'avoir à exécuter des travaux supplémentaires ou certitude donnée qu'une tranche conditionnelle sera affermie) ;

– la remise préférentielle à certains candidats de documents utiles à l'élaboration de l'offre ;

– la collaboration d'un architecte, participant ultérieurement au concours, à la conception du projet et à la réalisation du dossier de concours (CE, 8 juillet 1991, OPHLM du département de l'Aisne) ;

– la prévision de clauses techniques « sur mesure » qui ne peuvent, à l'évidence, être satisfaites que par une seule entreprise déterminée ;

– la modification, en cours de passation et sans en informer tous les candidats, de l'objet ou de la structure du marché ;

– l'ajout de critères de choix autres que ceux précisés par le règlement de la consultation ;

– la sous-estimation volontaire du coût des prestations pour pouvoir déclarer un appel d'offres infructueux et choisir ensuite l'entreprise avec laquelle le marché sera négocié ;

– la modification des offres lors de l'ouverture de plis ;

– le rejet d'une offre anormalement basse sans demander d'explication au candidat.

4. Les sanctions

a) La peine principale

Elle est de deux années d'emprisonnement et de 200 000 francs [30 000 €] d'amende.

b) Les peines complémentaires

Ce sont celles prévues à l'article 432-17 du Code pénal :

– l'interdiction des droits civils, civiques et de famille ;

– l'interdiction d'exercer une fonction publique, une activité professionnelle ou sociale dans l'exercice ou à l'occasion de l'exercice de laquelle l'infraction a été commise ;

– la confiscation des sommes ou objets irrégulièrement reçus par l'auteur de l'infraction à l'exception des objets susceptibles de restitution.

c) La radiation des listes électorales

L'article 7 du Code électoral, rétabli par la loi n° 95-65 du 19 janvier 1995 relative au financement de la vie politique, dispose que ne doivent pas être inscrites sur les listes électorales, pendant un délai de cinq ans à compter de la date à laquelle la condamnation est devenue définitive, les personnes condamnées notamment pour infraction à l'article 432-14 du Code pénal.

d) Le recel de favoritisme

L'article 321-1 du Code pénal définissant le recel permet de sanctionner les personnes physiques et les personnes morales (art. 321-12) qui auraient bénéficié du produit du délit, et en particulier l'entreprise attributaire du marché qui pourrait alors être exclue des marchés publics à titre définitif ou pour une durée de cinq ans au plus (art. 131-9).

e) Mise en œuvre du délit de favoritisme

Il est à noter que ce délit est exclu de la loi d'amnistie du 3 août 1995, ainsi que l'infraction définie à l'article 7 de la loi n° 91-3 du 3 janvier 1991 relative à la transparence et à la régularité des procédures de marché.

Au 1er octobre 1995, seules deux condamnations ont été prononcées du chef de favoritisme. Ce début de jurisprudence, non définitive, ne permet certes pas de fixer avec précision l'orientation jurisprudentielle relative aux éléments constitutifs de cette infraction.

Le 16 mai 1995, le tribunal de grande instance d'Avranches a ainsi condamné le maire d'une commune pour avoir attribué à deux entrepreneurs locaux des lots de travaux concernant la construction d'un atelier municipal. Le tribunal a relevé plusieurs irrégularités :

– le recours à la procédure d'appel d'offres restreint pour des raisons étrangères à l'objet du marché ou à ses conditions d'exécution ;

– l'absence de toute élection d'une commission d'appel d'offres ;

– l'ouverture des plis par le conseil municipal dans lequel siégeaient des élus, candidats à l'attribution de certains lots du marché, qui ont ainsi eu connaissance du montant des offres de leurs concurrents ;

– la demande d'établir un devis après l'ouverture des plis, à un entrepreneur local, conseiller municipal, qui n'avait pas présenté d'offre pour le lot en cause.

Pour le tribunal, l'intention frauduleuse résulte de l'aveu passé par les prévenus d'avoir voulu favoriser des artisans et de la poursuite de la procédure irrégulière malgré un avertissement du sous-préfet.

Les conseillers municipaux attributaires du marché ont été condamnés pour complicité de délit de favoritisme.

Le 25 juillet 1995, le tribunal de grande instance de Quimper a condamné le maire d'une commune, en sa qualité de président d'un syndicat intercommunal regroupant trois communes pour leur desserte en électricité et en eau potable, du chef de tentative d'octroi d'un avantage injustifié, pour avoir :

– d'une part, eu recours en 1991 à une procédure de marché négocié, afin d'attribuer le marché de modernisation d'une usine de traitement des eaux à la société fermière, l'entreprise retenue n'étant pas la seule à maîtriser la technologie ;

– d'autre part, rejeté irrégulièrement une offre qualifiée d'anormalement basse pour un marché concernant des travaux d'alimentation en eau potable.

Il va de soi que la plus grande importance s'attache à ce que toutes les procédures suivies pour favoritisme soient signalées à la sous-direction des affaires économiques et financières, aux fins de mise à jour du présent document.

II. – Circulaire de la Chancellerie du 4 mars 2002

relative au décret n° 2001-210 du 7 mars 2001 portant Code des marchés publics

(extrait)

[...]

2. L'incidence de la réforme sur la caractérisation du délit de favoritisme

Aux termes même de l'article 432-14 du Code pénal, toute violation de dispositions, dont l'objet est de garantir la liberté d'accès et l'égalité des candidats, est susceptible de caractériser le délit de favoritisme (si, bien entendu, la preuve des autres éléments constitutifs de l'infraction est rapportée).

Dès lors, tout comme par le passé, pourra être ainsi poursuivi pénalement le recours injustifié à la procédure du marché sans formalités préalables, par le fractionnement illicite d'une même opération en plusieurs (cf. notamment Cass. crim. 30 juin 1999, n° 4460), la violation des règles relatives à la publicité des procédures de mise en concurrence, ou encore au choix de l'attributaire par violation des conditions de fond ou de procédure (cf. notamment Cass. crim. 15 septembre 1999, n° 5174).

Le premier bilan d'application du délit de favoritisme annexé à la circulaire CRIM 98-04 G3 du 2 juillet 1998 conserve en ce sens toute sa pertinence par la typologie des fraudes qu'il répertorie.

Plus novateur, le délit de favoritisme pourra également être constitué à l'occasion de la passation d'un marché sans formalités préalables.

En effet, ainsi qu'il a été précisé antérieurement (cf. I), l'une des innovations du nouveau Code des marchés publics est de définir des règles de portée générale, applicables à tous les marchés publics, y compris les marchés conclus sans formalités préalables.

Ces règles, pour les rappeler, sont notamment les principes de liberté d'accès à la commande publique, d'égalité de traitement des candidats et de transparence des procédures (art. 1er), la définition précise et préalable des besoins à satisfaire (art. 5), le choix de l'offre économiquement la plus avantageuse (art. 1er).

Telle est d'ailleurs l'analyse faite par la nouvelle instruction (paragraphe 1-3 in fine) qui souligne que « même si le code ne soumet pas les achats d'un montant inférieur à 90 000 € HT à des procédures formalisées d'achat, ce principe ne fait pas obstacle à ce que l'acheteur public s'entoure de plusieurs avis lui permettant de s'assurer d'une bonne gestion des deniers publics ».

Dès lors, la violation de telle ou telle règle de fond à l'occasion de la passation d'un marché sans formalités préalables pourra, sous réserve de l'interprétation souveraine de la jurisprudence, être poursuivie du chef de favoritisme.

Pourrait ainsi être poursuivies notamment la conclusion systématique d'un marché au-dessous de 90 000 € avec le même fournisseur, alors qu'il apparaîtrait que la personne responsable du marché n'aurait pas procédé à un minimum de vérification auprès d'autres fournisseurs ou prestataires ; la conclusion d'un marché à un prix et pour une qualité manifestement éloignés de l'offre économiquement la plus avantageuse.

Dans ces hypothèses, la caractérisation de l'existence d'un avantage injustifié et de l'élément intentionnel du délit de favoritisme devra s'appuyer sur un faisceau convergent d'indices.

3. La poursuite du délit de favoritisme

En la matière, le nouveau Code des marchés publics n'apporte aucune innovation.

Néanmoins, quelques points jurisprudentiels, propres à faciliter l'exercice des poursuites, méritent d'être rappelés :

1° En premier lieu, il convient de noter que la constitution de partie civile, à titre principal ou incident, est recevable dès lors qu'est rapportée la preuve d'un préjudice personnel et direct. Le délit de favoritisme échappe ainsi à la catégorie des infractions d'intérêt public, dont seul le ministère public assure la défense (cf. Cass. crim. 8 juin 1999 – Bull. crim. n° 123, dans lequel la Cour de cassation casse l'arrêt qui avait déclaré irrecevable la constitution de partie civile d'un syndicat intercommunal).

2° En second lieu, la Cour de cassation adopte une conception particulièrement large de la saisine du juge d'instruction dans la mesure où elle juge que « dans une information suivie pour favoritisme, après dénonciation de l'irrégularité d'un marché de travaux publics, le juge d'instruction se trouve saisi de l'ensemble des actes irréguliers, notamment des avenants antérieurs à sa saisine et se rattachant par un lien d'indivisibilité à ce marché » (Cass. crim. 20 septembre 2000, Bull. crim. n° 275).

3° Enfin, s'agissant du régime de prescription de l'action publique, dans deux arrêts du 27 octobre 1999 (Bull. crim. n° 238 et 239) la chambre criminelle a jugé que « si le délit d'atteinte à la liberté et à l'égalité des candidats dans les marchés publics est une infraction instantanée qui se prescrit à compter du jour où les faits le consommant ont été commis ; toutefois, le délai de prescription de l'action publique ne

3

commence à courir, lorsque les actes irréguliers ont été dissimulés ou accomplis de manière occulte, qu'à partir du jour où ils sont apparus et ont pu être constatés dans des conditions permettant l'exercice des poursuites ».

III. – Circulaire de la Chancellerie du 22 février 2005

relative au décret n° 2004-15 du 7 janvier 2004 portant Code des marchés publics (extrait)

Incidences de la réforme sur la poursuite et la caractérisation du délit de favoritisme

Avant d'analyser les incidences de la réforme sur la caractérisation du délit de favoritisme (2), il convient de préciser que l'entrée en vigueur du nouveau Code des marchés publics ne devrait avoir aucune incidence sur la poursuite du délit de favoritisme (1).

1. L'absence d'incidence de l'entrée en vigueur du nouveau Code des marchés publics sur les poursuites du chef de favoritisme

À titre liminaire, il convient de préciser que le dispositif de droit transitoire inséré dans le décret du 7 janvier 2004 précité est de nature à supprimer toute difficulté d'application dans le temps du Code des marchés publics et a pour vocation d'éviter un changement brutal des règles sur les marchés en cours de passation (a).

Par ailleurs, l'entrée en vigueur du nouveau Code des marchés publics ne devrait avoir aucune incidence sur les poursuites en cours (ou susceptibles d'être engagées) du chef de favoritisme alors même que les faits susceptibles de revêtir cette qualification, commis antérieurement à l'entrée en vigueur du nouveau Code des marchés publics et caractérisés par la violation d'une disposition de l'ancien Code des marchés publics, ne le seraient plus sous l'empire du nouveau code (b).

a) Le dispositif de droit transitoire inséré dans le décret du 7 janvier 2004

Comme indiqué précédemment, le décret n° 2004-15 du 7 janvier 2004 est entré en vigueur le 10 janvier 2004, à l'exception de son article 133 relatif à la mise en place des commissions spécialisées des marchés.

La modification significative des règles de passation des marchés publics par suite, notamment, de l'élévation des seuils, a rendu nécessaire, à l'instar du dispositif inséré dans le décret du 7 mars 2001, la mise en place d'un régime transitoire de maintien en vigueur des dispositions de l'ancien Code des marchés publics au-delà du 10 janvier 2004.

Ce régime de droit transitoire permet aux acheteurs publics de ne pas avoir à subir les conséquences d'un changement brutal de règles sur les marchés en cours de passation et de déterminer facilement le droit applicable à tel marché public tant pour sa procédure de passation que pour son exécution.

Ainsi, selon l'article 4-I du décret, les marchés notifiés antérieurement au 10 janvier 2004 demeurent régis, pour leur exécution, par les dispositions du Code des marchés publics dans leur rédaction antérieure.

De même, aux termes du II de ce même article, les marchés publics pour lesquels une consultation a été engagée ou un avis d'appel public à la concurrence envoyé à la publication antérieurement au 10 janvier 2004 demeurent régis pour leur passation par les dispositions de l'ancien Code des marchés publics.

Le manuel d'application du Code des marchés publics précité expose dans un avertissement ces dispositions en distinguant trois hypothèses déterminant précisément le droit applicable tant pour la passation que l'exécution des marchés publics.

Il vous appartiendra de vous reporter à ce dispositif afin de déterminer quel était le droit applicable à tel marché.

b) L'absence d'incidence de la réforme sur les poursuites du chef de favoritisme

En l'absence de toute jurisprudence de la Cour de cassation, le problème juridique de l'incidence de l'entrée en vigueur du Code des marchés publics de 2001 sur les poursuites en cours du chef de favoritisme était un moyen couramment soulevé par les parties. Il était parfois accueilli par des juridictions du fond qui, sur le fondement du principe de rétroactivité in mitius de la loi pénale, prononçaient des relaxes de ce chef, notamment dans l'hypothèse où les formalités protectrices de l'égalité des candidats exigées par l'ancien Code des marchés publics ne l'étaient plus sous l'empire du nouveau.

J'appelle donc spécialement votre attention sur un arrêt de la Cour de cassation en date du 28 janvier 2004 (n° de pourvoi 02-86597, Bull. crim. 2004 n° 23, p.103), dans lequel cette dernière a jugé que l'entrée en vigueur du code de 2001 n'avait aucune incidence sur les poursuites en cours du chef de favoritisme.

Il s'agissait en l'espèce d'un fractionnement illicite de commandes pour un montant supérieur à 300 000 francs TTC (ancien seuil de l'appel d'offres) mais inférieur à 90 000 € hors taxes (nouveau seuil fixé par le code de 2001) commis antérieurement à l'entrée en vigueur du code de 2001. La Cour de cassation a approuvé la cour d'appel qui avait écarté l'application de l'article 28 du décret du 7 mars 2001 ayant relevé le seuil au-delà duquel la procédure d'appel d'offres est obligatoire, dès lors « d'une part, que les faits ont été commis antérieurement à l'entrée en vigueur de ce texte, et d'autre part, que les dispositions législatives, support légal de l'incrimination, n'ont pas été modifiées ».

Cette solution a été fermement confirmée par deux arrêts du 7 avril 2004 (n° de pourvoi 03-85698 et 03-84191, Bull. crim. 2004 n° 93, p. 354) sous le visa des articles 112-1 et 432-14 du Code pénal.

Il va de soi que la motivation de la Cour de cassation est transposable, au-delà du cas d'espèce, à toute situation de favoritisme.

Ainsi, et en l'absence de modification de la définition du délit de favoritisme, la réforme de 2004 ne devrait pas avoir d'incidence, au plan strictement juridique, sur les poursuites en cours ou susceptibles d'être engagées pour des faits commis antérieurement à son entrée en vigueur. De ce fait, elle ne fait naître aucune discontinuité dans l'application de la norme pénale dans le temps. Des décisions de classement sans suite ou des réquisitions de non-lieu ne sauraient donc être motivées par une application erronée du principe de rétroactivité in mitius.

2. L'incidence de la réforme sur la caractérisation du délit de favoritisme

Aux termes de l'article 432-14 du Code pénal, toute violation du Code des marchés publics, dont l'objet est de garantir la liberté d'accès et l'égalité des candidats, est susceptible de caractériser le délit de favoritisme (sous réserve que la preuve des autres éléments constitutifs de l'infraction soit rapportée).

Dès lors, et comme cela était indiqué dans la circulaire précitée du 4 mars 2002, le recours injustifié à la procédure du marché passé selon une procédure adaptée par le fractionnement illicite d'une même opération en plusieurs pourra, comme par le passé, être poursuivi pénalement (Cass. crim. 30 juin 1999, Bull. crim. n° 460). Il en ira de même de la violation des règles relatives à la publicité des procédures de mises en concurrence.

Par ailleurs, si le nouveau Code des marchés publics a entendu soumettre les marchés passés selon une procédure adaptée aux principes généraux gouvernant la commande publique (liberté d'accès à la commande publique, égalité de traitement des candidats, transparence), il n'en a pas moins précisé que les obligations découlant de ces principes devaient être mises en œuvre conformément aux règles fixées par le présent code.

À cet égard, j'appelle votre attention sur les articles suivants du nouveau Code des marchés publics, relatifs aux marchés passés selon une procédure adaptée :

– l'article 28-I du décret du 7 janvier 2004 énonce que lorsque les marchés sont passés selon la « procédure adapté » la personne responsable du marché détermine les modalités de publicité et de mise en concurrence en fonction de leur objet et de leurs caractéristiques ;

– l'article 28-I alinéa 3 issu du décret du 26 novembre 2004 dispense de publicité et de mise en concurrence les marchés de moins de 4 000 € HT ;

– l'article 40-II du décret modifié par le décret du 26 novembre 2004 dispose que « la personne publique choisit librement les modalités de publicité adaptées au montant des travaux, des fournitures ou des services en » pour les marchés d'un montant d'au moins 4 000 € HT et inférieur à 90 000 € HT.

En conséquence, il vous appartient au cas par cas de rechercher l'existence d'un éventuel favoritisme au regard des articles ci-dessus mentionnés.

Dans ce cadre, il est nécessaire d'apprécier non pas la violation d'obligations formelles et précisément définies par le Code des marchés publics mais l'adaptabilité des règles que l'acheteur public se sera fixé. Une certaine prudence s'impose afin de se conformer à l'esprit du nouveau Code des marchés publics, qui a souhaité privilégier la négociation et l'adaptation de l'offre à la demande dans le respect des principes de la commande publique.

Concernant les marchés de moins de 4 000 € HT, la mise en œuvre de l'action publique pourra certes résulter de la violation des obligations réglementaires de définition préalable des besoins et de choix de l'offre économiquement la plus avantageuse visées à l'article 1er du Code des marchés publics. La plus grande prudence s'imposera toutefois, l'acheteur public étant dispensé de publicité et de mise en concurrence.

En tout état de cause, vous pourrez vous référer avec profit au manuel d'application du Code des marchés publics qui contient un certain nombre d'indications à l'attention des acheteurs publics sur la conduite à tenir quant aux respects des principes fondamentaux de la commande publique en deçà des seuils.

Ces indications, si elles ne sauraient lier le juge pénal, en raison du principe d'autonomie de ce dernier, me semblent néanmoins de nature à permettre de tracer les contours que pourrait revêtir l'élément matériel du délit de favoritisme dans cette hypothèse.

Selon le manuel précité, s'agissant des marchés passés selon une procédure adaptée pour lesquels le code n'impose aucune règle :

– la publicité ne signifie pas systématiquement publication : pour les marchés d'un faible montant d'au moins 4 000 € HT, l'on doit considérer que la concurrence de plusieurs prestataires ou fournisseurs constitue en elle-même un élément de publicité suffisant ;

– en dehors de l'hypothèse précédente, l'acheteur public devra mettre en œuvre des mesures de publicité adaptées et suffisantes. Parmi les supports écrits préconisés figurent la presse écrite, l'affichage.

3

L'internet (site de l'acheteur ou tout autre site ou portail) ou tout moyen audiovisuel sont aussi évoqués dès lors que l'information diffusée est suffisamment complète et de nature à atteindre les candidats potentiels aux marchés ;

– l'acheteur « veillera à laisser un délai suffisant pour permettre à la concurrence de jouer ». Par conséquent, une publicité adaptée mais qui fixerait un délai de réception des offres trop court pourrait être regardée comme contraire aux principes de transparence et de mise en concurrence effective et annulée par la juridiction administrative ;

– l'acheteur public devra conserver l'historique des différentes étapes suivies pour procéder aux choix de l'attributaire.

Ainsi, et toujours sous réserve de l'interprétation souveraine de la jurisprudence, il pourrait par exemple être admis que la passation d'un marché passé selon la procédure adaptée aura respecté les principes généraux gouvernant la commande publique dès lors que les moyens de publicité utilisés auront, d'une part, réellement permis aux prestataires potentiels d'être informés et, d'autre part, abouti à la diversité d'une offre suffisante garantissant une mise en concurrence effective.

Enfin, en l'absence de jurisprudence sur ce point, la violation par l'acheteur public des règles qu'il se serait fixé ne saurait en elle-même être constitutive de favoritisme, l'article 432-14 du Code pénal ne visant que la violation de dispositions législatives ou réglementaires. Toutefois, cette violation constituera un indice de nature à asseoir d'éventuelles poursuites, préalablement au contrôle de l'adaptation de la procédure à l'objet et aux caractéristiques du marché.

Éléments jurisprudentiels relatifs à la poursuite du délit de favoritisme

Les points jurisprudentiels suivants de nature à faciliter l'exercice des poursuites du chef de favoritisme méritent d'être signalés.

En premier lieu, la chambre criminelle de la Cour de cassation a, dans un arrêt en date du 14 janvier 2004 (n° de pourvoi 03-83396, Bull. crim. n° 11, p. 37), défini très clairement l'élément intentionnel du délit comme étant caractérisé « par l'accomplissement en connaissance de cause, d'un acte contraire aux dispositions législatives ou réglementaires ayant pour objet de garantir la liberté d'accès et l'égalité des candidats dans les marchés publics et les délégations de service public ».

En second lieu, la Cour de cassation (Cass. crim 8 juin 1999, Bull. crim n° 98) admet la recevabilité d'une constitution de partie civile d'un syndicat intercommunal du chef de favoritisme (l'infraction de favoritisme reprochée aux dirigeants d'une société d'économie mixte, délégataire du syndicat, étant de nature à entraîner un surcoût des frais engagés par ce syndicat et pouvant de ce fait lui causer un préjudice direct).

En revanche, en ce qui concerne les candidats évincés, il était majoritairement admis en doctrine qu'ils ne pouvaient se constituer partie civile, leur préjudice apparaissant hypothétique.

La Cour de cassation a néanmoins, dans l'arrêt du 28 janvier 2004 précité (II-b), approuvé une cour d'appel d'avoir reçu la constitution de partie civile d'une société évincée au motif que l'attribution irrégulière desdits marchés avait eu pour conséquence directe de lui faire perdre une chance d'être déclarée attributaire. La recevabilité de la constitution de partie civile est toutefois subordonnée à la condition que l'activité de la société évincée entre bien dans l'objet des marchés et qu'elle dispose du personnel et du matériel adaptés.

5. Extrait du Code électoral

relatif aux inéligibilités

Art. L. 7. – Ne doivent pas être inscrites sur la liste électorale, pendant un délai de cinq ans à compter de la date à laquelle la condamnation est devenue définitive, les personnes condamnées pour l'une des infractions prévues par les articles 432-10 à 432-16, 433-1, 433-2, 433-3 et 433-4 du Code pénal ou pour le délit de recel de l'une de ces infractions, défini par les articles 321-1 et 321-2 du Code pénal.

Commentaire

Cet article, issu de la loi n° 95-65 du 19 janvier 1995 relative au financement de la vie politique, vise les infractions de concussion, de corruption passive, de trafic d'influence commis par un fonctionnaire, de prise illégale d'intérêts, de favoritisme et de soustraction ou de détournement de biens, regroupés par le Nouveau Code pénal dans la section consacrée aux manquements au devoir de probité commis par un dépositaire de l'autorité publique, ainsi que les plus graves des infractions portant atteinte à l'administration publique commises par des particuliers – corruption active, trafic d'influence commis par un particulier, intimidation contre une personne exerçant une fonction publique, soustraction et détournement de biens publics – et le délit de recel de ces différentes infractions.

La Cour de cassation précise qu'il n'est pas nécessaire que le jugement de condamnation prévoie la privation des droits de vote et d'éligibilité (prévue par les 1° et 2° de l'art. 131-26 du Code pénal) de la personne condamnée : la condamnation pour l'une des infractions mentionnées entraîne automatiquement la radiation de la liste électorale pour une durée de cinq ans (Civ. 2e, 3 févr. 2000, Bull. civ. II, n° 24, p. 17). Il faut noter que la radiation de la liste électorale entraîne l'inéligibilité de la personne concernée (cf. art. LO 130 C. élect, pour l'élection des députés, article rendu applicable à l'élection des sénateurs par l'article LO 296 C. élect. ; art. L. 199 C. élect, pour l'élection des conseillers généraux, article rendu applicable à l'élection des conseillers municipaux et des membres du Conseil de Paris par l'article L. 233 C. élect ; art. L. 339 C. élect. pour les conseillers régionaux, article rendu applicable à l'élection des conseillers à l'Assemblée de Corse par l'article L. 367 C. élect ; art. 5 de la loi n° 77-729 du 7 juillet 1977 pour l'élection des représentants au Parlement européen).

Le caractère automatique de la sanction prévue par l'article L. 7 C. élect. est contraire au principe de prohibition de toute interdiction des droits civiques résultant de plein droit d'une condamnation pénale, principe prévu par l'article 132-21 C. pén., mais la Cour de cassation considère que l'article L. 7 C. élect., dans sa rédaction issue de la loi n° 95-65 du

19 janvier 1995, déroge au principe antérieurement posé par l'article 132-21 C. pén., qui ne fait donc pas obstacle à la radiation de la liste électorale d'une personne ayant été condamnée à une amende assortie de sursis pour des faits constitutifs d'un délit prévu et réprimé par l'article 432-14 C. pén. (Civ. 2e, 1er mars 2001, Bull. civ. II, n° 33, p. 24-25).

L'incapacité électorale de plein droit résultant de l'article 7 C. élect. doit être analysée comme une sanction de nature pénale, soumise comme telle au principe de non-rétroactivité des peines plus sévères énoncé par l'article 7 de la Convention européenne de sauvegarde des droits de l'homme et des libertés fondamentales ; par conséquent, cette sanction ne s'applique pas aux faits délictueux commis avant l'entrée en vigueur de la loi n° 95-65 du 19 janvier 1995 (Civ. 2, 20 décembre 2000, Bull. civ. II, n° 174, p. 125).

[Le présent commentaire est issu de l'ouvrage Code électoral commenté, publié aux éditions Berger-Levrault.]

3

6. Exclusion des marchés publics (sanctions pénales)

I. – Nouveau Code pénal

a) Personnes physiques (art. 131-34).

Art. 131-34. – « La peine d'exclusion des marchés publics emporte l'interdiction de participer, directement ou indirectement, à tout marché conclu par l'État et ses établissements publics, les collectivités territoriales, leurs groupements et leurs établissements publics, ainsi que par les entreprises concédées ou contrôlées par l'État ou par les collectivités territoriales ou leurs groupements. »

Commentaire

La peine d'exclusion des marchés publics peut être infligée lorsque les infractions suivantes sont constituées :

– Abus de confiance [art. 314-1 à 314-3 et 314-10 (4°)]

– Conditions de travail ou d'hébergement contraires à la dignité [art. 225-13 s. et 225-19 (4°)]

– Discriminations [art. 225-1 s. et 225-19 (4°)]

– Escroquerie [art. 313-1, 313-2 et 313-8]

– Falsification des marques de l'autorité [art. 444-1 s. et 444-7 (3°)]

– Faux et usage de faux [art. 441-1 s. et 441-10 (3°)]

– Fraudes aux enchères [art. 313-6 et 313-8]

– Fraudes informatiques : protection des systèmes [art. 323-1 s. et 323-5 (5°)]

– Peine correctionnelle [art. 131-10 s.]

– Peine criminelle complémentaire [art. 131-10]

– Recel et infractions assimilées [art. 321-1 s. et 321-9 (4°)]

– Recherche biomédicale illégale [art. 223-8 et 223-17, al. 2]

– Vente d'objets mobiliers, registre, fraudes [art. 321-7 s. et 321-9 (4°)]

– Violation de la peine d'exclusion [art. 434-41 ; autres peines art. 434-44]

b) Personnes morales (art. 131-34 et 131-48, al. 3).

Art. 131-39. – « Lorsque la loi le prévoit à l'encontre d'une personne morale, un crime ou un délit peut être sanctionné d'une ou de plusieurs des peines suivantes : […]

5° L'exclusion des marchés publics à titre définitif ou pour une durée de cinq ans au plus ; […] »

Art. 131-48. – [...]

« La peine d'exclusion des marchés publics emporte les conséquences prévues à l'article 131-34. »

Commentaire

Sont visées les infractions suivantes :

– Abus de confiance [art. 314-1, 314-2 et 314-12 (2°)]

– Abus d'ignorance ou de faiblesse [art. 223-15-2 et 223-15-4 (2°)]

– Affichage judiciaire, suppression ou lacération [art. 434-39 et 434-47 (2°)]

– Association de malfaiteurs [art. 450-4 (2°)]

– Atteintes à la défense nationale [art. 412-7 s., 413-1 s. et 414-7 (2°)]

– Atteintes aux intérêts fondamentaux de la nation [art. 410-1 s. et 414-7 (2°)]

– Attentat [art. 412-1 et 414-7 (2°)]

– Blanchiment [art. 324-1 s. et 324-9 (2°)]

– Chantage [art. 312-10 s. et 312-15 (2°)]

– Complot [art. 412-2 et 414-7 (2°)]

– Conditions de travail ou d'hébergement contraires à la dignité [art. 225-13 s. et 225-16 (2°)]

– Corruption active [art. 433-1 s. et 433-25 (2°)]

– Crime contre l'humanité [art. 211-1, 212-1 et 213-3 (1°)]

– Discriminations [art. 225-2 et 225-4 (2°)]

– Escroquerie [art. 313-1 s. et 313-9 (2°)]

– Espionnage [art. 411-1 s. et 414-7 (2°)]

– Extorsion [art. 312-1 s. et 312-15 (2°)]

– Falsification des effets et valeurs fiduciaires publics [art. 443-1 s. et 443-8 (2°)]

– Falsification des marques de l'autorité [art. 444-1 s. et 444-9 (2°)]

– Fausse monnaie [art. 442-1 s. et 442-14 (2°)]

– Faux ou usage de faux [art. 441-1 s. et 441-12 (2°)]

– Fraudes informatiques : protection de la personne [art. 226-16 à 226-21, 226-22, al. 1er, 226-23 et 226-24 (2°) ; protection des systèmes [art. 323-1 s. et 323-6 (2°)]

– Génétique, fraudes [art. 226-30 (2°)]

– Groupes de combat ou mouvements dissous [art. 431-13 s. et 431-20 (2°)]

– Insurrection [art. 412-3 s. et 414-7 (2°)]

– Mise en péril des mineurs [art. 227-28-1 (2°)]

– Opposition à l'exécution de travaux publics [art. 433-11 et 433-25 (2°)]

– Pratique commerciale agressive [art. L. 122-14 du Code de la consommation]

– Proxénétisme [art. 225-5 à 225-10, 225-12 (2°), 225-22 (2°) et 225-23]

– Recel et infractions assimilées [art. 321-1 à 321-4, 321-7, 321-8 et 321-12 (2° et 3°)]

– Recherche biomédicale illégale [art. 223-8 et 223-9 (2°)]

– Récidive [art. 132-12]

– Sursis simple, applicabilité [art. 131-39 (5°) et 132-32]

– Terrorisme [art. 421-1 s. et 422-5 (2°)]

– Trafic d'influence [art. 433-1 s. et 433-25 (2°)]

– Trafic de stupéfiants [art. 222-34 à 222-39 et 222-42 (2°)]

– Trahison [art. 411-1 s. et 414-7 (2°)]

– Usage irrégulier de qualité [art. 433-18 et 433-25 (2°)

– Usurpation de fonctions [art. 433-12 s. et 433-25 (2°)]

– Usurpation de titres [art. 433-17 et 433-25 (2°)]

– Vente d'objets mobiliers, registre, fraudes [art. 321-7 s. et 321-12 (3°)]

– Vente sans facture [art. L. 441-5 du Code de commerce]

– Violation de la peine d'exclusion [art. 434-43 ; autres peines 434-44 ; pers. mor. 434-47]

II. – Code du travail

L'article L. 8224-3 du Code du travail prévoit que celui qui se rend coupable de l'infraction de travail dissimulé encourt, comme peine complémentaire, « *l'exclusion des marchés publics pour une durée de cinq ans au plus* ».

L'article L. 8256-3 du même code prévoit la même sanction à l'encontre des personnes physiques qui embauchent ou emploient des travailleurs étrangers non munis d'un titre les autorisant à exercer une activité salariée en France.

III. – Article 21 de la loi n° 90-55 du 15 janvier 1990 modifiée relative à la limitation des dépenses électorales et à la clarification du financement des activités politiques

(Loi n° 95-65 du 19 janvier 1995, art. 24) « Les tribunaux correctionnels peuvent prononcer l'exclusion des marchés publics pour une durée qui ne peut excéder cinq ans à l'encontre des personnes physiques ou morales ayant versé des dons ou consenti des avantages en violation des dispositions de l'article L. 52-8 du Code électoral et de l'article 11-4 de la loi n° 88-227 du 11 mars 1988 relative à la transparence financière de la vie politique.

L'exclusion des marchés publics comporte l'interdiction de participer directement ou indirectement à tout marché conclu par l'État et ses établissements publics, les collectivités territoriales, leurs groupements et leurs établissements publics ainsi que par les entreprises concédées ou par les collectivités territoriales ou leurs groupements. »

7. Loi n° 91-3 du 3 janvier 1991

relative à la transparence et à la régularité des procédures de marchés et soumettant la passation de certains contrats à des règles de publicité et de mise en concurrence

Titre Ier. – Transparence et régularité des procédures

Art. 1er *(Loi n° 93-122 du 29 janvier 1993, art. 49-I).* – « Il est créé une mission interministérielle d'enquête sur les marchés et les conventions de délégation de service public, chargée de procéder à des enquêtes portant sur les conditions de régularité et d'impartialité dans lesquelles sont préparés, passés ou exécutés les marchés et les conventions de délégation de service public de l'État, des collectivités territoriales, des établissements publics, des sociétés d'économie mixte d'intérêt national chargées d'une mission de service public et des sociétés d'économie mixte locales ».

Le chef de la mission et les membres de celle-ci sont désignés parmi les magistrats, les fonctionnaires de catégorie A et les officiers, par arrêté conjoint du Premier ministre, du garde des Sceaux, ministre de la Justice, du ministre chargé de l'Économie et des Finances et, le cas échéant, du ministre dont l'intéressé relève statutairement.

Les membres de la mission sont astreints au secret professionnel pour les faits, actes et renseignements dont ils ont pu avoir connaissance en raison de leurs fonctions, dans les conditions et sous les peines prévues à l'article 378 du Code pénal.

Art. 2 *(Loi n° 93-122 du 29 janvier 1993, art. 49-II).* – « Les enquêtes sont diligentées à la demande du Premier ministre, ou du ministre chargé de l'Économie et des Finances, ou pour son département, les établissements et les sociétés d'économie mixte placés sous sa tutelle à la demande de chaque ministre ou du chef de la mission lorsque l'enquête sur un marché ou une convention de délégation de service public fait présumer des irrégularités dans d'autres marchés ou conventions ».

(Loi n° 95-127, 8 février 1995, art. 7). – « Les enquêtes sont également diligentées à la demande de la Cour des comptes ».

(Loi n° 93-122 du 29 janvier 1993, art. 49-II). – « Elles peuvent être diligentées à la demande du préfet lorsqu'elles concernent des marchés ou des conventions de délégation de service public passés par les collectivités territoriales, leurs établissements publics et les sociétés d'économie mixte locales ».

Elles donnent lieu à l'établissement de rapports et, le cas échéant, de comptes rendus d'audition.

Les rapports et comptes rendus d'audition sont transmis aux autorités qui ont demandé l'enquête.

Les rapports et comptes rendus d'audition relatifs à des enquêtes portant sur les marchés des collectivités territoriales, des établissements publics locaux et des sociétés d'économie mixte locales sont d'abord transmis au représentant légal de la collectivité ou de l'organisme concerné. Ils sont ensuite transmis au préfet et, le cas échéant, à l'autorité qui a demandé l'enquête avec les observations du représentant légal de la collectivité ou de l'organisme.

Un double des comptes rendus d'audition est laissé aux parties entendues.

Les conclusions de ces rapports sont portées, pour ce qui les concerne, à la connaissance des personnes mises en cause.

Art. 3. – Les membres de la mission peuvent, pour les nécessités de l'enquête et sans se voir opposer le secret professionnel, accéder à tout document ou élément d'information détenu par les services de l'État ou des autres personnes morales mentionnées à l'article 1er.

Art. 4. – Les membres de la mission peuvent, pour les nécessités de l'enquête, accéder à tous locaux, terrains ou moyens de transport à usage professionnel, demander la communication des livres, des factures et de tous autres documents professionnels et en prendre copie, recueillir sur convocation ou sur place les renseignements et justifications.

Jurisprudence pénale

Cass. crim. 8 octobre 1996 (Bull. n° 350) : selon l'article 4 de la loi du 3 janvier 1991, les membres de la mission interministérielle d'enquête sur les marchés publics disposent d'un droit de communication des documents professionnels, dans les locaux, terrains ou moyens de transport à usage professionnel. L'exercice de ce droit dans une entreprise privée n'est pas subordonné à l'autorisation judiciaire prévue par l'article 5 de ladite loi, qui n'est exigée que pour les visites en tous lieux et la saisie de documents.

3

Art. 5. – I. – Pour la recherche et la constatation *(loi n° 92-1336 du 16 décembre 1992, art. 296-I)* « du délit prévu par l'article 432-14 du Code pénal » et sous réserve des dispositions de l'article 56 du Code de procédure pénale, les membres de la mission peuvent procéder à des visites en tous lieux, ainsi qu'à la saisie de documents, sur autorisation judiciaire donnée par ordonnance du président du tribunal de grande instance dans le ressort duquel sont situés les lieux à visiter ou d'un juge délégué par lui. Lorsque ces lieux sont situés dans le ressort de plusieurs juridictions et qu'une action simultanée doit être menée dans chacun d'eux, une ordonnance unique peut être délivrée par l'un des présidents compétents.

Le juge doit vérifier que la demande d'autorisation qui lui est soumise et fondée ; cette demande doit comporter tous les éléments d'information de nature à justifier la visite.

II. – L'ordonnance comporte :

a) Le cas échéant, mention de la délégation du président du tribunal de grande instance ;

b) L'adresse des lieux à visiter ;

c) Le nom et la qualité du membre de la mission habilité, qui a sollicité et obtenu l'autorisation de procéder aux opérations de visite.

Le juge motive sa décision par l'indication des éléments de fait et de droit qu'il retient et qui lui paraissent constitutifs des pratiques *(loi n° 92-1336 du 16 décembre 1992, art. 296-II)* « réprimées par l'article 432-14 du Code pénal » et dont la preuve est recherchée.

L'ordonnance est notifiée verbalement et sur place, au moment de la visite, à l'occupant des lieux ou à son représentant, qui en reçoit copie intégrale contre récépissé ou émargement au procès-verbal prévu à l'avant-dernier alinéa du présent article. En l'absence de l'occupant des lieux ou de son représentant, l'ordonnance est notifiée après la visite par lettre recommandée avec avis de réception. La notification est réputée faite à la date de réception figurant sur l'avis.

À défaut de réception, il est procédé à la signification de l'ordonnance dans les conditions prévues par les articles 550 et suivants du Code de procédure pénale.

Le délai et les modalités de la voie de recours sont mentionnés sur les actes de notification et de signification.

L'ordonnance n'est susceptible que d'un pourvoi en cassation selon les règles prévues par le Code de procédure pénale. Ce pourvoi n'est pas suspensif. Les délais de pourvoi courent à compter de la notification ou de la signification de l'ordonnance.

III. – La visite et la saisie s'effectuent sous l'autorité et le contrôle du juge qui les a autorisées. Il désigne un ou plusieurs officiers de police judiciaire chargés d'assister à ces opérations et de le tenir informé de leur déroulement. Lorsqu'elles ont lieu en dehors du ressort de son tribunal de grande instance, il délivre une commission rogatoire pour exercer ce contrôle au président du tribunal de grande instance dans le ressort auquel s'effectue la visite.

Le juge peut se rendre dans les locaux pendant l'intervention. À tout moment, il peut décider la suspension ou l'arrêt de la visite.

La visite, qui ne peut commencer avant six heures ou après vingt et une heures, est effectuée en présence de l'occupant des lieux ou de son représentant.

En cas d'impossibilité, l'officier de police judiciaire requiert deux témoins, choisis en dehors des personnes relevant de son autorité ou de celle de l'autorité administrative qui a obtenu l'autorisation de procéder aux opérations de visite.

Les membres de la mission, l'occupant des lieux ou son représentant ainsi que l'officier de police judiciaire peuvent seuls prendre connaissance des pièces et documents avant leur saisie.

Les membres de la mission dressent, à l'occasion des enquêtes diligentées par eux, un procès-verbal qui est également signé par le ou les officiers de police judiciaire.

Les originaux du procès-verbal et de l'inventaire sont transmis au juge qui a ordonné la visite.

Si, à l'occasion de la visite, les membres de la mission découvrent l'existence d'un coffre dans un établissement de crédit, dont la personne occupant les lieux visités est titulaire et où des pièces et documents se rapportant aux pratiques *(loi n° 92-1336 du 16 décembre 1992, art. 296-II)* « réprimées par l'article 432-14 du Code pénal » sont susceptibles de se trouver, ils peuvent, sur autorisation délivrée par tout moyen par le juge qui a pris l'ordonnance, procéder immédiatement à la visite de ce coffre. Mention de cette autorisation est portée au procès-verbal prévu à l'alinéa précédent du présent article.

Les procès-verbaux font foi jusqu'à preuve contraire. Un double de ces derniers est laissé aux parties intéressées.

Les pièces et documents qui ne sont plus utiles à la manifestation de la vérité sont restitués à l'occupant des lieux ; toutefois, lorsque des poursuites pénales sont engagées, leur restitution est autorisée par l'autorité judiciaire compétente.

Art. 6. – Le président du Conseil de la concurrence est informé sans délai des investigations mentionnées à l'article 5 lorsque celles-ci font apparaître des faits susceptibles de relever des articles 7 et 8 de l'ordonnance n° 86-1243 du 1er décembre 1986 relative à la liberté des prix et de la concurrence *[devenus les articles L. 420-1 et L. 420-2 du Code de commerce].*

Art. 7 *(Loi n° 92-1336, 16 déc. 1992, art. 296-III).* – Les membres de la mission interministérielle d'enquête sur les marchés *(loi n° 93-122, 29 janv. 1993, art. 49-III)* « et les conventions de délégation de service public » sont habilités à constater l'infraction prévue par l'article 432-14 du Code pénal.

Art. 8. – Sera puni d'un emprisonnement de deux à six mois et d'une amende de 5 000 francs à 50 000 francs [750 € à 7 500 €], ou de l'une de ces deux peines seulement, quiconque aura fait obstacle, de quelque façon que ce soit, à l'exercice des pouvoirs attribués aux membres de la mission par les dispositions du présent titre.

3

Titre II. – Soumission des procédures de passation de certains contrats à des obligations de publicité et de mise en concurrence

Art. 9 *(Loi n° 2001-1168 du 11 décembre 2001, art. 8-I et ordonnance n° 2005-649 du 6 juin 2005, art. 40-1°).* – « Fait l'objet de mesures de publicité définies par décret en Conseil d'État la passation des contrats dont le montant est égal ou supérieur à un seuil fixé par arrêté du ministre chargé de l'économie dont l'objet est de réaliser tous travaux de bâtiment ou de génie civil et que se proposent de conclure, lorsque la rémunération de l'entrepreneur consiste en tout ou partie dans le droit d'exploiter l'ouvrage, les collectivités territoriales, leurs établissements publics autres que ceux à caractère industriel ou commercial, ou les organismes suivants » :

« *a)* Soit un groupement de droit privé formé entre des collectivités publiques ;

« *b)* Soit la Banque de France ;

« *c)* Soit un organisme de droit privé, un établissement public à caractère industriel et commercial de l'État ou un groupement d'intérêt public, satisfaisant un besoin d'intérêt général autre qu'industriel et commercial et répondant à l'une des conditions suivantes :

« 1° Avoir son activité financée majoritairement et d'une manière permanente par l'État, des collectivités territoriales, des établissements publics autres que ceux ayant un caractère industriel ou commercial, ou encore des organismes de droit privé, des établissements publics à caractère industriel et commercial de l'État ou des groupements d'intérêt public, satisfaisant un besoin d'intérêt général autre qu'industriel ou commercial ;

« 2° Être soumis à un contrôle de sa gestion par l'un des organismes mentionnés au 1° ;

« 3° Comporter un organe d'administration, de direction ou de surveillance composé majoritairement de membres désignés par des organismes mentionnés au 1°.

(Deux derniers alinéas supprimés par ordonnance n° 2005-649 du 6 juin 2005, art. 40-1°.)

Art. 9-1, 10 et 10-1 – *(Abrogés par ordonnance n° 2005-649 du 6 juin 2005, art. 42).*

Art. 11 *(Ordonnance n° 2005-649 du 6 juin 2005, art. 40-2°).* – « Fait l'objet de mesures de publicité définies par décret en Conseil d'État la passation des contrats dont le montant est égal ou supérieur à un seuil fixé par arrêté du ministre chargé de l'Économie que se proposent de conclure avec des tiers les titulaires d'un contrat mentionné à l'article 9 ou d'un contrat de même nature que ce dernier, conclu par l'État, par des collectivités territoriales, par des organismes de droit public ayant un caractère autre qu'industriel ou commercial ou par des groupements de droit public formés entre des collectivités publiques, lorsque ces titulaires ne sont pas soumis au Code des marchés publics ou ne figurent pas à l'article 9. »

Ne sont pas considérées comme tierces les entreprises qui se sont groupées pour obtenir des contrats *(ordonnance n° 2005-649 du 6 juin 2005, art. 40)* « mentionnés à l'article 9 » ou les contrats de même nature conclus par l'État, par des organismes de droit public ayant un caractère autre qu'industriel ou commercial ou par des groupements de droit public formés entre des collectivités publiques ou les entreprises qui leur sont liées.

Sont des entreprises liées celles qui sont soumises à l'influence dominante de l'une d'entre elles. L'influence dominante est présumée lorsqu'une personne, directement ou indirectement, à l'égard d'une autre personne, détient la majorité de son capital ou dispose de la majorité des voix attachées aux parts émises par elle ou peut désigner plus de la moitié des membres de son organe d'administration, de direction ou de surveillance.

Art. 11-1 – *(Loi n° 92-10 du 4 janvier 1992, art. 1er).* – En cas de manquement aux obligations de publicité et de mise en concurrence auxquelles est soumise la passation *(loi n° 97-50 du 22 janvier 1997, art. 3)* « des contrats définis *(ordonnance* *n° 2005-649 du 6 juin 2005, art. 40-3°)* « aux articles 9 et 11 » et relevant du droit privé, toute personne ayant intérêt à conclure le contrat et susceptible d'être lésée par ce manquement peut demander au juge de prendre, avant la conclusion du contrat, des mesures provisoires tendant à ce qu'il soit ordonné à la personne morale responsable du manquement de se conformer à ses obligations et, le cas échéant, à ce que soit suspendue la procédure de passation du contrat ou l'exécution de toute décision qui s'y rapporte. Elle peut également demander que soient annulées de telles décisions et que soient supprimées les clauses ou prescriptions destinées à figurer dans le contrat et qui méconnaissent lesdites obligations.

La demande peut également être présentée par le ministère public lorsque la Commission des communautés européennes a notifié à l'État les raisons pour lesquelles elle estime qu'une violation claire et manifeste des obligations mentionnées au premier alinéa a été commise.

La demande est portée devant le président de la juridiction de l'ordre judiciaire compétente ou son délégué, qui statue en premier et dernier ressort en la forme des référés.

Art. 11-2 *(Loi n° 92- 10 du 4 janvier 1992, art. 1er).* – En cas de manquement aux obligations de publicité et de mise en concurrence auxquelles est soumise *(loi n° 97-50 du 22 janvier 1997, art. 4)* « la passation des contrats définis *(ordonnance n° 2005-649 du 6 juin 2005, art. 40-3°)* « aux articles 9 et 11 » et relevant du droit public, la procédure applicable est celle de l'article L. 22 du Code des tribunaux administratifs et des cours administratives d'appel *[devenu l'article L. 551-1 du Code de justice administrative].*

Art. 12 – *(Abrogé par ordonnance n° 2005-649 du 6 juin 2005, art. 42).*

Titre III. – Dispositions diverses

Art. 13. – Les modalités d'application de la présente loi sont fixées par décret en Conseil d'État.

Art. 14 *(Loi n° 96-609, 5 juill. 1996, art. 48).* – Les articles 1er à 8 de la présente loi sont applicables dans la collectivité territoriale de Mayotte.

Les articles 9 à 13 de la présente loi ne sont pas applicables dans la collectivité territoriale de Saint-Pierre-et-Miquelon.

8. Loi n° 85-704 du 12 juillet 1985

relative à la maîtrise d'ouvrage publique et à ses rapports avec la maîtrise d'œuvre privée (loi MOP)

Art. 1er. – Les dispositions de la présente loi sont applicables à la réalisation de tous ouvrages de bâtiment ou d'infrastructure ainsi qu'aux équipements industriels destinés à leur exploitation dont les maîtres d'ouvrage sont :

1° L'État et ses établissements publics ;

2° Les collectivités territoriales, leurs établissements publics, les établissements publics d'aménagement de ville nouvelle créés en application de l'article L. 321-1 du Code de l'urbanisme, leurs groupements ainsi que les syndicats mixtes visés à l'article L. 166-1 du Code des communes *[devenu l'article L. 5721-2 du Code général des collectivités territoriales]* ;

3° Les organismes privés mentionnés à l'article L. 64 du Code de la sécurité sociale, ainsi que leurs unions ou fédérations ;

4° Les organismes privés d'habitations à loyer modéré, mentionnés à l'article L. 411-2 du Code de la construction et de l'habitation, ainsi que les sociétés d'économie mixte *(loi n° 88-1090 du 1er décembre 1988, art. 1er-II)* « pour les logements à usage locatif aidés par l'État réalisés » par ces organismes et sociétés.

Toutefois, les dispositions de la présente loi ne sont pas applicables :

– aux ouvrages de bâtiment ou d'infrastructure destinés à une activité industrielle dont la conception est déterminée par le processus d'exploitation. Un décret en Conseil d'État détermine les catégories d'ouvrages mentionnés au présent alinéa ;

– aux ouvrages d'infrastructure réalisés dans le cadre d'une zone d'aménagement concerté ou d'un lotissement au sens du titre premier du livre III du Code de l'urbanisme ;

– *(Loi n° 91-662 du 13 juillet 1991, art. 18)* « aux ouvrages de bâtiment acquis par les organismes énumérés à l'article L. 411-2 du Code de la construction et de l'habitation par un contrat de vente d'immeuble à construire prévu par les articles 1601-1, 1601-2 et 1601-3 du Code civil. »

(Loi n° 91-662 du 13 juillet 1991, art. 19) « Lorsqu'ils sont destinés à s'intégrer à des constructions relevant d'autres régimes juridiques, les ouvrages édifiés par les organismes énumérés à l'article L. 411-2 du Code de la construction et de l'habitation peuvent être dispensés de tout ou partie de l'application de la présente loi. Cette dispense est accordée par décision du représentant de l'État dans le département. »

Réglementation d'application

Décret n° 86-520 du 14 mars 1986 pris pour l'application de l'article 1er de la loi n° 85-704 du 12 juillet 1985 relative à la maîtrise d'ouvrage publique et à ses rapports avec la maîtrise d'œuvre privée

Art. 1er. – En application du dernier alinéa de l'article 1er de la loi n° 85-704 du 12 juillet 1985, ne sont pas soumises aux dispositions de cette loi les catégories d'ouvrages de bâtiment ou d'infrastructure suivantes :

1° Les ouvrages conçus pour l'exercice d'une activité industrielle incluse à la date de publication du présent décret dans les classes 04, 05 et 09 à 54 de la nomenclature d'activités par le décret n° 73-1036 du 9 novembre 1973 ;

2° En outre :

a) Les centrales de production d'énergie ;

b) Les centrales de chauffage urbain ;

c) Les unités de traitement des déchets.

Titre 1er. – De la maîtrise d'ouvrage

Art. 2. – I. – Le maître de l'ouvrage est la personne morale, mentionnée à l'article premier, pour laquelle l'ouvrage est construit. Responsable principal de l'ouvrage, il remplit dans ce rôle une fonction d'intérêt général dont il ne peut se démettre.

Il lui appartient, après s'être assuré de la faisabilité et de l'opportunité de l'opération envisagée, d'en déterminer la localisation, d'en définir le programme, d'en arrêter l'enveloppe financière prévisionnelle, d'en assurer le financement, de choisir le processus selon lequel l'ouvrage sera réalisé et de conclure, avec les maîtres d'œuvre et entrepreneurs qu'il choisit, les contrats ayant pour objet les études et l'exécution des travaux.

Lorsqu'une telle procédure n'est pas déjà prévue par d'autres dispositions législatives ou réglementaires, il appartient au maître de l'ouvrage de déterminer, eu égard à la nature de l'ouvrage et aux personnes concernées, les modalités de consultation qui lui paraissent nécessaires.

Le maître de l'ouvrage définit dans le programme les objectifs de l'opération et les besoins qu'elle doit satisfaire ainsi que les contraintes et exigences de qualité sociale, urbanistique, architecturale, fonctionnelle, technique et économique, d'insertion dans le paysage et de protection de l'environnement, relatives à la réalisation et à l'utilisation de l'ouvrage.

Le programme et l'enveloppe financière prévisionnelle, définis avant tout commencement des avant-projets, pourront toutefois être précisés par le maître de l'ouvrage avant tout commencement des études de projet. *(Ordonnance*

3

n° 2004-566 du 17 juin 2004, art 1er-II) « Lorsque le maître de l'ouvrage décide de réutiliser ou de réhabiliter un ouvrage existant, l'élaboration du programme et la détermination de l'enveloppe financière prévisionnelle peuvent se poursuivre pendant les études d'avant-projets. Il en est de même pour la réalisation d'ouvrages neufs complexes d'infrastructure et de bâtiment, sous réserve que le maître de l'ouvrage l'ait annoncé dès le lancement des consultations. Les conséquences de l'évolution du programme et de l'enveloppe financière prévisionnelle sont prises en compte par voie d'avenant. »

Le maître de l'ouvrage peut confier les études nécessaires à l'élaboration du programme et à la détermination de l'enveloppe financière prévisionnelle à une personne publique ou privée.

(Ordonnance n° 2004-566 du 17 juin 2004, art. 1er-III) « II. – Lorsque la réalisation, la réutilisation ou la réhabilitation d'un ouvrage ou d'un ensemble d'ouvrages relèvent simultanément de la compétence de plusieurs maîtres d'ouvrage, ces derniers peuvent désigner, par convention, celui d'entre eux qui assurera la maîtrise d'ouvrage de l'opération. Cette convention précise les conditions d'organisation de la maîtrise d'ouvrage exercée et en fixe le terme.

« III. – Lorsque l'État confie à l'un de ses établissements publics la réalisation d'ouvrages ou de programmes d'investissement, il peut décider que cet établissement exercera la totalité des attributions de la maîtrise d'ouvrage. »

Art. 3. – Dans la limite du programme et de l'enveloppe financière prévisionnelle qu'il a arrêtés, le maître de l'ouvrage peut confier à un mandataire, dans les conditions définies par la convention mentionnée à l'article 5, l'exercice, en son nom et pour son compte, de tout ou partie des attributions suivantes de la maîtrise d'ouvrage :

1° Définition des conditions administratives et techniques selon lesquelles l'ouvrage sera étudié et exécuté ;

2° Préparation du choix du maître d'œuvre, signature du contrat de maîtrise d'œuvre, après approbation du choix du maître d'œuvre par le maître de l'ouvrage, et gestion du contrat de maîtrise d'œuvre ;

3° Approbation des avant-projets et accord sur le projet ;

4° Préparation du choix de l'entrepreneur, signature du contrat de travaux, après approbation du choix de l'entrepreneur par le maître de l'ouvrage, et gestion du contrat de travaux ;

5° Versement de la rémunération de la mission de maîtrise d'œuvre et des travaux ;

6° Réception de l'ouvrage, et l'accomplissement de tous actes afférents aux attributions mentionnées ci-dessus.

Le mandataire n'est tenu envers le maître de l'ouvrage que de la bonne exécution des attributions dont il a personnellement été chargé par celui-ci.

Le mandataire représente le maître de l'ouvrage à l'égard des tiers dans l'exercice des attributions qui lui ont été confiées jusqu'à ce que le maître de l'ouvrage ait constaté l'achèvement de sa mission dans les conditions définies par la convention mentionnée à l'article 5. Il peut agir en justice.

Art. 4 *(Ordonnance n° 2004-566 du 17 juin 2004, art. 2).* « Art. 4. – I. – Le mandat prévu au présent titre, exercé par une personne publique ou privée, est incompatible avec toute mission de maîtrise d'œuvre, de réalisation de travaux ou de contrôle technique portant sur le ou les ouvrages auxquels se rapporte le mandat, exercée par cette personne directement ou par une entreprise liée.

Par entreprise liée au sens de ces dispositions, on entend toute entreprise sur laquelle le mandataire peut exercer, directement ou indirectement, une influence dominante, ou toute entreprise qui peut exercer une influence dominante sur le mandataire ou toute entreprise qui, comme le mandataire, est soumise à l'influence dominante d'une autre entreprise du fait de la propriété, de la participation financière ou des règles qui la régissent. L'influence dominante est présumée lorsqu'une entreprise, directement ou indirectement, à l'égard d'une autre entreprise détient la majorité du capital souscrit de l'entreprise ou dispose de la majorité des voix attachées aux parts émises par l'entreprise ou peut désigner plus de la moitié des membres de l'organe d'administration, de direction ou de surveillance de l'entreprise.

Ces dispositions ne sont pas applicables lorsque le maître de l'ouvrage ne peut confier le mandat qu'à une personne désignée par la loi.

II. – Le mandataire est soumis à l'obligation d'exécution personnelle du contrat de mandat.

III. – Le mandataire est soumis aux dispositions de la présente loi dans l'exercice des attributions qui lui sont confiées par le maître de l'ouvrage, en application de l'article 3.

IV. – Les règles de passation et d'exécution des contrats signés par le mandataire sont celles applicables au maître de l'ouvrage, sous réserve d'adaptations éventuelles prévues par décret pour tenir compte de l'intervention du mandataire. »

3

Commentaire législatif

Le Code de l'éducation prévoit :

Art. L. 213-2. – Le département a la charge des collèges. À ce titre, il en assure la construction, la reconstruction, l'extension, les grosses réparations, l'équipement et le fonctionnement, à l'exception, d'une part, des dépenses pédagogiques à la charge de l'État dont la liste est arrêtée par décret et, d'autre part, des dépenses de personnels sous réserve des dispositions de l'article L. 216-1.

Pour la construction, la reconstruction, l'extension, les grosses réparations ainsi que l'équipement de ces établissements, le département peut confier à l'État, dans les conditions définies par les articles 3 et 5 de la loi n° 85-704 du 12 juillet 1985 relative à la maîtrise d'ouvrage publique et à ses rapports avec la maîtrise d'œuvre privée, l'exercice, en son nom et pour son compte, de tout ou partie de certaines attributions de la maîtrise d'ouvrage.

Dans ce cas, le département bénéficie du fonds de compensation pour la taxe sur la valeur ajoutée au titre des dépenses d'investissement correspondantes.

Le département bénéficie également du fonds de compensation pour la taxe sur la valeur ajoutée au titre des dépenses d'investissement qu'il verse aux établissements publics locaux d'enseignement qui lui sont rattachés, en vue de la construction, la reconstruction et les grosses réparations de ces établissements.

[...]

Art. L. 214-6. – La région a la charge des lycées, des établissements d'éducation spéciale et des lycées professionnels maritimes. Elle en assure la construction, la reconstruction, l'extension, les grosses réparations, l'équipement et le fonctionnement, à l'exception, d'une part, des dépenses pédagogiques à la charge de l'État dont la liste est arrêtée par décret et, d'autre part, des dépenses de personnels sous réserve des dispositions de l'article L. 216-1.

Pour la construction, la reconstruction, l'extension, les grosses réparations ainsi que l'équipement de ces établissements, la région peut confier à l'État, dans les conditions définies par les articles 3 et 5 de la loi n° 85-704 du 12 juillet 1985 relative à la maîtrise d'ouvrage publique et à ses rapports avec la maîtrise d'œuvre privée, l'exercice, en son nom et pour son compte, de tout ou partie de certaines attributions de la maîtrise d'ouvrage.

Dans ce cas, la région bénéficie du fonds de compensation pour la taxe sur la valeur ajoutée au titre des dépenses d'investissement correspondantes.

La région bénéficie également du fonds de compensation pour la taxe sur la valeur ajoutée au titre des dépenses d'investissement qu'elle verse aux établissements publics locaux d'enseignement et aux établissements publics locaux d'enseignement et de formation professionnelle agricole qui lui sont rattachés, en vue de la construction, la reconstruction et les grosses réparations de ces établissements.

Art. 5 *(Ordonnance n° 2004-566 du 17 juin 2004, art. 3).* – « Les rapports entre le maître de l'ouvrage et le mandataire sont définis par un contrat écrit qui prévoit, à peine de nullité » :

a) L'ouvrage qui fait l'objet « du contrat », les attributions confiées au mandataire, les conditions dans lesquelles le maître de l'ouvrage constate l'achèvement de la mission du mandataire, les modalités de la rémunération de ce dernier, les pénalités qui lui sont applicables en cas de méconnaissance de ses obligations et les conditions dans lesquelles « le contrat » peut être résilié ;

b) Le mode de financement de l'ouvrage ainsi que les conditions dans lesquelles le maître de l'ouvrage fera l'avance de fonds nécessaires à l'accomplissement

« du contrat » ou remboursera les dépenses exposées pour son compte et préalablement définies ;

c) Les modalités du contrôle technique, financier et comptable exercé par le maître de l'ouvrage aux différentes phases de l'opération ;

d) Les conditions dans lesquelles l'approbation des avant-projets et la réception de l'ouvrage sont subordonnées à l'accord préalable du maître de l'ouvrage ;

e) Les conditions dans lesquelles le mandataire peut agir en justice pour le compte du maître de l'ouvrage.

Art. 6 *(Ordonnance n° 2004-566 du 17 juin 2004, art. 4).* – « Art. 6. – I. – Le maître de l'ouvrage peut recourir à l'intervention d'un conducteur d'opération pour une assistance générale à caractère administratif, financier et technique.

II. – La mission de conduite d'opération exercée par une personne publique ou privée est incompatible avec toute mission de maîtrise d'œuvre, de réalisation de travaux ou de contrôle technique portant sur le ou les mêmes ouvrages, exercée par cette personne directement ou par une entreprise liée au sens de l'article 4 de la présente loi.

III. – La mission de conduite d'opération fait l'objet d'un contrat écrit. »

Titre II. – De la maîtrise d'œuvre

Art. 7. – La mission de maîtrise d'œuvre que le maître de l'ouvrage peut confier à une personne de droit privé ou à un groupement de personnes de droit privé doit permettre d'apporter une réponse architecturale, technique et économique au programme mentionné à l'article 2.

Pour la réalisation d'un ouvrage, la mission de maîtrise d'œuvre est distincte de celle d'entrepreneur.

Le maître de l'ouvrage peut confier au maître d'œuvre tout ou partie des éléments de conception et d'assistance suivants :

1° Les études d'esquisse ;

2° Les études d'avant-projets ;

3° Les études de projet ;

4° L'assistance apportée au maître de l'ouvrage pour la passation du contrat de travaux ;

5° Les études d'exécution ou l'examen de la conformité au projet et le visa de celles qui ont été faites par l'entrepreneur ;

6° La direction de l'exécution du contrat de travaux ;

7° L'ordonnancement, le pilotage et la coordination du chantier ;

8° L'assistance apportée au maître de l'ouvrage lors des opérations de réception et pendant la période de garantie de parfait achèvement.

Toutefois, pour les ouvrages de bâtiment, une mission de base fait l'objet d'un contrat unique. Le contenu de cette mission de base, fixé par catégories d'ouvrages conformément à l'article 10 ci-après, doit permettre :

– au maître d'œuvre, de réaliser la synthèse architecturale des objectifs et des contraintes du programme, et de s'assurer du respect, lors de l'exécution de l'ouvrage, des études qu'il a effectuées ;

– au maître de l'ouvrage, de s'assurer de la qualité de l'ouvrage et du respect du programme et de procéder à la consultation des entrepreneurs, notamment par lots séparés, et à la désignation du titulaire du contrat de travaux.

Art. 8. – Pour les ouvrages de bâtiment, le contenu de la mission de base, fixé conformément à l'article 10 ci-après, peut varier en fonction des différents modes de consultation des entrepreneurs.

Art. 9. – La mission de maîtrise d'œuvre donne lieu à une rémunération forfaitaire fixée contractuellement. Le montant de cette rémunération tient compte de l'étendue de la mission, de son degré de complexité et du coût prévisionnel des travaux.

Art. 10 *(Loi n° 88-1090 du 1er décembre 1988, art. 1er-III).* – « Des décrets en Conseil d'État fixent, en distinguant selon qu'il s'agit d'opérations de construction neuve ou d'opérations de réutilisation et de réhabilitation et, le cas échéant, selon les catégories d'ouvrages et les maîtres d'ouvrages : »

1° Le contenu détaillé des éléments de mission de maîtrise d'œuvre ainsi que le contenu détaillé des éléments de mission de maîtrise d'œuvre spécifiques, lorsque les méthodes ou techniques de réalisation ou les produits industriels à mettre en œuvre impliquent l'intervention, dès l'établissement des avant-projets, de l'entrepreneur ou du fournisseur de produits industriels ;

2° Le contenu de la mission de base pour les ouvrages de bâtiment ;

3° *(Loi n° 88-1090 du 1er décembre 1988, art. 1er-IV)* « Les conditions selon lesquelles les parties déterminent la rémunération prévue à l'article 9 et précisent les conséquences de la méconnaissance par le maître d'œuvre des engagements souscrits sur un coût prévisionnel des travaux. »

Art. 11 *(Loi n° 88-1090 du 1er décembre 1988, art. 1er-V).* – Les décrets prévus à l'article 10 fixent également :

a) Les modalités d'organisation des concours d'architecture et d'ingénierie qui ne sont pas régis par les dispositions du Code des marchés publics ;

b) Les conditions d'indemnisation de tout concurrent ayant remis une proposition conforme au règlement d'un concours d'architecture et d'ingénierie.

Art. 12 à 16. – *Abrogés par loi n° 88-1090 du 1er décembre 1988, art. VI.*

Titre III. – Dispositions diverses et transitoires

Art. 17. – Les règles de passation des contrats ayant pour objet l'exécution d'une mission de maîtrise d'œuvre et, notamment, les modalités de choix du maître d'œuvre, sont :

– si le contrat est passé par une société d'économie mixte mentionnée à l'article premier lorsqu'elle réalise des logements aidés par l'État, les règles prévues pour les sociétés anonymes et les sociétés coopératives d'habitations à loyer modéré ;

– si le contrat est passé par un établissement public d'aménagement de ville nouvelle créé en application de l'article L. 321-1 du Code de l'urbanisme lorsqu'il n'intervient pas en qualité de mandataire au sens de l'article 3 de la présente loi, les règles applicables aux collectivités locales et à leurs établissements publics.

Art. 18. – I. – Nonobstant les dispositions du titre II de la présente loi, le maître de l'ouvrage peut confier par contrat à un groupement de personnes de droit privé ou, pour les seuls ouvrages d'infrastructure, à une personne de droit privé, une mission portant à la fois sur l'établissement des études et l'exécution des travaux, lorsque des motifs d'ordre technique rendent nécessaire l'association de l'entrepreneur aux études de l'ouvrage. Un décret précise les conditions d'application du présent alinéa en modifiant, en tant que de besoin, pour les personnes publiques régies par le Code des marchés publics, les dispositions de ce code.

II. – Un décret fixe les conditions dans lesquelles le maître de l'ouvrage peut adapter les dispositions découlant *(loi n° 88-1090 du 1er décembre 1988, art. VII)* « des articles 7, 8, 10 et 11 » lorsqu'il confie à des personnes de droit privé des missions portant sur des ouvrages réalisés à titre de recherche, d'essais ou d'expérimentation.

Commentaire

Le décret d'application de l'article 18-I (décret n° 93-1270 du 29 novembre 1993), pour les maîtres d'ouvrage non soumis au Code des marchés publics, et la circulaire qui le commente, n° 95-58 du 9 août 1995, se trouvent en annexe II-12.

Art. 19. – La présente loi ne fait pas obstacle à l'application des dispositions de l'article 97 de la loi n° 82-213 du 2 mars 1982 relative aux droits et libertés des communes, des départements et des régions, du second alinéa de l'article 3 de la loi n° 82-659 du 30 juillet 1982 portant statut particulier de la région de Corse : compétences, du premier alinéa de l'article 15 de la loi n° 82-1153 du 30 décembre 1982 d'orientation des transports intérieurs ainsi que du premier alinéa de l'article 1er et du paragraphe II de l'article 5 de la loi n° 83-597 du 7 juillet 1983 précitée.

Les dispositions de la présente loi ne font pas obstacle à ce qu'un concessionnaire continue d'exercer son droit de propriété.

Un décret en Conseil d'État détermine, nonobstant les dispositions des articles 3 à 5 de la présente loi, les conditions d'organisation de la maîtrise d'ouvrage et de répartition des attributions correspondantes, en ce qui concerne les opérations d'aménagement du réseau routier national réalisées dans les régions d'outre-mer en application du quatrième alinéa de l'article 41 de la loi n° 84-747 du 2 août 1984 relative aux compétences des régions de Guadeloupe, de Guyane, de Martinique et de la Réunion et en ce qui concerne les travaux de rétablissement de voies de communication rendus nécessaires par la réalisation d'un ouvrage d'infrastructure de transport.

En outre, dans les régions d'outre-mer, le financement des opérations d'aménagement du réseau routier national par la taxe spéciale de consommation prévue à l'article 266 *quater* du Code des douanes ne fait pas obstacle à l'application de l'article 2 de la présente loi.

Art. 20. – I. – La présente loi n'est pas applicable aux opérations de restauration des édifices protégés en application de la loi du 31 décembre 1913 modifiée sur les monuments historiques.

II. – L'article 9 de la loi du 31 décembre 1913 susvisée est complété par un quatrième alinéa ainsi rédigé :

« L'État peut, par voie de convention, confier le soin de faire exécuter ces travaux au propriétaire ou à l'affectataire. »

Art. 21. – I. – Sont abrogés :

1° L'article 52 de la loi du 27 février 1912 portant fixation du budget général des dépenses et des recettes de l'exercice 1912, ensemble l'acte dit loi du 11 décembre 1940 relatif aux honoraires alloués pour la direction des travaux d'architecture exécutés au compte de l'État ;

2° L'article 79 de la loi n° 53-80 du 7 février 1953 relative au développement des dépenses d'investissement pour l'exercice 1953 ;

3° L'article 3 de la loi n° 59-912 du 31 juillet 1959 relative à l'équipement sanitaire et social.

II. – L'article 85 de la loi n° 47-1465 du 8 août 1947 relative à certaines dispositions d'ordre financier sera abrogé, en tant qu'il concerne l'État et les établissements publics nationaux, à la date d'entrée en vigueur des dispositions prévues *(loi n° 88-1090 du 1er décembre 1988, art. VIII)* « aux articles 10 et 11 ».

Art. 22. – Sont amnistiées, en tant qu'elles sont passibles de sanctions disciplinaires ou professionnelles, les fautes commises avant la date de promulgation de la présente loi, consistant dans le défaut de paiement des cotisations prévues par l'article 22 de la loi n° 77-2 du 3 janvier 1977 sur l'architecture.

Art. 23. – Le cinquième alinéa (4°) de l'article 13 de la loi n° 77-2 du 3 janvier 1977 précitée est complété par la phrase suivante : « Cette disposition ne s'applique pas lorsque la société d'architecture est constituée sous la forme d'une entreprise unipersonnelle à responsabilité limitée. »

Art. 24. – I. – L'avant-dernier alinéa de l'article 12 de la loi n° 77-2 du 3 janvier 1977 précitée est supprimé.

II. – L'article 16 de la même loi est remplacé par les dispositions suivantes :

« Art. 16. – Tout architecte, personne physique ou morale, dont la responsabilité peut être engagée à raison des actes qu'il accomplit à titre professionnel ou des actes de ses préposés, doit être couvert par une assurance.

« Lorsque l'architecte intervient en qualité d'agent public, en qualité de salarié d'une personne physique ou morale dans les cas prévus à l'article 14 ou en qualité d'associé d'une société d'architecture constituée sous la forme d'une société à responsabilité limitée ou d'une société anonyme conformément à l'article 12, la personne qui l'emploie ou la société dont il est l'associé est seule civilement responsable des actes professionnels accomplis pour son compte et souscrit l'assurance garantissant les conséquences de ceux-ci.

« Une attestation d'assurance est jointe, dans tous les cas, au contrat passé entre le maître de l'ouvrage et l'architecte ou, le cas échéant, son employeur.

« Quelle que soit la forme sociale adoptée, toute société d'architecture est solidairement responsable des actes professionnels accomplis pour son compte par des architectes.

« Lorsque l'architecte intervient en qualité d'enseignant d'une école délivrant un diplôme français permettant d'accéder au titre d'architecte et qu'il est chargé, dans le cadre de ses obligations de service et du programme pédagogique de l'école, de la conception et de la réalisation d'un projet architectural, l'école qui l'emploie est seule civilement responsable des actes professionnels accomplis pour son compte et souscrit l'assurance garantissant les conséquences de ceux-ci. »

Art. 25. – L'article 22 de la loi n° 77-2 du 3 janvier 1977 précitée est complété par l'alinéa suivant :

« Tout défaut de paiement des cotisations prévues à l'alinéa précédent ne peut faire l'objet d'une sanction disciplinaire ou professionnelle. »

Art. 26. – *(Abrogé par ordonnance n° 2000-549 du 15 juin 2000, art. 7).*

Art. 27. – L'article 35 de la loi n° 77-2 du 3 janvier 1977, précitée, est abrogé.

Art. 28. – Sont amnistiées, en tant qu'elles sont passibles de sanctions disciplinaires ou professionnelles, les fautes commises avant la date de promulgation de la présente loi, consistant dans le défaut de paiement des cotisations prévues par l'article 15 de la loi n° 46-942 du 7 mai 1946 instituant l'ordre des géomètres-experts.

Art. 29. – Après le premier alinéa de l'article 23 de la loi n° 46-942 du 7 mai 1946 précitée, il est inséré un alinéa ainsi rédigé :

« Toutefois, le défaut de paiement de cotisations ne peut faire l'objet d'une sanction disciplinaire. »

La présente loi sera exécutée comme loi de l'État.

9. Extrait du Code des assurances

relatif à l'assurance dommages-ouvrage que doivent souscrire certaines personnes publiques

Assurance de dommages obligatoire

Art. L. 242-1 *(Ordonnance n° 2005-658 du 8 juin 2005).* – Toute personne physique ou morale qui, agissant en qualité de propriétaire de l'ouvrage, de vendeur ou de mandataire du propriétaire de l'ouvrage, fait réaliser des travaux de construction, doit souscrire avant l'ouverture du chantier, pour son compte ou pour celui des propriétaires successifs, une assurance garantissant, en dehors de toute recherche des responsabilités, le paiement de la totalité des travaux de réparation des dommages de la nature de ceux dont sont responsables les constructeurs au sens de l'article 1792-1, du Code civil, les fabricants et importateurs ou le contrôleur technique sur le fondement de l'article 1792 du même code.

Toutefois, l'obligation prévue au premier alinéa ne s'applique ni aux personnes morales de droit public *(loi n° 2008-735 du 28 juillet 2008, art. 45)* «, ni aux personnes morales assurant la maîtrise d'ouvrage dans le cadre d'un contrat de partenariat conclu en application de l'article 1er de l'ordonnance n° 2004-559 du 17 juin 2004 sur les contrats de partenariat, » ni aux personnes morales exerçant une activité dont l'importance dépasse les seuils prévus au dernier alinéa de l'article L. 111-6, lorsque ces personnes font réaliser pour leur compte des travaux de construction pour un usage autre que l'habitation.

10. Délai maximum de paiement dans les marchés publics

I. – Décret n° 2002-232 du 21 février 2002 relatif à la mise en œuvre du délai maximum de paiement dans les marchés publics (modifié par décrets n°s 2008-408 du 28 avril 2008 et 2008-1550 du 31 décembre 2008)

Titre Ier. – Modalités de calcul du délai global de paiement

Art. 1er. – I – Le point de départ du délai global de paiement prévu aux articles 54 et 55 de la loi du 15 mai 2001 susvisée et à l'article 98 du Code des marchés publics est la date de réception de la demande de paiement par les services de la personne publique contractante ou, si le marché le prévoit, par le maître d'œuvre ou tout autre prestataire habilité à cet effet. Le marché indique les conditions administratives et techniques auxquelles sont subordonnés les mandatements et le paiement.

Toutefois :

– le point de départ du délai global de paiement est la date d'exécution des prestations lorsqu'elle est postérieure à la date de réception de la demande de paiement ;

– pour les marchés de travaux, le point de départ du délai global de paiement du solde est la date « de réception du décompte général et définitif par le maître de l'ouvrage » ;

– pour les marchés industriels ou de prestations intellectuelles du ministère de la Défense d'une durée d'exécution supérieure à six mois, le point de départ du délai global de paiement du solde ou des paiements partiels définitifs est la date de la notification de la date d'effet de la décision de réception ou d'admission, si cette date est postérieure à la date de réception de la demande de paiement, arrêtées selon les modalités du marché.

La date de réception de la demande de paiement et la date d'exécution des prestations sont constatées par « les services de la personne publique contractante ». À défaut, c'est la date de la demande de paiement augmentée de deux jours qui fait foi. En cas de litige, il appartient au titulaire de la commande d'administrer la preuve de cette date.

II. – Lorsque les documents contractuels prévoient l'échelonnement dans le temps de phases successives d'exécution et de paiement, le délai global de paiement afférent à chacune de ces phases ne peut commencer avant la date prévue au marché ou avant la date d'exécution, si celle-ci est postérieure.

En cas de versement d'une avance, le délai global de paiement de celle-ci court à partir de la notification de l'acte qui emporte commencement d'exécution du marché si un tel acte est prévu ou, à défaut, à partir de la date de notification du marché.

« Lorsque, conformément à l'article 89 ou à l'article 90 du Code des marchés publics, la constitution d'une garantie à première demande ou d'une caution personnelle et solidaire est exigée, pour tout ou partie du remboursement d'une avance, le délai global de paiement ne peut courir avant la réception de cette garantie ou de cette caution. »

En cas de versement d'une avance, le délai global de paiement de celle-ci court à partir de la réception par la personne indiquée au marché des justificatifs éventuellement prévus au marché pour le versement de cette avance.

III. – Le délai global de paiement expire à la date du règlement par le comptable au sens de l'article 33 du décret du 29 décembre 1962 susvisé.

IV. – Le délai maximum de paiement d'une indemnité de résiliation est le délai maximum de paiement prévu au marché ou à défaut le délai maximum prévu par l'article 98 du Code des marchés publics. Il commence à courir à partir du moment où, la décision de résiliation étant notifiée, le montant de l'indemnisation est arrêté.

V. – Les documents contractuels peuvent prévoir des délais de paiement spécifiques dans la limite du délai global maximum de paiement dans les marchés publics, dans les conditions définies par l'article 98 du Code des marchés publics.

Art. 2. – I. – Le délai global de paiement, tel que défini à l'article 1er, ne peut être suspendu qu'une fois par l'ordonnateur, avant l'ordonnancement ou le mandatement. Cette suspension fait l'objet d'une notification au titulaire par tout moyen permettant d'attester une date certaine de réception. Cette notification précise les raisons qui, imputables au titulaire, s'opposent au paiement ainsi que les pièces à fournir ou à compléter. Le délai global de paiement est alors suspendu jusqu'à la remise par le titulaire de la totalité des justifications qui lui ont été réclamées.

À compter de la réception des justifications demandées par la personne publique contractante, un nouveau délai global est ouvert : il est de 30 jours ou égal au solde restant à courir à la date de la suspension si ce solde est supérieur à 30 jours.

Lorsque l'ordonnateur et le comptable ne relèvent pas de la même personne morale et sont convenus d'un délai de règlement conventionnel dans les conditions prévues à l'article 7, ce nouveau délai global ne peut être inférieur à 15 jours augmentés du délai maximum prévu pour l'intervention du comptable dans le cadre de ce délai de règlement conventionnel.

II. – Dans le cas particulier où notification ou signification d'une cession ou d'un nantissement a été faite au comptable et où celui-ci ne dispose pas de l'exemplaire unique ou du certificat de cessibilité du marché en même temps que de l'ordonnance ou du mandat et des autres pièces justificatives, le comptable suspend le délai global selon les modalités décrites ci-dessus.

Le solde du délai global court à dater de la réception de l'exemplaire unique ou du certificat de cessibilité par le comptable. il ne peut être inférieur à 7 jours.

Il en va de même s'agissant du nantissement intervenu après le jugement d'ouverture de la procédure collective, qui ne peut être exécuté sans l'accord de l'administrateur judiciaire. Le courrier par lequel le comptable sollicite cet accord suspend le délai global de paiement et indique à l'administrateur le délai dans lequel il doit faire connaître sa réponse.

Le solde du délai global reprend à réception de la réponse de l'administrateur ou, à défaut, à l'expiration du délai prévu dans ce courrier. Ce solde ne peut être inférieur à 7 jours.

La signification au comptable d'une saisie suspend le délai global jusqu'à ce qu'il soit habilité à se dessaisir des fonds. Le solde du délai global ne saurait alors être inférieur à 7 jours.

Art. 3. – I. – Si l'acheteur public recourt à un maître d'œuvre ou à tout autre prestataire dont l'intervention conditionne la liquidation et l'ordonnancement ou le mandatement des sommes dues, le délai d'intervention du maître d'œuvre ou du prestataire fait partie du délai global de paiement.

II. – Le contrat conclu avec un maître d'œuvre ou tout autre prestataire indique le délai maximum dans lequel celui-ci doit effectuer ses interventions.

Ce délai maximum ne peut excéder 15 jours.

III. – Le maître d'œuvre ou le prestataire habilité à recevoir les demandes de paiement est tenu de faire figurer dans l'état qu'il transmet à la personne publique contractante en vue du règlement la date de réception ou de remise de la demande de paiement de l'entreprise.

IV. – Le contrat précise les pénalités encourues du fait de l'inobservation de ce délai, les pénalités encourues pour inobservation de l'obligation prévue au III du présent article ainsi que la faculté pour la personne publique contractante d'effectuer ou de faire effectuer, après mise en demeure, les prestations aux frais du défaillant.

Titre II. – Délai global de paiement du sous-traitant

Art. 4. – Le délai global de paiement du sous-traitant payé directement par la personne publique est identique à celui prévu au marché pour le paiement du titulaire.

Le délai global de paiement du sous-traitant court dans les conditions fixées par le cinquième alinéa de l'article 116 du Code des marchés publics.

Titre III. – Intérêts moratoires

Art. 5. – I. – Le défaut de paiement dans les délais prévus par l'article 98 du Code des marchés publics fait courir de plein droit, et sans autre formalité, des intérêts moratoires au bénéfice du titulaire ou du sous-traitant payé directement.

Les intérêts moratoires courent à partir du jour suivant l'expiration du délai global jusqu'à la date de mise en paiement du principal incluse.

Les intérêts moratoires appliqués aux acomptes ou au solde sont calculés sur le montant total de l'acompte ou du solde toutes taxes comprises, diminué de la retenue de garantie, et après application des clauses d'actualisation, de révision et de pénalisation.

Les intérêts moratoires ne sont pas assujettis à la taxe sur la valeur ajoutée.

II. – 1° Le taux des intérêts moratoires est référencé dans le marché.

2° Pour les organismes soumis « aux délais de paiement mentionnés aux 1° et 2° de l'article 98 du Code des marchés publics », qu'il soit ou non indiqué dans le marché, le taux des intérêts moratoires est égal au taux d'intérêt de la principale facilité de refinancement appliquée par la Banque centrale européenne à son opération de refinancement principal la plus récente effectuée avant le premier jour de calendrier du semestre de l'année civile au cours duquel les intérêts moratoires ont commencé à courir, majoré de sept points.

3° Pour les organismes soumis « au délai de paiement mentionné au 3° de l'article 98 du Code des marchés publics », qu'il soit ou non indiqué dans le marché, le taux des intérêts moratoires est celui de l'intérêt légal en vigueur à la date à laquelle les intérêts moratoires ont commencé à courir, augmenté de deux points.

Toutefois, s'agissant des marchés formalisés, si le taux des intérêts moratoires n'est pas référencé dans le marché, le taux applicable est égal au taux d'intérêt de la principale facilité de refinancement appliquée par la Banque centrale européenne à son opération de refinancement principal la plus récente effectuée avant le premier jour de calendrier du semestre de l'année civile au cours duquel les intérêts moratoires ont commencé à courir, majoré de sept points.

III. – Le défaut d'ordonnancement ou de mandatement de tout ou partie des intérêts moratoires dans un délai de 30 jours à compter du jour suivant la date de mise en paiement du principal entraîne le versement d'intérêts moratoires complémentaires.

Le taux applicable à ces intérêts moratoires complémentaires est le taux des intérêts moratoires d'origine, majoré de deux points. Ces intérêts moratoires sont calculés sur le montant des intérêts moratoires d'origine et ne sont pas assujettis à la taxe sur la valeur ajoutée.

Ces intérêts moratoires complémentaires s'appliquent à compter du jour suivant la date de paiement du principal jusqu'à la date d'ordonnancement ou du mandatement de l'ensemble des intérêts moratoires.

IV. – Le mandatement effectué en l'absence de fonds disponibles équivaut au défaut de mandatement. Dans ce cas, est considérée comme date de mandatement la date de réception par le comptable assignataire de l'ordre écrit de versement lorsque la collectivité territoriale ou l'établissement public local contractant dispose des fonds pour procéder au règlement effectif des prestations en cause ou la date à laquelle cette condition est remplie si elle est postérieure à la date de réception de l'ordre écrit de versement.

V. – En cas de désaccord sur le montant d'un acompte ou du solde, l'ordonnancement ou le mandatement est effectué sur la base provisoire des sommes admises par la personne publique contractante. Lorsque les sommes ainsi payées sont inférieures à celles qui sont finalement dues au titulaire, celui-ci a droit à des intérêts moratoires calculés sur la différence.

VI. – Lorsque le dépassement du délai n'est pas imputable à la personne publique contractante, ou à l'un de ses prestataires, ou au comptable assignataire au sens de l'article 67 du décret du 29 décembre 1962 susvisé, aucun intérêt moratoire n'est exigible.

VII. – Les intérêts moratoires d'un montant inférieur à 5 € ne sont pas ordonnancés ou mandatés.

Art. 6. – Lorsque les collectivités territoriales et les établissements publics locaux dotés d'un comptable de l'État ont versé des intérêts moratoires imputables, en tout, ou partie, à ce comptable, l'action récursoire prévue par l'article 55 de la loi du 15 mai 2001 susvisée est exercée auprès du trésorier-payeur général, qui doit procéder au règlement des sommes en cause dans les deux mois qui suivent la demande de règlement présentée par l'ordonnateur ou, en cas de conflit sur le partage de responsabilité entre l'ordonnateur et le comptable, dans les deux mois qui suivent le règlement de ce litige, le cas échéant en application de la procédure prévue à l'article 10.

Titre IV. – Modalités d'intervention du comptable public

Art. 7. – Lorsque l'ordonnateur et le comptable public ne relèvent pas de la même personne morale, le comptable public dispose, afin d'exercer les missions réglementaires qui lui incombent, d'un délai maximum de 15 jours. *(Décret n° 2008-1550 du 31 décembre 2008, art. 3)* « Concernant les marchés passés par une collectivité territoriale ou un établissement public local autre que ceux ayant un caractère de santé, ce délai est porté :

a) À 13 jours à compter du 1er janvier 2009 ;

b) À 12 jours à compter du 1er janvier 2010 ;

c) À 10 jours à compter du 1er juillet 2010. »

Toutefois, si l'ordonnateur et le comptable public ont précisé les modalités de leur coopération dans le cadre d'un délai de règlement conventionnel, sur la base d'un modèle fixé par arrêté du ministre chargé du Budget, c'est le délai maximum d'intervention prévu pour le comptable public dans le cadre de cette convention qui s'applique, à l'exclusion des délais visés à l'alinéa précédent, dès lors que l'ordonnateur a tenu les engagements qu'il a pris dans ladite convention pour permettre au comptable public de respecter ce délai.

> **Nota :** Les dispositions introduites par le décret du 31 décembre 2008 sont applicables aux marchés dont la procédure de consultation est engagée ou l'avis d'appel public à la concurrence est envoyé à la publication :
>
> *1° À compter du 1er janvier 2009 et jusqu'au 31 décembre 2009 en ce qui concerne les dispositions du* a *;*
>
> *2° À compter du 1er janvier 2010 et jusqu'au 30 juin 2010 en ce qui concerne les dispositions du* b *;*
>
> *3° À compter du 1er juillet 2010 en ce qui concerne les dispositions du* c.

Art. 8. – I. – Le point de départ du délai d'intervention du comptable public, tel que mentionné à l'article 7, est la date de réception par celui-ci du mandat et des pièces justificatives.

La date de réception du mandat et des pièces justificatives est constatée par le comptable public. En cas de litige relatif à cette date, il appartient à l'ordonnateur d'en fournir la preuve.

À défaut de date constatée par le comptable public, la date du mandat augmentée de deux jours fait foi.

II. – Toute suspension de paiement effectuée par le comptable public conformément au décret du 29 décembre 1962 susvisé suspend le délai du comptable.

Ce délai est également suspendu pour défaut de visa du contrôleur financier si ce visa est obligatoire lorsque le comptable ne peut pas payer pour manque de fonds disponibles. Le solde de ce délai reprend à dater de la réception de la régularisation par le comptable. Il ne peut, en aucun cas, être inférieur à 7 jours.

Art. 9. – L'ordonnateur indique au comptable public, sur l'ordonnance, le mandat ou sur tout autre support en tenant lieu, le délai global de paiement sur lequel il est engagé, sa date de départ ainsi que la date de son expiration.

Le comptable public indique à l'ordonnateur la date à laquelle il a procédé au règlement dans les conditions prévues par l'article 33 du décret du 29 décembre 1962 susvisé.

Dans l'hypothèse où le comptable public aurait, dans les conditions prévues au II de l'article 2 du présent décret, suspendu le délai global de paiement, il informe l'ordonnateur du point de départ et de la fin de cette suspension lorsqu'il indique la date à laquelle il a procédé au règlement.

Pour chaque paiement faisant l'objet d'un dépassement du délai global de paiement, l'ordonnateur constate ce dépassement, liquide, ordonnance ou mandate les intérêts moratoires. Il transmet au comptable public un état liquidatif détaillé de ces intérêts à l'appui de l'ordonnance ou du mandat et, selon le cas, il informe le titulaire ou le sous-traitant payé directement du dépassement du délai de paiement.

Art. 10. – Lorsque l'ordonnateur et le comptable public ne relèvent pas de la même personne morale, en cas de désaccord entre l'ordonnateur et le comptable public local sur l'origine du retard et sa répartition, l'un ou l'autre peut demander au représentant de l'État d'organiser une réunion en vue d'une conciliation. Chacun y participe ou s'y fait représenter et peut se faire accompagner de l'expert de son choix.

Titre V. – Entrée en vigueur

Art. 11. – Le présent décret est applicable aux marchés dont la procédure de consultation est engagée ou l'avis d'appel public à la concurrence est envoyé à la publication postérieurement au 1er mars 2002. Il entre en vigueur à compter du 1er mars 2002 pour les marchés sans formalités préalables passés après cette date.

Pour les établissements publics de santé et les établissements du service de santé des armées, la date d'entrée en vigueur mentionnée à l'alinéa précédent est le 1er juillet 2002.

Art. 12. – Le ministre de l'Économie, des Finances et de l'Industrie, la ministre de l'Emploi et de la Solidarité, le ministre de l'Intérieur, le ministre de la Défense et la secrétaire d'État au Budget sont chargés, chacun en ce qui le concerne, de l'exécution du présent décret, qui sera publié au *Journal officiel* de la République française.

II. – Circulaire du 13 mars 2002

relative à l'application du décret n° 2002-231 du 21 février 2002 modifiant le décret n° 2001-210 du 7 mars 2001 portant Code des marchés publics et du décret n° 2002-232 du 21 février 2002 relatif à la mise en œuvre du délai maximum de paiement dans les marchés publics

La directive communautaire n° 2000/35/CE du 29 juin 2000 concernant la lutte contre le retard de paiement, dont la France a largement favorisé l'élaboration, pose notamment le principe selon lequel « tout dépassement des délais, contractuels ou légaux en matière de paiement » constitue un « retard de paiement » donnant lieu à versement d'intérêts à l'entreprise l'ayant subi.

Compte tenu de l'importance toute particulière qui s'attache à la réduction des délais de règlement des entreprises titulaires de commandes publiques, et sans méconnaître les efforts d'adaptation demandés aux administrations, une transposition rapide de cette directive en droit interne a été voulue.

La réduction des délais de paiement des collectivités publiques constitue un objectif fondamental, à même de promouvoir, en apportant une garantie aux entreprises quant à la date de règlement, une ouverture plus large de la commande publique, notamment aux PME.

La loi n° 2001-420 du 15 mai 2001 relative aux nouvelles régulations économiques (art. 54 et 55) et le nouveau Code des marchés publics (art. 96) ont amorcé la transposition de la directive en indiquant les bases des règles applicables en droit interne.

Ce dispositif, dans le cadre français de la séparation de l'ordonnateur et du comptable, est désormais organisé par décret.

Le présent document constitue la circulaire générale d'application du décret n° 2002-231 du 21 février 2002 modifiant le décret n° 2001-210 du 7 mars 2001 portant Code des marchés publics et du décret n° 2002-232 du 21 février 2002 relatif à la mise en œuvre du délai maximum de paiement dans les marchés publics.

La principale disposition porte sur un plafonnement réglementaire du délai de paiement, au-delà duquel tout paiement donnera lieu à intérêts moratoires.

Ce plafonnement est fixé à quarante-cinq jours. Toutefois, il est fixé à cinquante jours pour les établissements publics de santé et les services de santé des armées.

Des dispositions transitoires sont destinées à permettre un temps d'adaptation à certaines catégories d'organismes publics.

Ce nouveau dispositif est appelé à modifier sensiblement l'organisation des organismes publics s'agissant de leurs dépenses puisque, jusqu'à présent, seul le délai de mandatement était encadré (trente-cinq jours pour l'État et les établissements publics nationaux, quarante-cinq jours pour le secteur public local), sans enserrer le comptable public dans un délai pour opérer ses contrôles et procéder au paiement.

La mise en œuvre de cette évolution majeure suppose des efforts conjoints des ordonnateurs et des comptables publics pour obtenir les réductions recherchées.

Au-delà de l'exemplarité nécessaire des administrations publiques en ce domaine et des effets positifs dont bénéficiera l'économie, la bonne gestion des deniers publics impose d'éviter de faire supporter par le budget des organismes publics des intérêts moratoires qui deviendraient vite très lourds si les mesures organisationnelles appropriées n'étaient pas rapidement mises en œuvre afin de respecter le délai maximum de paiement prévu par la réglementation.

La présente circulaire a pour objet de donner à l'ensemble des organismes publics concernés les indications de portée générale utiles en cette matière.

I. – Les personnes publiques et les opérations visées par les décrets

1. Les personnes publiques

La directive du 29 juin 2000 susvisée s'applique à toutes les transactions dites « commerciales », qu'elles soient le fait d'entités privées ou d'organismes publics. Les achats effectués par l'État ou ses établissements publics entrent donc de plein droit dans son champ d'application. Il en va de même des achats effectués par les collectivités territoriales et leurs établissements publics.

Les articles 54 et 55 de la loi du 15 mai 2001 relative aux nouvelles régulations économiques visent « l'acheteur public », qui passe des « marchés publics », notamment les collectivités territoriales et les établissements publics locaux dotés d'un comptable de l'État.

L'article 2 du Code des marchés publics précise que ses dispositions s'appliquent à l'État, à ses établissements publics autres que ceux ayant un caractère industriel et commercial, aux collectivités territoriales et à leurs établissements publics.

Les décrets n° 2002-231 et n° 2002-232 susvisés du 21 février 2002 s'appliquent à l'État, à ses établissements publics autres que ceux ayant un caractère industriel et commercial, aux collectivités territoriales ainsi qu'à leurs établissements publics, y compris les établissements publics locaux d'enseignement (EPLE) relevant de l'éducation nationale, de l'agriculture ou de la mer et les établissements sociaux et médico-sociaux.

Toutefois, les établissements publics industriels et commerciaux (EPIC) et les groupements d'intérêt public (GIP) sont soumis aux présents décrets dans la mesure où le Code des marchés publics leur est applicable.

2. Les opérations d'achat

Les achats visés par les décrets précités sont les marchés publics.

Aux termes de l'article 1er du Code des marchés publics, il s'agit des contrats conclus à titre onéreux avec des personnes publiques ou privées par les personnes de droit public que sont l'État, ses établissements publics autres que ceux ayant un caractère industriel et commercial, les collectivités territoriales et leurs établissements publics, pour répondre à leurs besoins en matière de travaux, de fournitures ou de services.

Les transactions commerciales suivantes ne sont pas considérées aux termes de l'article 3 du Code des marchés publics comme des marchés publics :

1° Les contrats conclus par une des personnes publiques mentionnées à l'article 2 du code précité avec un cocontractant sur lequel elle exerce un contrôle comparable à celui qu'elle exerce sur ses propres services et qui réalise l'essentiel de ses activités pour elle à condition que, même si ce cocontractant n'est pas une des personnes publiques mentionnées à l'article 2, il applique, pour répondre à ses besoins propres, les règles de passation des marchés prévues par le Code des marchés publics ;

2° Les contrats de services conclus par une des personnes publiques mentionnées à l'article 2 susvisé avec une autre de ces personnes publiques ou avec une des personnes mentionnées à l'article 9 de la loi n° 91-3 du 3 janvier 1991 relative à la transparence et à la régularité des procédures de marchés et soumettant la passation de certains contrats à des règles de publicité et de mise en concurrence, lorsque la personne publique ou privée cocontractante bénéficie, sur le fondement d'une disposition légalement prise, d'un droit exclusif ayant pour effet de lui réserver l'exercice d'une activité ;

3° Les contrats qui ont pour, objet l'acquisition ou la location de terrains, de bâtiments existants ou d'autres biens immeubles, ou qui concernent d'autres droits sur ces biens, sauf s'ils comportent des clauses relatives au financement du prix ;

4° Les contrats qui ont pour objet l'achat, le développement, la production ou la coproduction de programmes avec des organismes de radiodiffusion, ou l'achat de temps de diffusion ;

5° Les contrats qui ont pour objet des emprunts ou des engagements financiers, qu'ils soient destinés à la couverture d'un besoin de financement, ou de trésorerie, des services relatifs à l'émission, à l'achat, à la vente ou au transfert de titres et instruments financiers, ou encore des services rendus par la Banque de France ou le Système européen de banques centrales ;

6° Les contrats relatifs à des programmes de recherche-développement auxquels une personne publique contribue sans les financer intégralement ni en acquérir complètement les résultats ;

7° Les contrats de mandat ;

8° Les contrats relatifs à des fournitures, des travaux ou des services conclus pour le compte d'une organisation internationale ;

9° Les contrats relatifs à des fournitures, des travaux ou des services conclus pour l'application d'un accord international concernant le stationnement de troupes ;

10° Les contrats relatifs à des fournitures, des travaux ou des services conclus pour l'application d'un accord international passé entre la France et un ou plusieurs pays tiers en vue de la réalisation ou de l'exploitation d'un projet ou d'un ouvrage ;

11° Les contrats qui ont pour objet l'achat d'œuvres d'art ou d'objets anciens ou de collection.

3. *Les modalités d'assujettissement*

a) Pour l'État (à l'exception des services de santé de la défense) et ses établissements publics :

Le plafonnement fixé à quarante-cinq jours entre en vigueur après le 1er mars 2002.

b) Pour les collectivités territoriales et leurs établissements publics, y compris les établissements publics locaux d'enseignement, les établissements sociaux et médico-sociaux et à l'exception des établissements publics de santé :

Le plafonnement de quarante-cinq jours maximum pour l'ensemble des marchés concernés par ce plafonnement fait l'objet d'une entrée en vigueur progressive, dont les modalités sont précisées à l'article 3-III du décret n° 2001-210 du 7 mars 2001 modifié portant Code des marchés publics.

Ainsi, le délai maximum de paiement fixé dans les marchés ne peut excéder soixante jours pour les marchés dont la procédure de consultation est engagée ou l'avis public d'appel à la concurrence est envoyé après le 1er mars, jusqu'au 31 décembre 2002.

Le délai maximum de paiement fixé dans les marchés ne peut excéder cinquante jours pour les marchés dont la procédure de consultation est engagée ou l'avis public d'appel à la concurrence est envoyé en 2003.

Le plafonnement à quarante-cinq jours devient effectif à partir du 1er janvier 2004.

Les marchés passés sans formalités préalables suivent le même régime, la date point de repère étant celle de la commande (passation).

c) Pour les établissements publics de santé et les services de santé des armées :

Le plafonnement de cinquante jours maximum pour l'ensemble des marchés concernés par ce plafonnement fait l'objet d'une entrée en vigueur progressive, dont les modalités sont précisées à l'article 3-III susvisé du décret n° 2002-231 du 21 février 2002 modifiant le décret n° 2001-210 du 7 mars 2001 modifié portant Code des marchés publics.

Ainsi, le délai maximum de paiement fixé dans les marchés ne peut excéder soixante jours pour les marchés dont la procédure de consultation est engagée ou l'avis publie d'appel à là concurrence est envoyé, postérieurement au 1er juillet 2002, jusqu'au 31 décembre 2003.

Le plafonnement à cinquante jours devient effectif le 1er janvier 2004.

Les marchés passés sans formalités préalables suivent le même régime, la date point de repère étant celle de la commande (passation).

d) Les dispositions sur le délai maximum de paiement décrites *supra* ne sont pas exhaustives dans la mesure où elles ne sauraient faire obstacle aux dispositions législatives spécifiques du Code de commerce, qui continuent de s'appliquer :

En effet, l'article L. 443-1 du Code du commerce, qui reprend des dispositions de la loi n° 92-1442 du 31 décembre 1992 relative aux délais de paiement entre les entreprises, modifiant l'ordonnance n° 86-1243 du 1er décembre 1986, prévoit :

« À peine d'une amende de 500 000 F [75 000 € (ord. n° 2000-916 du 19 sept. 2000, Annexe I)], le délai de paiement, par tout producteur, revendeur ou prestataire de services, ne peut être supérieur :

1° À trente jours après la fin de la décade de livraison pour les achats de produits alimentaires périssables et de viandes congelées ou surgelées, de poissons surgelés, de plats cuisinés et de conserves fabriqués à partir de produits alimentaires périssables, à l'exception des achats de produits saisonniers effectués dans le cadre de contrats dits de culture visés aux articles L. 326-1 à L. 326-3 du Code rural ;

2° À vingt jours après le jour de livraison pour les achats de bétail sur pied destiné à la consommation et de viandes fraîches dérivées ;

3° À trente jours après la fin du mois de livraison pour les achats de boissons alcooliques passibles des droits de consommation prévus à l'article 403 du Code général des impôts ;

4° À défaut d'accords interprofessionnels conclus en application du livre VI du Code rural et rendus obligatoires par voie réglementaire à tous les opérateurs sur l'ensemble du territoire métropolitain, pour ce qui concerne les délais de paiement, à soixante-quinze jours après le jour de livraison pour les achats de boissons alcooliques passibles des droits de circulation prévus à l'article 438 du même code. »

Or, l'article 410-1 du Code de commerce, qui définit le champ d'application du titre IV du code, dont relève l'article 443-1 précité, précise que les règles de ce livre « s'appliquent à toutes les activités de production, de distribution et de services, y compris celles qui sont le fait de personnes publiques ».

Ainsi, tout organisme public est soumis aux dispositions de l'article 443-1 précité dès lors qu'il exerce des activités de production, de distribution ou de services impliquant les denrées concernées.

II. – Les clauses à faire figurer dans le marché

1. Le délai maximum

a) Il est recommandé aux personnes publiques contractantes de préciser dans leurs marchés, dès lors qu'ils font l'objet d'un écrit, le délai maximum de paiement sur lequel elles s'engagent :

En effet, la mention dans le marché du délai global maximum sur lequel la personne publique contractante s'engage est un élément de transparence vis-à-vis de l'entreprise de nature à éviter tout malentendu ultérieur.

Toutefois, au cas où le marché ne comporterait aucune indication de cette nature, le délai applicable serait le délai maximum autorisé réglementairement.

Sous réserve de l'entrée en vigueur différée selon les modalités décrites *supra*, ce délai maximum ne saurait excéder quarante-cinq ou cinquante jours (délai plafond) selon l'organisme public concerné mais peut être inférieur à cette durée.

b) Il en va de même pour les marchés passés sans formalités préalables, dont la réglementation admet qu'ils ne soient pas soumis à l'obligation d'être écrits :

Ces marchés recouvrent l'ancienne notion d'« achats sur mémoires ou factures » ainsi que les marchés passés conformément à l'article 30 du nouveau Code des marchés publics.

Ils peuvent ne pas revêtir la forme d'un contrat écrit, ce qui prive l'acheteur public d'un support l'amenant à s'engager sur un délai de paiement.

Pour ces achats, la réglementation prévoit d'emblée un délai global de quarante-cinq ou cinquante jours maximum, selon l'organisme public concerné et sous réserve des délais maximums transitoires selon l'échéancier prévu par le décret.

Néanmoins, même lorsqu'il s'agit de marchés passés sans formalités préalables, il est vivement recommandé aux acheteurs publics, dès lors qu'il existe un support écrit, de préciser le délai maximum de paiement. Cette précaution devrait permettre d'éviter toute ambiguïté ou contentieux ultérieur.

À titre transitoire, pour les marchés passés à une date proche de celle de l'entrée en vigueur des nouvelles règles, il est vivement recommandé de prévoir un bon de commande écrit afin d'éviter tout contentieux ultérieur sur la date de la commande.

c) Sous réserve de l'entrée en vigueur différée selon les modalités décrites *supra*, le délai global maximum ne saurait excéder quarante-cinq ou cinquante jours (délai plafond) selon l'organisme public concerné, mais peut être inférieur à cette durée ;

L'attention est appelée sur le fait que la personne publique contractante peut valablement s'engager, si elle l'estime nécessaire, sur un délai global maximum inférieur au délai global maximum réglementaire mais que tout engagement supérieur à ce dernier serait illégal.

2. Le délai du maître d'œuvre

Le délai d'intervention du maître d'œuvre était jusqu'à présent inclus dans le délai de mandatement. Il est désormais inclus dans le délai global de paiement.

Il importe donc, afin de permettre à l'administration de respecter le délai maximum sur lequel, elle s'est, engagée vis-à-vis de son fournisseur, de prévoir un délai maximum d'intervention du maître d'œuvre, dans le contrat passé avec celui-ci. Le délai maximum prévu pour le maître d'œuvre ne peut dépasser quinze jours.

Le maître d'œuvre doit pouvoir disposer d'un temps suffisant pour exécuter ses prestations, il ne lui est toutefois pas interdit de n'utiliser qu'une partie du délai maximum auquel il peut prétendre.

Tout dépassement de ce délai doit faire l'objet de pénalités dont les modalités d'application et de calcul sont prévues au contrat liant le maître d'œuvre au maître d'ouvrage. Ces pénalités sont, en fait, destinées à dédommager l'acheteur public des intérêts moratoires qu'il serait amené à verser du fait du maître d'œuvre.

Afin d'éviter les contentieux, il est conseillé de prévoir dans le contrat du maître d'œuvre les modalités de décompte et de suivi de son délai.

De même, le contrat du maître d'œuvre doit prévoir l'obligation pour celui-ci d'indiquer au maître d'ouvrage la date à laquelle la demande de paiement d'une entreprise lui a été remise (ou la date à laquelle il a reçu cette demande). Tout manquement à cette obligation doit faire l'objet de pénalités également prévues au contrat.

En effet, le maître d'ouvrage doit toujours pouvoir connaître le point de départ du délai global de paiement, même si le maître d'œuvre ne lui transmet pas les demandes de paiement proprement dites, mais seulement un état récapitulatif.

3. Le taux des intérêts moratoires

a) Il est nécessaire que l'acheteur public inscrive dans le marché la référence au taux des intérêts moratoires applicable :

Il est nécessaire d'inscrire dans le marché une référence au taux prévu réglementairement, c'est-à-dire le taux de l'intérêt légal en vigueur à la date à laquelle les intérêts moratoires ont commencé de courir augmenté de deux points.

En effet, l'omission de cette mention se traduirait, compte tenu de la directive communautaire (voir *supra*) du 29 juin 2000, par l'application automatique, en cas de dépassement du délai maximum, du taux d'intérêt de la principale facilité de refinancement appliqué par la Banque centrale européenne à son opération de refinancement principale la plus récente augmenté de sept points.

Ce taux est accessible sur le site Internet suivant http://www.ecb.int.

b) Les marchés sans formalités préalables ne sont pas soumis à cette obligation :

Il n'est pas nécessaire, en ce qui les concerne, de préciser la référence au taux des intérêts moratoires.

Pour ces achats, la réglementation prévoit un taux des intérêts moratoires égal au taux d'intérêt légal augmenté de deux points.

Toutefois, afin d'éviter toute ambiguïté ou contentieux ultérieur, il est vivement recommandé, dès lors que ces achats donnent lieu à contrat écrit, d'y faire figurer la référence au taux de l'intérêt légal augmenté de deux points.

III. – L'encadrement de l'intervention du comptable constitue une nouveauté fondamentale

La mission du comptable s'inscrit à l'intérieur du délai maximum de paiement. Pour préserver la qualité des contrôles qui sont confiés au comptable, la détermination en partenariat entre celui-ci et l'ordonnateur des délais impartis à chacun est très fortement recommandée.

1. La poursuite des contrôles

La mise en place d'un délai maximum de paiement ne doit en aucun cas s'accompagner d'une vigilance atténuée sur la régularité des opérations de dépenses.

Le comptable doit ainsi pouvoir continuer d'exercer les contrôles fondamentaux que lui confie la réglementation, sans que ceux-ci aient à souffrir de l'existence d'un délai maximum de paiement.

Ainsi, les articles 12 et 13 du décret n° 62-1587 du 29 décembre 1962 portant règlement général sur la comptabilité publique décrivent les contrôles que le comptable doit exercer en matière de dépenses.

Ces contrôles sont en effet garants d'une gestion régulière des deniers publics.

Le comptable vérifie que cet emploi des fonds est conforme à la réglementation comptable.

C'est pourquoi tout manquement de la part du comptable à s'acquitter correctement de ses contrôles est susceptible de conduire le juge des comptes à mettre en jeu sa responsabilité personnelle et pécuniaire.

Les administrations de l'État, de ses établissements publics, des collectivités territoriales et de leurs établissements publics doivent donc tenir compte d'un délai de sécurité accordé au comptable.

Par ailleurs, le comptable peut être contraint de suspendre le paiement à l'issue des contrôles qu'il a effectués. Ces suspensions de paiement à l'initiative du comptable ne suspendent pas le délai global maximum de paiement, dès lors qu'elles sont motivées, par exemple, par des dossiers incomplets ou par une incohérence des pièces justificatives.

Il importe donc que les dossiers d'ordonnancement et de mandatement soient d'emblée présentés par l'ordonnateur accompagnés de toutes les pièces nécessaires aux contrôles et soient conformes à la réglementation.

Dans ce domaine, il convient de rappeler que la liste des pièces justificatives s'impose tant aux ordonnateurs qu'aux comptables.

Ainsi, les ordonnateurs ne doivent demander à leurs fournisseurs que les seules pièces justificatives nécessaires à la constitution du dossier de paiement.

De même, les comptables publics ne doivent pas exiger des ordonnateurs de pièces justificatives qui ne seraient pas nécessaires à leurs contrôles.

Il est rappelé, par exemple, que la nomenclature des pièces justificatives des paiements fait l'objet d'une circulaire pour l'État (circulaire du ministre du Budget du 12 avril 1995, publiée au *Journal officiel* du 6 mai 1995), et d'un décret pour le secteur public local (art. D. 1617-19 du Code général des collectivités territoriales reprenant les dispositions du décret n° 83-16 du 13 janvier 1983 modifié). Ce décret s'impose à l'ensemble des collectivités du secteur public local, à l'exception des établissements publics de santé, qui doivent cependant s'y référer dans l'attente d'un décret spécifique.

Avant de procéder au paiement d'une dépense, le comptable public exécute un contrôle de la régularité des pièces justificatives du paiement mais ne saurait subordonner le paiement au contrôle de la légalité ou de l'opportunité de la dépense.

La jurisprudence a, d'ailleurs, confirmé que le contrôle du comptable public est un contrôle de la régularité qui ne saurait s'étendre au contenu des actes lui-même.

Ainsi, le Conseil d'État dans sa décision *Balme* du 5 février 1971 a rappelé que le comptable ne saurait reprocher à l'ordonnateur compétent sa méconnaissance de dispositions réglementaires, dès lors qu'il ne se trouve pas dans un des cas d'irrégularités énumérées de façon limitative par le décret de 1962.

La Cour des comptes adopte la même analyse dans son arrêt *Marillier* du 28 mai 1952 : le comptable est tenu d'effectuer un paiement en vertu d'une décision régulière en la forme, quand bien même elle serait en elle-même illégale.

S'il n'entre pas dans les compétences du comptable de vérifier la légalité interne des actes qui lui sont soumis, les vérifications qu'il est tenu d'effectuer préalablement au paiement lui permettent de s'assurer du respect de la régularité formelle des pièces justificatives qu'il reçoit.

Ces contrôles sont effectués en application de l'article 60 de la loi de finances pour 1963 (n° 63-156 du 23 février 1963), de l'article L. 1617-2 du Code général des collectivités territoriales (CGCT), du décret n° 62-1587 du 29 décembre 1962 (art. 12, 13 et 37).

Cette mission essentielle confiée au comptable public le conduit à refuser d'exécuter les actes des ordonnateurs dont la régularité formelle n'est pas assurée. Dans ces conditions, le comptable public suspend le paiement de la dépense jusqu'à ce que lui soit présentée la régularisation demandée ou jusqu'à ce que, le cas échéant, l'ordonnateur le requière, dès lors qu'il est tenu de déférer à cette réquisition.

2. Pour une meilleure maîtrise des délais de paiement, l'État met à la disposition des administrations de l'État, de ses établissements publics, des collectivités territoriales et de leurs établissements publics un outil spécifique : le délai de règlement conventionnel (DRC), qu'ils sont vivement encouragés à utiliser

Une solution existe pour tenir compte de la diversité des situations rencontrées au sein des administrations centrales et déconcentrées, des établissements publics nationaux et des organismes publics locaux et permettre aux ordonnateurs et aux comptables de déterminer d'un commun accord leur délai d'intervention respectif.

Le délai de règlement conventionnel (DRC), déterminé contractuellement entre l'ordonnateur et son comptable, doit fixer de façon réaliste le délai imparti à chacun pour opérer sa mission ; il fixe également les modalités pratiques d'organisation des échanges entre ordonnateur et comptable, afin de leur permettre le respect des engagements pris dans le cadre de cette convention.

L'ordonnateur doit en particulier s'efforcer de ne pas émettre et transmettre en bloc toutes ses ordonnances ou tous ses mandats en fin de mois ou en fin d'année. Le lissage de l'émission et de la transmission des ordonnances et des mandats dans le temps constitue un préalable impératif pour mener à bien la réduction à quarante-cinq ou à cinquante jours des délais de paiement. Le comptable ne peut toutefois, sauf impératifs particuliers, liés notamment à la réglementation comptable de fin d'année ou à la nécessité d'établir un arrêté comptable en cours d'année, interdire à un ordonnateur de lui adresser ses ordonnances ou mandats durant les derniers jours du mois.

Le délai de règlement conventionnel constitue, de ce point de vue, un outil privilégié pour organiser efficacement le rapport entre l'ordonnateur et le comptable et arrêter un mode opératoire concret.

Si un délai de règlement conventionnel est conclu, il est fortement recommandé que celui-ci permette que les délais soient respectivement de trente-cinq jours pour l'ordonnancement ou le mandatement et de dix jours pour le paiement. Dans ce cas, l'attention de l'ordonnateur doit porter tout particulièrement sur la qualité des pièces justificatives transmises au comptable.

La conclusion d'un délai de règlement conventionnel entre les ordonnateurs et comptables de tous les organismes publics est donc vivement conseillée.

3. Répartition des délais entre le comptable et l'ordonnateur en l'absence de délai de règlement conventionnel

En ce qui concerne les collectivités territoriales, leurs établissements publics, y compris les établissements publics de santé, en l'absence de délai de règlement conventionnel, le comptable public dispose, aux termes du décret n° 2002-232 relatif à la mise en œuvre du délai maximum de paiement dans les marchés publics, d'un délai maximum de quinze jours pour exercer les missions qui lui incombent.

En ce qui concerne l'État, ses établissements publics et les établissements publics locaux d'enseignement, le comptable doit pouvoir disposer, par symétrie avec le délai réglementaire évoqué dans l'alinéa ci-dessus, d'un délai maximum de quinze jours pour exercer les missions qui lui incombent.

Dans les deux cas, l'ordonnateur doit s'attacher tout particulièrement à veiller à la qualité des pièces justificatives transmises au comptable. En contrepartie, celui-ci s'attachera, dans toute la mesure du possible, à faire en sorte que le délai global puisse être respecté, même dans l'hypothèse d'un éventuel retard de l'ordonnateur.

IV. – Les circuits financiers doivent être optimisés

L'optimisation des circuits de règlement de la dépense publique, permet de contribuer à la réduction des délais de paiement.

Tous les services concernés, contrôleurs financiers, ordonnateurs et comptables, doivent procéder à un examen et à une évaluation de leur mode de fonctionnement.

C'est à cette condition impérative qu'il pourra être remédié aux lenteurs et parfois aux anomalies qui demeurent.

1. Les modalités d'intervention des contrôleurs financiers centraux seront aménagées

Le visa des ordonnances par le contrôleur financier central garantit la disponibilité des crédits nécessaires au paiement.

Cette intervention peut être très rapide et doit en tout état de cause se situer dans un délai maximal de 48 heures. Il est souhaitable, afin de parvenir à la réalisation de cet objectif, que chaque ordonnateur principal se rapproche du contrôleur financier central, pour examiner les modalités permettant le respect de cet objectif (mode de transmission, identification des ordonnances en cause, groupement des ordonnances...).

2. Les services ordonnateurs doivent suivre chaque demande de paiement

a) Il est nécessaire de suivre avec soin le cheminement de chaque demande de paiement.

L'acheteur public doit garder trace de la date de réception par ses services de la demande de paiement présentée par l'entreprise. Il devra également s'assurer que la date du service fait est antérieure à cette date de réception et, si tel n'est pas le cas, en prendre note.

En effet, l'acheteur public ne doit pas s'exposer à faire courir un délai global maximum de paiement alors qu'il n'a encore contracté aucune obligation envers le titulaire de la commande.

De plus, à défaut de date pertinente (date de réception de la facture, date du service fait), la date de la facture augmentée de deux jours fera foi. Or, cette dernière n'est qu'une date de substitution, qui pourrait desservir l'acheteur public si, par exemple, l'entreprise a tardé à adresser sa facture à son client.

Les mêmes précautions doivent être prises lorsqu'un maître d'œuvre est chargé de réceptionner les demandes de paiement. Celui-ci est tenu de communiquer aux services ordonnateurs la date à laquelle la demande de paiement lui a été remise, celle-ci faisant, en règle générale, courir le délai maximum de paiement.

De même, les services ordonnateurs auront tout intérêt à garder trace de la date à laquelle ils ont reçu la demande de règlement relayée par le maître d'œuvre. La connaissance de ces renseignements leur permettra d'appliquer au maître d'œuvre la sanction qui lui incombe en cas de dépassement de son délai.

b) Au cas où la demande de paiement présentée par l'entreprise aux services ordonnateurs serait erronée, ceux-ci ne doivent pas hésiter à suspendre le délai global maximum de paiement :

Dans l'hypothèse où les justificatifs présentés par l'entreprise seraient insuffisants pour procéder à l'ordonnancement ou au mandatement, il appartiendrait aux services de l'ordonnateur de prendre les dispositions prévues par le décret n° 2002-232 du 21 février 2002 relatif à la mise en œuvre du délai global maximum de paiement dans les marchés publics pour suspendre ce délai dans l'attente de la production, par l'entreprise, d'un dossier conforme.

Faute d'une telle démarche, le délai global maximum de paiement continuerait de courir.

c) La rationalisation des circuits est un objectif essentiel :

Ainsi, lorsqu'un maître d'œuvre intervient au titre d'une opération de travaux, il est indispensable de prévoir dans le marché que c'est directement à lui que seront présentées les demandes de paiement des entreprises.

Une telle précaution permet d'éviter un allongement des délais de paiement.

d) Il convient de veiller à la transmission rapide des dossiers entre ordonnateur et comptable :

L'ordonnateur doit, dès sa signature, remettre au comptable les ordonnances ou les mandats accompagnés des pièces justificatives. En effet, cette transmission relève de son domaine d'intervention et n'affecte pas le délai du comptable, qui débute à la date de réception du dossier complet d'ordonnancement ou de mandatement.

Tout délai excessif de transmission risque de compromettre le respect du délai maximum de paiement.

e) Il importe que l'ordonnateur transmette bien au comptable les données afférentes au délai maximum de paiement :

Si les opérations d'ordonnancement ou de mandatement prennent du retard, le comptable peut, par une mise en paiement rapide, permettre le respect du délai maximum sur lequel la personne publique contractante s'est engagée. Encore faut-il que le comptable puisse s'en rendre compte, autrement dit, que l'ordonnateur lui ait communiqué les éléments nécessaires, notamment le point de départ du délai maximum et sa durée.

Il convient donc que le comptable sache à quel délai global maximum de paiement les marchés pour lesquels il lui est demandé d'effectuer des versements sont soumis, puisque ce délai peut varier de façon non négligeable compte tenu des mesures transitoires adoptées pour certaines catégories d'organismes ou de services publics.

De ce point de vue, il importe, à partir de la date d'entrée en vigueur des décrets relatifs au délai global de paiement, que l'ordonnateur indique au comptable, de façon évidente, les informations nécessaires, à savoir le délai global ainsi que son point de départ et la date de son expiration.

De même, il importerait, pour les marchés non soumis au délai global de paiement (compte tenu de leur date de lancement ou de leur objet), que l'ordonnateur l'indique au comptable de façon évidente.

f) La connaissance et le suivi des délais :

La connaissance des délais et de leur dépassement constitue un outil de bonne gestion en facilitant les rectifications des anomalies ainsi constatées. C'est pourquoi les administrations et organismes publics effectueront un suivi annuel des délais de paiement qu'ils pratiquent et recenseront, notamment, les intérêts moratoires versés ainsi que. le cas échéant, la part imputable à l'ordonnateur et celle liée à l'intervention du comptable.

Pour l'État, ces statistiques seront établies, au minimum, par département ministériel.

3. Les services comptables s'attacheront à concourir au respect du délai maximum de paiement

Un enregistrement rigoureux des dossiers transmis par les ordonnateurs, une organisation précise des circuits de visa devront permettre au comptable de suivre le flux des dossiers d'ordonnancement et de mandatement.

Dans toute la mesure du possible, il réduira le plus possible, sans dégrader la qualité de ses contrôles, son délai d'intervention lorsque cela sera possible et nécessaire afin d'éviter le dépassement du délai maximum de paiement, source d'intérêts moratoires.

*

* *

Les recommandations qui précèdent correspondent à un état de l'administration en cours de rapide et profonde transformation.

Il convient de souligner que la modernisation des outils et des procédures de la dépense publique contribueront à une réduction des délais de paiement.

Ainsi, à terme, la généralisation de l'implantation des applications ACCORD, partagée par l'ordonnateur et le comptable, et HÉLIOS permettra un réexamen approfondi de la procédure de dépense.

De même, les travaux entrepris en matière de dématérialisation des ordonnances et mandats et des pièces justificatives de la dépense ne pourront que faciliter le raccourcissement des délais de paiement.

La transmission de fichiers magnétiques en lieu et place des documents papier autorisera des gains à tous les stades, circulation externe et interne, stockage et manipulation, consultation, annotation et visa, etc.

Une action résolue des administrations dans cette voie s'avère plus que jamais d'actualité.

11. Ordonnance n° 2005-649 du 6 juin 2005

relative aux marchés passés par certaines personnes publiques ou privées non soumises au Code des marchés publics

(remplaçant la loi n° 92-1282 du 11 décembre 1992 *relative aux procédures de passation de certains contrats dans les secteurs de l'eau, de l'énergie, des transports et des télécommunications (dits « secteurs spéciaux »)* et les articles 9-1, 10 et 10-1 de la loi du 3 janvier 1991)

Rapport au Président de la République relatif à l'ordonnance n° 2005-649 du 6 juin 2005 relative aux marchés passés par certaines personnes publiques ou privées non soumises au Code des marchés publics

Monsieur le Président,

L'article 65 de la loi n° 2004-1343 du 9 décembre 2004 de simplification du droit dispose :

« I. – Dans les conditions prévues par l'article 38 de la Constitution, le Gouvernement est autorisé à prendre par ordonnance, dans le respect de la transparence et de la bonne information du public :

« 1° Les mesures nécessaires pour rendre compatibles avec le droit communautaire les dispositions législatives relatives à la passation des marchés publics ;

« 2° Les mesures permettant de clarifier les règles applicables aux marchés passés par certains organismes non soumis au Code des marchés publics ;

« 3° Les mesures permettant d'alléger les procédures de passation des marchés publics pour les collectivités territoriales. »

La présente ordonnance, prise en application des 1° et 2° de l'article 65 ci-dessus, poursuit deux objectifs : d'une part, clarifier les dispositions relatives à la commande publique des organismes non soumis au Code des marchés publics qui figurent actuellement dans trois lois relatives à la passation des marchés publics et, d'autre part, rendre compatibles ces nouvelles dispositions avec le droit communautaire.

I. – État actuel du droit

A. – *Les règles communautaires en matière de marchés publics*

Il existe quatre directives communautaires concernant les marchés publics, qui peuvent être regroupées en trois catégories :

– **la directive 2004/18/CE du 31 mars 2004** relative à la coordination des procédures de passation des marchés publics de travaux, de fournitures et de services, dite directive classique ; cette directive a fusionné trois directives : la directive 92/50/CEE portant coordination des procédures de passation des marchés publics de services (directive « services »), la directive 93/36/CEE portant coordination des procédures de passation des marchés publics de fournitures (directive « fournitures ») et la directive 93/37/CEE portant coordination des procédures de passation des marchés publics de travaux (directive « travaux ») ;

– **la directive 2004/17/CE du 31 mars 2004** portant coordination des procédures de passation des marchés dans les secteurs de l'eau, de l'énergie, des transports et des services postaux, dite « directive secteurs spéciaux », qui a remplacé la directive 93/38 pour les secteurs de l'eau, de l'énergie, des transports et des télécommunications ;

– **deux directives concernant la question des procédures,** notamment contentieuses, de règlement des litiges : directive « recours » dans chacun de ces deux domaines : 89/665 (secteur classique) et 92/13 (secteurs spéciaux) ; ces deux directives feront prochainement l'objet d'une révision par les instances communautaires.

Les directives « marchés publics » ont un champ d'application plus large que le Code des marchés publics français. En effet, les directives s'appliquent aux pouvoirs adjudicateurs, notion qui recouvre, au-delà des organismes soumis en droit français au Code des marchés publics (État, établissements publics à caractère autre qu'industriel et commercial, les collectivités territoriales et leurs établissements publics), d'autres organismes qui remplissent certaines conditions.

Est en effet un pouvoir adjudicateur au sens de l'article 1er, point 9, de la directive 2004/18/CE du 31 mars 2004 précitée : « l'État, les collectivités territoriales, les organismes de droit public et les associations formées par une ou plusieurs de ces collectivités ou un ou plusieurs de ces organismes de droit public.

« Par "organisme de droit public", on entend tout organisme :

« a) Créé pour satisfaire spécifiquement des besoins d'intérêt général ayant un caractère autre qu'industriel ou commercial ;

« b) Doté de la personnalité juridique et

« c) Dont soit l'activité est financée majoritairement par l'État, les collectivités territoriales ou d'autres organismes de droit public, soit la gestion est soumise à un contrôle par ces derniers, soit l'organe d'administration, de direction ou de surveillance est composé de membres dont plus de la moitié sont désignés par l'État, les collectivités territoriales ou d'autres organismes de droit public. »

B. – *Les règles nationales*

La transposition des directives communautaires est réalisée en droit français dans deux catégories de textes :

– le Code des marchés publics : pour l'État, ses établissements à caractère autre qu'industriel et commercial, les collectivités territoriales et leurs établissements publics ;

– plusieurs lois et leurs décrets d'application : pour les organismes non soumis au Code des marchés publics mais entrant dans le champ des directives :

Il s'agit :

– *dans le domaine des directives dites « classiques »,* de la loi n° 91-3 du 3 janvier 1991 relative à la transparence et à la régularité des procédures de marchés et soumettant la passation de certains contrats à des règles de publicité et de mise en concurrence et de son décret d'application n° 92-311 du 31 mars 1992 soumettant la passation de certains contrats de fournitures, de travaux ou de prestations de services à des règles de publicité et de mise en concurrence ;

– *dans le domaine de la directive dite « secteurs spéciaux »,* de la loi n° 92-1282 du 31 décembre 1992 relative aux procédures de passation de certains contrats dans les secteurs de l'eau, de l'énergie, des transports et des télécommunications et de son décret d'application n° 93-990 du 3 août 1993 relatif aux procédures de passation des contrats et marchés dans les secteurs de l'eau, de l'énergie, des transports et des télécommunications.

L'arrêté du 9 février 1994 complète ces textes en fixant le montant des seuils d'applicabilité des procédures ;

– *de la loi n° 93-122 du 29 janvier 1993* relative à la prévention de la corruption et à la transparence de la vie économique et des procédures publiques, dite loi Sapin, et plus particulièrement son article 48, qui décline trois dispositions :

Art. 48-I : « *Les contrats des travaux, d'études et de maîtrise d'oeuvre conclus pour l'exécution ou les besoins du service public par les sociétés d'économie mixte, en leur nom ou pour le compte de personnes publiques, sont soumis aux principes de publicité et de mise en concurrence prévus par le Code des marchés publics dans des conditions fixées par décret en Conseil d'État.* » (décret n° 93-584 du 26 mars 1993 relatif aux contrats visés au I de l'article 48 de la loi n° 93-122 du 29 janvier 1993 relative à la prévention de la corruption et à la transparence de la vie économique et des procédures publiques) ;

Art. 48-II, insérant un article L. 433-1 dans le Code de la construction et de l'habitation ainsi rédigé : « *Les contrats conclus par les organismes privés d'habitations à loyer modéré sont soumis aux principes de publicité, de mise en concurrence et d'exécution prévus par le Code des marchés publics dans des conditions fixées par décret en Conseil d'État.* » (décret n° 93-746 du 27 mars 1993 portant application des articles L. 433-1 à L. 481-4 du Code de la construction et de l'habitation, modifiant les articles R. 433-5 à R. 433-23 du même code) ;

Art. 48-III, insérant un article L. 481-4 dans le Code de la construction et de l'habitation ainsi rédigé : « *Les contrats conclus par les sociétés d'économie mixte exerçant une activité de construction ou de gestion de logements sociaux sont soumis aux principes de publicité, de mise en concurrence et d'exécution prévus par le Code des marchés publics dans des conditions fixées par décret en Conseil d'État.* » (décret n° 93-746 du 27 mars 1993 portant application des articles L. 433-1 à L. 481-4 du Code de la construction et de l'habitation, insérant un article R. 481-3 au même code).

Ce dispositif s'avère très complexe du fait de la multitude des textes applicables aux organismes non soumis au Code des marchés publics : trois lois, quatre décrets, un arrêté.

II. – Le nouveau dispositif proposé par le projet d'ordonnance

A. – *Objet du projet d'ordonnance*

Il est proposé, dans un souci de simplification et d'harmonisation des règles, de réunir en un seul et unique texte l'ensemble des dispositions législatives applicables aux organismes non soumis au Code des marchés publics mais soumis aux directives marchés publics et qui sont actuellement dans le champ des lois du 3 janvier 1991, du 11 décembre 1992 et du 29 janvier 1993. Tel est l'objet du projet d'ordonnance ci-joint.

Conformément à l'habilitation, cette ordonnance transpose les nouvelles directives communautaires du 31 mars 2004 pour les organismes susmentionnés.

L'article 92 de la loi du 9 décembre 2004 précitée fixe un délai de six mois suivant la publication de la loi pour prendre cette ordonnance, soit avant le 10 juin 2005.

B. – *Structure du projet d'ordonnance*

Le projet d'ordonnance est divisé en cinq chapitres :

Chapitre Ier : Ce chapitre intitulé « Dispositions communes » détermine les règles qui sont applicables à la fois aux pouvoirs adjudicateurs, c'est-à-dire aux organismes soumis à la directive 2004/18 relative aux marchés de travaux, de services et de fournitures, et aux entités adjudicatrices soumises à la directive 2004/17 qui réglemente les activités des opérateurs de réseaux dans le domaine de l'eau, de l'énergie, des transports et des services postaux.

Ce chapitre est lui-même subdivisé en huit sections :

– la section 1 définit les notions qui seront par la suite utilisées dans le texte, notamment les notions de pouvoir adjudicateur et d'entité adjudicatrice issues du droit communautaire ;

– la section 2 rappelle les principes fondamentaux de la commande publique : liberté d'accès, égalité de traitement et transparence des procédures ;

– la section 3 détermine les exclusions du champ d'application qui sont communes aux pouvoirs adjudicateurs et aux entités adjudicatrices ;

– la section 4 fixe les interdictions de soumissionner ;

– les sections 5, 6 et 7 introduisent les dispositions que le pouvoir réglementaire sera chargé de préciser dans le cadre du décret d'application de l'ordonnance ; ces points concernent la méthode de calcul de la valeur estimée d'un marché, les procédures de passation et le contenu des marchés ;

– la section 8 transpose les obligations statistiques qui incombent aux pouvoirs adjudicateurs et aux entités adjudicatrices en vertu des règles communautaires.

Chapitre II : Ce chapitre intitulé « Dispositions propres aux pouvoirs adjudicateurs » fixe les règles applicables aux seuls pouvoirs adjudicateurs. Il détermine en particulier les exclusions du champ d'application propres à la directive classique et reprend les dispositions de la loi du 3 janvier 1991 relatives au référé précontractuel.

Chapitre III : Ce chapitre intitulé « Dispositions propres aux entités adjudicatrices » prévoit les règles applicables aux seules entités adjudicatrices. Il détermine en particulier, en sa section 1, le champ très spécifique de la directive secteurs, qui combine le critère organique avec le critère de l'activité d'opérateurs de réseaux exercée. La section 2 comprend des dispositions spécifiques à la directive secteurs concernant l'appréciation des offres contenant des produits originaires de pays tiers à la Communauté européenne. La section 3 reprend les dispositions de la loi du 11 décembre 1992 relatives au référé précontractuel et la section 4 fixe le principe d'obligation de conservation de certaines informations sur les marchés passés.

Chapitre IV : Ce chapitre intitulé « Dispositions applicables à certains marchés particuliers » précise, en premier lieu, les règles applicables aux marchés subventionnés par des pouvoirs adjudicateurs, en deuxième lieu, détermine les règles applicables lorsqu'un pouvoir adjudicateur agit également en tant qu'entité adjudicatrice et qu'il passe un marché pour satisfaire des besoins liés à ces deux activités et, en troisième lieu, pose le principe de non-discrimination en raison de la nationalité pour des marchés de fournitures passés par des organismes qui ne sont pas des pouvoirs adjudicateurs mais qui se sont vus confier, à titre exclusif ou spécial, une mission de service public par un pouvoir adjudicateur.

Chapitre V : Ce chapitre intitulé « Dispositions diverses » rend applicables aux personnes soumises au Code des marchés publics les interdictions de soumissionner prévues dans l'ordonnance, interdictions relevant du domaine législatif. Également, le chapitre V modifie, par coordination, le Code de justice administrative et le Code de la construction et de l'habitation ainsi que les articles de la loi du 3 janvier 1991 relatifs aux concessions de travaux pour les rendre autonomes suite à l'abrogation de dispositions auxquels ces articles renvoyaient. Enfin, il procède aux abrogations nécessaires des textes antérieurs et fixe une date d'entrée en vigueur différée au 1er septembre 2005.

Tel est l'objet de la présente ordonnance que nous avons l'honneur de soumettre à votre approbation.

Ordonnance n° 2005-649 du 6 juin 2005

relative aux marchés passés par certaines personnes publiques ou privées non soumises au Code des marchés publics

Chapitre Ier. – Dispositions communes

Section 1. Définitions

Art. 1er. – Sont soumis aux dispositions de la présente ordonnance les marchés et les accords-cadres définis ci-après.

Les marchés sont les contrats conclus à titre onéreux avec des opérateurs économiques publics ou privés par les pouvoirs adjudicateurs définis à l'article 3 ou les entités adjudicatrices définies à l'article 4, pour répondre à leurs besoins en matière de travaux, de fournitures ou de services.

Les accords-cadres sont les contrats conclus entre un des pouvoirs adjudicateurs définis à l'article 3 ou une des entités adjudicatrices définies à l'article 4 et des opérateurs économiques publics ou privés ayant pour objet d'établir les termes régissant les marchés à passer au cours d'une période donnée, notamment en ce qui concerne les prix et, le cas échéant, les quantités envisagées.

Art. 2. – Les marchés de travaux sont les marchés conclus avec des entrepreneurs qui ont pour objet soit l'exécution, soit conjointement la conception et l'exécution d'un ouvrage ou de travaux de bâtiment ou de génie civil répondant à des besoins précisés par le pouvoir adjudicateur ou l'entité adjudicatrice. Un ouvrage est le résultat d'un ensemble de travaux de bâtiment ou de génie civil destiné à remplir par lui-même une fonction économique ou technique.

Les marchés de fournitures sont les marchés conclus avec des fournisseurs qui ont pour objet l'achat, la prise en crédit-bail, la location ou la location-vente, de produits ou matériels.

Les marchés de services sont les marchés conclus avec des prestataires de services qui ont pour objet la réalisation de prestations de services.

Lorsqu'un marché a pour objet à la fois des services et des fournitures, il est un marché de services si la valeur de ceux-ci dépasse celle des produits à fournir.

Lorsqu'un marché porte à la fois sur des services et des travaux, il est un marché de travaux si son objet principal est de réaliser des travaux.

Un marché ayant pour objet la fourniture de produits et, à titre accessoire, des travaux de pose et d'installation est considéré comme un marché de fournitures.

Art. 3. – I. – Les pouvoirs adjudicateurs soumis à la présente ordonnance sont :

1° Les organismes de droit privé ou les organismes de droit public autres que ceux soumis au Code des marchés publics dotés de la personnalité juridique et qui ont été créés pour satisfaire spécifiquement des besoins d'intérêt général ayant un caractère autre qu'industriel ou commercial, dont :

a) Soit l'activité est financée majoritairement par un pouvoir adjudicateur soumis au Code des marchés publics ou à la présente ordonnance ;

b) Soit la gestion est soumise à un contrôle par un pouvoir adjudicateur soumis au Code des marchés publics ou à la présente ordonnance ;

c) Soit l'organe d'administration, de direction ou de surveillance est composé de membres dont plus de la moitié sont désignés par un pouvoir adjudicateur soumis au Code des marchés publics ou à la présente ordonnance ;

2° La Banque de France ;

3° La Caisse des dépôts et consignations ;

4° Les organismes de droit privé dotés de la personnalité juridique constitués en vue de réaliser certaines activités en commun :

a) Soit par des pouvoirs adjudicateurs soumis au Code des marchés publics ;

b) Soit par des pouvoirs adjudicateurs soumis à la présente ordonnance ;

c) Soit par des pouvoirs adjudicateurs soumis au Code des marchés publics et des pouvoirs adjudicateurs soumis à la présente ordonnance.

(Loi n° 2006-450 du 18 avril 2006, art. 30) 5° Tous les établissements publics à caractère administratif ayant dans leur statut une mission de recherche, parmi lesquels les établissements publics à caractère scientifique, culturel et professionnel, les établissements publics de coopération scientifique et les établissements publics à caractère scientifique et technologique, pour les achats de fournitures, de services et de travaux destinés à la conduite de leurs activités de recherche.

Un décret en Conseil d'État fixe les modalités d'application de cette disposition et, notamment, les conditions dans lesquelles lesdits établissements fixent, en tant que pouvoir adjudicateur, les modalités de passation des marchés pour leurs achats scientifiques.

II. – Les dispositions de la présente ordonnance ne font pas obstacle à la possibilité pour les pouvoirs adjudicateurs d'appliquer volontairement les règles prévues par le Code des marchés publics.

Art. 4. – Les entités adjudicatrices soumises à la présente ordonnance sont :

1° Les pouvoirs adjudicateurs définis à l'article 3 qui exercent une des activités d'opérateur de réseaux énumérées à l'article 26 ;

2° Les entreprises publiques qui exercent une des activités d'opérateur de réseaux énumérées à l'article 26.

Est une entreprise publique au sens de la présente ordonnance tout organisme doté de la personnalité juridique qui exerce des activités de production ou de commercialisation de biens ou de services marchands et sur lequel un ou plusieurs pouvoirs adjudicateurs soumis au Code des marchés publics ou à la présente ordonnance exercent, directement ou indirectement, une influence dominante en raison de la propriété, de la participation financière ou des règles qui la régissent.

L'influence des pouvoirs adjudicateurs est réputée dominante lorsque ceux-ci, directement ou indirectement, détiennent la majorité du capital, disposent de la majorité des droits de vote ou peuvent désigner plus de la moitié des membres de l'organe d'administration, de direction ou de surveillance ;

3° Les organismes de droit privé bénéficiant de droits spéciaux ou exclusifs ayant pour effet de leur réserver l'exercice d'une ou de plusieurs des activités énumérées à l'article 26 et d'affecter substantiellement la capacité des autres opérateurs économiques d'exercer ces activités.

Ne sont pas considérés comme des droits spéciaux ou exclusifs pour l'application de ces dispositions les droits accordés à l'issue d'une procédure permettant de garantir la prise en compte de critères objectifs, proportionnels et non discriminatoires.

Art. 5. – Une centrale d'achat est un pouvoir adjudicateur soumis à la présente ordonnance ou au Code des marchés publics qui :

1° Acquiert des fournitures ou des services destinés à des pouvoirs adjudicateurs ou à des entités adjudicatrices, ou

2° Passe des marchés publics ou conclut des accords-cadres de travaux, fournitures ou de services destinés à des pouvoirs adjudicateurs ou à des entités adjudicatrices.

Section 2. Principes fondamentaux

Art. 6. – Les marchés et les accords-cadres soumis à la présente ordonnance respectent les principes de liberté d'accès à la commande publique, d'égalité de traitement des candidats et de transparence des procédures. Ces principes permettent d'assurer l'efficacité de la commande publique et la bonne utilisation des deniers publics.

Section 3. Exclusions

Art. 7. – Les dispositions de la présente ordonnance ne sont pas applicables aux marchés passés par les pouvoirs adjudicateurs définis à l'article 3 ou par les entités adjudicatrices définies à l'article 4 qui présentent les caractéristiques suivantes :

1° Marchés de services conclus avec un pouvoir adjudicateur ou une entité adjudicatrice soumis au Code des marchés publics ou à la présente ordonnance, lorsque ce pouvoir adjudicateur ou cette entité adjudicatrice bénéficie, sur le fondement d'une disposition légalement prise, d'un droit exclusif, à condition que cette disposition soit compatible avec le traité instituant la Communauté européenne ;

2° Marchés de services qui ont pour objet l'acquisition ou la location, quelles qu'en soient les modalités financières, de terrains, de bâtiments existants ou d'autres biens immeubles, ou qui concernent d'autres droits sur ces biens ; toutefois, les contrats de services financiers conclus en relation avec le contrat d'acquisition ou de location, sous quelque forme que ce soit, entrent dans le champ d'application de l'ordonnance ;

3° Marchés de services financiers relatifs à l'émission, à l'achat, à la vente et au transfert de titres ou d'autres instruments financiers, en particulier les opérations d'approvisionnement en argent ou en capital des pouvoirs adjudicateurs ou des entités adjudicatrices sous réserve des dispositions du 2° du présent article.

Sont également exclus les services fournis aux pouvoirs adjudicateurs par des banques centrales ;

4° Marchés de services de recherche et de développement entièrement financés par un ou plusieurs pouvoirs adjudicateurs, ou une ou plusieurs entités adjudicatrices, pour autant que ceux-ci n'acquièrent pas la propriété exclusive des résultats pour leur usage ;

5° Marchés qui exigent le secret ou dont l'exécution doit s'accompagner de mesures particulières de sécurité conformément aux dispositions législatives ou réglementaires en vigueur ou pour lesquels la protection des intérêts essentiels de l'État l'exige ;

6° Marchés passés en vertu de la procédure propre à une organisation internationale ;

7° Marchés passés selon des règles de passation particulières et en vertu d'un accord international relatif au stationnement de troupes ;

8° Marchés passés selon des règles de passation particulières et en vertu d'un accord international en vue de la réalisation ou de l'exploitation en commun d'un projet ou d'un ouvrage ;

9° Marchés qui ont pour objet l'achat d'oeuvres d'art, d'objets d'antiquité et de collection et marchés ayant pour objet l'achat d'objets d'art ;

10° Marchés de services relatifs à l'arbitrage et à la conciliation ;

11° Marchés de services concernant les contrats de travail.

Section 4. Interdictions de soumissionner

Art. 8. – Ne peuvent soumissionner à un marché passé par un pouvoir adjudicateur défini à l'article 3 ou par une entité adjudicatrice définie à l'article 4 :

1° Les personnes qui ont fait l'objet, depuis moins de cinq ans, d'une condamnation définitive pour l'une des infractions prévues par les articles 222-38, 222-40, 313-1 à 313-3, 314-1 à 314-3, 324-1 à 324-6, 421-2-1, par le deuxième alinéa de l'article 421-5, par l'article 433-1, par le deuxième alinéa de l'article 434-9, par les articles 435-2, 441-1 à 441-7, par les premier et deuxième alinéas de l'article 441-8, par l'article 441-9 et par l'article 450-1 du Code pénal, ainsi que par le deuxième alinéa de l'article L. 152-6 du Code du travail et par l'article 1741 du Code général des impôts ;

2° Les personnes qui ont fait l'objet, depuis moins de cinq ans, d'une condamnation inscrite au bulletin n° 2 du casier judiciaire pour les infractions mentionnées aux articles L. 324-9, L. 324-10, L. 341-6, L. 125-1 et L. 125-3 du Code du travail ;

3° Les personnes en état de liquidation judiciaire au sens de l'article L. 620-1 du Code de commerce et les personnes physiques dont la faillite personnelle, au sens de l'article L. 625-2 du même code, a été prononcée ainsi que les personnes faisant l'objet d'une procédure équivalente régie par un droit étranger. Les personnes admises au redressement judiciaire au sens de l'article L. 620-1 du Code de commerce ou à une procédure équivalente régie par un droit étranger doivent justifier qu'elles ont été habilitées à poursuivre leur activité pendant la durée prévisible d'exécution du marché ;

4° Les personnes qui, au 31 décembre de l'année précédant celle au cours de laquelle a lieu le lancement de la consultation, n'ont pas souscrit les déclarations leur incombant en matière fiscale et sociale ou n'ont pas acquitté les impôts et cotisations exigibles à cette date. Toutefois, sont considérées comme en situation régulière les personnes qui, au 31 décembre de l'année précédant celle au cours de laquelle a eu lieu le lancement de la consultation, n'avaient pas acquitté les divers produits devenus exigibles à cette date, ni constitué de garanties, mais qui, avant la date du lancement de la consultation, ont, en l'absence de toute mesure d'exécution du comptable ou de l'organisme chargé du recouvrement, soit acquitté lesdits produits, soit constitué des garanties jugées suffisantes par le comptable ou l'organisme chargé du recouvrement. Les personnes physiques qui sont dirigeants de droit ou de fait d'une personne morale qui ne satisfait pas aux conditions prévues aux alinéas précédents ne peuvent être personnellement candidates à un marché.

La liste des impôts et cotisations en cause est fixée dans des conditions prévues par voie réglementaire.

Les dispositions du présent article sont applicables aux personnes qui se portent candidates ainsi qu'à celles qui sont membres d'un groupement candidat.

Section 5. Méthodes de calcul de la valeur estimée d'un marché

Art. 9. – Les conditions dans lesquelles est calculée la valeur estimée d'un marché sont fixées par décret en Conseil d'État.

Section 6. Procédures de passation

Art. 10. – Après avoir défini ses besoins, le pouvoir adjudicateur ou l'entité adjudicatrice procède à une publicité permettant la présentation de plusieurs offres concurrentes, dans les conditions et sous réserve des exceptions définies par décret en Conseil d'État.

Art. 11. – Les procédures de passation sont ouvertes ou restreintes, sous réserve des cas où, en application du décret mentionné à l'article 10, le marché peut être dispensé de publicité préalable.

Une procédure est ouverte lorsque tout opérateur économique intéressé est admis à présenter une offre.

Une procédure est restreinte lorsque le pouvoir adjudicateur ou l'entité adjudicatrice invite un certain nombre de candidats choisis sur la base de critères objectifs et non discriminatoires à participer à la procédure.

Art. 12. – Les procédures de passation sont :

1° Les procédures d'appel d'offres dans lesquelles le pouvoir adjudicateur ou l'entité adjudicatrice choisit l'attributaire, sans négociation, sur la base de critères objectifs ;

2° Les procédures de dialogue compétitif, dans lesquelles le pouvoir adjudicateur dialogue avec les candidats admis à participer à la procédure en vue de développer une ou plusieurs solutions correspondant à ses besoins sur la base de laquelle ou desquelles les candidats sont invités à remettre une offre ;

3° Les procédures négociées, dans lesquelles les pouvoirs adjudicateurs ou les entités adjudicatrices négocient les conditions du marché avec un ou plusieurs opérateurs économiques ;

4° Les procédures de concours, dans lesquelles le pouvoir adjudicateur ou l'entité adjudicatrice choisit l'attributaire après qu'un jury a donné son avis sur des prestations réalisées par les candidats.

Un décret en Conseil d'État définit les cas dans lesquels les pouvoirs adjudicateurs ou les entités adjudicatrices peuvent recourir à ces différents types de procédures et leurs modalités de mise en œuvre.

Art. 13. – Le décret mentionné à l'article 12 définit les modalités selon lesquelles :

1° Les pouvoirs adjudicateurs ou les entités adjudicatrices peuvent, pour certains achats, mettre en place des procédures spécifiques dans lesquelles le marché est attribué à l'un des opérateurs économiques sélectionnés préalablement à la passation du marché sur la base d'offres indicatives présentées et, le cas échéant, modifiées par eux ;

2° Les pouvoirs adjudicateurs ou les entités adjudicatrices peuvent organiser des enchères électroniques.

Art. 14. – Le marché ou l'accord-cadre est attribué au candidat ou, le cas échéant, aux candidats qui ont présenté l'offre économiquement la plus avantageuse dans des conditions définies par décret en Conseil d'État.

Art. 15. – Les pouvoirs adjudicateurs ou les entités adjudicatrices qui recourent à une centrale d'achats pour la réalisation de travaux ou l'acquisition de fournitures ou de services sont considérés comme ayant respecté leurs obligations de publicité et de mise en concurrence pour autant que la centrale d'achat est soumise, pour la totalité de ses achats, aux dispositions de la présente ordonnance ou à celles du Code des marchés publics.

Art. 16. – Certains marchés ou certains lots d'un marché peuvent être réservés à des entreprises adaptées ou à des établissements et services d'aide par le travail mentionnés aux articles L. 323-31 du Code du travail et L. 344-2 du Code de l'action sociale et des familles, ou à des structures équivalentes, lorsque la majorité des travailleurs concernés sont des personnes handicapées qui, en raison de la nature ou de la gravité de leurs déficiences, ne peuvent exercer une activité professionnelle dans des conditions normales.

Art. 17. – Les conditions dans lesquelles le pouvoir adjudicateur ou l'entité adjudicatrice rend public et fait connaître aux candidats dont l'offre n'a pas été retenue son choix à l'issue de la procédure de passation et celles dans lesquelles l'exécution du marché peut commencer sont précisées par décret en Conseil d'État.

Section 7. Contenu des marchés

Art. 18. – Les prestations à réaliser et les conditions d'exécution du marché sont définies par référence à des spécifications techniques dans des conditions précisées par décret en Conseil d'État.

Art. 19. – Le prix ou ses modalités de fixation et, le cas échéant, ses modalités d'évolution sont déterminés par le marché, dans des conditions prévues par décret en Conseil d'État.

L'insertion de toute clause de paiement différé est interdite pour les marchés passés par les établissements publics à caractère industriel et commercial de l'État.

Art. 20. – Le marché ou l'accord-cadre précise sa durée d'exécution. Les conditions dans lesquelles cette durée est limitée en fonction de l'objet du marché et celles dans lesquelles des reconductions peuvent être prévues sont précisées par décret en Conseil d'État.

Section 8. Obligations statistiques

Art. 21. – Les pouvoirs adjudicateurs ou les entités adjudicatrices établissent des fiches statistiques sur les marchés qu'ils passent et les transmettent aux services compétents de l'État, dans des conditions définies par décret.

Chapitre II. – Dispositions propres aux pouvoirs adjudicateurs

Section 1. Champ d'application

Art. 22. – Les dispositions du présent chapitre s'appliquent aux marchés et accords-cadres définis à l'article 1er passés par les pouvoirs adjudicateurs définis à l'article 3.

Art. 23. – Les dispositions de la présente ordonnance ne sont pas applicables :

1° Aux marchés conclus entre un pouvoir adjudicateur et un cocontractant sur lequel il exerce un contrôle comparable à celui qu'il exerce sur ses propres services et qui réalise l'essentiel de ses activités pour lui à condition que, même si ce cocontractant n'est pas un pouvoir adjudicateur, il applique, pour répondre à ses besoins propres, les règles de passation des marchés prévues par la présente ordonnance ou par le Code des marchés publics ;

2° Aux marchés qui ont pour objet l'achat, le développement, la production ou la coproduction de programmes destinés à la diffusion par des organismes de radiodiffusion et aux marchés concernant les temps de diffusion ;

3° Aux marchés qui ont principalement pour objet de permettre la mise à disposition ou l'exploitation de réseaux publics de télécommunications ou la fourniture au public d'un ou de plusieurs services de télécommunications ;

4° Aux marchés qui sont soumis aux dispositions du chapitre III ou qui cessent d'y être soumis en application des dispositions de l'article 31.

Section 2. Recours précontractuels

Art. 24. – En cas de manquement aux obligations de publicité et de mise en concurrence auxquelles est soumise la passation des marchés mentionnés aux articles 22 et 35 :

1° Lorsque ces marchés constituent des contrats de droit privé, toute personne ayant intérêt à conclure le contrat et susceptible d'être lésée par ce manquement peut demander au juge de prendre, avant la conclusion du contrat, des mesures provisoires tendant à ce qu'il soit ordonné à la personne morale responsable du manquement de se conformer à ses obligations et, le cas échéant, à ce que soit suspendue la procédure de passation du contrat ou l'exécution de toute décision qui s'y rapporte. Elle peut également demander que soient annulées de telles décisions et que soient supprimées les clauses ou prescriptions destinées à figurer dans le contrat et qui méconnaissent lesdites obligations.

La demande peut également être présentée par le ministère public lorsque la Commission européenne a notifié à l'État les raisons pour lesquelles elle estime qu'une violation claire et manifeste des obligations mentionnées au premier alinéa a été commise.

La demande est portée devant le président de la juridiction de l'ordre judiciaire compétente ou son délégué, qui statue en premier et dernier ressort en la forme des référés ;

2° Lorsque ces marchés sont des contrats administratifs, l'article L. 551-1 du Code de justice administrative est applicable.

Chapitre III. – Dispositions propres aux entités adjudicatrices

Section 1. Champ d'application

Art. 25. – Les dispositions du présent chapitre s'appliquent aux marchés et accords-cadres définis à l'article 1er passés par les entités adjudicatrices définies à l'article 4 pour leurs seuls besoins relatifs aux activités d'opérateur de réseaux énumérées à l'article 26.

Art. 26. – Sont soumises aux dispositions du présent chapitre les activités d'opérateur de réseaux suivantes lorsqu'elles sont exercées par une entité adjudicatrice :

1° L'exploitation de réseaux fixes destinés à fournir un service au public dans le domaine de la production, du transport ou de la distribution d'électricité, de gaz ou de chaleur, les achats destinés à l'organisation ou à la mise à la disposition d'un exploitant de ces réseaux, ou l'alimentation de ces réseaux en électricité, en gaz, ou en chaleur ;

2° L'exploitation de réseaux fixes destinés à fournir un service au public dans le domaine de la production, du transport ou de la distribution d'eau potable, les achats destinés à l'organisation ou à la mise à la disposition d'un exploitant de ces réseaux, ou l'alimentation de ces réseaux en eau potable.

Sont également soumis aux dispositions du présent chapitre les marchés passés par les entités adjudicatrices exerçant une des activités mentionnées à l'alinéa précédent qui sont liés :

a) Soit à l'évacuation ou au traitement des eaux usées ;

b) Soit à des projets de génie hydraulique, d'irrigation ou de drainage, pour autant que le volume d'eau utilisé pour l'alimentation en eau potable mentionné au 2° représente plus de 20 % du volume total d'eau utilisé pour ces projets ;

3° Les activités relatives à l'exploitation d'une aire géographique dans le but de prospecter ou d'extraire du pétrole, du gaz, du charbon ou d'autres combustibles solides ;

4° Les achats destinés à l'organisation ou à la mise à la disposition des transporteurs des aéroports, des ports maritimes ou des ports fluviaux ;

5° Les activités d'exploitation de réseaux destinés à fournir un service au public dans le domaine du transport par chemin de fer, tramways, trolleybus, autobus, câble ou tout système automatique, ou les achats destinés à l'organisation ou à la mise à la disposition d'un exploitant de ces réseaux.

Le service de transport est regardé comme fourni par un réseau de transport lorsqu'une autorité nationale ou territoriale compétente définit les conditions générales d'organisation du service notamment en ce qui concerne les itinéraires à suivre, la capacité de transport disponible ou la fréquence du service ;

6° Les activités visant à fournir des services postaux ou les services autres que les services postaux mentionnés aux *a* à *f* ci-dessous.

Les services postaux sont les services définis à l'article L. 1 du Code des postes et des communications électroniques.

Les services autres que les services postaux, soumis au présent chapitre, sont les services suivants, lorsqu'ils sont fournis par une entité adjudicatrice exerçant par ailleurs l'une des activités mentionnées à l'alinéa précédent :

a) Les services de gestion de services courrier ;

b) Les services de courrier électronique assurés entièrement par voie électronique, notamment la transmission sécurisée de documents codés par voie électronique, les services de gestion des adresses et la transmission de courrier électronique recommandé ;

c) Les services d'envois non postaux tel que le publipostage sans adresse ;

d) Les services bancaires et d'investissement et les services d'assurance ;

e) Les services de philatélie ;

f) Les services logistiques, associant la remise physique des colis ou leur dépôt à des fonctions autres que postales, tels que les services d'envois express.

Art. 27. – N'est pas considérée comme une activité d'opérateur de réseaux soumise à la présente ordonnance :

1° L'alimentation en gaz ou en chaleur des réseaux destinés à fournir un service au public par une entreprise publique ou un organisme de droit privé bénéficiant de droits spéciaux ou exclusifs, lorsque sont réunies les deux conditions suivantes :

a) La production de gaz ou de chaleur par l'entité concernée est le résultat inévitable de l'exercice d'une activité autre que celles mentionnées à l'article 26 ;

b) L'alimentation du réseau public ne vise qu'à exploiter à des fins commerciales cette production et ne dépasse pas 20 % du chiffre d'affaires de l'entité en prenant en considération la moyenne de l'année en cours et des deux années précédentes ;

2° L'alimentation en électricité des réseaux destinés à fournir un service au public par une entreprise publique ou un organisme de droit privé bénéficiant de droits spéciaux ou exclusifs, lorsque sont réunies les deux conditions suivantes :

a) La production d'électricité par l'entité concernée est rendue nécessaire par une activité autre que celles mentionnées à l'article 26 ;

b) La quantité d'électricité utilisée pour l'alimentation du réseau public ne dépasse pas 30 % de la production totale d'énergie de l'entité en prenant en considération la moyenne de l'année en cours et des deux années précédentes ;

3° L'alimentation en eau potable des réseaux destinés à fournir un service au public par une entreprise publique ou un organisme de droit privé bénéficiant de droits spéciaux ou exclusifs, lorsque sont réunies les deux conditions suivantes :

a) La production d'eau potable par l'entité concernée est rendue nécessaire par une activité autre que celles mentionnées à l'article 26 ;

b) La quantité d'eau utilisée pour l'alimentation du réseau public ne dépasse pas 30 % de la production totale d'eau potable de l'entité en prenant en considération la moyenne de l'année en cours et des deux années précédentes.

Art. 28. – Les dispositions de la présente ordonnance ne sont pas applicables aux marchés passés par les entités adjudicatrices dans les cas suivants :

1° Pour l'achat d'eau, quand cet achat est réalisé par une entité adjudicatrice exerçant l'activité d'exploitation mentionnée au premier alinéa du 2° de l'article 26 ;

2° Pour l'achat d'énergie ou de combustibles destinés à la production d'énergie, quand cet achat est réalisé par une entité adjudicatrice exerçant l'activité d'exploitation définie au 1° et au 3° de l'article 26 ;

3° Pour la revente ou la location d'un des biens mentionnés à l'article 26, lorsque l'entité adjudicatrice ne bénéficie d'aucun droit spécial ou exclusif pour vendre ou louer ce bien et que d'autres entités peuvent librement le vendre ou le louer dans les mêmes conditions que l'entité adjudicatrice.

Les entités adjudicatrices communiquent à la Commission européenne, lorsqu'elle le demande, les catégories de produits et d'activités qu'elles considèrent comme exclus en vertu de l'alinéa précédent ;

4° Lorsque ces entités fournissaient, avant le 30 avril 2004, un service de transport par autobus et que d'autres entités fournissaient librement dans les mêmes conditions ce service ;

5° Pour l'exercice d'activités d'opérateur de réseaux mentionnées à l'article 26, dans un État non membre de l'Union européenne, dans des conditions n'impliquant pas l'exploitation physique d'un réseau ou d'une aire géographique à l'intérieur de l'Union européenne.

Les entités adjudicatrices communiquent à la Commission européenne, lorsqu'elle le demande, les activités qu'elles considèrent comme exclues en vertu de l'alinéa précédent.

Art. 29. – I. – Dans les hypothèses précisées au II, les dispositions de la présente ordonnance ne sont pas applicables aux marchés passés :

1° Par une entité adjudicatrice avec une entreprise liée au sens du III du présent article ;

2° Par un organisme de droit privé constitué par plusieurs entités adjudicatrices en vue de réaliser certaines activités en commun avec une entreprise liée à l'une de ces entités adjudicatrices.

II. – Le I du présent article est applicable :

1° Aux marchés de services lorsque l'entreprise liée a réalisé au cours des trois années précédant l'année de passation du marché au moins 80 % de son chiffre d'affaires moyen en matière de services avec les entreprises auxquelles elle est liée ;

2° Aux marchés de fournitures lorsque l'entreprise liée a réalisé au cours des trois années précédant l'année de passation du marché au moins 80 % de son chiffre d'affaires moyen en matière de fournitures avec les entreprises auxquelles elle est liée ;

3° Aux marchés de travaux lorsque l'entreprise liée a réalisé au cours des trois années précédant l'année de passation du marché au moins 80 % de son chiffre d'affaires moyen en matière de travaux avec les entreprises auxquelles elle est liée.

Lorsque l'entreprise liée a été créée ou a commencé à exercer son activité moins de trois ans avant l'année de passation du marché, elle peut se borner à démontrer, notamment par des projections d'activités, que la réalisation de son chiffre d'affaires dans les conditions prévues aux 1°, 2° et 3° ci-dessus est vraisemblable.

Lorsque des services, des fournitures ou des travaux, identiques ou comparables, sont fournis par plus d'une entreprise liée à l'entité adjudicatrice, le pourcentage de 80 % mentionné ci-dessus est apprécié en tenant compte de la totalité des services, des fournitures ou des travaux fournis par ces entreprises.

III. – Sont des entreprises liées à une entité adjudicatrice :

1° Les entreprises dont les comptes annuels sont consolidés avec ceux d'une entité adjudicatrice ;

2° Les entreprises qui sont soumises directement ou indirectement à l'influence dominante d'une entité adjudicatrice au sens du 2° de l'article 4 ;

3° Les entreprises qui peuvent exercer directement ou indirectement une influence dominante sur une entité adjudicatrice au sens du 2° de l'article 4 ;

4° Les entreprises qui sont soumises à l'influence dominante d'une entreprise exerçant elle-même une telle influence dominante sur une entité adjudicatrice au sens du 2° de l'article 4.

IV. – Les entités adjudicatrices communiquent à la Commission européenne, lorsqu'elle le demande, les noms des organismes mentionnés au 2° du I et des entreprises liées au sens du III, la nature et la valeur des marchés mentionnés au I et tout élément que la Commission européenne juge nécessaire pour prouver que les relations entre l'entité adjudicatrice ou l'organisme et l'entreprise à laquelle les marchés sont attribués répondent aux exigences prévues par le présent article.

Art. 30. – I. – Les dispositions de la présente ordonnance ne sont pas applicables :

1° Aux marchés passés par un organisme constitué exclusivement par des entités adjudicatrices pour exercer l'une des activités mentionnées à l'article 26 avec l'une de ces entités adjudicatrices ;

2° Aux marchés passés par une entité adjudicatrice avec un organisme tel que mentionné au 1° lorsque cet organisme a été constitué pour exercer son activité pendant une période d'au moins trois ans et que, aux termes des statuts de cet organisme, les entités adjudicatrices qui l'ont constitué en sont parties prenantes au moins pendant cette même période.

II. – Les entités adjudicatrices communiquent à la Commission européenne, lorsqu'elle le demande, les noms des entités et organismes ainsi que la nature et la valeur des marchés mentionnés au I et tout élément que la Commission européenne juge nécessaire pour prouver que les relations entre l'entité adjudicatrice et l'organisme mentionné au I répondent aux exigences prévues par le présent article.

Art. 31. – Les marchés passés pour l'exercice d'une activité d'opérateur de réseaux dans un État membre de l'Union européenne cessent d'être soumis à la présente ordonnance, dès lors que la Commission européenne a décidé que, dans cet État, cette activité est exercée sur des marchés concurrentiels dont l'accès n'est pas limité.

Section 2. Offres contenant des produits originaires des pays tiers

Art. 32. – Lorsque les offres présentées dans le cadre de la passation d'un marché de fournitures contiennent des produits originaires de pays tiers avec lesquels la Communauté européenne n'a conclu aucun accord dans un cadre multilatéral ou bilatéral assurant un accès effectif des entreprises de la Communauté européenne aux marchés de ces pays, ces offres sont appréciées dans des conditions fixées par décret en Conseil d'État.

Section 3. Recours précontractuels

Art. 33. – En cas de manquement aux obligations de publicité et de mise en concurrence auxquelles est soumise la passation des marchés mentionnés à l'article 25 :

1° Lorsque ces marchés constituent des contrats de droit privé, toute personne ayant intérêt à conclure le contrat et susceptible d'être lésée par ce manquement peut demander au juge de prendre, avant la conclusion du contrat, des mesures tendant à ce qu'il soit ordonné à la personne morale responsable du manquement de se conformer à ses obligations. Le juge détermine les délais dans lesquels l'auteur du manquement doit s'exécuter. Il peut aussi prononcer une astreinte provisoire courant à compter de l'expiration des délais impartis. Il peut toutefois prendre en considération les conséquences probables de cette dernière mesure pour tous les intérêts susceptibles d'être atteints, notamment l'intérêt public, et décider de ne pas l'accorder lorsque ses conséquences négatives pourraient dépasser ses avantages.

La demande peut également être présentée par le ministère public lorsque la Commission européenne a notifié à l'État les raisons pour lesquelles elle estime qu'une violation claire et manifeste des obligations mentionnées au premier alinéa a été commise.

Le montant de l'astreinte provisoire est liquidé en tenant compte du comportement de celui à qui l'injonction a été adressée et des difficultés qu'il a rencontrées pour l'exécuter.

Le président de la juridiction de l'ordre judiciaire compétente ou son délégué statue en premier et dernier ressort en la forme des référés.

Si, à la liquidation de l'astreinte provisoire, le manquement constaté n'a pas été corrigé, le juge peut prononcer une astreinte définitive. Dans ce cas, il statue en la forme des référés, appel pouvant être fait comme en matière de référé.

L'astreinte, qu'elle soit provisoire ou définitive, est indépendante des dommages-intérêts. L'astreinte provisoire ou définitive est supprimée en tout ou partie s'il est établi que l'inexécution ou le retard dans l'exécution de l'injonction du juge provient, en tout ou partie, d'une cause étrangère ;

2° Lorsque ces marchés sont des contrats administratifs, l'article L. 551-2 du Code de justice administrative est applicable.

Section 4. Informations à conserver sur les marchés passés

Art. 34. – Les entités adjudicatrices conservent, pendant au moins quatre ans après la date d'attribution d'un marché, des informations relatives à ce marché dans des conditions définies par décret en Conseil d'État.

Chapitre IV. – Dispositions applicables à des marchés particuliers

Art. 35. – Les dispositions des chapitres Ier et II s'appliquent aux marchés subventionnés directement à plus de 50 % par un pouvoir adjudicateur soumis au Code des marchés publics ou à la présente ordonnance et qui ou bien concernent des activités de génie civil ou ont pour objet de réaliser, de concevoir et réaliser ou de faire réaliser tous travaux de bâtiment relatifs à des établissements de santé, des équipements sportifs, récréatifs ou de loisir, des bâtiments scolaires ou universitaires ou des bâtiments à usage administratif ou bien encore sont des marchés de services liés à un des marchés de travaux mentionnés au présent article.

Art. 36. – Lorsqu'un organisme agit à la fois en tant que pouvoir adjudicateur et en tant qu'entité adjudicatrice, il peut, pour satisfaire un besoin concernant à la fois une activité relevant du chapitre II et une activité relevant du chapitre III, passer un seul marché ou passer deux marchés distincts, mais ce choix ne peut être effectué dans le but de soustraire ces marchés au champ d'application de la présente ordonnance.

Lorsqu'il choisit de ne passer qu'un seul marché :

1° Si le besoin à satisfaire est principalement lié à son activité de pouvoir adjudicateur, les règles applicables sont celles des chapitres Ier et II ;

2° Si le besoin à satisfaire est principalement lié à son activité d'entité adjudicatrice, les règles applicables sont celles des chapitres Ier et III.

S'il est impossible d'établir à qui le marché est principalement destiné, du pouvoir adjudicateur ou de l'entité adjudicatrice, les règles applicables sont celles des chapitres Ier et II.

Si un marché est relatif à une activité entrant dans le champ du chapitre III et à une activité qui n'entre ni dans le champ du chapitre II ni dans le champ du chapitre III, si le marché est principalement relatif à la première des activités ou s'il est impossible d'établir à laquelle de ces deux activités le marché est principalement destiné, les règles applicables sont celles des chapitres Ier et III.

Art. 37. – Les marchés de fournitures passés par des organismes qui ne sont pas des pouvoirs adjudicateurs mais qui se voient confier à titre exclusif ou spécial une mission de service public par un pouvoir adjudicateur respectent le principe de non-discrimination en raison de la nationalité.

Chapitre V. – Dispositions diverses

Art. 38. – Les interdictions de soumissionner énumérées à l'article 8 et qui ne figurent pas dans le Code des marchés publics sont applicables aux personnes soumissionnant à des marchés relevant du Code des marchés publics.

Art. 39. – Le Code de justice administrative est modifié ainsi qu'il suit :

1° Au premier alinéa de l'article L. 551-1, après les mots : « marchés publics », sont ajoutés les mots : « des marchés mentionnés au 2° de l'article 24 de l'ordonnance n° 2005-649 du 6 juin 2005 relative aux marchés passés par certaines personnes publiques ou privées non soumises au Code des marchés publics » ;

2° Au premier alinéa de l'article L. 551-2, les mots : « les contrats visés à l'article 7-2 de la loi n° 92-1282 du 11 décembre 1992 relative aux procédures de passation de certains contrats dans les secteurs de l'eau, de l'énergie, des transports et des télécommunications » sont remplacés par les mots : « les marchés mentionnés au 2° de l'article 33 de l'ordonnance n° 2005-649 du 6 juin 2005 relative aux marchés passés par certaines personnes publiques ou privées non soumises au Code des marchés publics ».

Art. 40. – La loi n° 91-3 du 3 janvier 1991 relative à la transparence et à la régularité des procédures de marchés et soumettant la passation de certains contrats à des règles de publicité et de mise en concurrence est modifiée ainsi qu'il suit :

1° Le premier alinéa de l'article 9 est remplacé par les dispositions suivantes :

« Fait l'objet de mesures de publicité définies par décret en Conseil d'État la passation des contrats dont le montant est égal ou supérieur à un seuil fixé par arrêté du ministre chargé de l'Économie dont l'objet est de réaliser tous travaux de bâtiment ou de génie civil et que se proposent de conclure, lorsque la rémunération de l'entrepreneur consiste en tout ou partie dans le droit d'exploiter l'ouvrage, les collectivités territoriales, leurs établissements publics autres que ceux à caractère industriel ou commercial, ou les organismes suivants ».

Les deux derniers alinéas du même article sont supprimés ;

2° Les deux premiers alinéas de l'article 11 sont remplacés par un alinéa ainsi rédigé :

« Fait l'objet de mesures de publicité définies par décret en Conseil d'État la passation des contrats dont le montant est égal ou supérieur à un seuil fixé par arrêté du ministre chargé de l'Économie que se proposent de conclure avec des tiers les titulaires d'un contrat mentionné à l'article 9 ou d'un contrat de même nature que ce dernier, conclu par l'État, par des collectivités territoriales, par des organismes de droit public ayant un caractère autre qu'industriel ou commercial ou par des groupements de droit public formés entre des collectivités publiques, lorsque ces titulaires ne sont pas soumis au Code des marchés publics ou ne figurent pas à l'article 9. »

Au troisième alinéa, les mots : « mentionnés au premier alinéa » sont remplacés par les mots : « mentionnés à l'article 9 » ;

3° Aux articles 11-1 et 11-2, les mots : « aux articles 9, 9-1, 10, aux I, II, III et IV de l'article 10-1 et à l'article 11 » sont remplacés par les mots : « aux articles 9 et 11 ».

Art. 41. – I. – L'article L. 433-1 du Code de la construction et de l'habitation est remplacé par les dispositions suivantes :

« Art. L. 433-1. – Les marchés conclus par les organismes privés d'habitation à loyer modéré sont soumis aux dispositions de l'ordonnance n° 2005-649 du 6 juin 2005 relative aux marchés passés par certaines personnes publiques ou privées non soumises au Code des marchés publics. »

II. – L'article L. 481-4 du Code de la construction et de l'habitation est remplacé par les dispositions suivantes :

« Art. L. 481-4. – Les marchés conclus par les sociétés d'économie mixte exerçant une activité de construction ou de gestion de logements sociaux sont soumis aux dispositions de l'ordonnance n° 2005-649 du 6 juin 2005 relative aux marchés passés par certaines personnes publiques ou privées non soumises au Code des marchés publics. »

Art. 42. – Sont abrogés :

– le titre II, à l'exception de ses articles 9, 11, 11-1 et 11-2, de la loi n° 91-3 du 3 janvier 1991 relative à la transparence et à la régularité des procédures de marchés et soumettant la passation de certains contrats à des règles de publicité et de mise en concurrence ;

– la loi n° 92-1282 du 11 décembre 1992 relative aux procédures de passation de certains contrats dans les secteurs de l'eau, de l'énergie, des transports et des télécommunications ;

– l'article 48-1 de la loi n° 93-122 du 29 janvier 1993 relative à la prévention de la corruption et à la transparence de la vie économique et des procédures publiques.

Art. 42-1 *(Créé par Loi n° 2007-224 du 21 février 2007, art. 17–VII).* – Les articles 1er à 29 et 32 à 38 de la présente ordonnance sont applicables à Mayotte sous réserve des dispositions suivantes :

1° Dans l'article 8 :

a) Le 1° est complété par les mots : « applicable à Mayotte » ;

b) Dans le 2°, les références : « L. 324-9, L. 324-10, L. 341-6, L. 125-1 et L. 125-3 du Code du travail » sont remplacées par les références : « L. 124-1, L. 124-3, L. 312-1, L. 312-2 et L. 330-5 du Code du travail applicable à Mayotte » ;

2° Dans l'article 16, les mots : « mentionnés aux articles L. 323-31 du Code du travail et L. 344-2 du Code de l'action sociale et des familles, ou à des structures équivalentes sont remplacés par les mots : « créés en application des dispositions applicables localement » ;

3° Ne sont pas applicables à Mayotte :

a) Le troisième alinéa de l'article 24 ;

b) Les cinquième et huitième alinéas de l'article 28 ;

c) Le IV de l'article 29 ;

d) Le II de l'article 30 ;

e) Le troisième alinéa de l'article 33.

Art. 43. – Les dispositions de la présente ordonnance entrent en vigueur au 1er septembre 2005.

Art. 44. – Le Premier ministre, le ministre d'État, ministre de l'Intérieur et de l'Aménagement du territoire, le ministre de l'Économie, des Finances et de l'Industrie, le garde des Sceaux, ministre de la Justice, et le ministre des Transports, de l'Équipement, du Tourisme et de la Mer sont responsables, chacun en ce qui le concerne, de l'application de la présente ordonnance, qui sera publiée au *Journal officiel* de la République française.

12. Loi n° 75-1334 du 31 décembre 1975

relative à la sous-traitance (modifiée et complétée en 1981, 1984, 1986, 1994, 1996, 1998, 2000, 2001 et 2005)

Titre 1er. – Dispositions générales

Art. 1er. – Au sens de la présente loi, la sous-traitance est l'opération par laquelle un entrepreneur confie par un sous-traité, et sous sa responsabilité, à une autre personne appelée sous-traitant *(loi n° 2001-1168 du 11 décembre 2001, art. 6-1°)*, « l'exécution de tout ou partie du contrat d'entreprise ou d'une partie du marché public conclu avec le maître de l'ouvrage. »

(Loi n° 98-69 du 6 février 1998, art. 11). Les dispositions de la présente loi sont applicables aux opérations de transport, le donneur d'ordre initial étant assimilé au maître d'ouvrage, et le cocontractant du transporteur sous-traitant qui exécute les opérations de transport étant assimilé à l'entrepreneur principal.

Art. 2. – Le sous-traitant est considéré comme entrepreneur principal à l'égard de ses propres sous-traitants.

Art. 3. – L'entrepreneur qui entend exécuter un contrat ou un marché en recourant à un ou plusieurs sous-traitants doit, au moment de la conclusion et pendant toute la durée du contrat ou du marché, faire accepter chaque sous-traitant et agréer les conditions de paiement de chaque contrat de sous-traitance par le maître de l'ouvrage ; l'entrepreneur principal est tenu de communiquer le ou les contrats de sous-traitance au maître de l'ouvrage lorsque celui-ci en fait la demande.

Lorsque le sous-traitant n'aura pas été accepté ni les conditions de paiement agréées par le maître de l'ouvrage dans les conditions prévues à l'alinéa précédent, l'entrepreneur principal sera néanmoins tenu envers le sous-traitant mais ne pourra invoquer le contrat de sous-traitance à l'encontre du sous-traitant.

Titre II. – Du paiement direct

Art. 4. – Le présent titre s'applique aux marchés passés par l'État, les collectivités locales, les établissements et entreprises publics.

Art. 5. – Sans préjudice de l'acceptation prévue à l'article 3, l'entrepreneur principal doit, lors de la soumission, indiquer au maître de l'ouvrage la nature et le montant de chacune des prestations qu'il envisage de sous-traiter *(loi n° 2001-1168 du 11 décembre 2001, art. 7)* « ainsi que les sous-traitants auxquels il envisage de faire appel ».

(Loi n° 2001-1168 du 11 décembre 2001, art. 7) « En cours d'exécution du marché, l'entrepreneur principal peut faire appel à de nouveaux sous-traitants, à la condition de les avoir déclarés préalablement au maître de l'ouvrage. »

Art. 6. – Le sous-traitant *(loi n° 2001-1168 du 11 décembre 2001, art. 6-2°)* « direct du titulaire du marché » qui a été accepté et dont les conditions de paiement ont été agréées par le maître de l'ouvrage, est payé directement par lui pour la part du marché dont il assure l'exécution.

Toutefois les dispositions de l'alinéa précédent ne s'appliquent pas lorsque le montant du contrat de sous-traitance est inférieur à un seuil qui, pour l'ensemble des marchés prévus au présent titre, est fixé à *(ordonnance n° 2000-916 du 19 septembre 2000, art. 5-V)* 600 € ; ce seuil peut être relevé par décret en Conseil d'État en fonction des variations des circonstances économiques. En-deçà de ce seuil, les dispositions du titre III de la présente loi sont applicables.

En ce qui concerne les marchés industriels passés par le ministère de la Défense, un seuil différent peut être fixé par décret en Conseil d'État.

Ce paiement est obligatoire même si l'entrepreneur principal est en état de liquidation des biens *[liquidation judiciaire]*, de règlement judiciaire *[redressement judiciaire]* ou de suspension provisoire des poursuites.

(Loi n° 2001-1168 du 11 décembre 2001, art. 6-3°) « Le sous-traitant qui confie à un autre sous-traitant l'exécution d'une partie du marché dont il est chargé est tenu de lui délivrer une caution ou une délégation de paiement dans les conditions définies à l'article 14. »

Art. 7. – Toute renonciation au paiement direct est réputée non écrite.

Art. 8. – L'entrepreneur principal dispose d'un délai de quinze jours, comptés à partir de la réception des pièces justificatives servant de base au paiement direct, pour les revêtir de son acceptation ou pour signifier au sous-traitant son refus motivé d'acceptation.

Passé ce délai, l'entrepreneur principal est réputé avoir accepté celles des pièces justificatives ou des parties de pièces justificatives qu'il n'a pas expressément acceptées ou refusées.

Les notifications prévues à l'alinéa 1er sont adressées par lettre recommandée avec accusé de réception.

Art. 9. – La part du marché pouvant être nantie par l'entrepreneur principal est limitée à celle qu'il effectue personnellement.

Lorsque l'entrepreneur envisage de sous-traiter une part du marché ayant fait l'objet d'un nantissement, l'acceptation des sous-traitants prévue à l'article 3 de la présente loi est subordonnée à une réduction du nantissement à concurrence de la part que l'entrepreneur se propose de sous-traiter.

Art. 10. – Le présent titre s'applique :

Aux marchés sur adjudication ou sur appel d'offres dont les avis ou appels sont lancés plus de trois mois après la publication de la présente loi ;

Aux marchés de gré à gré dont la signature est notifiée plus de six mois après cette même publication.

Titre III. – De l'action directe

Art. 11. – Le présent titre s'applique à tous les contrats de sous-traitance qui n'entrent pas dans le champ d'application du titre II.

Art. 12. – Le sous-traitant a une action directe contre le maître de l'ouvrage si l'entrepreneur principal ne paie pas, un mois après en avoir été mis en demeure, les sommes qui sont dues en vertu du contrat du sous-traitance ; copie de cette mise en demeure est adressée au maître de l'ouvrage.

Toute renonciation à l'action directe est réputée non écrite.

Cette action directe subsiste même si l'entrepreneur principal est en état de liquidation des biens *[liquidation judiciaire]*, de règlement judiciaire *[redressement judiciaire]* ou de suspension provisoire des poursuites.

(Loi n° 94-475 du 10 juin 1994, art. 5-II). Les dispositions du deuxième alinéa de l'article 1799-1 du Code civil sont applicables au sous-traitant qui remplit les conditions édictées au présent article.

Art. 13. – L'action directe ne peut viser que le paiement correspondant aux prestations prévues par le contrat de sous-traitance et dont le maître de l'ouvrage est effectivement bénéficiaire.

Les obligations du maître de l'ouvrage sont limitées à ce qu'il doit encore à l'entrepreneur principal à la date de la réception de la copie de la mise en demeure prévue à l'article précédent.

Art. 13-1 *(Loi n° 81-1 du 2 janvier 1981).* – L'entrepreneur principal ne peut céder ou nantir les créances résultant du marché ou du contrat passé avec le maître de l'ouvrage qu'à concurrence des sommes qui lui sont dues au titre des travaux qu'il effectue personnellement.

(Loi n° 84-46 du 24 janvier 1984). Il peut toutefois, céder ou nantir l'intégralité de ces créances sous réserve d'obtenir, préalablement et par écrit, le cautionnement personnel et solidaire visé à l'article 14 de la présente loi, vis-à-vis des sous-traitants.

Art. 14. – À peine de nullité du sous-traité, les paiements de toutes les sommes dues par l'entrepreneur au sous-traitant, en application de ce sous-traité, sont garantis par une caution personnelle et solidaire obtenue par l'entrepreneur d'un établissement qualifié, agréé dans des conditions fixées par décret. Cependant, la caution n'aura pas lieu d'être fournie si l'entrepreneur délègue le maître de l'ouvrage au sous-traitant dans les termes de l'article 1275 du Code civil, à concurrence du montant des prestations exécutées par le sous-traitant.

À titre transitoire, la caution pourra être obtenue d'un établissement figurant sur la liste fixée par le décret pris en application de la loi n° 71-584 du 16 juillet 1971 concernant les retenues de garantie.

Art. 14-1 *(Loi n° 86-13 du 6 janvier 1986, art. 13).* – Pour les contrats de travaux de bâtiment et de travaux publics :

– le maître de l'ouvrage doit, s'il a connaissance de la présence sur le chantier d'un sous-traitant n'ayant pas fait l'objet des obligations définies à l'article 3 *(loi n° 2001-1168 du 11 décembre 2001, art. 6-4°)* « ou à l'article 6, ainsi que celles définies à l'article 5, mettre l'entrepreneur principal ou le sous-traitant en demeure de s'acquitter de ces obligations. Ces dispositions s'appliquent aux marchés publics et privés ; »

– si le sous traitant accepté, et dont les conditions de paiement ont été agréées par le maître de l'ouvrage dans les conditions définies par décret en Conseil d'État, ne bénéficie pas de la délégation de paiement, le maître de l'ouvrage doit exiger de l'entrepreneur principal qu'il justifie avoir fourni la caution.

Les dispositions ci-dessus concernant le maître de l'ouvrage ne s'appliquent pas à la personne physique construisant un logement pour l'occuper elle-même ou le faire occuper par son conjoint, ses ascendants, ses descendants ou ceux de son conjoint.

(Loi n° 2005-845 du 26 juillet 2005 de sauvegarde des entreprises, art. 186). « Les dispositions du deuxième alinéa s'appliquent également au contrat de sous-traitance industrielle lorsque le maître de l'ouvrage connaît son existence, nonobstant l'absence du sous-traitant sur le chantier. Les dispositions du troisième alinéa s'appliquent également au contrat de sous-traitance industrielle. »

Titre IV. – Dispositions diverses

Art. 15. – Sont nuls et de nul effet, quelle qu'en soit la forme, les clauses, stipulations et arrangements qui auraient pour effet de faire échec aux dispositions de la présente loi.

Art. 15-1 *(Loi n° 94-638 du 25 juillet 1994, art. 33).* – La présente loi est applicable dans la collectivité territoriale de Mayotte. Elle s'applique aux contrats de sous-traitance conclus à partir du premier jour du douzième mois qui suit la publication de la loi n° 94-638 du 25 juillet 1994 tendant à favoriser l'emploi, l'insertion et les activités économiques dans les départements d'outre-mer, à Saint-Pierre-et-Miquelon et à Mayotte *[JO, 27 juill.]*.

Pour son application à la collectivité territoriale de Mayotte, il y a lieu de lire au premier alinéa de l'article 14 : « agréé dans les conditions fixées par arrêté du représentant du Gouvernement à Mayotte », au lieu de : « agréé dans des conditions fixées par décret ».

Nota : Loi 2001-616 du 11 juillet 2001 (art. 75) : dans tous les textes législatifs et réglementaires en vigueur à Mayotte, la référence à la « collectivité territoriale de Mayotte » est remplacée par la référence à « Mayotte », et la référence à la « collectivité territoriale » est remplacée par la référence à la « collectivité départementale ».

Art. 15-2 *(Loi n° 96-609 du 5 juillet 1996, art. 7).* – La présente loi est applicable à la collectivité territoriale de Saint-Pierre-et-Miquelon. Elle s'applique aux contrats de sous-traitance conclus à partir du 1er janvier 1997.

Pour son application à la collectivité territoriale de Saint-Pierre-et-Miquelon, il y a lieu de lire, au premier alinéa de l'article 14 : « agréé dans les conditions fixées par arrêté du préfet » au lieu de : « agréé dans des conditions fixées par décret ».

Art. 15-3 *(Loi n° 96-609 du 5 juillet 1996, art. 7).* – La présente loi, à l'exception du dernier alinéa de l'article 12, est applicable dans les territoires de la Nouvelle-Calédonie et de la Polynésie française sous réserve des dispositions suivantes :

I. – Il y a lieu de lire, au premier alinéa de l'article 14 : « agréé dans les conditions fixées par arrêté du haut-commissaire de la République » au lieu de : « agréé dans des conditions fixées par décret ».

II. – Elle s'applique aux contrats de sous-traitance conclus à partir du 1er janvier 1997.

Nota : L'article 222-IV de la loi organique n° 99-209 du 19 mars 1999 relative à la Nouvelle-Calédonie dispose :

« Dans toutes les dispositions législatives et réglementaires en vigueur :

1° La référence au territoire de la Nouvelle-Calédonie est remplacée par la référence à la Nouvelle-Calédonie ;

2° La référence à l'assemblée territoriale de la Nouvelle-Calédonie est remplacée par la référence au congrès de la Nouvelle-Calédonie ;

3° La référence à l'exécutif de la Nouvelle-Calédonie est remplacée par la référence au gouvernement de la Nouvelle-Calédonie. »

Art. 16. – Des décrets en Conseil d'État précisent les conditions d'application de la présente loi.

13. Loi n° 2001-1168 du 11 décembre 2001

portant mesures urgentes de réformes à caractère économique et financier (loi « MURCEF »)

Titre Ier. – Marchés publics, ingénierie publique et commande publique

Art. 1er. – I. – L'article 12 de la loi n° 83-8 du 7 janvier 1983 relative à la répartition de compétences entre les communes, les départements, les régions et l'État est ainsi rédigé :

« Art. 12. – Les services de l'État, des régions et des départements peuvent, dans les conditions prévues par le Code des marchés publics, apporter leur concours technique aux communes, à leurs établissements publics et aux établissements publics de coopération intercommunale ainsi qu'aux établissements publics associant exclusivement des collectivités territoriales et des établissements publics de coopération intercommunale pour l'exercice de leurs compétences. »

II. – L'article 7 de la loi n° 92-125 du 6 février 1992 d'orientation relative à l'administration territoriale de la République est ainsi rédigé :

« Art. 7. – Les services déconcentrés et les services à compétence nationale de l'État peuvent, dans les conditions prévues par le Code des marchés publics, concourir par leur appui technique aux projets de développement économique, social et culturel des collectivités territoriales et des établissements publics. »

III. – Après l'article 7 de la même loi, il est inséré un article 7-1 ainsi rédigé :

« Art. 7-1. – Les communes et leurs groupements qui ne disposent pas, du fait de leur taille et de leurs ressources, des moyens humains et financiers nécessaires à l'exercice de leurs compétences dans les domaines de la voirie, de l'aménagement et de l'habitat bénéficient, à leur demande, pour des raisons de solidarité et d'aménagement du territoire, d'une assistance technique fournie par les services de l'État, dans des conditions définies par une convention passée entre le représentant de l'État et, selon le cas, le maire ou le président du groupement.

« Un décret en Conseil d'État précise les critères auxquels doivent satisfaire les communes et groupements de communes pour pouvoir bénéficier de cette assistance technique, ainsi que le contenu et les modalités de rémunération de cette assistance. »

3

Art. 2. – Les marchés passés en application du Code des marchés publics ont le caractère de contrats administratifs.

Toutefois, le juge judiciaire demeure compétent pour connaître des litiges qui relevaient de sa compétence et qui ont été portés devant lui avant la date d'entrée en vigueur de la présente loi.

Art. 3. – I. – Avant le premier alinéa de l'article 38 de la loi n° 93-122 du 29 janvier 1993 relative à la prévention de la corruption et à la transparence de la vie économique et des procédures publiques et de l'article L. 1411-1 du Code général des collectivités territoriales, il est inséré un alinéa ainsi rédigé :

« Une délégation de service public est un contrat par lequel une personne morale de droit public confie la gestion d'un service public dont elle a la responsabilité à un délégataire public ou privé, dont la rémunération est substantiellement liée aux résultats de l'exploitation du service. Le délégataire peut être chargé de construire des ouvrages ou d'acquérir des biens nécessaires au service. »

II. – Le deuxième alinéa de l'article L. 1411-1 du Code général des collectivités territoriales est ainsi rédigé :

« La commission mentionnée à l'article L. 1411-5 dresse la liste des candidats admis à présenter une offre après examen de leurs garanties professionnelles et financières et de leur aptitude à assurer la continuité du service public et l'égalité des usagers devant le service public. »

III. – Le premier alinéa de l'article L. 1411-7 du même code est ainsi rédigé :

« Deux mois au moins après la saisine de la commission prévue à l'article L. 1411-5, l'assemblée délibérante se prononce sur le choix du délégataire et le contrat de délégation. »

IV. – Dans le premier alinéa de l'article 43 de la loi n° 93-122 du 29 janvier 1993 précitée et dans le premier alinéa de l'article L. 1411-5 du Code général des collectivités territoriales, les mots : « deuxième et troisième » sont remplacés par les mots: « troisième et quatrième ».

V. – Dans le troisième alinéa de l'article 92 de la loi organique n° 99-209 du 19 mars 1999 relative à la Nouvelle-Calédonie, les mots : « deuxième et troisième » sont remplacés par les mots: « troisième et quatrième ».

Art. 4. – Avant la dernière phrase de l'avant-dernier alinéa du I de l'article 50 de la loi n° 98-546 du 2 juillet 1998 portant diverses dispositions d'ordre économique et financier, il est inséré une phrase ainsi rédigée :

« Cette disposition ne s'applique pas aux nouvelles distributions de gaz combustibles hors réseau de transport. »

Art. 5. – La dernière phrase du premier alinéa de l'article 16 de la loi n° 2000-321 du 12 avril 2000 relative aux droits des citoyens dans leurs relations avec les administrations est ainsi rédigée :

« Ces dispositions ne sont applicables ni aux procédures régies par le Code des marchés publics, ni à celles relevant des articles L. 1411-1 et suivants du Code général des collectivités territoriales, ni à celles pour lesquelles la présence personnelle du demandeur est exigée en application d'une disposition particulière. »

Art. 6. – La loi n° 75-1334 du 31 décembre 1975 relative à la sous-traitance est ainsi modifiée :

1° Après le mot : « sous-traitant », la fin du premier alinéa de l'article 1er est ainsi rédigée : « l'exécution de tout ou partie du contrat d'entreprise ou d'une partie du marché public conclu avec le maître de l'ouvrage » ;

2° Au premier alinéa de l'article 6, après les mots : « Le sous-traitant », sont insérés les mots : « direct du titulaire du marché » ;

3° L'article 6 est complété par un alinéa ainsi rédigé :

« Le sous-traitant qui confie à un autre sous-traitant l'exécution d'une partie du marché dont il est chargé est tenu de lui délivrer une caution ou une délégation de paiement dans les conditions définies à l'article 14 » ;

4° Après les mots : « définies à l'article 3 », la fin du deuxième alinéa de l'article 14-1 est ainsi rédigée : « ou à l'article 6, ainsi que celles définies à l'article 5, mettre l'entrepreneur principal ou le sous-traitant en demeure de s'acquitter de ces obligations. Ces dispositions s'appliquent aux marchés publics et privés ».

Art. 7. – L'article 5 de la loi n° 75-1334 du 31 décembre 1975 précitée est complété par les mots : « ainsi que les sous-traitants auxquels il envisage de faire appel » et par un alinéa ainsi rédigé :

« En cours d'exécution du marché, l'entrepreneur principal peut faire appel à de nouveaux sous-traitants, à la condition de les avoir déclarés préalablement au maître de l'ouvrage. »

Art. 8. – I. – L'article 9 de la loi n° 91-3 du 3 janvier 1991 relative à la transparence et à la régularité des procédures de marchés et soumettant la passation de certains contrats à des règles de publicité et de mise en concurrence est ainsi rédigé :

« Art. 9. – Est soumise à des mesures de publicité ainsi qu'à des procédures de mise en concurrence définies par décret en Conseil d'État la passation des contrats dont le montant est égal ou supérieur à un seuil fixé par arrêté du ministre chargé de l'Économie, dont l'objet est de réaliser tous travaux de bâtiment ou de génie civil et que se propose de conclure, lorsqu'il exerce la maîtrise d'ouvrage :

« a) Soit un groupement de droit privé formé entre des collectivités publiques ;

« b) Soit la Banque de France ;

« c) Soit un organisme de droit privé, un établissement public à caractère industriel et commercial de l'État ou un groupement d'intérêt public, satisfaisant un besoin d'intérêt général autre qu'industriel et commercial et répondant à l'une des conditions suivantes :

« 1° Avoir son activité financée majoritairement et d'une manière permanente par l'État, des collectivités territoriales, des établissements publics autres que ceux ayant un caractère industriel ou commercial, ou encore des organismes de droit privé, des établissements publics à caractère industriel et commercial de l'État ou

3

des groupements d'intérêt public, satisfaisant un besoin d'intérêt général autre qu'industriel ou commercial ;

« 2° Être soumis à un contrôle de sa gestion par l'un des organismes mentionnés au 1° ;

« 3° Comporter un organe d'administration, de direction ou de surveillance composé majoritairement de membres désignés par des organismes mentionnés au 1°.

« Les dispositions du présent article ne font pas obstacle à la possibilité, pour les groupements et organismes mentionnés aux a, b et c, d'appliquer volontairement les règles prévues par le Code des marchés publics.

« Ne sont pas soumises aux dispositions de la présente loi et aux règles prévues par le Code des marchés publics les fournitures à leurs membres de produits et services par les groupements d'intérêt public constitués entre les établissements d'enseignement supérieur ou de recherche, le cas échéant, avec une ou plusieurs collectivités publiques, en vue de permettre à ces établissements de disposer des moyens techniques nécessaires à l'exercice de leurs compétences, lorsque ces groupements d'intérêt public font application du précédent alinéa. »

II. – À la fin du 2° du I de l'article 10-1 de la loi n° 91-3 du 3 janvier 1991 précitée, les mots : « de droit privé » sont supprimés.

Art. 9. – Le cinquième alinéa (4°) de l'article L. 2122-22 du Code général des collectivités territoriales est ainsi rédigé :

« 4° De prendre toute décision concernant la préparation, la passation, l'exécution et le règlement des marchés de travaux, de fournitures et de services qui peuvent être passés sans formalités préalables en raison de leur montant, lorsque les crédits sont inscrits au budget ».

Art. 10. – I. – Après l'article L. 3221-10 du Code général des collectivités territoriales, il est inséré un article L. 3221-11 ainsi rédigé :

« Art. L. 3221-11. – Le président du conseil général, par délégation du conseil général, peut être chargé, pour la durée de son mandat, de prendre toute décision concernant la préparation, la passation, l'exécution et le règlement des marchés de travaux, de fournitures et de services qui peuvent être passés sans formalités préalables en raison de leur montant, lorsque les crédits sont inscrits au budget.

« Le président du conseil général rend compte à la plus proche réunion utile du conseil général de l'exercice de cette compétence et en informe la commission permanente ».

II. – Après l'article L. 4231-7 du même code, il est inséré un article L. 4231-8 ainsi rédigé :

« Art. L. 4231-8. – Le président du conseil régional, par délégation du conseil régional, peut être chargé, pour la durée de son mandat, de prendre toute décision concernant la préparation, la passation, l'exécution et le règlement des marchés de travaux, de fournitures et de services qui peuvent être passés sans formalités préalables en raison de leur montant, lorsque les crédits sont inscrits au budget.

« Le président du conseil régional rend compte à la plus proche réunion utile du conseil régional de l'exercice de cette compétence et en informe la commission permanente. »

Art. 11. – I. – Au 4° des articles L. 2131-2 et L. 3131-2, ainsi qu'au 3° de l'article L. 4141-2 du Code général des collectivités territoriales, après les mots : « Les conventions relatives aux marchés », sont insérés les mots : « , à l'exception des marchés passés sans formalité préalable en raison de leur montant, ».

II. – L'article L. 6145-6 du Code de la santé publique est complété par un alinéa ainsi rédigé :

« Toutefois, les marchés passés sans formalité préalable en raison de leur montant sont dispensés de l'obligation de transmission au représentant de l'État prévue au premier alinéa. Ces marchés sont exécutoires dès leur conclusion. »

Art. 12. – *[Dispositions déclarées non conformes à la Constitution par décision du Conseil constitutionnel n° 2001-452 DC du 6 décembre 2001.]*

Voir commentaire sous article 53-IV du Code.

14. Règlement amiable des conflits et recours à la transaction

Les pouvoirs publics encouragent le recours à la transaction, ainsi que cela résulte de la circulaire du 6 février 1995, reproduite ci-après.

Circulaire du 6 février 1995

relative au développement du recours à la transaction pour régler amiablement les conflits (*JO*, 15 février 1995, p. 2518)

Paris, le 6 février 1995.

Le premier ministre à Mesdames et Messieurs les ministres.

Le Conseil d'État a récemment mis en lumière la méconnaissance, par de nombreuses administrations, des possibilités qu'offre la transaction pour régler certains litiges. Le développement de la démarche transactionnelle est pourtant souhaitable car celle-ci est un élément de la qualité du service public.

L'État doit en effet s'efforcer de prévenir les contentieux en réglant les litiges qui peuvent l'opposer aux personnes privées chaque fois qu'il apparaît que les droits de ces dernières sont établis de manière incontestable.

La démarche transactionnelle n'est certes pas toujours possible. Mais lorsque l'administration se trouve confrontée à des situations où les circonstances de fait et de droit ne présentent pas de difficultés particulières et où les réclamations des usagers sont fondées, il est de son devoir d'éviter une saisine des juridictions. La transaction comporte, à cet égard, de nombreux avantages.

La transaction facilite un règlement rapide des litiges

Le règlement des litiges par la voie contentieuse impose des délais naturellement longs, qu'aggrave encore l'engorgement des juridictions consécutif à la multiplication des recours.

La transaction, en revanche, par sa souplesse et sa nature contractuelle, peut être conclue rapidement. La négociation transactionnelle peut certes exiger un temps plus ou moins long en fonction de la nature du litige et selon qu'il est nécessaire ou non de recourir à une expertise. Mais elle aboutit toujours plus vite que lorsque le conflit doit être tranché par un juge.

En outre, les parties maîtrisent le déroulement de la procédure transactionnelle. Elles peuvent, en particulier, en prévoir assez précisément la durée et le calendrier.

La transaction permet une gestion économe des deniers publics

Tout en garantissant la juste application de la règle de droit, la procédure transactionnelle est économe des deniers publics dans la mesure où elle évite les frais et la durée des procédures juridictionnelles.

Le recours à la transaction évite souvent à l'administration le paiement d'intérêts de retard. Cet élément ne doit pas être sous-estimé compte tenu du niveau élevé des taux d'intérêt réels et de la capitalisation qui est souvent sollicitée par les requérants. Il n'est pas rare aujourd'hui que le montant des intérêts soit supérieur à l'indemnité allouée par le juge au titre du principal.

La transaction allège la charge de travail des juridictions

La transaction peut contribuer à l'efficacité des procédures contentieuses.

Elle peut en effet prévenir de nombreux litiges d'une même nature. Ce résultat a été obtenu en matière d'accidents de la circulation. Il peut être obtenu, par exemple, dans le secteur de la responsabilité contractuelle. La réduction du nombre de procès permet de réduire les délais de jugement.

En outre, parce qu'elle permet de traiter, sans recours au juge, les litiges où les questions de fait l'emportent sur des questions de droit, la transaction permet de ne renvoyer aux juridictions que le traitement des litiges qui posent un problème juridique sérieux.

Enfin, la démarche transactionnelle et la démarche contentieuse, loin de s'opposer, se complètent et se confortent mutuellement. Une administration qui procède à un examen soigneux des réclamations dont elle est saisie afin de pouvoir, lorsque les circonstances de fait et de droit y conduisent, proposer une solution transactionnelle, ne sera amenée à privilégier la voie contentieuse qu'à bon escient. Dans ces conditions, les chances de voir les procédures contentieuses auxquelles elle est partie aboutir favorablement seront augmentées. Cette situation sera de nature à renforcer sa capacité de négociation lorsqu'elle engage une démarche amiable.

Je souhaite donc que vos services s'efforcent de recourir à la transaction pour résoudre les conflits dans tous les cas où, compte tenu des circonstances de fait et de droit, il apparaît clairement que l'État a causé un préjudice et doit l'indemniser.

Vous trouverez, en annexe à la présente circulaire, le rappel des règles qui s'appliquent à l'administration en matière de transaction. Vos collaborateurs pourront obtenir, auprès de l'agence judiciaire du Trésor, des renseignements complémentaires pour les guider dans ce domaine. Compte tenu de l'expérience de ce service, il pourrait d'ailleurs être souhaitable que vous organisiez, en liaison avec l'agence, des actions de formation permettant de familiariser les agents avec les règles et les techniques de la transaction.

Annexe

1. Principes généraux concernant la transaction

1.1. Définition de la transaction

La transaction est définie par l'article 2044 du Code civil comme « un contrat par lequel les parties terminent une contestation née ou préviennent une contestation à naître. Ce contrat doit être rédigé par écrit ».

Il faut distinguer cette notion de concepts voisins comme la conciliation, la médiation et l'arbitrage :

– la conciliation et la médiation sont des procédures visant au règlement amiable d'un différend avant qu'une procédure juridictionnelle ne soit entamée ou menée à son terme ; ces procédures peuvent donc déboucher, si elles réussissent, sur une transaction mais cette dernière peut également résulter d'un simple rapprochement des parties en présence et sans l'intervention d'un conciliateur ou d'un médiateur ;

– l'arbitrage est également une procédure qui aboutit à faire trancher un litige en recourant non pas au juge normalement compétent, mais à des juges privés ; sauf rares exceptions il n'est pas permis aux collectivités publiques de recourir à l'arbitrage.

La faculté de transiger à toujours été reconnue à l'État par le juge administratif (CE 23 décembre 1887, de Dreux-Brézé, évêque de Moulins, *Rec.* p. 842, conclusions Le Vavasseur de Précourt, CE 17 mars 1893, Compagnie du Nord, de l'Est et autres c/ ministre de la Guerre, *Rec.* p. 245).

1.2. Droit applicable aux transactions conclues par des personnes publiques

À l'origine, les transactions ont été considérées comme des contrats de droit privé, même lorsqu'elles étaient conclues par des personnes publiques (cf. TC 11 juillet 1908, Caisse d'épargne de Caen contre hospices civils de Caen, *Sirey* III, p. 154). La jurisprudence actuelle est différente : dès lors que le litige auquel elle met fin a donné lieu ou aurait pu donner lieu à une action relevant de la compétence du juge administratif, la transaction revêt un caractère de droit public.

C'est le cas, par exemple :

– lorsque la transaction présente un lien étroit avec un contrat administratif ; ainsi en a-t-il été jugé pour les transactions relatives à des marchés de travaux publics (CE 23 octobre 1970, sieur Clot et société Oréfice, *Rec.* p. 617) et il est permis de penser qu'un raisonnement identique prévaudrait pour toute transaction portant sur un litige né au cours de l'exécution d'un marché public ;

– lorsqu'il s'agit d'une transaction relative à un dommage de travaux publics (CE 5 mai 1971, ville de Carpentras c. sieur Delhomme. *Rec.* p. 326 ; Trib. confl. 26 octobre 1981, syndicat des copropriétaires de l'immeuble Armenonville c. ville de Cannes, *AJDA* 1982 p. 528).

Les règles énoncées par le juge administratif en matière de transaction s'inspirent des dispositions du droit privé (pour un exemple concernant une transaction en matière fiscale, cf. CE 28 septembre 1983, Soc. Établissement Prévost, *Rec.* p. 376). Il lui arrive néanmoins d'adopter des solutions particulières. Celles-ci sont signalées dans les développements qui suivent.

1.3. Conditions de validité de la transaction

1.3.1. Les parties au contrat doivent avoir la capacité de transiger

L'article 2045 du Code civil énonce que « pour transiger, il faut avoir la capacité de disposer des objets compris dans la transaction ». Cette capacité doit être vérifiée tant par le cocontractant que par l'administration.

1.3.1.1. S'agissant de la capacité du cocontractant, les points suivants doivent être soulignés :

1.3.1.1.1. Lorsque l'administration a affaire à une personne morale, elle doit toujours vérifier soigneusement si le représentant de celle-ci détient le pouvoir de transiger. Elle doit exiger la production des statuts et, si ceux-ci confient à un organisme collégial la compétence en matière de transaction, la délibération habilitant le mandataire social à négocier et à conclure la transaction.

1.3.1.1.2. S'il s'agit d'une société faisant l'objet d'une procédure collective, les règles suivantes sont applicables :

– en cas de redressement judiciaire, l'autorisation du juge commissaire est nécessaire à moins que les administrateurs n'aient été nommés avec un mandat leur permettant expressément de transiger ;

– en cas de liquidation, seul le liquidateur peut transiger à condition qu'il y soit autorisé par le juge commissaire.

1.3.1.1.3. Lorsqu'une transaction est conclue avec un avocat ou le représentant d'une partie pour mettre fin à un litige pendant devant les tribunaux, il y a lieu de distinguer deux hypothèses :

– si la procédure en cours concerne une juridiction judiciaire, le mandat de représentation en justice défini par l'article 417 du nouveau Code de procédure civile est réputé permettre à celui-ci de proposer ou d'accepter des offres ;

– si la procédure concerne le juge administratif, l'avocat ne peut transiger qu'en vertu d'un mandat exprès (CE section, 5 janvier 1966, sieur Hawezack, *Rec.* p. 6). En effet, l'article R. 107 du Code des tribunaux administratifs et cours administratives d'appel [devenu l'article R. 431-1 du Code de justice administrative], qui traite de la représentation des parties, ne mentionne que les actes de procédure.

Bien entendu, en l'absence de procédure juridictionnelle, un avocat ne peut conclure une transaction au nom d'une personne morale que sous les mêmes conditions que tout mandataire social (cf. paragraphe ci-dessus).

1.3.1.1.4. Enfin, lorsque la transaction implique une personne incapable mineure ou majeure, les règles édictées par le Code civil (art. 389 et s. ; art. 488 et s.) doivent être respectées car leur méconnaissance est souvent sanctionnée par la nullité.

1.3.1.2. En ce qui concerne les autorités administratives habilitées à transiger, les règles suivantes sont applicables :

En l'absence de texte, la jurisprudence attribue à chaque ministre la compétence pour transiger au nom de l'État dans les matières qui relèvent de son département (CE 23 décembre 1887, de Dreux-Brézé, précité, et CE 8 avril 1921, Compagnie de la N'Goko-Sangha, *Rec.* p. 351).

Il en résulte que les directeurs d'administration centrale sont habilités à conclure des transactions au nom de leur ministre. Cette autorisation découle de la délégation générale de signature dont ils bénéficient, au même titre que la faculté d'ester en justice.

En ce qui concerne les services déconcentrés de l'État, la faculté de transiger n'est ouverte que si leurs responsables bénéficient d'une délégation à cet effet. C'est ainsi, par exemple, qu'en vertu d'une circulaire du ministre de l'Équipement en date du 1er février 1990, les préfets ont compétence pour procéder à l'indemnisation des dommages matériels causés par les services déconcentrés de l'équipement lorsque la somme n'excède pas 50 000 F.

Enfin, certains textes donnent compétence à des autorités particulières pour transiger dans certaines matières. C'est notamment le cas pour l'agent judiciaire du Trésor, qui, en vertu de l'article 5 du décret n° 92-1369 du 29 décembre 1992, peut transiger pour les créances à recouvrer.

1.3.2. L'objet de la transaction doit être licite

L'article 6 du Code civil dispose que l'on ne peut déroger par des conventions particulières aux lois qui intéressent l'ordre public et les bonnes mœurs. Cette règle, applicable à tous les contrats et donc aux transactions, prend une force particulière lorsqu'elle s'applique aux personnes publiques.

1.3.2.1. La transaction en matière pénale constitue évidemment un domaine intéressant au premier chef l'ordre public. Il ne sera pas abordé ici car, en dehors de l'autorité judiciaire, il ne concerne que quelques administrations très spécialisées, notamment la direction générale des douanes et des droits indirects.

1.3.2.2. Les règles relatives à l'organisation de l'État, des services publics et des établissements publics sont d'ordre public et ne peuvent donner lieu à transaction. Ainsi, l'administration ne peut pas, par voie transactionnelle, renoncer à une compétence. Il ne lui est, bien sûr, pas permis de réaliser par le biais de la transaction des actions qui lui sont interdites par la loi, comme par exemple :

– aliéner une parcelle du domaine public (Cass. Req., 7 novembre 1892, veuve Dessales contre Veillas et Chamussy, *Dalloz* 1893 1, p. 61) ;

– procéder à la délimitation du domaine public (CE 20 juin 1975, Ferrand) ;

– déterminer l'étendue de ses pouvoirs de police (Cons. de préf. de Lille, 18 mai 1953, maire de Mouveaux contre Lagache, *Dalloz* 1953, p. 470).

1.3.2.3. Plus généralement, les questions de légalité sont hors du champ de la transaction. Ainsi l'administration ne peut pas transiger en accordant une compensation financière pour permettre le maintien d'une décision illégale. Lorsqu'elle s'aperçoit qu'elle a pris une mesure irrégulière, l'administration a l'obligation de procéder à son retrait si le délai de recours contentieux n'est pas écoulé ou, pour les actes réglementaires, à son abrogation quel que soit le moment.

1.3.2.4. En principe, une collectivité publique ne peut pas transiger sur les effets de la chose jugée (CE 15 avril 1869, section de Saint-Lovand, *S.* 1869.2.95). Sur ce point, la jurisprudence administrative est plus stricte que celle de la Cour de cassation. En effet, cette dernière a jugé à plusieurs reprises que, sauf lorsqu'une décision de justice statue sur des droits qui échappent à la libre disposition des parties (par exemple, les matières relatives à l'état des personnes), l'autorité de la chose jugée est une règle d'intérêt privé et qu'en conséquence une transaction est possible après un jugement, notamment pour régler les difficultés d'exécution posées par celui-ci.

En revanche, le Conseil d'État a considéré comme acceptable le fait de renoncer à se prévaloir de l'autorité de la chose jugée (26 juin 1974, Société La Maison des isolants France, *Rec.* p. 365). Il a également admis une transaction portant sur les dépens d'une instance (25 février 1921, Larminier, *Rec.* p. 239).

1.3.3. La transaction doit prévenir ou terminer une contestation effective

Une transaction ne peut intervenir que pour régler un véritable différend, c'est-à-dire une situation où les points de vue des parties en présence sont en opposition. Elle n'a pas pour objet de résoudre des questions purement hypothétiques ou de réduire des incertitudes.

1.3.4. Des concessions réciproques doivent être consenties

1.3.4.1. En vertu d'une jurisprudence constante de la Cour de cassation, une transaction doit comporter des concessions réciproques. Ces concessions ne doivent pas obligatoirement être d'ampleur équivalente mais elles doivent avoir une consistance minimale. Une transaction dans laquelle une seule des parties consentirait à abandonner unilatéralement toutes ses prétentions constituerait une libéralité.

La Cour de cassation ne se livre cependant pas à un contrôle minutieux de la réalité des concessions réciproques. Elle considère que, dès lors qu'il n'y à pas d'inégalité flagrante traduisant une absence de concessions réciproques, il n'y a pas lieu de remettre en cause la transaction intervenue (Cass. civ. 18 novembre 1965, *Bull.* II. 638). La position du juge administratif est plus stricte dans la mesure où il applique le principe selon lequel l'administration n'est jamais autorisée à payer une somme qu'elle ne doit pas.

1.3.4.2. L'administration ne peut pas payer plus qu'elle ne doit. Le Conseil d'État a défini un principe général du droit selon lequel les personnes morales de droit public ne peuvent jamais être condamnées à payer une somme qu'elles ne doivent pas (CE section, 19 mars 1971, Sieurs Mergui, *Rec.* p. 235, conclusions Rougevin-Baville).

Cette règle est d'ordre public (CE 11 juillet 1980, compagnie d'assurance La Concorde et M. Fourrel de Frettes, *RDP* p. 1088). Aussi, lorsqu'il est saisi soit d'une demande d'homologation d'une transaction, soit d'un litige portant sur l'exécution de celle-ci, le juge administratif vérifie-t-il que les prétentions contre l'administration, qui ont servi de base à la négociation, étaient fondées. S'il estime que tel n'était pas le cas, il soulève d'office ce moyen pour écarter l'application de l'accord intervenu.

Ainsi, par exemple, lorsque l'administration transige pour régler un litige où sa responsabilité est mise en cause, elle ne peut accorder une indemnité que si sa responsabilité est établie et pour les seuls chefs de préjudice indemnisables. De même, il n'est pas possible de renoncer, par voie transactionnelle, à se prévaloir de la prescription quadriennale.

1.4. Effets de la transaction

Le principal effet de la transaction est naturellement d'obliger les parties à en exécuter les termes afin de régler définitivement leur litige.

Lorsque la transaction est régie par le droit commun (cf. 1.2. ci-dessus), les dispositions de l'article 2052 du Code civil sont applicables : « Les transactions ont, entre les parties, l'autorité de la chose jugée en dernier ressort. Elles ne peuvent être attaquées pour cause d'erreur de droit ni pour cause de lésion. »

En droit public, en revanche, la transaction n'a pas l'autorité de la chose jugée à moins qu'elle n'ait fait l'objet d'un jugement d'homologation (cf. CE section, 19 mars 1971, Sieurs Mergui, précité). Néanmoins, même en l'absence d'homologation, elle constitue un engagement contractuel qui peut être invoqué devant le juge en cas d'inexécution ou d'exécution incomplète ou tardive (CE 5 mai 1971, Ville de Carpentras c/ Sieur Delhomme, *Rec.* p. 326).

En dehors de l'obligation d'exécution incombant aux parties, il est possible de distinguer trois types d'effets des transactions.

1.4.1. Effet extinctif

Lorsqu'une transaction a été régulièrement conclue et que les parties ont exécuté les obligations qu'elle comporte, elle fait obstacle à tout recours juridictionnel ultérieur concernant le litige concerné. Un tel recours serait déclaré irrecevable (CE 8 février 1956, Dame Germain, *Rec.* p. 69 ; CE 31 mars 1971, Sieur Baysse, *Rec.* Tables, p. 1116).

1.4.2. Effet relatif

Comme tout contrat la transaction n'a d'effet qu'entre les parties (CE 15 janvier 1984, O.P.H.L.M. de la ville de Firminy, *Rec.* t. p. 672).

Toutefois, l'effet de la transaction s'étend aux personnes qui succèdent aux parties dans l'exercice de leurs droits et obligations. Ainsi une transaction dans laquelle le propriétaire d'un terrain jouxtant le domaine public a renoncé à demander une indemnité pour dépréciation de son fonds est-elle opposable aux tiers acquéreurs (CE 20 juillet 1910, Compagnie des chemins de fer de Paris-Lyon-Méditerranée, *Rec.* p. 594).

1.4.3. Effet récognitif

La transaction a pour objet non de faire naître de nouveaux droits pour les cocontractants mais de constater ceux dont ils étaient déjà détenteurs avant la rédaction du contrat. Ainsi, lorsque le litige portait sur des droits immobiliers, la transaction n'a pas à être transcrite.

1.5. L'homologation de la transaction

Il peut arriver que les parties souhaitent obtenir une sanction juridictionnelle de la transaction qu'elles ont conclue. Cette démarche est assez fréquente pour les transactions intervenant entre des particuliers dans la mesure où le juge judiciaire se borne à entériner l'accord sans contrôler son contenu, sauf le cas de dénaturation. Elle est bien plus rare devant le juge administratif qui se livre à une vérification beaucoup plus étendue du respect, par l'administration, des règles d'ordre public auxquelles elle ne peut déroger.

2. Directives pratiques concernant la transaction

2.1. L'objectif d'une transaction est de parvenir au règlement complet d'un litige par des concessions équilibrées

L'administration doit évidemment veiller à ne pas rechercher à tout prix un règlement amiable du litige, qui la conduirait à des concessions excessives. Mais elle ne doit pas non plus rechercher par principe un arrangement désavantageux pour son partenaire. En effet, l'État n'est pas un agent économique comme les autres. Son objectif est de réaliser l'intérêt général et non d'obtenir des avantages injustifiés de la part d'un partenaire mal informé. S'il ne saurait payer plus qu'il ne doit, il a en revanche le devoir de payer ce qu'il doit.

2.2. L'administration doit procéder à un examen approfondi du dossier

2.2.1. Si le recours à la transaction accélère le règlement des litiges et peut entraîner de réelles économies pour les deniers publics, elle exige des services une réelle compétence juridique. Il faut en effet faire le travail d'analyse qui incomberait au juge si le différend était directement porté devant lui.

L'administration doit ainsi examiner les considérations de droit et de fait qui commandent l'issue du différend afin de pouvoir formuler des propositions de règlement amiable qui soient appropriées. Si cette analyse n'est pas réalisée, il est certain que la transaction qui interviendra sera défectueuse. Si elle est menée à bien correctement, en revanche, le résultat ne pourra que se révéler profitable. En effet l'examen du dossier permet d'évaluer avec précision le risque contentieux encouru. L'administration peut alors conclure une transaction satisfaisante ou aborder dans les meilleures conditions la phase juridictionnelle s'il apparaît qu'une décision contentieuse sera plus favorable aux intérêts de la collectivité.

La transaction ne doit pas représenter un but en soi. Lorsque des questions importantes de droit se posent, pour lesquelles il n'y a pas de réponse assurée, ou lorsque la partie adverse émet des revendications manifestement infondées ou excessives, il vaut mieux laisser l'affaire aux tribunaux.

En revanche, lorsqu'un examen suffisant du dossier permet d'établir que l'administration encourt une responsabilité pécuniaire, il y a lieu de transiger. Encore faut-il alors évaluer les sommes dont l'administration pourra proposer le versement.

2.2.2. L'évaluation des sommes dues par l'administration

Les principes suivants doivent gouverner la détermination des préjudices indemnisables et l'évaluation des sommes que l'administration pourra offrir dans le cadre d'une transaction :

– le lien entre le comportement de l'administration et le préjudice allégué doit être direct ;

– le préjudice indemnisé peut être celui d'une victime directe ou d'un ayant droit ; dans ce dernier cas, le lien avec la victime directe doit être vérifié ;

– le préjudice doit être actuel et certain ; les préjudices futurs ne sont pas indemnisables, sauf s'ils constituent un prolongement direct et certain du préjudice actuel ;

– l'évaluation doit être faite suivant les règles qu'appliquerait le juge compétent s'il était saisi de l'affaire ;

– la réparation proposée doit permettre de couvrir tout ou partie du préjudice, mais ne doit pas excéder le montant de celui-ci.

2.2.2.1. Les évaluations sur justificatifs.

Dans un grand nombre de cas, les sommes offertes peuvent être déterminées en fonction des justificatifs fournis par le plaignant : pour les préjudices matériels, les devis de réparation ou les factures de travaux réalisés seront la base de l'évaluation.

Il faut signaler, à cet égard, que l'administration ne peut exiger que les travaux soient réalisés avant que la transaction n'intervienne. La victime peut d'ailleurs décider, une fois l'indemnisation transactionnelle perçue, de ne pas faire les réparations dont elle a fourni le devis.

En ce qui concerne les travaux immobiliers, il est conseillé de demander au plaignant qu'il fournisse au moins deux devis dès lors que les sommes en cause dépassent 10 000 F. Sauf exception, afin d'éviter toute contestation sur la bonne exécution de ceux-ci, l'administration ne doit pas s'engager à réaliser elle-même les travaux.

Sauf pour des biens à l'état neuf, un coefficient de réfaction doit normalement être appliqué pour tenir compte de la vétusté et de l'usage régulier des choses endommagées.

En ce qui concerne les préjudices économiques (perte d'exploitation, perte d'emploi avec reclassement professionnel...), l'administration doit se faire remettre les justifications nécessaires.

On rappellera, à ce. sujet, que l'article L. 122 du livre des procédures fiscales permet d'opposer ses déclarations fiscales à toute personne qui réclame une indemnité à l'État.

2.2.2.2. Le recours à la jurisprudence.

Les préjudices physiques peuvent être évalués par référence à la jurisprudence des tribunaux. Suivant que le litige relèvera du juge judiciaire ou du juge administratif, on se reportera aux indemnisations accordées par chacun de ces ordres de juridiction.

L'agence judiciaire du Trésor dispose d'une grande expérience en cette matière. Les administrations s'adresseront utilement à elle pour déterminer les montants financiers qui pourront être proposés.

2.2.3. L'expertise

En dehors des litiges portant sur des sommes peu élevées ou dans lesquels les faits sont simples et ne posent pas de problèmes juridiques, il est recommandé de recourir à un expert. Celui-ci peut intervenir tant pour évaluer le montant du préjudice indemnisable que pour éclairer l'administration sur l'existence d'un lien de causalité entre les agissements imputables à l'administration et les dommages causés.

Il n'est pas souhaitable que l'administration désigne un expert de façon unilatérale. En effet, la partie adverse pourrait mettre en cause son impartialité. Il est possible de demander au juge (administratif ou judiciaire, selon la nature du litige) de procéder à cette désignation par voie de référé.

2.2.4. Informer le contrôle financier avant de proposer une transaction au plaignant

Une transaction ne peut être conclue par un département ministériel sans l'aval du contrôleur financier. Ce dernier n'a aucune raison de considérer la transaction comme un mode anormal de règlement des litiges pécuniaires de l'État dès lors que celle-ci a été conclue sur des bases correctes. Cela étant, afin d'accélérer l'exécution des accords transactionnels ou d'éviter un éventuel refus de visa, il convient de prendre l'attache du contrôleur financier avant d'envoyer une proposition formelle de transaction. Cette conduite s'impose, en particulier, lorsque la transaction porte sur des sommes importantes.

2.3. La rédaction du protocole transactionnel

S'il doit être constaté dans un écrit, le contrat de transaction n'est pas soumis à un formalisme particulier.

2.3.1. Dans la pratique, une transaction peut résulter d'un simple échange de lettres concrétisant l'accord intervenu entre les parties, qui emporte renonciation d'action ou désistement automatique. Une telle forme n'est adaptée que si l'affaire en cause est relativement simple, l'intérêt en jeu limité et le litige exactement circonscrit.

2.3.2. En revanche, si l'enjeu est important ou si l'affaire qui fait l'objet de la transaction présente une certaine complexité, il est préférable d'élaborer un véritable document contractuel qui sera signé par toutes les parties en cause.

Dans tous les cas, un protocole transactionnel devrait comporter les mentions suivantes :

– le nom des parties ayant qualité pour signer la transaction (cf. ci-dessus point 1.3.1) ;

– un rappel sommaire des faits, accompagné de leur date ; cette mention peut être utile dans le cas où l'administration est à l'origine de dommages successifs, car elle permet de s'assurer qu'il n'y a pas de double indemnisation pour un même dommage ;

– la référence éventuelle de l'expertise ; si la transaction est fondée sur les conclusions d'un rapport d'expertise (médical ou non), il est souhaitable d'en faire état, le rapport figurant alors dans le dossier administratif ;

– le montant total de la somme à verser par l'État en précisant si ce montant est hors taxe ou non.

Si les préjudices sont détaillés (notamment pour le préjudice corporel, l'incapacité temporaire de travail, le *pretium doloris*, le préjudice esthétique), les sommes offertes peuvent être aussi détaillées.

Pour certains préjudices matériels accordés sur justificatifs, il convient de le signaler et de les joindre au protocole.

– le recours à des organismes tiers payeurs et des employeurs doit être pris en compte, soit parce que ceux-ci sont parties au protocole, soit parce qu'ils sont dédommagés par ailleurs ; il convient alors de le mentionner afin d'éviter toute ambiguïté ultérieure ;

– une formule de renonciation à tout recours ultérieur portant sur les mêmes faits ou le désistement si un contentieux est en cours ;

– en cas d'instance en cours, il peut être également opportun de régler dans le protocole le sort des dépens et des frais irrépétibles, y compris ceux exposés, le cas échéant en première instance.

2.4. L'exécution du protocole transactionnel

2.4.1. La crédibilité de l'administration vis-à-vis de ses partenaires, dans le cadre d'une négociation, dépend de sa capacité à exécuter promptement les stipulations dont elle sera convenue. Cela est particulièrement vrai lorsqu'il s'agit de régler à l'amiable un litige qui l'oppose à un usager ou à un cocontractant.

C'est pourquoi, une fois le protocole transactionnel conclu, il importe que l'administration procède très rapidement au règlement des sommes dues. Un retard exagéré à exécuter ses obligations peut conduire son partenaire à remettre en cause les termes mêmes du protocole, particulièrement si celui-ci a pour objet l'indemnisation de pertes d'exploitation ou le versement d'indemnités pour pertes de jouissance.

Pour éviter ces inconvénients, l'administration ne doit pas attendre la fin de la négociation transactionnelle pour préparer l'exécution du protocole, surtout si les sommes en cause sont importantes. Ainsi qu'il a été dit plus haut, il sera utile de prendre l'attache du contrôleur financier avant d'expédier une offre formelle d'indemnisation. De même, lorsque l'offre aura été acceptée, il sera nécessaire de réunir les documents nécessaires pour l'ordonnancement et le mandatement, et notamment les pièces justificatives exigées par les instructions de la comptabilité publique (instructions n° 89-41 – B 2, MO du 3 avril 1989, et le 72-134 - B 1 du 6 novembre 1972).

2.4.2. L'imputation budgétaire des sommes versées doit être déterminée dès le début de la procédure transactionnelle.

Les règles ont été posées en cette matière par la circulaire du ministre du Budget n° B – 1 B – 98 du 19 octobre 1990.

Si le litige est de nature contractuelle, c'est-à-dire si la responsabilité de l'État résulte d'un marché ou de toute autre forme de contrat, les indemnités transactionnelles, comme les sommes versées à la suite d'une décision juridictionnelle et les frais annexes éventuels, doivent être imputées sur les crédits limitatifs servant au financement des dépenses afférentes au contrat considéré. Toute dérogation à cette règle ne peut intervenir qu'avec l'accord préalable du ministre chargé du Budget.

En revanche, si le litige est de nature extracontractuelle, c'est-à-dire si la responsabilité de l'État n'a pu être définie à l'avance, les indemnités transactionnelles sont imputées sur des crédits évaluatifs, à l'instar des sommes versées à la suite d'une décision juridictionnelle.

15. Droit de la concurrence et marchés publics

Commentaire

Le droit de la commande publique et le droit de la concurrence se complètent, car c'est l'exercice effectif de la concurrence entre offreurs qui peut permettre le meilleur usage des deniers publics. Il faut savoir ici que la jurisprudence constante du Conseil de la concurrence (cf. son 10e rapport d'activité, 1996, not. p. 37, 198, 315, 609) considère *« qu'en matière de marchés publics sur appels d'offres, il est établi que des entreprises ont conclu une entente anticoncurrentielle dès lors que la preuve est rapportée soit qu'elles sont convenues de coordonner leurs offres, soit qu'elles ont échangé des informations antérieurement à la date où le résultat de l'appel d'offres est connu ou peut l'être, qu'il s'agisse de l'existence de compétiteurs, de leur nom, de leur importance, de leur disponibilité en personnel et en matériel, de leur intérêt ou de leur absence d'intérêt pour le marché considéré, ou des prix qu'ils envisagent de proposer ; que la preuve de telles pratiques, qui sont de nature à limiter l'indépendance des offres, condition normale du jeu de la concurrence, peut résulter soit de preuves se suffisant à elles-mêmes, soit d'un faisceau d'indices constitué par le rapprochement de divers éléments recueillis au cours de l'instruction, même si chacun de ces éléments pris isolément n'a pas un caractère suffisamment probant ».*

Avis du conseil de la concurrence

Consulté sur le projet de décret portant réforme du Code des marchés publics, le Conseil de la concurrence, par avis n° 2000-A-25 en date du 20 novembre 2000, a fait savoir : *« Le Conseil observe d'abord que le texte fixe des objectifs qui peuvent être communs au droit de la commande publique et au droit de la concurrence ; en particulier, la recherche de l'efficacité de la commande publique, qui peut être interprétée comme « l'objectif synthétique » du droit des marchés publics, rejoint l'objectif d'efficience économique poursuivi par le droit de la concurrence ou peut être considéré comme un cas particulier de cet objectif plus général. Mais le Conseil ne peut alors que relever que la satisfaction des conditions énumérées dans l'alinéa 3 de l'article 1er du projet ne garantit en aucune manière l'efficacité de la dépense publique, dès lors que les règles de la concurrence ne seraient pas respectées de leur côté par les offreurs.*

Il souligne, dans cette perspective, que l'efficacité de la commande publique ne peut être assurée qu'à la condition que le marché fonctionne selon les règles de la concurrence et qu'il est par conséquent impératif que le droit de la commande publique ne comporte pas de dispositions qui seraient porteuses de distorsions

3

de concurrence ou encourageraient ou faciliteraient des pratiques anti-concurrentielles, c'est-à-dire des ententes ou des abus de position dominante. Il pourrait être opportun de rappeler cette condition dans l'article 1er du décret, d'autant que le Conseil ne cesse de constater que les règles actuelles de l'achat public coexistent avec des pratiques d'entente très fréquentes entre les entreprises qui répondent aux appels d'offres, ce qui aboutit souvent à une hausse significative du prix payé par l'acheteur public, en contradiction avec l'objectif recherché par le formalisme du Code des marchés publics.

Le Conseil constate, ensuite, la place relativement secondaire que l'objectif d'efficacité se voit assignée dans le deuxième alinéa du même article. D'un point de vue économique, cet objectif paraît pourtant fondamental, tandis que les autres principes pourraient plutôt être regardés comme des moyens permettant de l'atteindre plus sûrement. »

Jurisprudence administrative

Par arrêts du 19 décembre 2007, *Sté Campenon Bernard*, n° 268918 (BJCP 2008, n° 56, p. 51, obs. Ch. M., Contrats-Marchés publ. 2008, comm. 56, note G. Eckert) et du 19 mars 2008, *Sté Dumez et autres*, n° 269134, et *Sté Fougerolle-Ballot*, n° 270535, le Conseil d'État a admis l'action civile en réparation des acheteurs publics victimes de pratiques anticoncurrentielles constatées par le Conseil de la concurrence et sanctionnées par l'autorité judiciaire.

16. Communicabilité des documents relatifs aux marchés publics

I. – Communicabilité au public des contrats et marchés : extrait du 9e rapport de la CADA (Commission d'accès aux documents administratifs) [Éd. 1999]

Contrats et marchés : les documents communicables

Pour déterminer ceux des contrats des collectivités publiques qui sont soumis aux dispositions de la loi du 17 juillet 1978, le critère tiré du régime juridique, de droit privé ou de droit public, dont relèvent ces contrats ne suffit pas toujours. Si le contrat présente le caractère d'un contrat administratif, la Commission le regarde naturellement comme étant un document administratif communicable en vertu de la loi de 1978. En revanche, la seule circonstance que le contrat soit soumis à un régime de droit privé n'interdit pas toujours de le regarder, pour l'application de la loi du 17 juillet 1978, comme étant un document administratif. Il importe, dans ce dernier cas, d'apprécier si le contrat, même de droit privé, se rattache directement à l'accomplissement des missions de service public assumées par la collectivité publique ou l'organisme privé chargé d'une mission de service public dont il émane. La Commission considère ainsi que les contrats qui lient les usagers à des services publics industriels et commerciaux se rapportent à l'exécution du service public et sont soumis à la loi de 1978, quand bien même ils obéissent à un régime de droit privé (CADA, 24 septembre 1998, *de Col*). La Commission a même considéré, dans des circonstances particulières, qu'un acte de vente notarié passé entre une commune et une société civile immobilière pour l'aménagement d'un terrain présentait un caractère administratif, parce que l'opération tendait à la réalisation d'équipements collectifs au bénéfice des habitants de la commune (CADA, 31 août 1989, *maire de Nogent-sur-Marne*).

Dans ces conditions, la plupart des contrats passés par les collectivités territoriales, leurs établissements publics, voire les autres organismes qui en dépendent, sont accessibles à toute personne qui en fait la demande en application de l'article 2 de la loi du 17 juillet 1978. C'est le cas notamment de l'ensemble des marchés publics et des conventions de délégation de service public. Pour citer quelques exemples, la Commission a estimé communicables :

– une convention liant une commune à une entreprise relative au raccordement des eaux usées au réseau d'assainissement et à la station d'épuration (CADA, 31 août 1995, *maire de La Crèche*) ;

– une convention passée entre un particulier et la commune par laquelle cette dernière lui confie l'exploitation de la buvette de la base de loisirs (CADA, 12 octobre 1995, *maire de Tournon-d'Agenais*) ;

– un dossier relatif à un contrat d'affermage du service de l'eau (CADA, 4 décembre 1997, *maire de Bandol*) ;

– des contrats de prêts passés entre une commune et des organismes financiers (CADA, 20 janvier 1994, *maire de Passy*) ;

– un contrat de concession du service extérieur des pompes funèbres et les tarifs correspondants (CADA, 15 juin 1989, *maire de Savigneux*) ;

– un marché négocié (CADA, 7 mai 1998, *maire de Sisteron*) ;

– un contrat de concession du service public de restauration (CADA, 31 juillet 1997, *Apperce Bernard/Société SODEXHO*) ;

– une convention passée entre une commune et une société d'économie mixte locale (CADA, 9 juillet 1998, *Béranger/Objectif Meudon*) ;

– une convention passée entre la commune et la société d'économie mixte des eaux thermales de Saint-Nectaire (CADA, 10 septembre 1998, *Blum*).

Le droit à communication s'étend à l'ensemble des documents, de nature contractuelle ou non, qui sont relatifs à la conclusion de ces contrats. Les pièces annexes au contrat sont communicables. Le cahier des charges d'une concession est accessible au même titre que le contrat lui-même (CADA, 12 mars 1998, *maire de Saint-Galmier*). Les devis sont également communicables une fois la commande passée (CADA, 6 novembre 1997, *maire de Sauveterre-de-Béarn*). Les documents qui se rapportent à la procédure d'attribution du contrat sont également accessibles, comme le procès-verbal de la commission d'agrément des candidatures dans le cadre d'une procédure de passation des marchés publics (CADA, 11 avril 1996, *maire de Thorigny-sur-Marne*), le procès-verbal de la commission d'ouverture des plis (CADA, 17 septembre 1992, *Peller/Entreprise Peller*), le procès-verbal d'un jury d'appel d'offres avec concours (CADA, 18 mars 1993, maire de Béziers), les résultats d'un appel d'offres lancé par une commune (CADA, 2 avril 1992, *maire de Bondy*).

De même, les documents relatifs à l'exécution du contrat sont communicables à toute personne qui en fait la demande (CADA, 20 février 1997, *maire de Romanèche-Thorins*). Il en va ainsi, par exemple, des factures dès lors qu'elles ont été mandatées (CADA, 6 novembre 1997, *maire de Sauveterre-de-Béarn*), des comptes rendus technique et financier fournis périodiquement par le titulaire du contrat d'affermage pour la restauration scolaire (CADA, 31 mars 1994, *maire de Gan*), du décompte général et définitif de travaux de construction d'un nouvel abattoir municipal, d'un procès-verbal de réunion de chantier (CADA, 21 janvier 1993, *maire de Trélévern*).

On peut aussi noter que la liste des fournisseurs et des entreprises travaillant pour le compte d'une commune est communicable si le document existe (CADA, 6 juillet 1989, *maire de Besançon*), tout comme la liste des sous-traitants réalisant des prestations dans le cadre d'un marché (CADA, 28 novembre 1996, *Albertini*).

Les motifs susceptibles de fonder un refus de communication

Le caractère achevé du contrat

Pour devoir être communiqué, un document contractuel doit présenter un caractère achevé, c'est-à-dire qu'il doit avoir été signé par les parties contractantes. Ce n'est donc qu'après leur signature que les documents contractuels seront communicables.

Il en va de même d'un bail commercial avec promesse d'achat non encore signé (CADA, 19 novembre 1998, *Chabrol*).

En revanche, dans le cadre de marchés de travaux publics faisant l'objet de marchés successifs, la circonstance que le marché relatif à la seconde tranche ne soit pas passé, ne fait pas obstacle à la communication du marché conclu pour la première tranche (CADA, 8 mars 1984, *maire de Lunel*).

Le caractère préparatoire des documents

De même, les documents qui se rapportent à un contrat qui n'a pas encore été signé sont susceptibles de ne pas être communiqués immédiatement. Ils présentent en effet, tant que le contrat n'est pas signé, le caractère de documents préparatoires. Ainsi, en matière de marchés publics, la communication des documents préparatoires aux marchés non encore signés peut être différée jusqu'à la passation du marché (CADA, 6 mars 1997, *maire de Ventabren*).

La Commission a précisé que le procès-verbal d'une commission d'appel d'offres revêt le caractère de document préparatoire jusqu'à la notification du marché à son titulaire par les soins du représentant légal de la collectivité locale ou de l'établissement. À cet égard, la transmission du marché au représentant de l'État, dans le cadre du contrôle de légalité, ne fait pas obstacle à la communication des documents du marché dès sa notification (CADA, 18 décembre 1997, *maire de Gan*).

S'agissant d'un compromis de vente portant sur l'achat d'un terrain par une commune, la Commission a estimé que la procédure d'achat n'était pas achevée tant que l'acte portant transfert définitif de propriété n'était pas intervenu (CADA, 20 juin 1991, *maire de Mercin-et-Vaux*).

Sont également considérés comme préparatoires les rapports d'analyse dans le cadre d'une procédure d'attribution des marchés publics avant la délibération de la commission d'appel d'offres ou du conseil municipal (CADA, 10 septembre 1998, *maire de Pau*), ou encore des offres de prix de bureaux d'étude avant l'ouverture officielle par la commission d'appel d'offres. Il va de soi que ces documents ne sont communicables à quiconque avant l'ouverture des plis, sous peine de rendre la procédure irrégulière (CADA, 15 janvier 1998, *maire de Malijai*). De même, les devis sont des documents préparatoires et, à ce titre, leur communication peut être différée jusqu'à ce que la commande ait été passée (CADA, 6 novembre 1997, *maire de Sauveterre-de-Béarn*).

Pour les procédures de passation qui sont déclarées infructueuses, l'appréciation de la Commission dépend du point de savoir si une nouvelle procédure a été engagée aussitôt après l'échec de la première. Ainsi, la Commission a-t-elle estimé que la communication des documents se rapportant à un premier appel d'offres déclaré infructueux pouvait être temporairement refusée au motif que ces documents conservent un caractère préparatoire, dès lors que, pour la même opération, une nouvelle procédure de passation a été engagée après que le premier appel d'offres a été déclaré infructueux. L'ensemble des documents, ceux du premier appel d'offres comme ceux du second, ne deviennent communicables qu'après la clôture de la seconde procédure (CADA, 5 novembre 1998, *centre hospitalier P. Chubert*).

En revanche, lorsque la procédure de sélection a été déclarée infructueuse et clôturée sans qu'un autre appel d'offres ait été lancé, la Commission estime que les documents perdent leur caractère préparatoire et deviennent communicables : ainsi pour les actes d'engagement, les descriptifs techniques, les plans dessinés et les maquettes, remis par trois candidats à un concours d'architecture et d'ingénierie dont la procédure de mise en concurrence a été déclarée infructueuse (CADA, 8 octobre 1998, *maire de Hyères-les-Palmiers*).

Le secret en matière commerciale et industrielle

Il n'est pas rare que le secret en matière commerciale et industrielle, protégé par l'article 6 de la loi du 17 juillet 1978, soit invoqué devant la Commission pour justifier des refus de communication de documents contractuels, soit que la communication de tous les documents contractuels porterait atteinte au secret des procédés industriels des cocontractants, soit qu'elle permettrait de dévoiler la stratégie des entreprises contractantes.

À cet égard, les débats les plus fréquents concernent les prix proposés par les entreprises qui ont présenté une offre dans le cadre de la procédure de passation du contrat. Sur ce point, la position de la Commission diffère selon que ces informations se rapportent à l'entreprise qui a finalement obtenu le marché ou aux entreprises non retenues. La Commission considère que sont communicables tous les éléments financiers, y compris les prix détaillés, qui se rapportent à l'offre de l'entreprise retenue, parce que ces éléments reflètent le coût du service public. En revanche, pour les entreprises non retenues, la Commission estime que seules les offres de prix globales sont communicables, les offres de prix détaillées, par exemple les bordereaux de prix unitaires, étant couvertes par le secret en matière commerciale et industrielle (CADA, 2 avril 1992, *secrétaire général de la Commission centrale des marchés*). Ainsi, la Commission a estimé que le procès-verbal de la commission d'ouverture des plis est communicable dans la mesure où il ne révèle que les conditions globales de prix proposées par les entreprises évincées (CADA, 2 avril 1992, *maire de Bondy*).

Cette position de principe est toutefois susceptible de faire l'objet d'une application nuancée dans certaines circonstances particulières, notamment lorsque la demande de communication émane d'une entreprise concurrente et qu'une autre procédure de passation est en cours. D'une part, le caractère préparatoire des documents peut être opposé par la collectivité publique si les documents demandés se rapportent à une procédure en cours qui n'est pas encore achevée. D'autre part, la Commission a déjà estimé, dans l'hypothèse particulière d'un marché attribué puis résilié à la demande du préfet et devant faire l'objet d'un second appel d'offres, qu'il était nécessaire, afin de ne pas fausser la nouvelle consultation, d'occulter les conditions de prix proposées par toutes les entreprises (CADA, 9 novembre 1995, *maire du Mans*).

En matière de délégation de service public, le contrat de délégation, son cahier des charges et ses annexes financières sont des documents de plein droit communicables, mais les résultats de la société délégataire sont protégés par le secret en matière commerciale (CADA, 5 septembre 1996, *maire de Saint-Pierre-de-Nogaret*).

Les dispositions réglementaires du Code des marchés publics

Sont fréquemment invoquées devant la Commission les dispositions réglementaires du Code des marchés publics qui interdisent la divulgation des procès-verbaux des commissions d'ouverture des plis. À cet égard, la Commission considère, de façon constante, que les dispositions des articles 299 et 299 *ter* du Code des marchés publics n'ont qu'une valeur réglementaire et qu'elles ne peuvent prévaloir sur les dispositions législatives de la loi du 17 juillet 1978. Elle en déduit que le procès-verbal de la commission d'ouverture des plis, qui est un document administratif soumis à la loi de 1978, est communicable de plein droit à toute personne qui en ferait la demande, en application de l'article 2 de la loi du 17 juillet 1978 (CADA, 17 septembre 1992, *Peller/Entreprise Peller*).

> *[Les dispositions des articles 299 et 299* ter *du Code des marchés publics ancien, qui prévoyaient que les procès-verbaux dressés par les commissions n'étaient pas rendus publics, n'ont pas été reprises dans les codes de 2001, 2004 et 2006].*

II. – Communication de documents dans le cadre d'un contentieux sur un marché public

Question écrite n° 22919 de M. Jean-Louis Masson (Moselle – NI)

• publiée dans le *JO* Sénat du 27/04/2006 – page 1182

M. Jean-Louis Masson demande à M. le garde des Sceaux, ministre de la Justice, si le juge des référés saisi d'un contentieux sur un marché public peut, à la demande d'un requérant, ordonner la communication de documents s'y rapportant ou si l'appréciation d'une telle communication ressort de la seule compétence de la CADA.

Réponse du ministère de la Justice

• publiée dans le *JO* Sénat du 15/06/2006 – page 1670

Le garde des Sceaux, ministre de la Justice fait savoir à l'honorable parlementaire que le juge administratif, et en particulier le juge du référé précontractuel institué par les articles L. 551-1 et L. 551-2 du Code de justice administrative, dispose en vertu de ses pouvoirs inquisitoriaux de la faculté d'ordonner aux parties de lui fournir, dans un délai déterminé, des explications ou encore des documents. Ce pouvoir d'injonction, qui peut s'exercer aussi bien à l'égard de l'administration qu'à celui d'une personne privée, procède d'une jurisprudence ancienne et constante

(CE, 1er mai 1936, *Couespel du Mesnil* et CE Ass., 28 mai 1954, *Barel et autres*). Ainsi, il appartient au juge d'exiger notamment de l'administration compétente « la production de tous documents susceptibles d'établir sa conviction et de permettre la vérification des allégations du requérant ». Par exemple, la jurisprudence ouvre au juge le droit de s'assurer auprès de l'administration, par la voie administrative ou par jugement avant dire droit, du caractère communicable d'un document administratif (CE, 23 décembre 1988, Banque de France). Si toute partie à l'instance peut demander au juge la communication d'un document se rapportant au contentieux, le juge détient, du fait du caractère inquisitorial de la procédure, un pouvoir indépendant pour décider d'y donner une suite favorable. À l'égard de l'administration, le juge peut requérir la production de tous documents « à la seule exception de ceux qui sont couverts par un secret garanti par la loi » (CE Ass., 11 mars 1955, *Coulon* et CE, 23 décembre 1988, *Banque de France*). À l'égard des parties à l'instance, le juge administratif, et notamment le juge des référés, est tenu « de [leur] communiquer avant la clôture de l'instruction, par tous moyens, notamment en les mettant à même d'en prendre connaissance à l'audience publique, les pièces et mémoires soumis au débat contradictoire qui servent de fondement à sa décision et qui comportent des éléments de fait ou de droit dont il n'a pas été antérieurement fait état au cours de la procédure. » (CE, 28 mai 2001, *Société Codiam*, req. n° 230692). Toutefois, si l'objet même du litige porte sur la communication d'un document, tel qu'une pièce se rapportant à un marché public, le recours au juge administratif n'est tout d'abord possible que si la commission d'accès aux documents administratifs a été saisie préalablement à ce recours du refus de l'administration de communiquer le document litigieux conformément au dernier alinéa de l'article 20 de la loi du 17 juillet 1978 modifiée. Si tel est le cas, le Conseil d'État a ensuite jugé qu'à l'occasion d'un tel contentieux, lorsque « l'état de l'instruction ne (permet) pas au juge administratif d'être éclairé sur le caractère administratif du document dont la communication est demandée (sur le fondement de la loi du 17 juillet 1978, il ordonne avant dire droit) la production de ce document à la (formation) chargée de l'instruction de l'affaire, sans que, compte tenu de l'objet même du litige, communication de cette pièce soit donnée (au requérant). » (CE, 14 mars 2003, *X.*, req. n° 231661).

III. – Synthèse : la transparence administrative à l'épreuve de la confidentialité

La CADA a progressivement élaboré un régime d'accès aux marchés et délégations, ainsi qu'aux documents qui s'y rapportent, sur le fondement de la loi du 17 juillet 1978. Aussi longtemps que le marché ou la délégation n'est pas signé, ces documents revêtent un caractère préparatoire qui fait obstacle à leur divulgation. Une fois le contrat signé, l'ensemble de ces documents devient communicable à l'exception des pièces et mentions couvertes par le secret en matière commerciale et industrielle. Sont intégralement communicables les cahiers des clauses administratives particulières et des clauses techniques particulières, le règlement de la consultation et le rapport de présentation du marché. L'acte d'engagement signé est lui aussi communicable, après occultation des coordonnées bancaires, dès lors qu'il reflète le coût du service public (CE, 11 juillet 1990, *Centre hospitalier général de Neufchâteau*, T. p. 790). En revanche, doivent être systématiquement occultées les mentions relatives aux moyens techniques et humains (mémoire technique, appréciations portées par l'autorité adjudicatrice sur les capacités techniques et notes), à la certification de système qualité, aux certifications tierces parties ainsi qu'aux certificats de qualification concernant la prestation demandée, ainsi que toute mention concernant le chiffre d'affaires, les coordonnées bancaires et les références autres que celles qui correspondent à des marchés publics (n°s 20052295 et 20052631).

Les mentions relatives aux prix font l'objet d'un régime plus nuancé, qui opère une distinction entre la ou les entreprises retenues et celles qui ne le sont pas. En principe, l'offre de prix détaillée de l'entreprise retenue (bordereau des prix unitaires) est communicable ainsi que l'offre de prix globale des entreprises non retenues, mais pas l'offre de prix détaillée de ces dernières. Toutefois, l'administration est fondée à refuser la communication de tout ou partie de ces informations lorsque cette divulgation risquerait de fausser la concurrence à l'occasion du renouvellement du marché. Tel est le cas des marchés s'inscrivant dans une « *suite répétitive portant sur une même catégorie de biens ou services* » (n° 20062914), ce qui correspond en général à des contrats d'une durée totale (périodes de reconduction comprises : n° 20072696) inférieure à deux ans. L'administration doit également tenir compte des spécificités de l'environnement concurrentiel et de l'éventualité de la passation d'un marché analogue par une autre collectivité publique. Au titre de la spécificité de certains marchés, peut aussi être occulté le détail des prestations fournies en contrepartie d'un prix global donné (n° 20070552).

Il reste que ce régime n'est pas encore totalement stabilisé, comme en témoigne la sanction infligée à un agent public ayant communiqué un rapport d'analyse des offres contenant le montant des offres des entreprises non retenues, ainsi que les notes et appréciations portées sur celles-ci, indépendamment de toute référence aux caractéristiques du marché en cause (CE, 4 juillet 2005, *M. C.*). À la suite de son commissaire du gouvernement dans cette affaire, le Conseil d'État semble ainsi privilégier une interprétation du secret en matière commerciale et industrielle sensiblement plus large que celle de la CADA, y incluant l'ensemble des mentions se rapportant aux offres non retenues, y compris les notes qu'elles ont obtenues et leur rang de classement. Une modification du Code des marchés publics pourrait utilement clarifier la question, notamment en invitant les entreprises soumissionnaires à indiquer, sur un exemplaire des documents qu'elles produisent à l'appui de leur offre, les informations qu'elles considèrent comme couvertes par le secret industriel et commercial. Ce mécanisme déclaratif, proche de celui qu'institue l'article R. 253-15 du Code rural en matière de demande d'autorisation de mise sur le marché de produits phytopharmaceutiques (n° 20072034) ou encore l'article L. 535-3 du Code de l'environnement s'agissant des organismes génétiquement modifiés, guiderait l'autorité administrative, sans la lier, dans le délicat travail d'occultation qui lui incombe.

Conclusion

Sommée par la communauté des citoyens de faire preuve de transparence dans son action, l'administration doit aussi respecter la confiance que chaque citoyen, dans sa relation particulière avec elle, place en elle en lui fournissant, spontanément ou non, certaines informations le concernant. On mesure tout à la fois l'enjeu démocratique que constitue un tel équilibre et la difficulté pour l'administration, tiraillée entre deux exigences fondamentales, de le maintenir.

La confrontation entre transparence et confidentialité au sein de l'administration rejoint d'ailleurs très largement le conflit entre le droit et la pratique. Sur le plan juridique, les exceptions au droit d'accès aux documents administratifs, garantie fondamentale accordée aux citoyens pour l'exercice des libertés publiques (CE, 29 avril 2002, *Ullmann*, Rec. p. 157), doivent, en principe, être interprétées de façon restrictive. À l'inverse, l'administration peut être tentée de faire prévaloir, en pratique, une règle de prudence voire de bon sens : en cas de doute sérieux, mieux vaut priver le tiers demandeur du renseignement qu'il convoite plutôt que de courir le risque – aux conséquences irréversibles – de divulguer à tort des informations sensibles. Face à ce dilemme, la CADA s'efforce, dans la limite de la compétence que lui reconnaît la loi et avec le juge administratif, de tracer progressivement et concrètement les grandes lignes d'un régime équilibré, qui gagnerait parfois à être mieux encadré et harmonisé par le législateur.

Aussi abouti soit-il, un tel régime ne permettra toutefois jamais à l'administration de s'affranchir d'un examen au cas par cas des demandes qui lui sont soumises. L'autorité administrative reste, en définitive, toujours la mieux à même d'apprécier, au vu de la sensibilité du contexte dans lequel s'inscrit une demande, la portée exacte de la communication d'un document et, par conséquent, la nécessité ou non de faire prévaloir la confidentialité sur la transparence.

[Extrait d'un article publié par Alexandre Lallet, auditeur au Conseil d'État, rapporteur général adjoint de la CADA, dans Les cahiers de la fonction publique, *septembre 2007, éditions Berger-Levrault].*

17. Obligations des comptables des collectivités territoriales en matière de marchés publics

Article D. 1617-19 du Code général des collectivités territoriales (Décret n° 2007-450 du 25 mars 2007)

Art. D. 1617-19. – Avant de procéder au paiement d'une dépense ne faisant pas l'objet d'un ordre de réquisition, les comptables publics des collectivités territoriales, des établissements publics locaux et des associations syndicales de propriétaires ne doivent exiger que les pièces justificatives prévues pour la dépense correspondante dans la liste définie à l'annexe I du présent code.

ANNEXE I – Annexe à l'article D. 1617-19 Liste des pièces justificatives

[...]

Rubrique 4. Marchés publics[1] [2]

41. Travaux, fournitures et services répertoriés par l'article 3 du Code des marchés publics

1. Contrat et, le cas échéant, pièces justificatives qu'il définit.

2. Fiche de recensement des marchés[3].

42. Marchés publics passés selon une procédure adaptée prévue par les articles 28 ou 30 du Code des marchés publics[4] [5] [6] [7] [8]

---

1. Si les prestations concernent un immeuble, sa localisation géographique est mentionnée sur une des pièces justificatives jointes au mandat.

2. La dépense est présentée sous la seule responsabilité de l'ordonnateur, selon l'une des sous-rubriques décrites dans la présente rubrique n° 4.

3. En vertu de l'article 84 du Code des marchés publics et du décret n° 2006-1071 du 28 août 2006, l'ordonnateur établit une fiche de recensement, conforme au modèle et dans les conditions fixées par arrêté ministériel, qu'il adresse au comptable public en plus des pièces décrites dans la présente rubrique n° 4, justifiant le premier paiement effectué au titre d'un marché public. Une nouvelle fiche de recensement doit être adressée au comptable public dès le premier paiement suivant la signature d'un avenant ou d'un acte spécial de sous-traitance. Les données correspondantes faisant l'objet d'un traitement par l'observatoire économique de l'achat public, les fiches de recensement ne sont pas insérées au compte de gestion du comptable public.

4. Lorsque des intérêts moratoires sont mandatés, le mandat doit être accompagné d'un état liquidatif de ces intérêts.

5. Les mentions devant figurer sur les factures et mémoires sont décrites en annexe C de la présente liste.

6. Les approbations requises, le cas échéant, par des textes institutifs des établissements publics locaux auprès d'organes délibérants ou non doivent être produites dans les formes prévues par ceux-ci.

7. Pour le paiement des marchés conclus avec un titulaire étranger ayant un représentant fiscal ou un mandataire en France, cf. pièces exigées à la rubrique « 05 – Paiement des sommes dues à des créanciers étrangers ».

8. Les caractéristiques formelles d'un marché public passé selon une procédure adaptée prévue par les articles 28 ou 30 du Code des marchés publics, faisant l'objet d'un écrit figurent au « A » de l'annexe G de la présente liste.

3

421. Prestations de maîtrise d'œuvre[9]

1. Contrat et, le cas échéant, avenant.
2. Mémoire ou facture.
3. Fiche de recensement des marchés.

422. Prestations dont le paiement donne lieu à avance, acompte ou retenue de garantie[10]

1. Document écrit encadrant l'avance, l'acompte ou la retenue de garantie.
2. Mémoire ou facture.
3. Fiche de recensement des marchés.

423. Prestations fixées par contrat[11]

1. Contrat et, le cas échéant, avenant.
2. Mémoire ou facture.
3. Fiche de recensement des marchés.

424. Achats pouvant faire l'objet d'un marché à procédure adaptée (art. 28 ou 30 du Code des marchés publics) mais passés expressément selon une procédure formalisée (art. 26 du même code)

Pièces correspondantes prévues à la rubrique 43.

425. Autres prestations

1. Mémoire ou facture.
2. Fiche de recensement des marchés.

43. Marchés publics passés selon une procédure formalisée prévue par l'article 26 du Code des marchés publics[6 12 13 14 15]

431. Pièces générales

4311. Pièces à fournir lors du premier paiement

1. Deux exemplaires des pièces constitutives initiales du marché, à l'exclusion du cahier des clauses techniques générales, du cahier des clauses techniques particulières

9. Toute prestation de maîtrise d'oeuvre donne lieu à un contrat qui fait apparaître les différents éléments de mission et les pourcentages correspondants (art. 9 de la loi n° 85-704 du 12 juillet 1985 relative à la maîtrise d'ouvrage publique et à ses rapports avec la maîtrise d'oeuvre privée).

10. Tout versement d'une avance ou d'un acompte, ainsi que tout prélèvement d'une retenue de garantie doit faire l'objet d'un écrit qui n'est pas forcément un contrat (art. 97, 101 et 105 du Code des marchés publics).

11. Tout contrat mentionné dans une pièce justificative (facture...) doit être produit à l'appui du mandat. Lorsqu'un contrat doit être produit, il ne l'est qu'à l'appui du premier paiement. Les caractéristiques formelles d'un marché public faisant l'objet d'un écrit et entrant dans le champ d'application des articles 28 ou 30 du Code des marchés publics, figurent au paragraphe A de l'annexe G de la présente liste.

12. Lorsque des intérêts moratoires sont mandatés, le mandat doit être accompagné d'un état liquidatif de ces intérêts.

13. Les pièces constitutives d'un marchés sont définies par les articles 11, 12 et 13 du Code des marchés publics. Les mentions devant figurer sur les factures et mémoires sont décrites en annexe C de la présente liste.

14. Les approbations requises, le cas échéant, par des textes institutifs des établissements publics locaux auprès d'organes délibérants ou non doivent être produites dans les formes prévues par ceux-ci.

15. Les caractéristiques formelles d'un marché public passé selon une procédure formalisée prévue par l'article 26 du Code des marchés publics sont décrites à l'annexe G.

et du cahier des clauses administratives générales lorsque le marché se réfère à l'un des cahiers des clauses administratives ayant fait l'objet d'une approbation par décret[16].

2. Le cas échéant, liste des prix ou des tarifs ou des barèmes applicables.

3. S'il y a lieu, copie de l'engagement de la ou des garantie(s) à première demande ou des caution(s) personnelle(s) ou solidaire(s)[17].

4. Fiche de recensement des marchés.

4312. Autres pièces générales, le cas échéant

1. Avenant, acte spécial, ordre de service, ayant des incidences financières.

2. En cas de dépassement du montant initial prévu au marché, avenant ou, si le marché en prévoit la possibilité, décision de poursuivre.

3. En cas de dépassement de la part du titulaire compensée par la diminution de la part du ou des sous-traitants : avenant ou acte spécial modificatif diminuant la part du ou des sous-traitant(s) à due concurrence du montant de l'augmentation de celle du titulaire.

4. En cas de marchés à bons de commande :

– le(s) premier(s) bon(s) de commande afférent(s) au premier paiement d'un marché à bons de commande joint(s) à l'appui du premier mandat ;

– le bon de commande complétant les dispositions financières du marché relatives aux délais d'exécution, aux primes, aux pénalités, uniquement dans le cas où des primes ou des pénalités sont décomptées ;

– lorsque la date d'exécution des prestations est postérieure à la date de fin du marché : le(s) bon(s) de commande correspondant(s).

432. Pièces particulières

4321. Reconduction

Décision de reconduction.

4322. Paiement des primes et des indemnités

43221. Primes dans le cadre d'un concours :

1. Le règlement du concours prévoyant les modalités d'allocation de primes ;

2. Avis du jury indiquant la répartition des primes à verser aux bénéficiaires ;

3. État liquidatif par bénéficiaire.

43222. Indemnités à verser aux membres du jury :

Délibération ou décision du directeur pour les EPS.

16. Les cahiers des clauses administratives générales qui n'ont pas fait l'objet d'une approbation par décret sont produits à l'appui du premier mandatement du marché qui s'y réfère. Un des exemplaires de l'ensemble des pièces constitutives initiales du marché est conservé par le comptable pendant toute la durée du marché pour être joint à l'appui du mandat de paiement du solde.

17. La copie de la garantie portant sur l'ensemble du marché ne doit pas être exigée au stade du versement d'une avance.

43223. Primes dans le cadre d'une procédure de dialogue compétitif :

1. Le règlement de la consultation ou l'avis d'appel public à la concurrence prévoyant les modalités d'allocation de primes ;

2. État liquidatif par bénéficiaire.

4323. Avances

43231. Avance dont le montant est inférieur ou égal à 30 % du marché :

1. État liquidatif ;

2. Le cas échéant, certificat de l'ordonnateur attestant que les conditions posées par le marché pour l'obtention de l'avance sont remplies ;

3. Le cas échéant, copie de la garantie à première demande ou caution personnelle et solidaire pour le remboursement de l'avance.

43232. Avance dont le montant est supérieur à 30 % du marché :

1. Le cas échéant, certificat de l'ordonnateur attestant que les conditions posées par le marché pour l'obtention de l'avance sont remplies ;

2. État liquidatif ;

3. Copie de la garantie à première demande s'engageant à rembourser, s'il y a lieu, le montant de l'avance consentie.

4324. Acomptes

43241. Paiement des acomptes jusqu'à 80 % du montant initial du marché TTC :

1. Procès-verbal ou certificat administratif, attestant l'exécution des prestations concernées et indiquant le montant des sommes dues au titre de l'acompte, établi conformément à l'annexe D ;

2. Le cas échéant, état liquidatif des actualisations et/ou révisions des prix, établi conformément à l'annexe E18.

43242. Paiement des acomptes au-delà de 80 % du montant initial du marché TTC :

432421. Premier paiement :

1. Pièces énumérées en sous-rubrique 43241 ;

2. État liquidatif global des prestations exécutées depuis le début du marché par catégories de prestations à l'intérieur d'un même lot ou d'un même poste ;

3. Le cas échéant, certificat administratif ou mention indiquant qu'il s'agit du paiement du dernier acompte si le montant initial du marché est atteint.

432422. Paiements suivants :

1. Pièces énumérées en sous-rubrique 43241 ;

2. État liquidatif de l'acompte par catégories de prestations à l'intérieur d'un même lot ou d'un même poste ;

3. Le cas échéant, certificat administratif ou mention indiquant qu'il s'agit du paiement du dernier acompte si le montant initial du marché est atteint.

4325. Paiement partiel définitif[19], paiement unique et intégral, paiement du solde

43251. Marchés de fournitures et de services :

1. Facture et mémoire portant les énonciations énoncées à l'annexe C ;

2. Procès-verbal de réception ou certificat administratif ou mention sur la facture ou le mémoire constatant que le fournisseur a exécuté toutes ses obligations ;

3. État liquidatif des pénalités de retard encourues par le titulaire du marché lorsque leur montant est déduit par l'ordonnateur sur les paiements.

En cas d'exonération ou de réduction de ces retenues : délibération motivée de l'autorité compétente prononçant l'exonération ou la réduction ou pour les établissements publics de santé et les établissements sociaux et médico-sociaux, décision motivée du directeur ;

4. Le cas échéant, état liquidatif des actualisations et/ou révisions de prix, établi conformément à l'annexe E19[18].

43252. Marchés de travaux :

1. Décision de réception prise par l'autorité compétente ou à défaut proposition du maître d'œuvre ou décision de justice portant date d'effet de la réception ;

2. Décompte général et définitif ;

3. Constat, situation, relevé, mémoire ou facture justifiant le décompte.

En cas de désaccord : décompte général admis par l'ordonnateur et complément éventuel sur solde mandaté sur pièce justifiant l'accord entre les parties ou décision de justice ;

4. État liquidatif des pénalités de retard encourues par le titulaire lorsque leur montant est déduit par l'ordonnateur sur les paiements ; en cas d'exonération ou de réduction de ces retenues : délibération motivée de l'autorité compétente prononçant l'exonération ou la réduction ou pour les EPS et les ESMS, décision motivée du directeur ;

5. Le cas échéant, état liquidatif des actualisations et/ou révisions de prix, établi conformément à l'annexe E[19].

4326. Remboursement de la retenue de garantie

1. Décision de la personne publique de libérer la retenue de garantie ou, le cas échéant, réception d'une garantie de substitution.

2. Le cas échéant, pièces justificatives prévues pour le paiement du solde.

3. Le cas échéant, décision de levée de réserves.

18. Un prix peut être soit actualisable, soit révisable.

19. La notion de « paiement partiel définitif » ne s'applique pas aux marchés de travaux.

44. Marchés passés sur le fondement d'un accord-cadre[20]

1. Accord-cadre visé par l'article 76 du Code des marchés publics.

2. Marché passé sur le fondement de l'accord-cadre : pièces énumérées aux rubriques 42 et 43 selon les modalités de présentation de la dépense par l'ordonnateur.

45. Sous-traitance et paiement direct[21]

451. Paiement direct

4511. Pièces générales (à fournir lors du premier paiement)

1. Marché, avenant, acte spécial ou tout document écrit signé par l'autorité compétente[22] pour passer le marché et par le titulaire de celui-ci précisant la nature des prestations sous-traitées, le nom, la raison ou la dénomination sociale et l'adresse du sous-traitant, le montant des prestations sous-traitées et les conditions de paiement prévues pour chaque contrat de sous-traitance.

2. Pièce justificative produite par le titulaire du marché établissant que la cession (ou le nantissement) dont sa créance a fait l'objet ne fait pas obstacle au paiement direct du sous-traitant,

ou

Certificat attestant que cette créance n'a pas été cédée, ni nantie.

3. En cas d'augmentation des prestations sous-traitées :

a) Avenant, acte spécial modificatif ou tout document écrit justifiant l'augmentation de la part du sous-traitant ;

b) Avenant ou décision de poursuivre augmentant le montant global du marché,

et/ou

Avenant, acte spécial modificatif ou tout document écrit justifiant la diminution de la part du ou des autres sous-traitant(s) à due concurrence du montant de l'augmentation visée au *a* ;

c) Fiche de recensement des marchés.

4512. Pièces particulières

45121. Avances :

1. Ensemble des pièces produites par le titulaire du marché pour le paiement à son profit d'une dépense de même nature ;

2. Le cas échéant, pièce justificative produite par le titulaire du marché établissant le remboursement de l'avance qui lui aurait été versée au titre des prestations sous-traitées ;

3. État liquidatif du montant de l'avance ;

---

20. Pour les caractéristiques formelles d'un accord-cadre, voir le C de l'annexe G. Pour les spécificités des marchés passés sur le fondement d'un tel accord, voir le D de la même annexe.

21. Pour le paiement de sous-traitants étrangers ayant un représentant fiscal ou un mandataire en France, cf. pièces exigées à la rubrique 05 « Paiement des sommes dus à des créanciers étrangers ».

4. Le cas échéant, copie de la garantie à première demande ou de la caution personnelle et solidaire pour le remboursement de l'avance.

45122. Acompte et règlement unique et intégral et paiement du solde :

1. Ensemble des pièces produites par le titulaire du marché pour le paiement à son profit d'une dépense de même nature ;

2. Attestation du titulaire comportant l'indication de la somme à régler directement au sous-traitant,

ou

En cas de redressement, liquidation judiciaire ou d'empêchement du titulaire et en l'absence d'attestation de la part du titulaire ou de son représentant, attestation du maître d'ouvrage comportant l'indication de la somme à régler directement au sous-traitant,

ou

Accord amiable ou décision de justice.

452. Sous-traitance et action directe

4521. Paiement au sous-traitant

1. Mise en demeure adressée par le sous-traitant au titulaire du marché d'avoir à lui payer une somme due pour un montant déterminé en vertu d'un contrat de sous-traitance et pour l'exécution du marché.

2. Demande de paiement accompagnée d'un procès-verbal relatant la constatation matérielle des prestations effectuées et l'acceptation du titulaire,

ou

Décision de justice définitive,

ou

Accord entre les parties.

4522. Paiement au titulaire du marché

Reçu du sous-traitant attestant le règlement par le titulaire ou décision de justice définitive ou accord des intéressés.

46. Coordination, groupements de commandes et centrales d'achats

461. Coordination des commandes au sein d'un même organisme public[22]

1. Convention, le cas échéant.

2. Pièces énumérées aux sous-rubriques 42 et 43 selon les modalités de présentation de la dépense par l'ordonnateur.

462. Groupement de commandes de plusieurs organismes groupement de commandes

4621. Pièces à fournir dans tous les cas

Convention constitutive du groupement.

22. Article 7 du Code des marchés publics.

3

4622. Pièces à fournir selon les cas

46221. Cas où chaque membre du groupement exécute sa propre partie :

Pièces énumérées aux rubriques 42 et 43 selon les modalités de présentation de la dépense par l'ordonnateur.

46222. Cas où le coordonnateur exécute le marché au nom de l'ensemble des membres du groupement :

462221. En cas de participation aux débours du coordonnateur :

1. Pièces énumérées aux rubriques 42 et 43 selon les modalités de présentation de la dépense par l'ordonnateur ;

2. Demande du coordonnateur lorsque la convention constitutive ne prévoit pas le montant et les modalités du versement de la participation.

462222. En cas de remboursement :

1. Pièces énumérées aux rubriques 42 et 43 selon les modalités de présentation de la dépense par l'ordonnateur ;

2. État liquidatif ou décompte établi par le coordonnateur.

463. Paiements à l'Union des groupements d'achat public (UGAP)

1. Facture ou mémoire.

2. Le cas échéant, convention entre l'UGAP et la collectivité.

47. Paiements à des tiers substitués au créancier initial

471. Paiement des créances afférentes à une cession ou à un nantissement de créances

4711. Pièces communes

Pièces énumérées aux rubriques 42 et 43 selon les modalités de présentation de la dépense par l'ordonnateur.

4712. Pièces particulières

47121. Paiement à un établissement de crédit cessionnaire ou bénéficiaire d'un nantissement :

1. Dans le cadre d'un marché public faisant l'objet d'un contrat écrit, exemplaire unique du marché, de l'avenant, de l'acte spécial ou de tout document écrit visé à la rubrique 4511, revêtu d'une mention signée par l'autorité compétente pour passer le marché indiquant que cette pièce est délivrée en unique exemplaire en vue de la cession (ou du nantissement) des créances résultant du marché,

ou

Certificat de cessibilité ;

2. Notification de la cession (ou du nantissement) par lettre recommandée avec avis de réception, ou par tout autre moyen permettant de donner date certaine[23] ;

---

23. Le bordereau de cession ou de nantissement n'a pas à être produit au comptable assignataire.

3. Le cas échéant, notification de la transmission du bordereau par le bénéficiaire de la transmission par lettre recommandée avec avis de réception, ou tout autre moyen permettant de donner date certaine ;

4. Le cas échéant, attestation de l'établissement de crédit établissant que la cession (ou le nantissement) ne fait pas obstacle au paiement direct de la partie sous-traitée ou a été réduit(e) de manière à réaliser cette condition.

47122. Paiement à un cessionnaire ou à un bénéficiaire de nantissement de droit commun :

1. Dans le cadre d'un marché public faisant l'objet d'un contrat écrit, exemplaire unique du marché, de l'avenant, de l'acte spécial ou de tout document écrit visé à la rubrique 4511, revêtu d'une mention signée par l'autorité compétente pour passer le marché indiquant que cette pièce est délivrée en unique exemplaire en vue de la cession (ou du nantissement) des créances résultant du marché,

ou

Certificat de cessibilité ;

2. Exemplaire original de la signification de la cession (ou du nantissement) énonçant la qualité du comptable assignataire, du cédant (du titulaire du marché ou du sous-traitant à l'initiative du nantissement), du cessionnaire (ou du bénéficiaire du nantissement) et désignant la créance cédée (ou nantie) ;

3. Original de l'acte de cession (ou de nantissement) ;

4. Le cas échéant, attestation du cessionnaire (ou du bénéficiaire du nantissement) établissant que la cession (ou le nantissement) ne fait pas obstacle au paiement direct de la partie sous-traitée ou a été réduit(e) de manière à réaliser cette condition.

4713. Paiement au cédant (ou au titulaire du marché ou au sous-traitant à l'initiative du nantissement)

Mainlevée de la cession (ou du nantissement) donnée par l'établissement de crédit par lettre recommandée avec demande d'avis de réception, ou par tout autre moyen permettant de donner date certaine,

ou

Pour une cession (ou un nantissement) de droit commun, attestation de désistement définitif délivrée par le cessionnaire (ou le bénéficiaire du nantissement) de droit commun par lettre recommandée avec demande d'avis de réception, ou par tout autre moyen permettant de donner date certaine.

472. Paiement dans le cadre d'une délégation de créances afférente à un marché public

4721. Paiement à un délégataire du titulaire du marché ou du sous-traitant ayant droit au paiement direct

47211. Pièces communes :

Pièces énumérées aux rubriques 42 et 43 selon les modalités de présentation de la dépense par l'ordonnateur.

47212. Pièces particulières :

– convention de délégation signée par la personne publique, du titulaire du marché ou du sous-traitant ayant droit au paiement direct et du délégataire ;

– pièce justificative produite par le délégant établissant que la cession (ou le nantissement) dont sa créance a fait l'objet ne fait pas obstacle à la réalisation de la délégation ou que son montant a été réduit afin que la délégation soit possible,

ou

– certificat attestant que cette créance n'a été ni cédée ni nantie.

4722. Paiement à un délégataire sous-traitant de second rang

47221. Pièces communes :

Pièces énumérées aux rubriques 42 et 43 selon les modalités de présentation de la dépense par l'ordonnateur.

47222. Pièces particulières :

– pièces justificatives relatives à la demande du sous-traitant de 1er rang définies à la rubrique 45 ;

– convention de délégation ;

– mention par le sous-traitant de 1er rang de la somme à verser au sous-traitant de 2e rang, cette somme ne pouvant pas dépasser la limite du montant reconnu comme étant dû au sous-traitant de 1er rang ;

– pièce justificative produite par le délégant établissant que la cession (ou le nantissement) dont sa créance a fait l'objet ne fait pas obstacle à la réalisation de la délégation ou que son montant a été réduit afin que la délégation soit possible,

ou

– certificat attestant que cette créance n'a été ni cédée, ni nantie.

473. Paiement à un factor

4731. Dans le cadre d'une cession

(paragraphe B de l'annexe F de la présente liste)

Pièces justificatives prévues aux rubriques 4711 et 47121, pièces 1 et 4.

4732. Dans le cadre d'une subrogation

(paragraphe A de l'annexe F de la présente liste)

1. Pièces justificatives du paiement des marchés selon les modalités de présentation de la dépense par l'ordonnateur.

2. Mention subrogative réglementaire portée sur la demande de paiement (mémoire, facture, situation de travaux...) dans les conditions fixées à l'annexe F/A du présent décret.

3. En cas de pluralité d'oppositions, quittance subrogative datée.

48. Paiements en situation exceptionnelle

481. Paiements en situation d'urgence

4811. Réquisition d'une entreprise

1. Arrêté de réquisition de l'entreprise.
2. Pièces justificatives prévues par l'arrêté, le cas échéant.
3. Facture ou mémoire.

4812. Marchés publics exécutés en situation d'urgence impérieuse

1. Marché ou copie de l'échange des courriers entre la personne publique et l'entreprise.
2. Le cas échéant, pièces prévues dans le marché ou dans l'échange de courrier.
3. Facture ou mémoire.

482. Paiements dans le cadre de transactions

4821. À la suite d'un avis du comité consultatif de règlement amiable des litiges (CCRA)

1. Avis du CCRA.
2. Délibération, sauf pour les EPS.
3. Transaction.
4. Si la transaction met fin au marché, pièces justificatives prévues à la sous-rubrique 4325.

4822. Dans le cas d'une procédure contentieuse nouée

1. Délibération, sauf pour les EPS.
2. Transaction.
3. Pièces justificatives prévues à la rubrique 4325.

4823. À la suite d'un retrait (de la délibération préalable au marché ou du marché lui-même) pour les prestations exécutées et non réglées avant la date de retrait

1. Délibération de retrait faisant référence à la demande du préfet, sauf pour les EPS.
2. Transaction.
3. Pièces justificatives prévues à la rubrique 4325.

4824. Autres cas

1. Délibération autorisant la transaction, sauf pour les EPS.
2. Transaction fixant l'indemnité de l'entreprise.

483. Paiements en cas de mise en régie des prestations d'un marché public[24]

1. Décision de mise en régie.
2. Constat des travaux exécutés avant la mise en régie.
3. Décompte(s) afférent(s) aux travaux exécutés après la mise en régie.

---

24. La mise en régie se définit comme le moyen offert à l'acheteur public pour dessaisir son cocontractant de ses prérogatives et poursuivre l'exécution des prestations aux risques et périls du cocontractant défaillant en utilisant ses propres moyens humains et matériels.

49. Autres marchés publics spécifiques[25]

491. Transports scolaires

4911. Reversement à l'organisateur de « second rang » en l'absence de convention

Justificatif joint au titre de recette indiquant le montant reçu par le bénéficiaire du transfert de compétence.

4912. Participation aux charges du service géré par un tiers

Délibération autorisant l'autorité compétente à passer la convention.

4913. Versement à l'organisateur de « second rang » ou à l'autorité compétente en cas de modification du périmètre urbain

49131. Premier paiement :

1. Convention fixant les conditions de financement des services de transport dont la responsabilité est transférée ;

2. État liquidatif.

49132. Autres paiements :

État liquidatif.

4914. Versement à l'entreprise privée

49141. Premier paiement :

1. Convention comportant les stipulations réglementaires ;

2. État liquidatif.

49142. Autres paiements :

État liquidatif.

492. Marché public de crédit-bail

4921. Crédit-bail immobilier

49211. Exécution du marché :

492111. Premier paiement :
1. Marché en double exemplaire, le cas échéant revêtu de la mention d'inscription au fichier immobilier et mentionnant, en particulier, les droits acquis par le bailleur de l'immeuble ;

2. État-réponse attestant l'absence d'inscription hypothécaire[26] ;

3. Décompte.

492112. Autres paiements :

Décompte.

49212. Reprise d'un marché de crédit-bail[27] :

25. Selon les cas l'annexe G/A ou G/B s'applique à ces marchés.
26. État-réponse délivré dans les conditions énoncées à la rubrique acquisitions immobilières.
27. La collectivité se substitue par cession au premier preneur.

1. Contrat de cession et copie du marché de crédit-bail ;

2. État-réponse attestant l'absence d'inscription hypothécaire[27] ;

3. Décompte.

49213. Indemnité versée par le preneur en cas de résiliation de marché :

1. Copie de l'acte portant résiliation du marché ;

2. Décompte appliquant la clause contractuelle portant pénalités ; ou indemnité fixée par le juge.

49214. Prolongation du marché de crédit-bail :

Avenant en double exemplaire, le cas échéant revêtu de la mention de publication au fichier immobilier, et référence à la délibération autorisant la passation de l'avenant.

49215. Réalisation de la promesse de vente :

1. Décision de l'assemblée délibérante autorisant la levée de l'option ;

2. Décompte portant mention des paiements effectués et de la valeur résiduelle fixée par référence au marché ;

3. État-réponse attestant l'absence d'inscription hypothécaire.

4922. Crédit-bail mobilier

49221. Exécution du marché :

492211. Premier paiement :

1. Marché en double exemplaire ;

2. Décompte.

492212. Autres paiements :

Décompte.

49222. Reprise d'un marché de crédit-bail :

492221. Premier paiement :

1. Contrat de cession et copie du marché de crédit-bail ;

2. Décompte.

492222. Autres paiements :

Décompte.

49223. Indemnité versée par le preneur en cas de résiliation de marché :

1. Délibération autorisant la résiliation ;

2. Décompte appliquant la clause contractuelle portant pénalités ; ou indemnité fixée par le juge.

49224. Prolongation du marché de crédit-bail :

Avenant en double exemplaire.

49225. Réalisation de la promesse de vente :

1. Décision de l'assemblée délibérante autorisant la levée de l'option ;

2. Décompte portant mention des paiements effectués et de la valeur résiduelle fixée par référence au marché.

493. Marchés publics d'assurances

4931. Première prime

1. Copie du marché d'assurances.
2. Avis de paiement de l'assureur.

4932. Autres primes

Avis de paiement de l'assureur.

4933. Modification des clauses du marché

1. Si la modification résulte de dispositions légales, décompte de révision.
2. Si la modification résulte de la volonté des contractants, copie du marché d'assurances modifié ou avenant et avis de paiement.

494. Paiement d'opérations réalisées sous mandat

4941. Paiement de la rémunération du mandataire

1. Convention de mandat.
2. Décompte.

4942. Financement des opérations effectuées par le mandataire

49421. Lorsque le mandataire est un organisme non doté d'un comptable public :

494211. Avances :

a) Premier paiement :

1. Convention de mandat et, le cas échéant, avenant ;
2. Le cas échéant, délibération fixant le montant de l'avance et ses bases de calcul.

b) Autres paiements :

Décompte des opérations et de leur montant justifiant l'utilisation de l'avant dernière avance, accompagné des copies de pièces justificatives prévues aux rubriques concernées de la présente liste selon la nature des dépenses afférentes à ces opérations.

494212. Remboursement des débours :

a) Premier paiement :

1. Convention de mandat et, le cas échéant, avenant ;
2. Décompte des opérations effectuées accompagné des copies des pièces justificatives prévues aux rubriques concernées de la présente liste selon la nature des dépenses afférentes à ces opérations.

b) Autres paiements :

Décompte des opérations effectuées accompagné des copies des pièces justificatives prévues aux rubriques concernées de la présente liste selon la nature des dépenses afférentes à ces opérations.

49422. Lorsque le mandataire est un organisme doté d'un comptable public :

494221. Avances :

a) Premier paiement :

1. Convention de mandat et, le cas échéant, avenant ;

2. Le cas échéant, délibération fixant le montant de l'avance et ses bases de calcul.

b) Autres paiements :

Décompte des opérations et de leur montant justifiant l'utilisation de l'avant dernière avance, accompagné d'une attestation du comptable certifiant que les paiements effectués par lui sont appuyés des pièces justificatives correspondantes prévues par la présente liste et qu'il est en possession de toutes les pièces afférentes à ces opérations.

494222. Remboursement des débours :

a) Premier paiement :

1. Convention de mandat et, le cas échéant, avenant ;

2. Décompte des opérations effectuées.

b) Autres paiements :

Décompte des opérations effectuées.

[…]

ANNEXE C
Énonciation des mentions devant figurer sur les factures ou sur les mémoires

Aucun formalisme autre que celui prévu par le Code général des impôts n'est exigé pour les factures ou les mémoires transmis à titre de pièce justificative. Il suffit que les mentions suivantes y figurent explicitement [1] :

1. Le nom ou la raison sociale du créancier ;

2. Le cas échéant, la référence d'inscription au répertoire du commerce ou au répertoire des métiers ;

3. Le cas échéant, le numéro de SIREN ou de SIRET ;

4. La date d'exécution des services ou de livraison des fournitures et désignation de la collectivité débitrice ;

5. Pour chacune des prestations rendues, la dénomination précise, selon le cas les prix unitaires et les quantités ou bien les prix forfaitaires ;

6. Le montant et le taux de taxe sur la valeur ajoutée légalement applicable ou, le cas échéant, le bénéfice d'une exonération ;

7. Tous rabais, remises, ristournes ou escomptes acquis et chiffrables lors de l'opération et directement liés à cette opération.

3

1. L'arrêté en lettres ou en chiffres par l'ordonnateur du montant total à payer est obligatoire lorsqu'une modification a été opérée à la suite d'une erreur commise dans le montant de la facture ou du mémoire établi par le créancier.

ANNEXE D

Énonciation des mentions devant figurer sur le procès-verbal ou le certificat administratif pour le paiement d'un acompte

Le procès-verbal ou le certificat administratif doit mettre en évidence tous les éléments suivants :

a) Le cas échéant, le montant de l'avance versée ;

Pour chacun des éléments suivants, il fait apparaître le montant des prestations totales réalisées, le détail cumulé des situations antérieures et le détail de l'acompte :

b) Le montant HT en prix de base des travaux effectués ou des prestations réalisées dans le cadre du marché initial et des avenants ;

c) Le cas échéant, l'actualisation/révision des prix (cf. ci-joint état liquidatif établi conformément à l'annexe E) ;

d) Le cas échéant, le montant des primes[1] et, s'il y a lieu, actualisation/révision (cf. annexe E) ;

e) La TVA sur la somme des éléments suivants susmentionnés : b + c + d ;

f) Le montant des travaux effectués ou des prestations réalisées TTC (b + c + d + e) ;

Il fait également apparaître, le cas échéant, les déductions à opérer :

g) La retenue de garantie sur travaux effectués ou prestations réalisées TTC hors variation de prix ;

h) La résorption de l'avance ;

i) Le total à déduire (g + h) ;

j) La somme globale restant due (f - i) ;

k) La somme due au(x) sous-traitant(s)[2] [3] (cf. attestation jointe) ;

l) La somme revenant au titulaire (j - k) (sous réserve d'application des pénalités) ;

m) Les pénalités de retard applicables au titulaire (cf. décompte ci-joint) ;

n) La somme à verser au titulaire (l - m).

---

1. Ces postes sont en outre justifiés par des états annexes comportant les éléments de calcul ayant permis d'en fixer le montant.

2. Seules les sommes dues au sous-traitant ayant droit au paiement direct doivent figurer dans cette rubrique.

3. Ces postes sont également justifiés, pour les intervenants ayant droit au paiement direct, par des états annexes comportant : 1° La nature des différentes prestations exécutées, leur montant total hors taxe, leur montant TTC ainsi que, le cas échéant, le montant des variations de prix hors taxes et TTC. Les sommes cumulées versées au sous-traitant, hors impact éventuel de la variation de prix, ne doivent pas excéder le montant maximum prévu à l'acte spécial de sous-traitance qui ne prend pas en compte cette même variation de prix. 2° En cas de délégation de paiement au sous-traitant de second rang, l'indication de la somme à verser au sous-traitant de premier rang et de la somme à verser au sous-traitant de second rang, compte tenu de la délégation.

ANNEXE E
Énonciation devant figurer sur l'état liquidatif des révisions et/ou des actualisations de prix[1]

Ce document doit mentionner les éléments suivants :

– la référence du marché, le cas échéant, des avenants et décisions de poursuivre ;

– le mois d'exécution de la prestation faisant l'objet de la révision et/ou de l'actualisation du prix[1] ;

– le montant hors taxes des différentes sommes faisant l'objet de la révision et/ou de l'actualisation de prix[1] ;

– le(s) coefficient(s) de révision accompagné(s) des calculs ayant permis sa (leur) détermination ;

– le taux et le montant de TVA sur actualisations et/ou révisions[1] ;

– le montant TTC de la (des) revalorisation(s).

1. Un prix peut être soit actualisable, soit révisable.

ANNEXE F
Mentions relatives à l'affacturage

A. – Mention concernant l'affacturage dans le cadre d'une subrogation

Les comptables sont autorisés à régler entre les mains du factor les mandats émis au nom du créancier, lorsque les mémoires, factures, situations de travaux et autres documents comportent les mentions suivantes :

« Règlement à l'ordre de (indication de la société de factoring) à lui adresser directement (adresse, numéro de téléphone, numéro du compte courant bancaire ou postal).

Elle le reçoit par subrogation dans le cadre du contrat de factoring.

Elle devra être avisée de toute demande de renseignements ou réclamations. »

B. – Mention concernant l'affacturage dans le cadre d'une cession ou d'un nantissement

Les comptables sont autorisés à régler entre les mains du factor les mandats émis au nom du créancier, lorsque les mémoires, factures, situations de travaux et autres documents comportent les mentions suivantes :

« La créance relative à la présente facture a été cédée à ... (indication du cessionnaire) dans le cadre des articles L. 313-23 à L. 313-25 du Code monétaire et financier.

Le paiement doit être effectué par chèque, traite, billets, etc., établi à l'ordre de ... (nom de la société d'affacturage ou de son mandataire) et adressé à ... ou par virement au compte n° ... chez ... »

ANNEXE G
Caractéristiques formelles des marchés publics et des accords-cadres

A. – Mentions nécessaires à un marché public passé selon une procédure adaptée prévue par les articles 28 ou 30 du Code des marchés publics, faisant l'objet d'un écrit[1]

1. Identification des parties contractantes.
2. Référence à la délibération[2] autorisant la personne publique à passer le marché.
3. Définition de l'objet du marché.
4. Prix ou modalités de sa détermination.
5. Conditions de règlement.

B. – Caractéristiques formelles d'un marché public passé selon une procédure formalisée prévue par l'article 26 du Code des marchés publics

Les pièces constitutives d'un tel marché comportent obligatoirement :

1. L'identification des parties contractantes ;
2. La référence à la délibération[2] autorisant la personne publique à passer le marché ;
3. La définition de l'objet du marché ;
4. La référence à (aux) article(s) du Code des marchés publics en application duquel (desquels) le marché est passé ;
5. L'énumération des pièces du marché[3] ;
6. Le prix ou les modalités de sa détermination ;
7. La durée d'exécution du marché ou les dates prévisionnelles de début d'exécution et d'achèvement ;
8. Les conditions de réception, de livraison ou d'admission des prestations ;
9. Les conditions de règlement ;
10. Les conditions de résiliation ;
11. La date de notification du marché ;
12. Le comptable assignataire.

C. – Caractéristiques formelles des accords-cadres passés selon une procédure prévue par l'article 76 du Code des marchés publics

Les pièces constitutives d'un accord-cadre comportent obligatoirement :

1. L'identification des parties contractantes ;
2. La référence à la délibération[2] autorisant la personne publique à passer l'accord-cadre ;
3. La définition de l'objet de l'accord-cadre ;

4. La référence à (aux) article(s) du Code des marchés publics en application duquel (desquels) l'accord-cadre est passé ;

5. L'énumération des pièces de l'accord-cadre[3] ;

6. Le prix ou les modalités de sa détermination ;

7. La durée d'exécution de l'accord-cadre ou les dates prévisionnelles de début d'exécution et d'achèvement ;

8. Les conditions de résiliation ;

9. La date de notification de l'accord-cadre.

D. – Spécificités des marchés publics passés sur le fondement d'un accord-cadre conformément à l'article 76 du Code des marchés publics

Les mentions suivantes figurent dans le marché si elles n'ont pas déjà été indiquées dans l'accord-cadre :

1. Le prix ou les modalités de sa détermination ;

2. Les conditions de réception, de livraison ou d'admission des prestations ;

3. Les conditions de règlement ;

4. Le comptable assignataire.

---

1. Les mentions listées au « A » s'appliquent également au cas spécifique des marchés passés sur échange de lettres en situation d'urgence impérieuse quel que soit leur montant.

2. Cette référence ne concerne pas les établissements publics de santé et les établissements sociaux et médico-sociaux. Pour les collectivités locales et les autres établissements publics locaux, il s'agit soit de la délibération avant engagement de la procédure avec définition de l'étendue des besoins et montant prévisionnel, soit, le cas échéant, de la délibération prise une fois connus l'identité du titulaire et le montant du marché.

3. Cette énumération, telle qu'elle est présentée, définit un ordre de priorité. Celui-ci prévaut en cas de contradiction dans le contenu des pièces.

18. Statut et fonctionnement de l'UGAP

Décret n° 85-801 du 30 juillet 1985 relatif au statut et au fonctionnement de l'Union des groupements d'achats publics, modifié en 2001, 2005, 2006 et 2008

« *(Décret n° 2008-1464 du 22 décembre 2008, art. 1er)* **Art. 1er**. – I. – L'Union des groupements d'achats publics est un établissement public industriel et commercial placé sous la tutelle du ministre chargé du Budget et du ministre chargé de l'Éducation nationale.

« Cet établissement constitue une centrale d'achat au sens du Code des marchés publics et de l'ordonnance n° 2005-649 du 6 juin 2005 relative aux marchés passés par certaines personnes publiques et privées non soumises au Code des marchés publics.

« II. – L'établissement a pour mission de passer des marchés publics, de conclure des accords-cadres de travaux, fournitures ou services et d'acquérir des fournitures ou services destinés à tout pouvoir adjudicateur ou à toute entité adjudicatrice soumis au Code des marchés publics ou à l'ordonnance du 6 juin 2005 susmentionnée.

« III. – L'établissement peut également intervenir au bénéfice de toute institution étrangère tenue de passer ses marchés conformément aux dispositions de l'accord sur les marchés publics en date du 15 avril 1994 conclu dans le cadre de l'Organisation mondiale du commerce et de toute organisation internationale, intergouvernementale ou non, ayant souscrit aux obligations de transparence, de publicité et de concurrence stipulées dans cet accord.

« IV. – Il peut en outre acquérir des biens et services pour tout opérateur économique :

« 1° Lié à une personne publique par un contrat de partenariat en application de l'article 1er de l'ordonnance n° 2004-559 du 17 juin 2004 sur les contrats de partenariat ou de l'article L. 1414-1 du Code général des collectivités territoriales ;

« 2° Assurant une mission d'intérêt général prévue à l'article L. 1311-2 du Code général des collectivités territoriales ou à l'article L. 6148-2 du Code de la santé publique ;

« 3° Titulaire d'un bail régi par l'article L. 2122-15 du Code général de la propriété des personnes publiques ;

« 4° Chargé d'une mission globale régie par l'article 2 de la loi n° 87-432 du 22 juin 1987 relative au service public pénitentiaire ou par le I de l'article 3 de la loi n° 2002-1094 du 29 août 2002 d'orientation et de programmation pour la sécurité ;

« 5° Ou titulaire d'une délégation de service public en application de l'article 40 de la loi n° 93-122 du 29 janvier 1993 relative à la prévention de la corruption et à la transparence de la vie économique et des procédures publiques ou de l'article L. 1411-1 du Code général des collectivités territoriales.

« Les interventions de l'établissement au service des opérateurs mentionnés aux 1 à 5 ci-dessus ne peuvent porter que sur l'exécution des contrats ou missions qui y sont cités. »

Art. 2. – L'État fait apport à l'établissement public des biens et immeubles utilisés par le service dénommé « Union des groupements d'achats publics » ainsi que des valeurs d'exploitation détenues par celui-ci.

L'établissement public est substitué à l'État dans les droits et obligations de celui-ci se rapportant au service dénommé « Union des groupements d'achats publics ».

Art. 3. – *(Décret n° 2008-1464 du 22 décembre 2008, art. 2)* « Les actes de l'établissement public pris pour son organisation sont publiés au recueil des actes administratifs des services de l'État en Seine-et-Marne, et sur le site Internet de l'établissement. »

Titre Ier. – Dispositions relatives au conseil d'administration

Art. 4. – *(Décret n° 2008-1464 du 22 décembre 2008, art. 3)* I. – L'établissement public est administré par un conseil d'administration soumis aux dispositions du chapitre Ier du titre II de la loi du 26 juillet 1983 susvisée et comprenant dix-huit membres :

« 1° Six représentants de l'État ainsi répartis :

« – un représentant du ministre chargé du Budget ;

« – un représentant du ministre chargé de l'Éducation nationale ;

« – un représentant du ministre chargé de l'Économie ;

« – un représentant du ministre de l'Intérieur ;

« – un représentant du ministre de la Défense ;

« – un représentant du ministre chargé de la Santé ;

« 2° Trois personnalités qualifiées au titre des collectivités locales, proposées respectivement par l'Association des maires de France, l'association Assemblée des départements de France et l'association des régions de France ;

« 3° Trois personnalités choisies en raison de leur compétence dans le domaine d'activité de l'établissement ;

« 4° Six représentants des salariés élus dans les conditions prévues au chapitre II du titre II de la loi du 26 juillet 1983 susvisée.

« II. – Les membres du conseil d'administration autres que les représentants des salariés sont nommés par décret. Les représentants de l'État mentionnés au 1° du I le sont sur proposition du ministre compétent.

3

« Pour les membres du conseil d'administration représentant l'État et les personnalités qualifiées au titre des collectivités territoriales, un suppléant est nommé dans les mêmes conditions que le titulaire.

« Les membres du conseil d'administration représentant l'État ne peuvent être nommés après l'âge de soixante-cinq ans.

« III. – L'autorité chargée du contrôle économique et financier et l'agent comptable assistent aux séances du conseil d'administration avec voix consultative. »

Art. 5. – Les représentants du personnel bénéficient chacun d'un crédit de quinze heures par mois pour l'exercice de leur mandat.

Art. 6. – *(Décret n° 2008-1464 du 22 décembre 2008, art. 4)* « Les membres du conseil d'administration bénéficient du remboursement des frais de déplacement ou de séjour supportés par eux dans l'exercice de leurs fonctions, dans les conditions prévues par les dispositions réglementaires applicables aux personnels civils de l'État. »

Art. 7 *(Modifié par décret n° 2005-436 du 9 mai 2005, art. 19).* – Le conseil d'administration règle par ses délibérations les affaires de l'établissement. Les délibérations du conseil d'administration portent notamment sur les objets suivants :

1. La politique générale de l'établissement ;

2. L'état annuel des prévisions de recettes et de dépenses et ses modifications éventuelles ;

3. Le compte financier et l'affectation des résultats de l'exercice ;

4. Les emprunts ;

5. Les prises ou extensions de participations financières de l'établissement ;

6. La création ou la cession de sociétés filiales ;

7. La désignation des représentants de l'établissement au sein des conseils d'administration des sociétés filiales ;

8. La structure générale de l'établissement ;

9. Les modalités générales de passation des conventions avec les collectivités et organismes visés à l'article 1er ;

10. Les acquisitions, locations, aliénations, échanges et constructions d'immeubles ou toute immobilisation dont le montant dépasse un seuil fixé par arrêté du ministre chargé de l'Économie, des Finances et du Budget ;

11. L'autorisation de constitution de nantissement ou d'hypothèque ;

12. Les conditions générales de recrutement, d'emploi et de rémunération du personnel.

Le conseil d'administration peut déléguer à son président les attributions prévues aux points 7, 9 et 10 ci-dessus, dans les limites qu'il détermine.

(Décret n° 2008-1464 du 22 décembre 2008, art. 5) « Les délibérations mentionnées aux 2, 3, 4, 5, 6 et 12 ci-dessus ne sont exécutoires qu'après leur approbation par le ministre chargé du Budget. Le silence gardé par celui-ci pendant un délai de quinze jours, à compter de la séance lors de laquelle a été adoptée la délibération, vaut approbation.

« Les autres délibérations sont exécutoires de plein droit sauf celles dont l'autorité chargée du contrôle économique et financier demande en séance un nouvel examen, auquel il est procédé à la séance suivante du conseil d'administration. Cette demande ne peut être formulée qu'une fois sur une même délibération. »

Art. 8 *(Modifié par décret n° 2005-436 du 9 mai 2005, art. 19).* – Le conseil d'administration se réunit au moins trois fois par an sur convocation de son président.

L'ordre du jour est communiqué aux administrateurs et *(Décret n° 2008-1464 du 22 décembre 2008, art. 6)* « à l'autorité chargée du contrôle économique et financier » dix jours au moins avant la date de la réunion du conseil. En cas d'urgence, l'ordre du jour peut être complété par le président, avec l'accord du membre du corps du contrôle général économique et financier.

(Décret n° 2008-1464 du 22 décembre 2008, art. 6) « En cas d'urgence, les délibérations mentionnées aux 8, 10, et 11 de l'article 7 peuvent être prises après consultation écrite des membres du conseil d'administration, selon des modalités définies par le règlement intérieur de ce conseil. Ces modalités comportent au moins un délai minimal de consultation et une règle de quorum. »

Art. 9 *(Modifié par décret n° 2008-1464 du 22 décembre 2008, art. 7).* – « Le conseil d'administration ne délibère valablement que si la moitié au moins de ses membres sont présents.

« Les membres du conseil peuvent participer à la séance par des moyens de visioconférence ou de communication électronique permettant leur identification et leur participation effective à une délibération collégiale, dans des conditions précisées par le règlement intérieur. En pareil cas, en sus de la règle définie à l'alinéa précédent, le nombre de membres physiquement présents à la séance ne peut être inférieur au quart de l'effectif total du conseil.

« Si les conditions de quorum ne sont pas remplies, le conseil est à nouveau convoqué dans les mêmes formes et sur le même ordre du jour. Il délibère alors sans condition de quorum.

« En cas d'empêchement du président, la séance est présidée par le plus âgé des administrateurs représentant l'État. »

Les délibérations du conseil sont prises à la majorité des suffrages exprimés. En cas de partage égal des voix, celle du président est prépondérante.

« Les membres du conseil d'administration autres que ceux représentant l'État et que les personnalités qualifiées au titre des collectivités territoriales peuvent par tout moyen écrit donner mandat à un autre administrateur de les représenter à une séance. Chaque administrateur ne peut disposer, pour une séance déterminée, que d'un seul mandat. »

Le conseil d'administration désigne un secrétaire pris en dehors de ses membres. Il est établi un procès-verbal de chaque séance, signé par le président et par au moins un autre administrateur présent. Le procès-verbal est adressé aux administrateurs et « à l'autorité chargée du contrôle économique et financier ». Il est soumis à l'approbation du conseil lors de la séance suivante.

Art. 10. – Il est interdit aux administrateurs de prendre ou de conserver un intérêt personnel dans une entreprise auprès de laquelle l'établissement effectue des achats.

Titre II. – Dispositions relatives au président du conseil d'administration

Art. 11. – Le président du conseil d'administration met en œuvre la politique définie par le conseil d'administration et assure l'exécution de ses délibérations. Il présente chaque année au conseil le rapport d'activité de l'établissement. Il assure la direction générale de l'établissement. Il agit en toutes circonstances en son nom et le représente en justice et dans tous les actes de la vie civile.

(Décret n° 2008-1464 du 22 décembre 2008, art. 8). « Il procède, au nom de l'établissement, à la détermination des besoins au sens de l'article 5 du Code des marchés publics et de l'article 11 de l'ordonnance du 6 juin 2005 susmentionnée. Il passe tous actes, marchés ou contrats engageant l'établissement et en suit l'exécution.

« Il engage, liquide et ordonnance les dépenses et les recettes. »

Il procède « au recrutement » et au licenciement des personnels de l'établissement.

Il peut déléguer sa signature et une partie de ses attributions.

(Décret n° 2001-887 du 28 septembre 2001. art. 2). Il peut transiger selon les modalités et dans les limites définies par le conseil d'administration.

(Décret n° 2008-1464 du 22 décembre 2008, art. 8) « En cas de vacance des fonctions de président du conseil d'administration, les actes indispensables à la continuité de la gestion courante de l'établissement et de son activité commerciale sont assurés par le directeur général adjoint. »

Art. 12. – *(Décret n° 2008-1464 du 22 décembre 2008, art. 9)* « Le conseil d'administration peut créer les commissions qu'il estime nécessaires au bon accomplissement de ses missions. Il définit leur composition et, le cas échéant, les pouvoirs de décision qui leur sont délégués ainsi que les conditions dans lesquelles il lui est rendu compte des décisions prises.

« Ces commissions sont présidées par le président du conseil d'administration ou par un administrateur élu par le conseil d'administration.

« Le président d'une commission peut inviter à une séance toute personne dont la présence lui paraît utile. »

Titre III. – Dispositions relatives au régime financier et comptable et au contrôle économique et financier de l'État

Art. 13. – *(Décret n° 2008-1464 du 22 décembre 2008, art. 10)* « Des avances peuvent être versées à l'établissement par les personnes publiques et privées mentionnées à l'article 1er, sans limitation de montant. Les conditions et modalités de ces avances sont fixées en tant que de besoin par la convention prévue à l'article 25 ci-dessous. »

Art. 14. – Le fonctionnement financier et comptable de l'établissement est régi par le décret du 29 décembre 1962 susvisé en ce qui concerne les établissements publics à caractère industriel et commercial dotés d'un agent comptable. Un arrêté du ministre chargé du Budget, pris en tant que de besoin, précise les modalités de ce fonctionnement.

L'agent comptable est nommé par arrêté du ministre chargé du Budget après avis du président de l'établissement. Des agents comptables secondaires peuvent être nommés par le président du conseil d'administration avec l'agrément du ministre chargé du Budget et après avis de l'agent comptable principal.

Art. 15. – *(Modifié par décrets n° 2005-436 du 9 mai 2005, art. 19 et n° 2008-1464 du 22 décembre 2008, art. 11)* Le contrôle de la gestion financière de l'établissement est exercé conformément au décret du 26 mai 1955 susvisé, sous l'autorité du ministre chargé de l'Économie, des Finances et du Budget, par « l'autorité chargée du contrôle économique et financier ». Un arrêté du ministre chargé de l'Économie, des Finances et du Budget précise les modalités d'application du présent article.

Art. 16. – Des régies d'avances et de recettes peuvent être créées dans les conditions fixées par *(Décret n° 2008-1464 du 22 décembre 2008, art. 12)* « la réglementation applicable aux régies de recettes et aux régies d'avances des organismes publics prise en application de l'article 18 du décret du 29 décembre 1962 susvisé ».

3

Titre IV. – Dispositions relatives aux marchés

Art. 17. – *(Modifié par décret n° 2008-1464 du 22 décembre 2008, art. 13)* « L'établissement est soumis, pour la totalité de ses achats, aux dispositions du Code des marchés publics applicables à l'État. »

Art. 18. – *(Décret n° 2008-1464 du 22 décembre 2008, art. 14)* « La composition et les règles de fonctionnement de la ou des commissions d'appel d'offres et, le cas échéant, du jury de concours de l'établissement sont fixées par le président du conseil d'administration. »

Art. 19. – *(Abrogé par décret n° 2001-887 du 28 septembre 2001, art. 5).*

Art. 20. – *(Décret n° 2008-1464 du 22 décembre 2008, art. 15)* « Une avance peut être versée par l'établissement aux titulaires de ses marchés publics ou de ses accords-cadres, sans limitation de montant. Les modalités de versement sont fixées par le marché ou l'accord-cadre. »

Art. 21. – *(Abrogé par décret n° 2008-1464 du 22 décembre 2008, art. 16).*

Art. 22. – *(Abrogé par décret n° 2001-887 du 28 septembre 2001, art. 5).*

Art. 23. – *(Abrogé par décret n° 2001-887 du 28 septembre 2001, art. 5).*

Art. 24. – *(Abrogé par décret n° 2008-1464 du 22 décembre 2008, art. 16).*

Art. 25. – *(Modifié par décret n° 2006-975 du 1er août 2006, art. 4)* Les rapports entre l'établissement public et une collectivité ou un organisme mentionné à l'article 1er peuvent être définis par une convention prévoyant notamment la nature des prestations à réaliser, les conditions dans lesquelles la collectivité ou l'organisme contrôle leur exécution et les modalités de versement d'avances sur commande à l'établissement.

Titre V. – Dispositions relatives au personnel

Art. 26. – *(Abrogé par décret n° 2008-1464 du 22 décembre 2008, art. 16).*

Art. 27. – *(Abrogé par décret n° 2008-1464 du 22 décembre 2008, art. 16).*

Art. 28. – *(Abrogé par décret n° 2008-1464 du 22 décembre 2008, art. 16).*

Annexe II

Réglementations particulières à certains marchés

3

1. Marchés publics d'assurances

Circulaire du 24 décembre 2007 relative à la passation des marchés publics d'assurances

NOR : *ECEM0755510C*

La ministre de l'Économie, des Finances et de l'Emploi et la ministre de l'Intérieur, de l'outre-mer et des Collectivités territoriales à monsieur le ministre d'État et mesdames et messieurs les ministres.

La directive 2004/18/CE du Parlement européen et du Conseil du 31 mars 2004 relative à la coordination des procédures de passation des marchés publics de travaux, de fournitures et de services inclut, comme le faisait la précédente directive 92/50 portant coordination des procédures de passation des marchés publics de services, les services d'assurances parmi les services relevant des règles de concurrence définies par le droit communautaire des marchés publics [annexe II-A].

Le Code des marchés publics, issu du décret n° 2006-975 du 1er août 2006, qui abroge le code issu du décret n° 2004-15 du 7 janvier 2004, mentionne par conséquent les services d'assurances à l'article 29 qui liste les services soumis aux règles de publicité et de mise en concurrence prévues par le titre III du code.

La présente circulaire a pour objet de présenter les incidences du Code des marchés publics sur les accords-cadres et marchés de services d'assurances. Elle abroge et remplace la circulaire NOR : ECOM0191156C du 18 décembre 2001.

Pour des informations plus générales concernant le Code des marchés publics, on peut utilement se référer à la circulaire du 3 août 2006 portant manuel d'application du Code des marchés publics publiée au *Journal officiel* du 4 août 2006. Les services d'assurances ne sont en effet pas régis par des règles spécifiques mais suivent les mêmes règles que l'ensemble des services énumérés à l'article 29 du code.

Pour des questions plus pratiques liées aux marchés de services d'assurances, il est conseillé de se reporter au *Guide des bonnes pratiques*, qui sera diffusé prochainement par l'Observatoire économique de l'achat public. Ce document constitue un outil d'aide à l'expression des besoins, la passation et l'exécution des marchés publics d'assurances des collectivités locales.

I. – Champ d'application

1. Les contrats relatifs aux services d'assurances qui sont conclus par les pouvoirs adjudicateurs cités au point 2, ci-après, entrent dans le champ d'application du Code des marchés publics. Les services d'assurances figurent, en effet, expressément à l'article 29 qui fixe la liste des services soumis, pour leur passation, au titre III du Code des marchés publics.

2. Les personnes assujetties :

Les personnes morales de droit public assujetties aux obligations de mise en concurrence pour la passation de leurs contrats d'assurance sont les pouvoirs adjudicateurs mentionnés à l'article 2 du Code des marchés publics : État, établissements publics de l'État autres que ceux ayant un caractère industriel et commercial, collectivités territoriales, établissements publics locaux.

La présente circulaire s'applique également à tout organisme qui, sans y être obligé, ferait le choix de se conformer aux règles du Code des marchés publics.

II. – Rôle des intermédiaires

Les règles de mise en concurrence doivent respecter les principes suivants :

1. L'acheteur public ne doit pas favoriser, dans la procédure du marché public, un mode de distribution particulier du contrat d'assurance. Il ne peut donc pas réserver la soumission à une certaine catégorie d'intervenants (entreprise d'assurance ou intermédiaire d'assurance [Les intermédiaires en assurances sont régis par le livre V du Code des assurances.]). Il ne peut par ailleurs imposer la participation d'une catégorie particulière de prestataires à l'exécution du contrat d'assurance.

2. L'acheteur public peut, s'il le souhaite, se faire assister d'un conseil pour l'élaboration du programme et du cahier des charges de l'opération d'assurance, la mise en concurrence, l'analyse des offres, la négociation et/ou le suivi du contrat. Dans cette hypothèse, la rémunération de ce conseil est prise en charge exclusivement par l'acheteur qui le choisit dans le respect des dispositions du Code des marchés publics.

3. Il est rappelé que les prestations de conseil juridique et de présentation d'opérations d'assurance relèvent de réglementations spécifiques (Code des assurances ; loi n° 90-1259 du 31 décembre 1990 portant réforme de certaines professions judiciaires et juridiques).

4. Le conseil qui a participé aux phases d'élaboration du programme et du cahier des charges de l'opération d'assurance peut dans certaines conditions participer à la consultation portant sur le contrat objet de l'appel à la concurrence.

La Cour de justice de l'Union européenne a en effet indiqué que les directives s'opposent à l'édiction d'une « *règle par laquelle n'est pas admise une demande de participation ou la remise d'une offre pour un marché public de travaux, de fournitures ou de services par une personne qui a été chargée de la recherche, de l'expérimentation, de l'étude ou du développement de ces travaux, fournitures ou services, sans que soit laissée à cette personne la possibilité de faire la preuve que, dans les circonstances de l'espèce, l'expérience acquise par elle n'a pu fausser la concurrence* » (affaires C-21/03 et C-34/03, *Fabricom*, 3 mars 2005).

L'acheteur devra également être en mesure de prouver qu'il a, dans le cadre des informations diffusées sur le projet de marché, rétabli l'égalité de traitement entre les candidats.

5. La mise en concurrence porte sur les caractéristiques et le prix du produit d'assurance indépendamment de son mode de distribution. Lorsqu'il se fait assister d'un conseil pour procéder à cette mise en concurrence, l'acheteur public est seul compétent pour désigner le titulaire du contrat. Il ne peut déléguer cette compétence.

6. Dans sa candidature, un intermédiaire d'assurance doit nécessairement présenter une entreprise d'assurance, l'intermédiaire ne pouvant être lui-même assureur.

7. Lorsqu'un intermédiaire d'assurance dépose une offre d'assurance, l'entreprise d'assurance dont émane l'offre est engagée irrévocablement sur le service et le prix si celle-ci est choisie par l'acheteur public.

8. Une même personne ne peut représenter plus d'un candidat pour un même marché. Dans le cas d'une décomposition par lot, chaque lot donnant lieu à un marché séparé, cette règle s'applique pour chaque lot considéré isolément.

De même, un assureur ne peut pas se faire représenter par plusieurs intermédiaires dans le cadre d'une même procédure de passation, car cette situation équivaut à ce qu'une même entreprise d'assurance présente plusieurs offres. Or, la pratique consistant pour un candidat à un marché public à transmettre plusieurs offres est contraire aux principes de la commande publique. Elle ne saurait être acceptée. Lorsqu'un acheteur public se trouve dans la situation où un même assureur présente plusieurs offres pour un même marché, quand bien même il le fait par plusieurs intermédiaires, il ne peut que déclarer ces offres irrégulières pour les raisons évoquées précédemment. Dans le cas d'une décomposition par lot, chaque lot donnant lieu à un marché séparé, cette règle s'applique pour chaque lot considéré isolément.

9. Le titulaire du marché de l'assurance est l'organisme ou l'entreprise d'assurance qui porte et provisionne le risque technique.

III. – Documents exigés des candidats qui répondent à un appel à la concurrence

Tous les soumissionnaires (entreprises d'assurances et intermédiaires d'assurances) doivent se conformer aux obligations imposées par le Code des marchés publics. Pour chaque marché, un seul document de description de l'offre suffit. S'agissant de renseignements sur les personnes physiques ou morales participant à la présentation de cette proposition, il y a autant de documents que d'acteurs concernés. Ainsi, l'intermédiaire d'assurance qui présente la candidature d'une société d'assurances doit fournir les documents exigés pour la candidature, pour la société représentée et pour lui-même. De même, le mandat de l'intermédiaire d'assurance doit figurer au nombre des pièces fournies à l'appui de la candidature de la société représentée, ce mandat permettant de connaître l'étendue des pouvoirs du mandataire, comme par exemple celui de signer l'offre au nom et pour le compte de la société d'assurance.

L'article 44 du Code des marchés publics prévoit que les candidats, pour justifier qu'ils ont satisfait à leurs obligations fiscales et sociales, ne produisent, au stade des candidatures, qu'une déclaration sur l'honneur datée et signée. Le marché ne pourra toutefois être attribué au candidat retenu que sous réserve que celui-ci fournisse dans un délai imparti par le pouvoir adjudicateur les certificats et attestations demandés.

IV. – Durée du marché

Le pouvoir adjudicateur, pour la couverture des risques qui appellent une garantie d'assurance continue (comme l'assurance du patrimoine immobilier, de la flotte automobile, etc.), par opposition aux besoins ponctuels et temporaires de garantie, fixe la durée du marché en tenant compte, d'une part, de la nature des prestations et notamment de l'intérêt, pour chaque partie, de permettre au contrat de s'exercer sur une durée raisonnable et, d'autre part, de la nécessité d'une remise en concurrence périodique.

Le Code des marchés publics précise que le marché peut prévoir une ou plusieurs reconductions à condition que ses caractéristiques restent inchangées et que la mise en concurrence ait été réalisée en prenant en compte la durée totale du marché, périodes de reconduction comprises. La décision de reconduire le marché doit faire l'objet d'une décision écrite, pour laquelle il est souhaitable que le marché prévoie un délai de préavis. L'article 16 du Code des marchés publics prévoit que le titulaire du marché ne peut refuser la reconduction du marché, sauf disposition contraire prévue dans le marché.

Le marché peut également prévoir, pour chacune des parties, une faculté périodique de résiliation assortie de conditions de préavis. Plus généralement, l'attention de l'acheteur public est appelée sur la nécessité d'assortir les cas de résiliation de délais de préavis compatibles avec les délais nécessaires à la passation d'un nouveau marché.

V. – Procédure applicable en fonction des seuils

A. – Règles générales

1. Niveau d'appréciation des besoins

Les règles applicables n'étant pas spécifiques aux marchés de services d'assurances, il convient de se référer à la circulaire du 3 août 2006 portant manuel d'application du Code des marchés publics et plus précisément au point 4.5 « Qui définit les besoins ? » qui explique la distinction à opérer entre les notions de pouvoir adjudicateur, niveau où sont appréciés les besoins, et de personnes chargées concrètement de la mise en œuvre des procédures.

2. Modalités de détermination des besoins en matière de services : le caractère homogène

Lorsque, au sein de chaque pouvoir adjudicateur, l'autorité compétente a déterminé le niveau auquel ses besoins sont évalués (cf. point ci-dessus), elle vérifie si les seuils fixés à l'article 26 qui déclenchent l'application des procédures formalisées définies dans le titre III du code sont atteints.

En matière de services d'assurances, afin de comparer le montant de ses besoins aux seuils de procédure des marchés, chaque acheteur doit estimer de manière sincère et raisonnable la valeur totale des services d'assurances qu'il considère comme homogènes et qu'il souhaite acquérir (cf. point 7.2 « Pour les marchés de fournitures et de services : le caractère homogène » du manuel d'application précité).

Pour apprécier l'homogénéité de leurs besoins en fonction des caractéristiques propres de la prestation, les acheteurs sont invités à adopter une classification propre de leurs achats selon une typologie qui soit cohérente avec leur activité.

Lorsqu'un marché d'assurance rassemble plusieurs prestations qui ont individuellement été considérées comme homogènes, c'est le montant global du marché qui devra être comparé aux seuils.

3. Montant du marché

Le montant à prendre en compte pour chaque marché doit être estimé sur toute la durée du marché et pour l'ensemble des prestations prévues. Lorsque le marché comporte des lots donnant chacun lieu à un marché distinct, est prise en compte la valeur de la totalité des lots.

Le montant est à considérer hors taxes et hors prélèvements obligatoires. Les cotisations ou primes additionnelles relatives à des garanties obligatoires, comme les catastrophes naturelles, ne sont pas considérées comme des taxes.

Afin d'estimer le montant du contrat à comparer à ces seuils, c'est la prime payable par le pouvoir adjudicateur qui doit être effectivement prise en compte.

Il convient de noter une particularité applicable aux sociétés d'assurance mutuelles ; celles-ci peuvent, en effet, inclure dans leur offre, le droit d'adhésion prévu à l'article R. 322-47-6 du Code des assurances. L'appel de ce droit, exigible une seule fois lors de la souscription du premier contrat d'assurance, est explicitement identifié comme tel et s'ajoute au prix technique correspondant au cahier des charges. Dès lors, le montant de l'offre pris en compte par l'acheteur public comprend ce droit. En outre, les sociétés d'assurance mutuelles dont les adhérents se sont constitués en association de solidarité peuvent, en complément de leur offre, proposer une adhésion facultative à ladite association de solidarité dont la cotisation annuelle est disjointe de l'offre.

B. – Détermination de la procédure applicable en fonction des seuils

Sous le seuil de 4 000 € HT, le code dispense les acheteurs de mise en concurrence, ce qui signifie qu'aucune procédure de mise en concurrence n'est nécessaire.

Pour les achats dont le montant estimé est compris entre 4 000 € HT et les seuils de 133 000 € HT pour l'État et 206 000 € HT [*Les seuils sont révisés tous les deux ans*] pour les collectivités territoriales, les acheteurs publics peuvent passer des marchés passés selon une procédure adaptée conformément à l'article 28 du Code des marchés publics.

Pour les achats dont le montant estimé est supérieur au seuil de 133 000 € HT pour l'État et de 206 000 € HT pour les collectivités territoriales, il doit être recouru à la procédure d'appel d'offres sauf à remplir les conditions de recours au marché négocié ou au dialogue compétitif.

L'acheteur public peut, dans les hypothèses définies à l'article 35 du Code des marchés publics, recourir à la procédure négociée, sans condition de montant. L'article 35 énumère les cas dans lesquels le pouvoir adjudicateur peut recourir à cette procédure qui, en matière de prestation de service, est notamment prévue lorsque la prestation à réaliser est d'une nature telle que les spécifications du marché ne peuvent être établies préalablement avec une précision suffisante pour permettre le recours à l'appel d'offres.

Par ailleurs, si les conditions précisément définies à l'article 36 du Code des marchés sont réunies (le pouvoir adjudicateur n'est pas en mesure de définir les moyens techniques pouvant répondre à ses besoins ou il n'est pas en mesure d'établir le montage juridique ou financier d'un projet), il est possible de recourir à la procédure de dialogue compétitif. Si le code n'interdit pas le recours au dialogue compétitif pour les marchés de services d'assurances, il convient néanmoins de veiller au respect scrupuleux des conditions posées pour son utilisation.

VI. – Modalités de publicité à mettre en œuvre en fonction des seuils

A. – Organisation de la publicité en fonction des seuils

En dessous de 4 000 € HT, les marchés peuvent être passés sans publicité préalable.

Entre 4 000 et 90 000 € HT, l'acheteur détermine librement les modalités de publicité adaptées au montant, à la nature des services d'assurances en cause et au nombre ou à la localisation des opérateurs économiques susceptibles d'y répondre (art. 40-II).

Entre 90 000 € HT et 133 000 € HT pour l'État et 206 000 € HT pour les collectivités territoriales, l'acheteur est tenu de publier un avis d'appel public à la concurrence soit au BOAMP, soit dans un journal d'annonces légales, et doit apprécier si une publication dans un journal spécialisé est nécessaire (art. 40-III). Les avis d'appel public à la concurrence sont établis conformément aux modèles établis par l'arrêté du 28 août 2006 pris en application du Code des marchés publics et fixant les modèles d'avis pour la passation et l'attribution des marchés publics et des accords-cadres.

Au-dessus de 133 000 € HT pour l'État ou 206 000 € HT pour les collectivités territoriales, l'acheteur est tenu de publier un avis d'appel public à la concurrence dans le BOAMP et au *Journal officiel de l'Union européenne* (art. 40-V). Les avis d'appel public à la concurrence adressés au JOUE sont établis conformément aux modèles fixés par le règlement (CE) n° 1564/2005 de la Commission du 7 septembre 2005 établissant les formulaires standard pour la publication d'avis dans le cadre des procédures de passation de marchés publics conformément aux directives 2004/17/CE et 2004/18/CE du Parlement européen et du Conseil.

En outre, au-delà de 750 000 € HT, les marchés peuvent faire l'objet d'un avis de préinformation. L'envoi de cet avis n'est obligatoire que si l'acheteur souhaite recourir à la faculté de réduire le délai de réception des offres en appel d'offres ouvert et restreint. Cet avis est soit adressé pour publication à l'Office des publications officielles des Communautés européennes, soit publié sur le profil d'acheteur du pouvoir adjudicateur (cf. art. 39 du CMP).

B. – État déclaratif de risque

Les articles L. 113-8 et 9 du Code des assurances sanctionnent l'omission ou la déclaration inexacte du risque de la part de l'assuré. Ils ouvrent droit à la résiliation du contrat par l'assureur et prévoient selon les cas la réduction des garanties ou l'annulation du contrat.

Afin de permettre à l'ensemble des candidats au marché d'apprécier de manière équitable et éclairée le risque à couvrir, le pouvoir adjudicateur dresse un état déclaratif des risques à couvrir et recense de façon aussi précise et complète que possible, sur les dernières années, la survenance et le coût des sinistres ayant mis en jeu la garantie de l'assureur.

Des modèles d'états déclaratifs seront proposés dans le *Guide des bonnes pratiques*.

C. – Avis d'attribution (art. 85 du CMP)

L'acheteur public doit, pour ses marchés de services d'assurances dont le montant est supérieur à 133 000 € pour l'État et 206 000 € HT pour les collectivités territoriales, faire paraître dans les quarante-huit jours suivant la notification du marché un avis d'attribution dans l'organe qui a publié l'avis d'appel public à la concurrence, conformément aux modèles fixés dans le règlement CE n° 1564/2005.

Pour les marchés de services d'assurances, il est rappelé que le prestataire de services auquel est attribué le marché est l'organisme ou l'entreprise d'assurance qui porte et provisionne le risque technique, qu'il convient de distinguer, sur cet avis, d'un intermédiaire éventuel.

VII. – Déroulement des procédures

A. – Procédure adaptée

L'article 28 précise que les marchés passés selon la procédure adaptée sont des marchés passés selon des modalités de publicité et de mise en concurrence déterminées par le pouvoir adjudicateur en fonction de leur objet et de leurs caractéristiques (cf. point 9.3.1 du manuel d'application précité).

B. – Appel d'offres

Les articles 57 à 64 du Code des marchés publics décrivent cette procédure, par laquelle le pouvoir adjudicateur choisit l'offre économiquement la plus avantageuse, sans négociations, sur la base de critères objectifs préalablement portés à la connaissance des candidats. L'appel d'offres peut être ouvert ou restreint.

En dehors du cadre des marchés publics, la pratique des assurances conduit fréquemment l'assuré soit à se voir proposer un contrat d'adhésion, soit à mettre au point avec l'entreprise d'assurance ou son mandataire les clauses du contrat. Aussi, l'adéquation entre les besoins du pouvoir adjudicateur, tels qu'ils sont strictement déterminés par le dossier de consultation, et les offres que les candidats peuvent remettre compte tenu de leur pratique et de leurs contraintes, n'est-elle pas nécessairement immédiatement acquise.

L'acheteur public doit donc veiller, dans la mesure du possible, à rechercher cette adéquation par un cahier des charges adapté aux capacités et aux pratiques du marché de l'assurance.

Dans la mesure où des réserves ou des amendements seraient portés par les candidats aux clauses du cahier des charges, il importe d'apprécier leur incidence — notamment économique — par rapport à l'ensemble de l'offre, afin de déterminer s'ils sont susceptibles de rendre cette dernière irrégulière.

L'ouverture aux variantes, si elle ne dispense pas les candidats de remettre une offre conforme à la solution de base, favorisera cette adéquation, en élargissant le choix du pouvoir adjudicateur à des solutions sur lesquelles les candidats pourront se montrer éventuellement plus compétitifs.

Une fois l'offre économiquement la plus avantageuse choisie, le pouvoir adjudicateur peut, en accord avec l'entreprise retenue, procéder à une mise au point des composantes du marché. Ces modifications ne doivent en aucun cas remettre en cause les caractéristiques substantielles, notamment financières, du marché ni être susceptibles de fausser le jeu de la concurrence.

C. Procédure négociée

Les articles 65 et 66 du Code des marchés publics décrivent cette procédure, par laquelle le pouvoir adjudicateur choisit le titulaire du marché après consultation de candidats et négociation des conditions du marché avec un ou plusieurs d'entre eux.

D. Dialogue compétitif

Les articles 36 et 67 du Code des marchés publics, ainsi que le point 11.1.3 du manuel d'application, décrivent les modalités de recours spécifiques à cette procédure ainsi que son déroulement.

VIII. – Cas pratiques

Quelques cas concrets illustrent, ci-après, la mise en œuvre de ces dispositions :

Une collectivité territoriale passe, pour des prestations qu'elle considère homogènes, un contrat d'une durée de cinq ans : le montant à prendre en compte est celui du contrat :

Si les primes à payer au titre du contrat sur toute sa durée sont inférieures à 4 000 € HT, elle est dispensée de publicité et de mise en concurrence.

Si elles sont comprises entre 4 000 et 90 000 € HT, elle doit adapter ses modalités de publicité et de mise en concurrence en fonction du marché envisagé.

Si elles sont comprises entre 90 000 et 206 000 € HT, elle doit procéder à une publicité soit au BOAMP, soit dans un journal d'annonces légales et, si nécessaire, dans la presse spécialisée ; en revanche, elle choisit librement ses modalités de mise en concurrence en fonction de la prestation envisagée.

Si elles sont supérieures à 206 000 € HT, elle doit recourir à l'appel d'offres, sauf si les conditions de recours au marché négocié ou au dialogue compétitif sont réunies.

Un établissement public administratif national passe un marché de trois ans pour l'assurance de son patrimoine, et doit par ailleurs assurer ponctuellement du mobilier pour une ou plusieurs expositions qui sont prévues durant cette période de trois ans :

Pour le marché relatif à l'assurance de son patrimoine mobilier, l'établissement public devra prendre en compte la durée contractuelle du marché et le montant total des prestations correspondant à cette durée, y compris les prestations relatives aux expositions projetées, en se basant sur une estimation sincère et raisonnable de ses besoins.

En revanche, pour l'assurance relative à une exposition qui ne serait pas prévue au moment de la passation du contrat d'assurance, il se trouve confronté à la survenance de besoins nouveaux, alors même que précédemment les besoins ont été évalués de manière sincère et raisonnable. Il peut donc passer un nouveau marché, dont la procédure de passation sera déterminée en fonction du seul montant des nouveaux besoins. Ainsi, si le montant de la prime pour l'assurance de cette exposition est inférieur à 133 000 € HT, il peut procéder à un marché passé selon une procédure adaptée.

IX. – Coassurance

A. – Groupements conjoints non solidaires

Les contrats de coassurance peuvent être proposés aux acheteurs publics par des groupements conjoints d'assureurs, à condition que le pouvoir adjudicateur ait expressément prévu la possibilité d'une coassurance. Le partage du risque entre coassureurs, établi sur la base d'un pourcentage de couverture attribué par le groupement à chacun de ses membres, est proposé dans l'offre.

Les membres du groupement sont représentés par un mandataire. Dans le cas d'un contrat d'assurance, le rôle de mandataire est rempli par l'apériteur. Les clauses de tels contrats, qui doivent être établies dans le respect des dispositions du Code des assurances, décrivent les engagements respectifs pris par l'apériteur, les autres assureurs membres du groupement et l'assuré.

À la différence des groupements solidaires, les groupements conjoints, dont le Code des marchés publics prévoit l'existence à l'article 51-I, n'engagent chacun de leurs participants qu'à la hauteur de sa participation. Ni le Code des marchés publics ni le Code des assurances n'imposent donc que l'apériteur soit solidaire des autres assureurs du groupement.

B. – Cas d'une coassurance incomplète

1. Lors de la consultation

Il appartient aux acheteurs publics de comparer les propositions reçues au regard des critères qu'ils ont publiés. Dans le cas de risques importants, il est possible que l'acheteur public reçoive des propositions en coassurance qui ne couvrent qu'une part du risque.

Dans le cadre d'une procédure d'appel d'offres, de telles offres doivent être considérées comme irrégulières (cf. définition de l'offre irrégulière à l'article 35-I-1°).

Dans le cadre d'une procédure négociée, si l'offre en coassurance ne couvre pas la totalité du risque, l'acheteur public peut entreprendre des discussions avec les candidats, afin d'obtenir la couverture la plus complète possible du risque, et retenir la proposition qui lui paraîtra la plus avantageuse à l'aune de ces critères.

2. En cours d'exécution du marché

Si, en cours d'exécution, un des membres du groupement se retire de la coassurance, le pouvoir adjudicateur peut accepter par avenant le remplacement du coassureur partant par un autre membre du groupement, sous réserve que les conditions d'exécution du marché restent strictement inchangées. Elle peut également faire le choix de poursuivre son exécution en coassurance incomplète, ou résilier le marché.

2. Marchés des SEM et des entreprises publiques

***Nota :** Voir en annexe II-7, le décret n° 2005-1742 du 30 décembre 2005 fixant les règles applicables aux marchés passés par les sociétés d'économie mixte locale, lorsqu'elle ne sont pas mandataires de collectivités publiques.*

I. – Loi n° 2002-1 du 2 janvier 2002

tendant à moderniser le statut des sociétés d'économie mixte locale

Art. 9. – Lors d'un appel d'offres lancé par une société d'économie mixte locale, les entreprises présentant une candidature ou une offre ne peuvent être exclues du seul fait qu'elles sont actionnaires de la société d'économie mixte, sauf si le règlement de la consultation le prévoit expressément.

II. – Décret n° 2004-86 du 26 janvier 2004

portant création de la Commission nationale des marchés des sociétés d'économie mixte concessionnaires d'autoroutes.

Art. 1. – Il est institué une commission dénommée « Commission nationale des marchés des sociétés d'économie mixte concessionnaires d'autoroutes », chargée de veiller au respect par les sociétés d'économie mixte concessionnaires d'autoroutes des règles applicables en matière de passation et d'exécution de marchés de travaux, de services et de fournitures, dans les conditions prévues aux articles suivants.

Art. 2. – Chacune des commissions consultatives des marchés des sociétés d'économie mixte concessionnaires d'autoroutes adresse à la commission nationale, avant le 31 janvier de chaque année, son rapport annuel d'activité. Sur cette base, la commission nationale formule, par la voie d'un rapport annuel, un avis sur le respect des procédures de passation et d'exécution des marchés passés par chaque société d'économie mixte concessionnaire d'autoroutes au cours de l'année écoulée.

La commission nationale peut à cette occasion adresser des recommandations sur l'organisation des procédures de passation des marchés ou sur le fonctionnement des commissions consultatives des marchés des sociétés d'économie mixte concessionnaires d'autoroutes.

Le rapport annuel de la commission nationale est remis au ministre chargé de la Voirie nationale et au ministre chargé de l'Économie et des Finances avant le 31 mai de chaque année.

Les ministres décident, le cas échéant, des suites à donner à ce rapport.

Art. 3. – Participent à la commission nationale, avec voix délibérative :

– un conseiller maître à la Cour des comptes, président, nommé, pour une durée de trois ans renouvelable, par arrêté conjoint du ministre chargé de la Voirie nationale et du ministre chargé de l'Économie ;

En qualité de représentants du ministre chargé de la Voirie nationale :

– le directeur des routes ou son représentant ;

– le directeur des affaires économiques et internationales ou son représentant ;

En qualité de représentants du ministre chargé de l'Économie :

– le directeur général de la concurrence, de la consommation et de la répression des fraudes ou son représentant ;

– le directeur des affaires juridiques ou son représentant.

Assistent aux séances de la commission nationale, avec voix consultative :

– le chef de la mission de contrôle économique et financier « Autoroutes et tunnels routiers » ou son représentant ;

– le président de la mission de contrôle des sociétés concessionnaires d'autoroutes ou son représentant ;

– le cas échéant, un rapporteur désigné par le président de la commission nationale.

Art. 4. – La Commission nationale des marchés des sociétés d'économie mixte concessionnaires d'autoroutes se réunit à l'initiative de son président.

Art. 5. – La Commission nationale des marchés des sociétés d'économie mixte concessionnaires d'autoroutes établit son règlement intérieur sur proposition de son président.

Art. 6. – La Commission nationale des marchés des sociétés d'économie mixte concessionnaires d'autoroutes peut entendre toute personne qu'elle juge utile.

Art. 7. – Le secrétariat de la commission nationale est assuré par la direction des routes.

Art. 8. – Les fonctions de président et de rapporteur, lorsqu'il en est désigné un par le président, sont rétribuées par des vacations dans des conditions fixées par arrêté conjoint du ministre chargé de la Voirie nationale et du ministre chargé de l'Économie.

Art. 9. – Le ministre de l'Économie, des Finances et de l'Industrie et le ministre de l'Équipement, des Transports, du Logement, du Tourisme et de la Mer sont chargés, chacun en ce qui le concerne, de l'exécution du présent décret, qui sera publié au *Journal officiel* de la République française.

3. Marchés de certains établissements publics, des EPIC, exploitants publics et régies

a) Marchés de l'ANPE

Art. R. 5312-68 du Code du travail. *(Décret n° 2008-244 du 7 mars 2008, art. (V))* – Les marchés conclus par l'Agence nationale pour l'emploi sont soumis aux règles de passation définies par le Code des marchés publics ainsi que, tant qu'ils concernent des prestations informatiques, aux dispositions du décret n° 2007-61 du 16 janvier 2007 relatif à la commission des marchés publics de l'État.

Les directeurs régionaux exercent le rôle de pouvoir adjudicateur en matière de marchés dans la limite de leurs attributions.

Le directeur général de l'institution détermine les conditions d'application du présent article.

b) Marchés des ASA (associations syndicales autorisées)

Art. 44 du décret n° 2006-504 du 3 mai 2006. – Les règles du Code des marchés publics applicables aux collectivités territoriales le sont également aux associations syndicales autorisées sous réserve des dispositions prévues dans le présent article.

Sont constituées une ou plusieurs commissions d'appel d'offres à caractère permanent. Une commission spéciale peut aussi être constituée pour la passation d'un marché déterminé.

Ces commissions sont présidées par le président de l'association et comportent au moins deux autres membres du syndicat désignés par ce dernier. Les autres règles relatives à la composition des commissions d'appel d'offres et les modalités de leur fonctionnement sont fixées par les statuts.

Les dispositions du présent article s'appliquent aux marchés publics dont l'avis d'appel public à la concurrence est postérieur à la date de publication du présent décret.

c) Marchés des CCI

Les marchés passés par les chambres de commerce et d'industrie, qui sont des établissements publics de l'État, sont soumis, sans nul doute désormais, au Code des marchés publics (CE, 13 janvier 1995, *Chambre de commerce et d'industrie de la Vienne*, Quot. Jur. 20 juill. 1995, note D. Moreno).

Les délibérations relatives aux marchés publics passés par les CCI ne sont exécutoires que lorsqu'elles sont approuvées par l'autorité de tutelle (art. R. 712-11 du Code de commerce, institué par le décret n° 2007-574 du 19 avril 2007 relatif aux modalités de la tutelle exercée par l'État sur les établissements du réseau des chambres de commerce et d'industrie).

d) Marchés de RFF

Commentaire

1. – L'établissement public national à caractère industriel et commercial dénommé « Réseau ferré de France » (RFF), créé par la loi n° 97-135 du 13 février 1997, est désormais le « maître d'ouvrage des opérations d'investissement sur le réseau ferré national » (art. 3 du décret relatif à ses missions) ; il est institué en son sein une commission des marchés (art. 33 du décret n° 97-444 du 5 mai 1997) qui est consultée sur l'attribution des marchés d'un montant supérieur à 7 600 000 € (arrêté du 5 décembre 1997, modifié par arrêté du 5 octobre 2001). C'est la mission de contrôle économique et financier des transports instituée par un décret du 26 juillet 1949 qui « veille au respect des procédures de mise en concurrence et de passation des marchés et vérifie la régularité des marchés » (art. 63 du décret n° 97-444 du 5 mai 1997). Son visa préalable est requis pour les marchés excédant 1 500 000 € (arrêté du 15 avril 1998, modifié par arrêté du 29 octobre 2001, art. 3).

Le caractère succinct de ces dispositions peut être de nature à susciter des observations de la part de la Cour des comptes qui, dans son rapport public 1996 (p. 243 et s.), avait critiqué l'insuffisance de la réglementation, des procédures et des méthodes de la SNCF en matière de marchés.

2. – Depuis 1993, néanmoins, le droit communautaire s'applique aux marchés ferroviaires : la SNCF (et maintenant RFF), sont considérés en droit communautaire comme des « entités adjudicatrices », et doivent respecter les règles de publicité et de mise en concurrence prévues notamment par la directive 2004/17/CE du 31 mars 2004 portant coordination des procédures de passation des marchés dans les secteurs de l'eau, de l'énergie, des transports et des services postaux, dite « directive secteurs spéciaux », qui a remplacé la directive 93/38 pour les secteurs de l'eau, de l'énergie, des transports et des télécommunications. Cette directive a été transposée en droit français par l'ordonnance n° 2005-649 du 6 juin 2005 (V. texte de cette ordonnance en annexe I-11).

e) Marchés des ports maritimes

Commentaire

1) Ports autonomes

Article R. 113-18 du Code des ports maritimes (décret n° 2001-566 du 29 juin 2001, art. 2-IV) :

« Les marchés des ports autonomes sont soumis au Code des marchés publics, à l'exception des articles 126 à 130 pour les marchés ne donnant pas lieu à une participation financière de l'État. – Par dérogation aux

dispositions de la dernière phrase de l'article 119 du Code des marchés publics, le régime relatif aux commissions spécialisées compétentes pour les marchés des ports autonomes est déterminé, après avis des conseils d'administration, par le ministre chargé des Ports maritimes et le ministre chargé des Finances.

Les marchés, achats ou commandes inférieurs au seuil mentionné à l'article 28 du Code des marchés publics sont soumis à des règles fixées par le conseil d'administration et approuvées par le ministre chargé des Ports maritimes et le ministre chargé des Finances. »

2) Grands ports maritimes

Art. R. 103-10 du Code des ports maritimes (décret n° 2008-1032 du 9 octobre 2008, art. 1er).

« Sauf pour les marchés passés avec le groupement d'intérêt économique mentionné à l'article R. 153-1, les marchés et accords-cadres des grands ports maritimes sont soumis au Code des marchés publics, à l'exception de ses articles 125 et 126 pour les marchés ne donnant pas lieu à une participation financière de l'État.

« Un règlement adopté par le conseil de surveillance fixe notamment :

« a) La composition et les modalités de fonctionnement de la commission d'appel d'offres du grand port maritime ;

« b) Les modalités de constitution et de fonctionnement d'une commission consultative des marchés exerçant, pour les marchés du grand port maritime, les missions de la commission des marchés publics de l'État ;

« c) Les règles de publicité et de mise en concurrence des marchés passés selon la procédure adaptée.

« Le règlement est soumis, après son adoption par le conseil de surveillance, à l'approbation du commissaire du Gouvernement et de l'autorité chargée du contrôle économique et financier. L'approbation est réputée acquise, à défaut d'opposition de leur part, dans un délai de deux mois à compter de la saisine. »

3

f) Marchés de La Poste

Commentaire

La Poste, « exploitant public » selon la loi n° 90-568 du 2 juillet 1990 relative à l'organisation du service public de la poste et des télécommunications, est tenue de respecter les règles de la concurrence dans l'attribution des commandes et doit s'attacher à préserver l'égalité d'accès à ses marchés de fournitures, de prestations et de travaux, dans le respect notamment de la réglementation prise pour l'application des directives communautaires auxquelles sont soumis les exploitants des postes dans l'Union européenne. Dans cet esprit, les marchés ou conventions dont le montant dépasse certains seuils sont soumis pour avis à la Commission consultative des marchés de La Poste et au visa du chef de la mission de contrôle économique et financier ou du contrôleur d'État compétent. Ces seuils sont fixés par l'arrêté du 3 avril 1991 modifié en dernier lieu par les décrets n° 2005-436 et 2005-438 du 9 mai 2005. Voici ses articles 3 et 4 :

« Art. 3. – Sont soumis à l'avis de la commission et au visa du chef de la mission de contrôle général économique et financier ou du membre du corps du contrôle général économique et financier les projets de conventions et de marchés d'un montant supérieur aux seuils ci-après :

a) Études (y compris informatique), maîtrise d'œuvre ou tout autre prestation intellectuelle : 160 000 € ;

b) Prestations de services : 800 000 € ;

c) Fournitures courantes et industrielles : 1 600 000 € ;

d) Travaux de bâtiment : 2 300 000 € ;

e) Maintenance et entretien des équipements : 800 000 € ;

f) Marchés d'informatique : 800 000 € ;

g) Transports postaux : 800 000 € ;

h) Tous les autres marchés pour un montant supérieur à 800 000 €.

Tous ces seuils s'entendent hors taxes.

Pour apprécier ces seuils, il y a lieu de tenir compte :

– pour les marchés de travaux, du montant de l'opération ;

– pour les marchés pluriannuels ou reconductibles :

• du montant global déterminé en fonction de la durée totale pouvant être couverte par le marché dans le cas de marchés faisant l'objet de reconduction ;

• du montant global prévu dans le cas de marchés à tranches conditionnelles.

Les conventions ou marchés mentionnés au présent article s'entendent de tous contrats à titre onéreux, dont l'objet est :

1° L'achat, le crédit-bail, la location ou la location-vente, avec ou sans option d'achat, de produits ou fournitures ;

2° L'exécution de services ;

3° La conception, l'étude et la réalisation de tous travaux, ouvrages ou équipements de bâtiment.

***Art. 4.** – Les avenants aux marchés relevant de la commission lui sont communiqués ; le président apprécie l'opportunité de leur examen par la commission. »*

g) Marchés des régies

Commentaire

Les régies (municipales, départementales ou régionales), dans lesquelles les collectivités territoriales assument directement le fonctionnement de services publics à caractère industriel ou commercial, sont soumises au Code des marchés publics lorsqu'elles font appel à des prestataires de services, des fournisseurs ou des entrepreneurs (art. R. 2221-24 du Code général des collectivités territoriales). Il en est de même des offices du tourisme (art. R. 133-1 et R. 133-13 du Code du tourisme).

3

h) Marchés de Voies navigables de France

Commentaire

(Décret du 26 décembre 1960 modifié par décret n° 2008-1321 du 16 décembre 2008, art. 24)

L'article 48 du décret du 26 décembre 1960 est ainsi rédigé :

« Les marchés et accords-cadres de Voies navigables de France sont passés conformément aux dispositions du Code des marchés publics.

« Un règlement adopté par le conseil d'administration sur proposition du directeur général fixe notamment :

« – la composition et les modalités de fonctionnement de la commission d'appel d'offres de Voies navigables de France ;

« – les modalités de constitution et de fonctionnement d'une commission consultative des marchés exerçant, pour Voies navigables de France, les missions de la commission des marchés publics de l'État ;

« – les règles de publicité et de mise en concurrence des marchés passés selon la procédure adaptée.

« Le règlement est soumis à l'approbation du ministre chargé des Transports et du ministre chargé du Budget. L'approbation est réputée acquise, à défaut d'opposition de leur part, dans un délai de deux mois à compter de la date de leur saisine. »

4. Marchés des organismes et sociétés d'HLM

Code de la construction et de l'habitation

Partie législative

(Ordonnance n° 2005-649 du 6 juin 2005, art. 41)

« **Art. L. 433-1.** – Les marchés conclus par les organismes privés d'habitation à loyer modéré sont soumis aux dispositions de l'ordonnance n° 2005-649 du 6 juin 2005 relative aux marchés passés par certaines personnes publiques ou privées non soumises au Code des marchés publics. »

« **Art. L. 481-4.** – Les marchés conclus par les sociétés d'économie mixte exerçant une activité de construction ou de gestion de logements sociaux sont soumis aux dispositions de l'ordonnance n° 2005-649 du 6 juin 2005 relative aux marchés passés par certaines personnes publiques ou privées non soumises au Code des marchés publics. »

Partie réglementaire

Livre IV. – Habitations à loyer modéré – Titre III. – Dispositions financières Chapitre III. – Marchés des organismes d'habitations à loyer modéré

3

Section 1. Coordination des marchés des offices publics et sociétés d'habitations à loyer modéré (art. R. 433-1 à R. 433-4)

Art. R. 433-1. *(Décret n° 2005-1742 du 30 décembre 2005, art. 50).* – Les organismes privés d'habitation à loyer modéré et les sociétés d'économie mixte exerçant une activité de construction ou de gestion de logements sociaux peuvent se grouper pour procéder à des achats, selon des modalités qu'ils déterminent librement.

Art. R. 433-2. – *Abrogé par décret n° 2005-1742 du 30 décembre 2005, art. 51.*

Art. R. 433-3. – *Abrogé par décret n° 2005-1742 du 30 décembre 2005, art. 51.*

Art. R. 433-4. *(Décret n° 2006-975 du 1er août 2006, art. 3, modifié par décret n° 2008-566 du 18 juin 2008, art. 2).* – Les marchés des offices publics de l'habitat sont soumis aux règles fixées pour les collectivités territoriales et leurs établissements publics par le Code des marchés publics.

Section 2. « Contrats des organismes privés d'habitation à loyer modéré et des sociétés d'économie mixte de construction et de gestion de logements sociaux » (art. R. 433-5 à R. 433-19)

Art. R. 433-5. *(Décret n° 2005-1742 du 30 décembre 2005, art. 50).* – Les marchés définis aux articles L. 433-1 et L. 481-4 passés par les organismes privés d'habitations à loyer modéré et par les sociétés d'économie mixte exerçant une activité de construction ou de gestion de logements sociaux sont soumis aux dispositions du décret n° 2005-1742 du 30 décembre 2005 fixant les règles applicables aux marchés passés par les pouvoirs adjudicateurs mentionnés à l'article 3 de l'ordonnance n° 2005-649 du 6 juin 2005 relative aux marchés passés par certaines personnes publiques ou privées non soumises au Code des marchés publics, sous réserve des dispositions prévues aux articles R. 433-6, R. 433-10, R. 433-18 et R. 433-20 à R. 433-23.

Art. R. 433-6. *(Décret n° 2005-1742 du 30 décembre 2005, art. 50).* – Les organismes privés d'habitation à loyer modéré et les sociétés d'économie mixte exerçant une activité de construction ou de gestion de logements sociaux constituent une commission d'appel d'offres dont ils déterminent la composition, les modalités de fonctionnement et les pouvoirs. La commission examine les candidatures et les offres reçues lors de la passation des marchés dont le montant est supérieur aux seuils mentionnés à l'article 7 du décret n° 2005-1742 du 30 décembre 2005 fixant les règles applicables aux marchés passés par les pouvoirs adjudicateurs mentionnés à l'article 3 de l'ordonnance n° 2005-649 du 6 juin 2005 relative aux marchés passés par certaines personnes publiques ou privées non soumises au Code des marchés publics.

Ces mêmes marchés font en outre l'objet d'un rapport annuel sur leur exécution transmis au conseil d'administration ou de surveillance de l'organisme ou de la société d'économie mixte. Ce rapport comporte pour chaque marché le montant initial du contrat, le montant total des sommes effectivement versées et, le cas échéant, les raisons de l'écart constaté.

Art. R. 433-7. – *Abrogé par décret n° 2005-1742 du 30 décembre 2005, art. 51.*

Art. R. 433-8. – *Abrogé par décret n° 2005-1742 du 30 décembre 2005, art. 51.*

Art. R. 433-9. – *Abrogé par décret n° 2005-1742 du 30 décembre 2005, art. 51.*

Art. R. 433-10. *(Décret n° 2005-1742 du 30 décembre 2005, art. 50).* – Pour les marchés ayant à la fois pour objet la construction et l'exploitation ou la maintenance d'un ouvrage, si l'organisme choisit de recourir à un marché alloti, la construction fait obligatoirement l'objet d'un lot séparé. S'il choisit de recourir à un marché global, celui-ci fait obligatoirement apparaître de manière séparée les prix respectifs de la construction et de l'exploitation ou de la maintenance.

Art. R. 433-11. – *Abrogé par décret n° 2005-1742 du 30 décembre 2005, art. 51.*

Art. R. 433-12. – *Abrogé par décret n° 2005-1742 du 30 décembre 2005, art. 51.*

Art. R. 433-13. – *Abrogé par décret n° 2005-1742 du 30 décembre 2005, art. 51.*

Art. R. 433-14. – *Abrogé par décret n° 2005-1742 du 30 décembre 2005, art. 51.*

Art. R. 433-15. – *Abrogé par décret n° 2005-1742 du 30 décembre 2005, art. 51.*

Art. R. 433-16. – *Abrogé par décret n° 2005-1742 du 30 décembre 2005, art. 51.*

Art. R. 433-17. – *Abrogé par décret n° 2005-1742 du 30 décembre 2005, art. 51.*

Art. R. 433-18. *(Décret n° 93-746 du 27 mars 1993, art. 3).* – Les contrats entrant dans le champ d'application défini à l'article R. 433-5 donnent lieu à des versements à titre d'avances, d'acomptes ou pour solde dans les conditions fixées ci-après :

– avances : une avance forfaitaire peut être accordée ; ses modalités de versement et de remboursement sont précisées dans le cahier des charges du contrat ;

– acomptes : les prestations qui dont donné lieu à un commencement d'exécution du contrat ouvrent droit à des acomptes. Les modalités de versements des acomptes sont précisées dans le cahier des charges du contrat.

Les règlements d'avances et d'acomptes n'ont pas le caractère de paiements définitifs, leur bénéficiaire en est débiteur jusqu'au paiement du solde du contrat.

Quand le contrat comporte une clause de variation de prix, il fixe la périodicité de mise en œuvre de cette clause, et l'ensemble des modalités relatives à celle-ci.

Art. R. 433-19. – *Abrogé par décret n° 2005-1742 du 30 décembre 2005, art. 51.*

Section 3. Dispositions relatives à certains contrats passés par les organismes privés d'habitations à loyer modéré et les sociétés d'économie mixte (art. R. 433-20 à R. 433-23)

Art. R. 433-20. *(Décret n° 93-746 du 27 mars 1993, art. 6).* – Les contrats de maîtrise d'œuvre des organismes privés d'habitations à loyer modéré et les sociétés d'économie mixte portant sur la réalisation de logements locatifs aidés par l'État à l'aide des prêts mentionnés à l'article R. 331-1 sont passés conformément aux règles prévues par le décret pris pour l'application de l'article 10 de la loi n° 85-704 du 12 juillet 1985 modifiée relative à la maîtrise d'ouvrage publique et à ces rapports avec la maîtrise d'œuvre privée.

Art. R. 433-21. *(Décret n° 93-746 du 27 mars 1993, art. 7).* – Les concours d'architecture et d'ingénierie organisés par les organismes privés d'habitations à loyer modéré et les sociétés d'économie mixte pour la réalisation de logements locatifs aidés par l'État financés à l'aide des prêts mentionnés à l'article R. 331-1 sont organisés conformément aux règles prévues par le décret pris pour l'application de l'article 11 de la loi du 12 juillet 1985 modifiée relative à la maîtrise d'ouvrage publique et à ses rapports avec la maîtrise d'œuvre privée.

Art. R. 433-22. *(Décret nº 93-746 du 27 mars 1993, art. 8).* – Pour la réalisation de logements locatifs aidés par l'État financés à l'aide des prêts mentionnés à l'article R. 331-1, soumis aux dispositions de la loi nº 85-704 du 12 juillet 1985 modifiée relative à la maîtrise d'ouvrage publique et à ses rapports avec la maîtrise d'œuvre privée, les organismes privés d'habitations à loyer modéré et les sociétés d'économie mixte de construction et de gestion de logements sociaux peuvent passer des contrats portant à la fois sur l'établissement des études et l'exécution des travaux dans les conditions prévues par le tire 1er du décret pris pour l'application de l'article 18-1 de la loi du 12 juillet 1985 précitée.

Art. R. 433-23. *(Décret nº 93-746 du 27 mars 1993, art. 9).* – Les contrats passés par les organismes privés d'habitation à loyer modéré et les sociétés d'économie mixte pour la réalisation de logements locatifs aidés par l'État financés à l'aide des prêts mentionnés à l'article R. 331-1, qui ont pour objet la réalisation d'un ouvrage à titre de recherche, d'essais ou d'expérimentation doivent respecter les règles prévues par le décret pris pour l'application de l'article 18-2 de la loi nº 85-704 du 12 juillet 1985 modifiée relative à la maîtrise d'ouvrage publique et à ses rapports avec la maîtrise d'œuvre privée.

5. Marchés publics hospitaliers

I. – Principes

a) Établissements publics de santé : l'article L. 6141-7 du Code de la santé publique (ordonnance n° 2000-548 du 15 juin 2000) stipule : *« Les établissements publics de santé sont soumis à un régime administratif, budgétaire, financier et comptable particulier, défini par le présent titre et précisé par voie réglementaire.*
Les dispositions du Code des marchés publics relatives à la passation des marchés sont adaptées, par voie réglementaire, aux conditions particulières de leur gestion ».

b) Agences régionales d'hospitalisation instituées par l'ordonnance n° 96-346 du 24 avril 1996 portant réforme de l'hospitalisation publique et privée (art. L. 6115-1 et s. du Code de la santé publique) : leurs conventions constitutives prévoient toutes (art. 27) qu'elles sont soumises, pour leurs marchés, « aux dispositions des livres Ier, II et V du Code des marchés publics relatifs à l'État et aux établissements publics nationaux » (il s'agit ici des références de l'ancien Code des marchés publics, mais le principe demeure).

II. – Application : le III de l'article R. 6147-35 du Code de la santé publique est rédigé comme suit *(décret n° 2007-1555 du 30 octobre 2007)* :

« III. – À l'exception de ceux passés selon la procédure adaptée et au-delà d'un seuil fixé par arrêté des ministres chargés du Budget et de la Santé, les marchés de l'Assistance publique-hôpitaux de Paris ne sont exécutoires qu'après visa du contrôleur financier ».

III. – Intérêts moratoires dans les marchés publics hospitaliers.

Art. L. 6145-5. *(Ordonnance n° 2005-406 du 2 mai 2005, art. 10-III).* – Dans le cadre des marchés publics les conditions de règlement des intérêts moratoires sont fixées conformément à l'article 55 de la loi n° 2001-420 du 15 mai 2001 relative aux nouvelles régulations économiques. Le comptable assignataire informe l'ordonnateur de la date de mise en paiement du principal et lui rappelle ses obligations de mandater les intérêts moratoires dans un délai de trente jours à compter de la date de mise en paiement du principal.

En cas de carence de l'ordonnateur, le comptable informe le directeur de l'agence régionale de l'hospitalisation, qui engage alors la procédure de mandatement d'office dans des conditions fixées par voie réglementaire.

Si, dans le délai dont il dispose pour mandater les intérêts moratoires, l'ordonnateur notifie un refus d'exécution motivé par l'insuffisance des crédits disponibles, le directeur de l'agence régionale de L'hospitalisation, après avoir constaté cette insuffisance, met en demeure l'établissement d'adopter une décision modificative de l'état des prévisions des recettes et des dépenses. En cas de carence du conseil d'administration, il modifie l'état des prévisions des recettes et des dépenses et procède ensuite au mandatement d'office.

6. Marchés des organismes de sécurité sociale

I. – Article L. 124-4 du Code de la sécurité sociale

Art. L. 124-4. *(Loi n° 94-637 du 25 juillet 1994, art. 24)* – Les travaux, les fournitures, les prestations intellectuelles et les services pour le compte des organismes de droit privé jouissant de la personnalité civile assurant en tout ou en partie la gestion d'un régime légalement obligatoire d'assurance contre la maladie, la maternité, la vieillesse, l'invalidité, le décès, le veuvage, les accidents du travail et les maladies professionnelles ou de prestations familiales, ainsi que des unions ou fédérations desdits organismes, font l'objet de marchés dont le mode de passation et les conditions d'exécution respectent les garanties prévues en matière de marchés de l'État.

(Loi n° 2007-1786 du 19 décembre 2007, art. 101-IV) – Les dispositions du premier alinéa sont également applicables aux groupements d'intérêt public et aux groupements d'intérêt économique financés majoritairement par un ou plusieurs organismes mentionnés au premier alinéa, ou par un ou plusieurs organismes nationaux cités à l'article L. 200-2.

Les conditions d'application du présent article sont fixées par arrêté interministériel.

II. – Arrêté du 16 juin 2008 portant réglementation sur les marchés des organismes de sécurité sociale

I. – Dispositions générales

Art. 1er. – I. – Les dispositions du présent arrêté sont applicables, conformément aux dispositions de l'article L. 124-4 du Code de la sécurité sociale, à tous les organismes privés assurant en tout ou partie la gestion d'un régime obligatoire de sécurité sociale, qu'ils soient régis par le Code de la sécurité sociale ou le Code rural, à l'exclusion des organismes mentionnés aux articles L. 211-4, L. 381-9, L. 611-20 et L. 712-6 du Code de la sécurité sociale.

II. – Elles sont également applicables à :

– l'Union des caisses nationales de sécurité sociale ;

– aux unions, associations ou fédérations ou sociétés constituées entre lesdits organismes ;

– aux groupements d'intérêt économique et aux groupements d'intérêt public lorsque ces derniers sont financés majoritairement par des organismes relevant de la sphère sécurité sociale.

Art. 2. – Les dispositions législatives et réglementaires relatives aux conditions de passation et d'exécution des marchés publics et des accords-cadres de l'État et de ses établissements publics sont applicables aux organismes mentionnés à l'article 1er sous réserve des dispositions du présent arrêté.

Pour les organismes d'assurance maladie du régime général, l'article 9 se substitue aux articles 3 à 6 et au deuxième alinéa de l'article 19, qui demeurent applicables aux caisses régionales d'assurance maladie et aux caisses générales de sécurité sociale.

Les pouvoirs adjudicateurs soumis au présent arrêté sont les organismes mentionnés à l'article 1er.

Ils sont soumis à la commission consultative des marchés des organismes de sécurité sociale selon les modalités fixées aux articles 11 à 14.

II. – Dispositions applicables aux organismes mentionnés à l'article 1er, à l'exception de ceux relevant du III

Art. 3. – Le conseil d'administration de l'organisme de sécurité sociale désigne une commission des marchés composée de quatre administrateurs au moins. Il peut aussi, sur proposition du directeur, constituer une commission spécifique pour la passation d'un marché ou d'un accord-cadre déterminé. Il désigne également un nombre de suppléants égal à celui des titulaires. La commission ne peut valablement délibérer que si trois administrateurs au moins sont présents pendant l'ensemble de la séance. Les suppléants n'assistent pas aux séances s'ils ne sont pas appelés à remplacer les titulaires. La commission élit son président. En cas de partage des voix, la voix du président est prépondérante. Le directeur et l'agent comptable de l'organisme, ou leurs représentants, participent aux délibérations de la commission avec voix consultative. En outre, un représentant de l'autorité de tutelle peut assister à la commission avec voix consultative.

Pour les groupements d'intérêt économique et les groupements d'intérêt public mentionnés au II de l'article 1er, la commission chargée de statuer sur les marchés et les accords-cadres est composée d'au moins trois membres qui sont, en fonction des compétences dévolues respectivement au directeur et à l'organe délibérant, soit désignés par le conseil d'administration ou le comité directeur, soit désignés par le directeur. Dans le premier cas, la commission est régie par les règles applicables à la commission des marchés prévue aux articles 4 à 8 de l'arrêté. Dans le second cas, elle est régie par les règles applicables à la commission d'appel d'offres prévue à l'article 9 de l'arrêté. Des suppléants, en nombre égal à celui des titulaires, sont également désignés.

Sur proposition du directeur et après acceptation du président de la commission, des agents de l'organisme ou des personnalités qualifiées, choisis en raison soit de leur compétence dans la matière qui fait l'objet du marché ou de l'accord-cadre, soit de leur compétence juridique, assistent à la commission avec voix consultative.

Art. 4. – Le conseil d'administration ou, le cas échéant, pour les groupements d'intérêt économique et les groupements d'intérêt public, le comité directeur ou le directeur désigne le jury pour les concours, les marchés de maîtrise d'œuvre et de conception-réalisation.

Le jury est composé exclusivement de personnes indépendantes des participants à la procédure.

Les membres du jury avec voix délibérative sont :

a) Au moins quatre administrateurs désignés par le conseil d'administration, parmi lesquels le président sera choisi ;

b) Le directeur de l'organisme.

Les membres mentionnés au *a* et au *b* ci-dessus élisent le président du jury ;

c) Le président du jury peut en outre désigner comme membres du jury des personnalités dont il estime que la participation présente un intérêt particulier au regard de l'objet du concours, sans que le nombre de ces personnalités puisse excéder cinq ;

d) Lorsqu'une qualification professionnelle est exigée des candidats pour participer à un concours, au moins un tiers des membres du jury ont cette qualification ou une qualification équivalente. Ils sont désignés par le conseil d'administration.

Sont invités à participer au jury avec voix consultative :

e) L'agent comptable de l'organisme et un représentant du directeur général de la concurrence, de la consommation et de la répression des fraudes. Leurs observations sont consignées au procès-verbal à leur demande ;

f) Un représentant de l'autorité de tutelle ;

g) Le président du jury peut, en outre, faire appel au concours d'agents du pouvoir adjudicateur compétents dans la matière qui fait l'objet de la consultation ou en matière de marchés publics ;

h) Le jury peut auditionner toute personne susceptible de lui apporter des informations utiles.

En cas de dispense de la procédure de concours dans les cas prévus au III de l'article 74 du Code des marchés publics, lorsqu'une commission des marchés est composée en jury, les membres mentionnés aux *c* et *d* ci-dessus ont voix consultative.

Le conseil d'administration ou, le cas échéant, pour les groupements d'intérêt économique et les groupements d'intérêt public, le comité directeur ou le directeur attribue le marché.

Art. 5. – La commission des marchés exerce les attributions suivantes pour les appels d'offres, les procédures négociées, les procédures de dialogue compétitif, la mise en place des systèmes d'acquisition dynamique et les marchés et accords-cadres passés dans le cadre de l'article 30 du Code des marchés publics d'un montant supérieur au seuil fixé au 3° du II de cet article :

a) Pour l'ensemble de ces procédures, sous réserve des dispositions de l'article 4 :

– elle attribue le marché ou l'accord-cadre ;

– elle autorise la passation d'avenants à un accord-cadre ou à un marché dès lors qu'ils entraînent une augmentation du montant global du marché de plus de 5 % ;

b) Pour les seuls marchés et accords-cadres par appel d'offres et dialogue compétitif :

– elle arrête la liste des candidats dans le cadre d'un appel d'offres restreint ou d'un dialogue compétitif ;

– elle ouvre les plis relatifs aux offres ;

– elle élimine les candidatures non recevables et les offres inappropriées, irrégulières ou inacceptables ;

– elle rejette les offres considérées comme anormalement basses après que des précisions jugées opportunes ont été demandées par écrit et que les justifications fournies ont été vérifiées ;

– elle déclare sans suite ou infructueux lorsque aucune candidature ou offre n'a été remise ou lorsqu'il n'a été proposé que des offres inappropriées, irrégulières ou inacceptables.

Art. 6. – Tout projet de marché ou d'accord-cadre soumis à la décision de la commission des marchés, à celle du conseil d'administration ou du comité directeur doit être assorti d'une note de présentation, qui doit être transmise aux membres de la commission ou du conseil d'administration ainsi qu'à l'autorité de tutelle au moins cinq jours francs avant la date de la réunion.

La motivation de la décision d'attribution est portée au procès-verbal de la commission ainsi que du conseil d'administration ou du comité directeur.

Art. 7. – Le directeur ou son délégataire exerce toutes les attributions pour la passation et l'exécution des marchés, à l'exclusion de celles prévues aux articles 4 et 5.

Art. 8. – Pour les projets de marchés ou d'accord-cadre mentionnés à l'article 12, l'avis de la CCMOSS ou sa décision de non-examen sont joints à la communication du procès-verbal du conseil d'administration pour information des autorités en charge du contrôle de légalité.

III – Dispositions applicables aux organismes d'assurance maladie du régime général, à l'exception des caisses régionales d'assurance maladie et caisses générales de sécurité sociale

Art. 9. – Une commission d'appel d'offres est constituée, composée des membres suivants : le directeur de l'organisme ou son représentant, président de la commission, et quatre membres titulaires au moins, dont l'agent comptable, désignés par le directeur parmi les représentants des services de l'organisme. Le directeur peut aussi constituer une commission spécifique pour la passation d'un marché ou d'un accord-cadre déterminé. Des suppléants, en nombre égal à celui des titulaires, sont également désignés par le directeur. La commission ne peut valablement délibérer que si trois de ses membres au moins sont présents pendant l'ensemble de la séance. Les suppléants n'assistent pas aux séances s'ils ne sont pas appelés à remplacer les titulaires. La commission peut faire appel en tant que de besoin à des personnalités qualifiées par leur compétence eu égard à la matière objet de la consultation. Ces personnalités sont désignées par le président de la commission et participent aux réunions de la commission d'appel d'offres avec voix consultative.

Les compétences de la commission d'appel d'offres des organismes visés au présent article sont identiques à celles prévues par les dispositions du code des marchés publics applicables aux marchés et accords-cadres passés par l'État et ses établissements publics.

Tout projet de marché ou d'accord-cadre soumis à l'avis de la commission d'appel d'offres doit être assorti d'une note de présentation, qui doit être transmise aux membres de la commission au moins cinq jours francs avant la date de la réunion. La motivation de l'avis rendu par la commission d'appel d'offres est portée au procès-verbal.

Art. 10. – Le directeur est chargé de l'attribution, de la signature et de la mise en œuvre du marché.

Dans le cadre de l'information du conseil prévu à l'article R. 211-1-2, alinéa 16, du Code de la sécurité sociale, il tient le conseil informé des marchés et accords-cadres passés pour le compte de l'organisme.

IV. – La commission consultative des marchés des organismes de sécurité sociale (CCMOSS)

Art. 11. – Pour les marchés et accords-cadres passés par les organismes mentionnés à l'article 1er, il est instauré une commission consultative des marchés des organismes de sécurité sociale (CCMOSS), chargée de fournir aux pouvoirs adjudicateurs une assistance pour l'élaboration ou la passation des marchés et accords-cadres. Lorsque les conditions mentionnées à l'article 12 ci-dessous sont réunies, la commission est appelée à formuler des observations ou des recommandations concernant ces marchés et accords-cadres, et notamment au vu des dispositions législatives et réglementaires prévues à l'article 2. Elle peut également formuler des réserves les concernant.

La commission comprend :

– cinq représentants administrateurs :

– un représentant de la Caisse nationale des allocations familiales ;

– un représentant de la Caisse nationale d'assurance vieillesse ;

– un représentant de l'Agence centrale des organismes de sécurité sociale ;

– un représentant de la Caisse centrale de la mutualité sociale agricole ;

– un représentant du régime social des indépendants,

nommés par les conseils d'administration des organismes concernés à chaque renouvellement des conseils d'administration, qui nomment aussi un nombre égal de suppléants ;

– un représentant de la CNAMTS et son suppléant, désignés par le directeur général de la CNAMTS ;

– quatre représentants experts du régime général et leurs suppléants, un pour chacune des branches du régime général, choisis pour leur expertise au sein des services de la caisse nationale ou des caisses locales.

La commission comprend en outre, à voix consultative :

– un représentant du ministre chargé de la Sécurité sociale ;

– deux représentants du ministre chargé de l'Économie et des Finances ;

– un représentant du ministre chargé de l'Agriculture, et un nombre égal de suppléants.

Les suppléants n'assistent pas aux séances s'ils ne sont pas appelés à remplacer les titulaires.

Le ministre chargé de la Sécurité sociale nomme le président de la commission, ainsi que son suppléant, qui sont choisis parmi les membres de l'inspection générale des affaires sociales. Le suppléant n'assiste pas aux séances s'il n'est pas appelé à remplacer le président.

Les rapporteurs chargés d'étudier les dossiers communiqués à la commission sont principalement choisis parmi les membres en activité ou en retraite des corps de contrôle de l'État, et notamment de l'inspection générale des affaires sociales et de l'inspection générale des finances. Ils peuvent être également désignés, par le président, parmi les agents de direction des organismes de sécurité sociale, les membres du secrétariat de la commission ou les agents de l'administration de catégorie A, en activité ou à la retraite, à raison de leur compétence particulière en matière de marchés publics.

3

Toute personne qui a participé à la conception et au suivi du marché soumis à la CCMOSS et tout agent de l'organisme qui soumet ledit marché à cette instance ne peuvent être choisis ou désignés en qualité de rapporteur.

Le directeur de l'organisme contractant ou son représentant peut assister à la commission afin d'apporter des informations supplémentaires aux membres de cette commission.

La commission établit son règlement intérieur.

Le secrétariat de la commission est assuré par l'UCANSS.

Art. 12. – Tout projet de marché ou d'accord-cadre passé par l'un des organismes mentionnés à l'article 1er dont le montant est supérieur au seuil de 4 M€ hors taxes est obligatoirement adressé à la commission consultative des marchés des organismes de sécurité sociale avant l'envoi de l'avis d'appel public à la concurrence ou le lancement de la consultation pour les marchés ou accords-cadres ne donnant pas lieu à publicité.

Il en est de même pour :

– les projets d'avenants qui rendent les marchés ou accords-cadres auxquels ils se rapportent passibles d'un examen de la commission ;

– les marchés complémentaires ou qui ont pour objet la réalisation de prestations similaires à celles du marché initial, mentionnés par le Code des marchés publics, qui rendent les marchés auxquels ils se rapportent passibles d'un examen par la commission ;

– tout autre contrat dont l'examen est décidé par le ministre chargé de la Sécurité sociale, le ministre chargé de l'Agriculture ou un organisme national, pour un marché ou un accord-cadre passé par un organisme de sa branche.

En revanche, les marchés passés sur le fondement d'un accord-cadre ne sont pas soumis à l'obligation de transmission à la commission lorsque l'accord-cadre sur le fondement duquel ils sont passés a lui-même été adressé à ladite commission.

Quel qu'en soit le montant, les marchés d'études ou de maîtrise d'œuvre qui se rattachent aux marchés soumis à l'obligation de transmission sont également communiqués à la commission, dans les mêmes conditions.

Le ministre chargé de la Sécurité sociale ou le ministre chargé de l'Agriculture peut consulter la commission sur toute question entrant dans le champ d'application du présent arrêté.

La commission est tenue de signaler aux ministres chargés de la tutelle de l'organisme les irrégularités ou fautes graves qu'elle a relevées lors de l'examen d'un projet de marché, d'accord-cadre ou d'avenant, ou dont elle aurait connaissance, notamment le fractionnement des marchés intentionnellement opéré afin de soustraire ces projets à son examen.

Pour les projets de marchés et d'accords-cadres relevant de cet article, l'avis de la CCMOSS ou sa décision de non-examen sont transmis pour information aux autorités en charge du contrôle de légalité.

Art. 13. – Tout projet soumis à l'avis de la CCMOSS doit être assorti d'une note de présentation précisant notamment les modalités d'évaluation de la nature et de l'étendue des besoins, l'économie générale et le déroulement prévus du marché, les conditions prévisionnelles de son exécution, le montant prévisionnel des prestations, le choix du mode de passation envisagé et ses justifications.

Art. 14. – La CCMOSS se réunit à la diligence du président. Elle assure la publication du calendrier de ses réunions en début d'année civile et l'adresse aux organismes soumis à sa compétence.

Tout dossier envoyé à la commission fait l'objet d'un accusé de réception.

Les dossiers envoyés au titre de l'article 12 à la commission font l'objet d'un premier examen par le secrétariat de la commission. À l'issue de ce premier examen, le président de la commission peut décider de ne pas sélectionner le dossier et de procéder ou non à un envoi direct d'observations et de recommandations au pouvoir adjudicateur ou d'inscrire le dossier à l'ordre du jour de la commission. La décision de non-examen doit être portée à la connaissance du pouvoir adjudicateur dans un délai de dix jours francs à compter de la date d'accusé de réception.

Les observations, recommandations et réserves doivent être portées à la connaissance du pouvoir adjudicateur dans un délai maximal de quarante jours francs à compter de la date d'accusé réception du dossier.

La commission, en accord avec le pouvoir adjudicateur ou à la demande de celui-ci, peut décider de la mise en place d'une mesure d'accompagnement à la passation du marché ou de l'accord-cadre. Dans ce cas, le pouvoir adjudicateur adresse à la commission, dès leur établissement, copie des procès-verbaux des pièces retraçant les éléments du choix des candidatures et des offres et du rapport de présentation du marché ou de l'accord-cadre. Au vu de ces documents, la commission ou le président peut faire connaître au pouvoir adjudicateur ou au ministre ses observations, recommandations ou réserves.

Lorsque le dossier fait l'objet d'une mesure d'accompagnement de la part de la commission, les observations, recommandations et réserves suscitées par la transmission des pièces de la procédure sont communiquées au pouvoir adjudicateur dans un délai maximal de dix jours francs à compter de leur réception, sauf si cela nécessite un examen de la commission, auquel cas le délai est de quarante jours francs.

Dès réception des décisions de non-sélection, des observations, des recommandations ou des réserves émises par la commission ou après expiration des délais prévus, le pouvoir adjudicateur peut poursuivre la procédure de passation du marché ou de l'accord-cadre, selon des modalités qu'il lui appartient de déterminer.

Dès qu'il a notifié le marché ou l'accord-cadre, le pouvoir adjudicateur adresse au secrétariat de la commission une copie du rapport de présentation mentionné à l'article 79 du Code des marchés publics.

Lorsqu'il estime que les observations, recommandations ou réserves de la commission sont d'une particulière importance, le président peut les communiquer aux ministres intéressés.

Dans le cas où il est signalé que la passation d'un marché ou d'un accord-cadre présente un caractère d'urgence impérieux, il appartient au président de la commission de réunir cette dernière dans le plus bref délai ou de consulter ses membres par écrit s'il le juge nécessaire. Le pouvoir adjudicateur peut prendre la décision motivée d'engager la procédure de passation du marché ou de l'accord-cadre sans saisir au préalable la CCMOSS si les délais qui lui sont proposés par le président lui paraissent incompatibles avec la situation d'urgence.

La commission ne peut valablement délibérer que si six membres au moins sont présents.

En cas de partage égal des voix, la voix du président est prépondérante.

Les organismes mentionnés à l'article 1er peuvent interroger, en dehors des cas énumérés à l'article 12, le secrétariat de la commission consultative des marchés des organismes de sécurité sociale soit d'une demande d'avis concernant une difficulté particulière rencontrée lors de la passation ou de l'exécution d'un marché ou d'un accord-cadre, soit d'une demande d'accompagnement pour la préparation et la conduite d'une procédure, soit enfin en cas de difficultés particulières rencontrées lors de l'exécution d'un marché ou d'un accord-cadre, voire d'un recours contentieux.

Cette saisine peut avoir lieu, quel que soit le montant du marché ou de l'accord-cadre, à tous les stades de la procédure de passation, et durant l'exécution du marché ou de l'accord-cadre.

Périodiquement, le secrétariat établit, à l'intention de la commission, un rapport récapitulatif l'informant notamment des problématiques rencontrées à l'occasion du rôle de premier conseil effectué par le secrétariat et des solutions préconisées.

IV. – Règlement des litiges

Art. 15. – En cas de litige, les parties contractantes peuvent recourir à l'arbitrage tel qu'il est réglé par le livre IV du nouveau Code de procédure civile.

V. – Dispositions diverses

Art. 16. – Les organismes mentionnés à l'article 1er qui ont recours à une centrale d'achat ou aux organismes mentionnés aux articles L. 224-5 du Code de la sécurité sociale et L. 723-11 du Code rural lorsqu'ils agissent en tant que centrale d'achat sont considérés comme ayant respecté leurs obligations en matière de publicité et de mise en concurrence pour autant que la centrale d'achat respecte les dispositions du Code des marchés publics ou du présent arrêté, ou de l'ordonnance n° 2005-649 du 6 juin 2005, selon les règles qui lui sont applicables.

Art. 17. – Les dispositions du Code des marchés publics relatives aux groupements de commandes et à son coordonnateur sont applicables aux marchés et accords-cadres passés par les organismes mentionnés à l'article 1er ci-dessus sous réserve des dispositions suivantes :

La convention constitutive du groupement est signée par le directeur ou le délégataire de chaque membre du groupement après, le cas échéant, approbation des conseils d'administration concernés. L'approbation des conseils d'administration n'est pas requise si le groupement est amené à conclure uniquement des marchés ou accords-cadres passés selon des procédures adaptées, hormis les marchés ou accords-cadres passés dans le cadre de l'article 30 du Code des marchés publics d'un montant supérieur au seuil fixé au 3° du II de cet article.

La commission des marchés du groupement est composée d'un représentant de la commission des marchés de chaque membre du groupement, ou deux lorsque le groupement comprend moins de quatre membres, élu par ses membres ayant voix délibérative.

La commission des marchés du groupement est présidée par le représentant du coordonnateur.

La commission des marchés du groupement dispose de l'ensemble des attributions prévues à l'article 5 du présent arrêté.

La convention constitutive du groupement peut aussi avoir prévu que le coordonnateur sera chargé :

1° Soit de signer et de notifier le marché ou l'accord-cadre, chaque membre du groupement, pour ce qui le concerne, s'assurant de sa bonne exécution ;

2° Soit de signer le marché ou l'accord-cadre, de le notifier et de l'exécuter au nom de l'ensemble des membres du groupement.

Dans ces deux cas, la convention constitutive du groupement peut prévoir que la commission des marchés est celle du coordonnateur.

En application du Code des marchés publics, les organismes mentionnés à l'article 1er du présent arrêté peuvent être membres de groupements constitués par des personnes publiques. Dans ce cas, les organismes respectent les dispositions du Code des marchés publics.

Art. 18. – Un observatoire de l'achat dans les organismes de sécurité sociale est placé auprès de l'UCANSS. Il est chargé de rassembler et analyser les données relatives aux aspects économiques et techniques des achats des organismes mentionnés à l'article 1er. Il met à la disposition de la commission prévue à l'article 11, des ministères concernés et des organismes nationaux de sécurité sociale ses conclusions et recommandations.

Les organismes mentionnés à l'article 1er transmettent à l'observatoire les données économiques nécessaires à ses missions, notamment à travers des fiches de recensement ainsi que par la transmission des rapports annuels mentionnés à l'article 19 ci-dessous.

L'observatoire de l'achat transmet les informations recueillies à l'observatoire économique de l'achat public mentionné à l'article 130 du Code des marchés publics.

Art. 19. – Les organismes publient au cours du premier trimestre de chaque année, par support de leur choix, une liste des marchés conclus l'année précédente ainsi que le nom des attributaires. Cette liste est établie dans les conditions définies par l'arrêté du ministre chargé de l'Économie pris en application du Code des marchés publics et relatif à la liste des marchés conclus l'année précédente par les personnes publiques.

Les informations sur l'exécution des marchés soldés de l'année ou en cours d'exécution font l'objet d'un rapport récapitulatif au conseil d'administration de l'organisme de sécurité sociale.

Art. 20. – Les organismes mentionnés à l'article 1er peuvent recourir à la carte d'achat comme modalité d'exécution de leurs marchés dans les conditions définies par le décret du 26 octobre 2004 relatif à l'exécution des marchés publics par carte d'achat.

Art. 21. – L'arrêté du 4 octobre 2005 portant réglementation sur les marchés des organismes de sécurité sociale est abrogé.

Art. 22. – Les marchés ou accords-cadres notifiés antérieurement à la date d'entrée en vigueur du présent arrêté demeurent régis, pour leur exécution, par les dispositions de l'arrêté du 4 octobre 2005 précité lorsqu'ils en relevaient.

Les marchés ou accords-cadres pour lesquels une consultation a été engagée ou un avis d'appel public à la concurrence envoyé à la publication antérieurement à la date d'entrée en vigueur du présent arrêté et qui ont été notifiés après cette date demeurent régis pour leur passation par les dispositions de l'arrêté du 4 octobre 2005 lorsqu'ils en relevaient. Pour les autres dispositions, ils sont régis par le présent arrêté.

7. Contrats passés par les pouvoirs adjudicateurs non soumis au Code des marchés publics

Décret n° 2005-1742 du 30 décembre 2005 fixant les règles applicables aux marchés passés par les pouvoirs adjudicateurs mentionnés à l'article 3 de l'ordonnance n° 2005-649 du 6 juin 2005 relative aux marchés passés par certaines personnes publiques ou privées non soumises au Code des marchés publics (modifié par décret n° 2008-1334 du 17 décembre 2008)

Titre Ier. – Champ d'application

Art. 1er. – Les dispositions du présent décret s'appliquent aux marchés et accords-cadres définis à l'article 1er de l'ordonnance du 6 juin 2005 susvisée, passés par les pouvoirs adjudicateurs définis à son article 3, et aux marchés mentionnés à l'article 35 de la même ordonnance.

(Décret n° 2008-1334 du 17 décembre 2008, art. 1er) « Toutefois ne sont pas applicables aux accords-cadres les dispositions des 4°, 5° et 6° du II de l'article 33. »

Titre II. – Contenu des marchés

Chapitre Ier. – Spécifications techniques

Art. 2. – I. – Les prestations qui font l'objet d'un marché sont définies, dans les documents de la consultation, par des spécifications techniques formulées :

1° Soit par référence à des normes ou à d'autres documents équivalents accessibles aux candidats, notamment des agréments techniques ou d'autres référentiels techniques élaborés par les organismes de normalisation ;

2° Soit en termes de performances ou d'exigences fonctionnelles. Celles-ci sont suffisamment précises pour permettre aux candidats de connaître exactement l'objet du marché et au pouvoir adjudicateur d'attribuer le marché. Elles peuvent inclure des caractéristiques environnementales.

Un arrêté du ministre chargé de l'Économie précise le contenu des spécifications techniques.

II. – Le pouvoir adjudicateur détermine les prestations qui font l'objet du marché qu'il passe :

1° Soit en utilisant exclusivement l'une ou l'autre des catégories de spécifications techniques mentionnées aux 1° et 2° du I ;

2° Soit en les combinant.

Cette combinaison est opérée :

a) Soit en définissant des performances ou exigences fonctionnelles et en précisant la référence des normes ou autres documents équivalents mentionnés au 1° du I qui sont présumés permettre de réaliser ces performances ou de satisfaire à ces exigences ;

b) Soit en recourant à des normes ou autres documents équivalents pour certains aspects du marché et à des performances ou exigences fonctionnelles pour d'autres.

Art. 3. – I. – Les spécifications techniques mentionnées au I de l'article 2 permettent l'égal accès des candidats et ne peuvent pas avoir pour effet de créer des obstacles injustifiés à l'ouverture des marchés à la concurrence. Chaque fois que possible, elles sont établies de manière à prendre en compte des critères d'accessibilité pour les personnes handicapées ou, pour tous les utilisateurs, des critères de fonctionnalité.

II. – Les spécifications techniques ne peuvent pas faire mention d'un mode ou procédé de fabrication particulier ou d'une provenance ou origine déterminée, ni faire référence à une marque, à un brevet ou à un type, dès lors qu'une telle mention ou une telle référence aurait pour effet de favoriser ou d'éliminer certains opérateurs économiques ou certains produits. Toutefois une telle mention ou référence est possible si elle est justifiée par l'objet du marché ou, à titre exceptionnel, dans le cas où une description suffisamment précise et intelligible de l'objet du marché n'est pas possible sans elle et à la condition qu'elle soit accompagnée des termes : « ou équivalent ».

III. – Lorsque le pouvoir adjudicateur utilise une spécification technique formulée selon les modalités prévues au 1° du I de l'article 2, il ne peut pas rejeter une offre au motif qu'elle n'est pas conforme à cette spécification, si le candidat prouve dans son offre, par tout moyen approprié, que les solutions qu'il propose respectent de manière équivalente cette spécification.

IV. – Lorsque le pouvoir adjudicateur définit des performances ou des exigences fonctionnelles selon les modalités prévues au 2° du I de l'article 2, il ne peut pas rejeter une offre si elle est conforme à des normes ou des documents équivalents qui eux-mêmes correspondent aux performances ou exigences fonctionnelles requises.

Le candidat est tenu de prouver, par tout moyen approprié, que les normes ou documents équivalents que son offre comporte, répondent aux performances ou exigences fonctionnelles exigées. Peut constituer un moyen approprié de preuve, au sens du présent article, un dossier technique du fabricant ou un rapport d'essai d'un organisme reconnu. Sont des organismes reconnus au sens du présent article : les laboratoires d'essai ou de calibrage ainsi que les organismes d'inspection et de certification conformes aux normes européennes applicables. Les pouvoirs adjudicateurs acceptent les certificats émanant d'organismes reconnus dans d'autres États membres.

V. – Lorsque les performances ou les exigences fonctionnelles définies en application du 2° du I de l'article 2 comportent des caractéristiques environnementales, celles-ci peuvent être définies par référence à tout ou partie d'un éco-label pour autant :

1° Que cet éco-label soit approprié pour définir les caractéristiques des fournitures ou des prestations faisant l'objet du marché ;

2° Que les mentions figurant dans l'éco-label aient été établies sur la base d'une information scientifique ;

3° Que l'éco-label ait fait l'objet d'une procédure d'adoption à laquelle ont participé des représentants des organismes gouvernementaux, des consommateurs, des fabricants, des distributeurs et des organisations de protection de l'environnement ;

4° Que l'éco-label soit accessible à toutes les parties intéressées.

Le pouvoir adjudicateur peut indiquer dans les documents de la consultation que les produits ou services ayant obtenu un éco-label sont présumés satisfaire aux caractéristiques environnementales mentionnées dans les spécifications techniques mais est tenu d'accepter tout moyen de preuve approprié.

(Décret n° 2008-1334 du 17 décembre 2008, art. 2) « VI. – Le pouvoir adjudicateur peut exiger que les candidats joignent une traduction en français, certifiée conforme à l'original par un traducteur assermenté, aux documents rédigés dans une autre langue qu'ils remettent en application du présent article. »

Chapitre II. – Clauses sociales et environnementales

Art. 4. – *(Décret n° 2008-1334 du 17 décembre 2008, art. 3)* « Les conditions d'exécution d'un marché ou d'un accord-cadre peuvent comporter des éléments à caractère social ou environnemental qui prennent en compte les objectifs de développement durable en conciliant développement économique, protection et mise en valeur de l'environnement et progrès social. ». Elles sont précisées dans l'avis d'appel à concurrence mentionné à l'article 16 ou dans les documents de la consultation.

Ces conditions d'exécution ne peuvent pas avoir d'effet discriminatoire à l'égard des candidats potentiels.

3

Chapitre III. – Durée du marché

Art. 5. – Sans préjudice des dispositions fixant la durée maximale pour les accords-cadres et les marchés à bons de commande ainsi que pour les marchés complémentaires et les marchés de prestations similaires passés en procédure négociée, la durée d'un marché ainsi que, le cas échéant, le nombre de ses reconductions sont fixés en tenant compte de la nature des prestations et de la nécessité d'une remise en concurrence périodique.

Un marché peut prévoir une ou plusieurs reconductions à condition que ses caractéristiques restent inchangées et que la mise en concurrence ait été réalisée en prenant en compte la durée totale du marché, période de reconduction comprise.

Chapitre IV. – Prix du marché

Art. 6. – Les prix des prestations faisant l'objet d'un marché sont soit des prix unitaires appliqués aux quantités réellement livrées ou exécutées, soit des prix forfaitaires appliqués à tout ou partie du marché, quelles que soient les quantités livrées ou exécutées.

Des clauses incitatives, liées notamment aux délais d'exécution, à la recherche d'une meilleure qualité des prestations et à la réduction des coûts de production, peuvent être insérées dans les marchés.

Les marchés peuvent prévoir des clauses d'actualisation, d'ajustement et de révision des prix.

Titre III. – Passation des marchés

Chapitre Ier. – Présentation générale des procédures de passation

Section 1. Seuils et procédures

Art. 7. (Décret nº 2008-1334 du 17 décembre 2008, art. 4) « I. – Les seuils au-dessus desquels s'appliquent les procédures formalisées sont les suivants :

« 1º 5 150 000 € HT pour les marchés de travaux ;

« 2º 133 000 € HT pour les marchés de fournitures et de services passés par les pouvoirs adjudicateurs mentionnés aux 3º et 5º du I de l'article 3 de l'ordonnance du 6 juin 2005 susvisée et par ceux dont la liste est fixée par arrêté conjoint du ministre chargé de l'Économie et des ministres intéressés ;

« 3º 206 000 € HT pour les marchés de fournitures et de services passés par les pouvoirs adjudicateurs autres que ceux mentionnés au 2º.

« II. – Les procédures formalisées sont :

« 1º L'appel d'offres ouvert ou restreint ;

« 2º La procédure négociée dans les cas prévus à l'article 33 ;

« 3º La procédure du dialogue compétitif dans les cas prévus à l'article 38 ;

« 4º La procédure du concours définie à l'article 41 ;

« 5º Le système d'acquisition dynamique défini à l'article 44.

« III. – Les marchés peuvent également être passés sur la base d'un accord-cadre conformément à l'article 42. »

Art. 8. – Sont soumis, en ce qui concerne leur passation, aux règles prévues par le présent titre, les marchés de services énumérés ci-dessous :

1° Services d'entretien et de réparation ;

2° Services de transports terrestres, y compris les services de véhicules blindés et les services de courrier *(décret n° 2008-1334 du 17 décembre 2008, art. 5)* « à l'exclusion des services de transports ferroviaires » ;

3° Services de transports aériens de voyageurs et de marchandises ;

4° Services de transports de courrier par transport terrestre et par air ;

5° Services de *(décret n° 2008-1334 du 17 décembre 2008, art. 5)* « communications électroniques » ;

6° Services financiers : services d'assurances, services bancaires et d'investissement, sous réserve des dispositions des 2° et 3° de l'article 7 de l'ordonnance du 6 juin 2005 susvisée ;

7° Services informatiques et services connexes ;

8° Services de recherche-développement, sous réserve des dispositions du 4° de l'article 7 de l'ordonnance du 6 juin 2005 susvisée ;

9° Services comptables, d'audit et de tenue de livres ;

10° Services d'études de marché et de sondages ;

11° Services de conseil en gestion et services connexes, sous réserve des dispositions du 10° de l'article 7 de l'ordonnance du 6 juin 2005 susvisée ;

12° Services d'architecture ; services d'ingénierie et services intégrés d'ingénierie ; services d'aménagement urbain et d'architecture paysagère ; services connexes de consultations scientifiques et techniques ; services d'essais et d'analyses techniques ;

13° Services de publicité ;

14° Services de nettoyage de bâtiments et services de gestion de propriétés ;

15° Services de publication et d'impression rémunérés sur la base d'une redevance ou sur une base contractuelle ;

16° Services de voirie et d'enlèvement des ordures, services d'assainissement et services analogues.

Art. 9. – À l'exception des articles 2, 3 et 47, les dispositions du présent décret ne s'appliquent pas aux marchés de services ayant pour objet des prestations non mentionnées à l'article 8. Ces marchés sont passés selon des modalités librement définies par le pouvoir adjudicateur.

Lorsqu'un marché a pour objet à la fois des services mentionnés à l'article 8 et des services n'en relevant pas, il est passé conformément aux dispositions de l'article 8 si la valeur des services mentionnés à cet article dépasse la valeur de ceux qui n'en relèvent pas.

Art. 10. – Au-dessous des seuils fixés au I de l'article 7, les marchés sont passés selon des modalités librement définies par le pouvoir adjudicateur.

Sauf dans le cas où le pouvoir adjudicateur décide expressément de mettre en œuvre une des procédures formalisées, les caractéristiques techniques des fournitures, des services ou des travaux qui sont portées à la connaissance du ou des candidats peuvent être décrites de manière très succincte.

Section 2. Méthode de calcul de la valeur estimée des marchés, des accords-cadres et des systèmes d'acquisition dynamiques

Art. 11. – I. – Le montant estimé du ou des marchés destinés à satisfaire un besoin est déterminé dans les conditions suivantes, quel que soit le nombre d'opérateurs économiques auxquels il est fait appel.

Le pouvoir adjudicateur ne peut pas se soustraire à l'application du présent décret en scindant ses achats ou en utilisant des modalités de calcul de la valeur estimée des marchés autres que celles prévues par le présent article.

1° En ce qui concerne les travaux, sont prises en compte la valeur globale des travaux se rapportant à une opération portant sur un ou plusieurs ouvrages ainsi que la valeur *(décret nº 2008-1334 du 17 décembre 2008, art. 6)* « des fournitures » nécessaires à leur réalisation que le pouvoir adjudicateur met à disposition de l'opérateur.

Il y a opération de travaux lorsque le pouvoir adjudicateur prend la décision de mettre en œuvre, dans une période de temps et un périmètre limités, un ensemble de travaux caractérisé par son unité fonctionnelle, technique ou économique.

2° En ce qui concerne les fournitures et les services, pour évaluer le montant des besoins à comparer aux seuils, il est procédé à une estimation de la valeur totale des fournitures ou des services qui peuvent être considérés comme homogènes soit en raison de leurs caractéristiques propres, soit parce qu'ils constituent une unité fonctionnelle.

La délimitation d'une catégorie homogène de fournitures ou de services ne doit pas avoir pour effet de soustraire des marchés aux règles qui leur sont normalement applicables en vertu du présent décret. Pour les marchés d'une durée inférieure ou égale à un an, présentant un caractère de régularité et répondant à un ou plusieurs besoins, la valeur totale mentionnée ci-dessus est celle qui correspond aux besoins d'une année.

II. – Lorsqu'un achat peut être réalisé par lots séparés, est prise en compte la valeur globale estimée de la totalité de ces lots.

Les pouvoirs adjudicateurs peuvent décider de mettre en œuvre soit une procédure unique de mise en concurrence pour l'ensemble des lots, soit une procédure de mise en concurrence propre à chaque lot. Quelle que soit l'option retenue, lorsque la valeur cumulée des lots est égale ou supérieure aux seuils prévus au I de l'article 7, la ou les procédures à mettre en œuvre sont les procédures formalisées mentionnées à l'article 7.

Toutefois, les pouvoirs adjudicateurs peuvent déroger à cette obligation et mettre en œuvre les modalités prévues par l'article 10 pour les lots inférieurs à 80 000 € HT dans le cas de marchés de fournitures et de services et pour les lots inférieurs à 1 000 000 € HT dans le cas des marchés de travaux, pour autant que le montant cumulé de ces lots n'excède pas 20 % de la valeur de la totalité des lots.

III. – Si le pouvoir adjudicateur prévoit des primes au profit des candidats, il en tient compte pour calculer la valeur estimée du marché.

IV. – Pour les accords-cadres et pour les systèmes d'acquisition dynamiques, la valeur à prendre en compte est la valeur maximale estimée de l'ensemble des marchés envisagés pendant la durée totale de l'accord-cadre ou du système d'acquisition dynamique.

V. – Pour les marchés à bons de commande comportant un maximum, la valeur à prendre en compte correspond à ce maximum. Si le marché ne fixe pas de maximum, sa valeur estimée est réputée excéder les seuils mentionnés au I de l'article 7.

Chapitre II. – Règles générales de passation applicables aux procédures de marchés formalisées

Section 1. Forme du marché

Art. 12. – Les marchés d'un montant égal ou supérieur aux seuils fixés au I de l'article 7 sont passés sous forme écrite.

Section 2. Modalités de transmission des documents et des informations

Art. 13. – Les moyens de transmission des documents et des informations qui sont choisis par le pouvoir adjudicateur doivent être accessibles à tous les opérateurs économiques et ne peuvent avoir pour effet de restreindre l'accès des candidats à la procédure d'attribution.

Les transmissions, les échanges et le stockage d'informations sont effectués de manière à assurer l'intégrité des données et la confidentialité des candidatures et des offres et à garantir que le pouvoir adjudicateur ne prend connaissance du contenu des candidatures et des offres qu'à l'expiration du délai prévu pour la présentation de celles-ci.

Art. 14. – I. – Les documents écrits mentionnés par le présent décret peuvent être remplacés par la production d'un support physique électronique ou par un échange électronique.

Les dispositifs utilisés pour communiquer par des moyens électroniques, ainsi que leurs caractéristiques techniques, doivent avoir un caractère non discriminatoire, être généralement disponibles et être compatibles avec les technologies d'information et de communication généralement utilisées.

II. – Les règles ci-après sont applicables aux dispositifs de transmission et de réception électroniques des candidatures et des offres :

1° Les informations relatives aux modalités de présentation des candidatures et des offres par voie électronique, y compris le cryptage, sont à la disposition des parties intéressées ;

2° Les candidatures et les offres transmises par voie électronique ou sur support physique électronique sont présentées dans des conditions qui permettent d'authentifier la signature du candidat selon les exigences posées aux articles 1316, 1316-1 à 1316-4 du Code civil ;

3° La transmission des candidatures et des offres fait l'objet d'une date certaine de réception ;

4° Toutes les mesures techniques nécessaires, notamment de cryptage et de sécurité, sont prises pour que personne ne puisse avoir accès aux données transmises par les candidats avant les dates limites de réception des candidatures et des offres, et que toute violation de cette interdiction soit facilement détectable.

(Décret n° 2008-1334 du 17 décembre 2008, art. 7) « 5° Lorsque les candidats transmettent leurs documents par voie électronique, ils peuvent adresser au pouvoir adjudicateur, sur support papier ou sur support physique électronique, une copie de sauvegarde des documents établie selon des modalités fixées par arrêté du ministre chargé de l'Économie. Cette copie ne peut être prise en considération que si elle est parvenue au pouvoir adjudicateur dans le délai prescrit pour le dépôt, selon le cas, des candidatures ou des offres. »

Section 3. Organisation de la publicité

Art. 15. – I. – À partir du seuil de 750 000 € HT pour les fournitures et les services et de *(décret n° 2007-1850 du 26 décembre 2007, art. 3)* 5 150 000 € HT pour les travaux, un avis de préinformation, conforme au modèle fixé par le règlement communautaire n° 1564/2005 susvisé, *(décret n° 2008-1334 du 17 décembre 2008, art. 8)* « peut être soit adressé pour publication » à l'Office des publications officielles de l'Union européenne, soit publié sur le profil d'acheteur du pouvoir adjudicateur. Le profil d'acheteur du pouvoir adjudicateur est le site dématérialisé auquel il a recours pour ses achats.

Le pouvoir adjudicateur qui publie l'avis de préinformation sur son profil d'acheteur envoie au préalable, par voie électronique à l'Office des publications officielles de l'Union européenne, un avis annonçant la publication de cet avis. La date de cet envoi est mentionnée sur l'avis de préinformation publié sur le profil d'acheteur.

II. – La publication d'un avis de préinformation n'est obligatoire que pour le pouvoir adjudicateur qui entend recourir à la faculté de réduire les délais de réception des offres en application du 2° du I de l'article 29 et du II de l'article 32.

III. – Pour les marchés de fournitures et de services, cet avis indique le montant total des marchés ou des accords-cadres, estimés par catégories de produits ou de services homogènes, que le pouvoir adjudicateur envisage de passer au cours des douze mois suivant la publication de l'avis.

S'il concerne des fournitures ou des services à acquérir durant un exercice budgétaire, cet avis est adressé *(décret n° 2008-1334 du 17 décembre 2008, art. 8)* « ou publié sur le profil d'acheteur » le plus rapidement possible après le début de cet exercice budgétaire.

IV. – Pour les marchés de travaux, l'avis indique les caractéristiques essentielles des marchés ou des accords-cadres que le pouvoir adjudicateur entend passer.

L'avis est adressé *(décret n° 2008-1334 du 17 décembre 2008, art. 8)* « ou publié sur le profil d'acheteur » le plus rapidement possible après la décision de réaliser un programme de travaux, dans lequel s'inscrivent les marchés de travaux ou les accords-cadres que les pouvoirs adjudicateurs entendent passer.

Art. 16. – I. – La mise en concurrence des marchés passés selon une des procédures formalisées mentionnées à l'article 7 donne lieu à la publication d'un avis d'appel à concurrence.

Cet avis est conforme au modèle fixé par le règlement communautaire n° 1564/2005 susvisé.

Pour les marchés passés en application d'un système d'acquisition dynamique, l'avis est conforme à l'avis de marché simplifié établi par le même règlement communautaire.

II. – L'avis d'appel à concurrence est envoyé pour publication au Journal officiel de l'Union européenne.

Lorsque le pouvoir adjudicateur décide d'ajouter à la publication mentionnée à l'alinéa précédent une autre publication, l'avis destiné à cette autre publication ne peut être envoyé avant l'envoi de l'avis à l'Office des publications officielles de l'Union européenne, dont il mentionne la date, et ne peut fournir *(Décret n° 2008-1334 du 17 décembre 2008, art. 9)* « plus de renseignements » que ceux qui sont publiés au *Journal officiel* de l'Union européenne ou publiés sur un profil d'acheteur.

Le pouvoir adjudicateur doit être en mesure de faire la preuve de la date d'envoi des avis.

Section 4. Présentation des candidatures

Art. 17. – I. – Le pouvoir adjudicateur ne peut exiger des candidats que des renseignements permettant d'évaluer leur expérience, leurs capacités professionnelles, techniques et financières ainsi que des documents relatifs aux pouvoirs des personnes habilitées à les engager et, en ce qui concerne les marchés passés pour les besoins de la défense, à sa nationalité et, si l'objet ou les conditions d'exécution du marché le justifient, à son habilitation préalable, ou sa demande d'habilitation préalable, en application du décret n° 98-608 du 17 juillet 1998 susvisé.

La liste de ces renseignements et documents est fixée par arrêté du ministre chargé de l'Économie.

(Décret n° 2008-1334 du 17 décembre 2008, art. 10-I) « Lorsque le pouvoir adjudicateur décide de fixer des niveaux minimaux de capacité, il ne peut être exigé des candidats que des niveaux minimaux de capacité liés et proportionnés à l'objet du marché. Les documents, renseignements et les niveaux minimaux de capacité demandés sont précisés dans l'avis d'appel public à concurrence ou, en l'absence d'un tel avis, dans les documents de la consultation. »

(Décret n° 2008-1334 du 17 décembre 2008, art. 10-II) « Pour les marchés qui le justifient, le pouvoir adjudicateur peut exiger des candidats la production de certificats établis par des organismes indépendants et attestant leur capacité à exécuter le marché.

« Pour les marchés de travaux et de services dont l'exécution implique la mise en œuvre de mesures de gestion environnementale, ces certificats sont fondés sur le système communautaire de management environnemental et d'audit (EMAS) ou sur les normes européennes ou internationales de gestion environnementale.

« Dans les cas prévus aux trois alinéas précédents, le pouvoir adjudicateur accepte les certificats équivalents d'organismes établis dans les autres États membres de la Communauté européenne et d'autres preuves équivalentes. »

Pour justifier de ses capacités professionnelles, techniques et financières, le candidat, même s'il s'agit d'un groupement, peut demander que soient également prises en compte les capacités professionnelles, techniques et financières d'autres opérateurs économiques quelle que soit la nature juridique des liens existant entre ces opérateurs et lui. Dans ce cas, il doit justifier des capacités de ce ou ces opérateurs économiques et du fait qu'il en disposera pour l'exécution du marché.

Si le candidat est objectivement dans l'impossibilité de produire, pour justifier de sa capacité financière, l'un des renseignements ou documents prévus par l'arrêté mentionné au deuxième alinéa et demandés par le pouvoir adjudicateur, il peut prouver sa capacité par tout autre document considéré comme équivalent par le pouvoir adjudicateur.

II. – Le candidat produit également à l'appui de sa candidature :

1° La copie du ou des jugements prononcés, s'il est en redressement judiciaire ;

(Décret n° 2008-1334 du 17 décembre 2008, art. 10-III) 2° Une déclaration sur l'honneur pour justifier qu'il n'entre dans aucun des cas mentionnés à l'article 8 de l'ordonnance du 6 juin 2005 susvisée.

(Décret n° 2008-1334 du 17 décembre 2008, art. 10-IV) « III. – Le pouvoir adjudicateur peut exiger que les candidats joignent une traduction en français, certifiée

conforme à l'original par un traducteur assermenté, aux documents rédigés dans une autre langue qu'ils remettent en application du présent article. »

Art. 18. – I. – Le candidat auquel il est envisagé d'attribuer le marché produit en outre :

(Décret n° 2008-1334 du 17 décembre 2008, art. 11-I) « 1° Les pièces prévues aux articles D. 8222-5 ou D. 8222-7 et D. 8222-8 du Code du travail, qui sont à produire tous les six mois jusqu'à la fin de l'exécution du marché » ;

2° Les attestations et certificats délivrés par les administrations et organismes compétents prouvant qu'il a satisfait à ses obligations fiscales et sociales. Un arrêté des ministres intéressés fixe la liste des administrations et organismes compétents ainsi que la liste des impôts et cotisations sociales devant donner lieu à délivrance du certificat.

II. – Afin de satisfaire aux obligations fixées au 1° du I, le candidat établi dans un État autre que la France produit un certificat établi par les administrations et organismes du pays d'origine. Lorsqu'un tel certificat n'est pas délivré par le pays concerné, il peut être remplacé par une déclaration sous serment ou, dans les États où un tel serment n'existe pas, par une déclaration solennelle faite par l'intéressé devant l'autorité judiciaire ou administrative compétente, un notaire ou un organisme professionnel qualifié du pays.

III. – Le marché ne peut être attribué au candidat dont l'offre a été retenue que si celui-ci produit dans le délai imparti les certificats et attestations prévus au I et au II du présent article. S'il ne peut produire ces documents dans le délai imparti, son offre est rejetée et il est éliminé.

(Décret n° 2008-1334 du 17 décembre 2008, art. 11-II) « Le candidat dont l'offre a été classée immédiatement après la sienne est sollicité pour produire les certificats et attestations nécessaires, avant que le marché ne lui soit attribué.

« Si nécessaire, cette procédure peut être reproduite tant qu'il subsiste des offres conformes au sens des dispositions du I de l'article 24 ci-dessous. »

(Décret n° 2008-1334 du 17 décembre 2008, art. 11-III) « IV. – Le pouvoir adjudicateur peut exiger que les candidats joignent une traduction en français, certifiée conforme à l'original par un traducteur assermenté, aux documents rédigés dans une autre langue qu'ils remettent en application du présent article. »

Art. 19. – *(Décret n° 2008-1334 du 17 décembre 2008, art. 12).* « Après signature du marché, en cas d'inexactitude des documents et renseignements mentionnés aux I et II de l'article 17 ainsi qu'aux I et II de l'article 18, ou en cas de refus de produire les pièces requises aux échéances fixées conformément au 1° du I de l'article 18, il est fait application aux torts du titulaire des conditions de résiliation prévues par le marché.

3

Section 5. Présentation des offres

Art. 20. – Dans l'avis d'appel à concurrence ou dans les documents de la consultation, le pouvoir adjudicateur peut demander aux candidats d'indiquer dans leur offre la part du marché qu'ils ont l'intention de sous-traiter à des tiers, notamment à des petites et moyennes entreprises *(décret n° 2008-1334 du 17 décembre 2008, art. 13)* « telles que définies par le décret prévu à l'article 8 de l'ordonnance n° 2004-559 du 17 juin 2004 sur les contrats de partenariat, ou à des artisans ».

Art. 21. – Lorsque le pouvoir adjudicateur se fonde sur plusieurs critères pour attribuer le marché, il peut autoriser les candidats à présenter des variantes.

Le pouvoir adjudicateur indique dans l'avis d'appel à concurrence ou dans les documents de la consultation s'il autorise ou non les variantes ; à défaut d'indication, les variantes ne sont pas admises.

Les documents de la consultation mentionnent les exigences minimales que les variantes doivent respecter ainsi que les modalités de leur présentation. Seules les variantes répondant à ces exigences minimales peuvent être prises en considération.

Pour les marchés de fournitures ou de services, une variante ne peut être rejetée au seul motif qu'elle aboutirait, si elle était retenue, respectivement soit à un marché de services au lieu d'un marché de fournitures, soit à un marché de fournitures au lieu d'un marché de services.

Section 6. Les groupements d'opérateurs économiques

Art. 22. – Les groupements d'opérateurs économiques sont autorisés à se porter candidat. Pour la présentation d'une candidature ou d'une offre, le pouvoir adjudicateur ne peut exiger que le groupement d'opérateurs économiques ait une forme juridique déterminée, mais le groupement retenu peut être contraint de revêtir une telle forme lorsque le marché lui a été attribué, si cette transformation est nécessaire pour la bonne exécution du marché. Dans ce cas, la forme qui sera imposée après attribution est mentionnée, sauf impossibilité, dans l'avis d'appel à concurrence ou dans les documents de la consultation.

Section 7. Examen des candidatures et des offres

Sous-section 1. Sélection des candidatures

Art. 23. – I. – Avant de procéder à l'examen des candidatures, s'il constate que des pièces dont la production était réclamée sont absentes ou incomplètes, le pouvoir adjudicateur peut demander à tous les candidats concernés de produire ou de compléter ces pièces dans un délai identique pour tous.

(Décret n° 2008-1334 du 17 décembre 2008, art. 14-I) « Il en informe les autres candidats qui ont la possibilité de compléter leur candidature dans le même délai.

« Les candidats qui ne peuvent soumissionner à un marché en application des dispositions de l'article 8 de l'ordonnance du 6 juin 2005 susvisée ou qui, le cas échéant après mise en œuvre des dispositions du premier alinéa, produisent des dossiers de candidatures ne comportant pas les pièces mentionnées à l'article 17, ne sont pas admis à participer à la suite de la procédure de passation du marché. »

(Décret n° 2008-1334 du 17 décembre 2008, art. 14-II) « II. – Les candidatures qui n'ont pas été écartées en application des dispositions du I du présent article sont examinées au regard des niveaux de capacités professionnelles, techniques et financières mentionnées dans l'avis d'appel à concurrence ou, en l'absence d'un tel avis, dans le règlement de la consultation. Les candidatures qui ne satisfont pas à ces niveaux de capacité sont éliminées.

« L'absence de références relatives à l'exécution de marchés de même nature ne peut justifier l'élimination d'un candidat et ne dispense pas le pouvoir adjudicateur d'examiner les capacités professionnelles, techniques et financières des candidats. »

III. – En cas de procédure restreinte, de dialogue compétitif ou de procédure négociée avec publicité et mise en concurrence préalable, le pouvoir adjudicateur peut décider de restreindre le nombre de candidats qui seront admis à présenter une offre, à négocier ou à dialoguer. Il mentionne cette décision dans l'avis d'appel à concurrence. Il fixe alors dans cet avis un nombre minimum de candidats admis à présenter une offre, à négocier ou à dialoguer et peut également fixer un nombre maximum.

Dans l'appel d'offres restreint, le nombre minimum ne peut être inférieur à cinq. Dans la procédure négociée avec publication d'un avis et dans le dialogue compétitif, le nombre minimum ne peut être inférieur à trois.

Lorsque le nombre de candidats satisfaisant aux critères de sélection est inférieur au nombre minimum, le pouvoir adjudicateur peut continuer la procédure avec les candidats ayant les capacités requises. En revanche, le pouvoir adjudicateur ne peut pas inviter à participer à la procédure d'autres opérateurs économiques n'ayant pas participé à la sélection des candidatures ou des candidats n'ayant pas les capacités requises.

(Décret n° 2008-1334 du 17 décembre 2008, art. 14-III) « IV. – Lorsque le pouvoir adjudicateur décide de limiter le nombre des candidats admis à présenter une offre, il procède à la sélection de ces candidats en appliquant aux candidatures retenues conformément aux I et II des critères de sélection, non discriminatoires et liés à l'objet du marché, relatifs à leurs capacités professionnelles, techniques et financières. Ces critères sont mentionnés dans l'avis d'appel à concurrence ou, en l'absence d'un tel avis, dans le règlement de la consultation. »

Sous-section 2. Attribution des marchés

Art. 24. *(Décret n° 2008-1334 du 17 décembre 2008, art. 15)* – « I. – Pour l'application des dispositions du présent chapitre, sont qualifiées :

« – d'irrégulière une offre incomplète ou non conforme aux exigences formulées dans l'avis d'appel public à la concurrence ou les documents de la consultation ;

« – d'inacceptable une offre dont l'exécution implique des conditions méconnaissant la législation en vigueur ou dont le financement ne peut être réalisé par les crédits budgétaires alloués au marché après évaluation du besoin à satisfaire ;

« – d'inappropriée une offre présentant une réponse sans rapport avec le besoin du pouvoir adjudicateur qui équivaut à une absence d'offre.

« Les offres n'encourant aucune de ces causes d'élimination sont qualifiées de conformes. »

II. – Le pouvoir adjudicateur vérifie la conformité des offres aux exigences indiquées dans l'avis d'appel à concurrence ou les documents de la consultation. Il élimine les offres non conformes et attribue le marché en se fondant sur les critères prévus au III.

III. – Pour attribuer le marché au candidat qui a présenté l'offre économiquement la plus avantageuse, le pouvoir adjudicateur se fonde :

1° Soit sur une pluralité de critères « non discriminatoires et liés à l'objet du marché », notamment le délai de livraison ou d'exécution, le coût global d'utilisation, la rentabilité, la qualité, le caractère esthétique et fonctionnel, les caractéristiques environnementales, la valeur technique, le caractère innovant, le service après-vente et l'assistance technique, le prix, la date de livraison, les performances en matière d'insertion professionnelle des publics en difficulté. D'autres critères peuvent être pris en compte s'ils sont justifiés par l'objet du marché ;

2° Soit, compte tenu de l'objet du marché, sur le seul critère du prix.

IV. – « Sauf dans la procédure du concours, lorsque plusieurs critères sont prévus, le pouvoir adjudicateur précise leur pondération. »

Le poids de chaque critère peut être exprimé par une fourchette dont l'écart maximal est approprié.

Lorsque le pouvoir adjudicateur estime pouvoir démontrer que la pondération n'est pas possible « notamment du fait de la complexité du marché », il indique les critères par ordre décroissant d'importance.

« Les critères ainsi que leur pondération ou leur hiérarchisation sont indiqués dans l'avis d'appel à concurrence ou dans les documents de la consultation. »

Sous-section 3. Procédure de sélection des offres au moyen d'enchères électroniques

Art. 25. – I. – Une enchère électronique est une procédure de sélection des offres, réalisée par voie électronique, et permettant aux candidats de réviser leurs prix à la baisse et de modifier la valeur de certains autres éléments quantifiables de leur offre.

II. – Le pouvoir adjudicateur ne peut recourir à l'enchère électronique que pour les marchés de fournitures d'un montant supérieur au seuil fixé au I de l'article 7.

Le pouvoir adjudicateur ne peut recourir aux enchères électroniques de façon abusive ou de manière à empêcher, restreindre ou fausser la concurrence ou de manière à modifier l'objet du marché.

III. – L'enchère électronique porte sur le prix, sur d'autres critères quantifiables ou à la fois sur le prix et d'autres critères quantifiables.

(Décret n° 2008-1334 du 17 décembre 2008, art. 16) « Elle intervient après une première évaluation complète des offres, mettant en œuvre le cas échéant les critères non quantifiables au sens de l'article précédent, et permettant d'effectuer leur classement final sur la base d'un traitement automatisé. »

IV. – Le pouvoir adjudicateur qui décide de recourir à une enchère électronique en fait mention dans l'avis d'appel à concurrence.

Les documents de la consultation comportent, au moins, les informations suivantes :

1° Les éléments quantifiés des offres sur lesquels porte l'enchère électronique ;

2° Le cas échéant, la variation maximale de ces éléments quantifiés ;

3° La nature des informations qui seront communiquées aux candidats au cours de l'enchère électronique et le moment où elles le seront ;

4° Les informations pertinentes sur le déroulement de l'enchère électronique, notamment les conditions dans lesquelles les candidats pourront enchérir et les écarts minimaux qui, le cas échéant, seront exigés ;

5° Les informations pertinentes sur le dispositif électronique utilisé et sur les modalités et spécifications techniques de connexion ;

6° La durée de l'enchère ;

V. – L'enchère électronique commence après que les offres ont été évaluées au regard des critères ne faisant pas l'objet de l'enchère.

Tous les candidats ayant présenté des offres conformes au sens du I de l'article 24 sont invités simultanément par voie électronique à participer à l'enchère en présentant de nouveaux prix ou de nouvelles valeurs.

Lorsque le choix de l'attributaire du marché n'est pas fondé sur le seul critère du prix, l'invitation adressée à chaque candidat est accompagnée du résultat de l'évaluation de son offre réalisée en application du premier alinéa.

L'invitation mentionne également la formule mathématique qui déterminera lors de l'enchère électronique les reclassements automatiques en fonction des nouveaux prix ou des nouvelles valeurs présentés. Cette formule intègre la pondération de tous les critères fixés dans l'avis d'appel à concurrence ou dans les documents de la consultation pour déterminer l'offre économiquement la plus avantageuse.

Dans le cas où des variantes sont autorisées, des formules doivent être fournies séparément pour chaque variante.

VI. – L'enchère électronique peut se dérouler en plusieurs phases dans des conditions précisées dans les documents de la consultation. Elle ne peut débuter moins de deux jours ouvrables après la date d'envoi des invitations.

VII. – Les candidats sont informés instantanément de leur classement ou des montants correspondant à la meilleure offre. Ils peuvent également être informés du nombre de candidats à l'enchère et, si les documents de la consultation le prévoient, des prix et valeurs proposés par les autres candidats. Cependant, en aucun cas, l'identité des candidats ne peut être divulguée pendant le déroulement des phases de l'enchère électronique.

VIII. – Le pouvoir adjudicateur clôt l'enchère électronique selon l'une des modalités suivantes :

1° Aux date et heure fixées dans l'invitation à participer à l'enchère ;

2° Lorsqu'il ne reçoit plus de nouvelles enchères dans les conditions prévues par l'invitation à participer à l'enchère ;

3° Lorsque toutes les phases de l'enchère, prévues dans l'invitation à participer à l'enchère, ont eu lieu.

IX. – Après la clôture de l'enchère électronique, le marché est attribué conformément au II de l'article 24, en fonction des résultats de l'enchère électronique et sous réserve que le candidat dont l'offre est retenue produise les certificats et attestations mentionnés aux I et II de l'article 18, dans les conditions fixées par le III du même article.

Sous-section 4. Offres anormalement basses

Art. 26. – Si une offre paraît anormalement basse, le pouvoir adjudicateur peut la rejeter par décision motivée après avoir demandé par écrit les précisions qu'il juge utiles et vérifié les justifications fournies.

Peuvent être prises en considération des justifications tenant notamment aux aspects suivants :

1° Les modes de fabrication des produits, les modalités de la prestation des services, les procédés de construction ;

2° Les solutions techniques adoptées ou les conditions exceptionnellement favorables dont dispose le candidat pour exécuter les travaux, pour fournir les produits ou pour réaliser les prestations de services ;

3° L'originalité de l'offre ;

4° Les dispositions relatives aux conditions de travail en vigueur là où la prestation est réalisée ;

5° L'obtention éventuelle d'une aide d'État par le candidat.

Une offre anormalement basse du fait de l'obtention d'une aide d'État ne peut être rejetée que si le candidat n'est pas en mesure d'apporter la preuve que cette aide a été légalement accordée. Le pouvoir adjudicateur qui rejette une offre pour ce motif en informe la Commission européenne.

Section 8. Marchés réservés

Art. 27. – La décision de réserver certains marchés ou certains lots à des entreprises adaptées, des établissements et des services d'aide par le travail en application de l'article 16 de l'ordonnance du 6 juin 2005 susvisée est mentionnée dans l'avis d'appel à concurrence.

Chapitre III. – Définition et déroulement des différentes procédures formalisées de passation des marchés

Section 1. Appel d'offres

Art. 28. – L'appel d'offres est la procédure par laquelle le pouvoir adjudicateur choisit l'offre économiquement la plus avantageuse, sans négociation, sur la base de critères objectifs préalablement portés à la connaissance des candidats.

L'appel d'offres peut être ouvert ou restreint.

L'appel d'offres est dit ouvert lorsque tout opérateur économique peut remettre une offre.

L'appel d'offres est dit restreint lorsque seuls peuvent remettre des offres les opérateurs économiques qui y ont été autorisés après sélection.

Le choix entre les deux formes d'appel d'offres est libre.

3

Sous-section 1. Appel d'offres ouvert

Art. 29. – I. – 1° Le délai de réception des offres ne peut être inférieur à cinquante-deux jours à compter de la date d'envoi de l'avis d'appel à concurrence.

2° Ce délai minimal peut être ramené à vingt-deux jours lorsque trois conditions sont réunies :

a) L'avis de préinformation prévu à l'article 15 a été publié ;

b) Cet avis a été envoyé à la publication cinquante-deux jours au moins et douze mois au plus avant la date d'envoi de l'avis d'appel à concurrence ;

c) Il contient les mêmes renseignements que ceux qui figurent dans l'avis d'appel à concurrence, pour autant que ces renseignements soient disponibles au moment de l'envoi de l'avis de préinformation.

3° Les délais mentionnés aux 1° et 2° peuvent être réduits de sept jours lorsqu'un avis d'appel à concurrence est envoyé par voie électronique ou télécopie.

4° Le délai mentionné au 1° peut être réduit de cinq jours lorsque le pouvoir adjudicateur offre, par voie électronique et à compter de la publication de l'avis d'appel à concurrence, un accès libre, direct et complet aux documents de la consultation en indiquant dans le texte de l'avis l'adresse internet à laquelle ces documents peuvent être consultés.

5° Les réductions de délais mentionnées aux 3° et 4° peuvent être cumulées sauf si le pouvoir adjudicateur a réduit le délai minimal à vingt-deux jours du fait de la publication d'un avis de préinformation en application du 2°.

II. – Lorsque les documents de la consultation ne sont pas accessibles par voie électronique, ils sont envoyés aux opérateurs qui les demandent en temps utile, dans les six jours qui suivent leur demande.

Les renseignements complémentaires demandés en temps utile sont envoyés aux opérateurs économiques au plus tard six jours avant la date limite fixée pour la réception des offres.

III. – Les délais minimaux mentionnés au I sont prolongés dans les hypothèses suivantes :

1° Lorsque les délais prévus au II ne peuvent être respectés ;

2° Lorsque les offres ne peuvent être déposées qu'à la suite d'une visite sur les lieux d'exécution du marché ou après consultation sur place de documents complémentaires.

Les candidats sont informés du nouveau délai ainsi fixé.

Sous-section 2. Appel d'offres restreint

Art. 30. – Le délai minimal de réception des candidatures, en réponse à un avis d'appel à concurrence, est de trente-sept jours, à compter de la date d'envoi de l'avis, ou de trente jours si l'avis a été envoyé par voie électronique ou télécopie.

En cas d'urgence ne résultant pas du fait du pouvoir adjudicateur, ce délai peut être ramené à quinze jours ou à dix jours si l'avis est envoyé par voie électronique ou télécopie.

Art. 31. – Une lettre de consultation est envoyée simultanément à tous les candidats sélectionnés.

Cette lettre de consultation comporte au moins :

1° Un exemplaire des documents de la consultation ou, s'ils ne sont pas détenus par le pouvoir adjudicateur, l'adresse du service auprès duquel les documents de la consultation peuvent être immédiatement obtenus sur demande et la date limite pour présenter cette demande, ou encore les conditions de l'accès à ces documents s'ils sont mis à disposition directe par voie électronique ;

2° La date et l'heure limites de réception des offres, l'adresse à laquelle elles sont transmises et la mention de l'obligation de les rédiger en langue française ;

3° Les références de l'avis d'appel à concurrence publié ;

4° Le cas échéant, la date limite pour demander des renseignements complémentaires ;

5° La liste des documents à fournir avec l'offre ;

6° Les critères d'attribution du marché s'ils n'ont pas été mentionnés dans l'avis d'appel à concurrence ;

7° La pondération des critères d'attribution du marché ou, le cas échéant, leur hiérarchisation, si ces renseignements ne figurent pas dans l'avis d'appel à concurrence ou dans les documents de la consultation.

Art. 32. – I. – Le délai de réception des offres ne peut être inférieur à quarante jours à compter de l'envoi de la lettre de consultation.

II. – Ce délai minimal peut être ramené à vingt-deux jours lorsque trois conditions sont réunies :

1° L'avis de préinformation prévu à l'article 15 a été publié ;

2° Cet avis a été envoyé à la publication cinquante-deux jours au moins et douze mois au plus avant la date d'envoi de l'avis d'appel à concurrence ;

3° Il contient les mêmes renseignements que ceux qui figurent dans l'avis d'appel à concurrence, pour autant que ces renseignements soient disponibles au moment de l'envoi de l'avis de préinformation.

III. – Le délai de réception des offres mentionné au I peut être réduit de cinq jours lorsque le pouvoir adjudicateur offre, par voie électronique et à compter de la publication de l'avis d'appel à concurrence, l'accès libre, direct et complet aux documents de la consultation et à tout document complémentaire, en indiquant dans le texte de l'avis l'adresse internet à laquelle ces documents peuvent être consultés.

IV. – En cas d'urgence ne résultant pas du fait du pouvoir adjudicateur, le délai de réception des offres peut être ramené à dix jours.

V. – Les renseignements complémentaires sont envoyés aux opérateurs économiques qui les demandent en temps utile, quatre jours au plus tard avant la date limite fixée pour la réception des offres.

VI. – Le délai minimal mentionné au I est prolongé dans les hypothèses suivantes :

1° Lorsque le délai prévu au V ne peut être respecté ;

2° Lorsque les offres ne peuvent être déposées qu'à la suite d'une visite sur les lieux d'exécution du marché ou après consultation sur place de documents complémentaires.

Les candidats sont informés du nouveau délai ainsi fixé.

Section 2. Procédures négociées

Art. 33. – Les pouvoirs adjudicateurs peuvent passer des marchés négociés dans les cas définis ci-dessous.

I. – Peuvent être négociés après publicité préalable et mise en concurrence :

1° Les marchés pour lesquels, après appel d'offres ou dialogue compétitif, il n'a été proposé que des offres non conformes au sens du I de l'article 24. Les conditions initiales du marché ne doivent pas être substantiellement modifiées.

Le pouvoir adjudicateur est dispensé de procéder à une nouvelle mesure de publicité s'il ne fait participer à la négociation que le ou les candidats qui, lors de la procédure antérieure, ont soumis des offres respectant les exigences relatives aux délais et modalités de présentation des offres ;

2° Les marchés de services, notamment les marchés de services financiers mentionnés au 6° de l'article 8 et les marchés de prestations intellectuelles telles que la conception d'ouvrage, lorsque la prestation de services à réaliser est d'une nature telle que les spécifications du marché ne peuvent être établies préalablement avec une précision suffisante pour permettre le recours à l'appel d'offres ;

3° Les marchés de travaux qui sont conclus uniquement à des fins de recherche, d'essai, d'expérimentation ou de mise au point et non dans le but d'assurer une rentabilité ou le recouvrement des coûts de recherche et de développement ;

4° Dans des cas exceptionnels, lorsqu'il s'agit de travaux, de fournitures ou de services dont la nature ou les aléas qui peuvent affecter leur réalisation ne permettent pas une fixation préalable et globale des prix.

II. – Peuvent être négociés sans publicité préalable et sans mise en concurrence :

1° Dans la mesure strictement nécessaire, quand une urgence impérieuse résultant de circonstances imprévisibles pour le pouvoir adjudicateur et n'étant pas de son fait, n'est pas compatible avec les délais exigés par les procédures d'appel d'offres ou de marchés négociés avec publicité et mise en concurrence préalable, et notamment les marchés conclus pour faire face à des situations d'urgence impérieuse relevant d'une catastrophe technologique ou naturelle ;

2° Les marchés de fournitures *(décret n° 2008-1334 du 17 décembre 2008, art. 17-I)* « concernant des produits fabriqués uniquement à des fins de recherche », d'essai, d'expérimentation, d'étude ou de développement sans objectif de rentabilité ou de récupération des coûts de recherche et de développement ;

3° *(Décret n° 2008-1334 du 17 décembre 2008, art. 17-II)* « Les marchés passés selon la procédure de l'appel d'offres, pour lesquels il n'a été déposé aucune offre appropriée au sens du I de l'article 24, pour autant que les conditions initiales du marché ne soient pas substantiellement modifiées et qu'un rapport soit communiqué, à sa demande, à la Commission européenne » ;

4° Les marchés complémentaires de fournitures qui sont exécutés par le fournisseur initial et qui sont destinés soit au renouvellement partiel de fournitures ou d'installations d'usage courant, soit à l'extension d'installations existantes, lorsque le changement de fournisseur obligerait le pouvoir adjudicateur à acquérir un matériel de technique différente entraînant une incompatibilité avec le matériel déjà acquis ou des difficultés techniques d'utilisation et d'entretien disproportionnées. La durée de ces marchés complémentaires, périodes de reconduction comprises, ne peut dépasser trois ans. Le montant total du marché, livraisons complémentaires comprises, ne peut être égal ou supérieur au seuil fixé au I de l'article 7, sauf si le marché a été passé initialement par appel d'offres et a fait l'objet d'un avis d'appel à concurrence publié au *Journal officiel* de l'Union européenne ;

5° Les marchés complémentaires de services ou de travaux qui consistent en des prestations qui ne figurent pas dans le marché initialement conclu mais qui sont devenues nécessaires, à la suite d'une circonstance imprévue, à l'exécution du service ou à la réalisation de l'ouvrage tel qu'il est décrit dans le marché initial, à condition que l'attribution soit faite à l'opérateur économique qui a exécuté ce service ou réalisé cet ouvrage :

a) Lorsque ces services ou travaux complémentaires ne peuvent être techniquement ou économiquement séparés du marché principal sans inconvénient majeur pour le pouvoir adjudicateur ;

b) Lorsque ces services ou travaux, quoiqu'ils soient séparables de l'exécution du marché initial, sont strictement nécessaires à son parfait achèvement.

Le montant cumulé de ces marchés complémentaires ne doit pas dépasser 50 % du montant du marché principal ;

6° Les marchés de services ou de travaux ayant pour objet la réalisation de prestations similaires à celles qui ont été confiées au titulaire d'un marché précédent passé après mise en concurrence.

Le premier marché doit avoir indiqué la possibilité de recourir cette procédure pour la réalisation de prestations similaires. Sa mise en concurrence doit également avoir pris en compte le montant total envisagé, y compris celui des nouveaux services ou travaux. La durée pendant laquelle les nouveaux marchés peuvent être conclus ne peut dépasser trois ans à compter de la notification du marché initial ;

7° Les marchés de services qui sont attribués à un ou plusieurs lauréats d'un concours. Lorsqu'il y a plusieurs lauréats, ils sont tous invités à négocier ;

8° Les marchés qui ne peuvent être confiés qu'à un opérateur économique déterminé pour des raisons techniques, artistiques ou tenant à la protection de droits d'exclusivité ;

9° Les marchés ayant pour objet l'achat de matières premières cotées et achetées à une bourse ;

10° Les marchés ayant pour objet l'achat de fournitures à des conditions particulièrement avantageuses soit auprès d'un fournisseur en cessation définitive d'activité, soit auprès des liquidateurs d'une faillite ou d'une procédure de même nature.

Art. 34. Le délai minimum de réception des candidatures, en réponse à un avis d'appel à concurrence, est de trente-sept jours à compter de la date d'envoi de l'avis, ou de trente jours si l'avis a été envoyé par voie électronique *(décret n° 2008-1334 du 17 décembre 2008, art. 18)* « ou télécopie ».

En cas d'urgence ne résultant pas du fait du pouvoir adjudicateur, ce délai peut toutefois être ramené à quinze jours ou à dix jours si l'avis est envoyé par voie électronique *(décret n° 2008-1334 du 17 décembre 2008, art. 18)* « ou télécopie ».

Art. 35. – I. – Une lettre de consultation est envoyée simultanément à tous les candidats sélectionnés.

Cette lettre de consultation comporte au moins :

1° Un exemplaire des documents de la consultation, ou, s'ils ne sont pas détenus par le pouvoir adjudicateur, l'adresse du service auprès duquel les documents de la consultation peuvent être immédiatement obtenus sur demande et la date limite pour présenter cette demande, ou encore les conditions d'accès à ces documents s'ils sont mis à disposition directe par voie électronique ;

2° La date et l'heure limites de réception des offres, l'adresse à laquelle elles sont transmises et la mention de l'obligation de les rédiger en langue française ;

3° Les références de l'avis d'appel à concurrence publié ;

4° Le cas échéant, la date limite pour demander des renseignements complémentaires ;

5° La liste des documents à fournir avec l'offre ;

6° Les critères d'attribution du marché s'ils n'ont pas été mentionnés dans l'avis d'appel à concurrence ;

7° La pondération des critères d'attribution du marché ou, le cas échéant, leur hiérarchisation, si ces renseignements ne figurent pas dans l'avis d'appel à concurrence ou dans les documents de la consultation.

II. – Les renseignements complémentaires sont envoyés aux opérateurs économiques qui les demandent en temps utile, six jours au plus tard avant la date limite fixée pour la réception des offres. *(Décret n° 2008-1334 du 17 décembre 2008, art. 19-I)* « Ce délai est ramené à quatre jours en cas de délais réduits du fait de l'urgence. »

(Alinéa supprimé par décret n° 2008-1334 du 17 décembre 2008, art. 19-II).

Art. 36. – Le délai de réception des offres est librement fixé par le pouvoir adjudicateur. Il est prolongé dans les hypothèses suivantes :

1° Lorsque les délais prévus au II de l'article 35 ne peuvent être respectés ;

2° Lorsque les offres ne peuvent être déposées qu'à la suite d'une visite sur les lieux d'exécution du marché ou après consultation sur place de documents complémentaires.

Les candidats sont informés du nouveau délai ainsi fixé.

Art. 37. – La négociation est engagée avec les candidats sélectionnés. Elle ne peut conduire à modifier substantiellement les caractéristiques ou les conditions d'exécution du marché telles qu'elles sont définies dans les documents de la consultation.

La négociation est conduite dans le respect du principe d'égalité de traitement de tous les candidats. Les informations données aux candidats ne peuvent être de nature à avantager certains d'entre eux. *(Décret n° 2008-1334 du 17 décembre 2008, art. 20)* « Les solutions proposées ou les informations confidentielles communiquées par un candidat lors de la négociation ne peuvent, sauf son accord, être révélées aux autres candidats par le pouvoir adjudicateur. »

La procédure négociée peut se dérouler en phases successives à l'issue desquelles certains candidats sont éliminés par application des critères d'attribution indiqués dans l'avis ou dans les documents de la consultation. Le recours à cette faculté est prévu dans l'avis d'appel à concurrence ou dans les documents de la consultation.

Section 3. Procédure de dialogue compétitif

Art. 38. – La procédure de dialogue compétitif est une procédure dans laquelle le pouvoir adjudicateur conduit un dialogue avec les candidats admis à y participer en vue de définir ou de développer une ou plusieurs solutions de nature à répondre à ses besoins et sur la base de laquelle ou desquelles les participants au dialogue seront invités à remettre une offre.

Le recours à la procédure de dialogue compétitif est possible lorsqu'un marché est complexe, c'est-à-dire dans l'une ou l'autre ou dans les deux situations suivantes :

1° Lorsque le pouvoir adjudicateur n'est objectivement pas en mesure de définir seul et à l'avance les moyens techniques pouvant répondre à ses besoins ;

2° Lorsque le pouvoir adjudicateur n'est objectivement pas en mesure d'établir le montage juridique ou financier d'un projet.

(Alinéa supprimé par décret n° 2008-1334 du 17 décembre 2008, art. 21).

Art. 39. – I. – Les besoins et exigences du pouvoir adjudicateur sont définis dans l'avis d'appel à concurrence, et, le cas échéant, dans un programme fonctionnel ou un projet partiellement défini.

Les modalités du dialogue sont précisées dans l'avis d'appel à concurrence ou dans les documents de la consultation.

II. – Le délai minimal de réception des candidatures, en réponse à un avis d'appel à concurrence, est de trente-sept jours à compter de la date d'envoi de l'avis, ou de trente jours si l'avis a été envoyé par voie électronique ou télécopie.

Art. 40. – I. – Les candidats sélectionnés sont simultanément invités, par écrit, à participer au dialogue.

L'invitation à participer au dialogue comporte au moins :

1° Un exemplaire des documents de la consultation ou, s'ils ne sont pas détenus par le pouvoir adjudicateur, l'adresse du service auprès duquel les documents de la consultation peuvent être immédiatement obtenus sur demande et la date limite pour présenter cette demande, ou encore les conditions d'accès à ces documents s'ils sont mis à disposition directe par voie électronique ;

2° Les références de l'avis d'appel à concurrence publié ;

3° La date et le lieu de déroulement du dialogue, ainsi que l'obligation d'utiliser la langue française ;

4° Le cas échéant, la date limite pour demander des renseignements complémentaires ;

5° La liste des documents à fournir ;

6° La pondération des critères d'attribution du marché ou, le cas échéant, leur hiérarchisation si ces renseignements ne figurent pas dans l'avis d'appel à concurrence ou dans les documents de la consultation.

II. – L'objet du dialogue est l'identification et la définition des moyens propres à satisfaire au mieux les besoins. Tous les aspects du marché peuvent être discutés avec les candidats sélectionnés.

La procédure peut se dérouler en phases successives de manière à réduire le nombre de solutions à discuter pendant la phase du dialogue en appliquant les critères d'attribution indiqués dans l'avis ou dans les documents de la consultation. Le recours à cette faculté est indiqué dans l'avis d'appel à concurrence ou dans les documents de la consultation. Dans la phase finale, ce nombre doit permettre d'assurer une concurrence réelle, pour autant qu'il y ait un nombre suffisant de candidats ou de solutions appropriés.

Le dialogue se poursuit jusqu'à ce que soient identifiées, éventuellement après les avoir comparées, la ou les solutions qui sont susceptibles de répondre aux besoins, pour autant qu'il y ait un nombre suffisant de solutions appropriées.

Au cours du dialogue, chaque candidat est entendu dans des conditions de stricte égalité. Le pouvoir adjudicateur ne peut donner à certains candidats des informations susceptibles de les avantager par rapport à d'autres. Il ne peut révéler aux autres candidats des solutions proposées ou des informations confidentielles communiquées par un candidat dans le cadre de la discussion, sans l'accord de celui-ci.

III. – Lorsqu'il estime que la discussion est arrivée à son terme, le pouvoir adjudicateur en informe les candidats qui ont participé à toutes les phases de la consultation. Il invite les candidats à remettre leur offre finale sur la base de la ou des solutions qu'ils ont présentées et spécifiées au cours du dialogue, dans un délai qui ne peut être inférieur à quinze jours. L'invitation à remettre leur offre finale comporte au moins la date et l'heure limites de réception de ces offres, l'adresse à laquelle elles seront transmises et l'indication de l'obligation de les rédiger en langue française. Ces offres doivent comprendre tous les éléments requis et nécessaires pour l'exécution du marché.

Les renseignements complémentaires sur le programme fonctionnel ou le projet partiellement défini sont envoyés aux opérateurs économiques qui les demandent en temps utile, six jours au plus tard avant la date limite fixée pour la réception des offres finales.

Des précisions, clarifications, perfectionnements ou compléments peuvent être demandés aux candidats sur leur offre finale. Cependant, ces demandes ne peuvent avoir pour effet de modifier des éléments fondamentaux de l'offre finale, dont la variation est susceptible de fausser la concurrence ou d'avoir un effet discriminatoire.

IV. – Il peut être demandé au candidat retenu de clarifier des aspects de son offre ou de confirmer les engagements figurant dans celle-ci, à condition que ceci n'ait pas pour effet de modifier des éléments substantiels de l'offre, de fausser la concurrence ou d'entraîner des discriminations.

V. – Il peut être prévu dans les documents de la consultation ou dans l'avis d'appel à concurrence qu'une prime sera allouée à tous les participants au dialogue ou à ceux dont les propositions ont fait l'objet de la discussion ou encore à ceux dont les offres ont été les mieux classées.

La rémunération de l'attributaire du marché tient compte de la prime qui lui a été éventuellement versée en application de l'alinéa précédent.

Section 4. Concours

Art. 41. – Le concours est la procédure par laquelle le pouvoir adjudicateur choisit, après mise en concurrence et avis d'un jury, un plan ou un projet notamment dans le domaine de l'aménagement du territoire, de l'urbanisme, de l'architecture, de l'ingénierie ou des traitements de données, avant d'attribuer, à l'un des lauréats du concours, un marché.

Le concours peut être ouvert ou restreint.

Un avis de concours est publié dans les conditions de l'article 16.

Le jury est composé exclusivement de personnes indépendantes des participants au concours. Lorsqu'une qualification professionnelle particulière est exigée pour participer à un concours, au moins un tiers des membres du jury doivent posséder cette qualification ou une qualification équivalente.

Le jury examine les plans et projets présentés par les candidats de manière anonyme et en se fondant exclusivement sur les critères indiqués dans l'avis de concours. Un premier procès-verbal, signé par ses membres, consigne son classement ainsi que ses observations et, le cas échéant, tout point nécessitant des éclaircissements.

Le cas échéant, les candidats peuvent être invités par le jury à répondre aux demandes d'éclaircissements que celui-ci a consignées dans le procès-verbal. Un second procès-verbal consigne ce dialogue entre les membres du jury et les candidats.

Le pouvoir adjudicateur choisit le ou les lauréats du concours.

Les participants au concours sont indemnisés selon des modalités prévues par le règlement du concours.

(Décret n° 2008-1334 du 17 décembre 2008, art. 22)

« Section 5

« Marché de conception-réalisation

« **Art. 41-1**. – I. – Un marché de conception-réalisation est un marché de travaux qui permet à un pouvoir adjudicateur de confier à un groupement d'opérateurs économiques ou, pour les seuls ouvrages d'infrastructure, à un seul opérateur économique une mission portant à la fois sur l'établissement des études et l'exécution des travaux.

« Les pouvoirs adjudicateurs mentionnés à l'article 1er de la loi n° 85-704 du 12 juillet 1985 relative à la maîtrise d'ouvrage publique et à ses rapports avec la maîtrise d'œuvre privée ne peuvent, en application du I de l'article 18 de cette loi, recourir à un marché de conception-réalisation, quel qu'en soit le montant, que si des motifs d'ordre technique, liés à la destination ou à la mise en œuvre technique de l'ouvrage, rendent nécessaire l'association de l'entrepreneur aux études. Cette forme de marché s'applique aux opérations dont la finalité majeure est une production dont le processus conditionne la conception, la réalisation et la mise en œuvre ainsi qu'à celles dont les caractéristiques, telles que des dimensions exceptionnelles ou des difficultés techniques particulières, exigent de faire appel aux moyens et à la technicité propres des opérateurs économiques.

« II. – Les pouvoirs adjudicateurs mentionnés au deuxième alinéa du I passent des marchés de conception-réalisation selon la procédure de l'appel d'offres restreint avec intervention d'un jury. Cette procédure est alors soumise aux dispositions qui suivent.

« Un jury est désigné par le pouvoir adjudicateur. Il comporte au moins un tiers de maîtres d'œuvre indépendants des candidats et du pouvoir adjudicateur et compétents au regard de l'ouvrage à concevoir et de la nature des prestations à fournir pour sa conception.

« Le jury dresse un procès-verbal d'examen des candidatures et formule un avis motivé sur la liste des candidats à retenir. Le pouvoir adjudicateur arrête la liste des candidats admis à réaliser des prestations, auxquels sont remises gratuitement les pièces nécessaires à la consultation.

« Les candidats admis exécutent des prestations sur lesquelles se prononce le jury, après les avoir entendus. Ces prestations comportent au moins un avant-projet sommaire pour un ouvrage de bâtiment ou, pour un ouvrage d'infrastructure, un avant-projet accompagné de la définition des performances techniques de l'ouvrage.

« Le jury dresse un procès-verbal d'examen des prestations et d'audition des candidats et formule un avis motivé.

« Le pouvoir adjudicateur peut demander des clarifications ou des précisions concernant les offres déposées par les candidats. Ces précisions, clarifications ou compléments ne peuvent avoir pour effet de modifier des éléments fondamentaux de l'offre ou des caractéristiques essentielles du marché.

« Le marché est attribué au vu de l'avis du jury.

« Le règlement de la consultation prévoit le montant des primes et les modalités de réduction ou de suppression des primes des candidats dont les offres remises avant l'audition étaient, selon l'appréciation du jury, incomplètes ou non conformes au règlement de la consultation. Le montant de la prime attribuée à chaque candidat est égal au prix estimé des études de conception à effectuer telles que définies par le règlement de la consultation, affecté d'un abattement au plus égal à 20 %. La rémunération de l'attributaire du marché tient compte de la prime qu'il a reçue.

« III. – En vue d'une opération de réhabilitation de bâtiment et si les conditions fixées à l'article 38 sont réunies, les pouvoirs adjudicateurs mentionnés au deuxième alinéa du I peuvent également passer des marchés de conception-réalisation selon la procédure du dialogue compétitif régie par la section 3 du présent chapitre.

« IV. – Les pouvoirs adjudicateurs mentionnés au deuxième alinéa du I peuvent, pour les opérations d'une valeur inférieure au seuil défini pour les marchés de travaux au I de l'article 7 du présent décret, passer un marché de conception-réalisation selon des modalités de mise en concurrence et de jugement des offres librement définies par eux.

« Il en va de même des pouvoirs adjudicateurs non soumis aux dispositions de la loi du 12 juillet 1985 susvisée.

« V. – Dans les cas prévus aux III et IV, si les documents de la consultation ont prévu la remise de prestations, ils mentionnent également le montant des primes et les modalités de réduction ou de suppression des primes des candidats dont l'offre ne répondait pas aux documents de la consultation. Le montant de la prime attribuée à chaque candidat est égal au prix estimé des études de conception à effectuer telles que définies par le règlement de la consultation, affecté d'un abattement au plus égal à 20 %. La rémunération de l'attributaire du marché tient compte de la prime qu'il a reçue.

« VI. – Le marché de conception-réalisation est constitué au moins des pièces suivantes :

« 1° Le programme de l'opération au sens de l'article 2 de la loi du 12 juillet 1985 susmentionnée ;

« 2° Les études de conception présentées par l'opérateur économique retenu ;

« 3° L'acte d'engagement. »

(Décret nº 2008-1334 du 17 décembre 2008, art. 23)

« Section 6

« Marché de maîtrise d'œuvre

« **Art. 41-2.** – I. – Les marchés de maîtrise d'œuvre ont pour objet, en vue de la réalisation d'un ouvrage ou d'un projet urbain ou paysager, l'exécution d'un ou plusieurs éléments de mission définis par l'article 7 de la loi nº 85-704 du 12 juillet 1985 relative à la maîtrise d'ouvrage publique et à ses rapports avec la maîtrise d'œuvre privée et par le décret nº 93-1268 du 29 novembre 1993 pris pour son application.

« II. – 1º Pour les marchés de maîtrise d'œuvre d'un montant supérieur au seuil prévu au I de l'article 7, le pouvoir adjudicateur peut recourir, à l'exception du système d'acquisition dynamique, aux procédures énumérées dans ce même article dans les conditions fixées pour leur utilisation.

« 2º Lorsque le pouvoir adjudicateur est soumis aux dispositions de la loi du 12 juillet 1985 susmentionnée et choisit la procédure du concours pour la passation d'un marché de maîtrise d'œuvre, il respecte la procédure du concours restreint définie à l'article 41 selon les modalités qui suivent.

« Le nombre de candidats admis à concourir ne peut être inférieur à trois sauf si l'application des critères de sélection des candidatures aboutit à un nombre inférieur.

« Les candidatures sont transmises au jury qui les examine et formule son avis motivé sur la liste des candidats à retenir pour le concours.

« Le pouvoir adjudicateur arrête alors la liste des candidats admis à concourir auxquels sont remises gratuitement les pièces nécessaires à la consultation.

« Les documents de la consultation comportent notamment le programme de l'opération et le règlement du concours. Ce dernier précise le contenu de la mission qui sera confiée au titulaire, le contenu détaillé des prestations que devront fournir les candidats, le cas échéant, la composition du jury, les critères d'évaluation des projets retenus dans l'avis de concours.

« Les candidats ayant remis des prestations conformes au règlement du concours bénéficient d'une prime. L'avis de concours indique le montant de cette prime.

« Le montant de la prime attribuée à chaque candidat est égal au prix estimé des études à effectuer par les candidats telles que définies dans l'avis de concours et précisées dans le règlement du concours, affecté d'un abattement au plus égal à 20 %. Elle est allouée aux candidats conformément aux propositions du jury.

« La rémunération du marché de maîtrise d'œuvre tient compte de la prime reçue pour sa participation au concours par le candidat attributaire. »

Chapitre IV. – Accords-cadres et marchés à bons de commande

Art. 42. – *(Décret n° 2008-1334 du 17 décembre 2008, art. 24-I)* « I. – Les accords-cadres définis à l'article 1er de l'ordonnance du 6 juin 2005 susvisée sont passés selon les procédures et dans les conditions prévues par les chapitres Ier à IV du présent titre. Dans ces accords, le pouvoir adjudicateur a la faculté de prévoir un minimum et un maximum en valeur ou en quantité, ou un minimum, ou un maximum, ou encore être conclus sans minimum ni maximum. »

II. – Les marchés passés sur le fondement d'un accord-cadre sont des documents écrits qui précisent les caractéristiques des prestations demandées qui n'ont pas été fixées dans l'accord-cadre. La conclusion des marchés passés sur le fondement d'un accord-cadre intervient soit lors de la survenance du besoin, soit selon une périodicité prévue par l'accord-cadre.

III. – Lorsqu'un accord-cadre est attribué à plusieurs opérateurs économiques, ceux-ci sont au moins au nombre de trois, sous réserve d'un nombre suffisant d'offres conformes au sens du I de l'article 24. Les marchés qui sont passés sur le fondement de cet accord sont précédés d'une mise en concurrence organisée entre les titulaires de l'accord-cadre et respectent les dispositions suivantes :

1° Lorsque la remise en concurrence est organisée au moment de la survenance du besoin et que le contrat a été divisé en lots, seuls sont consultés les titulaires des lots correspondant à l'objet du marché fondé sur l'accord-cadre.

2° Lorsque la remise en concurrence est organisée selon une périodicité prévue par l'accord-cadre, elle porte sur tous les lots.

3° Quel que soit le choix opéré, les parties ne peuvent apporter des modifications substantielles aux termes fixés dans l'accord-cadre lors de la passation des marchés fondés sur cet accord.

4° Le pouvoir adjudicateur fixe un délai suffisant pour la présentation des offres en tenant compte d'éléments tels que la complexité des prestations attendues ou le temps nécessaire à la transmission des offres.

Ces offres sont proposées conformément aux caractéristiques fixées par l'accord-cadre et les documents de la consultation propres au marché fondé sur l'accord-cadre. Elles sont transmises au pouvoir adjudicateur par tout moyen permettant de déterminer la date et l'heure de réception. Leur contenu doit rester confidentiel jusqu'à l'expiration du délai prévu pour le dépôt des offres.

5° Les marchés passés sur le fondement de l'accord-cadre sont attribués à celui ou, le cas échéant, à ceux des titulaires de l'accord-cadre qui ont présenté les offres économiquement les plus avantageuses, sur la base des critères objectifs et non discriminatoires fixés par l'accord-cadre pour l'attribution de ces marchés.

IV. – Lorsqu'un accord-cadre a été attribué à un seul opérateur économique, le pouvoir adjudicateur peut, préalablement à la conclusion des marchés fondés sur l'accord-cadre, demander au titulaire de l'accord-cadre de compléter, par écrit, son offre. Les compléments ainsi apportés aux caractéristiques de l'offre retenue pour l'attribution de l'accord-cadre ne peuvent avoir pour effet de les modifier substantiellement.

V. – La durée des accords-cadres ne peut dépasser quatre ans, sauf dans des cas exceptionnels dûment justifiés, notamment par leur objet, ou par le fait que leur exécution nécessite des investissements amortissables sur une durée supérieure à quatre ans.

La conclusion des marchés passés sur le fondement d'un accord-cadre ne peut se faire que pendant la durée de validité de l'accord-cadre. Leur durée d'exécution est fixée conformément aux conditions habituelles d'exécution des prestations faisant l'objet de l'accord-cadre. Le pouvoir adjudicateur ne peut cependant retenir une date de passation et une durée d'exécution telles que l'exécution des marchés se prolonge au-delà de la date limite de validité de l'accord dans des conditions qui méconnaissent l'obligation d'une remise en concurrence périodique des opérateurs économiques.

VI. – Les marchés passés sur le fondement d'un accord-cadre peuvent être des marchés à bons de commande. Ils sont alors passés selon les règles prévues par le présent article et exécutés selon les règles prévues par l'article 43.

Art. 43. – I. – Un marché à bons de commande est un marché conclu avec un ou plusieurs opérateurs économiques et exécuté au fur et à mesure de l'émission de bons de commande.

(Décret n° 2008-1334 du 17 décembre 2008, art. 25) « Dans ce marché, le pouvoir adjudicateur a la faculté de prévoir un minimum et un maximum en valeur ou en quantité, ou un minimum, ou un maximum, ou encore être conclus sans minimum ni maximum. »

L'émission des bons de commande s'effectue sans négociation ni remise en concurrence préalable des titulaires, selon des modalités expressément prévues par le marché.

Les bons de commande sont des documents écrits adressés aux titulaires du marché. Ils précisent celles des prestations, décrites dans le marché, dont l'exécution est demandée et en déterminent la quantité.

II. – La durée des marchés à bons de commande ne peut dépasser quatre ans, sauf dans des cas exceptionnels dûment justifiés, notamment par leur objet ou par le fait que leur exécution nécessite des investissements amortissables sur une durée supérieure à quatre ans.

L'émission des bons de commande ne peut intervenir que pendant la durée de validité du marché. Leur durée d'exécution est fixée conformément aux conditions habituelles d'exécution des prestations faisant l'objet du marché. Le pouvoir adjudicateur ne peut cependant retenir une date de passation et une durée d'exécution telles que l'exécution des marchés se prolonge au-delà de la limite de validité de l'accord dans des conditions qui méconnaissent l'obligation d'une remise en concurrence périodique des opérateurs économiques.

Chapitre V. – Système d'acquisition dynamique

Art. 44. – I. – 1° Un système d'acquisition dynamique est une procédure entièrement électronique de passation de marché, pour des matériels courants, par lequel le pouvoir adjudicateur attribue, après mise en concurrence, un ou plusieurs marchés à l'un des opérateurs préalablement sélectionnés sur la base d'une offre indicative.

Le système d'acquisition dynamique est créé pour une durée maximale de quatre ans, sauf dans des cas exceptionnels dûment justifiés.

Pour mettre en place un système d'acquisition dynamique, le pouvoir adjudicateur suit toutes les phases de l'appel d'offres ouvert.

2° Aux fins de la mise en place d'un système d'acquisition dynamique, le pouvoir adjudicateur :

a) Publie un avis d'appel à concurrence précisant qu'il s'agit d'un système d'acquisition dynamique et indiquant les critères qui seront appliqués pour la sélection des titulaires des marchés conclus dans le cadre de ce système ;

b) Précise, dans les documents de la consultation, la nature des achats envisagés dans le cadre de ce système, ainsi que toutes les informations nécessaires concernant le système d'acquisition, l'équipement électronique utilisé et les modalités techniques de connexion ;

c) Offre par voie électronique, dès la publication de l'avis et jusqu'à expiration du système, un accès libre, direct et complet aux documents de la consultation et indique dans l'avis l'adresse internet à laquelle ces documents peuvent être consultés.

3° Le système est ouvert pendant toute sa durée à tous les opérateurs économiques satisfaisant aux critères de sélection et ayant présenté une offre indicative conforme aux documents de la consultation et aux documents complémentaires éventuels. Les offres indicatives peuvent être améliorées à tout moment *(décret n° 2008-1334 du 17 décembre 2008, art. 26)* « à condition qu'elles demeurent conformes aux documents de la consultation. »

Le pouvoir adjudicateur procède à l'évaluation des candidatures et des offres indicatives dans un délai maximum de quinze jours à compter de leur présentation. Il peut prolonger cette période d'évaluation pour autant qu'il n'engage, entre-temps, aucune procédure de passation de marché dans le cadre du système d'acquisition dynamique susceptible d'intéresser les candidats évalués. Le pouvoir adjudicateur informe sans délai les opérateurs de leur admission dans le système d'acquisition dynamique ou du rejet de leur candidature ou de leur offre indicative.

Le pouvoir adjudicateur ne peut recourir à ce système de manière à empêcher, restreindre ou fausser la concurrence.

II. – Les marchés passés dans le cadre d'un système d'acquisition dynamique, dits marchés spécifiques, font l'objet d'une mise en concurrence.

1° Avant de procéder à cette mise en concurrence, le pouvoir adjudicateur publie un avis de marché simplifié invitant tous les opérateurs économiques, qui n'auraient pas déjà présenté une offre indicative dans le cadre de la mise en place du système d'acquisition dynamique, à présenter une offre indicative dans un délai qui ne peut être inférieur à quinze jours à compter de la date d'envoi de l'avis simplifié. Le pouvoir adjudicateur ne procède à la mise en concurrence qu'après avoir achevé l'évaluation de toutes les offres indicatives présentées dans ce délai.

2° Le pouvoir adjudicateur invite ensuite tous les candidats admis dans le système à présenter une offre définitive pour chaque marché spécifique à passer dans le cadre du système. À cette fin, il fixe un délai suffisant pour la présentation des offres.

3° L'offre économiquement la plus avantageuse est choisie sur la base des critères d'attribution énoncés dans l'avis d'appel à concurrence publié lors de la mise en place du système d'acquisition dynamique. Ces critères peuvent, le cas échéant, être précisés dans l'invitation mentionnée au 2°.

Aucun frais de dossier ne peut être facturé aux opérateurs économiques.

Chapitre VI. – Achèvement de la procédure

Art. 45. – Pour les marchés et accords-cadres passés selon une des procédures formalisées, le pouvoir adjudicateur établit un rapport de présentation comportant au moins :

1° Le nom et l'adresse du pouvoir adjudicateur, l'objet et la valeur du marché, de l'accord-cadre ou du système d'acquisition dynamique ;

2° Le nom des candidats retenus et les motifs de ce choix ;

3° Le nom des candidats exclus et les motifs du rejet de leur candidature ;

4° Les motifs du rejet des offres jugées anormalement basses ;

5° Le nom du titulaire et les motifs du choix de son offre, ainsi que, si elle est connue, la part du marché ou de l'accord-cadre que le titulaire a l'intention de sous-traiter à des tiers ;

6° En ce qui concerne les procédures négociées, la justification du recours à ces procédures ;

7° En ce qui concerne le dialogue compétitif, la justification du recours à cette procédure ;

8° Le cas échéant, les raisons pour lesquelles le pouvoir adjudicateur a renoncé à passer un marché, un accord-cadre ou à mettre en place un système d'acquisition dynamique ;

9° Le cas échéant, l'indication que des fournitures proviennent d'un pays membre de l'Union européenne ou d'un autre pays signataire de l'accord sur les marchés publics conclu dans le cadre de l'Organisation mondiale du commerce.

En cas de procédure dématérialisée, le pouvoir adjudicateur fournit, en outre, toutes les informations sur le déroulement des procédures d'attribution conduites par voie électronique.

Le rapport de présentation est communiqué en même temps que le marché aux organismes publics au contrôle desquels les marchés passés par le pouvoir adjudicateur sont, le cas échéant, soumis.

Ce rapport ou ses principaux éléments sont communiqués à la Commission européenne à sa demande.

Art. 46. – I. – Pour les marchés et accords-cadres passés selon une des procédures formalisées, le pouvoir adjudicateur avise, dès qu'il a fait son choix sur les candidatures ou sur les offres, tous les autres candidats du rejet de leurs candidatures ou de leurs offres, en indiquant succinctement les motifs de ce rejet.

Un délai d'au moins dix jours est respecté entre la date à laquelle la décision de rejet est notifiée aux candidats dont l'offre n'a pas été retenue et la date de signature du marché ou de l'accord-cadre.

En cas d'urgence ne permettant pas de respecter ce délai de dix jours, ce délai est réduit dans des proportions adaptées à la situation.

II. – Lorsque le pouvoir adjudicateur décide de ne pas attribuer le marché ou de recommencer la procédure, il informe, dans les plus brefs délais, les candidats des motifs de sa décision. Sur demande écrite des candidats, la réponse est écrite.

III. – Le pouvoir adjudicateur communique, dans un délai maximal de quinze jours à compter de la réception d'une demande écrite, à tout candidat écarté qui en fait la demande les motifs détaillés du rejet de sa candidature ou de son offre et, à tout candidat dont l'offre a été rejetée pour un motif autre que ceux mentionnés au I de l'article 24, les caractéristiques et les avantages de l'offre retenue ainsi que le nom du ou des attributaires du marché ou de l'accord-cadre.

IV. – Le pouvoir adjudicateur ne peut communiquer les renseignements dont la divulgation :

a) Serait contraire à la loi, en particulier violerait le secret industriel et commercial ;

b) Serait contraire à l'intérêt public ;

c) Pourrait nuire à une concurrence loyale entre les opérateurs économiques.

Art. 47. – I. – Pour les marchés donnant lieu à l'une des procédures formalisées ou à un accord-cadre, et pour les marchés de services relevant de l'article 9 d'un montant égal ou supérieur à *(décret n° 2007-1850 du 26 décembre 2007, art. 3)* 206 000 € HT, le pouvoir adjudicateur envoie pour publication, dans un délai maximal de quarante-huit jours à compter de la notification du marché ou de l'accord-cadre, un avis d'attribution. Le pouvoir adjudicateur est dispensé d'envoyer un avis d'attribution pour les marchés fondés sur un accord-cadre.

Le pouvoir adjudicateur envoie un avis sur le résultat de la passation des marchés fondés sur un système d'acquisition dynamique au plus tard quarante-huit jours après la notification de chaque marché. Toutefois, il peut n'envoyer qu'un avis global chaque trimestre, au plus tard quarante-huit jours après la fin de chaque trimestre.

Les avis d'attribution sont adressés pour publication au Journal officiel de l'Union européenne, conformément au modèle fixé par règlement communautaire CE n° 1564/2005 susvisé.

II. – Pour les marchés relevant de l'article 9, le pouvoir adjudicateur adresse l'avis d'attribution à l'Office des publications officielles de l'Union européenne en indiquant s'il en accepte la publication.

III. – Certaines informations relatives à la passation du marché ou à la conclusion de l'accord-cadre peuvent ne pas être publiées lorsque leur divulgation ferait obstacle à l'application des lois, serait contraire à l'intérêt public ou porterait préjudice aux intérêts commerciaux légitimes des candidats ou pourrait nuire à une concurrence loyale entre ceux-ci.

Titre IV. – Dispositions diverses

(Décret n° 2008-1334 du 17 décembre 2008, art. 27) « **Art. 47-1**. – Les marchés peuvent donner lieu à des versements à titre d'avance. L'avance ne peut excéder 30 % du montant initial, toutes taxes comprises, du marché ou de la tranche affermie. L'avance peut toutefois être portée à un maximum de 60 % de ce montant sous réserve que le titulaire constitue une garantie à première demande. La constitution de cette garantie n'est pas exigée des organismes publics.

« Les prestations qui ont donné lieu à un commencement d'exécution du marché ouvrent droit à des acomptes. Le montant d'un acompte ne peut excéder la valeur des prestations auxquelles il se rapporte. »

Art. 48. – Les seuils mentionnés par le présent décret peuvent être modifiés par décret.

Art. 49. – À l'article 2 du décret n° 2004-216 du 11 mars 2004 modifié portant organisation et fonctionnement de l'économat des armées, les mots : « à l'article 12 du décret du 31 mars 1992 susvisé » sont remplacés par les mots : « au II de l'article 33 du décret n° 2005-1742 du 30 décembre 2005 fixant les règles applicables aux marchés passés par les pouvoirs adjudicateurs mentionnés à l'article 3 de l'ordonnance n° 2005-649 du 6 juin 2005 relative aux marchés passés par certaines personnes publiques ou privées non soumises au Code des marchés publics ».

Art. 50. – Le Code de la construction et de l'habitation est modifié ainsi qu'il suit :

1° L'article R. 433-1 est remplacé par les dispositions suivantes :

« Art. R. 433-1. – Les organismes privés d'habitation à loyer modéré et les sociétés d'économie mixte exerçant une activité de construction ou de gestion de logements sociaux peuvent se grouper pour procéder à des achats, selon des modalités qu'ils déterminent librement. »

2° L'article R. 433-5 est remplacé par les dispositions suivantes :

« Art. R. 433-5. – Les marchés définis aux articles L. 433-1 et L. 481-4 passés par les organismes privés d'habitations à loyer modéré et par les sociétés d'économie mixte exerçant une activité de construction ou de gestion de logements sociaux sont soumis aux dispositions du décret n° 2005-1742 du 30 décembre 2005 fixant les règles applicables aux marchés passés par les pouvoirs adjudicateurs mentionnés à l'article 3 de l'ordonnance n° 2005-649 du 6 juin 2005 relative aux marchés passés par certaines personnes publiques ou privées non soumises au Code des marchés publics, sous réserve des dispositions prévues aux articles R. 433-6, R. 433-10, R. 433-18 et R. 433-20 à R. 433-23. »

3° L'article R. 433-6 est remplacé par les dispositions suivantes :

« Art. R. 433-6. – Les organismes privés d'habitation à loyer modéré et les sociétés d'économie mixte exerçant une activité de construction ou de gestion de logements sociaux constituent une commission d'appel d'offres dont ils déterminent la composition, les modalités de fonctionnement et les pouvoirs. La commission examine les candidatures et les offres reçues lors de la passation des marchés dont le montant est supérieur aux seuils mentionnés à l'article 7 du décret n° 200561742 du 30 décembre 2005 fixant les règles applicables aux marchés passés par les pouvoirs adjudicateurs mentionnés à l'article 3 de l'ordonnance n° 2005-649 du 6 juin 2005 relative aux marchés passés par certaines personnes publiques ou privées non soumises au Code des marchés publics.

Ces mêmes marchés font en outre l'objet d'un rapport annuel sur leur exécution transmis au conseil d'administration ou de surveillance de l'organisme ou de la société d'économie mixte. Ce rapport comporte pour chaque marché le montant initial du contrat, le montant total des sommes effectivement versées et, le cas échéant, les raisons de l'écart constaté. »

4° L'article R. 433-10 est remplacé par les dispositions suivantes :

« Art. R. 433-10. – Pour les marchés ayant à la fois pour objet la construction et l'exploitation ou la maintenance d'un ouvrage, si l'organisme choisit de recourir à un marché alloti, la construction fait obligatoirement l'objet d'un lot séparé. S'il choisit de recourir à un marché global, celui-ci fait obligatoirement apparaître de manière séparée les prix respectifs de la construction et de l'exploitation ou de la maintenance. »

Art. 51. – Sont abrogés :

1° Le titre II du décret n° 92-311 du 31 mars 1992 soumettant la passation de certains contrats de fournitures, de travaux ou de prestation de services à des règles de publicité et de mise en concurrence ;

2° Le décret n° 93-584 du 26 mars 1993 relatif aux contrats visés au I de l'article 48 de la loi n° 93-122 du 29 janvier 1993 relative à la prévention de la corruption et à la transparence de la vie économique et des procédures publiques ;

3° Les articles R. 433-2, R. 433-3, R. 433-7 à R. 433-9, R. 433-11 à R. 433-17 et R. 433-19 du Code de la construction et de l'habitation ;

4° Le b du 1° de l'article 13 du décret n° 84-74 du 26 janvier 1984 modifié fixant le statut de la normalisation.

Art. 52. – I. – Les marchés notifiés ou, en l'absence de notification, signés antérieurement à la date de publication du présent décret demeurent régis, pour leur exécution, par les dispositions des textes qui les régissaient dans leur rédaction antérieure aux dispositions du présent décret.

II. – Les marchés pour lesquels une consultation a été engagée ou un avis d'appel à concurrence envoyé à la publication antérieurement à la date de publication du présent décret demeurent régis, pour leur passation, par les dispositions des textes qui les régissaient dans leur rédaction antérieure aux dispositions du présent décret.

8. Contrats des articles 9 et 11 de la loi n° 91-3 du 3 janvier 1991

Décret n° 92-311 du 31 mars 1992,

modifié, soumettant la passation de certains contrats de fournitures, de travaux ou de prestations de services à des règles de publicité et de mise en concurrence

Titre Ier – Mesures de publicité applicables aux contrats définis à l'article 11 de la loi n° 91-3 du 3 janvier 1991 et à certains contrats passés par l'État ou ses établissements publics autres que les établissements publics à caractère industriel et commercial

Art. 1er. – Les dispositions du présent titre s'appliquent aux contrats qui sont :

1° Définis aux premier et deuxième alinéas de l'article 11 de la loi du 3 janvier 1991 susvisée ;

2° Et à ceux dont le montant est égal ou supérieur à un seuil fixé par arrêté du ministre chargé de l'Économie et des Finances, dont l'objet est défini à l'article 9 de la loi du 3 janvier 1991 susvisée et que se proposent de conclure l'État ou ses établissements publics autres que les établissements à caractère industriel et commercial lorsque la rémunération de l'entrepreneur consiste en tout ou partie dans le droit d'exploiter l'ouvrage.

3

Commentaire

L'article 11 a été modifié par l'ordonnance n° 2005-649 du 6 juin 2005 (*supra*, annexe I-7) ; les deux premiers alinéas ont été réunis en un seul lequel vise désormais, avec un renvoi à l'article 9, les contrats que se proposent de conclure avec des tiers (c'est-à-dire d'autres entreprises) les titulaires de marchés passés avec les collectivités territoriales et leurs établissements publics administratifs, et aussi avec les groupements de collectivités publiques, les groupements d'intérêt public, les EPIC de l'État qui sont financés majoritairement par de l'argent public, lorsque ces titulaires sont rémunérés en tout ou en partie dans le droit d'exploiter l'ouvrage.

Sont concernés les contrats de travaux de bâtiment ou de génie civil, dont le montant estimé est égal ou supérieur à 5 000 000 € HT (arrêté du 22 avril 1998 modifiant et complétant l'arrêté du 9 février 1994 – art. 4-2° et 3° –, modifié par l'arrêté du 17 janvier 1996, relatif aux seuils de publicité des marchés publics et de certains contrats soumis à des règles de publicité).

Art. 2. – La personne qui se propose de conclure un contrat fait connaître son intention au moyen d'un avis conforme à un modèle fixé par arrêté du ministre chargé de l'Économie et des Finances. Elle envoie cet avis dans les meilleurs délais, par les voies les plus appropriées, à l'Office de publications officielles des Communautés européennes et doit être en mesure de faire la preuve de la date d'envoi.

Les délais de réception des candidatures ou des offres qui figurent dans les avis sont calculés à partir du jour qui suit celui au cours duquel a lieu l'envoi à l'Office des publications officielles des Communautés européennes.

La publication sur le plan national, lorsqu'elle s'avère nécessaire, ne peut être antérieure à l'envoi de l'avis à l'Office des publications officielles des Communautés européennes et ne peut fournir de renseignements autres que ceux qui sont publiés au *Journal officiel* des Communautés européennes.

Art. 3. – Par dérogation aux dispositions de l'article précédent, les personnes, définies au deuxième alinéa de l'article 11 de la loi du 3 janvier 1991 susvisée, qui se proposent de conclure un contrat ne sont pas tenues de faire connaître leur intention au moyen d'un avis dans les cas suivants :

1° Travaux dont l'exécution, pour des raisons techniques, artistiques ou tenant de la protection des droits d'exclusivité, ne peut être confiée qu'à un entrepreneur déterminé ;

2° Urgence impérieuse, résultant d'événements imprévisibles qui ne sont pas du fait de la personne qui se propose de conclure le contrat, lorsqu'elle n'est pas compatible avec les délais exigés aux articles 4 et 5 du présent décret ;

3° Travaux complémentaires qui ne figurent pas au projet initial et qui sont devenus, à la suite d'une circonstance imprévue, nécessaires à l'exécution de l'ouvrage, à condition que l'attribution soit faite à l'entrepreneur qui exécute ledit ouvrage et que le montant cumulé des contrats passés pour les travaux complémentaires ne soit pas supérieur à 50 p. 100 du montant du contrat principal ;

4° Nouveaux travaux consistant dans la répétition d'ouvrages similaires confiés à l'entreprise titulaire d'un premier contrat à condition :

a) Que ces travaux soient conformes au projet de base ayant fait l'objet du premier contrat ;

b) Que ce premier contrat ait été passé par procédure ouverte ou restreinte ;

c) Que cette possibilité ait été indiquée dès la mise en concurrence initiale ;

d) Que cette procédure soit mise en œuvre dans les trois ans qui suivent la conclusion du contrat initial.

Art. 4. – Pour les contrats définis au premier alinéa de l'article 11 de la loi du 3 janvier 1991 susvisée et au 2° de l'article 1er du présent décret, le délai de réception des candidatures ne peut être inférieur à cinquante-deux jours à compter de la date d'envoi de l'avis à l'Office des publications officielles des Communautés européennes.

Art. 5. – Pour les contrats définis au deuxième alinéa de l'article 11 de la loi du 3 janvier 1991 susvisée, le délai de réception des candidatures ne peut être inférieur à trente-sept jours à compter de la date d'envoi de l'avis à l'Office des publications officielles des Communautés européennes. Le délai de réception des offres ne peut être inférieur à quarante jours à compter de la date d'envoi de l'avis à l'office ou de l'invitation à présenter une offre.

Art. 6. – La personne qui se propose de conclure l'un des contrats mentionnés au premier alinéa de l'article 11 de la loi du 3 janvier 1991 susvisée et au 2° de l'article 1er du présent décret peut :

a) Soit imposer aux candidats de confier à des tiers un pourcentage minimal de 30 p. 100 de la valeur globale des travaux, tout en prévoyant la faculté pour les candidats de majorer ce pourcentage ; ce pourcentage doit être indiqué dans le contrat ;

b) Soit inviter les candidats à indiquer eux-mêmes, dans leurs offres, le pourcentage, lorsqu'il n'est pas nul, de la valeur globale de travaux faisant l'objet du contrat qu'ils comptent confier à des tiers.

Les candidats fournissent à l'appui de leur candidature une liste exhaustive des entreprises définies au troisième alinéa de l'article 11 de la loi du 3 janvier 1991 susvisée. Cette liste est mise à jour selon les modifications qui interviennent ultérieurement dans les liens entre ces entreprises.

Art. 6-1. *(Créé par décret n° 94-149 du 1994-02-21, art. 1,* JO *22 février 1994).* – Les dispositions du présent titre ne sont pas applicables aux contrats dont le titulaire a été pressenti avant le 22 juillet 1990 et a, en contrepartie, engagé des études et des travaux préliminaires.

3

9. Marchés militaires

I. – Extrait du Code de la défense (ordonnance n° 2004-1374 du 20 décembre 2004) [...]

Chapitre 3. – Contrôle administratif des marchés relatifs aux matériels de guerre

Section 1. Champ d'application

Art. L. 2333-1. – Les matériels de guerre désignés au présent chapitre sont ceux qui sont compris dans les catégories 1, 11, III, IV du chapitre 11, de la convention du 17 juin 1925 sur le commerce international des armes, ratifiée par la France le 9 mai 1930 ; ils comprennent, en outre, les poudres et explosifs, ainsi que les produits chimiques utilisés dans leur fabrication.

Art. L. 2333-2. – Un décret en Conseil d'État détermine la nature et l'importance des marchés auxquels le présent chapitre est applicable.

Section 2. Modalités du contrôle

Sous-section 1. Principes généraux

Art. L. 2333-3. – Les administrations passant des marchés relatifs aux matériels de guerre peuvent imposer aux titulaires de ces marchés le contrôle permanent ou temporaire d'un commissaire du Gouvernement dont le rôle est défini ci-après.

Sous-section 2. Commissaires du Gouvernement

Art. L. 2333-4. – Les commissaires du Gouvernement mentionnés à l'article L. 2333-3 sont chargés de recueillir, pour le compte du département ministériel qui les a nommés, les renseignements d'ordre administratif, financier et comptable concernant l'entreprise auprès de laquelle ils sont placés et dont la connaissance est jugée utile ou nécessaire par ledit département ministériel.

Art. L. 2333-5. – Les commissaires du Gouvernement sont désignés parmi les fonctionnaires civils et militaires en activité de service appartenant au ministère de la Défense ; ils ne peuvent communiquer les renseignements recueillis sur les entreprises auprès desquelles ils sont accrédités qu'aux services qualifiés du ministère de la Défense ; ils sont astreints au secret professionnel à peine des sanctions édictées par l'article 226-13 du Code pénal.

Sous-section 3. Obligations des entreprises assujetties

Art. L. 2333-6. – Le fournisseur est tenu de communiquer, sur place, au commissaire du Gouvernement, tous documents comptables et statistiques demandés par lui pour l'accomplissement de sa mission, ainsi que toutes pièces justificatives à l'appui.

Art. L. 2333-7. – Les entreprises soumises aux dispositions du présent chapitre peuvent être assujetties à présenter leurs bilans, comptes de résultats et toutes pièces justificatives nécessaires au contrôle des marchés. L'autorité administrative peut également déterminer les règles à suivre pour la tenue de comptabilités spéciales à chaque marché.

Art. L. 2333-8. – La non-communication des pièces et documents demandés par le commissaire du Gouvernement, en exécution des articles L. 2333-4 et L. 2333-6, est sanctionnée par les pénalités prévues dans les cahiers des charges régissant les marchés.

II. – Décret n° 2001-726 du 31 juillet 2001 relatif aux procédures de passation de certains marchés du service à compétence nationale DCN (ministère de la Défense)

> **Nota :** La Direction des constructions navales (DCN) a été transformée en 2000 en service à compétence nationale, placé sous l'autorité directe du ministre de la Défense. DCN produit toutes les catégories de navires et de systèmes de combat des sous-marins nucléaires, des sous-marins à propulsion classique, des porte-avions, des frégates, notamment.

Art. 1er. – Par dérogation aux dispositions de l'article 103 [35] du Code des marchés publics, DCN peut conclure dans les conditions définies par le présent décret des marchés ayant pour objet des travaux, des fournitures et des services concernant la conception, la réalisation et l'entretien d'armes, de munitions et de matériels de guerre. Il peut également conclure dans les mêmes conditions des marchés-cadres ayant le même objet fixant des objectifs communs notamment en matière de délais ou de qualité. Les marchés-cadres peuvent fixer les termes, en particulier en matière de prix et, le cas échéant, de quantités envisagées, des contrats à passer au cours d'une période donnée.

Art. 2. – DCN ne peut recourir à une procédure négociée sans mise en concurrence préalable que dans les cas suivants :

– marchés visés au II de l'article 104 [35] du Code des marchés publics ;

– marchés passés sur la base d'un marché-cadre conclu conformément aux dispositions du présent décret.

Tous les autres marchés visés à l'article 1er du présent décret peuvent être conclus après appel d'offres ouvert ou restreint ou au terme d'une procédure négociée avec mise en concurrence préalable.

Art. 3. – Pour ses appels d'offres comme pour ses marchés négociés, DCN peut ne mettre en concurrence que les fournisseurs ou prestataires de services qu'il a préalablement qualifiés soit par son propre système de qualification, soit en acceptant celui d'un tiers.

Art. 4. – Le système de qualification des fournisseurs ou prestataires de services repose sur des critères objectifs définis par référence aux normes homologuées lorsqu'elles sont appropriées.

Ces critères sont portés à la connaissance des fournisseurs ou prestataires de services intéressés, à leur demande. Leur mise à jour leur est communiquée.

Lorsqu'il est recouru à un système de qualification établi par un tiers, le nom de celui-ci est communiqué aux fournisseurs ou prestataires de services intéressés.

Art. 5. – DCN fait paraître au *Bulletin officiel* des annonces des marchés publics un avis sur l'existence du système de qualification. Cet avis est conforme à un modèle fixé par arrêté du ministre chargé de l'Économie. Cette publication est renouvelée au moins tous les trois ans.

DCN peut également publier au même bulletin un avis d'appel public à candidatures pour obtenir la qualification pour des catégories de produits ou de prestations de services déterminées.

Art. 6. – À l'occasion d'une décision relative à la qualification d'un fournisseur ou d'un prestataire de services ou de l'établissement ou de la mise à jour du système de qualification, DCN ne peut :

1° Ni imposer à certains fournisseurs ou prestataires de services des conditions administratives, techniques ou financières qui n'auraient pas été imposées à d'autres ;

2° Ni exiger des essais ou des justifications qui feraient double emploi avec des preuves objectives déjà disponibles.

Art. 7. – Le fournisseur ou le prestataire de services qui demande à être qualifié est informé de la décision prise à son sujet dans un délai de six mois à compter de la date limite de dépôt des candidatures, ou de la date de sa demande en cas de candidature spontanée. Ce délai peut être prorogé après que le candidat en a été informé. Les motifs de cette prorogation ainsi que la date à laquelle une décision sera prise sont indiqués au demandeur.

La décision de rejet d'une demande de qualification, ou l'intention de retrait d'une qualification, est motivée par écrit. Elle est fondée sur les critères de qualifications mentionnés à l'article 4.

Art. 8. – Nonobstant les dispositions des articles 153 [86] et 162 [89] du Code des marchés publics, les marchés peuvent donner lieu au versement d'avances ou d'acomptes dans les conditions qu'ils fixent.

Les acomptes sont versés sur le constat du franchissement d'étapes techniques définies dans le marché. En aucun cas leur montant cumulé ne peut excéder la valeur des prestations auxquelles ils se rapportent.

Art. 9. – À compter du 10 septembre 2001, les références aux articles 103, 153, 162 et au II de l'article 104 du Code des marchés publics figurant aux articles 1er, 2 et 8 du présent décret sont respectivement remplacées par des références aux articles 35, 86, 89 et au III de l'article 35.

III. – Décret nº 2004-16 du 7 janvier 2004 pris en application de l'article 4 du Code des marchés publics et concernant certains marchés publics passés pour les besoins de la défense (modifié par décrets nº 2005-436 du 9 mai 2005 et nº 2006-975 du 1er août 2006)

Art. 1er. – I. – Les marchés publics portant sur les armes, munitions et matériels de guerre sont en principe soumis à l'ensemble des dispositions du Code des marchés publics.

II. – Toutefois, lorsqu'ils sont passés pour les besoins exclusifs de la défense et mettent en cause les intérêts essentiels de l'État au sens de l'article 296 du traité instituant la Communauté européenne, peuvent être passés et exécutés selon les dispositions des articles 2 à 17 du présent décret les marchés suivants :

1. Les marchés de fournitures et de services qui ont pour objet la conception, l'essai, l'expérimentation, la réalisation, l'acquisition, le maintien en condition opérationnelle, l'utilisation ou la destruction des armes, munitions et matériels de guerre ;

2. Les marchés de fournitures qui ont pour objet la réalisation de démonstrateurs ou de prototypes d'armes, munitions ou matériels de guerre ;

3. Les marchés de fournitures qui ont pour objet les composants, les outillages, les consommables et les moyens d'évaluation et d'essais, spécifiquement conçus pour la fabrication, l'emploi ou le maintien en condition opérationnelle des armes, munitions et matériels de guerre ou concourant à leur efficacité militaire ;

4. Les marchés de services qui ont pour objet soit les études exploratoires et les études technico-opérationnelles relatives aux équipements futurs, les études biologiques, médicales, hydrographiques et océanographiques, soit les études prospectives qui présentent un lien direct avec la stratégie militaire ou l'emploi des armes ;

5. Les marchés de travaux directement liés à la réalisation, l'emploi, le maintien en condition opérationnelle et l'évaluation des armes, munitions et matériels de guerre.

Art. 2. – I. – Les marchés entrant dans les prévisions du II de l'article 1er sont passés selon la procédure négociée avec publicité préalable et mise en concurrence, sous réserve des dispositions suivantes.

Ils sont précédés d'un avis d'appel public à la concurrence inséré au *Bulletin officiel* des annonces des marchés publics, selon un modèle défini par arrêté du ministre de la Défense.

(Décret nº 2006-975 du 1er août 2006, art. 5) Les dispositions du Code des marchés publics relatives à l'avis de préinformation et aux publications au *Journal officiel* de l'Union Européenne ne leur sont pas applicables.

(Décret nº 2006-975 du 1er août 2006, art. 5) Le délai minimal entre l'envoi de l'avis à la publication et l'envoi de l'invitation à présenter une offre est d'au moins quinze jours. L'avis d'appel à la concurrence fixe la date limite de réception des candidatures en fonction du montant estimé et de l'objet du marché.

II. – Ils peuvent être négociés sans publicité préalable mais avec mise en concurrence dans les cas :

a) De marchés de travaux, fournitures et services pour lesquels l'urgence n'est pas compatible avec les délais d'un avis d'appel public à la concurrence, notamment ceux que la personne publique doit faire exécuter en lieu et place du titulaire défaillant ;

b) De marchés de travaux, de fournitures et de services qui sont conclus uniquement à des fins de recherche, d'essai, d'expérimentation, de mise au point, d'étude ou de développement dans des domaines technologiques dont la diffusion doit être protégée ;

c) De marchés de services dont la nature ne permet pas une fixation préalable du prix ou une définition précise des caractéristiques.

III. – Ils peuvent être négociés sans publicité préalable et sans mise en concurrence dans les cas :

a) De marchés complémentaires :

1. Exécutés par le titulaire initial et destinés soit au renouvellement partiel de fournitures ou d'installations d'usage courant, soit à un complément de fournitures ou à l'extension d'installations existantes. Le recours à ces marchés n'est possible que lorsque le changement de fournisseur obligerait la personne publique à acquérir un matériel de technique différente entraînant une incompatibilité ou des difficultés techniques d'utilisation et d'entretien excessives. La durée de chacun des marchés complémentaires ne peut dépasser quatre ans ;

2. De services ou de travaux consistant en des prestations qui ne figurent pas dans le marché initialement conclu, mais qui sont devenues nécessaires, à la suite d'une circonstance imprévue, à l'exécution du service ou à la réalisation de l'ouvrage tel qu'il y est décrit, à condition que l'attribution soit faite à l'entreprise qui exécute ce service ou cet ouvrage lorsque ces services ou travaux complémentaires ne peuvent être techniquement ou économiquement séparés du marché principal sans inconvénient majeur pour la personne publique.

Le montant cumulé des marchés complémentaires ne doit pas dépasser 50 % du montant du marché initial ;

b) De marchés de travaux, de fournitures et de services qui ont pour objet la réalisation de prestations similaires à celles d'un marché précédent exécuté par le même titulaire. Le marché précédent doit avoir fait l'objet d'une mise en concurrence.

Celle-ci doit avoir pris en compte le montant total envisagé, y compris les nouveaux services, fournitures ou travaux. Ce marché de prestations similaires ne peut être notifié que jusqu'à l'expiration des délais de validité du marché initial ;

c) De marchés de travaux, de fournitures et de services qui ne peuvent être confiés qu'à un prestataire déterminé pour des raisons tenant à la protection de droits de propriété intellectuelle, à des nécessités techniques, à des investissements préalables importants, à des installations spéciales, à la sécurité des approvisionnements, à un savoir-faire particulier ou à la nécessité de développer une technologie innovante à l'origine de laquelle se trouve ce prestataire ;

d) (Décret n° 2006-975 du 1er août 2006, art. 5) De marchés de fournitures ou de services attribués à l'auteur de la solution retenue à la suite de plusieurs marchés de définition tels que définis aux deux premiers alinéas de l'article 73 du Code des marchés publics, ayant le même objet, conclus à l'issue d'une seule procédure et exécutés simultanément ;

e) De marchés de travaux, de fournitures et de services passés dans le cadre d'un programme mené en coopération internationale, lorsque ont été définies les prestations à réaliser par chaque État.

IV. – Les marchés entrant dans les prévisions du II de l'article 1er qui exigent en outre le secret où dont l'exécution doit s'accompagner de mesures particulières de sécurité conformément aux dispositions législatives ou réglementaires en vigueur ou pour lesquels la protection des intérêts essentiels de l'État requiert l'absence de publicité sont passés selon la procédure négociée sans publicité. Ils sont passés sans mise en concurrence lorsqu'ils relèvent de l'un des cas prévus au III de l'article 2 du présent décret.

Art. 3. – En cas d'urgence incompatible avec la préparation des documents constitutifs d'un marché, il peut être procédé à un échange de lettres. Celui-ci doit au minimum énoncer la nature des prestations, ainsi que la limite des engagements de l'État, en montant et en durée. Il fixe, si possible, un prix définitif ou, à défaut, un prix provisoire.

Lorsque le prix est définitif, l'échange de lettres peut prévoir une avance dont le montant maximal ne peut excéder 30 % du montant du marché. Il ne peut être prévu d'avance lorsque le prix est provisoire.

Lorsque l'échange de lettres a prévu un acompte, le montant de l'acompte ne peut en aucun cas excéder la valeur des prestations auxquelles il se rapporte.

L'échange de lettres doit être régularisé sous la forme d'un marché à prix provisoire ou définitif dans les trois mois qui suivent. Dans le cas où ce délai serait dépassé, le *(décret n° 2005-436 du 9 mai 2005, art. 19-V)* « membre du corps du contrôle général économique et financier » intéressé doit en être informé par écrit.

L'échange de lettres doit être passé selon la procédure de marché négocié sans publicité préalable mais avec mise en concurrence. Sur justifications précises dans le rapport de présentation, il peut être passé selon la procédure de marché négocié sans publicité et sans mise en concurrence.

Art. 4. – I – À l'appui des candidatures et au-delà des renseignements qui peuvent être exigés en vertu de l'article 45 du Code des marchés publics, la personne responsable du marché peut demander, afin d'apprécier la capacité des candidats à exécuter le marché au vu des exigences particulières que celui-ci requiert, des renseignements complémentaires concernant leur habilitation préalable en application de l'article 7 du décret du 17 juillet 1998 susvisé, la composition de leur actionnariat, la valeur ajoutée créée sur le territoire national, l'implantation de leur patrimoine technologique, leurs capacités industrielles sur le site de réalisation de la prestation ou les compétences des personnes devant intervenir pour la réalisation du marché. Ces exigences devront être indiquées dès le début de la procédure et, le cas échéant, dans l'avis d'appel public à la concurrence.

II. – Lorsqu'elle estime que le nombre de candidats ayant répondu aux mesures de publicité n'offre pas une concurrence suffisante, la personne responsable du marché peut proposer à une ou plusieurs entreprises de faire acte de candidature.

Art. 5. – Les candidats peuvent se présenter en groupement soit au moment de la remise des candidatures, soit au moment de la remise des offres. La composition des groupements peut être modifiée entre la remise des candidatures et la remise des offres sous réserve que tous les membres du groupement aient été autorisés à présenter une offre ou à y participer.

Art. 6. – La personne responsable du marché peut prévoir, dans le cahier des charges, parmi les conditions d'exécution du marché, des stipulations relatives à la nature des technologies mises en œuvre, au lieu d'exécution des travaux, aux moyens industriels utilisés ainsi qu'aux conditions matérielles retenues pour assurer la protection et la pérennité des moyens techniques utilisés par l'entreprise.

Art. 7. – Dans les conditions fixées par arrêté du ministre de la Défense, en cas de mise en concurrence, la personne responsable du marché peut ne mettre en concurrence que les fournisseurs et les prestataires de services préalablement qualifiés soit par son propre système de qualification, soit en acceptant celui d'organismes ou d'entités tiers.

Le système de qualification des fournisseurs ou prestataires de services repose sur des critères objectifs définis par référence aux normes homologuées lorsqu'elles sont appropriées.

Ces critères sont portés à la connaissance des fournisseurs ou prestataires de services intéressés, à leur demande. Leur mise à jour leur est communiquée.

Un réexamen de la qualification des fournisseurs ou prestataires doit être effectué tous les trois ans.

Lorsqu'il est recouru à un système de qualification établi par un organisme ou une entité tiers, le nom de celui-ci est communiqué aux fournisseurs ou prestataires de services intéressés.

Les services font paraître au *Bulletin officiel* des annonces des marchés publics un avis sur l'existence du système de qualification. Cette publication est renouvelée au moins tous les trois ans.

Les services peuvent également publier au même bulletin un avis d'appel public à candidatures pour obtenir la qualification pour des catégories de produits ou de prestations de services déterminées.

À l'occasion d'une décision relative à la qualification d'un fournisseur ou d'un prestataire de services ou de l'établissement ou de la mise à jour du système de qualification, les services ne peuvent :

1° Ni imposer à certains fournisseurs ou prestataires de services des conditions administratives, techniques ou financières qui n'auraient pas été imposées à d'autres ;

2° Ni exiger des essais ou des justifications qui feraient double emploi avec des preuves objectives déjà disponibles.

Le fournisseur ou le prestataire de services qui demande à être qualifié est informé de la décision prise à son sujet dans un délai de six mois à compter de la date limite de dépôt des candidatures ou de la date de sa demande, en cas de candidature spontanée. Ce délai peut être prorogé après que le candidat en a été informé. Les motifs de cette prorogation ainsi que la date à laquelle une décision sera prise sont indiqués au demandeur.

La décision de rejet d'une demande de qualification ou l'intention de retrait d'une qualification est motivée par écrit. Elle est fondée sur lès critères de qualification mentionnés aux alinéas 2 et 3 du présent article.

Art. 8. – Les marchés de fournitures et de services qui ont pour objet des études exploratoires complexes ou des prestations pouvant présenter des aléas techniques importants, et les marchés de conception et de réalisation de systèmes d'information et de communication qui mettent en œuvre des technologies évolutives dans le domaine de l'information, des communications ou des composants électroniques, peuvent comporter plusieurs phases. Le montant global de ce type de marché est fixé préalablement à sa notification sans que les périmètres de toutes les phases ne soient complètement définis.

Ils sont passés pour une durée de 5 ans au plus, sauf cas exceptionnels dûment justifiés notamment par l'objet du marché.

À l'issue de chaque phase, la personne responsable du marché peut, sur la base des résultats obtenus, définir dans le marché, après accord du titulaire, les nouveaux moyens à mettre en œuvre ou les objectifs à obtenir pour la phase suivante en vue de réaliser l'opération.

Lorsque l'intérêt de la poursuite du marché est de nature à être remis en cause au cours de son exécution, ce dernier doit prévoir la faculté pour la personne publique d'arrêter son exécution au terme d'une ou plusieurs de ces phases.

Art. 9. – Outre les cas prévus par l'article « 19 » *(décret nº 2006-975 du 1er août 2006, art. 5)* du Code des marchés publics, les marchés négociés sans mise en concurrence peuvent être conclus à prix provisoires lorsque les résultats de la mise en concurrence de certains éléments du marché que le titulaire envisage de sous-traiter ne sont pas connus au moment de la négociation du prix du marché. Dans ce cas, seuls font l'objet de prix provisoires les éléments du marché que le titulaire envisage de sous-traiter et pour lesquels le résultat de la mise en concurrence n'est pas encore connu.

Art. 10. – La personne responsable du marché peut introduire dans le cahier des charges du marché des exigences en matière de mise en concurrence des sous-traitants et vérifier les conditions dans lesquelles ceux-ci sont choisis par le titulaire du marché.

Art. 11. – Les marchés à bons de commande entrant dans le champ d'application du présent décret peuvent être passés sans minimum en valeur ou en quantité.

Les marchés à bons de commande sont passés pour une durée qui ne peut excéder 5 ans sauf pour les marchés concernant le maintien en condition opérationnelle ou, dans des cas exceptionnels, sur justifications précises.

Art. 12. – Pour les marchés de fournitures et de services ayant pour objet des prestations complexes et pouvant présenter des aléas techniques importants, une part provisionnelle de prestations peut être prévue dans le marché sous réserve que les conditions d'élaboration des prix soient fixées dans l'acte d'engagement. Cette part doit être justifiée et ne peut dépasser 15 % du montant total du marché.

Art. 13. – I. – Pour les marchés ayant pour objet l'acquisition des fournitures prévues au 3 du II de l'article 1er du présent décret, il peut être prévu d'ajouter des articles de remplacement ou devenus nécessaires et non prévus au marché initial sous réserve que les conditions de fixation du prix de ces articles soient fixées dans le marché. Cette part ne peut dépasser 15 % du montant total du marché.

II. – Pour les marchés de maintien en condition opérationnelle et pour les marchés ayant pour objet le réassort de fournitures, lorsque la sécurité d'emploi d'un matériel exige le recours à des composants ou des sous-systèmes de même origine que ceux qui ont été retenus lors de la qualification initiale d'un matériel, la personne responsable du marché peut exiger un recours exclusif à ces composants et sous-systèmes à condition de l'avoir mentionné dans le dossier de consultation et justifié précisément dans le rapport de présentation de ce marché.

Art. 14. – La périodicité du versement des acomptes est fixée en tenant compte des caractéristiques et de la durée du marché. Elle est fixée au maximum à six mois. Ce maximum peut être dépassé dans des cas exceptionnels dûment justifiés. Il est ramené à un mois, sur demande, lorsque le titulaire est une petite ou moyenne entreprise.

Le sous-traitant à paiement direct peut bénéficier de la même réduction lorsqu'il est lui-même une petite ou moyenne entreprise.

Art. 15. – Pour tenir compte de circonstances particulières, telles que l'urgence ou les caractéristiques techniques, fonctionnelles ou économiques d'un équipement ou d'un service, une décision conjointe du ministre chargé de la Défense et du ministre chargé du Budget peut autoriser l'insertion dans un marché entrant dans les prévisions du II de l'article 1er d'une clause prévoyant un paiement différé.

Art. 16. – La possibilité pour le candidat de recourir à un ou des services de l'État pour réaliser une partie des prestations nécessaires à l'exécution d'un marché doit être prévue dans le règlement de consultation.

Art. 17. – Un arrêté du Premier ministre fixe les conditions dans lesquelles est assurée la protection du secret et des informations concernant la défense nationale et la sûreté de l'État dans les marchés et autres contrats.

Art. 18. – La ministre de la Défense, le ministre de l'Économie, des Finances et de l'Industrie et le ministre délégué au Budget et à la Réforme budgétaire sont chargés, chacun en ce qui le concerne, de l'exécution du présent décret, qui sera publié au *Journal officiel* de la République française.

10. Marchés des villes de Paris, Marseille et Lyon et marchés des collectivités territoriales

I. – Paris, Marseille et Lyon

L'article 47 du projet de loi de finances rectificative pour 2001 (n° 1276 du 28 décembre 2001) prévoyait de permettre aux conseils municipaux des villes de Paris, Marseille et Lyon de donner délégation aux conseils d'arrondissement pour la passation et l'exécution de certains marchés. Cet article a été déclaré contraire à la Constitution, car étranger au domaine des lois de finances et donc adopté selon une procédure contraire à la Constitution, par décision du Conseil constitutionnel n° 2001-457 DC du 27 décembre 2001 (*JO*, 29 décembre 2001, p. 21172).

L'article 31 de la loi n° 2002-276 du 27 février 2002, relative à la démocratie de proximité, a finalement modifié la première phrase du premier alinéa de l'article L. 2511-22 du Code général des collectivités territoriales, qui se trouve désormais rédigée ainsi : *« Pour l'exercice des compétences du conseil d'arrondissement, le conseil municipal donne délégation, dans les cas et conditions qu'il détermine, au conseil d'arrondissement pour préparer, passer, exécuter et régler les marchés de travaux, fournitures et services qui peuvent être passés sans formalités préalables en raison de leur montant ».*

II. – Collectivités territoriales

Rapport au Président de la République relatif à l'ordonnance n° 2005-645 du 6 juin 2005 relative aux procédures de passation des marchés publics des collectivités territoriales

Monsieur le Président,

L'article 65 (I-3°) de la loi n° 2004-1343 du 9 décembre 2004 de simplification du droit habilite le Gouvernement à prendre par ordonnance, dans les conditions prévues par l'article 38 de la Constitution et dans le respect de la transparence et de la bonne information du public, les mesures permettant d'alléger les procédures de passation des marchés publics pour les collectivités territoriales.

La présente ordonnance, qui aménage les modalités selon lesquelles l'assemblée délibérante d'une collectivité territoriale habilite l'exécutif à signer un marché public, est prise en application de cette habilitation.

Les dispositions du Code général des collectivités territoriales telles qu'éclairées par la jurisprudence du Conseil d'État[1] imposent à l'heure actuelle que l'assemblée délibérante d'une collectivité territoriale n'autorise la signature d'un marché public par l'exécutif local qu'une fois les éléments essentiels du marché connus, c'est-à-dire l'objet, le montant exact ainsi que l'identité de l'attributaire.

1. CE, 13 octobre 2004, commune de Montélimar, confirmant la décision de la CAA Lyon, 5 décembre 2002.

Au plan pratique, les assemblées délibérantes adoptent toutefois également fréquemment des délibérations autorisant l'exécutif à engager la procédure de passation des marchés. Elles sont alors consultées à deux reprises pour la passation d'un marché, une première fois lors du lancement de la procédure et une seconde fois préalablement à la signature. Cette seconde délibération a toutefois pu être regardée comme présentant un intérêt limité dès lors qu'il revient à la commission d'appel d'offres de la collectivité territoriale, au sein de laquelle l'opposition locale est représentée, d'attribuer le marché et où la signature du marché par l'exécutif local, personne responsable du marché, ne peut que refléter ce choix.

La présente ordonnance, qui a été élaborée en concertation avec les associations d'élus locaux (Association des maires de France, Association des départements de France, Association des régions de France), ouvre la possibilité de se dispenser de cette seconde délibération.

La délibération de l'assemblée délibérante chargeant l'exécutif de souscrire un marché pourra en effet être prise avant l'engagement de la procédure de passation de celui-ci. Cette délibération devra toutefois impérativement comprendre la définition du besoin à satisfaire ainsi que le montant prévisionnel du marché à passer.

En contrepartie de cette liberté, l'assemblée délibérante pourra à tout moment revenir sur l'habilitation donnée à l'exécutif local pour mener la procédure jusqu'à son terme. L'exécutif ne pourra alors signer le marché qu'en vertu d'une délibération *ad hoc*.

Sont concernés par cette mesure les marchés de travaux, fournitures et services d'un montant supérieur à 230 000 € (HT) mais également des marchés d'un montant inférieur à ce seuil et pour lesquels l'assemblée délibérante n'aurait pas donné délégation à l'exécutif local en application des articles L. 2122-22, L. 3221-11 et L. 4231-8 du Code des collectivités territoriales.

L'ordonnance comprend six articles.

L'article 1er ajoute un article L. 2122-21-1 après l'article L. 2122-21 applicable aux communes, mais également aux établissements publics de coopération intercommunale compte tenu du renvoi aux dispositions relatives aux communes qu'opère pour ceux-ci l'article L. 5211-2 du Code général des collectivités territoriales.

Les articles 2 et 3 créent de nouveaux articles applicables respectivement aux conseils généraux et aux conseils régionaux. Le troisième article sera également applicable à la collectivité territoriale de Corse en vertu de l'article L. 4421-1 du Code général des collectivités territoriales.

L'article 4 rend les nouvelles dispositions applicables aux communes de Mayotte.

L'article 5 précise que les nouvelles dispositions n'ont vocation à s'appliquer qu'aux procédures qui seront engagées après l'entrée en vigueur de l'ordonnance.

Le dernier article est relatif à l'exécution de la présente ordonnance.

Tel est l'objet de la présente ordonnance que nous avons l'honneur de soumettre à votre approbation.

Veuillez agréer, Monsieur le Président, l'assurance de notre profond respect.

Ordonnance n° 2005-645 du 6 juin 2005 relative aux procédures de passation des marchés publics des collectivités territoriales

Art. 1er. – Après l'article L. 2122-21 du Code général des collectivités territoriales, il est inséré un article L. 2122-21-1 ainsi rédigé :

« **Art. L. 2122-21-1.** – La délibération du conseil municipal chargeant le maire de souscrire un marché déterminé peut être prise avant l'engagement de la procédure de passation de ce marché. Elle comporte alors obligatoirement la définition de l'étendue du besoin à satisfaire et le montant prévisionnel du marché.

« Le conseil municipal peut, à tout moment, décider que la signature du marché ne pourra intervenir qu'après une nouvelle délibération, une fois connus l'identité de l'attributaire et le montant du marché.

« Les dispositions du présent article ne s'appliquent aux marchés visés à l'article L. 2122-22 que lorsque le maire n'a pas reçu la délégation prévue à cet article. »

Art. 2. – Après l'article L. 3221-11 du Code général des collectivités territoriales, il est inséré un article L. 3221-11-1 ainsi rédigé :

« **Art. L. 3221-11-1.** – La délibération du conseil général ou de la commission permanente chargeant le président du conseil général de souscrire un marché déterminé peut être prise avant l'engagement de la procédure de passation de ce marché. Elle comporte alors obligatoirement la définition de l'étendue du besoin à satisfaire et le montant prévisionnel du marché.

« Le conseil général ou la commission permanente peuvent, à tout moment, décider que la signature du marché ne pourra intervenir qu'après une nouvelle délibération, une fois connus l'identité de l'attributaire et le montant du marché.

« Les dispositions du présent article ne s'appliquent aux marchés visés à l'article L. 3221-11 que lorsque le président du conseil général n'a pas reçu la délégation prévue à cet article. »

Art. 3. – Après l'article L. 4231-8 du Code général des collectivités territoriales, il est inséré un article L. 4231-8-1 ainsi rédigé :

« **Art. L. 4231-8-1.** – La délibération du conseil régional ou de la commission permanente chargeant le président du conseil régional de souscrire un marché déterminé peut être prise avant l'engagement de la procédure de passation de ce marché. Elle comporte alors obligatoirement la définition de l'étendue du besoin à satisfaire et le montant prévisionnel du marché.

« Le conseil régional ou la commission permanente peuvent, à tout moment, décider que la signature du marché ne pourra intervenir qu'après une nouvelle délibération, une fois connus l'identité de l'attributaire et le montant du marché.

« Les dispositions du présent article ne s'appliquent aux marchés visés à l'article L. 4231-8 que lorsque le président du conseil régional n'a pas reçu la délégation prévue à cet article. »

Art. 4. – L'article 1er de la présente ordonnance est applicable aux communes de Mayotte.

Art. 5. – Les dispositions de la présente ordonnance sont applicables aux procédures de passation des marchés engagées postérieurement à sa publication.

Art. 6. – Le Premier ministre, le ministre d'État, ministre de l'Intérieur et de l'Aménagement du territoire, le ministre de l'outre-mer et le ministre délégué aux Collectivités territoriales sont responsables, chacun en ce qui le concerne, de l'application de la présente ordonnance, qui sera publiée au *Journal officiel* de la République française.

L'ordonnance nº 2007-1134 du 25 juillet 2007 a étendu l'article L. 2122-21-1 du CGCT aux marchés de Nouvelle-Calédonie en insérant dans le Code des communes de Nouvelle-Calédonie un article L. 122-19-1 ainsi rédigé :

« **Art. L. 122-19-1.** – La délibération du conseil municipal chargeant le maire de souscrire un marché déterminé peut être prise avant l'engagement de la procédure de passation de ce marché. Elle comporte alors obligatoirement la définition de l'étendue du besoin à satisfaire et le montant prévisionnel du marché.

Le conseil municipal peut, à tout moment, décider que la signature du marché ne pourra intervenir qu'après une nouvelle délibération, une fois connus l'identité de l'attributaire et le montant du marché.

« Les dispositions du présent article ne s'appliquent aux marchés visés à l'article L. 122-20 que lorsque le maire n'a pas reçu la délégation prévue à cet article. »

[Ces dispositions sont applicables aux procédures de passation des marchés engagées postérieurement à la date de publication de l'ordonnance au *Journal officiel* de la Nouvelle-Calédonie.]

III. – Pouvoirs du maire, du président du conseil général et du président du conseil régional en matière de passation de marchés (CGCT) modifiés par la loi du 20 décembre 2007 (art. 13-V et s.)

Code général des collectivités territoriales

Art. L. 2122-22. – Le maire peut, en outre, par délégation du conseil municipal, être chargé, en tout ou partie, et pour la durée de son mandat :

(…)

« 4° De prendre toute décision concernant la préparation, la passation, l'exécution et le règlement des marchés et des accords-cadres d'un montant inférieur à un seuil défini par décret[2] ainsi que toute décision concernant leurs avenants qui n'entraînent pas une augmentation du montant du contrat initial supérieure à 5 %, lorsque les crédits sont inscrits au budget ; (…)

2. Ce seuil est fixé à 206 000 € HT (*Décret nº 2008-171 du 22 février 2008, art. 1er*)

« 6° De passer les contrats d'assurance ainsi que d'accepter les indemnités de sinistre y afférentes. »

Art. L. 3221-11. – Le président, par délégation du conseil général, peut être chargé, pour la durée de son mandat, de prendre toute décision concernant la préparation, la passation, l'exécution et le règlement des marchés et des accords-cadres d'un montant inférieur à un seuil défini par décret[3], ainsi que toute décision concernant leurs avenants qui n'entraînent pas une augmentation du montant du contrat initial supérieure à 5 %, lorsque les crédits sont inscrits au budget.
Le président du conseil général rend compte à la plus proche réunion utile du conseil général de l'exercice de cette compétence et en informe la commission permanente.

Art. L. 4231-8. – Le président, par délégation du conseil régional, peut être chargé, pour la durée de son mandat, de prendre toute décision concernant la préparation, la passation, l'exécution et le règlement des marchés et des accords-cadres d'un montant inférieur à un seuil défini par décret[4], ainsi que toute décision concernant leurs avenants qui n'entraînent pas une augmentation du montant du contrat initial supérieure à 5 %, lorsque les crédits sont inscrits au budget.

« Le président du conseil régional rend compte à la plus proche réunion utile du conseil régional de l'exercice de cette compétence et en informe la commission permanente. »

3. Ce seuil est fixé à 206 000 € HT *(Décret n° 2008-171 du 22 février 2008, art. 1er).*

4. Ce seuil est fixé à 206 000 € HT *(Décret n° 2008-171 du 22 février 2008, art. 1er).*

11. Droit des marchés publics applicable outre-mer

L'outre-mer connaît deux régimes législatifs :

– le « *régime de l'identité législative* » applicable aux « départements et régions d'outre-mer » (DOM-ROM) (art. 73 de la Constitution) où les lois et règlements nationaux sont applicables de plein droit (Guadeloupe, Guyane, Martinique, La Réunion) ;

– le « *régime de spécialité législative et d'autonomie* » (art. 74 de la Constitution) : les lois et règlements nationaux n'y sont applicables que sur mention expresse de leur part ou s'ils y ont été rendus applicables par un texte spécial. Ce régime est applicable aux « collectivités d'outre-mer » (COM) (Mayotte, Polynésie française, Saint-Pierre-et-Miquelon, Wallis-et-Futuna, Saint-Barthélémy et Saint-Martin), aux Terres australes et antarctiques françaises (TAAF) – qui comportent, outre l'île Saint-Paul, l'île Amsterdam, l'archipel Crozet, l'archipel Kerguelen, la terre Adélie et les îles éparses (îles Bassas da India, Europa, Glorieuses, Juan da Nova et Tromelin)[1] – et à la Nouvelle-Calédonie (art. 77 de la Constitution).

Le Code des marchés publics s'applique donc aux « départements et régions d'outre-mer » (Antilles, Guyane et La Réunion), mais ne régit pas les marchés des « collectivités d'outre-mer ». C'est l'application du principe de spécialité législative (art. 74 de la Constitution du 4 octobre 1958) selon lequel, à défaut de mention expresse d'applicabilité aux COM, seules les lois de souveraineté et les principes généraux du droit sont applicables de plein droit dans les COM.

DOM

I. – Loi nº 2000-1207 du 13 décembre 2000 d'orientation pour l'outre-mer [...]

3

Chapitre II. – De l'exercice des compétences nouvelles

Art. 46. – I. – Dans la section 3 du chapitre III du titre III du livre IV de la quatrième partie du Code général des collectivités territoriales, il est créé, après la sous-section 7, une sous-section 8 intitulée : « Routes », comprenant les articles L. 4433-24-1 à L. 4433-24-3 ainsi rédigés :

« Art. L. 4433-24 – 1. – L'ensemble de la voirie classée en route nationale est transféré dans le patrimoine des régions de Guadeloupe, de Guyane, de Martinique et de la Réunion si celles-ci en font la demande à l'État ; en cas de transfert, la région assure la construction, l'aménagement, l'entretien et la gestion de la voirie transférée.

1. Sauf sur l'île de Clipperton, qui appartient à l'outre-mer, mais dispose d'un statut proche de l'administration directe. L'article 9 de la loi nº 55-1052 du 6 août 1955 prévoit que « les lois et règlements sont applicables de plein droit dans l'île de Clipperton ».

« Les charges transférées aux régions en application des dispositions du présent article sont compensées dans les conditions fixées par les articles L. 1614-1 à L. 1614-3. Toutefois, par dérogation à l'article L. 1614-1, le montant de ces charges est égal, la première année du transfert, à la moyenne annuelle de l'ensemble des dotations d'État accordées pour les routes nationales pendant les cinq années précédant le transfert.

« Lorsque la voirie classée route nationale n'est pas transférée, les marchés relatifs aux études et aux travaux sur routes nationales peuvent être passés par les régions d'outre-mer en application du livre III du Code des marchés publics.

«Art. L 4433-24-2. – Les services de l'État qui participent à l'exercice des compétences transférées aux régions en application de l'article L. 4433-24-1 sont, en tant que de besoin, mis à disposition des régions dans les conditions prévues à l'article L. 4151-1.

« Art. L. 4433-24-3. – Un décret en Conseil d'État détermine les conditions d'application de la présente sous-section. »

II. – Sous réserve des décisions juridictionnelles passées en force de chose jugée, sont validés les marchés relatifs aux travaux sur routes nationales passés par les régions de Guadeloupe, de Guyane, de Martinique et de la Réunion antérieurement à l'entrée en vigueur de la présente loi, en tant que leur légalité serait contestée par le moyen tiré de l'incompétence du maître d'ouvrage.

II. – Décret nº 2002-381 du 19 mars 2002 portant application de l'article 19 de la loi nº 85-704 du 12 juillet 1985 relative à la maîtrise d'ouvrage publique et à ses rapports avec la maîtrise d'œuvre privée

Art. 1er. – Lorsque la voirie classée en route nationale n'a pas été transférée dans le patrimoine des régions d'outre-mer de Guadeloupe, Guyane, Martinique et de la Réunion en application de l'article L. 4433-24-1 du Code général des collectivités territoriales, l'État peut confier à ces collectivités territoriales, si elles en font la demande, une partie des attributions de la maîtrise d'ouvrage des opérations d'aménagement du réseau routier national financées selon les modalités prévues par les dispositions du 2° du A de l'article L. 4434-3 du Code général des collectivités territoriales.

Art. 2. – La région arrête la programmation financière des opérations mentionnées à l'article 1er du présent décret, sur proposition du préfet. L'État peut confier à la région après déclaration d'utilité publique, lorsque cette procédure est nécessaire, tout ou partie des attributions suivantes de la maîtrise d'ouvrage :

1. Conduite des acquisitions foncières au nom et pour le compte de l'État ;

2. Préparation, passation et gestions des contrats ;

3. Réception de l'ouvrage, après accord préalable du préfet ;

4. Action en justice au nom et pour le compte de l'État, après accord de ce dernier ;

5. Accomplissement de tous actes afférents aux attributions ci-dessus mentionnées nécessaires au bon déroulement de l'opération.

Art. 3. – Les marchés mentionnés au troisième alinéa de l'article L. 4433-24-1 du Code général des collectivités territoriales sont passés selon les règles du Code des marchés publics applicables aux régions. Cependant, les projets de marchés et de contrats et leurs éventuels avenants doivent, préalablement à leur signature, faire l'objet d'un accord écrit du préfet. À défaut de réponse dans un délai de quinze jours suivant la proposition motivée de la région, l'accord est réputé acquis.

Art. 4. – La région assure le paiement de l'ensemble des dépenses afférentes aux opérations d'aménagement du réseau routier national réalisées en application du présent décret.

Art. 5. – Le services de l'État concernés demeurent maître d'œuvre des opérations ci-dessus définies.

Art. 6. – Pour chaque opération, un accord conclu entre le préfet et le président du conseil régional définit le contenu des attributions de maîtrise d'ouvrage confiées à la région et l'organisation de la maîtrise d'œuvre. Ces opérations font l'objet d'un contrôle technique et financier de l'État en tant que maître d'ouvrage. L'exercice des attributions confiées à la région prend fin par le quitus délivré par les services compétents de l'État, après réception des travaux.

MAYOTTE

Le vide juridique concernant la collectivité départementale de Mayotte a été comblé par le décret n° 2008-585 du 19 juin 2008 (art. 1er) qui rend applicable à Mayotte, sous réserve de différentes adaptations, l'actuel Code des marchés publics (art. 178 et 179).

L'article 48 de la loi n° 96-609 du 5 juillet 1996 portant dispositions diverses relatives à l'outre-mer rend applicables à Mayotte le titre I « Transparence et régularité des procédures » de la loi du 3 janvier 1991 instituant la mission interministérielle d'enquête sur les marchés (« MIEM ») [*supra*, annexe I-7].

Depuis août 1995, la loi du 31 décembre 1975 modifiée relative à la sous-traitance est applicable dans la collectivité départementale de Mayotte (art. 15-1) [*supra*, annexe I-12].

III. – Loi n° 2001-616 du 11 juillet 2001 relative à Mayotte

Art. 19. – [dispositions applicables de 2004 à 2007] « Dans le cadre des commandes publiques, lorsque des intérêts moratoires ne sont pas mandatés en même temps que le principal, ce dernier étant d'un montant supérieur à un seuil fixé par voie réglementaire, le comptable assignataire de la dépense en informe l'ordonnateur et le représentant de l'État dans un délai de dix jours suivant la réception de l'ordre de paiement.

Dans un délai de quinze jours, le représentant de l'État adresse à l'ordonnateur une mise en demeure de mandatement. À défaut d'exécution dans un délai d'un mois, le représentant de l'État procède d'office, dans un délai de dix jours, au mandatement de la dépense.

Toutefois, si dans le délai d'un mois dont il dispose, l'ordonnateur notifie un refus d'exécution motivé par une insuffisance de crédits disponibles ou si, dans ce même délai, le représentant de l'État constate cette insuffisance, ce dernier met en œuvre les procédures mentionnées à l'article 18 dans un délai de quinze jours à compter de cette notification ou de cette constatation. Il procède ensuite au mandatement d'office dans les quinze jours suivant la réception de la délibération inscrivant les crédits ou suivant sa décision réglant le budget rectifié ».

NOUVELLE-CALÉDONIE

L'ordonnance n° 85-992 du 20 septembre 1985 relative à l'organisation et au fonctionnement des régions en Nouvelle-Calédonie avait prévu (art. 28) que *« les marchés publics relevaient de la réglementation territoriale »*. La loi référendaire n° 88-1028 du 9 novembre 1988 portant dispositions statutaires et préparatoires à l'autodétermination de la Nouvelle-Calédonie en 1998 stipulait expressément (art. 9) que *« Le territoire est compétent dans les matières suivantes : [...] 7° La réglementation des marchés publics »*. À l'heure actuelle, la situation est régie par les articles 21 et 22 de la loi n° 99-209 du 19 mars 1999 organique relative à la Nouvelle-Calédonie qui stipulent que *« l'État est compétent dans les matières suivantes [...] 9° Marchés publics et délégations de service public de l'État et de ses établissements publics»* et que *« la Nouvelle-Calédonie est compétente dans les matières suivantes [...] 17° Réglementation des marchés publics et des délégations de service public »*.

IV. – Extraits du Code des communes de la Nouvelle-Calédonie (annexes n^os I et II au décret n° 2001-579 du 29 juin 2001)

Art. L. 122-19-1. (Ordonnance n° 2007-1134 du 25 juillet 2007) – V. *supra*, annexe I-10, *in fine*.

Marchés et délégations de service public

Art. L. 314-1. – Aux conventions de marché et de délégation de service public des communes et des établissements publics communaux ou intercommunaux transmises par application du II de l'article L. 121-39-1 au haut-commissaire ou au commissaire délégué dans la province, dans un délai de quinze jours à compter de leur signature, l'autorité territoriale joint l'ensemble des pièces dont la liste est fixée par décret en Conseil d'État.

Elle certifie, par une mention apposée sur la convention notifiée au titulaire du marché ou de la délégation, que celle-ci a bien été transmise, en précisant la date de cette transmission.

Elle informe, dans un délai de quinze jours, le haut-commissaire ou le commissaire délégué dans la province de la date de notification de cette convention.

Art. L. 314-2. – Conformément à l'article 175-1 du Code pénal, dans les communes dont la population ne dépasse pas 1500 habitants, les maires, les adjoints et les conseillers municipaux délégués ou agissant en remplacement du maire peuvent soit traiter sur mémoires, ou sur simples factures, soit passer des marchés avec les communes qu'ils représentent pour l'exécution de menus travaux ou la livraison de fournitures courantes sous la réserve que le montant global des marchés passés dans l'année n'excède pas la somme de 545 760 F CFP (30 000 FF). En ce cas, la commune est représentée dans les conditions prévues à l'article L. 122-12. Le maire, les adjoints ou les conseillers municipaux visés doivent s'abstenir d'assister et de participer à toute délibération du conseil municipal relative à la conclusion ou à l'approbation de ces marchés.

[...]

Art. R. 314-1. – La transmission au haut-commissaire ou au commissaire délégué dans la province des marchés des communes et de leurs établissements publics autres que les établissements publics de santé comporte les pièces suivantes :

1° La copie des pièces constitutives du marché, à l'exception des plans ;

2° La délibération autorisant le représentant légal de la commune ou de l'établissement à passer le marché ;

3° La copie de l'avis d'appel public à la concurrence ainsi que, s'il y a lieu, de la lettre de consultation ;

4° Le règlement de la consultation lorsque l'établissement d'un tel document est obligatoire ;

5° Les procès-verbaux et rapports de la commission d'adjudication ou d'appel d'offres et les avis de jury de concours, avec les noms et qualités des personnes qui y ont siégé, ainsi que tout document ou rapport prévu par la réglementation territoriale applicable ;

6° Les renseignements, attestations et déclarations fournis en vertu de la réglementation applicable en Nouvelle-Calédonie.

Art. R. 314-2. – Les avenants aux marchés sont transmis au haut-commissaire ou au commissaire délégué dans la province accompagnés des délibérations qui les autorisent et de tout document ou rapport prévu par la réglementation applicable en Nouvelle-Calédonie.

Art. R. 314-3. – Le haut-commissaire ou le commissaire délégué dans la province peut demander, pour exercer le contrôle de légalité, que des pièces complémentaires lui soient fournies.

Régies municipales

Art. R. 323-23. – Le directeur passe, en exécution des décisions du conseil d'administration et avec l'agrément de son président, tous actes, contrats, traités et marchés.

Il peut, sous sa responsabilité, déléguer sa signature à un ou plusieurs chefs de services.

[...]

Art. R. 323-28. – La régie est représentée en justice et dans tous les actes de la vie civile par le directeur, sous réserve des attributions propres de l'agent comptable.

Les instances judiciaires sont soutenues, en action ou en défense, par le directeur, après autorisation du conseil d'administration. Les transactions sont conclues dans les mêmes conditions.

Le directeur peut, sans autorisation préalable du conseil d'administration et sous réserve des attributions propres à l'agent comptable, faire tous actes conservatoires ou interruptifs des délais de forclusion, prescriptions ou déchéances.

Art. R. 323-29. – La passation des contrats donne lieu à un compte rendu spécial au conseil d'administration dès sa première réunion, à l'exception de ceux dont le montant est inférieur à une somme fixée par le conseil.

Art. R. 323-30. – Le conseil d'administration décide les acquisitions, aliénations et prises en location de biens immobiliers, les mises en location de biens mobiliers et immobiliers qui appartiennent à la régie.

Art. R. 323-31. – Les taux des redevances dues par les usagers de la régie sont fixés par le conseil d'administration.

Les taux sont établis de manière à assurer l'équilibre financier de la régie dans les conditions prévues aux articles L. 2224-1, L. 2224-2 et L. 2224-4 du Code général des collectivités territoriales.

Art. R. 323-32. – Les marchés de travaux, transports et fournitures sont soumis aux règles applicables aux marchés de la commune.

Le directeur peut toutefois être autorisé par le conseil d'administration à traiter de gré à gré pour l'achat de fournitures courantes dont la liste est arrêtée par le conseil d'administration.

Concessions et affermages

Art. L. 324-1. – Dans les contrats portant concession de service public, les communes, ainsi que les établissements publics communaux, ne peuvent pas insérer de clauses par lesquelles le concessionnaire prend à sa charge l'exécution de travaux étrangers à l'objet de la concession.

Art. L. 324-2. – Les contrats de travaux publics conclus par les collectivités mentionnées au précédent article ne doivent pas contenir de clauses portant affermage d'une recette publique.

Art. L. 324-3. – Les communes, la Nouvelle-Calédonie, les chambres de commerce et d'industrie et les établissements publics peuvent se grouper sous forme de syndicats pour l'exploitation, par voie de concession, de services publics présentant un intérêt pour chacune des personnes morales en cause.

Les comptes et budgets des syndicats ainsi constitués entre collectivités et établissements publics sont justiciables de la chambre territoriale des comptes.

Art. L. 324-4. – Un décret en Conseil d'État détermine les modalités d'application de l'article précédent.

Art. L. 324-5. – Conformément à l'article 1er du décret du 12 novembre 1938 concernant la nationalité des concessionnaires de services publics et sous réserve des dispositions de l'article 44 du traité instituant la Communauté européenne, les communes et leurs établissements publics ne peuvent octroyer de concessions de services publics qu'à des Français.

Art. R. 324-1. – Toute entreprise liée à une commune ou à un établissement public communal par une convention financière comportant des règlements de compte périodiques est tenue de fournir à la collectivité contractante des comptes détaillés de ces opérations.

Art. R. 324-2. – L'entreprise communique aux agents désignés par le maire avec l'agrément du haut-commissaire, aux agents désignés par le haut-commissaire ainsi qu'à l'inspection générale des finances et à l'inspection générale de l'administration tous livres et documents nécessaires à la vérification de ses comptes.

La communication est faite sur place au siège de l'entreprise, aux époques et dans les délais qui sont arrêtés d'un commun accord. Toutefois, ces délais ne peuvent en aucun cas être inférieurs à ceux que la loi accorde aux commissaires aux comptes des sociétés anonymes.

Art. R. 324-3. – Dans toute commune ou établissement ayant plus de 9 000 000 F CFP (494 722 FF) de recettes de fonctionnement, les comptes mentionnés à l'article R. 324-2 sont en outre examinés par une commission de contrôle dont la composition est fixée par une délibération du conseil municipal ou du conseil de l'établissement.

Le haut-commissaire est représenté à cette commission par un ou plusieurs fonctionnaires qualifiés par leur compétence technique.

Art. R. 324-4. – Les comptes détaillés qui sont mentionnés à l'article R. 324-1 ainsi que les rapports des vérificateurs et de la commission de contrôle sont joints aux comptes de la commune ou de l'établissement pour servir de justification à la recette ou à la dépense résultant du règlement de compte périodique prévu au même article.

Art. R. 324-5. – Les entreprises qui exploitent des services publics en régie intéressée sont soumises, pour tout ce qui concerne l'exploitation et les travaux de premier établissement à exécuter pour le compte de l'autorité concédante, à toutes les mesures de contrôle et à la production de toutes les justifications que les règlements administratifs imposent aux régisseurs d'avances.

Art. R. 324-6. – Lorsque des marchés ou conventions passés par une commune ou un établissement public communal font l'objet d'une rétrocession même partielle, le concessionnaire est soumis en ce qui concerne les mesures de contrôle aux mêmes obligations que le cédant.

*

* *

Depuis janvier 1997, la loi du 31 décembre 1975 modifiée relative à la sous-traitance est applicable, sous certaines restrictions, en Nouvelle-Calédonie (art. 15-3) [*supra*, annexe I-12].

La réglementation territoriale des marchés publics en Nouvelle-Calédonie a été arrêtée par délibération n° 136 du 1er mars 1967 (modifiée en 1983, 1989, 1997 et 2005) comportant 106 articles (disponibles sur le site Internet : www.juridoc.gouv.nc).

POLYNÉSIE FRANÇAISE

1. – La loi organique n° 2004-192 du 27 février 2004 (qui abroge et remplace la loi n° 96-312 du 12 avril 1996), portant statut d'autonomie de la Polynésie française, clarifie le droit applicable :

– *article 3 : « Le haut-commissaire de la République, représentant de l'État, représentant de chacun des membres du Gouvernement, est dépositaire des pouvoirs de la République. Il a la charge des intérêts nationaux, du respect des lois et des engagements internationaux, de l'ordre public et du contrôle administratif » ;*

– article 14 (compétences de l'État) : « Les autorités de l'État sont compétentes dans les seules matières suivantes : […] 11° […] marchés publics et délégations de service public de l'État et de ses établissements publics » ;

– article 49 : « La Polynésie française fixe les règles relatives aux marchés publics et délégations de service public des communes, de leurs groupements et de leurs établissements publics dans le respect des principes d'égalité de traitement des candidats et de transparence des procédures » ;

– article 91 : « Dans la limite des compétences de la Polynésie française, le Conseil des ministres : […] 3° Autorise la conclusion des conventions à passer avec les délégataires de service public et arrête les cahiers des charges y afférents ; […] 16° Détermine l'objet et les modalités d'exécution ou d'exploitation des ouvrages publics et des travaux publics » ;

– article 171 : « […] II. – Doivent être transmis au haut-commissaire […] les actes suivants : A. – Pour le président de la Polynésie française, le conseil des ministres et les ministres : […] 5° Les conventions relatives aux marchés, à l'exception des marchés passés sans formalité préalable en raison de leur montant, et aux emprunts ainsi que les conventions de concession ou d'affermages de services publics à caractère industriel ou commercial […] B. – Pour l'assemblée de la Polynésie française : 1° Ses délibérations, autres que les actes prévus à l'article 140 dénommés "lois du pays", et celles prises par sa commission permanente par délégation de l'assemblée » ;

– article 172 : « Le haut-commissaire défère au tribunal administratif les actes du président de la Polynésie française, du Conseil des ministres ou des ministres, les délibérations de l'assemblée de la Polynésie française autres que les actes prévus à l'article 140 dénommés "lois du pays", de sa commission permanente ou de son bureau, les actes du président de l'assemblée de la Polynésie française, les actes du président du Conseil économique, social et culturel, qu'il estime contraires à la légalité, dans les deux mois de la transmission qui lui en est faite.

Lorsque le haut-commissaire défère un acte au tribunal administratif, il en informe sans délai son auteur et lui communique toute précision sur les illégalités invoquées. À la demande du président de la Polynésie française, du président de l'assemblée de la Polynésie française, du président de sa commission permanente ou du président du Conseil économique, social et culturel suivant le cas, le haut-commissaire peut faire connaître son intention de ne pas déférer un acte au tribunal administratif.

Le haut-commissaire peut assortir son recours d'une demande de suspension. Il est fait droit à cette demande si l'un des moyens

3

invoqués dans la requête parait, en l'état de l'instruction, propre à créer un doute sérieux quant à la légalité de l'acte attaqué. Il est statué dans le délai d'un mois.

Jusqu'à ce que le tribunal ait statué, la demande de suspension en matière d'urbanisme, de marchés et de délégations de service public formée par le haut-commissaire dans les dix jours à compter de la réception de l'acte entraîne la suspension de celui-ci. Au terme d'un délai d'un mois, si le tribunal n'a pas statué, l'acte redevient exécutoire ».

2. – La loi organique n° 2004-192 du 27 février 2004 (art. 186-II) et la loi n° 2004-193 du 27 février 2004 complétant le statut d'autonomie de la Polynésie française (art. 21-4°) ont complété ainsi le Code des juridictions financières :

– « Art. LO 272-38-1. – Les conventions relatives aux marchés et aux délégations de service public conclues par la Polynésie française et ses établissements publics peuvent être transmises par le haut-commissaire à la chambre territoriale des comptes. Le haut-commissaire en informe l'autorité signataire de la convention.

« La chambre territoriale des comptes formule ses observations dans un délai d'un mois à compter de sa saisine. L'avis de la chambre territoriale des comptes est transmis au gouvernement de la Polynésie française ou à l'établissement public intéressé ainsi qu'au haut-commissaire.

« L'ordonnateur ou son représentant peut, à sa demande, présenter oralement ses observations et être assisté par une personne de son choix. L'organe délibérant est informé de l'avis de la chambre territoriale des comptes dès sa plus prochaine réunion. »

– « Art. L. 272-38-2. – Les conventions relatives aux marchés et aux délégations de service public conclues par les communes et leurs établissements publics peuvent être transmises par le haut-commissaire à la chambre territoriale des comptes. Le haut-commissaire en informe l'autorité signataire de la convention.

« La chambre territoriale des comptes formule ses observations dans un délai d'un mois à compter de sa saisine. Son avis est transmis à l'exécutif de la commune ou de l'établissement public intéressé ainsi qu'au haut-commissaire. L'ordonnateur ou son représentant peut, à sa demande, présenter oralement ses observations et être assisté par une personne de son choix. L'organe délibérant est informé de l'avis de la chambre territoriale des comptes dès sa plus prochaine réunion. »

3. – Le Code général des collectivités territoriales rendu applicable à la Polynésie française par décret n° 2008-1020 du 22 septembre 2008, prévoit (art. D. 2573-11) que les articles R. 2131-5 et R. 2131-6 (relatifs au contrôle de légalité) – v. ci-dessus, annexe I-1 – sont applicables aux communes de la Polynésie française, les références aux articles

du Code des marchés publics étant « *remplacées par des références à la réglementation applicable localement.* »

4. – Depuis janvier 1997, la loi du 31 décembre 1975 modifiée relative à la sous-traitance est applicable, sous certaines restrictions, en Polynésie française (art. 15-3) [*supra*, annexe I-12].

SAINT-PIERRE-ET-MIQUELON

Depuis août 1995, la loi du 31 décembre 1975 modifiée relative à la sous-traitance est applicable dans la collectivité territoriale de Saint-Pierre-et-Miquelon (art. 15-1) [*supra*, annexe I-12].

Le Code des marchés publics de 2006 est applicable à Saint-Pierre-et-Miquelon, sous réserve des adaptations prévues à l'article 177 du code. On notera, à cet égard, que le décret n° 2007-1850 du 26 décembre 2007 qui a modifié les seuils applicables aux marchés publics, n'a pas rectifié les seuils applicables aux marchés de Saint-Pierre-et-Miquelon.

Annexe III

Environnement européen des marchés publics

3

1. La directive européenne 2004/18/CE « Marchés publics » du 31 mars 2004

I. – Les points marquants de la directive européenne (passation des marchés publics)

1) Application de la directive aux marchés subventionnés à plus de 50 % par des pouvoirs adjudicateurs (art. 8) ;

2) L'article 9 donne de manière détaillée les méthodes de calcul de la valeur estimée des marchés ;

3) L'article 24 (« Variantes ») est beaucoup plus précis que l'article 50 du Code des marchés publics français (nécessité de ne prendre en considération que les variantes répondant aux exigences minimales requises) ;

4) L'article 29 (« Dialogue compétitif ») vise les marchés « particulièrement complexes » et donne le cadre de cette procédure [à rapprocher des articles 36 et 67 du Code des marchés publics français] ;

5) L'article 30 (« Cas justifiant le recours à la procédure négociée ») précise bien qu'au cours de la négociation l'égalité de traitement de tous les candidats doit être préservée, aucune information susceptible d'avantager certains soumissionnaires par rapport à d'autres ne devant être fournie par les pouvoirs adjudicateurs ;

6) Possibilité de recourir à des systèmes d'acquisition dynamiques dans lesquels les pouvoirs adjudicateurs utilisent exclusivement des moyens électroniques (art. 33) ;

7) L'article 38 (« Délais de réception des demandes de participation et de réception des offres ») rappelle que les délais fixés par les pouvoirs adjudicateurs doivent tenir « compte en particulier de la complexité du marché et du temps nécessaire pour préparer les offres, sans préjudice des délais minima fixés par le présent article » ;

8) L'article 41 (« Information des candidats et des soumissionnaires ») précise que les délais de réponse de la personne publique à tout candidat qui demande les motifs du rejet de sa candidature ou de son offre (art. 80 et 83 du Code des marchés public français) ne peuvent « en aucun cas » dépasser 15 jours à compter de la réception d'une demande écrite ;

9) L'article 43 fait obligation aux pouvoirs adjudicateurs d'établir pour tout marché un procès-verbal détaillé (équivalant au rapport de présentation prévu par l'article 79 du Code des marchés publics français) ;

10) Les articles 56 à 65 traitent des concessions de travaux publics (contrats présentant les mêmes caractéristiques que les marchés publics de travaux, à l'exception du fait que la contrepartie des travaux consiste soit uniquement dans le droit d'exploiter l'ouvrage, soit dans ce droit assorti d'un prix).

II. – Note sur l'application des directives européennes

1. – La Cour de justice des communautés européennes (CJCE) a affirmé le « *principe de la primauté du droit communautaire* » dans son arrêt *Simmenthal* du 9 mars 1978 (aff. 106/77). Cette primauté bénéficie au traité instituant la Communauté européenne (qui deviendra, avec le Traité de Lisbonne, le Traité sur le fonctionnement de l'Union européenne), mais également au droit communautaire dérivé. L'article 94 (devenu, avec le Traité de Lisbonne, article 95) prévoit en effet que le Conseil « *arrête des directives pour le rapprochement des dispositions législatives, réglementaires et administratives des États membres qui ont une incidence directe sur l'établissement ou le fonctionnement du marché intérieur* ». En application de l'article 249 du Traité sur le fonctionnement de l'Union européenne, consolidé, les directives lient les États membres « *quant au résultat à atteindre, tout en laissant aux instances nationales la compétence quant à la forme et aux moyens* ».

2. – La Cour de justice des communautés européennes (CJCE) a ensuite jugé qu'une « *administration, y compris communale, a l'obligation d'appliquer les dispositions d'une directive et d'écarter l'application de celles des dispositions du droit national qui n'y sont pas conformes* » (CJCE, 22 juin 1989, *Fratelli Costanzo,* aff. 103/88).

3. – Le Conseil d'État a, pour sa part, précisé la place des actes de droit communautaire dérivé dans la hiérarchie des normes : par arrêt du 24 septembre 1990, *Boisdet* (Rec. Lebon, p. 251), il a écarté l'application d'une loi incompatible avec un règlement communautaire. Il a fait de même à l'encontre d'une loi nationale incompatible avec une directive communautaire dont le délai de transposition était expiré (CE, Ass. 28 février 1992, *SA Philip Morris France*, Rec. Lebon, p. 78, concl. M. Laroque). Il a admis ensuite qu'une directive communautaire non transposée peut être invoquée directement par un particulier à l'encontre d'une décision administrative qui ne revêt pas de caractère réglementaire, en l'occurrence la décision de la concession, de la construction et de l'exploitation du périphérique urbain à Lyon (CE, 6 février 1998, *Tête et association de sauvegarde de l'ouest lyonnais*, Req. n° 138777, Rec. Lebon, p. 30 & RFDA 1998.407, concl. H. Savoie). Enfin, toute interprétation du traité et des actes communautaires, que la CJCE est compétente pour donner en application du Traité CE, s'impose au Conseil d'État (CE, Ass. 11 décembre 2006, *Sté De Groot*, n° 234560).

Directive européenne 2004/18/CE du 31 mars 2004 relative à la coordination des procédures de passation des marchés publics de travaux, de fournitures et de services

Titre Ier. – Définitions et principes généraux

Art. 1er. – Définitions

1. Aux fins de la présente directive, les définitions figurant aux paragraphes 2 à 15 s'appliquent.

2. *a)* Les « marchés publics » sont des contrats à titre onéreux conclus par écrit entre un ou plusieurs opérateurs économiques et un ou plusieurs pouvoirs adjudicateurs et ayant pour objet l'exécution de travaux, la fourniture de produits ou la prestation de services au sens de la présente directive.

b) Les « marchés publics de travaux » sont des marchés publics ayant pour objet soit l'exécution, soit conjointement la conception et l'exécution de travaux relatifs à une des activités mentionnées à l'annexe I ou d'un ouvrage, soit la réalisation, par quelque moyen que ce soit, d'un ouvrage répondant aux besoins précisés par le pouvoir adjudicateur. Un « ouvrage » est le résultat d'un ensemble de travaux de bâtiment ou de génie civil destiné à remplir par lui-même une fonction économique ou technique.

c) Les « marchés publics de fournitures » sont des marchés publics autres que ceux visés au point *b)* ayant pour objet l'achat, le crédit-bail, la location ou la location-vente, avec ou sans option d'achat, de produits.

Un marché public ayant pour objet la fourniture de produits et, à titre accessoire, les travaux de pose et d'installation est considéré comme un « marché public de fournitures ».

d) Les « marchés publics de services » sont des marchés publics autres que les marchés publics de travaux ou de fournitures portant sur la prestation de services visés à l'annexe II.

Un marché public ayant pour objet à la fois des produits et des services visés à l'annexe II est considéré comme un « marché public de services » lorsque la valeur des services en question dépasse celle des produits incorporés dans le marché.

Un marché public ayant pour objet des services visés à l'annexe II et ne comportant des activités visées à l'annexe I qu'à titre accessoire par rapport à l'objet principal du marché est considéré comme un marché public de services.

3. La « concession de travaux publics » est un contrat présentant les mêmes caractéristiques qu'un marché public de travaux, à l'exception du fait que la contrepartie des travaux consiste soit uniquement dans le droit d'exploiter l'ouvrage, soit dans ce droit assorti d'un prix.

4. La « concession de services » est un contrat présentant les mêmes caractéristiques qu'un marché public de services, à l'exception du fait que la contrepartie de la

prestation des services consiste soit uniquement dans le droit d'exploiter le service, soit dans ce droit assorti d'un prix.

5. Un « accord-cadre » est un accord conclu entre un ou plusieurs pouvoirs adjudicateurs et un ou plusieurs opérateurs économiques ayant pour objet d'établir les termes régissant les marchés à passer au cours d'une période donnée, notamment en ce qui concerne les prix et, le cas échéant, les quantités envisagées.

6. Un « système d'acquisition dynamique » est un processus d'acquisition entièrement électronique pour des achats d'usage courant, dont les caractéristiques généralement disponibles sur le marché satisfont aux besoins du pouvoir adjudicateur, limité dans le temps et ouvert pendant toute sa durée à tout opérateur économique satisfaisant aux critères de sélection et ayant présenté une offre indicative conforme au cahier des charges.

7. Une « enchère électronique » est un processus itératif selon un dispositif électronique de présentation de nouveaux prix, revus à la baisse, et/ou de nouvelles valeurs portant sur certains éléments des offres, qui intervient après une première évaluation complète des offres, permettant que leur classement puisse être effectué sur base d'un traitement automatique.

Par conséquent, certains marchés de services et de travaux portant sur des prestations intellectuelles, comme la conception d'ouvrage, ne peuvent pas faire l'objet d'enchères électroniques.

8. Les termes « entrepreneur », « fournisseur » et « prestataire de services » désignent toute personne physique ou morale ou entité publique ou groupement de ces personnes et/ou organismes qui offre, respectivement, la réalisation de travaux et/ou d'ouvrages, des produits ou des services sur le marché.

Le terme « opérateur économique » couvre à la fois les notions d'entrepreneur, fournisseur et prestataire de services. Il est utilisé uniquement dans un souci de simplification du texte.

L'opérateur économique qui a présenté une offre est désigné par le mot « soumissionnaire ». Celui qui a sollicité une invitation à participer à une procédure restreinte ou négociée ou à un dialogue compétitif est désigné par le terme « candidat ».

9. Sont considérés comme « pouvoirs adjudicateurs » : l'État, les collectivités territoriales, les organismes de droit public et les associations formées par une ou plusieurs de ces collectivités ou un ou plusieurs de ces organismes de droit public.

Par « organisme de droit public », on entend tout organisme :

a) créé pour satisfaire spécifiquement des besoins d'intérêt général ayant un caractère autre qu'industriel ou commercial,

b) doté de la personnalité juridique et

c) dont soit l'activité est financée majoritairement par l'État, les collectivités territoriales ou d'autres organismes de droit public, soit la gestion est soumise à un contrôle par ces derniers, soit l'organe d'administration, de direction ou de surveillance est composé de membres dont plus de la moitié sont désignés par l'État, les collectivités territoriales ou d'autres organismes de droit public.

Les listes, non exhaustives, des organismes et des catégories d'organismes de droit public qui remplissent les critères énumérés au deuxième alinéa, points *a)*, *b)* et *c)*, figurent à l'annexe III. Les États membres notifient périodiquement à la Commission les modifications intervenues dans leurs listes.

10. Une « centrale d'achat » est un pouvoir adjudicateur qui :

– acquiert des fournitures et/ou des services destinés à des pouvoirs adjudicateurs, ou

– passe des marchés publics ou conclut des accords-cadres de travaux, de fournitures ou de services destinés à des pouvoirs adjudicateurs.

11. *a)* Les « procédures ouvertes » sont les procédures dans lesquelles tout opérateur économique intéressé peut présenter une offre.

b) Les « procédures restreintes » sont les procédures auxquelles tout opérateur économique peut demander à participer et dans lesquelles seuls les opérateurs économiques invités par les pouvoirs adjudicateurs peuvent présenter une offre.

c) Le « dialogue compétitif » est une procédure, à laquelle tout opérateur économique peut demander à participer et dans laquelle le pouvoir adjudicateur conduit un dialogue avec les candidats admis à cette procédure, en vue de développer une ou plusieurs solutions aptes à répondre à ses besoins et sur la base de laquelle ou desquelles les candidats sélectionnés seront invités à remettre une offre.

Aux fins du recours à la procédure visée au premier alinéa, un marché public est considéré comme « particulièrement complexe » lorsque le pouvoir adjudicateur :

– n'est objectivement pas en mesure de définir, conformément à l'article 23, paragraphe 3, point b), c) ou d), les moyens techniques pouvant répondre à ses besoins et à ses objectifs, et/ou

– n'est objectivement pas en mesure d'établir le montage juridique et/ou financier d'un projet.

d) Les « procédures négociées » sont les procédures dans lesquelles les pouvoirs adjudicateurs consultent les opérateurs économiques de leur choix et négocient les conditions du marché avec un ou plusieurs d'entre eux.

e) Les « concours » sont les procédures qui permettent au pouvoir adjudicateur d'acquérir, principalement dans le domaine de l'aménagement du territoire, de l'urbanisme, de l'architecture et de l'ingénierie ou des traitements de données, un plan ou un projet qui est choisi par un jury après mise en concurrence avec ou sans attribution de primes.

12. Les termes « écrit(e) » ou « par écrit » désignent tout ensemble de mots ou de chiffres qui peut être lu, reproduit, puis communiqué. Cet ensemble peut inclure des informations transmises et stockées par des moyens électroniques.

13. Un « moyen électronique » est un moyen utilisant des équipements électroniques de traitement (y compris la compression numérique) et de stockage de données,

et utilisant la diffusion, l'acheminement et la réception par fils, par radio, par moyens optiques ou par d'autres moyens électromagnétiques.

14. Le « Vocabulaire commun pour les marchés publics » (Commun Procurement Vocabulary, CPV), désigne la nomenclature de référence applicable aux marchés publics adoptée par le règlement (CE) n° 2195/2002, tout en assurant la correspondance avec les autres nomenclatures existantes.

En cas de différences d'interprétation en ce qui concerne le champ d'application de la présente directive, à la suite d'éventuelles divergences entre la nomenclature CPV et la nomenclature NACE visée à l'annexe I ou entre la nomenclature CPV et la nomenclature CPC (version provisoire) visée à l'annexe II, la nomenclature NACE ou la nomenclature CPC priment respectivement.

15. Aux fins de l'article 13, de l'article 57, point *a)*, et de l'article 68, point *b)*, on entend par :

a) « réseau public de télécommunications », l'infrastructure publique de télécommunications qui permet le transport de signaux entre des points de terminaison définis du réseau par fils, par faisceaux hertziens, par moyens optiques ou par d'autres moyens électromagnétiques ;

b) « point de terminaison du réseau », l'ensemble des connexions physiques et des spécifications techniques d'accès qui font partie du réseau public de télécommunications et sont nécessaires pour avoir accès à ce réseau public et communiquer efficacement par son intermédiaire ;

c) « services publics de télécommunications », les services de télécommunications dont les États membres ont spécifiquement confié l'offre, notamment à une ou plusieurs entités de télécommunications ;

d) « services de télécommunications », les services qui consistent, en tout ou en partie, en la transmission et l'acheminement de signaux sur le réseau public de télécommunications par des procédés de télécommunications, à l'exception de la radiodiffusion et de la télévision.

Art. 2. – Principes de passation des marchés

Les pouvoirs adjudicateurs traitent les opérateurs économiques sur un pied d'égalité, de manière non discriminatoire et agissent avec transparence.

Art. 3. – Octroi de droits spéciaux ou exclusifs : clause de non-discrimination

Lorsqu'un pouvoir adjudicateur octroie à une entité autre qu'un tel pouvoir adjudicateur des droits spéciaux ou exclusifs d'exercer une activité de service public, l'acte par lequel ce droit est octroyé prévoit que l'entité concernée doit, pour les marchés de fournitures qu'elle passe avec des tiers dans le cadre de cette activité, respecter le principe de non-discrimination en raison de la nationalité.

Titre II. – Règles applicables aux marchés publics

Chapitre Ier. – Dispositions générales

Art. 4. – Opérateurs économiques

1. Les candidats ou soumissionnaires qui, en vertu de la législation de l'État membre où ils sont établis, sont habilités à fournir la prestation en question ne peuvent être rejetés seulement du fait qu'ils auraient été tenus, en vertu de la législation de l'État membre où le marché est attribué, d'être soit des personnes physiques, soit des personnes morales.

Toutefois, pour les marchés publics de services et de travaux, ainsi que pour les marchés publics de fournitures comportant, en outre, des services et/ou des travaux de pose et d'installation, les personnes morales peuvent être obligées d'indiquer, dans leurs offres ou leurs demandes de participation, les noms et les qualifications professionnelles des personnes qui sont chargées de l'exécution de la prestation en question.

2. Les groupements d'opérateurs économiques sont autorisés à soumissionner ou à se porter candidats. Pour la présentation d'une offre ou d'une demande de participation, les pouvoirs adjudicateurs ne peuvent exiger que les groupements d'opérateurs économiques aient une forme juridique déterminée, mais le groupement retenu peut être contraint de revêtir une forme juridique déterminée lorsque le marché lui a été attribué, dans la mesure où cette transformation est nécessaire pour la bonne exécution du marché.

Art. 5 – Conditions relatives aux accords conclus au sein de l'Organisation mondiale du commerce

Lors de la passation de marchés publics par les pouvoirs adjudicateurs, les États membres appliquent dans leurs relations des conditions aussi favorables que celles qu'ils réservent aux opérateurs économiques des pays tiers en application de l'accord sur les marchés publics conclu dans le cadre des négociations multilatérales du cycle de l'Uruguay (ci-après dénommé « l'Accord »). À cette fin, les États membres se consultent sur les mesures à prendre en application de l'Accord, au sein du comité consultatif pour les marchés publics visé à l'article 77.

Art. 6. – Confidentialité

Sans préjudice des dispositions de la présente directive, notamment celles relatives aux obligations en matière de publicité sur les marchés attribués et d'information des candidats et des soumissionnaires qui figurent à l'article 35, paragraphe 4, et à l'article 41, et, conformément au droit national auquel est soumis le pouvoir adjudicateur, ce dernier ne divulgue pas les renseignements que les opérateurs économiques lui ont communiqués à titre confidentiel ; ces renseignements comprennent notamment les secrets techniques ou commerciaux et les aspects confidentiels des offres.

Chapitre II. – Champ d'application

Section 1. Seuils

Art. 7. – Montant des seuils des marchés publics

La présente directive s'applique aux marchés publics qui ne sont pas exclus en vertu des exceptions prévues aux articles 10 et 11 et des articles 12 à 18 et dont la valeur estimée hors taxe sur la valeur ajoutée (TVA) est égale ou supérieure aux seuils suivants :

a) (Règlement CE n° 1422/2007 du 4 décembre 2007) 133 000 €, pour les marchés publics de fournitures et de services, autres que ceux visés au point *b)*, troisième tiret, passés par les pouvoirs adjudicateurs qui sont des autorités gouvernementales centrales reprises à l'annexe IV ; en ce qui concerne les marchés publics de fournitures passés par ces pouvoirs adjudicateurs qui opèrent dans le domaine de la défense, cela ne vaut que pour les marchés concernant les produits visés à l'annexe V ;

b) (Règlement CE n° 1422/2007 du 4 décembre 2007) 206 000 € :

– pour les marchés publics de fournitures et de services passés par les pouvoirs adjudicateurs autres que ceux visés à l'annexe IV,

– pour les marchés publics de fournitures passés par les pouvoirs adjudicateurs mentionnés à l'annexe IV qui opèrent dans le domaine de la défense lorsque ces marchés concernent des produits non visés par l'annexe V,

– pour les marchés publics de services passés par un pouvoir adjudicateur ayant pour objet des services de la catégorie 8 de l'annexe II A, des services de télécommunications de la catégorie 5 dont les positions dans le CPV sont l'équivalent des numéros de référence CPC 7524, 7525 et 7526 et/ou des services figurant à l'annexe II B.

c) (Règlement CE n° 1422/2007 du 4 décembre 2007) 5 150 000 €, pour les marchés publics de travaux.

Art. 8. – Marchés subventionnés à plus de 50 % par des pouvoirs adjudicateurs

La présente directive s'applique à la passation :

a) des marchés subventionnés directement à plus de 50 % par des pouvoirs adjudicateurs et dont la valeur estimée, hors TVA, égale ou dépasse *(Règlement CE n° 1422/2007 du 4 décembre 2007)* 5 150 000 € :

– lorsque ces marchés concernent les activités de génie civil au sens de l'annexe I ;

– lorsque ces marchés portent sur les travaux de bâtiment relatifs aux hôpitaux, aux équipements sportifs, récréatifs et de loisirs, aux bâtiments scolaires et universitaires et aux bâtiments à usage administratif ;

b) des marchés de services subventionnés directement à plus de 50 % par des pouvoirs adjudicateurs et dont la valeur estimée hors TVA égale ou dépasse (*Règlement CE n° 1422/2007 du 4 décembre 2007)* 206 000 € lorsque ces marchés sont en liaison avec un marché de travaux au sens du point *a)*.

Les États membres prennent les mesures nécessaires pour que les pouvoirs adjudicateurs qui octroient ces subventions fassent respecter la présente directive lorsque ces marchés sont passés par une ou plusieurs entités autres qu'eux-mêmes ou respectent la présente directive lorsqu'ils passent eux-mêmes ces marchés au nom et pour le compte de ces autres entités.

Art. 9. – Méthodes de calcul de la valeur estimée des marchés publics, des accords-cadre et des systèmes d'acquisition dynamiques

1. Le calcul de la valeur estimée d'un marché public est fondé sur le montant total payable, hors TVA, estimé par le pouvoir adjudicateur. Ce calcul tient compte du montant total estimé, y compris toute forme d'option éventuelle et les reconductions du contrat éventuelles.

Si le pouvoir adjudicateur prévoit des primes ou des paiements au profit des candidats ou soumissionnaires, il en tient compte pour calculer la valeur estimée du marché.

2. Cette estimation doit valoir au moment de l'envoi de l'avis de marché, tel que prévu à l'article 35, paragraphe 2, ou, dans les cas où un tel avis n'est pas requis, au moment où le pouvoir adjudicateur engage la procédure d'attribution du marché.

3. Aucun projet d'ouvrage ni aucun projet d'achat visant à obtenir une certaine quantité de fournitures et/ou de services ne peut être scindé en vue de le soustraire à l'application de la présente directive.

4. Pour les marchés publics de travaux, le calcul de la valeur estimée prend en compte le montant des travaux ainsi que la valeur totale estimée des fournitures nécessaires à l'exécution des travaux et mises à la disposition de l'entrepreneur par les pouvoirs adjudicateurs.

5. *a)* Lorsqu'un ouvrage envisagé ou un projet d'achat de services peut donner lieu à des marchés passés en même temps par lots séparés, la valeur globale estimée de la totalité de ces lots est prise en compte.

Lorsque la valeur cumulée des lots égale ou dépasse le seuil prévu à l'article 7, la présente directive s'applique à la passation de chaque lot.

Toutefois, les pouvoirs adjudicateurs peuvent déroger à cette application pour des lots dont la valeur estimée hors TVA est inférieure à 80 000 € pour les services et 1 million d'euros pour les travaux et pour autant que le montant cumulé de ces lots n'excède pas 20 % de la valeur cumulée de la totalité des lots ;

b) Lorsqu'un projet visant à obtenir des fournitures homogènes peut donner lieu à des marchés passés en même temps par lots séparés, la valeur estimée de la totalité de ces lots est prise en compte pour l'application de l'article 7, points *a)* et *b)*.

Lorsque la valeur cumulée des lots égale ou dépasse le seuil prévu à l'article 7, la présente directive s'applique à la passation de chaque lot.

Toutefois, les pouvoirs adjudicateurs peuvent déroger à cette application pour des lots dont la valeur estimée hors TVA est inférieure à 80 000 € et pour autant que le montant cumulé de ces lots n'excède pas 20 % de la valeur cumulée de la totalité des lots.

6. Pour les marchés publics de fournitures ayant pour objet le crédit-bail, la location ou la location-vente de produits, la valeur à prendre comme base pour le calcul de la valeur estimée du marché est la suivante :

a) dans l'hypothèse de marchés publics ayant une durée déterminée, dans la mesure où celle-ci est égale ou inférieure à douze mois, la valeur totale estimée pour la durée du marché ou, dans la mesure où la durée du marché est supérieure à douze mois, la valeur totale incluant le montant estimé de la valeur résiduelle ;

b) dans l'hypothèse de marchés publics ayant une durée indéterminée ou dans le cas où la détermination de leur durée ne peut être définie, la valeur mensuelle multipliée par 48.

7. Lorsqu'il s'agit de marchés publics de fournitures ou de services présentant un caractère de régularité ou destinés à être renouvelés au cours d'une période donnée, est prise comme base pour le calcul de la valeur estimée du marché :

a) soit la valeur réelle globale des contrats successifs analogues passés au cours des douze mois précédents ou de l'exercice précédent, corrigée, si possible, pour tenir compte des modifications en quantité ou en valeur qui surviendraient au cours des douze mois suivant le contrat initial ;

b) soit la valeur estimée globale des contrats successifs passés au cours des douze mois suivant la première livraison ou au cours de l'exercice dans la mesure où celui-ci est supérieur à douze mois.

Le choix de la méthode pour le calcul de la valeur estimée d'un marché public ne peut être effectué avec l'intention de le soustraire à l'application de la présente directive.

8. Pour les marchés publics de services, la valeur à prendre comme base pour le calcul de la valeur estimée du marché est, le cas échéant, la suivante :

a) pour les types de services suivants :

1) services d'assurance : la prime payable et les autres modes de rémunération ;

2) services bancaires et autres services financiers : les honoraires, commissions, intérêts et autres modes de rémunération ;

3) marchés impliquant la conception : honoraires, commissions payables et autres modes de rémunération.

b) pour les marchés de services n'indiquant pas un prix total :

1) dans l'hypothèse de marchés ayant une durée déterminée, dans la mesure où celle-ci est égale ou inférieure à quarante-huit mois : la valeur totale estimée pour toute leur durée ;

2) dans l'hypothèse de marchés ayant une durée indéterminée ou supérieure à quarante-huit mois : la valeur mensuelle multipliée par 48.

9. Pour les accords-cadres et pour les systèmes d'acquisitions dynamiques la valeur à prendre en considération est la valeur maximale estimée hors TVA de l'ensemble des marchés envisagés pendant la durée totale de l'accord-cadre ou du système d'acquisition dynamique.

Section 2. Situations spécifiques

Art. 10. – Marchés dans le domaine de la défense

La présente directive s'applique aux marchés publics passés par des pouvoirs adjudicateurs dans le domaine de la défense, sous réserve de l'article 296 du traité.

Art. 11. – Marchés publics et accords-cadre passés par les centrales d'achat

1. Les États membres peuvent prévoir la possibilité pour les pouvoirs adjudicateurs d'acquérir des travaux, des fournitures et/ou des services en recourant à des centrales d'achat.

2. Les pouvoirs adjudicateurs qui acquièrent des travaux, des fournitures et/ou des services en recourant à une centrale d'achat dans les hypothèses visées à l'article 1er, paragraphe 10, sont considérés comme ayant respecté la présente directive, pour autant que cette centrale d'achat l'ait respectée.

Section 3. Marchés exclus

Art. 12. – Marchés passés dans les secteurs de l'eau, de l'énergie, des transports et des services postaux

La présente directive ne s'applique pas aux marchés publics qui, dans le cadre de la directive 2004/17/CE, sont passés par des pouvoirs adjudicateurs exerçant une ou plusieurs des activités visées aux articles 3 à 7 de ladite directive et sont passés pour ces activités, ni aux marchés publics exclus du champ d'application de ladite directive en vertu de son article 5, paragraphe 2, et de ses articles 19, 26 et 30.

Toutefois, la présente directive continue à s'appliquer aux marchés publics qui sont passés par des pouvoirs adjudicateurs exerçant une ou plusieurs des activités visées à l'article 6 de la directive 2004/17/CE et qui sont passés pour ces activités, aussi longtemps que l'État membre concerné se prévaut de la faculté visée à l'article 71, de ladite directive pour en différer l'application.

Art. 13. – Exclusions spécifiques dans le domaine des télécommunications

La présente directive ne s'applique pas aux marchés publics qui ont principalement pour objet de permettre aux pouvoirs adjudicateurs la mise à disposition ou l'exploitation de réseaux publics de télécommunications ou la fourniture au public d'un ou de plusieurs services de télécommunications.

Art. 14. – Marchés secrets ou exigeant des mesures particulières de sécurité

La présente directive ne s'applique pas aux marchés publics lorsqu'ils sont déclarés secrets ou lorsque leur exécution doit s'accompagner de mesures particulières de sécurité, conformément aux dispositions législatives, réglementaires ou administratives en vigueur dans l'État membre considéré, ou lorsque la protection des intérêts essentiels de cet État membre l'exige.

Art. 15. – Marchés passés en vertu de règles internationales

La présente directive ne s'applique pas aux marchés publics régis par des règles de procédure différentes et passés en vertu :

a) d'un accord international, conclu en conformité avec le traité, entre un État membre et un ou plusieurs pays tiers et portant sur des fournitures ou des travaux destinés à la réalisation ou à l'exploitation en commun d'un ouvrage par les États signataires ou sur des services destinés à la réalisation ou à l'exploitation en commun d'un projet par les États signataires ; tout accord sera communiqué à la Commission qui peut procéder à une consultation au sein du comité consultatif pour les marchés publics visé à l'article 77 ;

b) d'un accord international conclu en relation avec le stationnement de troupes et concernant des entreprises d'un État membre ou d'un pays tiers ;

c) de la procédure spécifique d'une organisation internationale.

Art. 16. – Exclusions spécifiques

La présente directive ne s'applique pas aux marchés publics de services :

a) ayant pour objet l'acquisition ou la location, quelles qu'en soient les modalités financières, de terrains, de bâtiments existants ou d'autres biens immeubles ou qui concernent des droits sur ces biens ; toutefois, les contrats de services financiers conclus parallèlement, préalablement ou consécutivement au contrat d'acquisition ou de location, sous quelque forme que ce soit, sont soumis à la présente directive ;

b) concernant l'achat, le développement, la production ou la coproduction des programmes destinés à la diffusion par des organismes de radiodiffusion et concernant les temps de diffusion ;

c) concernant les services d'arbitrage et de conciliation ;

d) concernant des services financiers relatifs à l'émission, à l'achat, à la vente et au transfert de titres ou d'autres instruments financiers, en particulier les opérations d'approvisionnement en argent ou en capital des pouvoirs adjudicateurs, et des services fournis par des banques centrales ;

e) concernant les contrats d'emploi ;

f) concernant des services de recherche et de développement autres que ceux dont les fruits appartiennent exclusivement au pouvoir adjudicateur pour son usage dans l'exercice de sa propre activité, pour autant que la prestation du service soit entièrement rémunérée par le pouvoir adjudicateur.

Art. 17. – Concessions de services

Sans préjudice de l'application des dispositions prévues à l'article 3, la présente directive ne s'applique pas aux concessions de services définies à l'article 1er, paragraphe 4.

Art. 18. – Marchés de services attribués sur la base d'un droit exclusif

La présente directive ne s'applique pas aux marchés publics de services attribués par un pouvoir adjudicateur à un autre pouvoir adjudicateur ou à une association de pouvoirs adjudicateurs sur la base d'un droit exclusif dont ceux-ci bénéficient en vertu de dispositions législatives, réglementaires ou administratives publiées, à condition que ces dispositions soient compatibles avec le traité.

Section 4. Régime particulier

Art. 19. – Marchés réservés

Les États membres peuvent réserver la participation aux procédures de passation de marchés publics à des ateliers protégés ou en réserver l'exécution dans le cadre de programmes d'emplois protégés, lorsque la majorité des travailleurs concernés sont des personnes handicapées qui, en raison de la nature ou de la gravité de leurs déficiences, ne peuvent exercer une activité professionnelle dans des conditions normales.

L'avis de marché fait mention de la présente disposition.

Chapitre III. – Régimes applicables aux marchés publics de services

Art. 20. – Marchés de services figurant à l'annexe II A

Les marchés qui ont pour objet des services figurant à l'annexe II A sont passés conformément aux articles 23 à 55.

Art. 21. – Marchés de services figurant à l'annexe II B

La passation des marchés qui ont pour objet des services figurant à l'annexe II B est soumise seulement à l'article 23 et à l'article 35, paragraphe 4.

Art. 22. – Marchés mixtes de services figurant à l'annexe II A et de services figurant à l'annexe II B

Les marchés qui ont pour objet à la fois des services figurant à l'annexe II A et des services figurant à l'annexe II B sont passés conformément aux articles 23 à 55 lorsque la valeur des services figurant à l'annexe II A dépasse celle des services figurant à l'annexe II B. Dans les autres cas, le marché est passé conformément à l'article 23 et à l'article 35, paragraphe 4.

Chapitre IV. – Règles spécifiques concernant le cahier des charges et les documents du marché

Art. 23. – Spécifications techniques

1. Les spécifications techniques telles que définies au point 1) de l'annexe VI figurent dans les documents du marché, tels que les avis de marché, le cahier des charges ou les documents complémentaires. Chaque fois que possible, ces spécifications techniques devraient être établies de manière à prendre en considération les critères d'accessibilité pour les personnes handicapées ou la conception pour tous les utilisateurs.

2. Les spécifications techniques doivent permettre l'accès égal des soumissionnaires et ne pas avoir pour effet de créer des obstacles injustifiés à l'ouverture des marchés publics à la concurrence.

3. Sans préjudice des règles techniques nationales obligatoires, dans la mesure où elles sont compatibles avec le droit communautaire, les spécifications techniques sont formulées :

a) soit par référence à des spécifications techniques définies à l'annexe VI et, par ordre de préférence, aux normes nationales transposant des normes européennes, aux agréments techniques européens, aux spécifications techniques communes, aux normes internationales, aux autres référentiels techniques élaborés par les organismes européens de normalisation ou, lorsque ceux-ci n'existent pas, aux normes nationales, aux agréments techniques nationaux, ou aux spécifications techniques nationales en matière de conception, de calcul et de réalisation des ouvrages et de mise en œuvre des produits. Chaque référence est accompagnée de la mention « ou équivalent » ;

b) soit en termes de performances ou d'exigences fonctionnelles ; celles-ci peuvent inclure des caractéristiques environnementales. Elles doivent cependant être suffisamment précises pour permettre aux soumissionnaires de déterminer l'objet du marché et aux pouvoirs adjudicateurs d'attribuer le marché ;

c) soit en termes de performances ou d'exigences fonctionnelles visées au point *b)*, en se référant, comme un moyen de présomption de conformité à ces performances ou à ces exigences fonctionnelles, aux spécifications citées au point *a)* ;

d) soit par une référence aux spécifications visées au point *a)* pour certaines caractéristiques et aux performances ou exigences fonctionnelles visées au point *b)* pour d'autres caractéristiques.

4. Lorsque les pouvoirs adjudicateurs font usage de la possibilité de se référer aux spécifications visées au paragraphe 3, point *a)*, ils ne peuvent pas rejeter une offre au motif que les produits et services offerts sont non conformes aux spécifications auxquelles ils ont fait référence, dès lors que le soumissionnaire prouve dans son offre à la satisfaction du pouvoir adjudicateur, par tout moyen approprié, que les solutions qu'il propose satisfont de manière équivalente aux exigences définies par les spécifications techniques.

Peut constituer un moyen approprié, un dossier technique du fabricant ou un rapport d'essai d'un organisme reconnu.

5. Lorsque les pouvoirs adjudicateurs font usage de la possibilité, prévue au paragraphe 3, d'établir des prescriptions en termes de performances ou d'exigences fonctionnelles, ils ne peuvent rejeter une offre de travaux, de produits ou de services conformes à une norme nationale transposant une norme européenne, à un agrément technique européen, à une spécification technique commune, à une norme internationale, ou à un référentiel technique élaboré par un organisme européen de normalisation, si ces spécifications visent les performances ou les exigences fonctionnelles qu'ils ont requises.

Dans son offre, le soumissionnaire est tenu de prouver, à la satisfaction du pouvoir adjudicateur et par tout moyen approprié, que les travaux, produits ou services conformes à la norme répondent aux performances ou exigences fonctionnelles du pouvoir adjudicateur.

Peut constituer un moyen approprié, un dossier technique du fabricant ou un rapport d'essai d'un organisme reconnu.

6. Lorsque les pouvoirs adjudicateurs prescrivent des caractéristiques environnementales en termes de performances ou d'exigences fonctionnelles, telles que visées au paragraphe 3, point *b)*, ils peuvent utiliser les spécifications détaillées ou, si besoin est, des parties de celles-ci, telles que définies par les éco-labels européens, (pluri) nationaux, ou par tout autre éco-label pour autant :

– qu'elles soient appropriées pour définir les caractéristiques des fournitures ou des prestations faisant l'objet du marché,

– que les exigences du label soient développées sur la base d'une information scientifique,

– que les éco-labels soient adoptés par un processus auquel toutes les parties concernées, telles que les organismes gouvernementaux, les consommateurs, les fabricants, les distributeurs et les organisations environnementales peuvent participer,

– et qu'ils soient accessibles à toutes les parties intéressées.

Les pouvoirs adjudicateurs peuvent indiquer que les produits ou services munis de l'éco-label sont présumés satisfaire aux spécifications techniques définies dans le cahier des charges ; ils doivent accepter tout autre moyen de preuve approprié, tel qu'un dossier technique du fabricant ou un rapport d'essai d'un organisme reconnu.

7. Par « organismes reconnus » au sens du présent article, on entend les laboratoires d'essai, de calibrage, les organismes d'inspection et de certification, conformes aux normes européennes applicables.

Les pouvoirs adjudicateurs acceptent les certificats émanant d'organismes reconnus dans d'autres États membres.

8. À moins qu'elles ne soient justifiées par l'objet du marché, les spécifications techniques ne peuvent pas faire mention d'une fabrication ou d'une provenance déterminée ou d'un procédé particulier, ni faire référence à une marque, à un brevet ou à un type, à une origine ou à une production déterminée qui auraient pour effet de favoriser ou d'éliminer certaines entreprises ou certains produits. Cette mention ou référence est autorisée, à titre exceptionnel, dans le cas où une description

suffisamment précise et intelligible de l'objet du marché n'est pas possible par application des paragraphes 3 et 4 ; une telle mention ou référence est accompagnée des termes « ou équivalent ».

Art. 24. – Variantes

1. Lorsque le critère d'attribution est celui de l'offre économiquement la plus avantageuse, les pouvoirs adjudicateurs peuvent autoriser les soumissionnaires à présenter des variantes.

2. Les pouvoirs adjudicateurs indiquent dans l'avis de marché s'ils autorisent ou non les variantes ; à défaut d'indication, les variantes ne sont pas autorisées.

3. Les pouvoirs adjudicateurs qui autorisent les variantes mentionnent dans le cahier des charges les exigences minimales que les variantes doivent respecter ainsi que les modalités de leur soumission.

4. Ils ne prennent en considération que les variantes répondant aux exigences minimales qu'ils ont requises.

Dans les procédures de passation de marchés publics de fournitures ou de services, les pouvoirs adjudicateurs qui ont autorisé des variantes ne peuvent rejeter une variante pour la seule raison qu'elle aboutirait, si elle était retenue, respectivement soit à un marché de services au lieu d'un marché public de fournitures, soit à un marché de fournitures au lieu d'un marché public de services.

Art. 25. – Sous-traitance

Dans le cahier des charges, le pouvoir adjudicateur peut demander ou peut être obligé par un État membre de demander au soumissionnaire d'indiquer, dans son offre, la part du marché qu'il a l'intention de sous-traiter à des tiers ainsi que les sous-traitants proposés.

Cette communication ne préjuge pas la question de la responsabilité de l'opérateur économique principal.

Art. 26. – Conditions d'exécution du marché

Les pouvoirs adjudicateurs peuvent exiger des conditions particulières concernant l'exécution du marché pour autant qu'elles soient compatibles avec le droit communautaire et qu'elles soient indiquées dans l'avis de marché ou dans le cahier des charges. Les conditions dans lesquelles un marché est exécuté peuvent notamment viser des considérations sociales et environnementales.

Art. 27. – Obligations relatives à la fiscalité, à la protection de l'environnement, aux dispositions de protection et aux conditions de travail

1. Le pouvoir adjudicateur peut indiquer ou peut être obligé par un État membre d'indiquer dans le cahier des charges l'organisme ou les organismes auprès desquelles les candidats ou soumissionnaires peuvent obtenir les informations pertinentes sur les obligations relatives à la fiscalité, à la protection de l'environnement, aux dispositions de protection et aux conditions de travail qui sont en vigueur dans l'État membre, la région ou la localité dans lesquels les prestations

sont à réaliser et qui seront applicables aux travaux effectués sur le chantier ou aux services fournis durant l'exécution du marché.

2. Le pouvoir adjudicateur qui fournit les informations visées au paragraphe 1 demande aux soumissionnaires ou aux candidats à une procédure de passation de marchés d'indiquer qu'ils ont tenu compte, lors de l'établissement de leur offre, des obligations relatives aux dispositions concernant la protection et les conditions de travail en vigueur au lieu où la prestation est à réaliser.

Le premier alinéa ne fait pas obstacle à l'application des dispositions de l'article 55 relatives à la vérification des offres anormalement basses.

Chapitre V. – Procédures

Art. 28. – Utilisation des procédures ouvertes, restreintes et négociées et du dialogue compétitif

Pour passer leurs marchés publics, les pouvoirs adjudicateurs appliquent les procédures nationales, adaptées aux fins de la présente directive.

Ils passent ces marchés publics en recourant à la procédure ouverte ou à la procédure restreinte. Dans les circonstances particulières expressément prévues à l'article 29, les pouvoirs adjudicateurs peuvent attribuer leurs marchés publics au moyen du dialogue compétitif. Dans les cas et circonstances spécifiques expressément prévus aux articles 30 et 31, ils peuvent recourir à une procédure négociée, avec ou sans publication d'un avis de marché.

Art. 29 – Dialogue compétitif

1. Lorsqu'un marché est particulièrement complexe, les États membres peuvent prévoir que le pouvoir adjudicateur, dans la mesure où il estime que le recours à la procédure ouverte ou restreinte ne permettra pas d'attribuer le marché, puisse recourir au dialogue compétitif conformément au présent article.

L'attribution du marché public est faite sur la seule base du critère d'attribution de l'offre économiquement la plus avantageuse.

2. Les pouvoirs adjudicateurs publient un avis de marché dans lequel ils font connaître leurs besoins et exigences, qu'ils définissent dans ce même avis et/ou dans un document descriptif.

3. Les pouvoirs adjudicateurs ouvrent, avec les candidats sélectionnés conformément aux dispositions pertinentes des articles 44 à 52, un dialogue dont l'objet est l'identification et la définition des moyens propres à satisfaire au mieux leurs besoins. Au cours de ce dialogue, ils peuvent discuter tous les aspects du marché avec les candidats sélectionnés.

Au cours du dialogue, les pouvoirs adjudicateurs assurent l'égalité de traitement de tous les soumissionnaires. En particulier, ils ne donnent pas, de manière discriminatoire, d'information susceptible d'avantager certains soumissionnaires par rapport à d'autres.

Les pouvoirs adjudicateurs ne peuvent révéler aux autres participants les solutions proposées ou d'autres informations confidentielles communiquées par un candidat participant au dialogue sans l'accord de celui-ci.

4. Les pouvoirs adjudicateurs peuvent prévoir que la procédure se déroule en phases successives de manière à réduire le nombre de solutions à discuter pendant la phase du dialogue en appliquant les critères d'attribution indiqués dans l'avis de marché ou dans le document descriptif. Le recours à cette faculté est indiqué dans l'avis de marché ou dans le document descriptif.

5. Le pouvoir adjudicateur poursuit le dialogue jusqu'à ce qu'il soit en mesure d'identifier la ou les solutions, au besoin après les avoir comparées, qui sont susceptibles de répondre à ses besoins.

6. Après avoir déclaré la conclusion du dialogue et en avoir informé les participants, les pouvoirs adjudicateurs les invitent à remettre leur offre finale sur la base de la ou des solutions présentées et spécifiées au cours du dialogue. Ces offres doivent comprendre tous les éléments requis et nécessaires pour la réalisation du projet.

Sur demande du pouvoir adjudicateur, ces offres peuvent être clarifiées, précisées et perfectionnées. Cependant, ces précisions, clarifications, perfectionnements ou compléments ne peuvent avoir pour effet de modifier des éléments fondamentaux de l'offre ou de l'appel d'offres, dont la variation est susceptible de fausser la concurrence ou d'avoir un effet discriminatoire.

7. Les pouvoirs adjudicateurs évaluent les offres reçues en fonction des critères d'attribution fixés dans l'avis de marché ou dans le document descriptif et choisissent l'offre économiquement la plus avantageuse conformément à l'article 53.

À la demande du pouvoir adjudicateur, le soumissionnaire identifié comme ayant remis l'offre économiquement la plus avantageuse peut être amené à clarifier des aspects de son offre ou à confirmer les engagements figurant dans celle-ci, à condition que ceci n'ait pas pour effet de modifier des éléments substantiels de l'offre ou de l'appel d'offres, de fausser la concurrence ou d'entraîner des discriminations.

8. Les pouvoirs adjudicateurs peuvent prévoir des prix ou des paiements aux participants au dialogue.

Art. 30. – Cas justifiant le recours à la procédure négociée avec publication d'un avis de marché

1. Les pouvoirs adjudicateurs peuvent passer leurs marchés publics en recourant à une procédure négociée après avoir publié un avis de marché dans les cas suivants :

a) en présence d'offres irrégulières ou en cas de dépôt d'offres inacceptables au regard des dispositions nationales compatibles avec les prescriptions des articles 4, 24, 25, 27 et celles du chapitre VII, soumises en réponse à une procédure ouverte ou restreinte ou à un dialogue compétitif, pour autant que les conditions initiales du marché ne soient pas substantiellement modifiées.

Les pouvoirs adjudicateurs peuvent ne pas publier un avis de marché s'ils incluent dans la procédure négociée tous les soumissionnaires et les seuls soumissionnaires qui satisfont aux critères visés aux articles 45 à 52 et qui, lors de la procédure ouverte ou restreinte ou du dialogue compétitif antérieur, ont soumis des offres conformes aux exigences formelles de la procédure de passation ;

b) dans des cas exceptionnels, lorsqu'il s'agit de travaux, de fournitures ou de services dont la nature ou les aléas ne permettent pas une fixation préalable et globale des prix ;

c) dans le domaine des services, notamment au sens de la catégorie 6 de l'annexe II A, et pour des prestations intellectuelles, telles que la conception d'ouvrage, dans la mesure où la nature de la prestation à fournir est telle que les spécifications du marché ne peuvent être établies avec une précision suffisante pour permettre l'attribution du marché par la sélection de la meilleure offre, conformément aux règles régissant la procédure ouverte ou la procédure restreinte ;

d) dans le cas des marchés publics de travaux, pour les travaux qui sont réalisés uniquement à des fins de recherche, d'expérimentation ou de mise au point et non dans le but d'assurer une rentabilité ou le recouvrement des coûts de recherche et de développement.

2. Dans les cas visés au paragraphe 1, les pouvoirs adjudicateurs négocient avec les soumissionnaires les offres soumises par ceux-ci afin de les adapter aux exigences qu'ils ont indiquées dans l'avis de marché, dans le cahier des charges et dans les documents complémentaires éventuels et afin de rechercher la meilleure offre conformément à l'article 53, paragraphe 1.

3. Au cours de la négociation, les pouvoirs adjudicateurs assurent l'égalité de traitement de tous les soumissionnaires. En particulier, ils ne donnent pas, de manière discriminatoire, d'information susceptible d'avantager certains soumissionnaires par rapport à d'autres.

4. Les pouvoirs adjudicateurs peuvent prévoir que la procédure négociée se déroule en phases successives de manière à réduire le nombre d'offres à négocier en appliquant les critères d'attribution indiqués dans l'avis de marché ou dans le cahier des charges. Le recours à cette faculté est indiqué dans l'avis de marché ou dans le cahier des charges.

Art. 31. – Cas justifiant le recours à la procédure négociée sans publication d'un avis de marché

Les pouvoirs adjudicateurs peuvent passer leurs marchés publics en recourant à une procédure négociée sans publication préalable d'un avis de marché dans les cas suivants :

1) dans le cas des marchés publics de travaux, de fournitures et de services :

a) lorsqu'aucune offre ou aucune offre appropriée ou aucune candidature n'a été déposée en réponse à une procédure ouverte ou restreinte, pour autant que les conditions initiales du marché ne soient pas substantiellement modifiées et qu'un rapport soit communiqué à la Commission à sa demande ;

b) lorsque, pour des raisons techniques, artistiques ou tenant à la protection de droits d'exclusivité, le marché ne peut être confié qu'à un opérateur économique déterminé ;

c) dans la mesure strictement nécessaire, lorsque l'urgence impérieuse, résultant d'événements imprévisibles pour les pouvoirs adjudicateurs en question, n'est pas compatible avec les délais exigés par les procédures ouvertes, restreintes ou négociées avec publication d'un avis de marché visées à l'article 30. Les circonstances invoquées pour justifier l'urgence impérieuse ne doivent en aucun cas être imputables aux pouvoirs adjudicateurs ;

2) dans le cas des marchés publics de fournitures :

a) lorsque les produits concernés sont fabriqués uniquement à des fins de recherche, d'expérimentation, d'étude ou de développement, cette disposition ne comprenant pas la production en quantités visant à établir la viabilité commerciale du produit ou à amortir les frais de recherche et de développement ;

b) pour les livraisons complémentaires effectuées par le fournisseur initial et destinées soit au renouvellement partiel de fournitures ou d'installations d'usage courant, soit à l'extension de fournitures ou d'installations existantes, lorsque le changement de fournisseur obligerait le pouvoir adjudicateur à acquérir un matériel de technique différente entraînant une incompatibilité ou des difficultés techniques d'utilisation et d'entretien disproportionnées ; la durée de ces marchés, ainsi que des marchés renouvelables, ne peut pas, en règle générale, dépasser trois ans ;

c) pour les fournitures cotées et achetées à une bourse de matières premières ;

d) pour l'achat de fournitures à des conditions particulièrement avantageuses, soit auprès d'un fournisseur cessant définitivement ses activités commerciales, soit auprès des curateurs ou liquidateurs d'une faillite, d'un concordat judiciaire ou d'une procédure de même nature prévue par les législations ou réglementations nationales ;

3) dans le cas des marchés publics de services, lorsque le marché considéré fait suite à un concours et doit, conformément aux règles applicables, être attribué au lauréat ou à un des lauréats du concours ; dans ce dernier cas, tous les lauréats du concours doivent être invités à participer aux négociations ;

4) dans le cas des marchés publics de travaux et marchés publics de services :

a) pour les travaux ou services complémentaires qui ne figurent pas dans le projet initialement envisagé ni dans le contrat initial et qui sont devenus nécessaires, à la suite d'une circonstance imprévue, à l'exécution de l'ouvrage ou du service tel qu'il y est décrit, à condition que l'attribution soit faite à l'opérateur économique qui exécute cet ouvrage ou ce service :

– lorsque ces travaux ou services complémentaires ne peuvent être techniquement ou économiquement séparés du marché initial sans inconvénient majeur pour les pouvoirs adjudicateurs,

ou

– lorsque ces travaux ou services, quoiqu'ils soient séparables de l'exécution du marché initial, sont strictement nécessaires à son perfectionnement.

Toutefois, le montant cumulé des marchés passés pour les travaux ou services complémentaires ne doit pas dépasser 50 % du montant du marché initial ;

b) pour de nouveaux travaux ou services consistant dans la répétition de travaux ou de services similaires confiés à l'opérateur économique adjudicataire du marché initial par les mêmes pouvoirs adjudicateurs, à condition que ces travaux ou ces services soient conformes à un projet de base et que ce projet ait fait l'objet d'un marché initial passé selon la procédure ouverte ou restreinte.

La possibilité de recourir à cette procédure est indiquée dès la mise en concurrence de la première opération et le montant total envisagé pour la suite des travaux ou des services est pris en considération par les pouvoirs adjudicateurs pour l'application de l'article 7.

Il ne peut être recouru à cette procédure que pendant une période de trois ans suivant la conclusion du marché initial.

Art. 32. – Accords-cadres

1. Les États membres peuvent prévoir la possibilité pour les pouvoirs adjudicateurs de conclure des accords-cadres.

2. Aux fins de la conclusion d'un accord-cadre, les pouvoirs adjudicateurs suivent les règles de procédure visées par la présente directive dans toutes les phases jusqu'à l'attribution des marchés fondés sur cet accord-cadre. Le choix des parties à l'accord-cadre se fait par application des critères d'attribution établis conformément à l'article 53.

Les marchés fondés sur un accord-cadre sont passés selon les procédures prévues aux paragraphes 3 et 4. Ces procédures ne sont applicables qu'entre les pouvoirs adjudicateurs et les opérateurs économiques originairement parties à l'accord-cadre.

Lors de la passation des marchés fondés sur l'accord-cadre, les parties ne peuvent en aucun cas apporter des modifications substantielles aux termes fixés dans cet accord-cadre, notamment dans le cas visé au paragraphe 3.

La durée d'un accord-cadre ne peut pas dépasser quatre ans, sauf dans des cas exceptionnels dûment justifiés, notamment par l'objet de l'accord-cadre.

Les pouvoirs adjudicateurs ne peuvent recourir aux accords-cadres de façon abusive ou de manière à empêcher, à restreindre ou à fausser la concurrence.

3. Lorsqu'un accord-cadre est conclu avec un seul opérateur économique, les marchés fondés sur cet accord-cadre sont attribués dans les limites des termes fixés dans l'accord-cadre.

Pour la passation de ces marchés, les pouvoirs adjudicateurs peuvent consulter par écrit l'opérateur partie à l'accord-cadre, en lui demandant de compléter, si besoin est, son offre.

4. Lorsqu'un accord-cadre est conclu avec plusieurs opérateurs économiques, le nombre de ceux-ci doit être au moins égal à trois, dans la mesure où il y a un

nombre suffisant d'opérateurs économiques satisfaisant aux critères de sélection et/ou d'offres recevables répondant aux critères d'attribution.

L'attribution des marchés fondés sur les accords-cadres conclus avec plusieurs opérateurs économiques peut se faire :

– soit par application des termes fixés dans l'accord-cadre, sans remise en concurrence ;

– soit, lorsque tous les termes ne sont pas fixés dans l'accord-cadre, après avoir remis en concurrence les parties sur la base des mêmes termes, si nécessaire en les précisant, et, le cas échéant, d'autres termes indiqués dans le cahier des charges de l'accord-cadre, selon la procédure suivante :

a) pour chaque marché à passer, les pouvoirs adjudicateurs consultent par écrit les opérateurs économiques qui sont capables de réaliser l'objet du marché ;

b) les pouvoirs adjudicateurs fixent un délai suffisant pour présenter les offres relatives à chaque marché spécifique en tenant compte d'éléments tels que la complexité de l'objet du marché et le temps nécessaire pour la transmission des offres ;

c) les offres sont soumises par écrit et leur contenu doit rester confidentiel jusqu'à l'expiration du délai de réponse prévu ;

d) les pouvoirs adjudicateurs attribuent chaque marché au soumissionnaire ayant présenté la meilleure offre sur la base des critères d'attribution énoncés dans le cahier des charges de l'accord-cadre.

Art. 33. – Systèmes d'acquisition dynamiques

1. Les États membres peuvent prévoir la possibilité pour les pouvoirs adjudicateurs de recourir à des systèmes d'acquisition dynamiques.

2. Pour mettre en place un système d'acquisition dynamique, les pouvoirs adjudicateurs suivent les règles de la procédure ouverte dans toutes ses phases jusqu'à l'attribution des marchés à passer dans le cadre de ce système. Tous les soumissionnaires, satisfaisant aux critères de sélection et ayant présenté une offre indicative conforme au cahier des charges et aux documents complémentaires éventuels, sont admis dans le système ; les offres indicatives peuvent être améliorées à tout moment, à condition qu'elles demeurent conformes au cahier des charges. Pour la mise en place du système et pour la passation des marchés dans le cadre de celui-ci, les pouvoirs adjudicateurs utilisent exclusivement des moyens électroniques conformément à l'article 42, paragraphes 2 à 5.

3. Aux fins de la mise en place du système d'acquisition dynamique, les pouvoirs adjudicateurs :

a) publient un avis de marché en précisant qu'il s'agit d'un système d'acquisition dynamique ;

b) précisent dans le cahier des charges, entre autres, la nature des achats envisagés faisant l'objet de ce système, ainsi que toutes les informations nécessaires concernant le système d'acquisition, l'équipement électronique utilisé et les arrangements et spécifications techniques de connexion ;

c) offrent par moyen électronique, dès la publication de l'avis et jusqu'à expiration du système, l'accès libre, direct et complet au cahier des charges et à tout document complémentaire et indiquent dans l'avis l'adresse Internet à laquelle ces documents peuvent être consultés.

4. Les pouvoirs adjudicateurs accordent pendant toute la durée du système d'acquisition dynamique, la possibilité à tout opérateur économique de présenter une offre indicative afin d'être admis dans le système aux conditions visées au paragraphe 2. Ils achèvent l'évaluation dans un délai maximal de 15 jours à compter de la présentation de l'offre indicative. Toutefois, ils peuvent prolonger la période d'évaluation pour autant qu'aucune mise en concurrence n'intervienne entre-temps.

Le pouvoir adjudicateur informe dans les moindres délais le soumissionnaire visé au premier alinéa de son admission dans le système d'acquisition dynamique ou du rejet de son offre indicative.

5. Chaque marché spécifique doit faire l'objet d'une mise en concurrence. Avant de procéder à cette mise en concurrence les pouvoirs adjudicateurs publient un avis de marché simplifié invitant tous les opérateurs économiques intéressés à présenter une offre indicative, conformément au paragraphe 4, dans un délai qui ne peut être inférieur à 15 jours comptés de la date d'envoi de l'avis simplifié. Les pouvoirs adjudicateurs ne procèdent à la mise en concurrence qu'après avoir achevé l'évaluation de toutes les offres indicatives introduites dans ce délai.

6. Les pouvoirs adjudicateurs invitent tous les soumissionnaires admis dans le système à présenter une offre pour chaque marché spécifique à passer dans le cadre du système. À cette fin, ils fixent un délai suffisant pour la présentation des offres.

Ils attribuent le marché au soumissionnaire ayant présenté la meilleure offre sur la base des critères d'attribution énoncés dans l'avis de marché pour la mise en place du système d'acquisition dynamique. Ces critères peuvent, le cas échéant, être précisés dans l'invitation visée au premier alinéa.

7. La durée d'un système d'acquisition dynamique ne peut pas dépasser quatre ans, sauf dans des cas exceptionnels dûment justifiés.

Les pouvoirs adjudicateurs ne peuvent recourir à ce système de manière à empêcher, restreindre ou fausser la concurrence.

Aucun frais de dossier ne peut être facturé aux opérateurs économiques intéressés ou aux parties au système.

Art. 34. – Marchés publics de travaux : règles particulières concernant la réalisation de logements sociaux

Dans le cas de marchés publics portant sur la conception et la construction d'un ensemble de logements sociaux dont, en raison de l'importance, de la complexité et de la durée présumée des travaux s'y rapportant, le plan doit être établi dès le début sur la base d'une stricte collaboration au sein d'une équipe comprenant les délégués des pouvoirs adjudicateurs, des experts et l'entrepreneur qui aura la charge d'exécuter les travaux, il peut être recouru à une procédure spéciale d'attribution visant à choisir l'entrepreneur le plus apte à être intégré dans l'équipe.

En particulier, les pouvoirs adjudicateurs font figurer dans l'avis de marché une description des ouvrages aussi précise que possible pour permettre aux entrepreneurs intéressés d'apprécier valablement le projet à exécuter. En outre, les pouvoirs adjudicateurs mentionnent dans cet avis de marché, conformément aux critères de sélection qualitative visés aux articles 45 à 52, les conditions personnelles, techniques, économiques et financières que doivent remplir les candidats.

Lorsqu'ils recourent à une telle procédure, les pouvoirs adjudicateurs appliquent les articles 2, 35, 36, 38, 39, 41, 42, 43 et 45 à 52.

Chapitre VI. – Règles de publicité et de transparence

Section 1. Publication des avis

Art. 35. – Avis

1. Les pouvoirs adjudicateurs font connaître au moyen d'un avis de préinformation, publié par la Commission ou par eux-mêmes sur leur « profil d'acheteur » tel que visé à l'annexe VIII, point 2, sous *b)* :

a) en ce qui concerne les fournitures, le montant total estimé des marchés ou des accords-cadres par groupes de produits qu'ils envisagent de passer au cours des douze mois suivants, lorsque le montant total estimé, compte tenu des articles 7 et 9, est égal ou supérieur à 750 000 €.

Les groupes de produits sont établis par les pouvoirs adjudicateurs par référence aux positions du CPV ;

b) en ce qui concerne les services, le montant total estimé des marchés ou des accords-cadres, pour chacune des catégories de services énumérées à l'annexe II A, qu'ils envisagent de passer au cours des douze mois suivants, lorsque ce montant total estimé, compte tenu des articles 7 et 9, est égal ou supérieur à 750 000 € ;

c) en ce qui concerne les travaux, les caractéristiques essentielles des marchés ou des accords-cadres qu'ils entendent passer et dont les montants estimés égalent ou dépassent le seuil indiqué à l'article 7, compte tenu de l'article 9.

Les avis visés aux points *a)* et *b)* sont envoyés à la Commission ou publiés sur le profil d'acheteur le plus rapidement possible après le début de l'exercice budgétaire.

L'avis visé au point *c)* est envoyé à la Commission ou publié sur le profil d'acheteur le plus rapidement possible après la prise de décision autorisant le programme dans lequel s'inscrivent les marchés de travaux ou les accords-cadres que les pouvoirs adjudicateurs entendent passer.

Les pouvoirs adjudicateurs qui publient l'avis de préinformation sur leur profil d'acheteur envoient à la Commission, par moyen électronique conformément au format et aux modalités de transmission indiquées à l'annexe VIII, point 3, un avis annonçant la publication d'un avis de préinformation sur un profil d'acheteur.

La publication des avis visés aux points *a)*, *b)* et *c)* n'est obligatoire que lorsque les pouvoirs adjudicateurs ont recours à la faculté de réduire les délais de réception des offres conformément à l'article 38, paragraphe 4.

Le présent paragraphe ne s'applique pas aux procédures négociées sans publication préalable d'un avis de marché.

2. Les pouvoirs adjudicateurs désireux de passer un marché public ou un accord-cadre en recourant à une procédure ouverte, restreinte ou, dans les conditions prévues à l'article 30, à une procédure négociée avec publication d'un avis de marché ou encore, dans les conditions fixées à l'article 29, à un dialogue compétitif, font connaître leur intention au moyen d'un avis de marché.

3. Les pouvoirs adjudicateurs désireux de mettre en place un système d'acquisition dynamique font connaître leur intention au moyen d'un avis de marché.

Les pouvoirs adjudicateurs désireux de passer un marché public fondé sur un système d'acquisition dynamique font connaître leur intention au moyen d'un avis de marché simplifié.

4. Les pouvoirs adjudicateurs qui ont passé un marché public ou conclu un accord-cadre, envoient un avis concernant les résultats de la procédure de passation au plus tard 48 jours après la passation du marché ou de la conclusion de l'accord-cadre.

Dans le cas d'accords-cadres conclus conformément à l'article 32, les pouvoirs adjudicateurs sont exonérés de l'envoi d'un avis sur les résultats de la passation de chaque marché fondé sur l'accord-cadre.

Les pouvoirs adjudicateurs envoient un avis sur le résultat de la passation des marchés fondés sur un système d'acquisition dynamique, au plus tard 48 jours après la passation de chaque marché. Toutefois, ils peuvent regrouper ces avis sur une base trimestrielle. Dans ce cas, ils envoient ces avis regroupés au plus tard 48 jours après la fin de chaque trimestre.

Dans le cas des marchés publics de services énumérés à l'annexe II B, les pouvoirs adjudicateurs indiquent, dans l'avis, s'ils en acceptent la publication. Pour ces marchés de services, la Commission établit, selon la procédure visée à l'article 77, paragraphe 2, les règles relatives à l'élaboration de rapports statistiques sur la base de ces avis et à la publication de ces rapports.

Certaines informations sur la passation du marché ou de la conclusion de l'accord-cadre peuvent ne pas être publiées au cas où leur divulgation ferait obstacle à l'application des lois, serait contraire à l'intérêt public ou porterait préjudice aux intérêts commerciaux légitimes d'opérateurs économiques publics ou privés, ou pourrait nuire à une concurrence loyale entre ceux-ci.

Art. 36. – Rédaction et modalités de publication des avis

1. Les avis comportent les informations mentionnées à l'annexe VII A, et, le cas échéant, tout autre renseignement jugé utile par le pouvoir adjudicateur selon le format des formulaires standard adoptés par la Commission conformément à la procédure visée à l'article 77, paragraphe 2.

2. Les avis envoyés par les pouvoirs adjudicateurs à la Commission, sont transmis soit par des moyens électroniques conformément au format et aux modalités de transmission indiqués à l'annexe VIII, point 3, soit par d'autres moyens. En cas de recours à la procédure accélérée prévue à l'article 38, paragraphe 8, les avis doivent être envoyés soit par télécopie, soit par des moyens électroniques, conformément au format et aux modalités de transmission indiqués à l'annexe VIII, point 3.

Les avis sont publiés conformément aux caractéristiques techniques de publication indiquées à l'annexe VIII, point 1, sous *a)* et *b).*

3. Les avis préparés et envoyés par des moyens électroniques conformément au format et aux modalités de transmission indiqués à l'annexe VIII, point 3, sont publiés au plus tard cinq jours après leur envoi.

Les avis qui ne sont pas envoyés par des moyens électroniques conformément au format et aux modalités de transmission indiqués à l'annexe VIII, point 3, sont publiés au plus tard douze jours après leur envoi ou, en cas de procédure accélérée visée à l'article 38, paragraphe 8, au plus tard cinq jours après leur envoi.

4. Les avis de marché, sont publiés in extenso dans une langue officielle de la Communauté, choisie par le pouvoir adjudicateur, le texte publié dans cette langue originale étant le seul faisant foi. Un résumé des éléments importants de chaque avis est publié dans les autres langues officielles.

Les frais de publication par la Commission de ces avis sont à la charge de la Communauté.

5. Les avis et leur contenu ne peuvent être publiés au niveau national avant la date de leur envoi à la Commission.

Les avis publiés au niveau national ne doivent pas contenir de renseignements autres que ceux contenus dans les avis envoyés à la Commission ou publiés sur un profil d'acheteur conformément à l'article 35, paragraphe 1, premier alinéa, et doivent faire mention de la date d'envoi de l'avis à la Commission ou de la publication sur le profil d'acheteur.

Les avis de préinformation ne peuvent être publié sur un profil d'acheteur avant l'envoi à la Commission de l'avis annonçant leur publication sous cette forme et doivent faire mention de la date de cet envoi.

6. Le contenu des avis qui ne sont pas envoyés par moyens électroniques conformément au format et aux modalités de transmission indiqués à l'annexe VIII, point 3, est limité à 650 mots environ.

7. Les pouvoirs adjudicateurs doivent être en mesure de faire la preuve de la date d'envoi des avis.

8. La Commission délivre au pouvoir adjudicateur une confirmation de la publication de l'information transmise mentionnant la date de cette publication. Cette confirmation tient lieu de preuve de la publication.

Art. 37. – Publication non obligatoire

Les pouvoirs adjudicateurs peuvent publier conformément à l'article 36 des avis concernant des marchés publics qui ne sont pas soumis à une publication obligatoire prévue par la présente directive.

Section 2. Délais

Art. 38. – Délais de réception des demandes de participation et de réception des offres

1. En fixant les délais de réception des offres et des demandes de participation, les pouvoirs adjudicateurs tiennent compte en particulier de la complexité du marché et du temps nécessaire pour préparer les offres, sans préjudice des délais minima fixés par le présent article.

2. Dans les procédures ouvertes, le délai minimal de réception des offres est de 52 jours à compter de la date d'envoi de l'avis de marché.

3. Dans les procédures restreintes, les procédures négociées avec publication d'un avis de marché visées à l'article 30 et en cas de recours au dialogue compétitif :

a) le délai minimal de réception des demandes de participation est de 37 jours à compter de la date de l'envoi de l'avis de marché ;

b) dans les procédures restreintes, le délai minimal de réception des offres est de 40 jours à compter de la date d'envoi de l'invitation.

4. Dans les cas où les pouvoirs adjudicateurs ont publié un avis de préinformation, le délai minimal pour la réception des offres visé au paragraphe 2 et au paragraphe 3, point *b)*, peut être réduit, en règle générale, à 36 jours mais, en aucun cas, à moins de 22 jours.

Ce délai court à compter de la date d'envoi de l'avis de marché dans les procédures ouvertes et à compter de la date d'envoi de l'invitation à soumissionner dans les procédures restreintes.

Le délai réduit visé au premier alinéa est admis à condition que l'avis de préinformation ait comporté toutes les informations requises pour l'avis de marché visé à l'annexe VII A, pour autant que ces informations soient disponibles au moment de la publication de l'avis, et que cet avis de préinformation ait été envoyé pour sa publication entre un minimum de 52 jours et un maximum de 12 mois avant la date d'envoi de l'avis de marché.

5. Lorsque les avis sont préparés et envoyés par des moyens électroniques conformément au format et aux modalités de transmission indiqués à l'annexe VIII, point 3, les délais de réception des offres visés aux paragraphes 2 et 4, dans les procédures ouvertes, et le délai de réception des demandes de participation visé au paragraphe 3, point *a)*, dans les procédures restreintes et négociées, et en cas de recours au dialogue compétitif, peuvent être raccourcis de 7 jours.

6. Une réduction de cinq jours des délais de réception des offres visés au paragraphe 2 et au paragraphe 3, point *b)*, est possible lorsque le pouvoir adjudicateur offre, par

moyen électronique et à compter de la publication de l'avis conformément à l'annexe VIII, l'accès libre, direct et complet au cahier des charges et à tout document complémentaire, en indiquant dans le texte de l'avis l'adresse Internet à laquelle ces documents peuvent être consultés.

Cette réduction est cumulable avec celle prévue au paragraphe 5.

7. Lorsque, pour quelque raison que ce soit, le cahier des charges et les documents ou renseignements complémentaires, bien que demandés en temps utile, n'ont pas été fournis dans les délais fixés aux articles 39 et 40 ou lorsque les offres ne peuvent être faites qu'à la suite d'une visite des lieux ou après consultation sur place de documents annexés au cahier des charges, les délais de réception des offres sont prolongés de manière à ce que tous les opérateurs économiques concernés puissent prendre connaissance de toutes les informations nécessaires pour la formulation des offres.

8. Dans les procédures restreintes et négociées avec publication d'un avis de marché visées à l'article 30, lorsque l'urgence rend impraticables les délais minimaux fixés au présent article, les pouvoirs adjudicateurs peuvent fixer :

a) un délai pour la réception des demandes de participation qui ne peut être inférieur à 15 jours à compter de la date d'envoi de l'avis de marché ou à 10 jours si l'avis est envoyé par moyens électroniques conformément au format et aux modalités de transmission indiquées à l'annexe VIII, point 3 ;

b) et, dans le cas des procédures restreintes, un délai pour la réception des offres qui ne peut être inférieur à 10 jours à compter de la date d'envoi de l'invitation à soumissionner.

Art. 39. – Procédures ouvertes : cahiers des charges, documents et renseignements complémentaires

1. Dans les procédures ouvertes, lorsque les pouvoirs adjudicateurs n'offrent pas, par moyen électronique conformément à l'article 38, paragraphe 6, l'accès libre, direct et complet au cahier des charges et à tout document complémentaire, les cahiers des charges et les documents complémentaires sont envoyés aux opérateurs économiques dans les six jours suivant la réception de la demande, pour autant que celle-ci ait été faite en temps utile avant la date de présentation des offres.

2. Les renseignements complémentaires sur les cahiers de charges et sur les documents complémentaires sont communiqués par les pouvoirs adjudicateurs ou les services compétents six jours au plus tard avant la date limite fixée pour la réception des offres, pour autant qu'ils aient été demandés en temps utile.

Section 3. Contenu et moyens de transmission des informations

Art. 40. – Invitations à présenter des offres, à participer au dialogue ou à négocier

1. Dans les procédures restreintes, le dialogue compétitif et les procédures négociées avec publication d'un avis de marché au sens de l'article 30, les pouvoirs adjudicateurs invitent simultanément et par écrit les candidats retenus à présenter

leurs offres ou à négocier ou, dans le cas du dialogue compétitif, à participer au dialogue.

2. L'invitation aux candidats comprend :

– soit un exemplaire du cahier des charges ou du document descriptif et de tout document complémentaire ;

– soit la mention de l'accès au cahier des charges et aux autres documents indiqués au premier tiret, lorsqu'ils sont mis à disposition directe par des moyens électroniques conformément à l'article 38, paragraphe 6.

3. Lorsqu'une entité autre que le pouvoir adjudicateur responsable de la procédure d'adjudication dispose du cahier des charges, du document descriptif et/ou des documents complémentaires, l'invitation précise l'adresse du service auprès duquel ce cahier des charges, ce document descriptif et ces documents peuvent être demandés et, le cas échéant, la date limite pour effectuer cette demande ainsi que le montant et les modalités de paiement de la somme qui doit être versée pour obtenir ces documents. Les services compétents envoient cette documentation aux opérateurs économiques sans délai après la réception de leur demande.

4. Les renseignements complémentaires sur les cahiers de charges, le document descriptif, ou les documents complémentaires sont communiqués par les pouvoirs adjudicateurs ou les services compétents six jours au plus tard avant la date limite fixée pour la réception des offres pour autant qu'ils aient été demandés en temps utile. En cas de procédure restreinte ou négociée accélérée, ce délai est de quatre jours.

5. En outre, l'invitation à présenter une offre, à participer au dialogue ou à négocier, comportent au moins :

a) une référence à l'avis de marché publié ;

b) la date limite de réception des offres, l'adresse à laquelle les offres doivent être transmises et la ou les langues dans lesquelles les offres doivent être rédigées ;

c) dans le cas du dialogue compétitif, la date fixée et l'adresse pour le début de la phase de consultation, ainsi que la ou les langues utilisées ;

d) l'indication des documents à joindre éventuellement, soit à l'appui des déclarations vérifiables fournies par le candidat conformément à l'article 44, soit en complément des renseignements prévus audit article et dans les mêmes conditions que celles prévues aux articles 47 et 48 ;

e) la pondération relative des critères d'attribution du marché ou, le cas échéant, l'ordre décroissant d'importance de ces critères, s'ils ne figurent pas dans l'avis de marché, dans le cahier des charges ou dans le document descriptif.

Toutefois, dans le cas de marchés passés suivant les règles prévues à l'article 29, les renseignements visés au point *b)* du présent paragraphe ne figurent pas dans l'invitation à participer au dialogue, mais ils sont indiqués dans l'invitation à présenter une offre.

Art. 41. – Information des candidats et des soumissionnaires

1. Les pouvoirs adjudicateurs informent dans les meilleurs délais les candidats et les soumissionnaires des décisions prises concernant la conclusion d'un accord-cadre, l'adjudication d'un marché ou l'admission dans un système d'acquisition dynamique, y compris des motifs pour lesquels ils ont décidé de renoncer à conclure un accord-cadre, à passer un marché pour lequel il y a eu mise en concurrence et de recommencer la procédure ou à mettre en œuvre un système d'acquisition dynamique ; cette information est donnée par écrit si la demande en est faite aux pouvoirs adjudicateurs.

2. Sur demande de la partie concernée, le pouvoir adjudicateur communique dans les meilleurs délais :

– à tout candidat écarté les motifs du rejet de sa candidature ;

– à tout soumissionnaire écarté les motifs du rejet de son offre, y compris, dans les cas visés à l'article 23, paragraphes 4 et 5, les motifs de sa décision de non-équivalence ou de sa décision selon laquelle les travaux, fournitures ou services ne répondent pas aux performances ou exigences fonctionnelles ;

– à tout soumissionnaire ayant fait une offre recevable, les caractéristiques et les avantages relatifs de l'offre retenue ainsi que le nom de l'adjudicataire ou des parties à l'accord-cadre.

Ces délais ne peuvent en aucun cas dépasser quinze jours à compter de la réception d'une demande écrite.

3. Toutefois, les pouvoirs adjudicateurs peuvent décider de ne pas communiquer certains renseignements concernant l'adjudication des marchés, la conclusion d'accords-cadres ou l'admission dans un système d'acquisition dynamique, visés au paragraphe 1, lorsque leur divulgation ferait obstacle à l'application des lois ou serait contraire à l'intérêt public ou porterait préjudice aux intérêts commerciaux légitimes d'opérateurs économiques publics ou privés ou pourrait nuire à une concurrence loyale entre ceux-ci.

Section 4. Communications

Art. 42. – Règles applicables aux communications

1. Toutes les communications ainsi que tous les échanges d'informations visés dans le présent titre peuvent, au choix du pouvoir adjudicateur, être faits par courrier, par télécopieur, par moyens électroniques conformément aux paragraphes 4 et 5, par téléphone dans les cas et aux conditions visés au paragraphe 6, ou par une combinaison de ces moyens.

2. Les moyens de communication choisis doivent être généralement disponibles et ne peuvent donc avoir pour effet de restreindre l'accès des opérateurs économiques à la procédure d'attribution.

3. Les communications, les échanges et le stockage d'informations sont faits de manière à assurer que l'intégrité des données et la confidentialité des offres et des demandes de participation soient préservées et que les pouvoirs adjudicateurs ne

prennent connaissance du contenu des offres et des demandes de participation qu'à l'expiration du délai prévu pour la présentation de celles-ci.

4. Les outils utilisés pour communiquer par des moyens électroniques, ainsi que leurs caractéristiques techniques, doivent avoir un caractère non discriminatoire, être couramment à la disposition du public et compatibles avec les technologies d'information et de communication généralement utilisées.

5. Les règles ci-après sont applicables aux dispositifs de transmission et de réception électronique des offres ainsi qu'aux dispositifs de réception électronique des demandes de participation :

a) les informations relatives aux spécifications nécessaires à la présentation des offres et des demandes de participation par voie électronique, y compris le cryptage, doivent être à la disposition des parties intéressées. En outre, les dispositifs de réception électronique des offres et des demandes de participation doivent être conformes aux exigences de l'annexe X ;

b) les États membres peuvent, dans le respect de l'article 5 de la directive 1999/93/CE, exiger que les offres électroniques soient assorties d'une signature électronique avancée conforme à son paragraphe 1 ;

c) les États membres peuvent instaurer ou maintenir des régimes volontaires d'accréditation visant à améliorer le niveau du service de certification fourni pour ces dispositifs ;

d) les soumissionnaires ou les candidats s'engagent à ce que les documents, certificats et déclarations visés aux articles 45 à 50 et à l'article 52, s'ils ne sont pas disponibles sous forme électronique, soient soumis avant l'expiration du délai prévu pour la présentation des offres ou des demandes de participation.

6. Les règles suivantes s'appliquent à la transmission des demandes de participation :

a) les demandes de participation aux procédures de passation des marchés publics peuvent être faites par écrit ou par téléphone ;

b) lorsqu'une demande de participation est faite par téléphone, une confirmation écrite doit être transmise avant l'expiration du délai fixé pour leur réception ;

c) les pouvoirs adjudicateurs peuvent exiger, si nécessaire pour des raisons de preuve juridique, que les demandes de participation faites par télécopie soient confirmées par courrier ou par moyen électronique. Dans ce cas, ils indiquent dans l'avis de marché cette exigence et le délai dans lequel elle doit être accomplie.

Section 5. Procès-verbaux

Art. 43. – Contenu des procès-verbaux

Pour tout marché, tout accord-cadre et toute mise en place d'un système d'acquisition dynamique, les pouvoirs adjudicateurs établissent un procès-verbal comportant au moins :

a) le nom et l'adresse du pouvoir adjudicateur, l'objet et la valeur du marché, de l'accord-cadre ou du système d'acquisition dynamique ;

b) le nom des candidats ou soumissionnaires retenus et la justification de leur choix ;

c) le nom des candidats ou soumissionnaires exclus et les motifs de leur rejet ;

d) les motifs du rejet des offres jugées anormalement basses ;

e) le nom de l'adjudicataire et la justification du choix de son offre, ainsi que, si elle est connue, la part du marché ou de l'accord-cadre que l'adjudicataire a l'intention de sous-traiter à des tiers ;

f) en ce qui concerne les procédures négociées, les circonstances visées aux articles 30 et 31 qui justifient le recours à ces procédures ;

g) en ce qui concerne le dialogue compétitif, les circonstances visées à l'article 29 qui justifient le recours à cette procédure ;

h) le cas échéant, les raisons pour lesquelles le pouvoir adjudicateur a renoncé à passer un marché, un accord-cadre ou à mettre en place un système d'acquisition dynamique.

Les pouvoirs adjudicateurs prennent les mesures appropriées pour documenter le déroulement des procédures d'attribution conduites par moyens électroniques.

Le procès-verbal ou ses principaux éléments sont communiqués à la Commission à sa demande.

Chapitre VII. – Déroulement de la procédure

Section 1. Dispositions générales

Art. 44. – Vérification de l'aptitude et choix des participants, attribution des marchés

1. L'attribution des marchés se fait sur la base des critères prévus aux articles 53 et 55, compte tenu de l'article 24, après vérification de l'aptitude des opérateurs économiques non exclus en vertu des articles 45 et 46, effectuée par les pouvoirs adjudicateurs conformément aux critères relatifs à la capacité économique et financière, aux connaissances ou capacités professionnelles et techniques visés aux articles 47 à 52 et, le cas échéant, aux règles et critères non discriminatoires visés au paragraphe 3.

2. Les pouvoirs adjudicateurs peuvent exiger des niveaux minimaux de capacités, conformément aux articles 47 et 48, auxquels les candidats et les soumissionnaires doivent satisfaire.

L'étendue des informations visées aux articles 47 et 48 ainsi que les niveaux minimaux de capacités exigés pour un marché déterminé doivent être liés et proportionnés à l'objet du marché.

Ces niveaux minimaux sont indiqués dans l'avis de marché.

3. Dans les procédures restreintes, les procédures négociées avec publication d'un avis de marché et dans le dialogue compétitif, les pouvoirs adjudicateurs peuvent

restreindre le nombre de candidats appropriés qu'ils inviteront à soumissionner, négocier ou à dialoguer, à condition qu'un nombre suffisant de candidats appropriés soit disponible. Les pouvoirs adjudicateurs indiquent dans l'avis de marché les critères ou règles objectifs et non discriminatoires qu'ils prévoient d'utiliser, le nombre minimal de candidats qu'ils prévoient d'inviter et, le cas échéant, le nombre maximum.

Dans la procédure restreinte, le nombre minimum est de cinq. Dans la procédure négociée avec publication d'un avis de marché et le dialogue compétitif, le nombre minimum est de trois. En tout état de cause, le nombre de candidats invités doit être suffisant pour assurer une concurrence réelle.

Les pouvoirs adjudicateurs invitent un nombre de candidats au moins égal au nombre minimum prédéfini. Lorsque le nombre de candidats satisfaisant aux critères de sélection et aux niveaux minimaux est inférieur au nombre minimal, le pouvoir adjudicateur peut continuer la procédure en invitant le ou les candidats ayant les capacités requises. Dans le cadre de cette même procédure, le pouvoir adjudicateur ne peut pas inclure d'autres opérateurs économiques n'ayant pas demandé de participer ou des candidats n'ayant pas les capacités requises.

4. Lorsque les pouvoirs adjudicateurs recourent à la faculté de réduire le nombre de solutions à discuter ou d'offres à négocier, prévue à l'article 29, paragraphe 4, et à l'article 30, paragraphe 4, ils effectuent cette réduction en appliquant les critères d'attribution qu'ils ont indiqués dans l'avis de marché, dans le cahier des charges ou dans le document descriptif. Dans la phase finale, ce nombre doit permettre d'assurer une concurrence réelle, pour autant qu'il y ait un nombre suffisant de solutions ou de candidats appropriés.

Section 2. Critères de sélection qualitative

Art. 45. – Situation personnelle du candidat ou du soumissionnaire

1. Est exclu de la participation à un marché public tout candidat ou soumissionnaire ayant fait l'objet d'une condamnation prononcée par un jugement définitif, dont le pouvoir adjudicateur a connaissance, pour une ou plusieurs des raisons énumérées ci-dessous :

a) participation à une organisation criminelle telle que définie à l'article 2, paragraphe 1, de l'action commune 98/773/JAI du Conseil[1] ;

b) corruption, telle que définie respectivement à l'article 3 de l'acte du Conseil du 26 mai 1997[2] et à l'article 3, paragraphe 1, de l'action commune 98/742/JAI du Conseil[3] ;

1. *JO* L 351 du 29.1.1998, p. 1.
2. *JO* C 195 du 25.6.1997, p. 1.
3. *JO* L 358 du 31.12.1998, p. 2.

c) fraude au sens de l'article 1er de la convention relative à la protection des intérêts financiers des Communautés européennes[4] ;

d) blanchiment de capitaux tel que défini à l'article 1er de la directive 91/308/CEE du Conseil du 10 juin 1991, relative à la prévention de l'utilisation du système financier aux fins du blanchiment de capitaux[5].

Les États membres précisent, conformément à leur droit national et dans le respect du droit communautaire, les conditions d'application du présent paragraphe.

Ils peuvent prévoir une dérogation à l'obligation visée au premier alinéa pour des exigences impératives d'intérêt général.

En vue de l'application du présent paragraphe, les pouvoirs adjudicateurs demandent, le cas échéant, aux candidats ou soumissionnaires de fournir les documents visés au paragraphe 3 et peuvent, lorsqu'ils ont des doutes sur la situation personnelle de ces candidats/soumissionnaires, s'adresser aux autorités compétentes pour obtenir les informations sur la situation personnelle de ces candidats ou soumissionnaires qu'ils estiment nécessaires. Lorsque les informations concernent un candidat ou soumissionnaire établi dans un autre État que celui du pouvoir adjudicateur, le pouvoir adjudicateur peut demander la coopération des autorités compétentes. Suivant la législation nationale de l'État membre où les candidats ou soumissionnaires sont établis, ces demandes porteront sur les personnes morales et/ou sur les personnes physiques, y compris, le cas échéant, les chefs d'entreprise ou toute personne ayant le pouvoir de représentation, de décision ou de contrôle du candidat ou du soumissionnaire.

2. Peut être exclu de la participation au marché, tout opérateur économique :

a) qui est en état de faillite, de liquidation, de cessation d'activités, de règlement judiciaire ou de concordat préventif ou dans toute situation analogue résultant d'une procédure de même nature existant dans les législations et réglementations nationales ;

b) qui fait l'objet d'une procédure de déclaration de faillite, de règlement judiciaire, de liquidation, de concordat préventif ou de toute autre procédure de même nature existant dans les législations et réglementations nationales ;

c) qui a fait l'objet d'un jugement ayant autorité de chose jugée selon les dispositions légales du pays et constatant un délit affectant sa moralité professionnelle ;

d) qui, en matière professionnelle, a commis une faute grave constatée par tout moyen dont les pouvoirs adjudicateurs pourront justifier ;

e) qui n'est pas en règle avec ses obligations relatives au paiement des cotisations de sécurité sociale selon les dispositions légales du pays où il est établi ou celles du pays du pouvoir adjudicateur ;

f) qui n'est pas en règle avec ses obligations relatives au paiement de ses impôts et taxes selon les dispositions légales du pays où il est établi ou celles du pays du pouvoir adjudicateur ;

4. *JO* C 316 du 27.11.1995, p. 48.

5. *JO* L 166 du 28.06.1991, p. 77. Directive modifiée par la directive 2001/97/CE du Parlement européen et du Conseil. (*JO* L 344 du 28.12.2001, p. 76).

g) qui s'est rendu gravement coupable de fausses déclarations en fournissant les renseignements exigibles en application de la présente section ou qui n'a pas fourni ces renseignements.

Les États membres précisent, conformément à leur droit national et dans le respect du droit communautaire, les conditions d'application du présent paragraphe.

3. Les pouvoirs adjudicateurs acceptent comme preuve suffisante attestant que l'opérateur économique ne se trouve pas dans les cas visés au paragraphe 1 et au paragraphe 2, points *a)*, *b)*, *c)*, *e)*, et *f)* :

a) pour le paragraphe 1 et le paragraphe 2, points *a)*, *b)* et *c)*, la production d'un extrait du casier judiciaire ou, à défaut, d'un document équivalent délivré par l'autorité judiciaire ou administrative compétente du pays d'origine ou de provenance et dont il résulte que ces exigences sont satisfaites ;

b) pour le paragraphe 2, points *e)* ou *f)*, un certificat délivré par l'autorité compétente de l'État membre concerné.

Lorsqu'un document ou certificat n'est pas délivré par le pays concerné ou ne mentionne pas tous les cas visés au paragraphe 1 et au paragraphe 2, points *a)*, *b)* ou *c)*, il peut être remplacé par une déclaration sous serment ou, dans les États membres où un tel serment n'existe pas, par une déclaration solennelle faite par l'intéressé devant l'autorité judiciaire ou administrative compétente, un notaire ou un organisme professionnel qualifié du pays d'origine ou de provenance.

4. Les États membres désignent les autorités et organismes compétents pour la délivrance des documents, certificats ou déclarations visés au paragraphe 3 et en informent la Commission. Cette communication ne porte pas préjudice au droit applicable en matière de protection des données.

Art. 46. – Habilitation à exercer l'activité professionnelle

Tout opérateur économique désireux de participer à un marché public peut être invité à justifier de son inscription au registre de la profession ou au registre du commerce ou à fournir une déclaration sous serment ou un certificat, tels que précisés à l'annexe IX A pour les marchés publics de travaux, à l'annexe IX B pour les marchés publics de fournitures et à l'annexe IX C pour les marchés publics de services, et conformément aux conditions prévues dans l'État membre où il est établi.

Dans les procédures de passation des marchés publics de services, lorsque les candidats ou les soumissionnaires ont besoin d'une autorisation spécifique ou doivent être membres d'une organisation spécifique pour pouvoir fournir dans leur pays d'origine le service concerné, le pouvoir adjudicateur peut leur demander de prouver qu'ils possèdent cette autorisation ou qu'ils appartiennent à cette organisation.

Art. 47. – Capacité économique et financière

1. La justification de la capacité économique et financière de l'opérateur économique peut, en règle générale, être constituée par une ou plusieurs des références suivantes :

a) des déclarations appropriées de banques ou, le cas échéant, la preuve d'une assurance des risques professionnels ;

b) la présentation des bilans ou d'extraits des bilans, dans les cas où la publication des bilans est prescrite par la législation du pays où l'opérateur économique est établi ;

c) une déclaration concernant le chiffre d'affaires global et, le cas échéant, le chiffre d'affaires du domaine d'activités faisant l'objet du marché, pour au maximum les trois derniers exercices disponibles en fonction de la date de création ou du début d'activités de l'opérateur économique, dans la mesure où les informations sur ces chiffres d'affaires sont disponibles.

2. Un opérateur économique peut, le cas échéant et pour un marché déterminé, faire valoir les capacités d'autres entités, quelle que soit la nature juridique des liens existant entre lui-même et ces entités. Il doit, dans ce cas, prouver au pouvoir adjudicateur qu'il disposera des moyens nécessaires, par exemple, par la production de l'engagement de ces entités à cet effet.

3. Dans les mêmes conditions un groupement d'opérateurs économiques visé à l'article 4 peut faire valoir les capacités des participants au groupement ou à d'autres entités.

4. Les pouvoirs adjudicateurs précisent, dans l'avis de marché ou dans l'invitation à soumissionner, celle ou celles des références visées au paragraphe 1 qu'ils ont choisies ainsi que les autres références probantes qui doivent être produites.

5. Si, pour une raison justifiée, l'opérateur économique n'est pas en mesure de produire les références demandées par le pouvoir adjudicateur, il est autorisé à prouver sa capacité économique et financière par tout autre document considéré comme approprié par le pouvoir adjudicateur.

Art. 48. – Capacités techniques et/ou professionnelles

1. Les capacités techniques et/ou professionnelles des opérateurs économiques sont évaluées et vérifiées conformément aux paragraphes 2 et 3.

2. Les capacités techniques des opérateurs économiques peuvent être justifiées d'une ou de plusieurs des façons suivantes, selon la nature, la quantité ou l'importance, et l'utilisation des travaux, des fournitures ou des services :

a) 1) la présentation de la liste des travaux exécutés au cours des cinq dernières années, cette liste étant appuyée de certificats de bonne exécution pour les travaux les plus importants. Ces certificats indiquent le montant, l'époque et le lieu d'exécution des travaux et précisent s'ils ont été effectués selon les règles de l'art et menés régulièrement à bonne fin ; le cas échéant, ces certificats sont transmis directement au pouvoir adjudicateur par l'autorité compétente ;

2) la présentation d'une liste des principales livraisons ou des principaux services effectués au cours des trois dernières années, indiquant le montant, la date et le destinataire public ou privé. Les livraisons et les prestations de services sont prouvées :

– lorsque le destinataire a été un pouvoir adjudicateur, par des certificats émis ou contresignés par l'autorité compétente ;

– lorsque le destinataire a été un acheteur privé, par une certification de l'acheteur ou, à défaut, simplement par une déclaration de l'opérateur économique ;

b) l'indication des techniciens ou des organismes techniques, qu'ils soient ou non intégrés à l'entreprise de l'opérateur économique, en particulier de ceux qui sont responsables du contrôle de la qualité et, lorsqu'il s'agit de marchés publics de travaux, dont l'entrepreneur disposera pour l'exécution de l'ouvrage ;

c) une description de l'équipement technique, des mesures employées par le fournisseur ou par le prestataire de services pour s'assurer de la qualité et des moyens d'étude et de recherche de son entreprise ;

d) lorsque les produits ou les services à fournir sont complexes ou que, à titre exceptionnel, ils doivent répondre à un but particulier, un contrôle effectué par le pouvoir adjudicateur ou, au nom de celui-ci, par un organisme officiel compétent du pays dans lequel le fournisseur ou le prestataire de services est établi, sous réserve de l'accord de cet organisme ; ce contrôle porte sur les capacités de production du fournisseur ou sur la capacité technique du prestataire de services et, si nécessaire, sur les moyens d'étude et de recherche dont il dispose ainsi que sur les mesures qu'il prend pour contrôler la qualité ;

e) l'indication des titres d'études et professionnels du prestataire de services ou de l'entrepreneur et/ou des cadres de l'entreprise et, en particulier, du ou des responsables de la prestation de services ou de la conduite des travaux ;

f) pour les marchés publics de travaux et de services et uniquement dans les cas appropriés, l'indication des mesures de gestion environnementale que l'opérateur économique pourra appliquer lors de la réalisation du marché ;

g) une déclaration indiquant les effectifs moyens annuels du prestataire de services ou de l'entrepreneur et l'importance du personnel d'encadrement pendant les trois dernières années ;

h) une déclaration indiquant l'outillage, le matériel et l'équipement technique dont le prestataire de services ou l'entrepreneur disposera pour la réalisation du marché ;

i) l'indication de la part du marché que le prestataire de services a éventuellement l'intention de sous-traiter ;

j) en ce qui concerne les produits à fournir :

1) des échantillons, descriptions et/ou photographies dont l'authenticité doit pouvoir être certifiée à la demande du pouvoir adjudicateur ;

2) des certificats établis par des instituts ou services officiels chargés du contrôle de la qualité et reconnus compétents, attestant la conformité de produits bien identifiée par des références à certaines spécifications ou normes.

3. Un opérateur économique peut, le cas échéant et pour un marché déterminé, faire valoir les capacités d'autres entités, quelle que soit la nature juridique des liens existant entre lui-même et ces entités. Il doit, dans ce cas, prouver au pouvoir adjudicateur que, pour l'exécution du marché, il disposera des moyens nécessaires, par exemple, par la production de l'engagement de ces entités de mettre à la disposition de l'opérateur économique les moyens nécessaires.

4. Dans les mêmes conditions, un groupement d'opérateurs économiques visé à l'article 4 peut faire valoir les capacités des participants au groupement ou d'autres entités.

5. Dans les procédures de passation des marchés publics ayant pour objet des fournitures nécessitant des travaux de pose ou d'installation, la prestation de services et/ou l'exécution de travaux, la capacité des opérateurs économiques de fournir les services ou d'exécuter l'installation ou les travaux peut être évaluée en vertu notamment de leur savoir-faire, de leur efficacité, de leur expérience et de leur fiabilité.

6. Le pouvoir adjudicateur précise, dans l'avis ou dans l'invitation à soumissionner, celles des références visées au paragraphe 2 qu'il entend obtenir.

Art. 49. – Normes de garantie de la qualité

Au cas où ils demandent la production de certificats établis par des organismes indépendants, attestant que l'opérateur économique se conforme à certaines normes de garantie de la qualité, les pouvoirs adjudicateurs se reportent aux systèmes d'assurance-qualité fondés sur les séries de normes européennes en la matière et certifiés par des organismes conformes aux séries des normes européennes concernant la certification. Ils reconnaissent les certificats équivalents d'organismes établis dans d'autres États membres. Ils acceptent également d'autres preuves de mesures équivalentes de garantie de la qualité produites par les opérateurs économiques.

Art. 50. – Normes de gestion environnementale

Lorsque les pouvoirs adjudicateurs, dans les cas visés à l'article 48, paragraphe 2, point *f)* demandent la production de certificats établis par des organismes indépendants, attestant que l'opérateur économique se conforme à certaines normes de gestion environnementale, ils se reportent au système communautaire de management environnemental et d'audit (EMAS) ou aux normes de gestion environnementale fondées sur les normes européennes ou internationales en la matière et certifiées par des organismes conformes à la législation communautaire ou aux normes européennes ou internationales concernant la certification. Ils reconnaissent les certificats équivalents d'organismes établis dans d'autres États membres. Ils acceptent également d'autres preuves de mesures équivalentes de gestion environnementale produites par les opérateurs économiques.

Art. 51. – Documentation et renseignements complémentaires

Le pouvoir adjudicateur peut inviter les opérateurs économiques à compléter ou à expliciter les certificats et documents présentés en application des articles 45 à 50.

Art. 52. – Listes officielles d'opérateurs économiques agréés et certification par des organismes de droit public ou privé

1. Les États membres peuvent instaurer soit des listes officielles d'entrepreneurs, de fournisseurs ou de prestataires de services agréés soit une certification par des organismes de certification publics ou privés.

Les États membres adaptent les conditions d'inscription sur ces listes ainsi que celles pour la délivrance de certificats par les organismes de certification à l'article 45, paragraphe 1, et paragraphe 2, points *a)* à *d)*, et *g)*, aux articles 46, 47, paragraphes 1, 4 et 5, et 48, paragraphes 1, 2, 5 et 6, 49 et, le cas échéant, à l'article 50.

Les États membres les adaptent également aux articles 47, paragraphe 2, et 48, paragraphe 3, pour les demandes d'inscription présentées par des opérateurs économiques faisant partie d'un groupe et faisant valoir des moyens mis à leur disposition par les autres sociétés du groupe. Ces opérateurs doivent, dans ce cas, prouver à l'autorité établissant la liste officielle qu'ils disposeront de ces moyens pendant toute la durée de validité du certificat attestant leur inscription à la liste officielle et que ces sociétés continuent à remplir pendant cette même durée les exigences en matière de sélection qualitative prévues aux articles visés au deuxième alinéa dont ces opérateurs se prévalent pour leur inscription.

2. Les opérateurs économiques inscrits sur des listes officielles ou ayant un certificat peuvent présenter aux pouvoirs adjudicateurs, à l'occasion de chaque marché, un certificat d'inscription délivré par l'autorité compétente ou le certificat délivré par l'organisme de certification compétent. Ces certificats indiquent les références qui ont permis l'inscription sur la liste/la certification ainsi que la classification que cette liste comporte.

3. L'inscription certifiée par les organismes compétents sur des listes officielles ou le certificat délivré par l'organisme de certification ne constitue une présomption d'aptitude, à l'égard des pouvoirs adjudicateurs des autres États membres, que par rapport à l'article 45, paragraphe 1 et paragraphe 2, points *a)* à *d)*, et *g)*, à l'article 46, à l'article 47, paragraphe 1, points *b)* et *c)*, et à l'article 48, paragraphe 2, points *a)* 1), *b)*, *e)*, *g)* et *h)* pour les entrepreneurs, paragraphe 2, points *a)* 2), *b)*, *c)* *d)* et *j)*, pour les fournisseurs et paragraphe 2, points *a)* 2) et *c)* à 1), pour les prestataires de services.

4. Les renseignements qui peuvent être déduits de l'inscription sur des listes officielles ou de la certification ne peuvent être mis en cause sans justification. En ce qui concerne le versement des cotisations de sécurité sociale et le paiement des impôts et taxes, une attestation supplémentaire peut être exigée, à l'occasion de chaque marché, de tout opérateur économique.

Le bénéfice du paragraphe 3 et du premier alinéa du présent paragraphe n'est accordé par les pouvoirs adjudicateurs des autres États membres qu'aux opérateurs économiques établis dans l'État membre qui a dressé la liste officielle.

5. Pour l'inscription des opérateurs économiques des autres États membres sur une liste officielle ou pour leur certification par les organismes visés au paragraphe 1, il ne peut être exigé d'autres preuves et déclarations que celles demandées aux opérateurs économiques nationaux et, en tout cas, pas d'autres que celles prévues aux articles 45 à 49 et, le cas échéant, à l'article 50.

Toutefois, une telle inscription ou certification ne peut pas être imposée aux opérateurs économiques des autres États membres en vue de leur participation à un marché public. Les pouvoirs adjudicateurs reconnaissent les certificats équivalents des organismes établis dans d'autres États membres. Ils acceptent également d'autres moyens de preuves équivalents.

6. Les opérateurs économiques peuvent demander à tout moment leur inscription sur une liste officielle ou la délivrance du certificat. Ils doivent être informés dans un délai raisonnablement court de la décision de l'autorité établissant la liste ou de l'organisme de certification compétent.

7. Les organismes de certification visés au paragraphe 1 sont des organismes qui répondent aux normes européennes en matière de certification.

8. Les États membres qui ont des listes officielles ou des organismes de certification visés au paragraphe 1 sont tenus de communiquer à la Commission et aux autres États membres l'adresse de l'organisme auprès duquel les demandes peuvent être présentées.

Section 3. Attribution du marché

Art. 53. – Critères d'attribution des marchés

1. Sans préjudice des dispositions législatives, réglementaires ou administratives nationales relatives à la rémunération de certains services, les critères sur lesquels les pouvoirs adjudicateurs se fondent pour attribuer les marchés publics sont :

a) soit, lorsque l'attribution se fait à l'offre économiquement la plus avantageuse du point de vue du pouvoir adjudicateur, divers critères liés à l'objet du marché public en question : par exemple, la qualité, le prix, la valeur technique, le caractère esthétique et fonctionnel, les caractéristiques environnementales, le coût d'utilisation, la rentabilité, le service après-vente et l'assistance technique, la date de livraison et le délai de livraison ou d'exécution ;

b) soit uniquement le prix le plus bas.

2. Sans préjudice des dispositions du troisième alinéa, dans le cas prévu au paragraphe 1, point *a)*, le pouvoir adjudicateur précise dans l'avis de marché ou dans le cahier des charges ou, dans le cas du dialogue compétitif, dans le document descriptif, la pondération relative qu'il confère à chacun des critères choisis pour déterminer l'offre économiquement la plus avantageuse.

Cette pondération peut être exprimée en prévoyant une fourchette dont l'écart maximal doit être approprié.

Lorsque, d'après l'avis du pouvoir adjudicateur, la pondération n'est pas possible pour des raisons démontrables, il indique dans l'avis de marché ou le cahier des charges ou, dans le cas du dialogue compétitif, dans le document descriptif, l'ordre décroissant d'importance des critères.

Art. 54. – Utilisation d'enchères électroniques

1. Les États membres peuvent prévoir la possibilité pour les pouvoirs adjudicateurs d'appliquer des enchères électroniques.

2. Dans les procédures ouvertes, restreintes ou négociées dans le cas visé à l'article 30, paragraphe 1, point *a)*, les pouvoirs adjudicateurs peuvent décider que

l'attribution d'un marché public sera précédée d'une enchère électronique lorsque les spécifications du marché peuvent être établies de manière précise.

Dans les mêmes conditions, l'enchère électronique peut être utilisée lors de la remise en concurrence des parties à un accord-cadre visé à l'article 32, paragraphe 4, deuxième alinéa, deuxième tiret, et de la mise en concurrence des marchés à passer dans le cadre du système d'acquisition dynamique visée à l'article 33.

L'enchère électronique porte :

– soit sur les seuls prix lorsque le marché est attribué au prix le plus bas ;

– soit sur les prix et/ou sur les valeurs des éléments des offres indiquées dans le cahier des charges lorsque le marché est attribué à l'offre économiquement la plus avantageuse.

3. Les pouvoirs adjudicateurs qui décident de recourir à une enchère électronique en font mention dans l'avis de marché.

Le cahier des charges comporte, entre autres, les informations suivantes :

a) les éléments dont les valeurs feront l'objet de l'enchère électronique, pour autant que ces éléments soient quantifiables de manière à être exprimés en chiffres ou en pourcentages ;

b) les limites éventuelles des valeurs qui pourront être présentées, telles qu'elles résultent des spécifications de l'objet du marché ;

c) les informations qui seront mises à la disposition des soumissionnaires au cours de l'enchère électronique et à quel moment elles seront, le cas échéant, mises à leur disposition ;

d) les informations pertinentes sur le déroulement de l'enchère électronique ;

e) les conditions dans lesquelles les soumissionnaires pourront enchérir et notamment les écarts minimaux qui, le cas échéant, seront exigés pour enchérir ;

f) les informations pertinentes sur le dispositif électronique utilisé et sur les modalités et spécifications techniques de connexion.

4. Avant de procéder à l'enchère électronique, les pouvoirs adjudicateurs effectuent une première évaluation complète des offres conformément au(x) critère(s) d'attribution et à leur pondération tels que fixés.

Tous les soumissionnaires ayant présenté des offres recevables sont invités simultanément par moyens électroniques à présenter des nouveaux prix et/ou des nouvelles valeurs ; l'invitation contient toute information pertinente pour la connexion individuelle au dispositif électronique utilisé et précise la date et l'heure du début de l'enchère électronique. L'enchère électronique peut se dérouler en plusieurs phases successives. L'enchère électronique ne peut débuter au plus tôt que deux jours ouvrables à compter de la date d'envoi des invitations.

5. Lorsque l'attribution est faite à l'offre économiquement la plus avantageuse, l'invitation est accompagnée par le résultat de l'évaluation complète de l'offre du soumissionnaire concerné, effectuée conformément à la pondération prévue à l'article 53, paragraphe 2, premier alinéa.

L'invitation mentionne également la formule mathématique qui déterminera lors de l'enchère électronique les reclassements automatiques en fonction des nouveaux prix et/ou des nouvelles valeurs présentés. Cette formule intègre la pondération de tous les critères fixés pour déterminer l'offre économiquement la plus avantageuse, telle qu'indiquée dans l'avis de marché ou dans le cahier des charges ; à cette fin, les éventuelles fourchettes doivent être exprimées au préalable par une valeur déterminée.

Dans le cas où des variantes sont autorisées, des formules doivent être fournies séparément pour chaque variante.

6. Au cours de chaque phase de l'enchère électronique, les pouvoirs adjudicateurs communiquent instantanément à tous les soumissionnaires au moins les informations qui leur permettent de connaître à tout moment leur classement respectif. Ils peuvent également communiquer d'autres informations concernant d'autres prix ou valeurs présentés à condition que cela soit indiqué dans le cahier de charges. Ils peuvent également, à tout moment, annoncer le nombre des participants à la phase de l'enchère. Cependant, en aucun cas, ils ne peuvent divulguer l'identité des soumissionnaires pendant le déroulement des phases de l'enchère électronique.

7. Les pouvoirs adjudicateurs clôturent l'enchère électronique selon une ou plusieurs des modalités suivantes :

a) ils indiquent, dans l'invitation à participer à l'enchère, la date et l'heure fixées au préalable ;

b) lorsqu'ils ne reçoivent plus de nouveaux prix ou de nouvelles valeurs répondant aux exigences relatives aux écarts minimaux. Dans ce cas, les pouvoirs adjudicateurs précisent dans l'invitation à participer à l'enchère, le délai qu'ils observeront à partir de la réception de la dernière présentation avant de clôturer l'enchère électronique ;

c) lorsque le nombre de phases d'enchère, fixé dans l'invitation à participer à l'enchère, a été réalisé.

Lorsque les pouvoirs adjudicateurs ont décidé de clôturer l'enchère électronique conformément au point *c)*, le cas échéant en combinaison avec les modalités prévues au point *b)*, l'invitation à participer à l'enchère indique les calendriers de chaque phase d'enchères.

8. Après avoir clôturé l'enchère électronique, les pouvoirs adjudicateurs attribuent le marché conformément à l'article 53, en fonction des résultats de l'enchère électronique.

Les pouvoirs adjudicateurs ne peuvent recourir aux enchères électroniques de façon abusive ou de manière à empêcher, restreindre ou fausser la concurrence ou de manière à modifier l'objet du marché, tel qu'il a été mis en concurrence par la publication de l'avis de marché et défini dans le cahier des charges.

Art. 55. – Offres anormalement basses

1. Si, pour un marché donné, des offres apparaissent anormalement basses par rapport à la prestation, le pouvoir adjudicateur, avant de pouvoir rejeter ces offres, demande, par écrit, les précisions sur la composition de l'offre qu'il juge opportunes.

Ces précisions peuvent concerner notamment :

a) l'économie du procédé de construction, du procédé de fabrication des produits ou de la prestation des services ;

b) les solutions techniques adoptées et/ou les conditions exceptionnellement favorables dont dispose le soumissionnaire pour exécuter les travaux, pour fournir les produits ou les services ;

c) l'originalité des travaux, des fournitures ou des services proposés par le soumissionnaire ;

d) le respect des dispositions concernant la protection et les conditions de travail en vigueur au lieu où la prestation est à réaliser ;

e) l'obtention éventuelle d'une aide d'État par le soumissionnaire.

2. Le pouvoir adjudicateur vérifie, en consultant le soumissionnaire, cette composition en tenant compte des justifications fournies.

3. Le pouvoir adjudicateur qui constate qu'une offre est anormalement basse du fait de l'obtention d'une aide d'État par le soumissionnaire ne peut rejeter cette offre pour ce seul motif que s'il consulte le soumissionnaire et si celui-ci n'est pas en mesure de démontrer, dans un délai suffisant fixé par le pouvoir adjudicateur, que l'aide en question a été octroyée légalement. Le pouvoir adjudicateur qui rejette une offre dans ces conditions en informe la Commission.

TITRE III. – Règles dans le domaine des concessions de travaux publics

Chapitre Ier. – Règles applicables aux concessions de travaux publics

Art. 56. – Champ d'application

Le présent chapitre s'applique à tous les contrats de concession de travaux publics conclus par les pouvoirs adjudicateurs lorsque la valeur de ces contrats égale ou dépasse *(Règlement CE n° 1422/2007 du 4 décembre 2007)* 5 150 000 €.

Cette valeur est calculée selon les règles applicables aux marchés de travaux publics définies à l'article 9.

Art. 57. – Exclusions du champ d'application

Le présent titre ne s'applique pas aux concessions de travaux publics :

a) qui sont octroyées pour les marchés publics de travaux dans les cas visés aux articles 13, 14 et 15 de la présente directive ;

b) qui sont octroyées par des pouvoirs adjudicateurs exerçant une ou plusieurs des activités visées aux articles 3 à 7 de la directive 2004/17/CE, lorsque ces concessions sont octroyées pour l'exercice de ces activités.

Toutefois, la présente directive continue à s'appliquer aux concessions de travaux publics qui sont octroyées par des pouvoirs adjudicateurs exerçant une ou plusieurs des activités visées à l'article 6 de la directive 2004/17/CE et octroyées pour ces activités, aussi longtemps que l'État membre concerné se prévaut de la faculté visée à l'article 71 de ladite directive pour en différer l'application.

Art. 58. – Publication de l'avis concernant les concessions de travaux publics

1. Les pouvoirs adjudicateurs désireux d'avoir recours à la concession de travaux publics font connaître leur intention au moyen d'un avis.

2. Les avis concernant les concessions de travaux publics comportent les informations visées à l'annexe VII C et, le cas échéant, tout autre renseignement jugé utile par le pouvoir adjudicateur, selon le format des formulaires standard adoptés par la Commission conformément à la procédure visée à l'article 77, paragraphe 2.

3. Ces avis sont publiés conformément à l'article 36, paragraphes 2 à 8.

4. L'article 37 concernant la publication des avis est également d'application pour les concessions de travaux publics.

Art. 59. – Délais

Dans le cas où les pouvoirs adjudicateurs ont recours à la concession de travaux publics, le délai pour la présentation des candidatures à la concession n'est pas inférieur à 52 jours à compter de la date d'envoi de l'avis, sauf dans les cas visés à l'article 38, paragraphe 5.

L'article 38, paragraphe 7, est applicable.

Art. 60. – Sous-traitance

Le pouvoir adjudicateur peut :

a) soit imposer au concessionnaire de travaux publics de confier à des tiers des marchés représentant un pourcentage minimal de 30 % de la valeur globale de travaux faisant l'objet de la concession de travaux, tout en prévoyant la faculté pour les candidats de majorer ce pourcentage ; ce pourcentage minimal doit être indiqué dans le contrat de concession de travaux ;

b) soit inviter les candidats concessionnaires à indiquer eux-mêmes, dans leurs offres, le pourcentage, lorsqu'il existe, de la valeur globale des travaux faisant l'objet de la concession qu'ils comptent confier à des tiers.

Art. 61. – Attribution de travaux complémentaires au concessionnaire

La présente directive ne s'applique pas aux travaux complémentaires qui ne figurent pas dans le projet initialement envisagé de la concession ni dans le contrat initial et qui sont devenus nécessaires, à la suite d'une circonstance imprévue, à l'exécution de l'ouvrage tel qu'il y est décrit, que le pouvoir adjudicateur confie au concessionnaire, à condition que l'attribution soit faite à l'opérateur économique qui exécute cet ouvrage :

– lorsque ces travaux complémentaires ne peuvent être techniquement ou économiquement séparés du marché initial sans inconvénient majeur pour les pouvoirs adjudicateurs, ou

– lorsque ces travaux, quoiqu'ils soient séparables de l'exécution du marché initial, sont strictement nécessaires à son perfectionnement.

Toutefois, le montant cumulé des marchés passés pour les travaux complémentaires ne doit pas dépasser 50 % du montant de l'ouvrage initial faisant l'objet de la concession.

Chapitre II. – Règles applicables aux marchés passés par les concessionnaires qui sont des pouvoirs adjudicateurs

Art. 62. – Règles applicables

Lorsque le concessionnaire est un pouvoir adjudicateur au sens de l'article 1er, paragraphe 9, il est tenu, pour les travaux à exécuter par des tiers, de respecter les dispositions que la présente directive établit pour la passation des marchés publics de travaux.

Chapitre III. – Règles applicables aux marchés passés par les concessionnaires qui ne sont pas des pouvoirs adjudicateurs

Art. 63. – Règles de publicité : seuil et exceptions

1. Les États membres prennent les mesures nécessaires pour que les concessionnaires de travaux publics qui ne sont pas des pouvoirs adjudicateurs appliquent les règles de publicité définies à l'article 64 dans la passation des marchés de travaux avec des tiers lorsque la valeur de ces marchés égale ou dépasse *(Règlement CE nº 1422/2007 du 4 décembre 2007)* 5 150 000 €.

Une publicité n'est cependant pas requise lorsqu'un marché de travaux remplit les conditions d'application des cas énumérés à l'article 31.

La valeur des marchés est calculée selon les règles applicables aux marchés de travaux publics définies à l'article 9.

2. Ne sont pas considérées comme tierces, les entreprises qui se sont groupées pour obtenir la concession ni les entreprises qui leur sont liées.

On entend par « entreprise liée », toute entreprise sur laquelle le concessionnaire peut exercer, directement ou indirectement, une influence dominante, ou toute entreprise qui peut exercer une influence dominante sur le concessionnaire ou qui, comme le concessionnaire, est soumise à l'influence dominante d'une autre entreprise du fait de la propriété, de la participation financière ou des règles qui la régissent. L'influence dominante est présumée lorsqu'une entreprise, directement ou indirectement, à l'égard d'une autre entreprise :

a) détient la majorité du capital souscrit de l'entreprise ; ou

b) dispose de la majorité des voix attachées aux parts émises par l'entreprise ; ou

c) peut désigner plus de la moitié des membres de l'organe d'administration, de direction ou de surveillance de l'entreprise.

La liste exhaustive de ces entreprises est jointe à la candidature à la concession. Cette liste est mise à jour en fonction des modifications qui interviennent ultérieurement dans les liaisons entre les entreprises.

Art. 64. – Publication de l'avis

1. Les concessionnaires de travaux publics, qui ne sont pas des pouvoirs adjudicateurs, désireux de passer un marché de travaux avec un tiers, font connaître leur intention au moyen d'un avis.

2. Les avis comportent les informations mentionnées à l'annexe VII C et, le cas échéant, tout autre renseignement jugé utile par le concessionnaire de travaux publics, selon le format des formulaires standard adoptés par la Commission conformément à la procédure visée à l'article 77, paragraphe 2.

3. L'avis est publié conformément à l'article 36, paragraphes 2 à 8.

4. L'article 37, concernant la publication volontaire des avis, est également d'application.

Art. 65. – Délais pour la réception des demandes de participation et la réception des offres

Dans les marchés de travaux passés par les concessionnaires de travaux publics, qui ne sont pas des pouvoirs adjudicateurs, les concessionnaires fixent le délai de réception des demandes de participation, qui ne peut être inférieur à 37 jours à compter de la date de l'envoi de l'avis de marché, et le délai de réception des offres, qui ne peut être inférieur à 40 jours à compter de la date d'envoi de l'avis de marché ou de l'invitation à présenter une offre.

L'article 38, paragraphes 5, 6 et 7, est applicable.

Titre IV. – Règles applicables aux concours dans le domaine des services

Art. 66. – Dispositions générales

1. Les règles relatives à l'organisation d'un concours sont établies conformément aux articles 66 à 74 et sont mises à la disposition de ceux qui sont intéressés à participer au concours.

2. L'accès à la participation aux concours ne peut être limité :

a) au territoire ou à une partie du territoire d'un État membre ;

b) par le fait que les participants seraient tenus, en vertu de la législation de l'État membre où le concours est organisé, d'être soit des personnes physiques, soit des personnes morales.

Art. 67. – Champ d'application

1. Les concours sont organisés conformément au présent titre :

a) par les pouvoirs adjudicateurs qui sont des autorités gouvernementales centrales reprises à l'annexe IV, à partir d'un seuil qui égale ou dépasse *(Règlement CE n° 1422/2007 du 4 décembre 2007)* 133 000 € ;

b) par les pouvoirs adjudicateurs autres que ceux visés à l'annexe IV, à partir d'un seuil qui égale ou dépasse *(Règlement CE n° 1422/2007 du 4 décembre 2007)* 206 000 € ;

c) par tous les pouvoirs adjudicateurs, à partir d'un seuil qui égale ou dépasse *(Règlement CE n° 1422/2007 du 4 décembre 2007)* 206 000 € lorsque les concours portent sur des services de la catégorie 8 de l'annexe II A, des services de télécommunications de la catégorie 5 dont les positions dans le CPV sont l'équivalent des numéros de référence CPC 7524, 7525 et 7526 et/ou des services figurant à l'annexe II B.

2. Le présent titre s'applique :

a) aux concours organisés dans le cadre d'une procédure de passation d'un marché public de services ;

b) aux concours avec primes de participation et/ou paiements aux participants.

Dans les cas visés au point *a)*, on entend par « seuil », la valeur estimée hors TVA du marché public de services, y compris les éventuelles primes de participation et/ou paiements aux participants.

Dans les cas visés au point *b)*, on entend par seuil le montant total des primes et paiements, y compris la valeur estimée hors TVA du marché public de services qui pourrait être passé ultérieurement aux termes de l'article 31, paragraphe 3, si le pouvoir adjudicateur n'exclut pas une telle passation dans l'avis de concours.

3

Art. 68. – Exclusions du champ d'application

Le présent titre ne s'applique pas :

a) aux concours de services au sens de la directive 2004/17/CE qui sont organisés par des pouvoirs adjudicateurs exerçant une ou plusieurs des activités visées aux articles 3 à 7 de ladite directive et qui sont organisés pour la poursuite de ces activités, ni aux concours exclus du champ d'application de ladite directive ;

Toutefois, la présente directive continue à s'appliquer aux concours des services qui sont passés par des pouvoirs adjudicateurs exerçant une ou plusieurs des activités visées à l'article 6 de la directive 2004/17/CE et passés pour ces activités, aussi longtemps que l'État membre concerné se prévaut de la faculté visée à l'article 71 de ladite directive pour en différer l'application.

b) aux concours qui sont organisés dans les mêmes cas que ceux visés aux articles 13, 14 et 15 de la présente directive pour les marchés publics de services.

Art. 69. – Avis

1. Les pouvoirs adjudicateurs désireux d'organiser un concours font connaître leur intention au moyen d'un avis de concours.

2. Les pouvoirs adjudicateurs qui ont organisé un concours envoient un avis concernant les résultats du concours conformément à l'article 36 et doivent être en mesure de faire la preuve de la date d'envoi.

Au cas où leur divulgation ferait obstacle à l'application des lois, serait contraire à l'intérêt public ou porterait préjudice aux intérêts commerciaux légitimes d'entreprises publiques ou privées, ou pourrait nuire à une concurrence loyale entre les prestataires de services, de telles informations sur l'attribution du concours peuvent ne pas être publiées.

3. L'article 37 concernant la publication des avis s'applique également aux concours.

Art. 70. – Rédaction et modalités de publication des avis concernant les concours

1. Les avis visés à l'article 69 comportent les informations visées à l'annexe VII D, selon le format des formulaires standard adoptés par la Commission conformément à la procédure visée à l'article 77, paragraphe 2.

2. Ces avis sont publiés conformément à l'article 36, paragraphes 2 à 8.

Art. 71. – Moyens de communication

1. L'article 42, paragraphes 1, 2 et 4, s'applique à toutes les communications relatives aux concours.

2. Les communications, les échanges et le stockage d'informations sont faits de manière à garantir que l'intégrité et la confidentialité de toute information transmise par les participants aux concours soient préservées et que le jury ne prenne connaissance du contenu des plans et des projets qu'à l'expiration du délai prévu pour la présentation de ceux-ci.

3. Les règles ci-après sont applicables aux dispositifs de réception électronique des plans et des projets :

a) les informations relatives aux spécifications nécessaires à la présentation des plans et projets par voie électronique, y compris le cryptage, doivent être à la disposition des parties intéressées. En outre, les dispositifs de réception électronique des plans et projets doivent être conformes aux exigences de l'annexe X ;

b) les États membres peuvent instaurer ou maintenir des régimes volontaires d'accréditation visant à améliorer le niveau du service de certification fourni pour ces dispositifs.

Art. 72. – Sélection des concurrents

Lorsque les concours réunissent un nombre limité de participants, les pouvoirs adjudicateurs établissent des critères de sélection clairs et non discriminatoires. Dans tous les cas, le nombre des candidats invités à participer aux concours doit tenir compte du besoin d'assurer une concurrence réelle.

Art. 73. – Composition du jury

Le jury est composé exclusivement de personnes physiques indépendantes des participants au concours. Lorsqu'une qualification professionnelle particulière est exigée pour participer à un concours, au moins un tiers des membres du jury doivent posséder cette qualification ou une qualification équivalente.

Art. 74. – Décisions du jury

1. Le jury dispose d'une autonomie de décision ou d'avis.

2. Il examine les plans et projets présentés par les candidats de manière anonyme et en se fondant exclusivement sur les critères indiqués dans l'avis de concours.

3. Il consigne, dans un procès-verbal, signé par ses membres, ses choix effectués selon les mérites de chaque projet, ainsi que ses observations et tout point nécessitant des éclaircissements.

4. L'anonymat doit être respecté jusqu'à l'avis ou la décision du jury.

5. Les candidats peuvent être invités, le cas échéant, à répondre aux questions que le jury a consignées dans le procès-verbal, afin de clarifier tel ou tel aspect d'un projet.

6. Un procès-verbal complet du dialogue entre les membres du jury et les candidats est établi.

Titre V. – Obligations statistiques, compétences d'exécution et dispositions finales

3

Art. 75. – Obligations statistiques

En vue de permettre l'appréciation des résultats de l'application de la présente directive, les États membres communiquent à la Commission, au plus tard le 31 octobre de chaque année, un état statistique rédigé conformément à l'article 76 et qui concerne, séparément, les marchés publics de fournitures, de services et de travaux, passés pendant l'année précédente par les pouvoirs adjudicateurs.

Art. 76. – Contenu de l'état statistique

1. Pour chaque pouvoir adjudicateur figurant à l'annexe IV, l'état statistique précise au moins :

a) le nombre et la valeur des marchés passés couverts par la présente directive ;

b) le nombre et la valeur totale des marchés passés en vertu des dérogations à l'Accord.

Dans toute la mesure du possible, les données visées au premier alinéa, point *a)*, sont ventilées suivant :

a) les procédures de passation des marchés utilisées,

b) et, pour chacune de ces procédures, les travaux repris à l'annexe I, les produits et les services repris à l'annexe II identifiés par catégorie de la nomenclature CPV.

c) la nationalité de l'opérateur économique auquel le marché a été attribué.

Lorsque les marchés ont été passés par procédure négociée, les données visées au premier alinéa, point *a)*, sont en outre ventilées suivant les circonstances visées aux articles 30 et 31 et précisent le nombre et la valeur des marchés attribués par État membre et pays tiers d'appartenance des adjudicataires.

2. Pour chaque catégorie de pouvoirs adjudicateurs autres que ceux figurant à l'annexe IV, l'état statistique précise au moins :

a) le nombre et la valeur des marchés passés, ventilés conformément au paragraphe 1, deuxième alinéa ;

b) la valeur totale des marchés passés en vertu des dérogations à l'Accord.

3. L'état statistique précise toute autre information statistique qui est demandée conformément à l'Accord.

Les informations visées au premier alinéa sont déterminées conformément à la procédure visée à l'article 77, paragraphe 2.

Art. 77. – Comité consultatif

1. La Commission est assistée par le comité consultatif pour les marchés publics institué par l'article 1er de la décision 71/306/CEE[6], ci-après dénommé « comité ».

2. Dans le cas où il est fait référence au présent paragraphe, les articles 3 et 7 de la décision 1999/468/CE s'appliquent, dans le respect des dispositions de l'article 8 de celle-ci.

3. Le comité adopte son règlement intérieur.

Art. 78. – Révision des seuils

1. La Commission vérifie les seuils fixés à l'article 7, tous les deux ans à partir de l'entrée en vigueur de la présente directive et les révise, si nécessaire, conformément à la procédure visée à l'article 77, paragraphe 2.

Le calcul de la valeur de ces seuils est fondé sur la moyenne de la valeur quotidienne de l'euro exprimée en DTS, durant les vingt-quatre mois qui se terminent le dernier jour du mois d'août qui précède la révision prenant effet le 1er janvier. La valeur des seuils ainsi révisée, si nécessaire, est arrondie au millier d'euros inférieur au chiffre résultant de ce calcul afin d'assurer le respect des seuils en vigueur prévus par l'Accord, qui sont exprimés en DTS.

---

6. *JO* L. 185 du 16.8.1971, p. 15. Décision modifiée par la décision 77/63/CEE (*JO* L. 13 du 15.1.1977, p. 15).

2. À l'occasion de la révision prévue au paragraphe 1, la Commission aligne, conformément à la procédure visée à l'article 77, paragraphe 2 :

a) les seuils prévus à l'article 8, premier alinéa, point *a)*, à l'article 56 et à l'article 63, paragraphe 1, premier alinéa, sur le seuil révisé applicable aux marchés publics de travaux ;

b) les seuils prévus à l'article 8, premier alinéa, point *b)*, et à l'article 67, paragraphe 1, point *a)*, sur le seuil révisé applicable aux marchés publics de services passés par les pouvoirs adjudicateurs visés à l'annexe IV ;

c) le seuil prévu à l'article 67, paragraphe 1, points *b)* et *c)*, sur le seuil révisé applicable aux marchés publics de services passés par les pouvoirs adjudicateurs qui ne sont pas visés à l'annexe IV.

3. Les contre-valeurs des seuils fixés conformément au paragraphe 1 dans les monnaies nationales des États membres qui ne participent pas à l'union monétaire sont, en principe, révisées tous les deux ans à partir du 1er janvier 2004. Le calcul de ces contre-valeurs est fondé sur la moyenne de la valeur quotidienne de ces monnaies exprimée en euros, durant les vingt-quatre mois qui se terminent le dernier jour du mois d'août qui précède la révision prenant effet le 1er janvier.

4. Les seuils révisés visés au paragraphe 1 et leur contre-valeur dans les monnaies nationales visées au paragraphe 3 sont publiés par la Commission au *Journal officiel* de l'Union européenne au début du mois de novembre qui suit leur révision.

Art. 79. – Modifications

La Commission peut modifier, conformément à la procédure visée à l'article 77, paragraphe 2 :

a) les modalités techniques des méthodes de calcul visées à l'article 78, paragraphe 1, deuxième alinéa, et paragraphe 3 ;

b) les modalités d'établissement, de transmission, de réception, de traduction, de collecte et de distribution des avis visés aux articles 35, 58, 64 et 69 ainsi que des rapports statistiques prévus à l'article 35, paragraphe 4, quatrième alinéa, et aux articles 75 et 76 ;

c) les modalités de références particulières à des positions particulières de la nomenclature CPV dans les avis ;

d) les listes des organismes et des catégories d'organismes de droit public visées à l'annexe III, lorsque, sur la base des notifications des États membres, celles-ci s'avèrent nécessaires ;

e) les listes des autorités gouvernementales centrales visées à l'annexe IV, suivant les adaptations qui sont nécessaires pour donner suite à l'Accord ;

f) les numéros de référence à la nomenclature prévue à l'annexe I, dans la mesure où cela ne change pas le champ d'application matériel de la présente directive, et les modalités de la référence à des positions particulières de cette nomenclature dans les avis ;

g) les numéros de référence à la nomenclature prévue à l'annexe II, dans la mesure où cela ne change pas le champ d'application matériel de la présente directive, et les modalités de référence dans les avis à des positions particulières de cette nomenclature à l'intérieur des catégories de services énumérées à ladite annexe ;

h) les modalités de transmission et de publication des données visées à l'annexe VIII, pour des raisons tenant au progrès technique ou d'ordre administratif ;

i) les modalités et caractéristiques techniques des dispositifs de réception électronique visées à l'annexe X, points *a)*, *f)* et *g)*.

Art. 80. – Mise en œuvre

1. Les États membres mettent en vigueur les dispositions législatives, réglementaires et administratives nécessaires pour se conformer à la présente directive au plus tard le ....*. Ils en informent immédiatement la Commission.

Lorsque les États membres adoptent ces dispositions, celles-ci contiennent une référence à la présente directive ou sont accompagnées d'une telle référence lors de leur publication officielle. Les modalités de cette référence sont arrêtées par les États membres.

2. Les États membres communiquent à la Commission le texte des dispositions essentielles de droit interne qu'ils adoptent dans le domaine régi par la présente directive.

* 21 mois après l'entrée en vigueur de la présente directive.

Art. 81. – Mécanismes de contrôle

Conformément à la directive 89/665/CEE du Conseil du 21 décembre 1989 portant coordination des dispositions législatives, réglementaires et administratives relatives à l'application des procédures de recours en matière de passation des marchés publics de fournitures et de travaux[7], les États membres garantissent l'application de la présente directive par des mécanismes efficaces, accessibles et transparents.

À cet effet, ils peuvent, entre autres, désigner ou établir un organe indépendant.

Art. 82. – Abrogations

La directive 92/50/CEE, à l'exception de son article 41, et les directives 93/36/CEE et 93/37/CEE sont abrogées, avec effet à partir de la date prévue à l'article 80, sans préjudice des obligations des États membres en ce qui concerne les délais de transposition et d'application figurant à l'annexe XI.

Les références faites aux directives abrogées s'entendent comme faites à la présente directive et sont à lire selon le tableau de correspondance figurant à l'annexe XII.

Art. 83. – Entrée en vigueur

La présente directive entre en vigueur le jour de sa publication au *Journal officiel* de l'Union européenne (*JO* L. 134 du 30 avril 2004).

Art. 84. – Destinataires

Les États membres sont destinataires de la présente directive.

---

7. *JO* L. 395 du 30 décembre 1989, p. 33. Directive modifiée par la directive 92/50/CEE.

2. Informations qui doivent figurer dans les avis (annexe VII à la directive européenne 2004/18/CE du 31 mars 2004)

ANNEXE VII A

Informations qui doivent figurer dans les avis pour les marchés publics

AVIS ANNONÇANT LA PUBLICATION D'UN AVIS DE PRÉINFORMATION SUR UN PROFIL D'ACHETEUR

1. Pays du pouvoir adjudicateur

2. Nom du pouvoir adjudicateur

3. Adresse internet du « profil d'acheteur » (URL)

4. Numéro(s) de référence à la nomenclature CPV

AVIS DE PRÉINFORMATION

1. Nom, adresse, numéro de télécopieur, adresse électronique du pouvoir adjudicateur et, s'ils sont différents, ceux du service auprès duquel des informations complémentaires peuvent être, le cas échéant, obtenues et, lorsqu'il s'agit de marchés publics de services et de travaux, des services, par exemple le site Internet gouvernemental pertinent, auprès desquels peuvent être obtenues des informations sur le cadre réglementaire général qui, en matière de fiscalité, de protection de l'environnement, de protection du travail et de conditions de travail, est applicable au lieu où la prestation doit être réalisée.

2. Le cas échéant, indiquer qu'il s'agit d'un marché public réservé à des ateliers protégés ou dont l'exécution est réservée dans le cadre de programmes d'emplois protégés.

3. Pour les marchés publics de travaux : nature et étendue des travaux, lieu d'exécution ; dans le cas où l'ouvrage est divisé en plusieurs lots, caractéristiques essentielles de ces lots par référence à l'ouvrage ; si elle est disponible, estimation de la fourchette du coût des travaux envisagés, numéro(s) de référence à la nomenclature.

Pour les marchés publics de fournitures : nature et quantité ou valeur des produits à fournir, numéro de référence de la nomenclature ; numéro(s) de référence à la nomenclature.

Pour les marchés publics de services : montant total envisagé des achats dans chacune des catégories de services figurant à l'annexe II A ; numéro(s) de référence à la nomenclature.

4. Dates provisoirement prévues pour le lancement des procédures de passation du ou des marchés, dans le cas de marchés publics de services par catégorie.

5. Le cas échéant, indiquer qu'il s'agit d'un accord-cadre.

6. Le cas échéant, autres renseignements.

7. Date d'envoi de l'avis ou d'envoi de l'avis annonçant la publication du présent avis sur le profil d'acheteur.

8. Indiquer si le marché est ou non couvert par l'Accord.

AVIS DE MARCHÉS

Procédures ouvertes, restreintes, dialogues compétitifs, procédures négociées

1. Nom, adresse, numéro de téléphone et télécopieur, adresse électronique du pouvoir adjudicateur.

2. Le cas échéant, indiquer qu'il s'agit d'un marché public réservé à des ateliers protégés ou dont l'exécution est réservée dans le cadre de programmes d'emplois protégés.

3. *a)* Mode de passation choisi.

b) Le cas échéant, justification du recours à la procédure accélérée (en cas de procédures restreintes et négociées).

c) Le cas échéant, indiquer s'il s'agit d'un accord-cadre.

d) Le cas échéant, indiquer s'il s'agit d'un système d'acquisition dynamique.

e) Le cas échéant, recours à une enchère électronique (en cas de procédures ouvertes, restreintes ou négociées, dans le cas visé à l'article 30, paragraphe 1, point *a)*.

4. Forme du marché.

5. Lieu d'exécution/réalisation des travaux, lieu de livraison des produits ou lieu de fourniture des services.

6. *a)* Marchés publics de travaux :

– nature et étendue des travaux, caractéristiques générales de l'ouvrage. Indiquer notamment les options concernant des travaux complémentaires et, s'il est connu, le calendrier provisoire des recours à ces options ainsi que le nombre de reconductions éventuelles. Si l'ouvrage ou le marché est divisé en plusieurs lots, l'ordre de grandeur des différents lots ; numéro(s) de référence à la nomenclature ;

– indications relatives à l'objectif de l'ouvrage ou du marché lorsque celui-ci comporte également l'établissement de projets ;

– dans le cas d'accords-cadres, indiquer également la durée prévue de l'accord-cadre, la valeur totale des travaux estimée pour toute la durée de l'accord-cadre ainsi que, dans toute la mesure du possible, la valeur et la fréquence des marchés à passer.

b) Marchés publics de fournitures :

– nature des produits à fournir, en indiquant, notamment, si les offres sont sollicitées en vue d'un achat, d'un crédit-bail, d'une location ou d'une location-vente ou d'une combinaison de ceux-ci, numéro de référence à la nomenclature. Quantité des produits à fournir, en indiquant notamment les options concernant des achats complémentaires et, s'il est connu, le calendrier provisoire des recours à ces options ; options ainsi que le nombre de reconductions éventuelles numéro(s) de référence à la nomenclature ;

– dans le cas de marchés réguliers ou de marchés renouvelables au cours d'une période donnée, indiquer également, s'il est connu, le calendrier des marchés publics ultérieurs pour les achats de fournitures envisagés ;

– dans le cas d'accords-cadre, indiquer également la durée prévue de l'accord-cadre, la valeur totale des fournitures estimée pour toute la durée de l'accord-cadre ainsi que, dans toute la mesure du possible, la valeur et la fréquence des marchés à passer.

c) Marchés publics de services :

– catégorie du service et description de celui-ci. Numéro(s) de référence à la nomenclature. Quantité des services à fournir. Indiquer notamment les options concernant des achats complémentaires et, s'il est connu, le calendrier provisoire des recours à ces options ainsi que le nombre de reconductions éventuelles. Dans le cas de marchés renouvelables au cours d'une période donnée, une estimation du calendrier, s'il est connu, des marchés publics ultérieurs pour les achats de services envisagés.

Dans le cas d'accords-cadre, indiquer également la durée prévue de l'accord-cadre, la valeur totale des prestations estimée pour toute la durée de l'accord-cadre ainsi que, dans toute la mesure du possible, la valeur et la fréquence des marchés à passer ;

– indiquer si, en vertu de dispositions législatives, réglementaires ou administratives, l'exécution du service est réservée à une profession déterminée.

Référence de la disposition législative, réglementaire ou administrative ;

– Indiquer si les personnes morales sont tenues de mentionner les noms et les qualifications professionnelles du personnel chargé de l'exécution du service.

7. Lorsque les marchés sont divisés en lots, indication de la possibilité, pour les opérateurs économiques, de soumissionner pour un, plusieurs et/ou la totalité de ces lots.

8. Date limite à laquelle s'achèveront les travaux/fournitures/services ou durée du marché de travaux/fournitures/services. Dans la mesure du possible, date limite à laquelle commenceront les travaux ou date limite à laquelle commenceront ou seront livrées les fournitures ou fournis les services.

9. Admission ou interdiction des variantes.

10. Le cas échéant, les conditions particulières auxquelles est soumise la réalisation du marché.

11. En cas de procédures ouvertes :

a) nom, adresse, numéro de téléphone, numéro de télécopieur et adresse électronique du service auquel le cahier des charges et les documents complémentaires peuvent être demandés ;

b) le cas échéant, date limite pour la présentation de ces demandes ;

c) le cas échéant, coût et conditions de paiement pour obtenir ces documents.

12. *a)* Date limite de réception des offres ou des offres indicatives lorsqu'il s'agit de la mise en place d'un système d'acquisition dynamique (procédures ouvertes).

b) Date limite de réception des demandes de participation (procédures restreintes et négociées).

c) Adresse où elles doivent être transmises.

d) La ou les langues dans lesquelles elles doivent être rédigées.

13. En cas de procédures ouvertes :

a) personnes autorisées à assister à l'ouverture des offres ;

b) date, heure et lieu de cette ouverture.

14. Le cas échéant, cautionnement et garanties demandés.

15. Modalités essentielles de financement et de paiement et/ou références aux textes qui les réglementent.

16. Le cas échéant, forme juridique que devra revêtir le groupement d'opérateurs économiques adjudicataire du marché.

17. Critères de sélection concernant la situation personnelle des opérateurs économiques qui peuvent entraîner l'exclusion de ces derniers et informations requises prouvant qu'ils ne relèvent pas des cas justifiant l'exclusion. Critères de sélection et renseignements concernant la situation personnelle de l'opérateur économique, renseignements et formalités nécessaires pour l'évaluation des capacités minimales de caractère économique et technique à remplir par l'opérateur économique. Niveau(x) spécifique(s) minimum(a) de capacités éventuellement exigé(s).

18. Pour les accords-cadres : nombre, le cas échéant, nombre maximal, envisagé d'opérateurs économiques qui en feront partie, durée de l'accord-cadre prévue en précisant, le cas échéant, les motifs justifiant une durée de l'accord-cadre dépassant quatre ans.

19. Pour le dialogue compétitif et les procédures négociées avec publication d'un avis de marché, indiquer, le cas échéant, le recours à une procédure se déroulant en phases successives afin de réduire progressivement le nombre des solutions à discuter ou des offres à négocier.

20. Pour les procédures restreintes, le dialogue compétitif et les procédures négociées avec publication d'un avis de marché, lorsqu'il est fait recours à la faculté de réduire le nombre de candidats à inviter à présenter une offre, à dialoguer ou à négocier : nombre minimal et, le cas échéant, maximal de candidats envisagé et critères objectifs à appliquer pour choisir ce nombre de candidats.

21. Délai pendant lequel le soumissionnaire est tenu de maintenir son offre (procédures ouvertes).

22. Le cas échéant, noms et adresses des opérateurs économiques déjà sélectionnés par le pouvoir adjudicateur (procédures négociées).

23. Critères visés à l'article 53 qui seront utilisés lors de l'attribution du marché : « prix le plus bas » ou « offre économiquement la plus avantageuse ». Les critères constituant l'offre économiquement la plus avantageuse ainsi que leur pondération

sont mentionnés lorsqu'ils ne figurent pas dans les cahiers des charges ou, en cas de dialogue compétitif, dans le document descriptif.

24. Nom et adresse de l'organe compétent pour les procédures de recours et, le cas échéant, de médiation. Précisions concernant les délais d'introduction des recours ou le cas échéant, nom, adresse, numéro de téléphone, numéro de télécopieur et adresse électronique du service auprès duquel ces renseignements peuvent être obtenus.

25. Date(s) de publication de l'avis de préinformation conformément aux spécifications techniques de publication indiquées à l'annexe VIII ou mention de sa non – publication.

26. Date d'envoi de l'avis.

27. Indiquer si le marché est couvert ou non par l'Accord.

AVIS DE MARCHÉ SIMPLIFIÉ DANS LE CADRE D'UN SYSTÈME D'ACQUISITION DYNAMIQUE

1. Pays du pouvoir adjudicateur.

2. Nom et adresse électronique du pouvoir adjudicateur.

3. Rappel de la publication de l'avis de marché sur le système d'acquisition dynamique.

4. Adresse électronique où sont disponibles le cahier des charges et les documents complémentaires relatifs au système d'acquisition dynamique.

5. Objet du marché : description par numéro(s) de référence à la nomenclature « CPV » et quantité ou étendue du marché à passer.

6. Délai pour la présentation des offres indicatives.

AVIS SUR LES MARCHÉS PASSÉS

1. Nom et adresse du pouvoir adjudicateur.

2. Procédures de passation choisie. En cas de procédure négociée sans publication préalable d'un avis de marché (art. 28), justification.

3. Marchés publics de travaux : nature et étendue des prestations, caractéristiques générales de l'ouvrage.

Marchés publics de fournitures : nature et quantité des produits fournis, le cas échéant, par fournisseur ; numéro de référence de la nomenclature.

Marchés publics de services : catégorie du service et description ; numéro de référence de la nomenclature ; quantité de services achetés.

4. Date de passation du marché.

5. Critères d'attribution du marché.

6. Nombre des offres reçues.

7. Nom et adresse du ou des adjudicataires.

8. Prix ou gamme des prix (minimum/maximum) payés.

9. Valeur de l'offre (des offres) retenue(s) ou offre la plus élevée et offre la moins élevée prises en considération pour l'attribution du marché.

10. Le cas échéant, valeur et part du contrat susceptible d'être sous-traitée à des tiers.

11. Date de publication de l'avis de marché conformément aux spécifications techniques de publication reprises à l'annexe VIII.

12. Date d'envoi du présent avis.

13. Nom et adresse de l'organe compétent pour les procédures de recours et, le cas échéant, de médiation. Précisions concernant les délais d'introduction des recours ou le cas échéant, nom, adresse, numéro de téléphone, numéro de télécopieur et adresse électronique du service auprès duquel ces renseignements peuvent être obtenus.

3. Le CPV (Common Procurement Vocabulary) édicté en décembre 2002 et modifié en décembre 2003 (texte des règlements seulement)

a) Règlement (CE) n° 2195/2002 du Parlement européen et du Conseil du 5 novembre 2002 relatif au vocabulaire commun pour les marchés publics (CPV)
(Texte présentant de l'intérêt pour l'EEE)

Le Parlement européen et le Conseil de l'Union européenne,

statuant conformément à la procédure visée à l'article 251 du traité,

considérant ce qui suit :

1°) Le recours à différentes nomenclatures nuit à l'ouverture et à la transparence des marchés publics européens. Son impact sur la qualité et les délais de publication des avis restreint de fait l'accès des opérateurs économiques aux marchés publics.

2°) Dans sa recommandation 96/527/CE, la Commission invitait les entités et les pouvoirs adjudicateurs à utiliser, pour la description de l'objet de leurs marchés, le vocabulaire commun pour les marchés publics [Common Procurement Vocabulary (CPV)], élaboré sur la base de certaines nomenclatures existantes dans le sens d'une meilleure adéquation aux spécificités du secteur des marchés publics.

3°) Il y a désormais lieu d'unifier, à travers un système de classification unique pour les marchés publics, les références utilisées par les pouvoirs adjudicateurs et les entités adjudicatrices pour la description de l'objet des marchés.

4°) Il importe que les États membres disposent d'un système de référence unique, qui utilise la même description des biens dans les langues communautaires officielles et un même Code alphanumérique correspondant et qui permet ainsi de lever les barrières linguistiques à l'échelle communautaire.

5°) Il y a lieu en conséquence d'adopter par le présent règlement le CPV, dans une version révisée, un système de classification unique pour les marchés publics dont la mise en application relève des directives portant sur la coordination des procédures de passation des marchés publics.

6°) Il convient également d'établir des tables de correspondance à titre indicatif entre le CPV et la classification des produits associée aux activités dans la Communauté économique européenne (CPA), la classification centrale des produits (CPC Prov.) des Nations unies, la nomenclature statistique des activités économiques dans la Communauté européenne (NACE Rév. 1) et la nomenclature combinée (NC).

7°) La structure et les codes du CPV peuvent nécessiter des adaptations, voire des modifications, en fonction de l'évolution des marchés et des besoins des utilisateurs. Il s'avère donc nécessaire de prévoir une procédure de révision adéquate à cet effet.

8°) Il y a lieu d'arrêter les mesures nécessaires pour la mise en œuvre du présent règlement en conformité avec la décision 1999/468/CE du Conseil du 28 juin 1999 fixant les modalités de l'exercice des compétences d'exécution conférées à la Commission.

9°) Étant donné que l'objectif de l'action envisagée, à savoir l'établissement d'un système de classification applicable aux marchés publics, ne peut être atteint de manière suffisante par les États membres, et peut donc, pour des raisons de dimensions et d'effets de l'action, être mieux réalisé au niveau communautaire, la Communauté peut prendre des mesures, conformément au principe de subsidiarité consacré à l'article 5 du traité. Conformément au principe de proportionnalité tel qu'énoncé audit article, le présent règlement n'excède pas ce qui est nécessaire pour atteindre cet objectif.

10°) Le choix du recours à un règlement plutôt qu'à une directive est motivé par le fait que l'établissement d'un système de classification pour les marchés publics ne requiert pas de transposition de la part des États membres.

11°) Dans l'optique d'une familiarisation des utilisateurs avec un système de classification unique obligatoire à terme, il convient que la mise en application du présent règlement soit précédée d'une période d'adaptation,

Ont arrêté le présent règlement :

Art. 1er. – 1. Il est établi un système de classification unique applicable aux marchés publics, le vocabulaire commun pour les marchés publics [Common Procurement Vocabulary (CPV)].

2. Le texte du CPV figure à l'annexe I.

Les tables de correspondance indicatives entre le CPV et les nomenclatures « classification des produits associée aux activités dans la Communauté économique européenne » (CPA), « classification centrale des produits » (CPC Prov.) des Nations unies, « nomenclature statistique des activités économiques dans la Communauté européenne » (NACE Rév. 1) et « nomenclature combinée » (NC) figurent respectivement aux annexes II, III, IV et V.

Art. 2. – Les dispositions nécessaires pour la révision du CPV sont arrêtées par la Commission conformément à la procédure visée à l'article 3, paragraphe 2.

Art. 3. – 1. La Commission est assistée par le comité consultatif pour les marchés publics institué par l'article 1er de la décision 71/306/CEE du Conseil (ci après dénommé « comité »).

2. Dans le cas où il est fait référence au présent paragraphe, les articles 3 et 7 de la décision 1999/468/CE s'appliquent, dans le respect des dispositions de l'article 8 de celle-ci.

3. Le comité adopte son règlement intérieur.

Art. 4. – Le présent règlement entre en vigueur le 16 décembre 2003.

Le présent règlement est obligatoire dans tous ses éléments et directement applicable dans tout État membre.

b) Règlement (CE) n° 2151/2003 de la Commission du 16 décembre 2003 portant modification du règlement (CE) n° 2195/2002 du Parlement européen et du Conseil relatif au vocabulaire commun pour les marchés publics (CPV) (Texte présentant de l'intérêt pour l'EEE)

La Commission des communautés européennes,

considérant ce qui suit :

1°) Le règlement (CE) n° 2195/2002 a établi un système de classification unique applicable aux marchés publics, dans le but d'unifier les références utilisées par les entités et pouvoirs adjudicateurs pour la description de l'objet de leur marché.

2°) La structure des codes du CPV peut nécessiter des adaptations, voire des modifications, en fonction de l'évolution des marchés et des besoins des utilisateurs.

3°) Il est nécessaire de mettre à jour la structure et les codes du CPV afin de tenir compte des besoins spécifiques exprimés tant par les États membres que par les utilisateurs du CPV et de corriger les erreurs matérielles détectées dans les différentes versions linguistiques.

4°) Les ajustements et améliorations techniques qui ont été identifiés au cours du processus législatif ayant conduit à l'adoption du règlement (CE) n° 2195/2002 mais qui n'ont pas pu être pris en considération dans ce règlement devraient être introduits dans les annexes dudit règlement.

5°) Dans son avis sur la proposition de règlement CPV, le Comité des régions a fait observer que la classification des médicaments devait être améliorée et a recommandé d'utiliser le système de classification anatomique, thérapeutique et chimique (ATC), établi par l'Organisation mondiale de la santé, pour parachever la structure et les codes du CPV dans le domaine des médicaments.

6°) Les parties intéressées et les utilisateurs du CPV ont formulé des suggestions concrètes en vue d'améliorer le vocabulaire CPV.

7°) La mise à jour des codes et de la structure du CPV devrait se refléter dans les tables de correspondance indicatives entre le CPV et la classification centrale provisoire des produits (CPC prov.) des Nations unies, la nomenclature statistique des activités économiques dans la Communauté européenne (NACE Rév. 1) et la nomenclature combinée (NC).

8°) Pour des motifs de clarté, le CPV devrait être entièrement remplacé tout comme la table de correspondance entre le CPV et la CPC prov. Toutes les modifications des codes du CPV ou de leur description devraient figurer dans une nouvelle annexe séparée du règlement (CE) n° 2195/2002.

9°) L'entrée en vigueur du règlement (CE) n° 204/2002 de la Commission du 19 décembre 2001 modifiant le règlement (CEE) n° 3696/93 du Conseil relatif à la classification statistique des produits associée aux activités (CFA) dans la Communauté économique européenne rend caduque les informations fournies à l'annexe II du règlement (CE) n° 2195/2002 relatif au CPV indiquant la correspondance entre le CPV et la CPA 96.

10°) Dans la position commune (CE) n° 33/2003 du 20 mars 2003 arrêtée par le Conseil en vue de l'adoption d'une directive du Parlement européen et du Conseil relative à la coordination des procédures de passation des marchés publics de travaux, de fournitures et de services et la position commune (CE) n° 34/2003 du 20 mars 2003 arrêtée par le Conseil en vue de l'adoption d'une directive du Parlement européen et du Conseil relative à la coordination des procédures de passation des marchés dans les secteurs de l'eau, de l'énergie, des transports et des services postaux, les groupes de produits ne sont pas établis en référence à la classification statistique des produits par activité (CPA).

11°) Pour ces motifs, il n'est pas opportun de mettre à jour la table de correspondance entre le CPV et la CPA 96 figurant à l'annexe II du règlement (CE) n° 2195/2002. Cette annexe devrait donc être supprimée.

12°) Le règlement (CE) n° 2195/2002 devrait donc être modifié en conséquence.

13°) Les mesures prévues par le présent règlement sont conformes à l'avis du Comité consultatif pour les marchés publics,

A arrêté le présent règlement :

Art. 1er. – Le règlement (CE) n° 2195/2002 est modifié comme suit :

L'annexe I est remplacée par le texte de l'annexe 1 du présent règlement.

L'annexe II est remplacée par le texte de l'annexe II du présent règlement.

L'annexe III est remplacée par le texte de l'annexe III du présent règlement.

L'annexe IV est modifiée conformément à l'annexe IV du présent règlement.

L'annexe V est modifiée conformément à l'annexe V du présent règlement.

Art. 2. – Le présent règlement entre en vigueur le troisième jour suivant celui de sa publication au *Journal officiel* de l'Union européenne.

Le présent règlement est obligatoire dans tous ses éléments et directement applicable dans tout État membre.

4. Les services visés par la directive européenne

ANNEXE II A[8]

Catégo-ries	Désignation des services	Numéros de référence CPC[9]	Numéros de référence CPV
1	Services d'entretien et de réparation	6112, 6122, 633, 886	De 50100000 à 50982000 (sauf 50310000 à 50324200 et 50116510-9, 50190000-3, 50229000-6, 50243000-0)
2	Services de transports terrestres[10], y compris les services de véhicules blindés et les services de courrier, à l'exclusion des transports de courrier	712 (sauf 71235), 7512, 87304	De 60112000-6 à 60129300-1 (sauf 60121000 à 60121600, 60122200-1, 60122230-0), et de 64120000-3 à 64121200-2
3	Services de transports aériens : transports de voyageurs et de marchandises, à l'exclusion des transports de courrier	73 (sauf 7321)	De 62100000-3 à 62300000-5 (sauf 62121000-6, 62221000-7)
4	Transports de courrier par transport terrestre[11] et par air	71235, 7321	60122200-1, 60122230-0 62121000-6, 62221000-7
5	Services de télécommunications	752	De 64200000-8 à 64228200-2, 72318000-7, et de 72530000-9 à 72532000-3

8. En cas d'interprétation différente entre le CPV et le CPC, c'est la nomenclature CPC qui est applicable.
9. Nomenclature CPC (version provisoire), utilisée pour définir le champ d'application de la directive 92/50/CEE.
10. À l'exclusion des services de transports ferroviaires couverts par la catégorie 18.
11. À l'exclusion des services de transports ferroviaires couverts par la catégorie 18.

Catégo-ries	Désignation des services	Numéros de référence CPC[9]	Numéros de référence CPV
6	Services financiers : a) services d'assurances b) services bancaires et d'investissement[12]	ex 81, 812, 814	De 66100000-1 à 66430000-3 et de 67110000-1 à 67262000-11
7	Services informatiques et services connexes	84	De 50300000-8 à 50324200-4, de 72100000-6 à 72591000-4 (sauf 72318000-7 et de 72530000-9 à 72532000-3)
8	Services de recherche et de développement[13]	85	De 73000000-2 à 73300000-5 (sauf 73200000-4, 73210000-7, 7322000-0)
9	Services comptables, d'audit et de tenue de livres	862	De 74121000-3 à 74121250-0
10	Services d'études de marché et de sondages	864	De 74130000-9 à 74133000-0, et 74423100-1, 74423110-4
11	Services de conseil en gestion[14] et services connexes	865, 866	De 73200000-4 à 73220000-0, de 74140000-2 à 74150000-5 (sauf 74142200-8), et 74420000-9, 74421000-6, 74423000-0, 74423200-2, 74423210-5, 74871000-5, 93620000-0

12. À l'exclusion des services financiers relatifs à l'émission, à l'achat, à la vente et au transfert de titres ou d'autres instruments financiers, ainsi que des services fournis par des banques centrales.
Sont également exclus, les services consistant en l'acquisition ou la location, quelles qu'en soient les modalités financières, de terrains, de bâtiments existants ou d'autres biens immeubles ou qui concernent des droits sur ces biens ; toutefois, les services financiers fournis parallèlement, préalablement ou consécutivement au contrat d'acquisition ou de location, sous quelque forme que ce soit, sont soumis à la présente directive.
13. À l'exclusion des services de recherche et de développement autres que ceux dont les fruits appartiennent exclusivement au pouvoir adjudicateur pour son usage dans l'exercice de sa propre activité pour autant que la prestation du service soit entièrement rémunérée par le pouvoir adjudicateur.
14. À l'exclusion des services d'arbitrage et de conciliation.

Catégo-ries	Désignation des services	Numéros de référence CPC[9]	Numéros de référence CPV
12	Services d'architecture ; services d'ingénierie et services intégrés d'ingénierie ; services d'aménagement urbain et d'architecture paysagère ; services connexes de consultations scientifiques et techniques ; services d'essais et d'analyses techniques	867	De 74200000-1 à 74276400-8, et de 74310000-5 à 74323100-0, et 74874000-6
13	Services de publicité	871	De 74400000-3 à 74422000-3 (sauf 74420000-9 et 74421000-6)
14	Services de nettoyage de bâtiments et services de gestion de propriétés	874, 82201 à 82206	De 70300000-4 à 70340000-6, et De 74710000-9 à 74760000-4
15	Services de publication et d'impression sur la base d'une redevance ou sur une base contractuelle	88442	De 78000000-7 à 78400000-1
16	Services de voirie et d'enlèvement des ordures : services d'assainissement et services analogues	94	De 90100000-8 à 90320000-6, et 50190000-3, 50229000-6, 50243000-0

3

ANNEXE II B

Catégo-ries	Désignation des services	Numéros de référence CPC	Numéros de référence CPV
17	Services d'hôtellerie et de restauration	64	De 55000000-0 à 55524000-9, et de 93400000-2 à 93411000-2
18	Services de transports ferroviaires	711	60111000-9, et de 60121000-2 à 60121600-8
19	Services de transport par eau	72	De 61000000-5 à 61530000-9, et de 63370000-3 à 63372000-7
20	Services annexes et auxiliaires des transports	74	62400000-6, 62440000-8, 62441000-5, 62450000-1 ; de 63000000-9 à 63600000-5 (sauf 63370000-3, 63371000-0, 63372000-7), et 74322000-2, 93610000-7
21	Services juridiques	861	De 74110000-3 à 74114000-1
22	Services de placement et de fourniture de personnel[15]	872	De 74500000-4 à 74540000-6 (sauf 74511000-4), et de 95000000-2 à 95140000-5
23	Services d'enquête et de sécurité, à l'exclusion des services des véhicules blindés	873 (sauf 87304)	De 74600000-5 à 74620000-1
24	Services d'éducation et de formation professionnelle	92	De 80100000-5 à 80430000-7
25	Services sociaux et sanitaires	93	74511000-4, et de 85000000 à 85323000 (sauf 85321000-5 et 85322000-2)
26	Services récréatifs, culturels et sportifs[16]	96	De 74875000-3 à 74875200-5, et de 92000000-1 à 92622000-7 (sauf 92230000-2)
27	Autres services[12]		

15. À l'exception des contrats d'emploi.

16. À l'exception des contrats d'acquisition, de développement, de production ou de coproduction de programmes par des organismes de radiodiffusion et des contrats concernant les temps de diffusion.

Annexe IV

Environnement mondial des marchés publics

3

1. Accord sur les marchés publics

[compris dans l'accord instituant l'Organisation mondiale du commerce (OMC), signé à Marrakech le 15 avril 1994, ratifié par la France le 27 décembre 1994, et entré en vigueur le 1er janvier 1995]

Les Parties au présent Accord (ci-après dénommées les « Parties »),

Reconnaissant qu'un cadre multilatéral efficace de droits et d'obligations concernant les lois, règlements, procédures et pratiques en matière de marchés publics est nécessaire en vue de réaliser l'expansion et une libération plus large du commerce mondial et d'améliorer le cadre international qui régit le commerce mondial ;

Reconnaissant que les lois, règlements, procédures et pratiques en matière de marchés publics ne devraient pas être élaborés, adoptés, ou appliqués aux produits et aux services étrangers ou nationaux ni aux fournisseurs étrangers ou nationaux de façon à accorder une protection aux produits ou aux services nationaux ou aux fournisseurs nationaux, et qu'ils ne devraient pas établir de discrimination entre des produits ou des services étrangers ou entre des fournisseurs étrangers ;

Reconnaissant qu'il est souhaitable d'assurer la transparence des lois, règlements, procédures et pratiques en matière de marchés publics ;

Reconnaissant la nécessité d'instituer des procédures internationales de notification, de consultation, de surveillance et de règlement des différends en vue d'assurer la mise en œuvre équitable, prompte et efficace des dispositions internationales concernant les marchés publics et de maintenir l'équilibre des droits et des obligations au niveau le plus élevé possible ;

Reconnaissant la nécessité de tenir compte des besoins du développement, des finances et du commerce des pays en développement, et en particulier des moins avancés d'entre eux ;

Désireuses, conformément à l'article 9-6 *b)* de l'Accord relatif aux marchés publics fait le 12 avril 1979, tel qu'il a été modifié le 2 février 1987, d'élargir et d'améliorer l'Accord sur une base de réciprocité mutuelle et d'étendre son champ d'application aux marchés de services ;

Désireuses d'encourager les gouvernements qui ne sont pas Parties au présent Accord à l'accepter et à y accéder ;

Ayant engagé de nouvelles négociations conformément à ces objectifs,

Conviennent de ce qui suit :

Art. 1er. – Portée et champ d'application

1. Le présent Accord s'applique à toute loi, tout règlement, ainsi qu'à toute procédure ou pratique concernant tout marché passé par les entités visées par le présent Accord, telles qu'elles sont spécifiées à l'appendice 1[1].

2. Le présent Accord s'applique aux marchés passés par tout moyen contractuel, y compris sous forme d'achat ou sous forme de crédit-bail, location ou location-vente, avec on sans option d'achat, comprenant toute combinaison, quelle qu'elle soit, de produits et de services.

3. Dans les cas où des entités, en ce qui concerne les marchés visés par le présent Accord, exigent que des entreprises qui ne sont pas mentionnées à l'appendice 1 passent des marchés conformément à des prescriptions particulières, l'article III s'appliquera *mutatis mutandis* à ces prescriptions.

4. Le présent Accord s'applique à tout marché d'une valeur non inférieure aux valeurs de seuil spécifiées à l'appendice 1 qui sont d'application.

Art. 2. – Évaluation des marchés

1. Les dispositions ci-après seront d'application pour la détermination de la valeur des marchés[2] aux fins de la mise en œuvre du présent Accord.

2. L'évaluation tiendra compte de toutes les formes de rémunération, y compris toute prime, rétribution ou commission et tous intérêts à recevoir.

3. La méthode d'évaluation ne sera pas choisie par l'entité, et les quantités à acquérir ne seront en aucun cas scindées, dans l'intention d'éviter que le présent Accord ne s'applique.

4. Si la quantité à acquérir est telle que plus d'un marché soit conclu ou que des marchés soient passés par lots séparés, la base de l'évaluation sera :

a) Soit la valeur réelle des contrats successifs analogues passés au cours des douze mois ou de l'exercice précédents, corrigée, si possible, pour tenir compte des modifications en quantité et en valeur qui surviendraient au cours des douze mois suivants ;

---

1. Pour chaque Partie, l'appendice 1 est divisé en cinq annexes :
L'annexe I contient la liste des entités du gouvernement central ;
L'annexe II contient la liste des entités des gouvernements sous-centraux ;
L'annexe III contient la liste de toutes les autres entités qui passent des marchés conformément aux dispositions du présent Accord ;
L'annexe IV spécifie les services, que la liste en soit positive ou négative, qui sont visés par le présent Accord ;
L'annexe V spécifie les services de construction visés.
Les valeurs de seuil qui sont d'application sont spécifiées dans les annexes de chaque Partie.
2. Le présent Accord s'applique à tout marché dont la valeur est estimée à un montant égal ou supérieur au seuil au moment de la publication de l'avis mentionné à l'article 9.

b) Soit la valeur estimée des contrats successifs au cours de l'exercice ou des douze mois suivant le contrat initial.

5. En ce qui concerne les marchés de produits ou de services passés sous forme de crédit-bail, location ou location-vente, ou les marchés qui ne prévoient pas expressément de prix total, la base de l'évaluation sera la suivante :

a) Dans le cas de marchés de durée déterminée, la valeur totale des marchés pour toute leur durée si celle-ci est inférieure ou égale à douze mois, ou leur valeur totale, y compris la valeur résiduelle estimée, si leur durée dépasse douze mois ;

b) Dans le cas de marchés de durée indéterminée, l'acompte mensuel multiplié par 48. En cas de doute, la seconde base sera utilisée, à savoir *b)*.

6. Lorsqu'un marché envisagé prévoit expressément des options, la base de l'évaluation sera la valeur totale du marché maximal autorisé, y compris les options.

Art. 3. – Traitement national et non-discrimination

1. En ce qui concerne toutes les lois, tous les règlements, ainsi que toutes les procédures et pratiques concernant les marchés publics visés par le présent Accord, chaque Partie accordera immédiatement et sans condition, aux produits et services des autres Parties et à leurs fournisseurs qui offrent ces produits ou services, un traitement qui ne sera pas moins favorable :

a) que celui accordé aux produits, aux services et aux fournisseurs nationaux, ni

b) que celui accordé aux produits et services de toute autre Partie et à leurs fournisseurs.

2. En ce qui concerne toutes les lois, tous les règlements, ainsi que toutes les procédures et pratiques concernant les marchés publics visés par le présent Accord, chaque Partie fera en sorte :

a) Que ses entités n'accordent pas à un fournisseur établi sur le territoire national un traitement moins favorable que celui accordé à un autre fournisseur établi sur le territoire national, selon le degré de contrôle ou de participation étrangers ; et

b) Que ses entités n'exercent pas de discrimination à rencontre de fournisseurs établis sur le territoire national selon le pays de production du produit ou du service qui est fourni, sous réserve que le pays de production soit Partie à l'Accord conformément aux dispositions de l'article IV.

3. Les dispositions des paragraphes 1 et 2 ne s'appliqueront pas aux droits de douane et impositions de toute nature perçus à l'importation ou à l'occasion de l'importation, ni au mode de perception de ces droits et impositions, ni aux autres règlements et formalités d'importation, ni aux mesures touchant le commerce des services autres que les lois, règlements, procédures et pratiques concernant les marchés publics visés par le présent Accord.

Art. 4. – Règles d'origine

1. Une Partie n'appliquera pas, à des produits importés ou à des services fournis aux fins d'un marché public visé par le présent Accord et en provenance d'autres

Parties, des règles d'origines différentes de celles qui s'appliqueront, dans des opérations commerciales normales et au moment de la transaction en question, aux importations des mêmes produits ou aux fournitures des mêmes services en provenance des mêmes Parties.

2. Après l'achèvement du programme de travail pour l'harmonisation des règles d'origine des marchandises qui sera exécuté dans le cadre de l'Accord sur les règles d'origine figurant à l'annexe 1 A de l'Accord instituant l'Organisation mondiale du commerce (ci-après dénommé l'« Accord sur l'OMC ») et après la conclusion des négociations sur le commerce des services, les Parties tiendront compte des résultats de ce programme de travail et de ces négociations lorsqu'elles modifieront le paragraphe 1 selon qu'il sera approprié.

Art. 5. – Traitement spécial et différencié en faveur des pays en développement

Objectifs

1. Dans la mise en œuvre et l'administration du présent Accord, les Parties tiendront dûment compte, par l'application des dispositions du présent article, des besoins du développement, des finances et du commerce des pays en développement, et en particulier des moins avancés d'entre eux, considérant la nécessité où ils se trouvent :

a) De sauvegarder leur balance des paiements et de s'assurer un volume de réserves suffisant pour la réalisation de programmes de développement économique ;

b) De promouvoir la création ou le développement de branches de production nationales, y compris le développement de petites industries et d'industries artisanales dans les zones rurales ou retardées, ainsi que le développement économique d'autres secteurs de l'économie ;

c) D'apporter un soutien aux établissements industriels aussi longtemps qu'ils dépendront entièrement ou substantiellement des marchés publics ; et

d) D'encourager leur développement économique au moyen d'arrangements régionaux ou mondiaux entre pays en développement, qui auront été présentés à la conférence ministérielle de l'Organisation mondiale du commerce (ci-après dénommée l'« OMC ») et qu'elle n'aura pas désapprouvés.

2. Conformément aux dispositions du présent Accord, chaque Partie, lorsqu'elle élaborera et appliquera des lois, règlements ou procédures touchant les marchés publics, facilitera l'accroissement des importations en provenance des pays en développement, en tenant présents à l'esprit les problèmes spéciaux des pays les moins avancés et des pays dont le développement économique en est à ses premiers stades.

Champ d'application

3. En vue de faire en sorte que les pays en développement puissent adhérer au présent Accord à des conditions compatibles avec les besoins de leur développement, de leurs finances et de leur commerce, il sera dûment tenu compte des objectifs énoncés au paragraphe 1 au cours des négociations relatives aux marchés publics

des pays en développement auxquels s'appliqueront les dispositions du présent Accord. Lorsqu'ils établiront leurs listes d'entités et de services visés auxquels s'appliqueront les dispositions du présent Accord, les pays développés s'efforceront d'y inclure les entités qui passent des marchés portant sur des produits et services dont l'exportation intéresse les pays en développement.

Exceptions convenues

4. Un pays en développement pourra négocier avec les autres participants aux négociations dans le cadre du présent Accord des exceptions mutuellement acceptables aux règles du traitement national, en ce qui concerne certaines entités ou certains produits ou services repris dans ses listes d'entités et de services visés, eu égard aux circonstances particulières de chaque cas. Au cours de ces négociations, il sera dûment tenu compte des considérations mentionnées aux alinéas 1 a) à c). Un pays en développement participant aux arrangements régionaux ou mondiaux entre pays en développement auxquels il est fait référence à l'alinéa 1 d) pourra également négocier des exceptions à ses listes d'entités et de services visés, eu égard aux circonstances particulières de chaque cas, compte tenu entre autres des dispositions relatives aux marchés publics contenues dans les arrangements régionaux ou mondiaux en question, et, en particulier, des produits ou services qui feraient l'objet de programmes de développement industriel communs.

5. Après l'entrée en vigueur du présent Accord, un pays en développement qui y est partie pourra modifier ses listes d'entités et de services visés conformément aux dispositions du paragraphe 6 de l'article XXIV relatives à la modification desdites listes, eu égard aux besoins de son développement, de ses finances et de son commerce, ou demander au comité des marchés publics (ci-après dénommé le « Comité ») de consentir à des exceptions aux règles du traitement national en ce qui concerne certaines entités ou certains produits ou services repris dans ses listes d'entités et de services visés, eu égard aux circonstances particulières de chaque cas et compte dûment tenu des dispositions des alinéas 1 *a)* à 1 *c)*. Après l'entrée en vigueur du présent Accord, un pays en développement qui y est Partie pourra également demander au comité de consentir à des exceptions en ce qui concerne certaines entités ou certains produits ou services repris dans ses listes d'entités et de services visés, en raison de sa participation à des arrangements régionaux ou mondiaux entre pays en développement, eu égard aux circonstances particulières de chaque cas et compte dûment tenu des dispositions de l'alinéa 1 d. Toute demande adressée au comité par un pays en développement Partie à l'Accord au sujet de la modification d'une liste sera accompagnée d'une documentation pertinente et de tout renseignement qui pourra être nécessaire pour l'examen de la question.

6. Les paragraphes 4 et 5 s'appliqueront *mutatis mutandis* aux pays en développement qui accéderont au présent Accord après son entrée en vigueur.

7. Les exceptions convenues visées aux paragraphes 4, 5 et 6 feront l'objet d'un examen conformément aux dispositions du paragraphe 14 ci-après.

Assistance technique aux pays en développement Parties à l'Accord

8. Chaque pays développé Partie au présent Accord fournira, sur demande, toute l'assistance technique qu'il jugera appropriée aux pays en développement Parties

à l'Accord, en vue de la solution des problèmes de ces pays en matière de marchés publics.

9. Cette assistance, qui sera fournie sur la base du principe de la non-discrimination entre pays en développement Parties à l'Accord, portera entre autres :

– sur la solution de problèmes techniques particuliers concernant la passation de marchés déterminés ; et

– sur tous autres problèmes que la Partie ayant présenté la demande et une autre Partie conviendraient de traiter dans le cadre de cette assistance.

10. L'assistance technique dont il est fait mention aux paragraphes 8 et 9 pourra comprendre la traduction, dans une langue officielle de l'OMC désignée par l'entité, des documents de qualification et des soumissions des fournisseurs de pays en développement Parties à l'Accord, à moins que les pays développés Parties à l'Accord ne jugent que la traduction serait une tâche trop lourde ; dans ce cas, une explication sera fournie aux pays en développement Parties à l'Accord qui en feront la demande soit aux pays développés Parties à l'Accord, soit à leurs entités.

Centres d'information

11. Les pays développés Parties au présent Accord créeront, individuellement ou conjointement, des centres d'information chargés de répondre aux demandes raisonnables de renseignements émanant de pays en développement Parties à l'Accord et concernant, entre autres, les lois, règlements, procédures et pratiques en matière de marchés publics, les avis relatifs aux marchés envisagés qui ont été publiés, les adresses des entités visées par le présent Accord, ainsi que la nature et le volume des produits ou services qui ont fait ou vont faire l'objet d'un marché, y compris les renseignements disponibles sur les futurs appels d'offres. Le comité pourra aussi créer un centre d'information.

Traitement spécial en faveur des pays les moins avancés

12. Eu égard au paragraphe 6 de la décision des Parties contractantes du GATT de 1947 du 28 novembre 1979 concernant le traitement différencié et plus favorable, la réciprocité et la participation plus complète des pays en voie de développement (IBDD, S 26/223-225), un traitement spécial sera accordé aux pays les moins avancés qui sont Parties au présent Accord et aux fournisseurs établis dans ces Parties, pour ce qui concerne les produits ou services originaires de ces Parties, dans le cadre de toutes mesures générales ou spécifiques en faveur des pays en développement Parties à l'Accord. Une Partie pourra également accorder le bénéfice du présent Accord aux fournisseurs établis dans les pays les moins avancés qui n'y sont pas Parties, pour ce qui est des produits ou services originaires de ces pays.

13. Chaque pays développé Partie au présent Accord fournira, sur demande, l'assistance qu'il jugera appropriée aux soumissionnaires potentiels établis dans les pays les moins avancés pour la présentation de leurs soumissions et la sélection des produits ou services susceptibles de présenter de l'intérêt pour ses entités ainsi que pour les fournisseurs établis dans les pays les moins avancés, et il les aidera en outre à se conformer aux règlements techniques et aux normes concernant les produits ou services faisant l'objet du marché envisagé.

Examen

14. Le comité examinera chaque année l'application et l'efficacité des dispositions du présent article, et, sur la base de rapports qui seront présentés par les Parties, il procédera tous les trois ans à un examen approfondi afin d'en évaluer les effets. Dans le cadre de ces examens triennaux, et en vue d'arriver à la plus large mise en œuvre possible des dispositions du présent Accord, y compris en particulier son article III, et eu égard à la situation du développement, des finances et du commerce des pays en développement concernés, le comité examinera le point de savoir si les exceptions prévues conformément aux dispositions des paragraphes 4 à 6 du présent article doivent être modifiées ou prorogées.

15. Au cours des nouvelles séries de négociations qui seront engagées conformément aux dispositions du paragraphe 7 de l'article XXIV, chaque pays en développement Partie au présent Accord prendra en considération la possibilité d'ajouter de nouvelles entités et de nouveaux services à ses listes, en tenant compte de sa situation économique, financière et commerciale.

Art. 6. – Spécifications techniques

1. Les spécifications techniques définissant les caractéristiques des produits ou services qui vont faire l'objet d'un marché, telles que la qualité, les propriétés d'emploi, la sécurité et les dimensions, les symboles, la terminologie, l'emballage, le marquage et l'étiquetage, ou les procédés et méthodes de production, ainsi que les prescriptions relatives aux procédures d'évaluation de la conformité définies par lès entités contractantes, ne seront pas établies, adoptées ni appliquées en vue de créer des obstacles non nécessaires au commerce international, ni de telle façon qu'elles aient cet effet.

2. Les spécifications techniques prescrites par des entités contractantes seront, s'il y a lieu :

a) Définies en fonction des propriétés d'emploi du produit plutôt que sa conception ou de ses caractéristiques ;

b) Fondées sur des normes internationales, dans les cas où il en existe, sinon sur des règlements techniques nationaux[3], des normes nationales reconnues[4] ou des codes du bâtiment.

3. Aux fins du présent Accord, un règlement technique est un document qui énonce les caractéristiques d'un produit ou d'un service ou les procédés et méthodes de production se rapportant à ce produit ou service, y compris les dispositions administratives qui s'y appliquent, dont le respect est obligatoire. Il peut traiter en partie ou en totalité de terminologie, de symboles, de prescriptions en matière d'emballage, de marquage ou d'étiquetage, pour un produit, un service, un procédé ou une méthode de production donnés.

4. Aux fins du présent Accord, une norme est un document approuvé par un organisme reconnu, qui fournit, pour des usages communs et répétés, des règles, des lignes directives ou des caractéristiques pour des produits ou des services ou des procédés et des méthodes de production connexe, dont le respect n'est pas obligatoire. Il peut traiter en partie ou en totalité, de terminologie, de symbole, de prescriptions en matière d'emballage, de marquage ou d'étiquetage, pour un produit, un service, un procédé ou une méthode de production données.

3

3. Il ne devra pas être exigé ou mentionné de marques de fabrique ou de commerce ou noms commerciaux, de brevets, de modèles ou de types particuliers, ni d'origines ou de producteurs ou fournisseurs déterminés, à moins qu'il n'existe pas d'autre moyen suffisamment précis ou intelligible de décrire les conditions du marché et à la condition que des termes tels que « ou l'équivalent » figurent dans la documentation relative à l'appel d'offres.

4. Les entités ne solliciteront ni n'accepteront, d'une manière qui aurait pour effet d'empêcher la concurrence, un avis pouvant être utilisé pour l'établissement des spécifications relatives à un marché déterminé, de la part d'une société qui pourrait avoir un intérêt commercial dans le marché.

Art. 7. – Procédures de passation des marchés

1. Chaque Partie fera en sorte que les procédures de passation des marchés suivies par ses entités soient appliquées de façon non discriminatoire et soient conformes aux dispositions des articles VII à XVI.

2. Les entités ne devront pas donner à un fournisseur des informations concernant un marché déterminé d'une manière qui aurait pour effet d'empêcher la concurrence.

3. Aux fins du présent Accord :

a) La procédure d'appel d'offres ouverte est celle selon laquelle tous les fournisseurs intéressés peuvent soumissionner ;

b) La procédure d'appel d'offres sélective est celle selon laquelle, conformément au paragraphe 3 de l'article XX et aux autres dispositions pertinentes du présent Accord, les fournisseurs admis à soumissionner sont ceux qui sont invités à le faire par l'entité ;

c) La procédure d'appel d'offres limitée est celle selon laquelle l'entité s'adresse à des fournisseurs individuellement, dans les seules circonstances énoncées à l'article XV.

Art. 8. – Qualification des fournisseurs

Dans la qualification des fournisseurs, les entités ne feront de discrimination ni entre les fournisseurs des autres Parties ni entre les fournisseurs nationaux et les fournisseurs des autres Parties. Les procédures de qualification seront conformes aux dispositions suivantes :

a) Les conditions de participation aux procédures d'appel d'offres seront publiées en temps utile pour permettre aux fournisseurs intéressés d'engager et, dans la mesure où cela est compatible avec le fonctionnement efficace du mécanisme de passation des marchés, d'accomplir les formalités de qualification ;

b) Les conditions de participation aux procédures d'appel d'offres seront limitées à celles qui sont indispensables pour s'assurer que l'entreprise est capable d'exécuter le marché en question. Les conditions de participation imposées aux fournisseurs, y compris les garanties financières, les qualifications techniques et les renseignements nécessaires pour établir leur capacité financière, commerciale et technique, ainsi que la vérification des qualifications, ne seront pas moins favorables aux fournisseurs des autres Parties qu'aux fournisseurs nationaux et ne feront pas de discrimination entre les fournisseurs des autres Parties. La capacité financière, commerciale et technique d'un fournisseur sera jugée à la fois d'après son activité commerciale globale et d'après son activité sur le territoire de l'entité contractante, compte dûment tenu des liens juridiques existant entre les organismes fournisseurs ;

c) La procédure de qualification des fournisseurs et le temps nécessaire à cet effet ne seront pas utilisés pour écarter les fournisseurs des autres Partics d'une liste de fournisseurs ou empêcher qu'ils soient pris en considération à l'occasion d'un marché envisagé particulier. Les entités reconnaîtront comme fournisseurs qualifiés les fournisseurs nationaux ou les fournisseurs des autres parties qui rempliront les conditions de participation prévues pour un marché envisagé particulier. Les fournisseurs qui demandent à soumissionner pour un marché envisagé particulier, et qui ne seraient pas encore qualifiés, seront également pris en considération à la condition que les procédures de qualification puissent être accomplies en temps voulu ;

d) Les entités qui tiendront des listes permanentes de fournisseurs qualifiés feront en sorte que les fournisseurs puissent en tout temps demander à être qualifiés et que tous les fournisseurs qualifiés qui en feront la demande soient inscrits sur ces listes dans un délai raisonnablement court ;

e) Si, après la parution de l'avis mentionné au paragraphe 1 de l'article 9, un fournisseur qui n'est pas encore qualifié demande à pouvoir soumissionner pour un marché envisagé, l'entité engagera dans les moindres délais la procédure de qualification ;

f) Tout fournisseur ayant demandé à devenir fournisseur qualifié sera avisé par les entités concernées de la décision prise à ce sujet. Les fournisseurs qualifiés qui auront été inscrits sur une liste permanente par des entités seront également informés de l'annulation de cette liste ou de leur exclusion ;

g) Chaque partie fera en sorte que :

1) Chaque entité et ses différents services suivent une procédure de qualification unique, sauf dans les cas où la nécessité de suivre une procédure différente est dûment établie ;

2) Des efforts soient faits pour réduire au minimum les différences de procédures de qualification entre entités ;

h) Aucune disposition des alinéas *a)* à *g)* n'empêchera l'exclusion d'un fournisseur pour des motifs tels que la faillite ou de fausses déclarations, à la condition que cette mesure soit compatible avec les dispositions du présent Accord relatives au traitement national et à la non-discrimination.

Art. 9. – Invitation à soumissionner pour des marchés envisagés

1. Conformément aux paragraphes 2 et 3, les entités feront paraître une invitation à soumissionner pour tous les marchés envisagés, sauf disposition contraire de l'article XV (appel d'offres limité). Cet avis paraîtra dans la publication appropriée qui est indiquée à l'appendice II.

2. L'invitation à soumissionner pourra prendre la forme d'un avis de projet de marché, décrit au paragraphe 6.

3. Les entités énumérées aux annexes II et III pourront utiliser pour l'invitation à soumissionner un avis de marché programmé, décrit au paragraphe 7, ou un avis concernant un système de qualification, décrit au paragraphe 9.

4. Les entités qui utilisent pour l'invitation à soumissionner un avis de marché programmé inviteront ensuite tous les fournisseurs qui se seront déclarés intéressés à le confirmer sur la base de renseignements qui comprendront au moins ceux qui sont énumérés au paragraphe 6.

5. Les entités qui utilisent pour l'invitation à soumissionner un avis concernant un système de qualification fourniront, sous réserve des considérations mentionnées au paragraphe 4 de l'article XVIII et en temps voulu, des renseignements qui permettront à tous ceux qui se seront déclarés intéressés d'avoir une occasion valable d'évaluer leur intérêt à soumissionner. Ces renseignements comprendront ceux que contiennent les avis visés aux paragraphes 6 et 8, pour autant que ces renseignements soient disponibles. Les renseignements fournis à un fournisseur intéressé seront communiqués de façon non discriminatoire aux autres fournisseurs intéressés.

6. Chaque avis de projet de marché visé au paragraphe 2 contiendra les renseignements suivants :

a) Nature et quantité, y compris toutes options concernant des marchés complémentaires et si possible, délai estimé pour l'exercice de ces options ; dans le cas de marchés renouvelables nature et quantité, et, si possible, délai estimé de publication des avis d'appel d'offres ultérieurs pour les produits ou services devant faire l'objet du marché ;

b) Caractère de la procédure : ouvert, sélectif ou comportant une négociation ;

c) Le cas échéant, date à laquelle commencera ou s'achèvera la livraison des produits ou services ;

d) Adresse et date limite pour le dépôt des demandes visant à obtenir une invitation à soumissionner ou la qualification pour inscription sur la liste des fournisseurs, ou pour la réception des soumissions, ainsi que langue ou langues autorisées pour leur présentation ;

e) Adresse de l'entité qui doit passer le marché et fournir les renseignements nécessaires pour l'obtention du cahier des charges et autres documents ;

f) Conditions de caractère économique et technique, garanties financières et renseignements exigés des fournisseurs ;

g) Montant et modalités de versement de toute somme à payer pour obtenir la documentation relative à l'appel d'offres ;

h) Forme du marché faisant l'objet de l'appel d'offres : achat, crédit-bail, location ou location-vente, ou plusieurs de ces formes.

7. Chaque avis de marché programmé, visé au paragraphe 3, contiendra le maximum de renseignements énumérés au paragraphe 6 qui sera disponible. Il contiendra en tout état de cause les renseignements énumérés au paragraphe 8 et :

a) Mention du fait que les fournisseurs intéressés devraient faire part à l'entité de leur intérêt pour le marché ;

b) Mention de la personne ou du service en contact avec l'entité auprès duquel des renseignements additionnels pourront être obtenus.

8. Pour chaque marché envisagé, l'entité publiera un avis résumé dans une des langues officielles de l'OMC. L'avis contiendra au moins les indications suivantes :

a) Objet du marché ;

b) Délai de présentation des soumissions ou des demandes visant à obtenir une invitation à soumissionner ;

c) Adresses où les documents relatifs au marché peuvent être demandés.

9. Dans le cas des procédures sélectives, les, entités qui tiendront des listes permanentes de fournisseurs qualifiés feront paraître chaque année, dans l'une des publications indiquées à l'appendice III, un avis contenant les renseignements ci-après ;

a) Énumération des listes existantes, y compris les intitulés de ces listes, en relation avec les produits ou services ou catégories de produits ou services devant faire l'objet de marchés sur la base de ces listes ;

b) Condition à remplir par les fournisseurs pour être inscrits sur ces listes, et méthodes de vérification de chacune de ces conditions par l'entité concernée ;

c) Durée de validité des listes et formalités de leur renouvellement.

Dans les cas où un tel avis sera utilisé pour l'invitation à soumissionner, conformément au paragraphe 3, l'avis contiendra en outre les renseignements suivants :

d) Nature des produits ou services en question ;

e) Mention du fait que l'avis constitue une invitation à soumissionner.

Toutefois, dans les cas où la durée du système de qualification sera de trois ans ou moins, et si la durée du système est précisée dans l'avis et qu'il est également précisé que d'autres avis ne seront pas publiés, il suffira de publier l'avis une seule fois, au début de la période d'application du système. Un tel système ne sera pas utilisé de manière à tourner les dispositions du présent Accord.

10. Si, après la parution d'une invitation à soumissionner pour n'importe quel marché envisagé, mais avant la date fixée pour l'ouverture ou la réception des soumissions qui aura été précisée dans l'avis ou la documentation relative à l'appel d'offres, il devient nécessaire de modifier l'avis ou de le faire paraître de nouveau, la modification ou le nouvel avis recevra la même diffusion que les documents originaires qui ont fait l'objet de la modification. Tout élément d'information significatif communiqué à un fournisseur au sujet d'un marché envisagé particulier sera communiqué simultanément à tous les autres fournisseurs concernés en temps utile pour leur permettre d'en tenir compte et d'agir en conséquence.

11. Les entités préciseront, dans les avis visés dans le présent article ou dans la publication où les avis paraissent, que le marché est couvert par l'Accord.

Art. 10. – Procédures de sélection

1. Afin de garantir une concurrence internationale effective optimale dans le cas des procédures d'appel d'offres sélectives, les entités, pour chaque marché envisagé,

inviteront à soumissionner le plus grand nombre de fournisseurs nationaux et de fournisseurs des autres Parties, compatible avec le fonctionnement efficace du mécanisme de passation des marchés. Elles sélectionneront d'une façon loyale et non discriminatoire les fournisseurs admis à participer à ces procédures.

2. Les entités qui tiendront des listes permanentes de fournisseurs qualifiés pourront sélectionner les fournisseurs qui seront invités à soumissionner parmi ceux qui figureront sur ces listes. Toute sélection donnera des chances équitables aux fournisseurs figurant sur les listes.

3. Les fournisseurs demandant à soumissionner pour un marché envisagé particulier seront autorisés à le faire et seront pris en considération à la condition, s'il s'agit de fournisseurs non encore qualifiés, que la procédure de qualification puisse être accomplie en temps voulu conformément aux articles VIII et IX. Le nombre des fournisseurs additionnels autorisés à soumissionner ne sera limité que par la nécessité de sauvegarder le fonctionnement efficace du mécanisme de passation des marchés.

4. Les demandes de participation à des procédures sélectives pourront être présentées par télex, télégramme ou télécopie.

Art. 11. – Délais pour la présentation des soumissions et la livraison.

Dispositions générales

1. *a)* Tout délai fixé devra être suffisant pour permettre aux fournisseurs des autres Parties ainsi qu'aux fournisseurs nationaux de préparer et de déposer leurs soumissions avant la clôture des procédures d'appel d'offres. En fixant ce délai, les entités tiendront compte d'une manière compatible avec leurs besoins raisonnables, d'éléments tels que la complexité du marché envisagé, l'importance des sous-traitances à prévoir, et le temps normalement nécessaire pour l'acheminement des soumissions par la poste, de l'étranger aussi bien que du pays même.

b) Chaque Partie fera en sorte que ses entités tiennent dûment compte des délais de publication lorsqu'elle fixera la date limite pour la réception des soumissions ou pour le dépôt des demandes visant à obtenir une invitation à soumissionner.

Délais

2. Sauf dans la mesure où le paragraphe 3 en dispose autrement,

a) Dans les procédures ouvertes, le délai de réception des soumissions ne sera pas inférieur à quarante jours à compter de la parution de l'avis mentionné au paragraphe 1 de l'article IX ;

b) Dans les procédures sélectives qui ne comportent pas l'utilisation d'une liste permanente de fournisseurs qualifiés, le délai de présentation d'une demande à l'effet d'être invité à soumissionner ne sera pas inférieur à vingt-cinq jours à compter de la parution de l'avis mentionné au paragraphe 1 de l'article IX ; le délai de réception des soumissions ne sera en aucun cas inférieur à quarante jours à compter de l'envoi de l'invitation à soumissionner ;

c) Dans les procédures sélectives qui comportent l'utilisation d'une liste permanente de fournisseurs qualifiés, le délai de réception des soumissions ne sera pas inférieur à quarante jours à compter de l'envoi initial des invitations à soumissionner, que la date de l'envoi initial des invitations à soumissionner coïncide ou non avec celle de la parution de l'avis mentionné au paragraphe 1 de l'article IX.

3. Les délais mentionnés au paragraphe 2 pourront être écourtés dans les circonstances suivantes :

a) Si un avis séparé a été publié entre quarante jours et douze mois au maximum à l'avance, et que cet avis contient au moins :

1) Le maximum de renseignements énumérés au paragraphe 6 de l'article IX qui sera disponible ;

2) Les renseignements énumérés au paragraphe 8 de l'article IX ;

3) Mention du fait que les fournisseurs intéressés devraient faire part à l'entité de leur intérêt pour le marché ; et

4) Mention de la personne ou du service en contact avec l'entité auprès duquel des renseignements additionnels pourront être obtenus,

Le délai de quarante jours pour la réception des soumissions pourra être remplacé par un délai suffisamment long pour permettre aux intéressés de présenter des soumissions valables et qui, en règle générale, ne sera pas inférieur à vingt-quatre jours, mais qui ne sera en aucun cas inférieur à dix jours ;

b) S'il s'agit d'une deuxième publication ou d'une publication ultérieure concernant des marchés renouvelables au sens du paragraphe 6 de l'article IX, le délai de quarante jours fixé pour la réception des soumissions pourra être ramené à vingt-quatre jours au minimum ;

c) Lorsque l'urgence dûment établie par l'entité rendra inobservables les délais en question, les délais spécifiés au paragraphe 2 pourront être écourtés, mais ils ne seront en aucun cas inférieurs à dix jours à compter de la parution de l'avis mentionné au paragraphe 1 de l'article IX ; ou

d) S'il s'agit de marchés passés par les entités énumérées aux annexes II et III, les délais mentionnés au paragraphe 2 *c)* pourront être fixés par accord mutuel entre l'entité et les fournisseurs sélectionnés. En l'absence d'accord, l'entité pourra fixer des délais qui seront suffisamment longs pour permettre aux intéressés de présenter des soumissions valables et qui ne seront en aucun cas inférieurs à dix jours.

4. D'une manière compatible avec les besoins raisonnables de l'entité, toute date de livraison devra être fixée en tenant compte d'éléments tels que la complexité du marché envisagé, l'importance des sous-traitances à prévoir, et le temps objectivement nécessaire à la production, à la sortie de stock et au transport des marchandises à partir des lieux d'où elles sont fournies ou à la fourniture des services.

Art. 12. – Documentation relative à l'appel d'offres

1. Si, dans des procédures d'appel d'offres, une entité autorise la présentation des soumissions en plusieurs langues, l'une de ces langues sera une des langues officielles de l'OMC.

2. La documentation relative à l'appel d'offres remise aux fournisseurs contiendra tous les renseignements nécessaires pour qu'ils puissent présenter des soumissions valables, notamment les renseignements qui doivent être publiés dans l'avis de marché envisagé, à l'exception de ceux qui sont mentionnés au paragraphe 6 *g)* de l'article IX, ainsi que les renseignements suivants :

a) L'adresse de l'entité à qui les soumissions devraient être envoyées ;

b) L'adresse où les demandes d'information complémentaire devraient être envoyées ;

c) La ou les langues à employer pour la présentation des soumissions et documents d'accompagnement ;

d) La date limite et le délai de réception des soumissions, ainsi que la période pendant laquelle toute soumission devrait pouvoir être acceptée ;

e) Les personnes admises à assister à l'ouverture des soumissions et la date, l'heure et le lieu de cette ouverture ;

f) Les conditions de caractère économique et technique, les garanties financières et les renseignements ou pièces, exigés des fournisseurs ;

g) La description complète des produits ou services demandés ou de toutes exigences, y compris les spécifications techniques et la certification de conformité, auxquelles il faut satisfaire, et les plans, dessins et instructions nécessaires ;

h) Les critères d'adjudication, y compris tous les éléments, autres que le prix, qui seront pris en considération lors de l'évaluation des soumissions, et les éléments des coûts à prendre en compte pour l'évaluation des prix de soumission, tels que frais de transport, d'assurance et d'inspection et, dans le cas de produits ou services d'autres Parties, droits de douane et autres impositions à l'importation, taxes et monnaie du paiement ;

i) Les modalités de paiement ;

j) Toutes autres modalités et conditions ;

k) Conformément à l'article XVII, les modalités et conditions, s'il en existe, suivant lesquelles les soumissions émanant de pays qui ne sont pas Parties au présent Accord, mais qui appliquent les procédures prévues à cet article, seront admises.

Communication, par les entités, de la documentation relative à l'appel d'offres

3. *a)* Dans les procédures ouvertes, les entités communiqueront la documentation relative à l'appel d'offres à tout fournisseur participant qui en fera la demande, et répondront dans les moindres délais à toute demande raisonnable d'explications concernant cette documentation ;

b) Dans les procédures sélectives, les entités communiqueront la documentation relative à rappel d'offres à tout fournisseur qui demandera à participer et répondront dans les moindres délais à toute demande raisonnable d'explications concernant cette documentation ;

c) Les entités répondront dans les moindres délais à toute demande raisonnable de renseignements pertinents concernant l'appel d'offres qui sera faite par un fournisseur participant, pour autant que ces renseignements ne donnent pas à ce fournisseur un avantage sur ses concurrents dans la procédure d'adjudication.

Art. 13. – Présentation, réception et ouverture des soumissions, et adjudication des marchés

1. La présentation, la réception et l'ouverture des soumissions, ainsi que l'adjudication des marchés, seront conformes à ce qui suit :

a) Normalement, les soumissions seront présentées par écrit, directement ou par la poste. S'il est autorisé de présenter des soumissions par télex, télégramme ou télécopie, la soumission ainsi présentée devra contenir tous les renseignements nécessaires à son évaluation, notamment le prix définitif proposé par le soumissionnaire et une déclaration par laquelle le soumissionnaire accepte toutes les modalités, conditions et dispositions de l'invitation à soumissionner. La soumission devra être confirmée dans les moindres délais par lettre ou par l'envoi d'une copie signée du télex, du télégramme ou de la télécopie. La présentation des soumissions par téléphone ne sera pas autorisée. Le contenu du télex, du télégramme ou de la télécopie fera foi s'il y a divergence ou contradiction entre ce contenu et toute documentation reçue après l'expiration du délai ; et

b) Les possibilités qui pourront être accordées aux soumissionnaires de corriger des erreurs involontaires de forme entre l'ouverture des soumissions et l'adjudication du marché ne seront pas de nature à donner lieu à des pratiques discriminatoires.

Réception des soumissions

2. Aucun fournisseur ne sera pénalisé si, par suite d'un retard imputable uniquement à l'entité, sa soumission est reçue après l'expiration du délai par le service désigné dans la documentation relative à l'appel d'offres. Les soumissions pourront également être prises en considération dans d'autres circonstances exceptionnelles si les procédures de l'entité concernée en disposent ainsi.

Ouverture des soumissions

3. Toutes les soumissions demandées par des entités dans le cadre de procédures ouvertes ou sélectives seront reçues et ouvertes conformément à des procédures et conditions garantissant la régularité de l'ouverture. La réception et l'ouverture des soumissions seront également conformes aux dispositions du présent Accord concernant le traitement national et la non-discrimination. Les renseignements relatifs à l'ouverture des soumissions resteront entre les mains de l'entité concernée et à la disposition des autorités publiques dont elle relève, pour être utilisés si besoin est pour les procédures prévues aux articles XVIII, XIX, XX et XXII.

Adjudication des marchés

4. *a)* Pour être considérées en vue de l'adjudication, les soumissions devront être conformes, au moment de leur ouverture, aux conditions essentielles spécifiées dans les avis ou dans la documentation relative à l'appel d'offres, et avoir été déposées par un fournisseur remplissant les conditions de participation. Si une entité a reçu une soumission anormalement inférieure aux autres soumissions présentées, elle pourra se renseigner auprès du soumissionnaire pour s'assurer qu'il est en mesure de remplir les conditions de participation et qu'il est apte à satisfaire aux modalités du marché ;

b) Sauf si elle décide, pour des raisons d'intérêt public, de ne pas passer le marché, l'entité l'adjugera au soumissionnaire qui aura été reconnu pleinement capable d'exécuter le contrat et dont la soumission, qu'elle porte sur des produits ou services nationaux ou sur des produits ou services d'autres Parties, sera la soumission la plus basse ou celle qui aura été reconnue comme étant la plus avantageuse selon les critères d'évaluation spécifiés dans les avis ou dans la documentation relative à l'appel d'offres ;

c) Les adjudications seront faites conformément aux critères et aux conditions essentielles spécifiés dans la documentation relative à l'appel d'offres.

Options

5. Les options ne seront pas utilisées de manière à tourner les dispositions de l'Accord.

Art. 14. – Négociation

1. Une Partie pourra prévoir que les entités procèdent à des négociations :

a) Dans le nombre des marchés publics pour lesquels elles ont indiqué qu'elles en avaient l'intention, à savoir dans l'avis mentionné au paragraphe 2 de l'article IX (l'invitation à participer à la procédure pour le projet de marché faite aux fournisseurs) ; ou

b) Lorsqu'il résulte de l'évaluation qu'aucune soumission n'est manifestement la plus avantageuse selon les critères d'évaluation spécifiés dans les avis ou la documentation relative à l'appel d'offres.

2. Les négociations serviront principalement à déterminer les points forts et les points faibles des soumissions.

3. Les entités traiteront les soumissions de manière confidentielle. En particulier, elles ne donneront pas d'information destinée à aider des participants déterminés à porter leurs soumissions au niveau de celles d'autres participants.

4. Au cours des négociations, les entités ne feront pas de discrimination entre les différents fournisseurs. En particulier, elles feront en sorte que :

a) L'élimination de tout participant se fasse selon les critères énoncés dans les avis et la documentation relative à l'appel d'offres ;

b) Toutes les modifications apportées aux critères et aux prescriptions techniques soient communiquées par écrit à tous les participants aux négociations qui restent en lice ;

c) Tous les participants qui restent en lice aient la possibilité de présenter des soumissions nouvelles ou modifiées sur la base des prescriptions révisées ;

d) Lorsque les négociations seront achevées, tous les participants aux négociations qui restent en lice soient autorisés à présenter des soumissions finales dans un délai qui sera le même pour tous.

Art. 15. – Appel d'offres limité

1. Les dispositions des articles VII à XIV, qui s'appliquent aux procédures d'appel d'offres ouvertes ou sélectives, ne seront pas nécessairement applicables dans les circonstances définies ci-après, à la condition que l'appel d'offres limité ne soit pas utilisé en vue de ramener la concurrence en deçà du maximum possible, ou d'une manière qui constituerait un moyen de discrimination entre les fournisseurs des autres Parties ou de protection des producteurs ou des fournisseurs nationaux :

a) Lorsque aucune soumission n'aura été déposée en réponse à un appel d'offres fait selon une procédure ouverte ou sélective, ou lorsque les soumissions déposées auront été concertées ou ne seront pas en conformité avec les conditions essentielles de l'appel d'offres, ou émaneront de fournisseurs ne remplissant pas les conditions de participation prévues conformément au présent Accord, pour autant toutefois que les conditions de l'appel d'offres initial ne soient pas substantiellement modifiées pour le marché qui sera adjugé ;

b) Lorsque, du fait qu'il s'agit de travaux d'art ou pour des raisons liées à la protection de droits exclusifs, tels que des droits de brevet ou de reproduction, ou en l'absence de concurrence pour des raisons techniques, les produits ou services ne pourront être fournis que par un fournisseur particulier et qu'il n'existera aucun produit ou service de rechange ou de remplacement raisonnablement satisfaisant ;

c) Pour autant que cela sera strictement nécessaire lorsque, pour des raisons d'extrême urgence dues à des événements qui ne pouvaient être prévus par l'entité, les procédures ouvertes ou sélectives ne permettraient pas d'obtenir les produits ou services en temps voulu ;

d) Lorsqu'il s'agira de livraisons additionnelles à assurer par le fournisseur initial et portant sur des pièces de rechange pour des fournitures déjà faites ou des installations déjà livrées, ou destinées à compléter ces fournitures, services ou installations, et qu'un changement de fournisseur aboutirait à la livraison de matériel ou de services ne répondant pas à des conditions d'interchangeabilité avec un matériel ou service déjà existant[5] ;

e) Lorsqu'une entité passera un marché pour se procurer des prototypes ou un produit ou service nouveau mis au point à sa demande au cours de l'exécution d'un contrat particulier de recherche, d'expérimentation, d'étude ou de développement original,

5. Il est entendu que le « matériel existant » comprend les logiciels dans la mesure où le marché initial de logiciels était couvert par l'Accord.

3

et pour les besoins de ce contrat. Une fois que de tels contrats auront été exécutés, les marchés ultérieurs de produits ou de services seront assujettis aux dispositions des articles VII à XIV[6] ;

f) Lorsque des services de construction additionnels qui n'étaient pas inclus dans le marché initial mais qui correspondaient aux objectifs de la documentation relative à l'appel d'offres initial sont, à la suite de circonstances imprévisibles, devenus nécessaires pour achever la fourniture des services de construction décrits dans ledit marché, et lorsque l'entité doit adjuger des marchés portant sur les services de construction additionnels à l'entrepreneur fournissant les services de construction concernés parce que séparer les services, de construction additionnels du marché initial lui causerait des difficultés pour des raisons techniques ou économiques ou la gênerait notablement. Toutefois, la valeur totale des marchés adjugés pour les services de construction additionnels ne pourra pas dépasser 50 p. 100 du montant du marché principal ;

g) Pour de nouveaux services de construction consistant en la répétition de services de construction analogues qui sont conformes à un projet de base pour lequel un marché initial a été adjugé conformément aux articles VII à XIV et pour lequel l'entité a indiqué dans l'avis de marché envisagé concernant le service de construction initial que la procédure d'appel d'offres limité pourra être utilisée aux fins de l'adjudication des marchés pour ces nouveaux services de construction ;

h) Pour des produits achetés sur un marché de produits de base ;

i) Pour des achats effectués dans des conditions exceptionnellement avantageuses qui ne se présentent qu'à très court terme. La présente disposition vise à couvrir l'écoulement inhabituel de produits par des entreprises qui ne sont normalement pas fournisseurs, ou la cession d'avoirs d'entreprises en liquidation ou administration judiciaire. Elle n'est pas censée couvrir les achats courants effectués auprès de fournisseurs ordinaires ;

j) Dans le cas de marchés adjugés au lauréat d'un concours, à condition que le concours ait été organisé d'une manière conforme aux principes du présent Accord, notamment en ce qui concerne la publication, au sens de l'article IX, d'une invitation, adressée aux fournisseurs dûment qualifiés, à participer à un tel concours, qui sera jugé par un jury indépendant, en vue de l'adjudication de marchés aux lauréats.

2. Les entités dresseront procès-verbal de chaque marché adjugé conformément aux dispositions du paragraphe 1. Chaque procès-verbal mentionnera le nom de l'entité contractante, la valeur et la nature des marchandises ou des services faisant l'objet du marché, ainsi que leur pays d'origine, et contiendra un exposé indiquant celles des circonstances visées au présent article dans lesquelles le marché a été adjugé. Ce procès-verbal restera entre les mains de l'entité concernée et à la disposition des autorités publiques dont elle relève, pour être utilisé si besoin est pour les procédures prévues aux articles XVIII, XIX, XX et XXII.

6. Le développement original d'un produit ou service nouveau peut englober une production ou une fourniture limitée ayant pour but d'incorporer les résultats d'essais sur le terrain et de démontrer que le produit ou service se prête à une production ou à une fourniture en quantités conformément à des normes de qualité acceptables. Il ne comprend pas la production ou la fourniture en quantités visant la viabilité commerciale du produit ou à amortir les frais de recherche et développement.

Art. 16. – Opérations de compensation

1. Dans la qualification et la sélection des fournisseurs, produits ou services, ou dans l'évaluation des soumissions et l'adjudication des marchés, les entités n'imposeront, ne demanderont ni n'envisageront d'opérations de compensation[7].

2. Toutefois, eu égard aux considérations de politique générale, y compris celles qui concernent le développement, un pays en développement pourra, au moment de son accession, négocier des conditions pour l'utilisation des opérations de compensation, telles que des prescriptions pour l'incorporation d'un certain contenu d'origine nationale. Ces prescriptions seront utilisées uniquement aux fins de la qualification pour la participation au processus de passation des marchés et non pas comme critères pour l'adjudication des marchés. Les conditions seront objectives, clairement définies et non discriminatoires. Elles seront énoncées à l'appendice I du pays et pourront comprendre des limitations précises à l'imposition d'opérations de compensation dans tout marché visé par le présent Accord. L'existence de telles conditions sera notifiée au comité et indiquée dans l'avis de marché envisagé et autre documentation.

Art. 17. – Transparence

1. Chaque Partie encouragera les entités à indiquer les modalités et conditions, y compris toute différence par rapport aux procédures d'appel d'offres avec mise en concurrence ou aux possibilités de recours aux procédures de contestation, suivant lesquelles des soumissions seront admises de la part des fournisseurs situés dans des pays qui ne sont pas Parties au présent Accord mais qui néanmoins, en vue de rendre transparentes leurs propres adjudications de marchés :

a) Donnent des spécifications pour leurs marchés conformément à l'article VI (spécifications techniques) ;

b) Font paraître les avis de marchés visés à l'article IX, y compris dans la version de l'avis mentionné au paragraphe 8 de l'article IX (résumé de l'avis de marché envisagé) qui est publié dans une langue officielle de l'OMC, une indication des modalités et conditions suivant lesquelles des soumissions seront admises de la part des fournisseurs situés dans des pays Parties au présent Accord ;

c) Sont disposés à faire en sorte que leurs règlements en matière de passation des marchés ne soient normalement pas modifiés au cours de la passation d'un marché et, dans le cas où une telle modification s'avère inévitable, à faire en sorte qu'il existe un moyen de réparation satisfaisant.

2. Les gouvernements qui ne sont pas Parties à l'Accord et qui respectent les conditions énoncées aux paragraphes 1 *a)* à *c)* auront le droit, s'ils en informent les Parties, de participer aux réunions du comité en qualité d'observateurs.

---

7. Les opérations de compensation dans les marchés publics sont des mesures utilisées pour encourager le développement local ou améliorer la balance des paiements au moyen de prescriptions relatives à la teneur en éléments d'origine nationale, de l'octroi de licences pour des technologies, de prescriptions en matière d'investissement, d'échanges compensés ou de prescriptions similaires.

Art. 18. – Information et examen concernant les obligations des entités

1. Les entités feront paraître un avis dans la publication appropriée indiquée à l'appendice II, soixante-douze jours au plus tard après l'adjudication de chaque marché au titre des articles XIII à XV. Ces avis contiendront les renseignements suivants :

a) Nature et quantité des produits ou services faisant l'objet de l'adjudication ;

b) Nom et adresse de l'entité passant le marché ;

c) Date de l'adjudication ;

d) Nom et adresse de l'adjudicataire ;

e) Valeur de l'adjudication ou de l'offre la plus élevée et la plus basse dont il a été tenu compte dans l'adjudication du marché ;

f) Dans les cas où cela sera approprié, moyen d'identifier l'avis publié conformément au paragraphe 1 de l'article IX ou justification, conformément à l'article XV, du recours à cette procédure ; et

g) Type de procédure utilisé.

2. Chaque entité, à la demande d'un fournisseur d'une Partie, communiquera dans les moindres délais :

a) Des explications sur ses pratiques et procédures en matière de passation des marchés ;

b) Des renseignements pertinents concernant lès raisons pour lesquelles la demande de qualification du fournisseur a été rejetée, les raisons pour lesquelles il a été mis fin à sa qualification, et les raisons pour lesquelles il n'a pas été sélectionné ;

c) À un soumissionnaire non retenu, des renseignements pertinents concernant les raisons pour lesquelles sa soumission n'a pas été retenue et les caractéristiques et avantages relatifs de la soumission retenue, ainsi que le nom de l'adjudicataire.

3. Les entités informeront dans les moindres délais les fournisseurs participants des décisions prises concernant l'adjudication du marché, et par écrit si demande leur en est faite.

4. Toutefois, les entités pourront décider que certains renseignements concernant l'adjudication du marché, mentionnés aux paragraphes 1 et 2 c), ne seront pas communiqués dans les cas où leur divulgation ferait obstacle à l'application des lois, serait autrement contraire à l'intérêt public, porterait préjudice aux intérêts commerciaux légitimes d'entreprises publiques ou privées ou pourrait nuire à une concurrence loyale entre fournisseurs.

Art. 19. – Information et examen concernant les obligations des Parties

1. Chaque Partie publiera dans les moindres délais toutes lois, tous règlements, ainsi que toutes décisions judiciaires, décisions administratives d'application générale, et procédures (y compris les clauses contractuelles types), relatifs aux marchés publics visés par le présent Accord, dans les publications appropriées dont la liste figure à l'appendice IV, et de façon à permettre aux autres Parties et aux fournisseurs d'en

prendre connaissance. Chaque Partie se tiendra prête à fournir des explications sur ses procédures de passation des marchés publics à toute autre Partie qui en fera la demande.

2. Le gouvernement d'un soumissionnaire non retenu qui est Partie au présent Accord pourra, sans préjudice des dispositions de l'article XII, demander les renseignements additionnels qui pourront être nécessaires sur la passation du marché pour s'assurer qu'elle a été effectuée dans des conditions d'équité et d'impartialité. À cet effet, l'autorité publique contractante fournira des renseignements sur les caractéristiques et les avantages relatifs de la soumission retenue et sur le prix d'adjudication. Normalement, ce dernier renseignement pourra être divulgué par le gouvernement du soumissionnaire non retenu à la condition qu'il use de ce droit avec discrétion. Au cas où cette divulgation serait de nature à nuire à la concurrence lors d'appels d'offres ultérieurs, ce renseignement ne sera divulgué qu'après consultation et avec l'accord de la Partie qui l'aura communiqué au gouvernement du soumissionnaire non retenu.

3. Les renseignements disponibles concernant la passation de marchés par les entités visées et les marchés qu'elles auront adjugés seront communiqués à toute autre Partie qui en fera la demande.

4. Les renseignements confidentiels fournis à une Partie, dont la divulgation ferait obstacle à l'application des lois, serait autrement contraire à l'intérêt public, porterait préjudice aux intérêts commerciaux légitimes d'entreprises publiques eu privées, ou pourrait nuire à une concurrence loyale entre fournisseurs, ne seront pas divulgués sans l'autorisation formelle de la Partie qui les aura fournis.

5. Chaque Partie établira ses statistiques annuelles des marchés visés par le présent Accord et les communiquera au comité. Ces communications contiendront les renseignements ci-après sur les marchés adjugés par toutes les entités contractantes visées par le présent Accord :

a) Pour les entités mentionnées à l'annexe I, statistiques indiquant globalement et par entité la valeur estimée des marchés adjugés, aussi bien au-dessus qu'au-dessous de la valeur de seuil ; pour les entités mentionnées aux annexes II et III, statistiques indiquant globalement et par catégorie d'entités la valeur estimée des marchés adjugés au-dessus de la valeur de seuil ;

b) Pour les entités mentionnées à l'annexe I, statistiques indiquant le montant et la valeur totale des marchés adjugés au-dessus de la valeur de seuil, ventilées par entité et par catégorie de produits et services suivant des classifications uniformes ; pour les entités mentionnées aux annexes II et III, statistiques indiquant la valeur estimée des marchés adjugés au-dessus de la valeur de seuil, ventilées par catégorie d'entités et par catégorie de produits ou de services ;

c) Pour les entités mentionnées à l'annexe I, statistiques indiquant le nombre et la valeur totale des marchés adjugés dans chacune des circonstances visées à l'article XV, ventilées par entité et par catégorie de produits et services ; pour les catégories d'entités mentionnées aux annexes II et III, statistiques indiquant la valeur totale des marchés adjugés au-dessus de la valeur de seuil dans chacune des circonstances visées à l'article XV ; et *d)* Pour les entités mentionnées à l'annexe I, statistiques, ventilées par entité, indiquant le nombre et la valeur totale des marchés adjugés au titre des dérogations à l'Accord énoncées au annexes pertinentes ; pour les catégories d'entités mentionnées aux annexes II et III, statistiques indiquant la valeur totale des marchés adjugés au titre des dérogations à l'Accord énoncées aux annexes pertinentes.

Pour autant que ces renseignements soient disponibles, chaque Partie communiquera des statistiques indiquant le pays d'origine des produits et services achetés par ses entités. En vue d'assurer que ces statistiques soient comparables, le comité donnera des indications concernant les méthodes à utiliser. En vue d'assurer une surveillance efficace des marchés visés par le présent Accord, le comité pourra décider à l'unanimité de modifier les prescriptions énoncées aux alinéas *a)* à *d)* pour ce qui concerne la nature et l'étendue des renseignements statistiques à communiquer, ainsi que les ventilations et les classifications à utiliser.

Art. 20. – Procédures de contestation

Consultations

1. En cas de plainte d'un fournisseur pour violation du présent Accord dans le cadre de la passation d'un marché, chaque Partie encouragera ce fournisseur à chercher à régler la question en consultation avec l'entité contractante. En pareil cas, l'entité contractante examinera la plainte avec impartialité et rapidement, d'une manière qui n'entravera pas l'adoption de mesures correctives dans le contexte du mécanisme de contestation.

Contestation

2. Chaque Partie établira des procédures non discriminatoires, rapides, transparentes et efficaces permettant aux fournisseurs de contester de prétendues violations de l'Accord dans le cadre de la passation de marchés dans lesquels ils ont, ou ont eu, un intérêt.

3. Chaque Partie établira ses procédures de contestation par écrit et les rendra généralement accessibles.

4. Chaque Partie fera en sorte que la documentation relative à tous les aspects de la passation des marchés visés par le présent Accord soit conservée pendant trois ans.

5. Le fournisseur intéressé pourra être tenu d'engager une procédure de contestation et d'adresser une notification à l'entité contractante dans des délais spécifiés qui courront à compter de la date à laquelle le fondement de la plainte sera connu ou devrait raisonnablement avoir été connu, et qui ne seront en aucun cas inférieurs à dix jours.

6. Les contestations seront soumises à un tribunal ou à un organe d'examen impartial et indépendant n'ayant aucun intérêt dans le résultat de l'adjudication et dont les membres sont à l'abri d'une influence extérieure pendant la durée du mandat. Dans les cas où l'organe d'examen ne sera pas un tribunal, ou bien ledit organe fera

l'objet d'un examen judiciaire, ou bien il appliquera des procédures en vertu desquelles :

a) Les participants pourront être entendus avant qu'une opinion soit donnée ou une décision rendue ;

b) Les participants pourront se faire représenter et accompagner ;

c) Les participants auront accès à toute la procédure ;

d) La procédure pourra être publique ;

e) Les opinions ou décisions seront rendues par écrit, avec un exposé indiquant leurs motifs ;

f) Des témoins pourront être entendus ;

g) Les documents seront communiqués à l'organe d'examen.

7. Les procédures de contestation prévoiront :

a) Des mesures transitoires pour remédier aux violations de l'Accord et préserver les possibilités commerciales. Cette action pourra entraîner la suspension du processus de passation du marché. Toutefois, les procédures pourront prévoir que des conséquences défavorables primordiales pour les intérêts concernés, y compris l'intérêt public, pourront être prises en compte lorsqu'il faudra décider si de telles mesures devraient être appliquées. En pareil cas, tout défaut d'action sera motivé par écrit ;

b) Une évaluation et une possibilité de décision concernant la justification de la contestation ;

c) La correction de la violation de l'Accord ou la compensation des pertes ou dommages subis, qui pourra être limitée aux coûts de la préparation de la soumission ou de la contestation.

8. En vue de la protection des intérêts commerciaux et autres concernés, la procédure de contestation sera normalement achevée sans tarder.

Art. 21. – Institutions

1. Il sera institué un comité des marchés publics composé de représentants de chacune des Parties. Le comité élira son président et son vice-président ; il se réunira selon qu'il sera nécessaire, mais au moins une fois l'an, pour donner aux Parties la possibilité de procéder à des consultations sur toute question concernant l'application de l'Accord ou la poursuite de ses objectifs, ainsi que pour exercer les autres attributions qui pourront lui être conférées par les Parties.

2. Le comité pourra établir des groupes de travail ou autres organes subsidiaires qui exerceront les attributions qui pourront leur être conférées par le comité.

Art. 22. – Consultations et règlement des différends

1. Les dispositions du Mémorandum d'accord sur les règles et procédures régissant le règlement des différends dans le cadre de l'Accord sur l'OMC (ci-après dénommé « Mémorandum d'accord sur le règlement des différends ») seront applicables, sauf disposition contraire expresse des paragraphes ci-après.

2. Dans le cas où une Partie considère qu'un avantage résultant pour elle directement ou indirectement du présent Accord se trouve annulé ou compromis, ou que la réalisation de l'un des objectifs de l'Accord est entravée du fait qu'une autre Partie ou des Parties ne remplissent pas les obligations qu'elles ont contractées aux termes du présent Accord, ou qu'une autre Partie ou des Parties appliquent une mesure, contraire ou non aux dispositions du présent Accord, elle pourra en vue d'arriver à un règlement mutuellement satisfaisant de la question, faire des représentations ou des propositions écrites à l'autre ou aux autres Parties qui, à son avis, sont en cause. Une telle action sera notifiée dans les moindres délais à l'organe de règlement des différends établi en vertu du Mémorandum d'accord sur le règlement des différends (ci-après dénommé l'« ORD »), ainsi qu'il est spécifié ci-après. Toute Partie ainsi sollicitée examinera avec compréhension les représentations ou propositions qui lui auront été faites.

3. L'ORD aura le pouvoir d'établir des groupes spéciaux, d'adopter les rapports de groupes spéciaux et de l'organe d'appel, de formuler des recommandations ou de statuer sur la question, d'assurer la surveillance de la mise en œuvre des décisions et recommandations, et d'autoriser la suspension de concessions et d'autres obligations qui résultent du présent Accord ou l'ouverture de consultations concernant les voies de recours lorsque le retrait des mesures dont il aura constaté qu'elles sont en contravention avec les dispositions de l'Accord n'est pas possible, étant entendu que seuls les membres de l'OMC qui sont Parties au présent Accord prendront part au processus de prise de décisions ou de mesures qu'engagera l'ORD pour ce qui est des différends qui surviennent dans le cadre du présent Accord.

4. Les groupes spéciaux auront le mandat ci-après, à moins que les Parties au différend n'en conviennent autrement dans un délai de vingt jours à compter de l'établissement du groupe spécial :

« Examiner, à la lumière des dispositions pertinentes du présent Accord et de (nom de tout autre accord visé cité par les parties au différend), la question portée devant l'ORD par (nom de la partie) dans le document... ; faire des constatations propres à aider l'ORD à formuler des recommandations ou à statuer sur la question, ainsi qu'il est prévu dans le présent Accord. »

S'agissant d'un différend dans lequel les dispositions à la fois du présent Accord et de l'un ou de plusieurs des autres accords figurant à l'appendice I du Mémorandum d'accord sur le règlement des différends sont invoqués par l'une des Parties au différend, le paragraphe 3 ne s'appliquera qu'aux Parties du rapport du groupe spécial concernant l'interprétation et l'application du présent Accord.

5. Les groupes spéciaux établis par l'ORD pour examiner les différends qui surviennent dans le cadre du présent Accord comprendront des personnes qualifiées dans le domaine des marchés publics.

6. Aucun effort ne sera ménagé pour accélérer la procédure dans toute la mesure du possible. Nonobstant les dispositions des paragraphes 8 et 9 de l'article 12 du Mémorandum d'accord sur le règlement des différends, le groupe spécial s'efforcera de

présenter son rapport final aux Parties au différend quatre mois au plus tard, et en cas de retard sept mois au plus tard, après la date à laquelle la composition et le mandat du groupe spécial auront été arrêtés. En conséquence, aucun effort ne sera ménagé pour réduire également de deux mois les délais prévus au paragraphe 1er de l'article 20 et au paragraphe 4 de l'article 21 du Mémorandum d'accord sur le règlement des différends. En outre, nonobstant les dispositions du paragraphe 5 de l'article 21 du Mémorandum d'accord sur le règlement des différends, le groupe spécial s'efforcera de rendre sa décision, en cas de désaccord au sujet de l'existence ou de la compatibilité avec un Accord visé de mesures prises pour se conformer aux recommandations et décisions, dans un délai de soixante jours.

7. Nonobstant les dispositions du paragraphe 2 de l'article 22 du Mémorandum d'accord sur le règlement des différends, tout différend survenant dans le cadre de tout Accord figurant à l'appendice 1 du Mémorandum d'accord sur le règlement des différends autre que le présent Accord n'entraînera pas la suspension de concessions ou d'autres obligations qui résultent du présent Accord, et tout différend survenant dans le cadre du présent Accord n'entraînera pas la suspension de concessions ou d'autres obligations qui résultent de tout autre Accord figurant dans ledit appendice 1.

Art. 23. – Exceptions à l'Accord

1. Aucune disposition du présent Accord ne sera interprétée comme empêchant une Partie quelconque de prendre des mesures ou de ne pas divulguer des renseignements si elle l'estime nécessaire à la protection des intérêts essentiels de sa sécurité, se rapportant aux marchés d'armes, de munitions ou de matériel de guerre, ou aux marchés indispensables à la sécurité nationale ou aux fins de la défense nationale.

2. Sous réserve que ces mesures ne soient pas appliquées de façon à constituer, soit un moyen de discrimination arbitraire ou injustifié entre les pays où les mêmes conditions existent, soit une restriction déguisée au commerce international, rien dans le présent Accord ne sera interprété comme empêchant une Partie quelconque d'instituer ou d'appliquer des mesures nécessaires à la protection de la moralité publique, de l'ordre public ou de la sécurité publique, à la protection de la santé et de la vie des personnes et des animaux ou à la préservation des végétaux, ou à la protection de la propriété intellectuelle ; ou se rapportant à des articles fabriqués ou des services fournis par des personnes handicapées, ou dans des institutions philanthropiques, ou dans les prisons.

Art. 24. – Dispositions finales

1. Acceptation et entrée en vigueur.

Le présent Accord entrera en vigueur le 1er janvier 1996 pour les gouvernements[8] pour lesquels le champ d'application convenu figure aux annexes I à V de

8. Aux fins du présent Accord, le terme « gouvernement » est réputé comprendre les autorités compétentes des Communautés européennes.

l'appendice I du présent Accord et qui auront accepté l'Accord par voie de signature le 15 avril 1994 ou qui, à cette date, l'auront signé sous réserve de ratification et ratifié ultérieurement avant le 1er janvier 1996.

2. Accession.

Tout gouvernement qui est membre de l'OMC, ou avant la date d'entrée en vigueur de l'Accord sur l'OMC qui est partie contractante au GATT de 1947, et qui n'est pas Partie au présent Accord pourra y accéder, à des conditions à convenir entre ce gouvernement et les Parties, par dépôt auprès du directeur général de l'OMC d'un instrument d'accession énonçant les conditions ainsi convenues. L'Accord entrera en vigueur pour un gouvernement qui y aura accédé le trentième jour qui suivra la date de son accession à l'Accord.

3. Dispositions transitoires.

a) Hong-Kong et la Corée pourront différer l'application des dispositions du présent Accord, exception faite des articles XXI et XXII, jusqu'à une date qui ne dépassera pas le 1er janvier 1997. La date à laquelle ils commenceront à en appliquer les dispositions, si elle est antérieure au 1er janvier 1997, sera notifiée au directeur général de l'OMC trente jours à l'avance.

b) Dans l'intervalle entre la date d'entrée en vigueur du présent Accord et celle de son application par Hong-Kong, les droits et obligations entre Hong-Kong et toutes les autres Parties au présent Accord qui étaient le 15 avril 1994 Parties à l'Accord relatif aux marchés publics fait à Genève le 12 avril 1979, tel qu'il a été amendé le 2 février 1987 (l'« Accord de 1988 »), seront régis par les dispositions de fond[9] de l'Accord de 1988, y compris ses annexes telles qu'elles ont été modifiées ou rectifiées, dispositions qui sont incorporées dans l'Accord par référence à cet effet et qui resteront en vigueur jusqu'au 31 décembre 1996.

c) Entre les Parties au présent Accord qui sont également Parties à l'Accord de 1988, les droits et obligations au titre du présent Accord remplaceront ceux qui résultent de l'Accord de 1988.

d) L'article XXII n'entrera en vigueur qu'à la date d'entrée en vigueur de l'Accord sur l'OMC. Dans l'intervalle, les dispositions de l'article VII de l'Accord de 1988 s'appliqueront aux consultations et au règlement des différends dans le cadre du présent Accord, dispositions qui sont incorporées dans l'Accord par référence à cet effet. Ces dispositions seront appliquées sous les auspices du comité institué en vertu du présent Accord.

e) Avant la date d'entrée en vigueur de l'Accord sur l'OMC, les références aux organes de l'OMC seront interprétées comme renvoyant à l'organe correspondant du GATT et les références au directeur générai de l'OMC et au secrétariat de l'OMC seront interprétées comme étant des références au directeur général des Parties contractantes du GATT de 1947 et au secrétariat du GATT, respectivement.

---

9. Toutes les dispositions de l'Accord de 1988 excepté le préambule, l'article 7 et l'article 9, à l'exclusion des paragraphes 5 *a)* et *b)* et du paragraphe 10.

4. Réserves.

Il ne pourra être formulé de réserves en ce qui concerne les dispositions du présent Accord.

5. Législation nationale.

a) Chaque gouvernement qui acceptera le présent Accord ou qui y accédera assurera, au plus tard à la date où ledit Accord entrera en vigueur en ce qui le concerne, la conformité de ses lois, règlements et procédures administratives, ainsi que des règles, procédures et pratiques appliquées par les entités reprises dans ses listes annexées au présent Accord, avec les dispositions dudit Accord.

b) Chaque Partie informera le comité de toute modification apportée à ses lois et règlements en rapport avec les dispositions du présent Accord, ainsi qu'à l'administration de ces lois et règlements.

6. Rectifications ou modifications.

a) Les rectifications, les transferts d'une entité d'une annexe à une autre ou, dans des cas exceptionnels, les autres modifications se rapportant aux appendices I à IV seront notifiés au comité, accompagnés de renseignements concernant les conséquences probables du changement pour le champ d'application mutuellement convenu du présent Accord. S'ils sont de pure forme ou mineurs, les rectifications, transferts ou autres modifications prendront effet à la condition qu'aucune objection n'y ait été faite dans un délai de trente jours. Dans les autres cas, le président du comité convoquera le comité dans les moindres délais. Le comité examinera la proposition et toute demande d'ajustements compensatoires, afin de préserver l'équilibre des droits et des obligations et de maintenir le champ d'application mutuellement convenu du présent Accord à un niveau comparable à son niveau antérieur à la notification. S'il n'est pas possible d'arriver à un accord, la question pourra être traitée ensuite selon les dispositions de l'article XXII.

b) Dans les cas où une Partie souhaite, dans l'exercice de ses droits, retirer une entité de l'appendice 1 au motif que le contrôle ou l'influence que le gouvernement exerce sur cette entité a été éliminé de manière effective, cette Partie en informera le comité. Cette modification prendra effet le jour qui suivra la fin de la réunion suivante du comité, à la condition que cette réunion ait lieu trente jours au plus tôt à compter de la date de la notification et qu'aucune objection n'y ait été faite. En cas d'objection, la question pourra être traitée ensuite selon les procédures relatives aux consultations et au règlement des différends énoncés à l'article XXII. Lors de l'examen de la modification projetée de l'appendice 1 ainsi que de tout ajustement compensatoire qui pourrait en résulter, il sera tenu compte des effets d'ouverture du marché résultant de l'élimination du contrôle ou de l'influence exercée par le gouvernement.

7. Examens, négociations et travaux futurs.

a) Le comité procédera chaque année à un examen de la mise en œuvre et de l'application du présent Accord, en tenant compte de ses objectifs. Le comité informera chaque année le Conseil général de l'OMC des faits intervenus pendant la période sur laquelle portera cet examen.

b) Au plus tard à l'expiration de la troisième année à compter de la date d'entrée en vigueur du présent Accord, et par la suite de façon périodique, les Parties engageront de nouvelles négociations en vue d'améliorer l'Accord et d'en étendre le plus possible la portée entre toutes les Parties sur une base de réciprocité mutuelle, compte tenu des dispositions de l'article V relatif aux pays en développement.

c) Les Parties s'efforceront d'éviter d'adopter ou de maintenir en application des mesures et pratiques discriminatoires qui faussent les procédures ouvertes de passation des marchés et elles s'efforceront, dans le cadre des négociations visées à l'alinéa *b)*, d'éliminer celles qui subsisteront à la date d'entrée en vigueur du présent Accord.

8. Technologies de l'information.

Afin d'assurer que l'Accord ne constitue pas un obstacle non nécessaire au progrès technique, les Parties tiendront régulièrement des consultations au comité concernant l'évolution de l'utilisation des technologies de l'information dans le domaine des marchés publics et, si nécessaire, négocieront des modifications de l'Accord. Ces consultations viseront en particulier à assurer que l'utilisation des technologies de l'information contribue à faire en sorte que la passation des marchés publics se fasse de manière ouverte, non discriminatoire et efficace au moyen de procédures transparentes, que les marchés visés par l'Accord soient clairement identifiés et que tous les renseignements disponibles concernant un marché particulier puissent être identifiés. Lorsqu'une Partie envisagera d'innover, elle s'efforcera de tenir compte des vues exprimées par d'autres Parties au sujet des problèmes qui risquent de se poser.

9. Amendements.

Les Parties pourront modifier le présent Accord eu égard, notamment, à l'expérience de sa mise en œuvre. Lorsqu'un amendement aura été approuvé par les Parties conformément aux procédures établies par le comité, il n'entrera en vigueur à l'égard d'une Partie que lorsque celle-ci l'aura acceptée.

10. Retrait

a) Toute Partie pourra se retirer du présent Accord. Ce retrait prendra effet à l'expiration d'un délai de soixante jours à compter de la date à laquelle le directeur général de l'OMC en aura reçu notification par écrit. Dès réception de cette notification, toute Partie pourra demander la réunion immédiate du comité.

b) Si une Partie au présent Accord ne devient pas membre de l'OMC dans un délai d'un an à compter de la date d'entrée en vigueur de l'Accord sur l'OMC ou cesse d'être Membre de l'OMC, elle cessera d'être Partie au présent Accord avec effet à compter de la même date.

11. Non-application du présent Accord entre des Parties.

Le présent Accord ne s'appliquera pas entre deux Parties si l'une ou l'autre de ces Parties, au moment de son acceptation ou de son accession, ne consent pas à cette application.

12. Notes, appendices et annexes.

Les notes, appendices et annexes au présent Accord en font partie intégrante.

13. Secrétariat.

Le secrétariat de l'OMC assurera le secrétariat du présent Accord.

14. Dépôt.

Le présent Accord sera déposé auprès du directeur général de l'OMC, qui remettra dans les moindres délais à chaque Partie une copie certifiée conforme de l'Accord et de toute rectification ou modification qui y aura été apportée conformément au paragraphe 6, de tout amendement qui y aura été apporté conformément au paragraphe 9, ainsi qu'une notification de chaque acceptation ou accession conformément aux paragraphes 1 et 2, et de chaque dénonciation conformément au paragraphe 10 du présent article.

15. Enregistrement

Le présent Accord sera enregistré conformément aux dispositions de l'article 102 de la charte des Nations unies.

Fait à Marrakech, le 15 avril 1994, en un seul exemplaire, en langues française, anglaise et espagnole, les trois textes faisant foi, sauf indication contraire concernant les appendices ci-joints.

NOTES

Le terme « pays » tel qu'il est utilisé dans le présent Accord, y compris les appendices, doit être interprété comme incluant tout territoire douanier distinct Partie au présent Accord.

S'agissant d'un territoire douanier distinct Partie au présent Accord, dans les cas où le qualificatif « national » accompagnera une expression utilisée dans le présent Accord, cette expression s'interprétera, sauf indication contraire, comme se rapportant à ce territoire douanier.

3

Article 1er, paragraphe 1

Eu égard aux considérations de politique générale relatives à l'aide liée, et notamment à l'objectif des pays en développement visant le retour à une aide non liée, le présent Accord ne s'appliquera pas aux marchés passés dans le cadre d'une aide liée apportée aux pays en développement, aussi longtemps qu'elle sera pratiquée par des Parties.

2. Services visés par l'Accord sur les marchés publics (annexe 4 de l'appendice 1)

De la Liste universelle des services contenue dans le document MTN.GNS/W/120, les services suivants sont inclus :

Désignation des services	*Numéro de référence CPC*
Services d'entretien et de réparation	6112, 6122, 633, 886
Services de transport terrestre, y compris les services de véhicules blindés et les services de courrier, à l'exclusion des transports de courrier	712 (except 71235), 7512, 87304
Services de transports aériens : transport de voyageurs et de marchandises, à l'exclusion des transports de courrier	73 (except 7321)
Transport de courrier par transport terrestre, à l'exclusion du transport ferroviaire, et par air	71235, 7321
Services de télécommunications	752* (except 7524, 7525, 7526)
Services financiers	ex 81
(a) Services d'assurance	812, 814
(b) Services bancaires et d'investissement**	
Services informatiques et services connexes	84
Services comptables, d'audit et de tenue de livres	862
Services d'études de marché et de sondages	864
Services de conseil en gestion et services connexes	865, 866***
Services d'architecture, services d'ingénierie et services intégrés d'ingénierie, services d'aménagement urbain et d'architecture paysagère, services connexes de consultations scientifiques et techniques, services d'essais et d'analyses techniques	867
Services de publicité	871
Services de nettoyage de bâtiments et services de gestion de propriétés	874, 82201 - 82206
Services de publication et d'impression sur la base d'une redevance ou sur une base contractuelle	88442

Désignation des services	*Numéro de référence CPC*
Services de voirie et d'enlèvement des ordures : services d'assainissement et services analogues	94

NOTES

* à l'exclusion des services de téléphonie vocale, de télex, de radiotéléphonie, d'appel unilatéral sans transmission de parole, ainsi que des services de transmission par satellite.

** à l'exclusion des marchés des services financiers relatifs à l'émission, à l'achat, à la vente et au transfert de titres ou d'autres instruments financiers, ainsi que des services prestés par des banques centrales.

*** à l'exclusion des services d'arbitrage et de conciliation.

3. Services de construction visés par l'Accord sur les marchés publics (annexe 5 de l'appendice 1)

Groupe	*Classe*	*Sous-classe*	*Titre*	*Correspondance ISCI*
SECTION 5				
DIVISION 51			TRAVAUX DE CONSTRUCTION	
511			Travaux de préparation des sites et chantiers de construction	
512			Travaux d'entreprises générales de construction de bâtiments	
513			Travaux d'entreprises générales de construction d'ouvrages de génie civil	
514			Assemblage et construction d'ouvrages préfabriqués	
515			Travaux d'entreprises de construction spécialisées	
516			Travaux de pose d'installations et de montage	
517			Travaux d'achèvement et de finition des bâtiments	
518			Autres services	

Tables

Pages

4

TABLE DES MATIÈRES

Articles du code

PREMIÈRE PARTIE
DISPOSITIONS APPLICABLES AUX POUVOIRS ADJUDICATEURS

4

Articles du code

4

Articles
du code

QUATRIÈME PARTIE
DISPOSITIONS APPLICABLES AUX COLLECTIVITÉS D'OUTRE-MER

TABLE CHRONOLOGIQUE DE LA JURISPRUDENCE CITÉE (par nature)

Année	Espèce	Sous article
	I. – Jurisprudence administrative	
1976	CE, 9 janvier 1976, Sté Caillol & Cie (groupements solidaires)	51
	CE, Section, 7 juillet 1976, OPHLM de la Ville du Mans (critères de sélection des candidats)	62
1979	CE, 14 septembre 1979, Commune d'Agde (pouvoir discrétionnaire)	59
1980	CE, 28 mars 1980, Centre hospitalier de Seclin (critères de sélection des candidats)	62
	CE, 25 juillet 1980, Ville de Saint-Ouen l'Aumône (groupements conjoints)	51
1982	CE, 17 mars 1982, Sté Périgourdine d'étanchéité et de construction (sous-traitance irrégulière)	116
1983	CE, 13 avril 1983, District de Forbach (état sommaire des prestations effectuées)	109
1984	Trib. confl. 14 mai 1984, Smac Acieroïd c/ Commune de Mirande (sous-traitance)	116
1985	CE, 27 septembre 1985, Sté Dumez et Sté Sacer (groupements solidaires)	51
1986	CE, 10 janvier 1986, Sté des Travaux du Midi (droits de l'entreprise retenue)	59
	CE, 21 mai 1986, Sté Schlumberger (entrepreneur déterminé)	35
	CE, 7 novembre 1986, Ville de Toulouse (groupements de conception-réalisation)	37
1987	CE, 13 mai 1987, Sté Wanner Isofi Isolation (sélection des candidats)	62
	CE, 9 décembre 1987, Chambre d'agriculture des Deux-Sèvres (groupements d'entreprises et admission à concourir)	51 & 62
1988	CE, 2 novembre 1988, société NCR (entrepreneur déterminé)	35
	CE, 14 décembre 1988, EPA de Saint-Quentin-en-Yvelines (habilitation du mandataire)	51
1989	CE, 3 nov. 1989, SA Jean-Michel (paiement direct du sous-traitant)	116
1990	CE, 23 février 1990, Cne de Morne-à-l'Eau (urgence impérieuse)	35
	CE, 24 septembre 1990, Boisdet (primauté du droit communautaire)	Sous annexe III-1
1991	Cass. civ. 3, 10 mai 1991, Sté auxiliaire d'entreprises d'Auvergne (paiement direct du sous-traitant)	116
	CE, 26 juillet 1991, Cne de Sainte-Marie (urgence impérieuse)	35
	CE, 18 novembre 1991, Le Chaton c/ Cne de Guidel (composition CAO)	22
1992	CE, Ass. 28 février 1992, SA Philip Morris France (primauté du droit communautaire)	Sous annexe III-1
	CE, 26 octobre 1992, société Groupe Vidéotron c/ Cne de Vaulx-le-Pénil (savoir-faire)	35

4

Année	Espèce	Sous article
1993	CE, 24 février 1993, Sté Smac Acieroïd (groupements solidaires)	51
	CE, 2 avril 1993, Préfet de l'Aveyron c/ Cne d'Espalion (composition CAO)	22
	CE, 13 octobre 1993, Cne de Mées c/ Someco (critères de sélection des candidats)	62
1994	CE, 1er juin 1994, Synd. intercom. du collège Noyal-sur-Vilaine (marché négocié : consult. écrite)	66
	CE, ass., 10 juin 1994, Cne de Cabourg (référé précontractuel)	Sous annexe I-2
	CE, 29 juillet 1994, Cne de Ventenac-en-Minervois (préférence locale)	53
	CE, 10 octobre 1994, Cne de Béziers (concours)	70
	CE, 26 octobre 1994, Sivom de Carry-le-Rouet et Sausset-les-Pins (mise au point)	59
	CE, 9 décembre 1994, Préfet des Vosges c/ Cne de Chatel-sur-Moselle (traitement égalitaire)	59
1995	CE, 13 janvier 1995, Chambre de commerce et d'industrie de la Vienne (marchés des CCI)	Sous annexe II-3
	CE, 3 mars 1995, Cne de Rombas c/ Muller (seuils des marchés de maîtrise d'œuvre)	74
	CE, 8 septembre 1995, Cne d'Évreux (maîtres d'œuvre ayant participé au programme)	74
	CE, Sect. 3 novembre 1995, CCI de Tarbes (référé précontractuel)	Sous annexe I-2
	CE, 8 décembre 1995, Préfet de Haute-Corse (savoir-faire)	35
	CE, 8 décembre 1995, Préfet de Haute-Corse (délais des procédures négociées)	65
	CE, 8 décembre 1995, Départ. de la Réunion (avis des chambres régionales des comptes)	Sous annexe I-3
1996	CE, 15 avril 1996, Cne de Poindimié (offre anormalement basse)	55
	CE, avis, 10 juin 1996 (contrôle de légalité)	Sous annexe I-1
1997	CE, 14 mars 1997, Préfet du Maine-et-Loire (modification du projet)	59
	CE, 14 mars 1997, Préfet des Pyrénées-Orientales (appréciation sincère des seuils)	40
	CE, 1er octobre 1997, Ce de Paluel (concours)	70
	CE, 29 décembre 1997, Département de Paris (description de l'objet du marché)	5
	CE, 29 décembre 1997, Préfet de Seine-et-Marne c/ OPAC de Meaux (estimation irréaliste)	35
1998	CE, 14 janvier 1998, Sté Martin-Fourquin (préférence locale)	53
	CE, 6 février 1998, Tête et association de sauvegarde de l'ouest lyonnais (primauté du droit communautaire)	Sous annexe III-1
1999	CE, 8 février 1999, Préfet des Bouches-du-Rhône c/ Cne de La Ciotat (paiement différé)	96
	CE, ass. 5 mars 1999, Président de l'Assemblée nationale (offre anormalement basse)	55
	CE, ass. 5 mars 1999, Président de l'Assemblée nationale (urgence de remise des offres)	62
	CE, 30 juin 1999, SA Demathieu et Bard (référé précontractuel)	Sous annexe I-2
	CE, 11 octobre 1999, M. Avrillier (brevets)	35
	CE, 6 décembre 1999, Ville de Marseille (cession de créance et sous-traitance)	114

Année	Espèce	Sous article
2000	CE, 28 avril 2000, Société Peinture Normandie (paiement direct du sous-traitant)	116
	CE, 14 juin 2000, Banque Rhône-Alpes (garantie bancaire)	102
	CE, 29 novembre 2000, Cne de Païta (clauses de reconduction)	16
2001	CE, 28 mai 2001, SA Bernard travaux Polynésie (sous-traitance irrégulière)	116
	CE, 24 octobre 2001, Collectivité territoriale de la Corse (référé précontractuel)	Sous annexe I-2
2002	T. confl. 10 juin 2002, Sté Langlois Études Ingénierie (sous-traitance)	116
	CE, 27 novembre 2002, Dangas (règlement de concours)	70
2003	CE, 14 mai 2003, Communauté d'agglomération de Lens-Liévin (contenu AAPC)	40
	CE, 30 juillet 2003, Cne de Lens (sujétions techniques imprévues)	20
	CE, 17 octobre 2003, Ministère de l'Intérieur (renonciation aux intérêts moratoires)	98
2004	CE, 21 janvier 2004, Sté Aquitaine Démolition (communication des motifs)	80
	CE, 3 mars 2004, Sté Mak System (passation d'un marché de réalisation suite à des marchés de définition)	73
	CE, 2 juin 2004, Ville de Paris et Sté Polyurbaine (contenu AAPC)	40
	CE, 25 juin 2004, Stés Colas SA, Smec et Grands Travaux de l'Océan Indien	28
	CE, 6 octobre 2004, Sté La communication hospitalière (référé précontractuel)	Sous annexe I-2
	CE, 19 octobre 2004, Cne d'Auxerre c. Sté SAUR France (référé précontractuel)	Sous annexe I-2
	CE, 3 novembre 2004, Sté Technibat Aluminium Service (garantie bancaire)	102
	CE, 10 novembre 2004, Entreprise Paul Milet (renonciation aux intérêts moratoires)	98
2005	CE, 23 février 2005, Association pour la transparence et la moralité des marchés publics	30
	CE, 7 mars 2005, Sté Grandjouan-Saco (référé précontractuel)	Sous annexe I-2
	CE, 4 avril 2005, Cne de Castellar (dialogue compétitif)	67
	CE, 8 avril 2005, Sté Radiometer (contenu AAPC)	40
	CE, 1er juin 2005, Département de la Loire (contenu AAPC)	40
	CE, 3 juin 2005, Sté Jacqmin (privilège des fournisseurs)	110
	CE, 8 juillet 2005, Communauté d'agglomération de Moulins (conception-réalisation)	37
	CE, 7 octobre 2005, Région Nord-Pas-de-Calais (publicité en cas de procédure adaptée)	28
	CE, 4 novembre 2005, Cne de Bourges (références de travaux à fournir)	45
	CE, 16 novembre 2005, Ville de Paris (modifications substantielles)	57
	CE, 23 novembre 2005, Sté Axialogic (allotissement)	10

Année	Espèce	Sous article
2006	CE, 25 janvier 2006, Communauté urbaine de Nantes (jury de conception-réalisation) CE, 28 avril 2006, Commune de Toulouse (pondération du critère esthétique) CE, 28 avril 2006, Sabtp (référé précontractuel) CE, 10 mai 2006, Sté Bronzo (entreprise nouvelle – capacité des candidats) CE, 20 octobre 2006, Syndicat des eaux de Charente-Maritime (motifs détaillés de rejet d'une offre) CE, 20 octobre 2006, Commune d'Andeville (pouvoirs du juge des référés précontractuels) CE, 17 novembre 2006, ANPE (capacité financière des candidats) CE, 11 décembre 2006, Sté De Groot (primauté du droit communautaire)	69 53 Sous annexe I-2 45 83 Sous annexe I-2 45 Sous annexe III-1
2007	CE, 21 mars 2007, Société Nantaise des eaux (référé précontractuel) CE, 6 avril 2007, Département de l'Isère (critère unique du prix) CE, 15 juin 2007, Ministère de la Défense (AAPC et règlement de la consultation) CE, 9 juillet 2007, Syndicat EGF-BTP et autres (annulation partielle CMP 2006) CE, 17 octobre 2007, Sté Physical Networks (pouvoirs du juge des référés précontractuels) CE, 29 octobre 2007, Communauté d'agglomération du pays voironnais (forme de groupement souhaitée) CE, 19 décembre 2007, Sté Campenon Bernard (pratique anticoncurrentielles)	Sous annexe I-2 53 40 10, 28, 60, 65 et 67 Sous annexe I-2 51 Sous annexe I-15
2008	CE, 19 mars 2008, Sté Dumez et autres (pratiques anti-concurrentielles) CE, 19 mars 2008, Sté Fougerolle-Ballot (pratiques anti-concurrentielles) CE, 3 octobre 2008, Smirgeomes (référé précontractuel)	Sous annexe I-15 Sous annexe I-15 Sous annexe I-2
	II. – Jurisprudence du droit de la concurrence	
	Conseil de la concurrence du 8 décembre 1992 (cotraitance) Cass. com. 10 janvier 1995 (société en participation) Cass. com. 12 novembre 1996 (preuves des pratiques anti-concurrentielles) Cass. com. 10 décembre 1996 (preuves des pratiques anti-concurrentielles) CA Paris, 6 mai 1997 (groupement d'entreprises) CA Paris, 29 janvier 2002 (groupement d'entreprises)	51 51 23 23 51 51
	III. – Jurisprudence européenne	
	CJCE, 9 mars 1978, Simmenthal (primauté du droit communautaire) CJCE, 22 juin 1989, Fratelli Costanzo (primauté du droit communautaire)	sous annexe III-1 sous annexe III-1
	IV. – Jurisprudence financière	
	CE, 7 juillet 1978, Massip (attestations délivrées sur la base de déclarations inexactes) CDC, 17 avril 1986, receveur de l'OPHLM de Périgueux (acomptes mensuels) CDC, 1er juillet 1993, Mme Soldevilla (fractionnement artificiel des commandes) CDC, 3° Ch. 17 novembre 1994, Conventi (cession de créance) CDC, 4° Ch. 2 octobre 1996, Leteux (cession de créance)	109 91 5 107 107
	V. – Jurisprudence pénale	
	Cass. Crim. 8 octobre 1996 (mission interministérielle d'enquête) Cass. Crim. 27 octobre 1999 (prescription du délit de favoritisme) Cass. Crim. 14 février 2007 (délit de favoritisme)	Sous annexe I-7 Sous annexe I-4 Sous annexe I-4

TABLE DES DÉLAIS DU CMP
(par mots-directeurs)

Article	Délai imparti	Objet du délai et commentaires
		ACOMPTES
91	3 mois	Périodicité maximale de versement des acomptes
91	1 mois	Périodicité de versement des acomptes pour les SCOP et les PME
		APPEL D'OFFRES OUVERT
57-II	52 jours	Appel d'offres ouvert : délai de réception des offres à compter de l'envoi de l'avis à la publication
57-II	22 jours	Appel d'offres ouvert : délai minimal de réception des offres lorsqu'un avis de préinformation a été publié
57-II	7 jours	Réduction de délai de remise des offres lorsque l'avis de marché est envoyé par voie électronique
57-III	6 jours	Appel d'offres ouvert : délai d'envoi des cahiers des charges et documents complémentaires suivant la réception de la demande
57-III	6 jours	Appel d'offres ouvert : délai ultime, ouvert au pouvoir adjudicateur, avant la date limite fixée pour la réception des offres, pour communiquer des renseignements complémentaires éventuels sur les documents de la consultation
		APPEL D'OFFRES RESTREINT
60-II	37 jours	Appel d'offres restreint : délai de réception des candidatures à compter de l'envoi de l'avis à la publication
60-II	15 jours	Appel d'offres restreint : délai d'urgence de réception des candidatures
62-II	40 jours	Appel d'offres restreint : délai de remise des offres à compter de l'envoi de la lettre de consultation
62-II	22 jours	Appel d'offres restreint : délai de réception des offres lorsqu'un avis de préinformation a été publié
62-III	10 jours	Appel d'offres restreint : délai d'urgence de remise des offres
62-IV	4 jours	Appel d'offres restreint : délai ultime, ouvert au pouvoir adjudicateur, avant la date limite fixée pour la réception des offres, pour communiquer des renseignements complémentaires éventuels sur les documents de la consultation
		AVANCE
87-II	12 mois	Période d'exécution des prestations servant d'assiette au calcul de l'avance
		COMMISSION D'APPEL D'OFFRES
25	5 jours	Délai de convocation aux réunions de la commission d'appel d'offres

Article	Délai imparti	Objet du délai et commentaires
		DIALOGUE COMPÉTITIF
67-II	37 jours	Délai minimal de réception des candidatures à compter de l'envoi de l'avis à la publication
67-II	30 jours	Délai de réception des candidatures lorsque l'avis d'appel public à la concurrence est envoyé par voie électronique
67-VII	15 jours	Délai minimal de réception des offres
		ENQUÊTES
122	15 jours	Observations en réponse des représentants légaux des personnes publiques après notification d'un rapport de la mission interministérielle d'enquête sur les marchés publics et les délégations de service public
		INFORMATION DES CANDIDATS
83	15 jours	Délai maximal de communication, par le pouvoir adjudicateur, des motifs détaillés de rejet de leurs candidatures ou de leurs offres aux candidats écartés
		PROCÉDURES NÉGOCIÉES
65-II	37 jours	Délai minimal de réception des candidatures à compter de l'envoi de l'avis à la publication
65-II	30 jours	Délai de réception des candidatures lorsque l'avis d'appel public à la concurrence est envoyé par voie électronique
65-II	15 jours	Délai d'urgence de réception des candidatures dans les procédures négociées
66-II	6 jours	Délai ultime, ouvert au pouvoir adjudicateur, avant la date limite fixée pour la réception des offres, pour communiquer des renseignements complémentaires éventuels sur les documents de la consultation
66-II	4 jours	Délai ultime, réduit du fait de l'urgence, ouvert au pouvoir adjudicateur, avant la date limite fixée pour la réception des offres, pour communiquer des renseignements complémentaires éventuels sur les documents de la consultation
		PUBLICITÉ
40-VII	6 jours	Délai de publication des avis d'appel public à la concurrence et des avis d'attribution au *BOAMP*
85	48 jours	Délai, après notification du marché, pour publier l'avis d'attribution
		RÉSILIATION DE MARCHÉ
100	6 mois	Délai prévu pour permettre un accord des parties en cas de résiliation du marché
		RETENUE DE GARANTIE
103	1 mois	Délai de remboursement de la retenue de garantie après expiration du délai de garantie ou la date de levée des réserves

Article	Délai imparti	Objet du délai et commentaires
		RÉVISION DE PRIX
94	3 mois	Délai de paiement calculé sur la base des valeurs finales de référence utilisées pour l'application d'une formule de révision de prix
		SIGNATURE DU MARCHÉ
80	10 jours	Délai minimal à respecter entre la date de notification aux candidats écartés du rejet de leurs offres et la date de signature du marché
		SOUS-TRAITANCE
114-4°	21 jours	Acceptation tacite du sous-traitant après demande du titulaire
116	15 jours	Délai imparti au titulaire du marché pour vérifier les projets de décomptes du sous-traitant

TABLE DES SEUILS DU CMP
(par ordre d'articles)

Article	Seuil fixé (en € HT)	Finalité du seuil et commentaires
		1. – Seuils de passation
26-II	133 000	Seuil en dessous duquel les marchés de fournitures et services peuvent être passés selon une procédure adaptée (État)
26-II	206 000	Seuil en dessous duquel les marchés de fournitures et services peuvent être passés selon une procédure adaptée (collectivités territoriales)
26-II	5 150 000	Seuil en dessous duquel les marchés de travaux peuvent être passés selon une procédure adaptée (État et collectivités territoriales)
26-IV, 35 à 38	5 150 000	Seuil au-delà duquel les marchés de travaux doivent être passés sur appel d'offres ou autres procédures formalisées (État et collectivités territoriales)
27-III	80 000	Seuil en dessous duquel il est possible d'utiliser une procédure adaptée pour passer un marché relatif à un lot entrant dans un marché de fournitures et de services
27-III	1 000 000	Seuil en dessous duquel il est possible d'utiliser une procédure adaptée pour passer un marché relatif à un lot entrant dans un marché de travaux
35-II-4°	133 000	Montant maximal pouvant être atteint par le marché en cas de recours à des marchés complémentaires négociés sans publicité préalable et sans mise en concurrence (marchés de fournitures de l'État)
35-II-4°	206 000	Montant maximal pouvant être atteint par le marché en cas de recours à des marchés complémentaires négociés sans publicité préalable et sans mise en concurrence (marchés de fournitures des collectivités territoriales)
		2. – Seuils de publicité
39	750 000	Seuil de publicité européenne des marchés de fournitures et de services (avis de préinformation à publier au *JOUE*)
39	5 150 000	Seuil de publicité européenne des marchés de travaux (avis de préinformation à publier au *JOUE*)
40-II	90 000	Seuil en dessous duquel la personne publique choisit librement des modalités de publicité adaptées
40-III-1°	90 000 à 133 000	Tranche dans laquelle les avis d'appel public à la concurrence pour les marchés de fournitures et de services de l'État doivent être publiés soit au *BOAMP* soit dans un *JAL* (journal d'annonces légales)
40-III-1°	90 000 à 206 000	Tranche dans laquelle les avis d'appel public à la concurrence pour les marchés de fournitures et de services des collectivités territoriales doivent être publiés soit au *BOAMP* soit dans un *JAL* (journal d'annonces légales)

Article	Seuil fixé (en € HT)	Finalité du seuil et commentaires
40-IV-1°	90 000 à 5 150 000	Tranche dans laquelle les avis d'appel public à la concurrence pour les marchés de travaux de l'État et des collectivités territoriales doivent être publiés soit au *BOAMP* soit dans un *JAL* (journal d'annonces légales)
40-III-2°	133 000	Seuil de publication européenne (au *JOUE*) des avis d'appel public à la concurrence pour les marchés de fournitures et de services de l'État
40-III-2°	206 000	Seuil de publication européenne (au *JOUE*) des avis d'appel public à la concurrence pour les marchés de fournitures et de services des collectivités territoriales
40-IV-2°	5 150 000	Seuil de publication européenne (au *JOUE*) des avis d'appel public à la concurrence pour les marchés de travaux de l'État et des collectivités territoriales
		3. – Seuils des marchés de maîtrise d'œuvre
74-II	133 000	Seuil en dessous duquel les marchés publics de maîtrise d'œuvre peuvent être passés selon une procédure adaptée (État)
74-II	206 000	Seuil en dessous duquel les marchés publics de maîtrise d'œuvre peuvent être passés selon une procédure adaptée (collectivités territoriales)
74-II	133 000	Seuil de montant estimé de marché de maîtrise d'œuvre au-delà duquel la procédure du concours est obligatoire (État)
74-II	206 000	Seuil de montant estimé de marché de maîtrise d'œuvre au-delà duquel la procédure du concours est obligatoire (collectivités territoriales)
		4. – Autres seuils
77-III	10 000	Seuil en dessous duquel il est possible, pour des besoins occasionnels de faible montant, de s'adresser à un prestataire autre que le titulaire du marché à bons de commande
87	50 000	Seuil de montant de marché au-delà duquel une avance est accordée au titulaire
115	600 TTC	Seuil du paiement direct pour les sous-traitants
11, 28, 40, 81, 146, 150	20 000	Seuil en dessous duquel aucune obligation formelle de publicité ni de procédure de passation n'est imposée à l'acheteur public

PRINCIPALES ABRÉVIATIONS

Abréviations

aff.	affaire
AO	appel d'offres
art.	article
chr.	chronique
Cne	commune
concl.	conclusions
crit.	critique
jurispr.	jurisprudence
L.	Loi
Ord.	Ordonnance
obs. ou observ.	observations
req.	requête
réun.	réunies
som. ou somm.	sommaire

Références aux textes

CCAG	Cahier des clauses administratives générales
CCAP	Cahier des clauses administratives particulières
CCTG	Cahier des clauses techniques générales
CCTP	Cahier des clauses techniques particulières
CGCT	Code général des collectivités territoriales
CMP	Code des marchés publics

4

Références jurisprudentielles

Cass. com.	Cour de cassation, chambre commerciale
Cass. crim.	Cour de cassation, chambre criminelle
CDBF	Cour de discipline budgétaire et financière
CDC	Cour des comptes
CE	Conseil d'État
CE, ass.	Conseil d'État, assemblée
TA	Tribunal administratif
Trib. confl.	Tribunal des conflits

Références bibliographiques

AJDA	L'Actualité juridique – Droit administratif
BJDCP ou *BJCP*	Bulletin juridique des contrats publics
BOCCRF	Bulletin officiel de la concurrence, de la consommation et de la répression des fraudes
Bull. cass.	Bulletin des arrêts de la Cour de cassation (Chambres civiles)
CJEG	Cahiers juridiques de l'électricité et du gaz
Contrats Marchés publ. ou *Contrats-Marchés publ.*	Revue Contrats et marchés publics
Dr. adm.	Revue Droit Administratif
DS	Recueil Dalloz-Sirey
Gaz. Pal.	Gazette du Palais (pan. : panorama de jurisprudence)
JCP	Juris-classeur périodique (La Semaine Juridique)

JO ou JORF	Journal officiel de la République française
JO déb. AN	Journal officiel, débats de l'Assemblée nationale
JO déb. Sénat	Journal officiel, débats du Sénat
JOCE	Journal officiel des Communautés européennes
Rec. Lebon	Recueil Lebon (recueil annuel de décisions du Conseil d'État, du Tribunal des conflits, de jugements de TA et d'arrêts de CAA)
LPA	Les Petites Affiches
MTP	Moniteur des travaux publics et du bâtiment
Quot. jur.	Le Quotidien juridique
MP	Revue Marchés publics (La revue de l'achat public)
RDI	Revue de droit immobilier
RDP	Revue de droit public
Rec. jurid. fin.	Recueil des arrêts, jugements et communications des juridictions financières
RFDA	Revue française de droit administratif

Sigles

BCE	Banque centrale européenne
CADA	Commission d'accès aux documents administratifs
CAO	Commission d'appel d'offres
EPIC	Établissement public industriel et commercial
Minefi ou Minefe	Ministère de l'Économie et des Finances
MOP	Maîtrise d'ouvrage publique
OPAC	Office public d'aménagement et de construction

4

Cet ouvrage a été imprimé en France par

CPI
France Quercy
à Mercuès (Lot)

N° d'impression : 90310
Dépôt légal : février 2009

50757